제 2 판

노동
판례
백선

한국노동법학회

박영사

▌▌ 제 2 판 머리말 ▌▌

노동판례백선 초판이 발간(2015년 1월)된 지도 벌써 5년이 지났다. 초판 발간 이후, 새로운 법리를 제시하는 대법원 판결이 다수 등장하였고 그 중에는 전원합의체 판결도 상당수를 차지한다. 특히 근로조건, 복수노조 및 비정규직 등 주요 영역에서 새로운 법리 전개가 두드러지고 있어서, 대상판결을 추가 또는 교체하거나 기존 판례평석을 보완하는 작업이 필요하게 되었다. 이러한 취지에서 2019년 하반기부터 제2판 준비위원회(고문, 집행위원회, 실무위원회)를 꾸려 약 1년 6개월 동안 활동한 결과 노동판례백선 제2판이 빛을 보게 되었다.

제2판 발간 작업을 위하여, 우선 실무위원회에서 초판 발간 이후 개별적 노동관계와 집단적 노사관계 분야에서 새롭게 선고된 중요한 주제와 관련된 후보 노동판례를 수집하였고, 초판의 대상판례 중 교체할 판례와 추가할 판례의 선정을 위하여 2019년 12월 27일 한양대에서 제2판 준비위원회의 첫 회의를 개최한 이후 발간에 이르기까지 진지하고 열정적으로 논의를 진행하였다.

초판에 수록된 판례는 모두 100개였지만, 제2판에서는 총 106개의 판결에 대해 다루고 있다. 제2판 발간을 위한 논의를 통하여 역사성·시의성·중요성 등을 고려하여 51개의 주제에 대해서는 기존의 대상판결 및 평석을 그대로 유지하였다. 그렇지만 제2판에 새로 포함시킬 대상판결을 30개 추가하여 새롭게 집필하도록 하였고, 25개에 대해서는 기존의 주제는 유지하되 대상판결을 교체하여 평석을 다시 집필하는 것으로 하였으며, 24개에 대해서는 제2판에서 게재하지 않기로 정리하였다. 아울러 집필자와 관련해서는, 초판의 경우에는 법학전문대학원 또는 법과대학 등에서 노동법 전임교수로 재직하고 있는 사람으로 한정하였으나, 제2판에서는 문호를 넓혀 해당 주제에 관한 학술논문 기타 연구실적 등을 기준으로 사회 각 분야에서 활발하게 연구하고 있는 법학박사도 다수 포함하게 되었다.

노동판례백선 제2판을 발간하면서 중점을 둔 사항은 다음과 같다.

첫째, 이 책은 초판과 마찬가지로 전체적으로는 노동법총론, 개별법 및 집단법과 관련된 판례평석으로 구성되어 있다. 그렇지만 대주제별로 약간의 분류를 하였고, 각 세부주제별로 대상판결과 평석 집필자를 기재하여 책임성을 담보하였다. 집필방식과 관련해서도 초판과 동일하게 사실관계, 판결의 내용, 해설의 순서로 작성하도록 하여 형식을 통일하였다. 다만 형식적 통일성 및 책의 전체 분량을 고려하여 집필분량을 제한해야 하는 사정이 있었기 때문에, 주제에 따라서는 언급해야 할 쟁점에 비해 설명이 충분하지 못한 한계가 있을 수 있다.

둘째, 초판에서는 대상판결의 선정에 있어서 판례의 역사성을 중시하는 측면이 강조되었으나, 제2판에서는 이외에도 대상판결의 유지·교체·추가 등 그 선정에 있어서 주제의 새로움, 판결이 현실에 미치는 영향 등도 적극 고려하였다.

셋째, 제2판 준비위원회는 '제2판에 새롭게 추가된 판결'은 물론 '대상판결이 교체된 주제'와 관련하여 집필자로 하여금 중요한 쟁점과 보편적인 내용을 집필하도록 요청하였으나, 구체적으로 어떤 방향과 내용으로 서술할 것인지는 각 집필자에게 일임하였다. 그러므로 대상판결마다 그 평석에 있어서 법리구성이나 내용 그 밖에 문체 등은 조금씩 다를 수 있다.

넷째, 노동판례는 노동현장에서 어떤 문제가 발생하고 노동법적 쟁점에 대해 법원이 어떻게 해석하고 판단하는가를 알려준다. 이러한 점을 인식하여, 이 책을 활용하여 노동법을 강의하거나 배우는 분들에게 최대한 도움이 되고자 하는 취지에서, 초판에서와 마찬가지로 제2판에서도 보편적인 시각에서 평석이 집필될 수 있도록 노력하였다.

마지막으로, 제2판 준비위원(이 책의 뒷면에 그 명단을 '가나다' 순으로 기재하였다) 여러분들과 모든 집필자들의 노력으로 이 책이 만들어질 수 있었음에 감사드린다. 특히, 노동판례백선 제2판 사업을 기획하고 출발할 수 있도록 지원을 아끼지 않으신 강성태 교수님(2020년도 제26대 회장), 제2판 발간을 총괄하신 김홍영 교수님을 비롯하여 헌신적으로 노력해주신 준비위원회 집행위원과 실무위원들께 감사드린다.

2021년 1월
한국노동법학회
회장 문무기

▮▮ 머리말 ▮▮

　1958년 창립된 한국노동법학회는 회원 수가 약 300명에 달하고, 현재 노동법 전임교수도 70여명에 이르고 있으며, 한국의 노동법은 1953년 근로기준법, 노동조합법, 노동쟁의조정법, 노동위원회법의 제정을 시작으로 현재까지 60년이 넘는 역사를 가지고 있다. 매년 법원과 노동위원회에 계류되는 노동사건이 증가하고 노동판례가 축적됨에 따라, 한국노동법학회는 노동법제정 60년을 기념하고 노동판례의 역사성과 시의성을 검토하면서 법학전문대학원 또는 법과대학 등에서 노동법 강의를 위한 '노동판례백선'의 필요성을 공감하게 되었다. 이러한 취지에서 2012년 7월경부터 약 2년 6개월의 활동기간을 예정하고 이를 3단계로 구분하여 활동한 결과, 노동판례백선이 빛을 보게 되었다.

　1단계로 선정위원회를 구성하고 자문위원들과 함께 개별노동관계와 집단노동관계를 중심으로 논의되는 중요한 주제와 관련된 후보 노동판례를 수집하였다. 특히 논의를 통해 노동판례백선에 포함시킬 역사성 또는 시의성이 있는 것으로 판단되는 약 100개에 해당하는 노동판례를 선정하였다. 2단계로 편집위원회를 구성, 5분과로 나누어 집필방향과 집필자를 결정하는 작업 등을 하였다. 집필자는 법학전문대학원 또는 법대 등에서 노동법 전임교수로 재직하고 있는 자로 한정하였고(다만, 이 책의 발간을 위해 노력한 2명의 연구자는 예외), 집필신청 및 해당 주제에 관한 논문 또는 판례비평 등 연구실적을 기준으로 집필자를 결정하였다. 또한, 노동판례백선의 차례 등 형식을 통일하였으며, 원고지 5,500자 이내로 집필 분량의 기준도 제시하였다. 3단계에서는 편집위원회가 각 집필자로부터 원고를 제출받아 검토, 수정하고 출판사와 협의를 진행하였다. 이 때, 편집위원회는 집필자 56명으로부터 100편의 원고를 제출받아 발간목적에 따른 형식적 통일성, 집필진의 창의성을 훼손하지 않는 범위 내에서 내용의 적정성 등을 검토하였고, 필요한 경우 필자에게 수정을 요구하는 등의 과정을 거쳤다.

　노동판례백선을 발간하면서 이 책을 활용하고자 하는 분들을 위해 관련 사항 몇 가지를 제시하고자 한다.

　첫째, 이 책은 노동법총론, 개별법(비정규직법 포함), 집단법으로 구성되고, 각 주제와 노동판례에 집필자를 기재하여 책임성을 유도하였다. 집필방법과 관련하여, 사실관계와 판결의 내용 그리고 해설의 순서로 집필하도록 하여 큰 목차에서는 형식적 통일성을 갖추도록 하였으나, 다만 책의 전체 분량을 고려하여 집필분량을 제한하였기 때문에, 주제에 따라서 언급해야 할 쟁점이 많음에도 불구하고 이를 충분히 설명하지 못한 한계가 있을 수 있다.

　둘째, 특정한 주제에 적합한 노동판례가 복수이거나 오래된 노동판례와 최신 판례가 있는 경우 어떤 것을 선정할 것인지는 어려운 문제였다. 선정위원회는 이런 경우 역사성과 현실에 미친 영향력을 중시하는 방향에서 선정하였고, 이 후 편집위원회에서는 통상임금과 관련한 판례 등은 시의성을 중시하여 최근 나온 판례로 집필대상을 변경하기도 하였다. 노동판례백선이 초판이므로 판례의 역사성을 중시하였으나 추후 개정판을 출간할 때는 시의성을 중시하는 방향이 될 수도 있을 것이다. 이러한 점을 반영하게 될 개정판을 차기 학회주체들에게 기대해본다.

셋째, 편집위원회는 선정된 노동판례에서 중요한 쟁점과 보편적인 내용을 집필하도록 요청하였으나, 구체적으로 어떤 방향과 내용으로 서술할 것인지는 각 집필자에 맡겨두었다. 그러므로 집필자의 성향에 따라 해당 노동판례에 관한 법리구성과 내용 그리고 평석이 조금씩 다를 수 있다. 이것은 이 책이 노동법 교수 56명이 집필진으로 참여하여 만들어진 점을 고려한다면 이해될 수 있는 부분이나, 단독 저자의 노동법 교과서 또는 논문에 익숙한 분들에게는 어색할 수도 있을 것으로 보인다.

넷째, 노동판례는 노동현장에서 어떤 문제가 발생하고, 노동법상 쟁점에 관해 법원이 어떻게 해석하고 판단하는가를 알려준다. 편집위원회와 모든 필자들은 이러한 점을 노동판례백선에 담고, 특히 보편적인 시각에서 서술하도록 노력하였다. 이런 점에서 노동판례백선은 노동법을 가르치거나 배우는 분들에게 길잡이가 될 것이다. 그럼에도 초판이어서 부족한 점이 많을 것으로 보이며, 추후 이를 보완하겠다. 노동판례백선에 관해 의견과 비판이 있는 경우, 집필자 또는 한국노동법학회 홈페이지 등을 통해 알려주시면 개정판 작업에서 이를 반영할 것을 약속드린다.

마지막으로, 노동판례백선의 뒷면에 선정위원회, 편집위원회 명단을 '가나다'순으로 기재하였는데, 그 분들과 모든 집필자의 참여·노력으로 이 책이 만들어졌다. 특히, 노동판례백선 사업을 기획하시고 출발할 수 있게끔 지원을 아끼지 않으신 박종희 교수님(2012년 회장), 그리고 김홍영 교수님과 강선희 연구교수님을 포함하여 헌신적으로 활동하신 선정위원회와 편집위원회의 위원님들께 다시 한 번 감사를 표한다.

2014년 11월
한국노동법학회
회장 박수근

▌▌ 차　　례 ▌▌

제 11 장 부당해고 구제

제 12 장 근로관계 종료 후 보호

제 13 장 기업변동과 근로관계

제 14 장 비정규직 근로자

제 15 장 안전과 재해보상

제 16 장 노동조합 결성

제 20 장 쟁의행위

제 21 장 부당노동행위

제 22 장　노사협의회

▮▮ 일 러 두 기 ▮▮

※ 인용의 편의를 위해 다음의 약어를 사용함

[법률]

고평법　　☞　남녀고용평등과 일·가정 양립 지원에 관한 법률
근기법　　☞　근로기준법
근참법　　☞　근로자참여 및 협력증진에 관한 법률
기간제법　☞　기간제 및 단시간 근로자 보호 등에 관한 법률
노조법　　☞　노동조합 및 노동관계조정법
산재보험법 ☞　산업재해보상보험법
퇴직급여법 ☞　근로자퇴직급여 보장법
파견법　　☞　파견근로자 보호 등에 관한 법률

[조문]
§2 ① 1호　☞　제2조 제1항 제1호

[판결]
대법원 판결　　　☞　대판
대법원 결정　　　☞　대결
서울고등법원 판결　☞　서울고판
서울지방법원 판결　☞　서울지판

제2판
노동판례백선

1. 노동관행과 근로계약의 해석

－대법원 2002. 4. 23. 선고 2000다50701 판결(퇴직금)－

권혁(부산대 법학전문대학원)

Ⅰ. 사실관계

원고들(X)은 피고 공사(Y)에 입사하여 근무하다가 1997. 1. 17.부터 같은 해 11. 16.까지 사이에 퇴직하였다. Y는 1961. 창사 이래 X가 퇴직하기 직전 연도인 1996.까지 해당 연도의 특정일에 임금인상을 내용으로 하는 노사간 단체협약을 체결하고 이에 따라 Y의 취업규칙인 보수규정을 개정하면서, 재직 직원들에게 해당 연도의 전년 12. 16.부터 동년 단체협약 체결일 전일까지 그 전년도의 보수규정에 따라 지급된 임금과 같은 기간 동안 개정된 보수규정에 따라 지급되었을 임금과의 차액(임금인상분 차액)을 소급 정산하여 추가 지급하였으며, 같은 기간 동안에 Y로부터 퇴직한 직원들에게도 임금인상분 차액 및 이러한 차액을 원래의 지급기일에 지급받았더라면 이를 기초로 산정되었을 퇴직금액과의 차액(퇴직금인상분 차액)을 추가로 지급하여 왔다.

1996.까지 이러한 조치에 대하여 노사 쌍방으로부터 아무런 이의도 제기되지 아니하였다. 그런데 Y는 1997. 11. 19. 단체협약을 체결하고 이에 따라 보수규정을 개정한 후 위 단체협약 체결일 당시에 재직 중인 직원들에게 1996. 12. 16.부터 위 단체협약 체결일 전일까지 발생한 임금인상분 차액을 소급 정산하여 1997. 12. 12. 지급하였으나, 같은 기간 동안에 퇴직한 X에게는 같은 기간 동안 발생한 임금인상분 차액과 이에 기초한 퇴직금인상분 차액을 지급하지 아니하였다.

이에 대하여 원심은, Y사 노사간에는 창사 이래 해당 연도의 임금을 인상하기로 하는 내용의 단체협약이 체결되면 단체협약 체결일 당시 재직 중인 직원들 및 그 직전년 12. 16.부터 해당 연도 단체협약 체결일 전일까지 사이에 퇴직한 직원들에게 해당 연도에 체결된 단체협약에 따라 산정된 임금인상분 차액을 추가 지급하고 나아가 퇴직한 직원들에게는 위에서 본 바와 같은 퇴직금인상분 차액을 추가 지급하는 관행이 존재하여 왔고, 이에 대하여 노사 쌍방으로부터 아무런 이의도 제기되지 아니하였으므로, Y사 노사간에는 위와 같은 방식에 의한 임금 추가 지급이 하나의 묵시적 규범으로 인식되어 정착되기에 이른 이른바 노동관행이 성립되었다고 볼 수 있어 Y가 단체협약에 따라 산정된 임금 및 퇴직금인상분 차액을 추가 지급하던 종전의 노동관행에 반하여 그 지급을 중단하려면 근로자 과반수로 조직된 노동조합의 동의를 얻는 등의 절차를 거쳤어야 한다 할 것인데, 그러한 절차를 거쳤다는 점에 대한 아무런 주장·입증이 없으므로, Y는 X에게 종전의 노동관행에 따라 위 1997. 11. 19.자 단체협약에 의하여 산정된 임금 및 퇴직금인상분 차액을 추가 지급할 의무가 있다고 판단하였다.

그리고 단체협약 체결 이전에 이미 퇴직한 직원에게는 단체협약의 효력이 미치지 아니하므로 1997. 11. 19. 단체협약이 체결되기 전에 이미 퇴직한 X에게 위 단체협약에 따라 산정된 임금 및 퇴직금인상분 차액을 지급할 의무가 없다는 Y의 주장에 대하여는, 원심은 다음과 같이 판시하였다. 즉, X가 Y를 퇴직할 당시에 위에서 본 바와 같은 노동관행이 존재하고 있었던 이상 위 노동관행에 의하여 X는 퇴직 당시에 이미 Y에 대하여 1997년도에 체결될 단체협약의 내용에 따라 장차 산정될 임금 및 퇴직금인상분 차액을 청구할 조건부채권을 가지고 있었고, 다만 각 그 지급시기와 산정방법이 원고들의 퇴직 이후 시점에 결정되는 것에 불과하므로 Y의 주장은 이유 없다고 판단하여, Y에게 패소판결을 하였다.

Ⅱ. 판결의 내용

대법원은 X가 Y를 퇴직하면서 그 퇴직 당시에 효력을 가지고 있던 근로계약, 단체협약 및 보수규정에 따라 적법하게 산정된 임금 및 퇴직금 전액을 지급받은 사실을 알 수 있으므로, 특별한 사정이 없는 한, X로서는 Y에 대하여 더 이상의 임금이나 퇴직금의 지급을 청구할 수 없는 것이 원칙이라고 판단하면서, 법률상 X로서는 퇴직 이후에 체결된 위 1997. 11. 19.자 단체협약을 내세워 곧바로 임금인상분 및 퇴직금인상분 차액의 지급을 구할 수도 없다고 판단하였다.

대법원은 Y가 재직 근로자들에게 임금인상분 차액을 소급하여 지급한 사실은 노사간에 체결된 단체협약 및 이에 따라 개정된 보수규정에 따른 것임이 분명하므로, 거기에 노사관행

이 성립할 여지가 없다고 판단하였다. 또한 이미 퇴직한 근로자들에게까지 임의로 임금인상분 및 퇴직금인상분 차액을 추가 지급하여 준 사실은 외부적 사정에 불과하므로, 노동조합 또는 근로자집단과 사용자 사이의 노사관행이 성립할 수도 없는 것이라고 판단하였다.

다만, X로서는 Y에 재직할 당시 X가 이미 퇴직한 근로자들에게 위와 같이 임금 및 퇴직금인상분 차액을 지급하여 온 사실에 기하여 자기들도 퇴직하게 되면 같은 대우를 받을 것이라는 기대를 가지고 있었다고 볼 수는 있으나, 이러한 기대가 원심이 인정하는 바와 같은 조건부채권이 되기 위해서는 Y와 그 재직 근로자들 사이에서 규범적으로 "단체협약이 퇴직자에게도 적용된다."는 내용의 노사관행이 성립되어 있었어야 한다고 보았다. 그런데 기업의 내부에 존재하는 특정의 관행이 근로계약의 내용을 이루고 있다고 하기 위하여는 그러한 관행이 기업 사회에서 일반적으로 근로관계를 규율하는 규범적인 사실로서 명확히 승인되거나 기업의 구성원에 의하여 일반적으로 아무도 이의를 제기하지 아니한 채 당연한 것으로 받아들여져서 기업 내에서 사실상의 제도로서 확립되어 있다고 할 수 있을 정도의 규범의식에 의하여 지지되고 있어야 하나(대판 1993. 1. 26, 92다11695), 단체협약이 그 본래적인 성질에 있어서 협약 당사자인 구성원에게만 그 효력이 미치는 점, 이미 퇴직한 근로자는 원칙적으로 노동조합과 사용자 사이의 단체교섭에 간여하거나 이를 조종·선동할 수 없는 점 등에 비추어 보면, 위와 같은 내용의 노사관행은 그 성립요건인 규범의식 자체가 인정될 수 없으므로, 이를 전제로 하여 원심이 설시한 조건부채권의 성립을 단정할 수도 없다고 판시하였다.

Ⅲ. 해설

1. 쟁점

대상판결에서의 주된 쟁점은, 사용자가 이미 퇴직한 근로자들에게 퇴직 이후에 체결된 단체협약에 의한 임금인상분 및 퇴직금인상분 차액을 추가 지급한 관행을 두고, 과연 그러한 관행을 노동조합 또는 근로자집단과 사용자 사이의 규범의식이 있는 노사관행으로는 볼 수 있는가 여부라고 할 것이다. 따라서 과연 어떠한 경우에 노사관행이 성립되어 있다고 평가할 수 있겠는가 하는 점이 해명되어야 한다(권혁, 279쪽).

2. 노사관행의 노동법상 법원성

1) 법원의 개념

'법원'(法源)이란, 대체로 법적 분쟁을 해결하기 위하여 법관이 기준으로 삼아야 하는 재판규범의 존재형식을 말한다. 좀 더 쉽게 설명하면, 법원이란, 사법관계에서 당사자의 권리와 의무 발생의 근거를 말하는 것이다(권혁, 280쪽). 권리(또는 의무)는 법규정에 따라 인정되는 권리(예컨대 민법상 불법행위에 대한 손해배상청구권 등과 같은 법정채권)도 있고, 당사자 간의 합의(예컨대 민법상 임대차계약에 있어 임료청구권 등과 같은 임의채권)에 기반하기도 한다. 요컨대 법원은 계약적 속성의 것이나 법규범적 속성의 것으로 대별된다.

2) 노동관행의 특수성

노동법의 법원으로는 성문의 노동관련 규정 이외에도 단체협약, 노동조합규약, 사용자의 취업규칙, 근로계약, 사용자의 지시권, 노동관습법, 조리 등이 있다. 그 중 예컨대 단체협약이

나 취업규칙 그리고 근로계약 등은 계약의 당사자로서 사용자와 근로자 간의 '합의'를 통해 법원으로서 권리와 의무를 형성하게 되므로 계약적 성격을 갖는 것이다. 한편 노동관습법이나 노동법령은 규범적인 속성의 법원이다.

노동관행은 사업장 내에서 반복적으로 행하여져 온 '사실'에 대하여 '법원'으로서의 적격을 인정한 것이라는 점에 특징이 있다(권혁, 282쪽, 299쪽). 다만 이러한 노동관행을 '계약적 속성의 법원'(계약설)으로 파악하는 것이 옳을지, 아니면 '규범적 속성의 법원'(규범설)으로 파악하는 것이 옳을지에 대하여는 논쟁의 여지가 있다.

3. 노동관행으로서의 적격성 인정 요건

대상판결은 직장 내 사실로서의 관행이 노동법상 권리와 의무를 근거지우는 법원으로서 평가받기 위하여서는 어떠한 전제요건이 충족되어야 하는가에 대하여 명확히 설명하고 있다는 점에서 매우 중요한 의미를 가진다. 대법원은 "기업의 내부에 존재하는 특정의 관행이 근로계약의 내용을 이루고 있다고 하기 위하여는 그러한 관행이 기업 사회에서 일반적으로 근로관계를 규율하는 규범적인 사실로서 명확히 승인되거나 기업의 구성원에 의하여 일반적으로 아무도 이의를 제기하지 아니한 채 당연한 것으로 받아들여져서 기업 내에서 사실상의 제도로서 확립되어 있다고 할 수 있을 정도의 규범의식에 의하여 지지되고 있어야 한다."고 판시하면서, 이러한 특별한 사정이 있는 경우에는 예컨대 근로자의 구체적인 동의를 얻지 아니하더라도 근로자를 다른 계열기업으로 유효하게 전적시킬 수 있고, 이때 그 근거는 바로 노동관행이 된다고 하였다(대판 1996. 5. 10, 95다42270).

4. 평가

관행이 노동법의 법원으로서 평가되기 위해서는 기업사회에서 '규범적'인 것으로서 명확히 승인되고 있음으로 인해, 사실상 '제도'로서 확립되어 있다고 평가될 만큼 규범의식으로 지지되어야 한다는 것을 대상판결은 명확하게 제시하고 있다.

다만 대상판결의 노동관행에 관한 판단에서 여전히 고려되어야 할 여지는 남아 있다. 노동법은 사회적 약자인 근로자를 보호하기 위한 법체계이다. 노동법상 법원을 논함에 있어 관습법에 이르지 아니한 관행 사실에 대하여 법원으로 인정한 것은 노동법상의 고유한 현상이다. 사실로서 관행에 법원성을 긍정하는 것은, 근로자의 권리를 보다 넓게 인정해 주기 위한 것이지, 사용자의 권리를 보장해 주기 위해서가 아니다. 따라서 예컨대 근로자의 구체적인 동의를 얻지 아니하더라도 근로자를 다른 계열기업으로 유효하게 전적시킬 수 있는 근거로서 노동관행이 제시될 수는 없다고 본다.

◆◇ **참고문헌**

권혁, "노동관행에 따른 급부청구권의 형성과 소멸-독일에서의 최신논의를 중심으로", 『노동법학』 제23호, 한국노동법학회, 2006.

2. 취업규칙과 근로계약의 관계

– 대법원 2019. 11. 14. 선고 2018다200709 판결(임금및퇴직금청구) –

Ⅰ. 사실관계

피고(회사)는 1급 직급 근로자인 원고와 2014. 3.경 기본연봉을 70,900,000원(월 기본급 5,908,330원)으로 정한 연봉계약을 체결하였다. 피고는 2014. 6. 25. 피고 소속 근로자의 과반수로 조직된 노동조합(이하 "노조"라고 한다)의 동의를 받아 취업규칙에 해당하는 임금피크제 운용세칙을 제정 및 공고하였다. 이 사건 취업규칙은 연봉계약이 정하는 기본연봉에 복리후생비를 더한 총 연봉을 임금피크 기준연봉으로 정하고, 정년이 2년 미만 남아 있는 근로자에게는 임금피크 기준연봉의 60%를, 정년이 1년 미만 남아 있는 근로자에게는 임금피크 기준연봉의 40%를 지급하도록 하고 있었다.

피고는 원고에게 이 사건 취업규칙이 정하는 바에 따라 2014. 10. 1.부터 2015. 6. 30.까지는 정년이 2년 미만 남아 있다는 이유로 월 기본급을 3,545,000원(= 5,908,330원 × 0.6)으로, 2015. 7. 1.부터 2016. 6. 30.(원고의 정년퇴직일)까지는 정년이 1년 미만 남아 있다는 이유로 월 기본급을 2,363,330원(= 5,908,330원 × 0.4)으로 계산한 후, 정직 처분에 따른 감액 등을 고려하여 임금을 지급하였다.

원고는 이 사건 임금피크제를 원고에게 적용한 것은, 원고와 피고 사이의 연봉계약과 근기법상 취업규칙인 피고의 제 규정에 반할 뿐만 아니라 자신은 단체협약상 노조원 자격이 없는 1급 직원이므로 노조와의 합의 결과인 이 사건 임금피크제를 자신에게 적용하는 것은 위법하다며, 연봉계약에 따른 미지급 임금 및 이에 대한 지연손해금의 지급을 요구하였다.

이에 대하여 1심 법원(수원지법 안양지판 2017. 6. 23, 2016가단115485)은 임금피크제의 도입은 취업규칙의 불이익한 변경이라 근로자의 동의가 필요한데, 피고 회사의 직급 체계상 2급에서 1급으로의 승진이 가능한 점에 비추어 노조는 변경된 취업규칙의 적용이 예상되는 근로자 집단을 포함한 전체 근로자의 과반수로 조직된 노조라고 할 것이므로, 이 사건 임금피크제에 관한 노조의 동의는 적법·유효하고[1], 임금피크제에도 불구하고 기존 연봉제가 그대로 적용된다면 임금피크제는 그 목적을 달성할 수 없으므로 이 사건 임금피크제에는 당연히 취업규칙상의 기존 연봉제의 적용을 배제하고 임금피크제가 우선적으로 적용된다는 내용의 합의가 포함된 것이라고 봄이 당사자의 의사에

---

[1] 이 사건 판결에서는 논란이 되지 않았지만 원고가 주장하는 바대로 자신은 1급 직원이므로 노조의 가입대상이 아닐뿐더러 임금피크제에 동의하지 않았으므로 이 사건 임금피크제를 자신에게 적용할 수 없다는 논리는 타당하지 않다. 왜냐하면 이 사건 취업규칙은 전 근로자에게 적용되는 것이고, 더구나 임금피크제를 바로 적용해야 할 대상은 정년을 앞두고 있는 고령의 고위직 근로자라는 점에서 자신이 동의하지 않았다는 이유로 적용에서 제외된다고 할 수는 없기 때문이다.

합치된다고 판단하였다. 이같이 원고의 청구를 기각한 1심의 판단을 원심(수원지판 2017. 12. 7, 2017나68660)도 그대로 수용하여 원고의 항소를 기각하였다.

Ⅱ. 판결의 내용

반면 대상판결은 원심과는 달리 다음과 같은 이유로 원고 승소의 판단을 하였다.

근기법 제97조는 "취업규칙에서 정한 기준에 미달하는 근로조건을 정한 근로계약은 그 부분에 관하여는 무효로 한다. 이 경우 무효로 된 부분은 취업규칙에 정한 기준에 따른다"라고 정하고 있는데, 이 규정은 근로계약에서 정한 근로조건이 취업규칙에서 정한 기준에 미달하는 경우 취업규칙에 최저기준으로서의 강행적·보충적 효력을 부여하여 근로계약 중 취업규칙에 미달하는 부분은 무효로 하고 이 부분을 취업규칙에서 정한 기준에 따르게 함으로써, 취업규칙이 정한 기준에 미달하는 근로조건을 감수하도록 하는 것을 막아 종속적 지위에 있는 근로자를 보호하고 있다. 이러한 규정 내용과 입법 취지를 고려하여 근기법 제97조를 반대해석하면, 취업규칙에서 정한 기준보다 유리한 근로조건을 정한 개별 근로계약 부분은 유효하고 취업규칙에서 정한 기준에 우선하여 적용된다.

한편 근기법 제94조는 "사용자는 취업규칙의 작성 또는 변경에 관하여 해당 사업 또는 사업장에 근로자의 과반수로 조직된 노동조합이 있는 경우에는 노동조합, 근로자의 과반수로 조직된 노동조합이 없는 경우에는 근로자의 과반수의 의견을 들어야 한다. 다만 취업규칙을 근로자에게 불리하게 변경하는 경우에는 그 동의

를 받아야 한다"라고 정하고 있는데, 이 규정은 사용자가 일방적으로 정한 취업규칙을 근로자에게 불리하게 변경하려고 할 경우 근로자를 보호하기 위하여 위와 같은 집단적 동의를 받을 것을 요건으로 한 것이다.

그리고 근기법 제4조는 "근로조건은 근로자와 사용자가 동등한 지위에서 자유의사에 따라 결정하여야 한다"라고 정하고 있는데, 이 규정의 취지는 사용자가 일방적으로 근로조건을 결정하여서는 안 되고, 근로조건은 근로관계 당사자 사이에서 자유로운 합의에 따라 정해져야 하는 사항임을 분명히 함으로써 근로자를 보호하고자 하는 데 있다.

이러한 각 규정 내용과 그 취지를 고려하면, 근기법 제94조가 정하는 집단적 동의는 취업규칙의 유효한 변경을 위한 요건에 불과하므로, 취업규칙이 집단적 동의를 받아 근로자에게 불리하게 변경된 경우에도 근기법 제4조가 정하는 근로조건 자유결정의 원칙은 여전히 지켜져야 한다.

따라서 근로자에게 불리한 내용으로 변경된 취업규칙은 집단적 동의를 받았다고 하더라도 그보다 유리한 근로조건을 정한 기존의 개별 근로계약 부분에 우선하는 효력을 갖는다고 할 수 없다. 이 경우에도 근로계약의 내용은 유효하게 존속하고, 변경된 취업규칙의 기준에 의하여 유리한 근로계약의 내용을 변경할 수 없으며, 근로자의 개별적 동의가 없는 한 취업규칙보다 유리한 근로계약의 내용이 우선하여 적용된다.

Ⅲ. 해설

1. 이 사건의 쟁점

이 사건에서의 쟁점은 과거에 근로자와 사용자가 개별적으로 체결한 근로계약(연봉제)과

추후 과반수 노조의 동의로 근로자들에게 불리하게 변경된 취업규칙(임금피크제) 중 무엇이 우선 적용되느냐이다.

1심과 원심 법원은 연봉제를 우선 적용한다면 새로이 도입한 임금피크제는 그 목적을 달성할 수 없기 때문에 과반수 노조의 동의를 받아 불이익 변경된 취업규칙이 그 이전에 체결된 근로계약보다 우선하여 적용된다고 본 반면, 이 사건 판결은 근기법 제97조를 반대해석하여 취업규칙을 상회하는 규정을 둔 근로계약이 이보다 불리한 규정을 둔 취업규칙보다 우선 적용된다고 보았다.

2. 이 사건 판결의 형식논리

이 사건 판결은 근기법 제97조와 제4조에 의하여 근로계약과 취업규칙의 충돌 시 우선순위를 판단하고 있다. 즉 "취업규칙에서 정한 기준에 미달하는 근로조건을 정한 근로계약은 그 부분에 관하여는 무효로 한다. 이 경우 무효로 된 부분은 취업규칙에 정한 기준에 따른다"라고 한 근기법 제97조를 반대해석하여 취업규칙에서 정한 기준보다 근로자에게 유리한 근로조건을 정한 개별 근로계약 부분은 유효하므로 근로계약의 내용이 취업규칙에서 정한 기준에 우선하여 적용된다는 것이다. 또한 근기법 제4조의 "근로조건은 근로자와 사용자가 동등한 지위에서 자유의사에 따라 결정하여야 한다"는 규정에 따라 근로조건은 근로관계 당사자 간 자유로운 합의에 의하여 정해져야 하므로 근로계약 당사자 간 합의가 없는 한 취업규칙이 근로계약에 우선하여 적용될 수 없다는 것이다.

이 사건 판결이 근기법의 제 규정을 근거로 판단한 근거는 형식논리적으로만 보면 명확하고 흠결이 없어 보인다. 다만 이렇게 형식적으

로 법조문의 자구만을 반대해석하여 판단하는 것은 이 사건의 본질을 흐리게 한다는 점에서 문제가 있다. 이 사건에서 피고 회사가 임금피크제를 도입한 데는 그렇게 할 수밖에 없는 합리적인 이유가 있었을 것이고, 과반수의 노조도 이러한 사정을 감안하여 취업규칙의 불이익 변경에 동의하였다 할 것이다. 만일 이 사건 판결에 따른다면 임금피크제와 같이 불가피한 사유로 근로자에게 불리한 제도를 취업규칙에 도입하는 경우 이보다 유리한 근로계약 규정이 있는 한 불이익 변경된 취업규칙은 그 목적을 달성할 수 없게 된다.

예컨대 코로나19의 확산 이후 매출의 급격한 감소로 사용자가 근로계약상의 임금을 지급할 여력이 없어 과반수 노조나 근로자 과반수의 동의를 받아 임금피크제를 도입했다 할지라도 호황 시 체결한 근로계약이 근로자에게 유리한 이상 근로계약상의 임금을 지급해야 한다는 결론에 이를 수밖에 없게 된다. 물론 코로나19 사태와 같은 예외적인 경우를 이 사건에 적용할 수 있느냐는 의문이 있을 수 있으나, 경영악화로 취업규칙을 불리하게 개정할 수밖에 없는 사정은 언제든지 있을 수 있다. 이 사건 판결의 논리대로라면 과반수 노조의 동의를 받아 불이익 변경된 취업규칙은 그 이전에 체결한 근로계약보다 대부분 불리하므로 해당 근로자의 동의가 없는 한 영원히(?) 적용할 수 없게 된다.

이 같은 점에 비추어 볼 때 이 사건 판결은 형식적으로는 하자가 없어 보이나 실질적으로는 불합리한 결론에 이르게 된다는 점에서 동의하기 어렵다.

3. 결론

이 사건 판결은 기계적인 법 해석과 그 적용

이 현실적으로 어떠한 결과를 가져오는지를 여실히 보여주는 사례라고 할 것이다. 이 사건 판결처럼 근기법 제97조의 반대해석으로 판단을 하는 것은 일반인 어느 누구라도 할 수 있는 단순한 법조문 해석의 결과일 뿐이다. 적어도 대법원이라면 그런 형식논리적인 해석보다는 문제의 본질 및 그 파급효과를 고려하여 보다 공정하고 합리적인 판단을 했어야 한다. 그런 의미에서 임금피크제의 목적 달성이 어렵게 된다는 현실적인 문제점을 고려한 1심과 원심의 판단이 설득력이 있다고 할 것이다.

　다만 이 사건에서와 같은 갈등을 피하기 위하여 실무에서는 취업규칙의 개정 전 또는 후에 취업규칙의 불이익 변경을 할 수밖에 없는 불가피한 사정에 대하여 전 근로자를 대상으로 설명회를 개최하여 근로자들의 집단적 동의를 구하는 것이 바람직하다고 본다. 물론 불이익 변경의 결과를 생각할 때 근로자들이 임금피크제에 흔쾌히 동의하기는 쉽지 않겠으나, 경영이 극도로 악화된 사용자에게 기존 근로계약의 임금을 요구하는 것 또한 사회상규에 부합한다고 하기는 어렵다. 이 사건과 같이 선례가 없는 사건의 경우는 민법 제1조(법원)에서 규정하는 바와 같이 "민사에 관하여 법률에 규정이 없으면 관습법에 의하고 관습법이 없으면 조리에 의한다"는 규정을 적용할 필요가 있다. 즉 이 사건의 경우처럼 임금피크제에 과반수 노조가 동의를 하였고, 또 그러한 규정이 사회통념상 합리성이 있다면 근로자도 무조건 유리한 근로계약 규정의 적용만을 주장할 것이 아니라 회사의 경영상 어려움에 동참하는 양보의 미덕을 발휘할 필요가 있다. 민법 제2조(신의성실)가 규정하고 있듯이 권리의 행사와 의무의 이행은 신의에 좇아 성실히 하여야 하며, 권리는 남용해서는 안 된다. 어려울 때일수록 노사가 서로 양보하고 협력하는 자세가 요구된다고 할 것이다.

◆ 참고문헌

김기선, "취업규칙 불이익 변경과 근로계약 – 대상판결: 대법원 2019. 11. 14. 선고 2018두200709 판결 – ", 『노동법포럼』 제29호, 노동법이론실무학회, 2020.
방준식, "취업규칙 불이익변경과 근로계약의 효력(대상판결: 대법원 2019. 11. 14 선고 2018두200709 판결)", 『노동법학』 제74호, 한국노동법학회, 2020.
신권철, "취업규칙과 근로계약의 관계 – 취업규칙 불이익 변경 판례를 중심으로", 『노동법연구』 제48호, 서울대학교 노동법연구회, 2020.
유성재, "불이익 변경된 취업규칙과 유리한 근로계약의 효력", 『노동법논총』 제48호, 비교노동법학회, 2020.
최홍엽, "취업규칙의 불이익 변경과 근로계약 – 대법원 2019. 11. 14. 선고 2018두200709 판결의 비판적 검토 – ", 『노동법학』 제73호, 한국노동법학회, 2020.

3. 단체협약과 취업규칙의 관계

― 대법원 2002. 12. 27. 선고 2002두9063 판결(부당해고구제재심판정취소) ―

김경태(한림대 법학과)

Ⅰ. 사실관계

원고(X)는 1993.경부터 Y회사에 택시기사로 입사하여 근무하였다. 입사 당시 Y회사의 취업규칙과 단체협약은 무단결근으로 인한 면직기준을 월 7일 이상인 경우로 동일하게 규정하고 있었다. 1997. 10. 30. Y회사의 노사는 무단결근이 경영상 큰 장애가 됨을 인식하고 상습적인 무단결근자를 엄중히 징계하기로 합의한 다음, 1998. 1. 21. 무단결근자의 면직 기준일수를 월 7일에서 월 5일로 단축하는 내용으로 단체협약을 개정, 시행하였으나 위 취업규칙의 규정은 변경하지 아니한 채 남겨두었다.

그 후 X는 1998. 9.에 2일, 10.에 5일, 1999. 2.에 5일, 3.에 6일을 각각 결근하였다. 이에 Y회사는 X에 대해 상습적인 무단결근으로 회사에 운송수입금 1,116,000원 상당의 손실을 입혔다는 이유로 1999. 5. 27. 징계해고 처분하였다.

X는 종전의 취업규칙에 따르면 면직사유인 상습적인 무단결근에 해당하지 않는다고 주장하면서 노동위원회에 부당해고 구제신청을 하였는데, 중앙노동위원회는 새 단체협약을 그대로 적용한 당해 해고의 정당성을 인정하였다.

Ⅱ. 판결의 내용

대상판결은 "협약자치의 원칙상 노동조합은 사용자와 사이에 근로조건을 유리하게 변경하는 내용의 단체협약뿐만 아니라 근로조건을 불리하게 변경하는 내용의 단체협약도 체결할 수 있으므로, 근로조건을 불리하게 변경하는 내용의 단체협약이 현저히 합리성을 결하여 노동조합의 목적을 벗어난 것으로 볼 수 있는 것과 같은 특별한 사정이 없는 한 그러한 노사간의 합의를 무효라고 볼 수는 없고, 한편 이와 같은 단체협약의 개정 경위와 그 취지에 비추어 볼 때, 단체협약의 개정에도 불구하고 종전의 단체협약과 동일한 내용의 취업규칙이 그대로 적용된다면 단체협약의 개정은 그 목적을 달성할 수 없으므로 개정된 단체협약에는 당연히 취업규칙상의 유리한 조건의 적용을 배제하고 개정된 단체협약이 우선적으로 적용된다는 내용의 합의가 포함된 것이라고 봄이 당사자의 의사에 합치한다고 할 것이고, 따라서 개정된 후의 단체협약에 의하여 취업규칙상의 면직기준에 관한 규정의 적용은 배제된다고 보아야 할 것이다."라고 하여 단체협약보다 유리한 내용을 규정하고 있는 취업규칙의 적용을 부인하였다.

Ⅲ. 해설

1. 쟁점

근로계약의 체결 이후 근로자는 노동관계 법령과 더불어 단체협약, 취업규칙 등의 자치규범에 의해 근로조건을 보호받게 된다. 이들 중 자치규범은 단체협약, 취업규칙 및 근로계약의 순으로 적용에 있어서 우선적 효력을 가진다 (노조법 §33 ① 및 근기법 §96 ①). 즉 상위의 자치규범과 비교하여 불리한 조건을 정하고 있는 하위규범의 부분은 무효가 되고(규범적 효력), 상위의 규범에서 정한 내용이 그 무효로 된 부분을 대체하게 된다(대체적 효력).

그런데 각 자치규범이 상이한 근로조건의 기준을 정하고 있는 경우 가장 유리한 근로조건을 정하고 있는 자치규범이 상·하위에 관계없이 우선적으로 적용될 수 있는가에 대한 문제를 생각해 볼 수 있다. 이를 긍정하여 자치규범 간 적용의 일반원칙에 예외를 둔 것을 '유리한 조건 우선의 원칙'(이하 '유리의 원칙'이라 한다)이라고 하며 종래 '단체협약의 규범적 효력의 한계'의 문제로서 논의되어 왔다.

대상판결에서의 사안은 본 원칙과 관련되는 것으로 보인다. 즉 이는 단체협약상의 징계해고 규정을 근거로 하여 해고된 근로자가 당해 해고의 부당함을 주장한 사건으로서, 월 7일 이상의 무단결근을 면직기준으로 규정하고 있던 취업규칙에 비해 단체협약이 근로자에게 보다 불리하게 개정된 경우 취업규칙의 적용이 배제되는지의 여부가 검토의 대상이 된다.

2. 단체협약의 규범적 효력의 한계: 소위 '유리의 원칙'의 인정 가능성

유리의 원칙은 단체교섭이 '산업별 통일교섭'의 방식으로 이루어지고 있는 독일에서 유래한다. 독일의 경우 그동안 많은 논의가 있어 왔으나 현재는 단체협약법에서 '단체협약이 허용하거나, 근로자들에게 유리하게 변경되는 경우에 한해 단체협약과 다른 약정을 할 수 있는 것'으로 규정하여(§4 ③) 이 문제를 입법적으로 해결하고 있다.

그러나 기업별 노조 또는 이들을 산업별로 결합한 연합단체를 주된 조직형태로 하고 있는 우리나라에서도 이와 같은 원칙을 인정할 수 있는지는 불분명하다.

현행 근기법 제97조는 취업규칙에서 정한 기준에 '미달'하는 근로조건을 정한 근로계약만을 무효로 하고 있음에 반하여 노조법 제33조 제1항은 단체협약에 정한 근로조건 등의 기준에 '위반'하는 취업규칙 또는 근로계약의 부분을 무효로 하는 것으로 규정하고 있다. 이들 규정에 의할 경우 취업규칙이나 근로계약에서 단체협약이 정한 기준에 미달하는 기준을 정할 경우 당해 기준은 무효가 됨이 분명하나, 단체협약에서 정한 기준보다 상향하는 기준을 정한 경우에는 그 유효성이 문제된다. 결국 이는 노조법 제33조 제1항이 사용하고 있는 '위반'이라는 용어의 의미를 어떻게 해석하는가에 따라 그 결과를 달리하게 될 것이다.

1) 긍정설(편면적용설)

단체협약은 근로자들을 보호하기 위하여 근로조건의 최저기준을 정한 것일 뿐이므로 하위규범이 단체협약에 비하여 유리한 근로조건을 규정하고 있을 때에는 단체협약에 우선하여 적용될 수 있는 것으로 파악하는 입장이다(김형배, 926쪽 등). 이 견해는 집단적 자치와 사적자치의 관계에 있어서 전자는 후자를 대체하는 것이 아니라 보충하는 것, 즉 집단적 자치는 사적 자치의 기초 위에서 사적 자치를 위하여 운영되는 것으로 이해하는 데에 근거를 둔다(하경효, 89~92쪽). 우리의 행정해석 또한 긍정설의 입장을 취해 왔던 것으로 보인다(근기 1455-8215, 1982. 3. 23.; 감독 01254-21566, 1990. 12. 27. 등).

2) 부정설(양면적용설)

단체협약에서 정한 기준을 절대기준으로 보아 이 기준에 미달하는 기준은 물론 상회하는 기준을 설정하는 것 역시 허용되지 않는다고 보는 입장이다. 그 근거로서 (i) 이를 긍정할 경우 사용자가 특정근로자를 우대하여 조합조직을 붕괴시키는데 이를 악용하는 등 부당노동행위의 발생이 우려된다는 점(김유성, 170쪽), (ii) 단체협약은 기업별 노동조합 체제 하의 공정기준으로서 일부 조합원에게만 특별히 유리한 조건을 인정하는 것은 신의칙에 반한다는 점(임종률, 152쪽) 등을 제시한다.

3) 판례의 동향

현재까지 유리의 원칙의 적용여부를 직접적으로 판단한 판결은 찾아볼 수 없으며, 특정 사안에 있어서 '유리한 조건'을 언급한 판결들이 몇몇 발견되고 있을 뿐이다.

대표적으로는, 취업규칙과 단체협약에서 정년을 60세로 동일하게 정하고 있다가 단체협약의 규정만 60세에서 56세로 변경하고 종전의 취업규칙은 그대로 둔 경우 이들 중 어느 규정에 따라 정년기준이 적용되어야 하는지를 판단

하는 사안에서, 대법원은 "근로조건이 단체협약과 취업규칙이 같은 수준으로 또는 단체협약이 더 유리한 수준으로 정해져 있다가 단체협약의 근로조건을 취업규칙보다 낮은 수준으로 변경한 후 취업규칙을 그대로 두었다 하더라도 노동조합의 새로운 단체협약체결 행위를 취업규칙 변경 등의 행위로 보아야 하므로 단체협약의 관련 내용이 곧 취업규칙의 내용이 되어 이전의 취업규칙상 근로조건은 효력이 없다."라고 판시한 원심판결(부산고판 1992. 10. 23, 91나17009)의 내용을 그대로 인용한 바 있다(대판 1993. 3. 23, 92다51341. 이 외에도 대판 1997. 6. 10, 95다34316 등이 있음).

3. 평가와 한계

대상판결은 유리의 원칙을 부정한 리딩케이스로 평가받아 온 판결이다. 그러나 현실적인 측면을 생각할 때 대상판결이 유리의 원칙을 전면적으로 부정한 것으로 볼 수 있을지는 불명확하다.

이들 판결들의 공통적인 사실관계를 정리하면 다음과 같다. 첫째, 단체협약이 기존의 내용보다 불이익하게 변경되었으나 변경 전 단체협약과 동일한 내용을 규정하고 있었던 취업규칙이 개정되지 않음을 이유로 하나의 사업장 내에 상이한 근로조건을 규정하고 있는 규범이 병존하는 상황이 발생한다. 그에 따라 (조합원인) 근로자는 단체협약이 아니라 취업규칙의 규정을 자신에게 적용해 줄 것을 주장하나 사용자가 이를 거부하자 소송을 제기하게 된다.

이와 같은 사안에 있어서 대법원은 근로자에게 보다 유리한 내용을 담고 있는 취업규칙의 적용가능성을 부정하고 있으나, 그 근거를 단체협약의 규범적 효력에서 찾고 있는 것이

아니라 취업규칙을 적용할 경우 새로운 단체협약을 체결한 목적을 달성할 수 없다는 점에서 찾고 있다. 그에 따라 단체협약에 비해 유리한 내용을 규정하고 있는 취업규칙의 적용 가능성을 부인하게 되며, 이는 결과적으로는 유리의 원칙을 부정하는 것으로 보이게 되는 것이다.

유리의 원칙은 동일한 시점에서 적용되는 상·하위 규범간의 적용에 있어서의 효력의 우선순위를 판단하는 문제로서 법 적용의 일반원칙인 '상위법 우선의 원칙'의 예외로서 작용한다. 단체협약이 변경되어 새로운 단체협약의 효력이 발생하게 되면 당연히 법적용상의 또다른 일반원칙 중 하나인 '신법우선의 원칙'에 의해 새 단체협약이 적용되어야 한다. 새로운 규범이 우선 적용되는 것으로 판단한 사례에 대해 이를 대법원이 '유리의 원칙의 적용을 부인한 것'이라고 보는 것은 무리가 있다(독일에서는 이를 '질서의 원칙'이라고 하여 유리의 원칙과 구분하고 있다(김형배, 930쪽)).

둘째, 한편으로 대상판결 등에서의 사실관계들은 모두 '단체협약이 근로자에게 불이익하게 개정된 이후에도 사용자가 취업규칙의 변경을 게을리 하였거나 불가피한 사정으로 변경되지 않았음을 원인으로 하여 (조합원인) 근로자가 종래 취업규칙에서 정한 보다 유리한 근로조건을 요구한 경우'라는 공통점을 가지고 있다.

불이익하게 변경된 새 단체협약이 유효하게 적용될 경우 취업규칙은 당연히 여기에 맞추어 종전보다 불이익하게 변경되어야 하며 이는 조합원인 근로자 모두가 예상할 수 있는 상황이

다. 물론 사용자가 종전보다 불리한 단체협약의 변경에 당연히 수반되는 조치로서 취업규칙의 변경을 게을리 한 경우에는 그 책임을 물을 수도 있을 것이다. 그러나 조합원으로서의 근로자는 사적 자치의 한계를 극복하고자 노동조합에 가입하였고 그에 따라 단체협약 체결에 대한 수권의사를 이미 표시한 것이라고 봐야 하므로 자신이 조합원의 신분을 가지는 한 원칙적으로 자신에게 적용되는 근로조건에 대해 조합의 통제력·집단적 규제력의 지배를 받아야 한다(정진경, 43-44쪽). 따라서 조합원인 근로자가 단체협약의 내용을 상회하는 다른 자치규범의 내용을 사용자에게 요구할 수는 없다고 해야 한다. 이와 같은 요구는 '선행행위와 모순되는 행위'로서 허용되지 않으며 그 자체로서 무효라고 해야 하기 때문이다.

결국 현행법 하에서 유리의 원칙의 적용을 검토해야 하는 경우는 '단체협약의 체결 이후에 사용자가 취업규칙을 개정하면서 단체협약상의 기준보다 유리한 기준을 설정하여 근로자에게 제시한 경우'에 한정된다. 그러나 이를 직접적으로 판단한 판결은 현재까지 발견되지 않고 있다.

◆◈ 참고문헌

김유성, 『노동법 Ⅱ』, 법문사, 2000.
김형배, 『노동법』, 박영사, 2014.
임종률, 『노동법』, 박영사, 2014.
정진경, "근로조건의 불이익 변경", 『노동법연구』 제13호, 서울대학교 노동법연구회, 2002.
하경효, 『노동법사례연습』, 박영사, 2008.

4. 노동법에서 신의칙의 적용

― 대법원 1994. 9. 30. 선고 94다9092 판결(고용관계존재확인등) ―

조용만(건국대 법학전문대학원)

Ⅰ. 사실관계

피고 회사(Y)는 1980. 6.경 기업경영의 합리화를 위하여 그 소속부서 중 도장부를 분리·독립시켜 그 계열회사로서 소외 주식회사 A를 설립하여 그 영업부분을 양도하고, 원고들(X 등)을 포함한 Y 도장부 소속 근로자들이 회사측의 권고에 따라 Y에서 퇴직하고 신설된 A에 신규 입사하게 되었다. 그 당시 위 근로자들이 Y에 비하여 경영기반이 훨씬 취약한 A로 그 적을 옮기게 되는데 따른 제반 신분상의 불이익을 우려하여 그 대비책을 요구한 관계로, 1980. 6.경 Y의 노동조합인 전국금속노동조합 Y지부가 X 등을 포함하여 당시 Y의 전적 방침에 따르는 도장부 소속 근로자들을 위하여 Y와의 사이에, 앞으로 신설된 A가 조업이 불가능하여 고용을 유지하지 못하게 될 때에는 Y가 A의 소속 종업원들을 모두 재취업시키기로 약정하였다. 그 후 X 등이 위 기업분할 조치에 순응하여 Y에서 퇴직하고 1980. 7. 1. A에 입사하여 근무하여 오던 중에 A가 1989. 7.경 폐업하면서 같은 달 31. X 등을 포함한 근로자들을 모두 해고하였다. X 등은 A로부터 해고된 후 각기 다른 회사에 입사하여 급료를 받고 있다가 2년 8개월여의 기간이 경과된 후에 위 재취업 약정을 근거로 하여 원래 근무하던 Y와의 사이에 고용관계가 존재한다는 확인 내지 임금지급을 청구하는

이 사건 소를 제기하였다.

Ⅱ. 판결의 내용

Y로부터 분리·독립된 계열회사 A의 폐업으로 해고되어 다른 회사에 입사하여 급료를 받고 있다가 2년 8개월여 후에 Y와 그 노동조합 간의 재취업약정에 근거하여 Y를 상대로 이 사건 소를 제기한 것이 실효의 원칙 내지는 신의칙에 비추어 허용될 수 있는지 여부에 관하여, 대법원은 이 사건 소의 제기는 X 등이 "그동안 비슷한 처지에 놓인 다른 근로자들이 제기한 이 사건과 같은 취지의 관련 소송의 추이를 기다렸다가 그중 일부 근로자들이 승소판결을 얻자 비로소 이 사건 제소에 이르렀음이 분명하고, 아울러 X 등이 위 재취업약정에 기하여 Y와의 사이에 새로운 고용관계가 형성되었음에도 불구하고 Y측에서 그동안 전혀 근로의 기회를 제공하지 않은 사정을 감안하여 볼 때, 이러한 법률관계에 정통하지 못한 X 등이 뒤늦게 이 사건 제소를 하였다고 하여 그 소 제기에 의한 권리의 행사가 실효의 원칙 내지는 신의성실의 원칙에 비추어 허용될 수 없는 것이라고 말할 수 없다. 그리고 X 등이 비록 그 사이 각기 다른 회사에 입사하여 고액의 급료를 얻고 있었다고 하더라도, 이는 이 사건 소송의 승소 가능성에 대한 회의와 Y와의 사이에 생긴 법률

관계에 대한 이해부족에서 연유된 것으로 보이므로 이 때문에 그 결론이 달라진다고 볼 수도 없을 것이다."라고 판시하였다.

III. 해설

1. 법의 일반원칙으로서 신의칙

신의성실의 원칙을 규정한 민법 제2조에 의하면 권리의 행사와 의무의 이행은 신의에 좇아 성실히 하여야 하고, 권리는 남용하지 못한다. 또한 민사소송법 제1조 제2항에 따르면 당사자와 소송관계인은 신의에 따라 성실하게 소송을 수행하여야 한다. 이렇듯 신의칙은 실체법에서 절차법까지 법 전반에 걸쳐 적용되는 일반원칙이다. 민법상의 신의성실의 원칙은 법률관계의 당사자는 상대방의 이익을 배려하여 형평에 어긋나거나 신뢰를 저버리는 내용 또는 방법으로 권리를 행사하거나 의무를 이행하여서는 아니 된다는 추상적 규범을 말하는 것으로서, 신의성실의 원칙에 위배된다는 이유로 그 권리의 행사를 부정하기 위해서는 상대방에게 신의를 공여하였다거나 객관적으로 보아 상대방이 신의를 가짐이 정당한 상태에 이르러야 하고, 이와 같은 상대방의 신의에 반하여 권리를 행사하는 것이 정의 관념에 비추어 용인될 수 없는 상태에 이르러야 한다(대판 1991. 12. 10, 91다3802; 대판 1997. 1. 24, 95다30314 등). 판례가 인정한 신의칙 개념에 따르면 어떤 사람의 권리행사가 신의칙에 어긋나서 그것을 부인하기 위해서는 단순히 권리의 행사가 공평이나 형평에 반하는 정도에 그쳐서는 안 되고, 상대방의 신뢰를 배신하고 더 나아가 그 신뢰의 배신은 사회 전체의 관점에 비추어 정의 관념에 어긋나기 때문에 허용할 수 없는 정도에

이르러야 한다(윤용석, 25쪽).

2. 해고소송에서의 신의칙: 실효의 원칙

실효의 원칙은 신의칙에서 파생된 원리다. 판례에 따르면, 권리자가 실제로 권리를 행사할 수 있는 기회가 있었음에도 불구하고 상당한 기간이 경과하도록 권리를 행사하지 아니하여 의무자인 상대방으로서도 이제는 권리자가 권리를 행사하지 아니할 것으로 신뢰할 만한 정당한 기대를 가지게 된 다음에 새삼스럽게 그 권리를 행사하는 것이 법질서 전체를 지배하는 신의성실의 원칙에 위반하는 것으로 인정되는 결과가 될 때에는 이른바 실효의 원칙에 따라 그 권리의 행사가 허용되지 않으며, 실효의 원칙이 적용되기 위하여 필요한 요건으로서의 실효기간(권리를 행사하지 아니한 기간)의 길이와 의무자인 상대방이 권리가 행사되지 아니하리라고 신뢰할 만한 정당한 사유가 있었는지의 여부는 일률적으로 판단할 수 있는 것이 아니라 구체적인 경우마다 권리를 행사하지 아니한 기간의 장단과 함께 권리자측과 상대방측 쌍방의 사정 및 객관적으로 존재한 사정 등을 모두 고려하여 사회통념에 따라 합리적으로 판단하여야 한다(대판 1992. 5. 26, 92다3670; 대판 2005. 10. 28, 2005다45827 등).

해고소송에서 실효의 원칙을 적용하는 판례의 입장에 따르면, 사용자로부터 해고된 근로자가 퇴직금 등을 수령하면서 아무런 이의의 유보나 조건을 제기하지 않았다면 해고의 효력을 인정하지 아니하고 이를 다투고 있었다고 볼 수 있는 객관적인 사정이 있다거나 그 외에 상당한 이유가 있는 상황 하에서 이를 수령하는 등의 특별한 사정이 없는 한 그 해고의 효력을 인정하였다고 할 것이고, 따라서 그로부터 오랜

기간이 지난 후에 그 해고의 효력을 다투는 소를 제기하는 것은 신의칙이나 금반언의 원칙에 위배되어 허용될 수 없다고 한다(대판 2000. 4. 25, 99다34475 등). 또한 판례는 사용자와 근로자 사이의 고용관계(근로자의 지위)의 존부를 둘러싼 노동분쟁은 그 당시의 경제적 정세에 대처하여 최선의 설비와 조직으로 기업활동을 전개하여야 하는 사용자의 입장에서는 물론, 임금 수입에 의하여 자신과 가족의 생계를 유지하고 있는 근로자의 입장에서도 신속히 해결되는 것이 바람직하므로 실효의 원칙이 다른 법률관계에 있어서보다 더욱 적극적으로 적용되어야 할 필요가 있다는 입장이다(대판 1992. 1. 21, 91다30118).

그러나 해고의 효력을 인정하지 아니하고 이를 다투고 있었다고 볼 수 있는 객관적인 사정이 있다거나 그 외에 상당한 이유가 있는 상황 하에서 퇴직금을 수령하는 등 특별한 사정이 있음이 엿보이는 때에는 명시적인 이의를 유보함이 없이 퇴직금을 수령한 경우라고 하여도 일률적으로 해고의 효력을 인정하였다고 보아서는 아니 되고, 해고무효의 확인청구소송의 제기가 늦어진 경우에도 먼저 부당노동행위구제신청을 하느라고 늦어졌다거나 사용자와의 복귀교섭 결과를 기다리거나 사용자의 복귀약속을 믿고 기다리다가 늦어졌다는 등 상당한 이유가 있어서 그렇게 된 경우에는 신의칙에 어긋나지 않는다는 것이 판례의 태도이다(대판 1992. 4. 14, 92다1728). 근로자가 해고된 후 2년이 지나 해고무효확인의 소를 제기했으나 징계위원회 개최 통보를 받을 때부터 징계에 대해 절대 승복할 수 없고 투쟁할 것임을 명백히 했으며, 해고된 후에도 그 철회를 요구한 한편 회사와 노동조합이 교섭을 통해 해고자 복직

문제의 해결을 시도하다가 해고자 문제는 법원의 판단에 따르기로 한다는 협약안이 만들어진 직후에 위와 같은 소를 제기했던 경우가 그 예이다(대판 1991. 5. 14, 91다2663).

대상판결 사건에서 X 등은 폐업에 따른 해고 후 타 회사에 입사하여 근무하다가 2년 8개월여의 기간이 지나서 이 사건 소를 제기하였지만, 소의 제기가 장기간 지체된 상당한 이유 내지 특별한 사정(같은 취지의 관련 소송의 추이·결과를 기다렸던 점, 재취업약정에 따른 새로운 고용관계의 형성에도 불구하고 Y가 근로의 기회를 전혀 제공하지 않은 점, 타 회사 취업은 승소 가능성에 대한 회의와 Y와의 법률관계에 대한 이해부족에 기인한 것으로 보이는 점 등)이 있었다고 보아서 실효의 원칙이 적용되지 않았다. 이는 대상판결 사건이 재취업약정에 기하여 생긴 새로운 고용관계의 확인을 구한 것으로서 일반적인 부당해고소송과는 구별되는 측면이 고려된 결과이기도 하다.

3. 기타 노동분쟁에서의 신의칙

해고소송 외에도 근로자의 근로관계 합의해지 청약의 철회, 산재보험급여청구에 대한 근로복지공단의 소멸시효 항변, 사용자의 인사(배치전환)명령, 단체협약상의 해고합의조항, 노동조합의 노조전임자운영권과 관련한 노동분쟁에서 신의칙 내지 권리남용금지원칙이 문제된 바 있다. 근로복지공단의 요양불승인처분에 대한 취소소송을 제기하여 승소확정판결을 받은 근로자가 요양으로 인하여 취업하지 못한 기간의 휴업급여를 청구한 경우 그 휴업급여청구권이 시효완성으로 소멸하였다는 근로복지공단의 항변이 신의칙에 반하여 허용될 수 없는지가 문제된 사안에서, 대법원(전원합의체)은 "원고는

요양불승인처분에 대한 취소판결을 받기 전에는 휴업급여를 청구하더라도 휴업급여가 지급되지 않을 것으로 믿고 요양불승인처분 취소소송의 판결확정시까지 별도로 피고에게 휴업급여를 청구하지 않았던 것으로 보이는바, 이와 같은 상황은 일반인의 입장에서 보았을 때에도 채권자가 권리행사 하는 것을 기대하기 어려운 특별한 사정이 있었던 것으로 평가될 수 있으므로, 원고에게는 객관적으로 이 사건 휴업급여 청구권을 행사할 수 없는 사실상의 장애사유가 있었다고 봄이 상당하고, 따라서 이러한 경우까지 피고의 소멸시효 항변을 받아들여 채무이행의 거절을 인정하는 것은 현저히 부당하거나 불공평하여 신의성실의 원칙에 반한다."고 하였다(대판 2008. 9. 18, 2007두2173). 2008. 7. 1. 시행 개정 산재보험법(§113)은 보험급여의 지급청구에 의해 소멸시효가 중단되고 이러한 청구가 산재 여부의 판단을 필요로 하는 최초의 청구인 경우에는 그 청구로 인한 시효중단의 효력이 다른 보험급여의 청구에도 미치는 것으로 규정함으로써, 산재보험급여 청구에 대한 소멸시효 항변의 신의칙 위반 여부의 문제는 입법에 의해 대부분 해결되었다(김장식, 263–264쪽).

한편 대법원은 통상임금 전원합의체 판결(대판 2013. 12. 18, 2012다89399)에서 정기상여금을 통상임금 산정 기준에서 제외하는 노사합의가 무효라는 주장이 신의칙에 위배되어 추가적인 법정수당 지급의 청구가 허용될 수 없는 경우에 관해 판시하였다. 이에 대한 비판으로 노사 간 현실적 이해관계의 조정이라는 정책적 목표를 달성하기 위한 신의칙으로의 도피, 신의칙 위배 판단기준의 모호성 등이 제기된

바 있다. 최근 대법원은 신의칙 위반 여부는 신중하고 엄격하게 판단해야 한다는 법리를 명확히 하고 있다. 즉 "근로관계를 규율하는 강행규정보다 신의칙을 우선하여 적용할 것인지를 판단할 때에는 근로조건의 최저기준을 정하여 근로자의 기본적 생활을 보장·향상시키고자 하는 근로기준법 등의 입법 취지를 충분히 고려할 필요가 있다. 또한 기업을 경영하는 주체는 사용자이고, 기업의 경영 상황은 기업 내·외부의 여러 경제적·사회적 사정에 따라 수시로 변할 수 있으므로, 통상임금 재산정에 따른 근로자의 추가 법정수당 청구를 중대한 경영상의 어려움을 초래하거나 기업 존립을 위태롭게 한다는 이유로 배척한다면, 기업 경영에 따른 위험을 사실상 근로자에게 전가하는 결과가 초래될 수 있다. 따라서 근로자의 추가 법정수당 청구가 사용자에게 중대한 경영상의 어려움을 초래하거나 기업의 존립을 위태롭게 하여 신의칙에 위반되는지는 신중하고 엄격하게 판단하여야 한다."고 한다(대판 2019. 2. 14, 2015다217287 등). 이러한 법리는 실제 통상임금 소송사건에서 신의칙 위반 주장이 받아들이지 않을 가능성이 크다는 점, 종전보다 통상임금 분쟁의 신속한 해결을 기대할 수 있는 점 등에서 의미가 있다.

◆ 참고문헌

김장식, "산재법상 보험급여 청구에 대한 소멸시효 항변과 신의칙", 『2008 노동판례비평』, 민주사회를 위한 변호사모임, 2009.

윤용석, "신의칙의 재조명", 『재산법연구』 제20권 제2호, 법문사, 2003.

조용만, "노동법에서의 신의칙과 권리남용금지의 원칙 – 개별적 노동분쟁사건 적용례의 검토를 중심으로", 『노동법연구』 제29호, 서울대학교 노동법연구회, 2010.

5. 노동법의 강행성(강행법규 잠탈 의도의 노사합의 효력)

– 대법원 2019.4.18. 선고 2016다2451 전원합의체 판결(임금) –

고호성(제주대 법학전문대학원)

Ⅰ. 사실관계

1) 피고는 일반택시운송사업을 영위하는 합자회사이고, 원고들은 피고에 고용되어 격일제 근무를 하는 택시운전근로자들이다.

2) 원고들은 운송수입금 중 일정액만 사납금 명목으로 피고에게 납부하고 이를 제외한 나머지 운송수입금(이하 '초과운송수입금'이라 한다)을 자신이 차지하며, 피고로부터 일정한 고정급을 지급받는 방식인 이른바 정액사납금제 형태의 임금을 지급받고 있었다.

3) 2008. 3. 21. 법률 제8964호로 개정된 최저임금법 제6조 제5항(이하 '이 사건 특례조항'이라 한다)이 2010. 7. 1.부터 피고가 소재한 파주시 지역에 시행되어 최저임금에 산입되는 임금의 범위에서 '생산고에 따른 임금'이 제외되었다(최저임금법 §6 ⑤ "제4항에도 불구하고 '여객자동차 운수사업법' 제3조 및 같은 법 시행령 제3조제2호다목에 따른 일반택시운송사업에서 운전업무에 종사하는 근로자의 최저임금에 산입되는 임금의 범위는 생산고에 따른 임금을 제외한 대통령령으로 정하는 임금으로 한다").

4) 피고는 2010. 7. 29. 및 2010. 10. 27. 소속 택시운전근로자들 다수의 동의를 받아 취업규칙을 각각 개정하였는데, 실제 근무형태나 운행시간의 변경이 없음에도 소정근로시간을 순차로 단축하였다(이하 개정된 각 취업규칙을 '제1차 취업규칙', '제2차 취업규칙'이라 하고, 개정 전 취업규칙을 '종전 취업규칙'이라 한다). 그 결과 소정근로시간은 월 209시간에서 격일제의 경우 월 115시간으로 단축되었다.

5) 원고들은 이와 같이 실근로시간의 변경 없이 소정근로시간만을 줄이는 내용의 제1차 취업규칙과 제2차 취업규칙의 소정근로시간 조항은 이 사건 특례조항 등 최저임금법을 잠탈하기 위한 탈법행위로서 무효라고 주장하며, 종전 취업규칙에 따른 소정근로시간을 기준으로 산정한 최저임금액에 미달한 임금의 지급을 구하는 이 사건 소를 제기하였다.

6) 원심은 원고들의 이 부분 주장을 받아들여 일부 승소 판결을 하였고, 피고는 이에 불복하여 상고를 제기하였다.

Ⅱ. 판결의 내용

1) 근로자는 합의한 소정근로시간 동안 근로의무를 부담하고, 사용자는 그 근로의무이행에 대하여 임금을 지급하게 되는데, 사용자와 근로자는 기준근로시간을 초과하지 않는 한 원칙적으로 자유로운 의사에 따라 소정근로시간에 관하여 합의할 수 있다. 다만 소정근로시간의 정함이 단지 형식에 불과하다고 평가할 수 있는 정도에 이르거나, 노동관계법령 등 강행법규를

잠탈할 의도로 소정근로시간을 정하였다는 등의 특별한 사정이 있는 경우에는 소정근로시간에 관한 합의로서의 효력을 부정하여야 한다.

2) 헌법 및 최저임금법 관련 규정 내용과 체계, 이 사건 특례조항의 입법 취지와 입법 경과, 여객자동차 운수사업법의 규정 취지 및 일반택시운송사업의 공공성, 소정근로시간을 단축하는 합의 관련 전후 사정 등을 종합적으로 고려하면, 정액사납금제하에서 생산고에 따른 임금을 제외한 고정급이 최저임금에 미달하는 것을 회피할 의도로 사용자가 소정근로시간을 기준으로 산정되는 시간당 고정급의 외형상 액수를 증가시키기 위해 택시운전근로자 노동조합과 사이에 실제 근무형태나 운행시간의 변경 없이 소정근로시간만을 단축하기로 합의(이하 '소정근로시간 단축 합의'라 한다)한 경우, 이러한 합의는 강행법규인 최저임금법상 이 사건 특례조항 등의 적용을 잠탈하기 위한 탈법행위로서 무효라고 보아야 한다. 이러한 법리는 사용자가 택시운전근로자의 과반수로 조직된 노동조합 또는 근로자 과반수의 동의를 얻어 소정근로시간을 단축하는 내용으로 취업규칙을 변경하는 경우에도 마찬가지로 적용된다.

Ⅲ. 해설

장문의 반대의견이 3개, 역시 장문의 보충의견이 2개 붙어 있는 상당한 분량의 대법원 전원합의체 판결이다. 우리나라 대법원의 법적 논증을 위한 열의와 수준을 보여주는 주목할 만한 판결이라고 할 수 있다. 다수의견을 중심으로, 이 책의 출판 목적 한도에서 간략히 살펴보기로 한다.

1. 쟁점

다수의견은 이 사안의 쟁점을 다음과 같이 파악하고 있다.

1) 이 사건 특례조항이 시행되기 전에는 정액사납금제의 경우 고정급 이외에 생산고에 따른 임금인 초과운송수입금까지 비교대상 임금에 산입할 수 있었다. 그러나 이 사건 특례조항이 시행되면서 더 이상 초과운송수입금을 비교대상 임금에 산입할 수 없게 됨에 따라 사용자는 고정급만으로 최저임금액 이상의 임금을 지급해야 하게 되었고, 고정급의 액수 자체가 중요한 의미를 지니게 되었다. 그런데 한편 사용자로서는 최저임금액 이상의 임금을 지급하기 위하여 비교대상 임금에 포함되는 고정급을 증액하는 대신, 소정근로시간을 줄임으로써 소정근로시간을 기준으로 산정되는 시간당 고정급을 높이는 방식으로 고시된 시간급 최저임금액에 미달하는 것을 회피할 수 있었다.

2) 이 사건의 주요 쟁점은, 이 사건 특례조항 시행에 따라 정액사납금제하에서 사용자가 고정급이 최저임금에 미달하는 것을 회피할 의도로 근로자들 과반수의 동의를 얻어 실제 근무형태나 운행시간의 변경이 없음에도 소정근로시간만을 단축하는 내용으로 개정한 취업규칙 조항이 유효한지 여부이다.

2. 판결의 의의

이 판결, 특히 다수의견은 개정 취업규칙의 유효성 여부 문제를 노사간의 '합의' 관점에서 파악하고 있다. 이런 관점에서 보면, 이 판결은 다음과 같은 의의를 가지고 있다고 할 수 있다.

1) 이 사안은 직접적으로는 최저임금법상 특례조항에 대한 것이지만, 좀 더 일반화한다면

근로기준법상 기준의 강행규정성은 직접적 위반(문언 위반)의 방식뿐 아니라 간접적 위반(취지 위반)의 방식, 즉 탈법행위 방식으로도 잠탈될 수 없으며, 탈법행위에 해당하면 그 합의를 민사법상 무효로 본다는 새로운 판례 법리의 가능성을 열었다고 할 수 있다. 노동법 관점에서 보면, 노동법상 기준의 강행규정성이 탈법행위에 대해서까지 확장되었다고 할 수 있다.

이 경우, 최저임금법, 근로기준법 등 노동법상 기준의 '문언'을 넘어 '취지'까지 확정해야 하는 문제가 발생하게 된다. 다수의견은 최저임금법상 이 사안 특례조항에 대하여, 그 문언 자체에서는 확인할 수 없는 동 조항의 취지를, 초과운송수입금에 대한 고정급의 비율을 높여 택시운전근로자들의 생활안정을 도모하려는 것으로 확인하였다. 법 규정의 취지 확인이 매우 논쟁적이라는 점을 고려하면, 이 점도 판례 법리로서 주목되어야 할 사항이다.

여기에서 문제되고 있는 '강행규정성'은, 이른바 강행규정/임의규정의 대비가 아니라 강행규정(효력규정)/단속규정의 대비 관점에서 문제되는 것이라는 점에도 주의할 필요가 있다. 즉, 최저임금법 나아가 근로기준법상 기준에 '위반'하는 '합의'의 민사법적 효력이 문제되고 있는 것이다. 이때의 '위반'은 확장된 개념으로, 합의라는 법률행위를 금지하는 규정을 '진정한 의미에서 위반'하는 것이 아니라, 합의가 법령상 기준과 내용적으로 '모순 내지 저촉'하는 것을 의미하고 있다(참고문헌의 고호성 논문 참조). 이런 경우 그 합의의 민사법상 효력에 대한 근거 규정은, 근로기준법 제15조, 이 사안에서는 최저임금법 제6조 제3항이다.

"최저임금의 적용을 받는 근로자와 사용자 사이의 근로계약 중 최저임금액에 미치지 못하는 금액을 임금으로 정한 부분은 무효로 하며, 이 경우 무효로 된 부분은 이 법으로 정한 최저임금액과 동일한 임금을 지급하기로 한 것으로 본다"는 최저임금법 제6조 제3항의 문언 중, 이 사안에서 문제되는 것은 '미치지 못하는'이라는 표현인데, 문언으로 보아 이 표현에 탈법행위론을 적용할 수 있는지 의문이 없는 것은 아니다. 이 때문에, 이 조문의 문언을 중심으로 한 해석이 아니라, 민법 제105조에 기반한 '강행규정 위반 법률행위 무효론'에 포함되어 있는 탈법행위 법리를 유추하는 형태의 논의가 전개된 것으로 이해해 볼 수도 있지만, 판결에서 탈법행위 일반 법리와 최저임금법 제6조 제3항의 관계에 대한 논증은 부족해 보인다. 어쨌든, 다수의견에 따르면, 결국 최저임금법 제6조 제3항의 '미치지 못하는'이라는 문언은, 직접적으로 미달하는 것뿐 아니라 간접적으로(취지 위반, 즉 탈법행위 방식으로)으로 미달하는 것도 포함하게 되었다. 나아가 근로기준법 제15조 제1항의 '미치지 못하는'이라는 문언도 그런 식으로 파악할 가능성이 생기게 되었다고 할 수 있다.

2) 이 사안에서 문제되고 있는 '합의'는 개별 근로자와 사용자 사이의 합의가 아니라, 근로자 다수의 동의를 받아 취업규칙을 개정한 경우라는 노사간의 집단적 합의이다. 판결은 1)과 같은 법리가 이러한 경우에도 그대로 적용된다는 점을 다음과 같이 밝히고 있다. "이러한 법리는 사용자가 택시운전근로자의 과반수로 조직된 노동조합 또는 근로자 과반수의 동의를 얻어 소정근로시간을 단축하는 내용으로 취업규칙을 변경하는 경우에도 마찬가지로 적용된다."

우리나라 취업규칙 법제의 비교법적 특수성을 고려할 경우, 이 문제에 대해서는 상당한 논증이 필요할 것으로 이해된다. 근로계약에 대해서는 강행성을 지니지만 단체협약에 대해서는 임의성을 지니는, 이른바 '협약임의규정'(tariffdispositives Gesetz) 문제와 관련된 단체협약과 국가법령 사이의 관계 문제를 취업규칙과 국가법령 사이의 관계에도 유추할 수 있는지 또는 유추할 수 없는지 하는 단체협약과 취업규칙(특히 취업규칙 불이익 변경의 경우)의 법적 성격에 대한 논의가 불가피하다. 지면 때문에 이 문제는 생략할 수밖에 없지만, 판결은 어쨌든, 1)의 법리가 적어도 최저임금법의 특례조항과 관련해서 다수 근로자들의 동의를 얻어 취업규칙을 변경하는 경우에도 적용된다는 점을 확인했다는 점에는 주목하여야 할 것이다.

3. 판결의 문제점

이 판결 사안의 복잡성은 택시운송사업상 택시운전근로자의 근로관계 및 임금관계가 매우 특수하게 운영되고 있다는 점에서 유래한다. 임금관계로 보면, 정액사납금, 초과운송수입금, 고정급 등의 문제가 복잡하게 얽혀 있다. 근로기준법이나 최저임금법이 예상하고 있는 표준적인 근로관계, 임금관계에서 크게 벗어나 있기 때문에, 구체적인 사안마다 법령상 기준 적용에서 논란이 불가피하고, 또 판결에서도 이 점과 관련하여 다수의견과 반대의견이 크게 엇갈리고 있다. 여기에서 이 문제를 논의할 여력은 없다. 다만, 다음과 같은 법리적 문제점은 검토해 둘 필요가 있어 보인다.

판결은 이 사안에서 개정 취업규칙에 대하여 노사간의 '합의'라는 관점에서 법리를 구성

하고 있다. 대안이 없었던 것은 아니다. 합의라는 관점이 아니라, 취업규칙의 내용과 효력이라는 관점에서 법리가 구성될 수 있었기 때문이다. 이에 대한 근거규정은, "취업규칙은 법령이나 해당사업 또는 사업장에 대하여 적용되는 단체협약과 어긋나서는 안 된다"는 근로기준법 제96조 제1항이다. 이 조문은 법령 위반 취업규칙의 법적 효력을 직접 규정하고 있지 않지만, 이 조문에 규정된 취업규칙의 '적법성 요건'은 취업규칙의 이른바 '규범적 효력'(법규범적 효력)의 발생요건으로 이해되는 것이 일반적이다. 법령에 '어긋나는' 취업규칙은 민사법상 무효인 것이다.

법리 구성은 다르지만, 판결은 결국, 이 조문의 '어긋나서는 안 된다'를 직접적 위반(문언 위반) 뿐 아니라 간접적 위반(취지 위반)도 포함하는 것으로 이해하는 것과 다르지 않다고 할 수 있을 것이다. 이런 방식을 취하지 않고, 합의라는 관점에서 법리를 구성한 이 판결이, 취업규칙에 대한 계약설과 법규범설의 대립에 어떤 영향을 미칠 것인지는 앞으로 논의가 필요할 것으로 생각된다.

◆ **참고문헌**

고호성, "근로기준법 제23조 제1항의 강행규정성 문제", 『노동법연구』 제48호, 2020.
도재형, "2019년 노동법 중요판례평석", 『인권과 정의』 제489호, 2020.5.
이재목, "변경된 취업규칙상 소정근로시간 단축 조항이 탈법행위로 무효인지 여부", 『홍익법학』 제20권 제3호, 2019.

6. 직업안정법상 직업의 의미

– 대법원 2017. 9. 7. 선고 2016도7586 판결(직업안정법위반) –

박은정(인제대 법학과)

I. 사실관계

피고인 Y는 인터넷 구인구직사이트에 담당업무, 급여, 근무형태, 근무부서, 직급 및 직책, 복리후생 등을 기재한 구인광고를 게시했지만, Y의 구인광고는 근로기준법상 근로자를 채용하려는 목적을 가진 것은 아니었고 유료교육을 받는 수강생이 될 것을 조건으로 하는 사업파트너를 구하는 것이었다. 그러나 구인광고에서는 구직자가 회원가입을 해야 한다거나, 교육비 부담이 전제가 되는 보수교육을 받아야 한다는 내용은 없었다. Y는 경찰 수사에서 '구인광고는 향후 사업이 본격적으로 이루어질 경우에 직원 수와 급여 등을 적은 것이어서 사실대로 작성한 것이 아니고, 구인광고에 따른 면접 역시 근로자 채용면접이 아니라 사업파트너를 구하는 성격이 짙다'라는 취지로 진술하였다.

이 사건은 Y의 위와 같은 구인광고가 거짓 구인광고 등을 금지하는 직업안정법 제34조를 위반한 것인지 여부가 문제된 사건이다.

II. 판결의 내용

제1심(서울중앙지판 2016. 1. 7, 2015고정3511)은 직업안정법 제34조 위반이 되려면 Y가 근로자모집행위를 했어야 하는데, Y의 구인광고가 허위광고에 해당한다는 점은 별론으로 하고, Y는 근로자를 모집하려던 것이 아니었음을 이유로 직업안정법위반죄를 인정하지 않았다.

제2심(서울중앙지판 2016. 5. 13, 2016노183)은 직업안정법 제34조 위반 여부는 구인광고자의 의도나 생각이 아니라 구인광고에 표시된 내용에 따라 객관적으로 판단해야 하고, 근로자가 아닌 사람을 모집할 의도를 가지고 있었다고 하더라도 이는 구인광고에 표시된 내용이 진실과 부합하지 않는다는 점을 판단하는 근거가 될 뿐 Y가 직안법위반죄의 죄책을 지는 '근로자 모집을 하는 사람'에 해당되는지 여부를 판단하는 기준이 될 수는 없다고 보면서 Y에 대한 직안법위반죄를 인정하여 벌금형을 선고하였다.

제2심의 상고심은 대상판결은 직안법 제34조에서 금지하는 거짓 구인광고 등의 행위자로 되어 처벌될 수 있는 '근로자 모집을 하는 자나 이에 종사하는 사람'에 해당하기 위해서는 그가 모집하는 근로자가 종속적인 관계에서 사용자에게 근로를 제공할 의무를 지고 대가를 얻는 자여야만 하고, 이때의 근로자는 근로기준법상의 근로자와 그 의미가 같은데, Y는 근로기준법상의 근로자가 아니라 유료교육을 받는 수강생이 될 것을 조건으로 자신이 추진 중인 사업을 함께할 사람을 구하고 있을 뿐이었으므로, Y는 직업안정법 제34조 제1항 소정의 근로자 모집을 하는 자나 이에 종사하는 사람에 해당하지 아니한다고 보아야 한다는 이유로 원심 파기환송판결을 하였다.

Ⅲ. 해설

1. 직업안정법의 목적과 대상

1962년 제정된 직안법은 "각인이 그의 능력에 적응한 직업에 취업할 수 있는 기회를 제공"하는 것 등을 목적으로 만들어졌다. 이후 직안법의 목적은 1967년 3월 전부개정을 통해 "근로자의 능력에 적응한 직업에 취업할 기회" 등으로 수정되었고, 1994년 1월 전부개정을 통해 "모든 근로자가 각자의 능력을 계발·발휘할 수 있는 직업에 취직할 기회를 제공" 등으로 수정되었으며, 2009년 1월 일부개정을 통해 현행과 같이 "모든 근로자가 각자의 능력을 계발·발휘할 수 있는 직업에 취업할 기회를 제공하고, 정부와 민간부문이 협력하여 각 산업에서 필요한 노동력이 원활하게 수급되도록 지원함으로써 근로자의 직업안정을 도모하고 국민경제의 균형있는 발전에 이바지함"을 목적으로 하게 되었다.

제정 당시 직안법의 목적은 "각인(各人, 즉 모든 사람)"에 대한 취업기회의 제공 등이었기 때문에, 직안법의 적용 범위가 반드시 근로자에 관한 것으로 국한된다고 보지 않을 수도 있었을 듯하다(다만 모집과 근로자공급업의 경우에는 '근로자'라는 표현을 사용했다).

그러나 1967년 3월 전부개정 이후부터는 '근로자'의 취업기회 부여가 법의 목적이 되는 한편, 1994년 1월 전부개정에서는 직업소개를 "구인 또는 구직의 신청을 받아 구인자와 구직자간에 고용계약의 성립을 알선하는 것", 모집을 "근로자를 고용하고자 하는 자가 취직하고

자 하는 자에게 피용자가 되도록 권유하거나 다른 사람으로 하여금 권유하게 하는 것", 근로자공급사업을 "공급계약에 의하여 근로자를 타인에게 사용하게 하는 사업"이라고 정의하였는데(단, 근로자공급사업이 처음 정의된 것은 1967년 3월 전부개정 때이다), 구체적인 직안법의 적용대상이나 적용범위에 관한 규정은 없다. 그러므로 직안법상 직업소개 등에서 사용되는 용어인 근로자나 고용 내지 고용계약의 의미에 따라 직안법의 적용 범위가 결정된다고 할 수 있을 것이다. 그리고 법원은 직안법이 규정하는 근로자의 의미를 근로기준법상 근로자로 꾸준하게 이해하면서(대판 1995. 9. 29, 95도1331 이후의 다수 판결), 직업소개의 대상이 되는 직업은 "반드시 일정한 직장에서 계속적으로 일하거나 생계유지를 위하여 하는 것에 한정할 필요는 없고 임금을 목적으로 하는 이상 일시적이거나 시간제로 일하는 경우도 포함"하는 것으로 이해하였다(대판 1997. 2. 28, 96도3034). 고용은 "사용자가 근로자를 사용하는 관계"이고(대판 1999. 11. 12, 99도2451), 고용계약은 일관되게 근로기준법상의 근로 내지 근로계약과 의미가 같다고 보고 있다(대판 1999. 11. 12, 99도2451, 대판 2001. 4. 13, 2000도4901, 대판 2002. 7. 12, 2001도5995, 대판 2010. 10. 28, 2010도9240 등). 결국 직업소개, 근로자모집, 근로자공급사업 모두 근로기준법상의 근로관계 형성과 관련되어 있다는 것이 현행 직안법에 대한 법원의 해석이다.

2. 직업안정법상 근로자의 모집

직안법 제2조 제6호는 직안법상 근로자 모집행위를 "근로자를 고용하려는 자가 취업하려는 사람에게 피고용인이 되도록 권유하거나 다

른 사람으로 하여금 권유하게 하는 것을 말한다."고 규정하고 있다. 근로자를 고용하려는 자는 광고, 문서 또는 정보통신망 등 다양한 매체를 활용하여 자유롭게 근로자를 모집할 수 있지만(직안법 제28조), 두 가지의 모집행위가 금지된다.

첫째는, 유료직업소개사업자의 모집행위를 제외하고 근로자를 모집하려는 자와 그 모집업무에 종사하는 자는 어떠한 명목으로든 응모자로부터 그 모집과 관련하여 금품을 받거나 그 밖의 이익을 취하여서는 안 된다(직안법 §32). 이를 위반한 경우 5년 이하의 징역 또는 5천만원 이하의 벌금에 처한다(직안법 §47). 법원은 직안법이 금지하는 금품수수 행위의 당사자인 '근로자를 모집하고자 하는 자'에 해당하기 위해서는 그가 모집하는 근로자가 종속적인 관계에서 근로를 제공할 의무를 지고 대가를 얻는 자여야만 할 것이고, 이때의 근로자는 근로기준법상의 근로자와 그 의미가 같다고 본다(대판 1999. 11. 12, 99도2451, 대판 2010. 10. 28, 2010도9240 등). 이에 따라 법원은 '근로자를 모집하고자 하는 자'에 해당하지 않는 경우에는 일정한 금품의 수수행위가 있었다 하더라도 직안법위반의 죄가 성립하지 않는다고 판단하고 있다. 신문사 운영자가 그 지사장 등이 되고자 하는 자들과 지사 등 개설약정을 체결하면서 지대선납금 명목의 돈을 받아 직안법위반의 죄로 기소되었지만, 그 지사장 등을 신문사에 고용된 근로자로 보기는 어렵다는 이유로 무죄선고를 받은 사례가 있다(대판 2010. 10. 28, 2010도9240).

둘째는, 직업소개, 근로자모집, 근로자공급 등을 위해 거짓 구인광고를 하거나 거짓 구인조건을 제시하여서도 안 된다(직안법 §34 ①). 이를 위반한 경우에도 5년 이하의 징역 또는 5

천만원 이하의 벌금에 처한다(직안법 §47). 직안법이 금지하는 허위구인광고 등의 행위자로 되어 처벌될 수 있는 '근로자모집을 하는 자나 이에 종사하는 자'에 해당하기 위해서는 그가 모집하는 근로자가 종속적인 관계에서 사용자에게 근로를 제공할 의무를 지고 대가를 얻는 자이어야 하고, 이때의 근로자는 근로기준법상의 근로자와 그 의미가 같다(대판 2002. 7. 12, 2001도5995, 대판 1999. 11. 1, 99도2451 참조. 단, 같은 신문사와 지사장들간의 계약관계에서 지대적립금 명목의 금품을 받은 것은 직안법이 금지하는 금품수수행위에 해당한다고 본 사례도 있다(대판 2000. 3. 24, 99도2108 참조)). 따라서 법원은 근로기준법상 근로자를 모집하는 경우가 아니라면 거짓 구인광고를 하거나 거짓 구인조건을 제시하는 것이 직안법위반의 죄가 성립하지 않는다고 판단하고 있다. 해외취업을 시켜줄 능력이 없으면서도 구직자들을 기망하여 돈을 내면 해외취업을 시켜줄 수 있다고 하거나(대판 1982. 1. 12, 80도1503, 대판 1982. 7. 27, 82도977, 대판 1983. 9. 27, 83도1847 등), 가전제품을 판매하는 판매대리인을 모집하면서 구인자의 신원을 정확히 표시하지 아니하고 허위의 상호로 구인자가 제시하는 조건과 현저히 다르게 간부사원, 거래처관리자 등을 특채하는 것처럼 허위로 구인광고를 한 경우는 직안법상 근로자 모집행위에 해당하지 않아 직안법위반의 죄가 성립하지 않는다고 한 사례(대판 2010. 10. 28, 2010도9240) 등이 있다.

3. 평가

대상판결은 법원이 지속적으로 취하고 있던 직업안정법의 적용 범위와 관련한 입장을 보여

주는 판결이다. 대상판결의 원심에서는 직안법
이 규정하는 근로자 모집행위가 아니라도 직안
법위반의 죄를 구성할 수 있다고 봄으로써 기
존의 선례들과 다른 입장을 취했지만, 대법원이
파기환송함으로써 기존의 입장을 유지하였다.

원심판결의 입장은 파견법상 불법파견에 대
해서도 직접고용의무규정이 적용된다고 판단한
㈜예스코판결을 상기시킨다. 불법파견에 대해
서도 파견법이 적용된다고 본 것처럼, 불법적인
근로자모집에 대해서도 직안법이 적용된다고
본 것이다. 그러나 양자는 근로자를 고용할 의
무를 지우는 사법상 효력의 문제인가, 5년 이하
의 징역 또는 5천만원 이하의 벌금형을 받게
되는 공법상 효력의 문제인가의 차이가 있다.
불법적인 근로자 모집행위 등을 금지하고 제재
해야 한다는 것은 분명하다. 그러나 형사처벌의
대상을 확정하는 것은 죄형법정주의와 관련이
되어 있고, 대상판결이 원심 판결을 파기하고
환송시킨 것은 직안법의 적용범위를 재확인하
는 결정이었던 것으로 보인다. 그리고 이러한
법원의 태도는 현행 직안법의 해석으로 불합리
하다고 보기 어렵다.

대상판결의 주된 쟁점 사항은 아니지만 법

원이 일관되게 유지하고 있는 입장으로서 직안
법을 근로기준법상의 근로자 관계 형성과 관련
되어 있는 것으로만 제한적으로 해석해야 하는
것인가에 대해서는 물론 의문이 있다. 직안법이
사용하고 있는 근로자라는 용어나 고용 내지
고용계약이라는 용어를 근로기준법과 상관없이
직안법의 것으로 해석해야 한다고도 말할 수
있다. 직안법이 목적으로 삼는 "각자의 능력을
계발·발휘할 수 있는 직업에 취업할 기회"는
근로기준법상의 근로자가 아닌 모든 구직자에
게 열려야 하는 기회이기 때문이다. 다만 현행
직안법의 규정과 지금까지의 판례 동향에 기초
하였을 때 법원의 해석 방향 전환을 기대하는
것은 다소 어렵고, 고용형태의 다양화를 반영한
법제도 개선 과제로서 접근해야 할 필요성이
더 크다고 생각된다. 법의 목적을 '모든 사람'
으로 열어두었던 제정 직안법의 초심으로 돌아
갈 필요가 있다.

◆◆ 참고문헌

강성태, "직업안정법상 '직업'의 재검토 – 근로자 개념을
    중심으로", 『법학논총』 제33집 제4호, 한양대학교 법학
    연구소, 2016.

7. 불법체류 외국인의 노동3권

－대법원 2015. 6. 25. 선고 2007두4995 전원합의체 판결(노동조합설립신고서반려처분취소) －

이다혜(서울대 고용복지법센터)

Ⅰ. 사실관계

2005년 4월, 서울·경기·인천 지역에 거주하는 외국인 노동자 91명은 '서울경기인천 이주노동자 노동조합'(이하 '원고 노조')을 결성하였다. 이들은 창립총회를 개최하여 규약을 제정하고, 위원장을 비롯한 임원 선출 등 절차를 거친 뒤, 규약을 첨부한 설립신고서를 서울지방노동청에 제출하였다. 그런데 피고 서울지방노동청은 원고 노조 소속 조합원의 체류자격 확인이 필요하다며 조합원들의 성명, 생년월일, 국적, 외국인등록번호 또는 여권번호를 기재한 서류를 제출하라는 보완 요구를 했다. 원고 노조는 이러한 보완 요구는 노조법상 설립신고 요건에 해당하지 않는 부당한 요구라며 이를 거절하였고, 피고는 원고 노조가 출입국관리법상 취업 자격이 없는 불법체류 외국인을 주된 구성원으로 하고 있어 노동조합으로 볼 수 없다는 이유로 2005년 6월 설립신고를 반려했다.

이에 원고 노조는 노조법 어디에서도 적법한 설립신고의 요건으로 조합원 명부 제출을 요구하고 있지 않으므로 이러한 것은 반려처분의 사유가 될 수 없고, 나아가 외국인 근로자도 헌법상 근로3권의 주체가 될 수 있음을 주장하며 이 사건 반려처분의 취소를 구하는 소를 제기했다.

Ⅱ. 판결의 내용

대상판결은 "노동조합법상 근로자라 함은 직업의 종류를 불문하고 임금·급료 기타 이에 준하는 수입에 의하여 생활하는 사람을 말하고(§2 1호), 그러한 근로자는 자유로이 노동조합을 조직하거나 이에 가입할 수 있으며(§5), 노동조합의 조합원은 어떠한 경우에도 인종, 성별, 연령, 신체적 조건, 고용형태, 정당 또는 신분에 의하여 차별대우를 받지 아니한다(§9)"는 노조법의 기본 원칙을 확인한 다음, "노동조합법상 근로자란 타인과의 사용종속관계 하에서 근로를 제공하고 그 대가로 임금 등을 받아 생활하는 사람을 의미하며, 특정한 사용자에게 고용되어 현실적으로 취업하고 있는 사람뿐만 아니라 일시적으로 실업 상태에 있는 사람이나 구직 중인 사람을 포함하여 노동3권을 보장할 필요성이 있는 사람도 여기에 포함되는 것으로 보아야 한다. 그리고 출입국관리법령에서 외국인 고용 제한규정을 두고 있는 것은 취업자격 없는 외국인의 고용이라는 사실적 행위 자체를 금지하고자 하는 것뿐이지, 나아가 취업자격 없는 외국인이 사실상 제공한 근로에 따른 권리나 이미 형성된 근로관계에 있어서 근로자로서의 신분에 따른 노동관계법상의 제반 권리 등의 법률효과까지 금지하려는 것으로 보기는 어렵다(대법원 1995. 9. 15. 선고 94누12067 판결 참조). 따라서 타인과의 사용종속관계하에서 근로를 제공하고 그 대가로 임금 등을 받아 생활하는 사람은 노동조합법상 근로자에 해당하고, 노동조합법상의 근로자성이 인정되는 한, 그러한 근로자가 외국인인지 여부나 취업자격의 유무에 따라 노동조합법상 근로자의 범위에 포함되지 아니한다고 볼 수는 없다"고 판시하여, 피고의 설립신고 반려처분은 위법한 것이라고 보았다.

Ⅲ. 해설

1. 불법체류 외국인의 근로자성

외국인이 대한민국에서 적법하게 취업활동을 하려면 「출입국관리법」상의 체류 및 취업 요건을 갖춰야 한다. 출입국관리법상 요건을 준수하며 일하는 외국인은 합법체류 외국인 근로자이고, 그렇지 않은 경우를 통상 "불법체류 외국인 근로자"로 일컫는다. 우리 노동관계법령은 국적 및 인종에 기한 차별 금지를 기본 원칙으로 하고 있으며(근기법 §6, 노조법 §9), 취업 및 노무제공과 관련하여 그 어떠한 조항에서도 국적과 관련된 제한을 두고 있지 않다. 노동관계법령의 문언을 볼 때, 외국인은 내국인과 마찬가지로 노동법 적용을 받는 데 아무런 문제가 없다.

사안에서 피고가 원고 노조의 합법성을 문제 삼은 이유는 조합원 중 불법체류 외국인들이 포함된 것으로 보인다는 사실 때문이었다. 노조법 제2조 제4호 라목은 노조의 소극적 요건 중 하나로 "근로자가 아닌 자"가 가입하는 경우 해당 노조를 위법한 것으로 보고 있다. 즉 노동조합이 합법적으로 설립신고를 마치려면, 그 구성원은 노조법상 근로자에 해당하는 자들

이어야 하는 것이다. 피고는 불법체류 외국인은 노조법을 적용받는 근로자가 아니라고 여겨서 이들이 가입되어 있는 원고 노조를 위법하다고 보아 반려처분을 한 것이었다. 그러므로 사안의 핵심 쟁점은 과연 불법체류 외국인이 노조법상 근로자로 해석될 수 있는지에 관한 것이 된다.

대상판결에 앞서, 우리 대법원은 일찍이 개별적 근로관계의 영역에서는 불법체류 외국인을 근로기준법상 근로자로 판결한 바 있다(대판 1995. 9. 15, 94누12067). 1995년 판결에서는 공장에서 일하던 중 사고를 당한 불법체류 외국인을 근기법 및 산업재해보상보험법상 근로자로 보아 산재보험 수급권을 인정할 수 있는지가 쟁점이었다. 동 판결은 출입국관리법에서 체류자격 없는 외국인에 대한 고용을 금지하는 것은 불법 고용이라는 사실적 행위를 금지하는 것일 뿐, 불법체류 외국인이 "사실상 제공한 근로에 따른 권리나 이미 형성된 근로관계에 있어서의 근로자로서의 신분에 따른 노동관계법상의 제반 권리 등의 법률효과까지 금지하려는 규정은 아니기" 때문에, 사안의 외국인은 임금을 목적으로 사용종속관계 하에서 근로를 제공한 근로기준법상 근로자로 볼 수 있다는 법리를 제시하였다.

2015년의 대상판결은 불법체류 외국인도 노조법상 근로자에 해당된다는 근거로 위의 1995년 판결을 인용하며 "타인과의 사용종속관계 하에서 근로를 제공하고 그 대가로 임금 등을 받아 생활하는 사람은 노조법상 근로자에 해당한다"고 보았고, 그러한 근로자가 "외국인인지 여부, 취업자격의 유무에 따라 노조법상 근로자 범위에 포함되지 않는다고 볼 수 없다"고 했다. 외국인의 노동권 관점에서 이를 정리하면, 비록 불법체류 상태라 할지라도 사실적으로 노무를

제공했다면 법적 문제가 발생했을 때 산업재해 보상보험법 및 근기법의 보호를 받을 수 있음을 1995년에 확인하였고, 2015년에는 노조법상 근로자성을 인정받아 체류자격과 무관하게 노동조합을 결성하고 근로3권을 행사할 수 있게 된 것이다.

2. 출입국관리법과 노동관계법령의 관계, "이미 형성된 근로관계"의 해석 문제

그런데 두 판결 사이에 과연 20년이나 되는 오랜 시간이 필요했는지는 의문을 가지지 않을 수 없다. 대상판결이 노조법상 근로자성을 인정하면서 제시한 논거는 1995년의 그것과 크게 다르지 않기 때문이다. 두 판결의 공통적인 핵심은 간단하다. 출입국관리법에서 "불법체류 외국인을 고용하지 말라"는 금지 규정이, 곧 노동법에서 불법체류 외국인을 "근로자가 아닌 것"으로 취급하는 결론과 동일시될 수 없다는 것이다. 법원은 이 단순한 명제를 노동법의 모든 영역으로 확장하는 데에 오랜 시간을 끌었다. 그 이유는 무엇일까?

1995년 판결의 경우, 사안의 불법체류 외국인이 놓여 있던 상황이 업무상 재해였기 때문에 비교적 수월하게 근로기준법상 근로자성을 인정했던 것으로 보인다. 해당 외국인은 취업하여 근로를 제공하던 중 사고를 당한 것이고, 업무상 재해임이 확실한 상황에서 기존에 발생한 손해를 산재보험으로 보상해주는 것은 이미 형성된 근로관계 내지 법률관계의 문제이기 때문이다. 반면 2015년 대상판결의 경우, 불법체류 외국인은 언젠가는 한국을 떠나야 할 사람들인데 "근로조건의 유지·개선"을 목적으로 하는 근로3권을 왜 인정해 주어야 하는지에 대한 근거를 찾기가 더 힘들었던 듯하다. 대상판결에서

유일한 반대의견을 냈던 민일영 대법관은 "취업자격 없는 외국인에 대하여는 근로조건의 유지·개선과 지위 향상을 기대할 만한 법률상 이익을 인정하기 어렵다"고 했다. 이 논리는 개별적 근로관계는 주로 과거에 형성된 법률관계에 대한 것이므로 불법체류 외국인이라 할지라도 근로자성을 인정해줄 수 있고, 반면 집단적 노사관계는 '장차' 근로조건을 유지, 개선하는 미래의 법률관계에 대한 것이기 때문에 언젠가 떠나야 할 불법체류 외국인의 노조법상 근로자성을 선뜻 인정하기 어렵다는 식의 인식에 기반한 것으로 보인다.

집단적 노사관계에 있어 미래의 문제와 현재의 문제는 구분될 수 있는 것이 아니다. 근로자들이 교섭력을 갖고 근로3권을 행사하는 것이 중요한 이유는, 앞으로의 근로조건에 대해 말할 수 있을 때 비로소 그 미래의 가능성이 현재의 근로조건도 변화시킬 수 있기 때문이다. 대상판결의 반대의견처럼 불법체류 외국인은 "장차 근로조건의 유지, 개선을 기대할 이익이 없다"고 말하는 것은 그 불법체류 외국인의 미래 뿐 아니라 현재의 근로조건도 부정하는 것이 된다. 노조법상 근로자로 인정받지 못해 근로조건의 '개선'에 대해 말할 권리가 없는 사람은 현재의 근로조건이 열악하고 착취적인 것이더라도 이를 거부할 힘이 없다. 그러므로 불법체류 외국인을 비롯한 근로3권의 주체인 모든 근로자에 대해서 현재의 근로관계, 미래의 근로관계를 각각 구분짓고 각 범주별로 권리의 보장 수준을 달리하는 것은 결국 전반적인 노동권 하락의 문제를 가져온다. 그런 의미에서, 비록 늦었으나마 불법체류 외국인이 근기법상 근로자에 해당됨은 물론 노조법상 근로자에도 해당된다고 결론내린 대상판결의 다수의견은 옳다.

3. 남는 문제: "불법체류"의 근본적인 원인

대상판결과 관련하여 마지막으로 고려해야 할 중요한 점은, 불법체류 외국인이 양산되는 근본적인 원인이 어디에 있느냐는 것이다. 이는 정책적 차원의 문제라고 할 수도 있지만, 결국 대상판결의 쟁점이 된 법리적 문제와도 직결되므로 언급할 필요가 있다. 불법체류라는 것은 출입국관리법을 위반한 상태를 말하는데, 출입국관리법을 비롯하여 과거 산업연수제, 현행 고용허가제 등 외국인의 취업과 관련된 제도를 설계하는 주체는 다름 아닌 대한민국 정부다. 외국인 근로자 중 다수의 불법체류 외국인은 처음에는 합법적으로 입국했다가, 외국인을 사용하는 사업장들의 불법적 행태와 열악한 근로조건, 고용허가제의 구조적 문제인 사업장 이동권 제약, 인권 침해적 단속의 문제(이다혜, 2020) 등으로 인해 자의가 아닌 상황적 변수에 떠밀려 불법체류 상태로 전락하는 경우가 많다. 이러한 상황 속에서 불법체류 외국인들이 노동조합을 결성하여 개별 사업주에 대한 교섭을 도모하는 것은 물론, 사용자 집단 및 정부를 상대로 고용허가제 개선과 같은 정책적 요구를 시도하게 된 것은 외국인 취업제도의 문제점이 야기한 당연한 귀결이라 할 수 있다.

대상판결은 원고 노조 조합원들의 노조법상 근로자성을 인정하기는 했지만, 노조법 제2조 제4호 마목의 "주로 정치운동을 목적으로 하는 경우"에 해당할 경우에는 위법적인 노조가 될

수 있음을 덧붙였다. 외국인이 고용허가제 개선에 대한 목소리를 내는 것을 일종의 정치적 발언으로 볼 수도 있겠지만, 바로 그 고용허가제의 문제점 때문에 현실에서 열악한 여건 속에서 일하는 외국인들에게는 본인들의 근로조건과 직결되는 문제다. 고용허가제 개선을 요구한다는 이유로 조합활동에 또 다른 제약을 받을 여지를 남겨두는 것은 다시금 이들의 근로3권을 제약하는 원점으로 돌아오는 것이다. 이 점은 대상판결의 결정적인 문제점이자 한계이기도 하다.

한국에서 일하는 많은 외국인들은 임금을 목적으로 근로를 제공하는 근로자이기도 하지만, 경제에 기여하는 소비자이기도 하고, 국적은 달라도 생활 공동체 속에서 함께하는 일종의 '시민'이기도 하다(이다혜, 2015). 그러므로 외국인의 권리를 계속적으로 제약하는 입법 정책, 법리적 판단은 더 이상 지속되기 어렵다. 향후 외국인의 노동에 관한 법원의 판결은 변화하는 사회적 현실을 정확하게 직시하여 노동법에서의 '실질 우선의 원칙'을 구현할 수 있기를 기대한다.

◆◆ **참고문헌**

이다혜, "불법고용과 업무상 재해: 단속 중 사망한 미등록 이주노동자의 산재보험 수급권", 『노동법학』 제73호, 한국노동법학회, 2020.
이다혜, "시민권과 이주노동 – 이주노동자 보호를 위한 '노동시민권'의 모색 – ", 서울대학교 법학박사학위논문, 2015.

8. 청원경찰의 노동3권 제한

─ 헌법재판소 2017. 9. 28. 선고 2015헌마653 결정(청원경찰법 제5조 제4항 등 위헌확인) ─

정영훈(한국노동연구원)

Ⅰ. 사실관계

청구인들은 ○○주식회사의 청원경찰로 근무하고 있는 사람들이었는데, 이들은 청원경찰법 제5조 제4항이 청원경찰의 복무에 관하여 국가공무원법 제66조 제1항을 준용하도록 함으로써 청구인들이 노동3권을 침해한다고 주장하며 2015. 6. 19. 이 사건 헌법소원심판을 청구하였다.

Ⅱ. 판결의 내용

청원경찰은 청원주와의 고용계약에 의한 근로자일 뿐, 국민 전체에 대한 봉사자로서 그 신분과 정치적 중립성이 법률에 의해 보장되는 공무원 신분이 아니므로, 기본적으로 헌법 제33조 제1항에 따라 노동3권을 보장받아야 한다.

노동3권은 사회적 보호기능을 담당하는 자유권 또는 사회권적 성격을 띤 자유권이라고 할 수 있다. 청원경찰법 제5조 제4항은 청원경찰의 복무에 관하여 국가공무원법 제66조 제1항을 준용하여 노동운동을 금지하고 있으므로, 자유권적 측면의 노동3권과 관련이 깊다.

청원경찰 업무의 공공성은 노동3권을 제한하는 근거가 될 수 있지만, 그 제한은 필요한 최소한의 범위 안에서 이루어져야 한다. 청원경찰은 청원경찰의 신분보장은 공무원에 비해 취약하며 국가기관이나 지방자치단체 이외의 곳에서 근무하는 청원경찰은 근로조건에 관하여 공무원뿐만 아니라 국가기관이나 지방자치단체에 근무하는 청원경찰에 비해서도 낮은 수준의 법적 보장을 받고 있으므로, 이들에 대해서는 노동3권이 허용되어야 할 필요성이 크다.

청원경찰에 대하여 직접행동을 수반하지 않는 단결권과 단체교섭권을 인정하더라도 시설의 안전 유지라는 입법목적 달성에 지장이 된다고 단정할 수 없다. 청원경찰은 특정 경비구역에서 근무하며 그 구역의 경비에 필요한 한정된 권한만을 행사하므로, 청원경찰의 업무가 가지는 공공성이나 사회적 파급력은 군인이나 경찰의 그것과는 비교하여 견주기 어렵다. 그럼에도 불구하고 심판대상조항은 군인이나 경찰과 마찬가지로 모든 청원경찰의 노동3권을 획일적으로 제한하고 있다. 이로부터 볼 때 청원경찰법 제5조 제4항이 모든 청원경찰의 노동3권을 전면적으로 제한하는 것은 입법목적 달성을 위해 필요한 범위를 넘어선 것으로서 침해의 최소성 원칙에 위배된다. 또한, 청원경찰법 제5조 제4항은 법익균형성도 인정되지 않는다. 청원경찰법 제5조 제4항을 통해 청원경찰이 경비하는 중요시설의 안전을 도모할 수 있음은 분명하나, 이로 인해 받는 불이익은 모든 청원경찰에 대한 노동3권의 전면적 박탈이라는 점에서, 청원경찰법 제5조 제4항은 법익의 균형성이 인정되지 아니한다. 이와 같이 볼 때 청원경찰법 제5조 제4항은 청구인들의 노동3권을 침해한다.

그런데 청원경찰법 제5조 제4항의 위헌성은 모든 청원경찰에 대해 획일적으로 노동3권 전부를 제한하는 점에 있으며, 입법자는 청원경찰의 구체적 직무내용, 근무장소의 성격, 근로조건이나 신분보장 등을 고려하여 심판대상조항의 위헌성을 제거할 재량을 가지기 때문에 청원경찰법 제5조 제4항에 대하여는 헌법불합치결정을 선고하고, 입법자의 개선입법이 있을 때까지 잠정적용을 명하기로 한다.

Ⅲ. 해설

1. 대상 결정의 의의 및 특징

과거 헌법재판소는 사실상 노무에 종사하는 공무원을 제외하고는 공무원의 노동3권을 전면 제한하고 있던 국가공무원법 제66조 제1항과 지방공무원법 제58조 제1항에 대해서 합헌이라고 판단하였다(헌재 1992. 4. 28. 90헌바27등; 헌재 2005. 10. 27. 2003헌바50등). 그리고 사립학교 교원의 복무에 관해서 국·공립학교의 교원에 관한 규정을 준용하도록 함으로써 결과적으로 국가공무원법 제66조 제1항이 적용되어 이들의 노동3권을 전면 제한한 사립학교법 제55조 등도 합헌이라고 판단하였다(헌재 1991. 7. 22. 89헌가106). 이러한 논리의 연장선에서 헌법재판소는 청원경찰의 복무에 관하여 국가공무원법 제66조 제1항을 준용함으로써 청원경찰의 노동3권을 전면 제한하는 청원경찰법 제5조 제4항을 2008년에 합헌이라고 판단하였다(헌재 2008. 7. 31. 2004헌바9)(합헌 의견 4인, 위헌위견 4인, 한정위헌의견 1인). 청원경찰법

상 청원경찰은 공무원의 신분을 가지고 있지 않았음에도 헌법재판소는 공무원과 사립학교 교원의 노동3의 전면 제한을 정당화하는 논거와 논리를 이용하여 청원경찰의 노동3권의 전면 제한도 합헌이라고 판단한 것이었다.

평석대상결정은 2008년 결정의 바로잡고 청원경찰법 제5조 제4항을 위헌이라고 판단한 점뿐만아니라 헌법 제33조 제1항에 의한 노동3권의 보장의 의의와 그 제한에 대한 헌법적 한계에 관해서 명확하고 상세한 논거와 논리를 설시하고 있다는 점에서 노동3권 보장에 관한 이론적 발전과 성취의 도달점이라고 평가할 만하다. 하지만 단순위헌이 아닌 헌법불합치 결정 내리고 있다는 점에서 드러나 있는 한계, 즉 단결권·단체교섭권·단체행동권으로 구성되는 노동3권의 보장 구조를 둘러싼 종래의 논쟁 거리를 그대로 남기고 있다는 한계를 가지고 있다.

2. 노동3권의 법적 성격과 노동3권 제한의 한계 판단

종래 학계에서 노동3권에 대한 이해를 둘러싼 논란 중에 하나는 노동3권의 법적 성격이다. 이에 관해서 사회권적 기본권설, 자유권적 기본권설, 혼합설이 제기되었다. 평석대상결정은 노동3권은 사회권적 보호기능을 담당하는 자유권 또는 사회권적 성격을 띤 자유권이라고 하여 혼합설을 입장을 취하고 있다. 이는 종래의 헌법재판소의 입장이기도 하다(헌재 1998. 2. 27. 선고 94헌바13; 헌재 2009. 10. 29. 2007헌마1359 등). 노동3권의 법적 성격을 둘러싼 논쟁의 실질적 의의는 어떠한 법률이 노동3권을 침해한다는 주장이 제기되었을 때 그 법률이 노동3권의 자유권적 측면에 대한 침해인 것인지, 아니면 사회권적 측면에 대한 침해인 것인지에

따라서 침해 여부를 판단하는 심사의 기준과 강도가 달라져서 결론까지도 영향을 줄 수 있기 때문이다.

헌법재판소는 자유권적 기본권의 침해 여부 심사에 있어서 일관되게 헌법 제37조 제2항과 법치국가의 원리에 근거하는 과잉금지원칙을 적용하고 있다. 이에 반해서 사회권적 기본권의 침해 여부 심사에 있어서는 일관되게 과잉금지원칙을 적용하지 않고 입법자의 입법형성재량이 현저하게 일탈되었는지 여부를 심사하는 방법을 확립하고 있다. 후자는 전자에 비해서 입법자의 입법형성재량이 폭넓게 인정되기 때문에 후자가 적용되는 경우에는 위헌으로 판단될 가능성이 전자의 경우에 비하여 지극히 낮을 수밖에 없다.

평석대상결정은 이에 관해서 청원경찰은 그 신분과 정치적 중립성이 법률에 의해 보장되는 공무원 신분이 아니므로, 기본적으로 헌법 제33조 제1항에 따라 노동3권을 보장받아야 점을 먼저 확인하면서 청원경찰법 제5조 제4항은 청원경찰의 복무에 관하여 국가공무원법 제66조 제1항을 준용하여 노동운동을 금지하고 있으므로, 자유권적 측면의 노동3권과 관련이 깊다고 하여 과잉금지원칙을 적용하여 노동3권 제한의 합헌성을 매우 엄밀하게 판단하고 있다.

3. 과잉금지원칙에 의한 심사

헌법재판소가 확립한 과잉금지원칙에 의한 심사는 목적의 정당성, 수단의 적합성, 침해의 최소성, 법익의 균형성을 차례대로 적용하면서 그 충족 여부를 판단하여 위헌 여부를 판단하는 방식이다. 과잉금지원칙의 핵심은 침해의 최소성에 있는데, 이는 입법권자가 선택한 기본권 제한의 조치가 입법목적달성을 위하여 설사 적

절하다 할지라도 보다 완화된 형태나 방법을 모색함으로써 기본권의 제한은 필요한 최소한도에 그치도록 하여야 한다는 것이다(헌재 1990. 9. 3. 89헌가95; 헌재 1992. 12. 24. 92헌가8).

평석대상판결의 가장 중요한 의의 중에 하나는 바로 이 침해의 최소성을 위에서 본 본래의 의미대로 적용하고 있다는 점이다. 이 점은 2008년의 청원경찰법 사건 결정에의 합헌의견과 비교하면 잘 드러난다. 이 결정의 합헌의견은 청원경찰 업무의 특수성과 강한 공공성으로 인하여 단결권 행사나 단체교섭권의 행사만으로도 시설의 경비업무에 지장을 초래할 가능성이 높다고 하였지만, 그 가능성에 관한 구체적인 근거를 제시하지도 않았고, 완화적인 수단에 대한 고려도 전혀 보이지 않았다. 단지 당해 근로자의 업무가 강한 공공성을 가지고 있다는 점만을 들어 단결권조차 금지하지 않는다면 입법목적을 달성할 수 없다고 단정하였을 뿐이다. 국가가 근로3권을 전면적으로 박탈할 정도로 기본권을 제한한다면 공익을 달성하기 위해서는 그 정도의 제한이 반드시 필요하다는 것을 매우 논리적이며 구체적으로 심도있게 입증되어야 하는 것은 매우 당연한 헌법적 요청이다. 하지만 종래 헌법재판소의 결정에서는 이 점이 거의 무시되었다.

평석대상결정의 이와 같은 의의는 고등교육법에서 규율하는 대학 교원들의 단결권을 인정하지 않는 교원노조법 제2조가 노동3권을 침해한다는 결정(헌재 2018. 8. 30. 2015헌가38)에서도 다시 한 번 확인되고 있다. 이 결정에서는 단결권은 근로자의 다른 권리들을 진정한 권리로 만들어주는 근로기본권의 핵심으로서, 단결의 자유를 통해 노조의 조직·운영 및 제반 단

결활동을 보장하는 권리라는 점에서도 자유권
적인 성격이 강하기 때문에 단결권에 대한 제
한이 헌법 제37조 제2항에서 정한 기본권제한
입법의 한계 내에 있기 위해서는 정당한 입법
목적을 위한 필요 최소한의 제한이 되어야 한
다는 점이 보다 명확히 강조되고 있다.

4. 단결권·단체교섭권·단체행동권의 부분적 보장과 그 합헌성

평석대상결정은 "만약 심판대상조항에 대해
단순위헌결정을 하여 즉시 효력을 상실시킨다
면, 청원경찰의 근로3권 행사를 제한할 근거규
정이 모두 사라지게 되고, 이로 말미암아 근로3
권의 제한이 필요한 청원경찰까지 근로3권 모
두를 행사하게 되는 혼란이 발생할 우려가 있
다."고 하여 입법자로 하여금 청원경찰의 구체
적 직무내용 등 여러 요소들을 고려하여 그 위
헌성을 제거할 수 있도록 헌법불합치 결정을
내리고 있다. 이는 청원경찰의 구체적 직무내
용, 근무장소의 성격, 근로조건이나 신분보장
등에 따라서 일정한 범위의 청원경찰에 대해서
는 단체교섭권 및 단체행동권, 또는 단체행동권
을 완전히 박탈하는 것도 위헌이 아니라는 점
을 전제로 하고 있는 것이다. 이와 같은 태도는

위에서 언급한 2018년의 교원노조 사건 결정에
서도 동일하게 등장하고 있다.

그런데 노동3권에 관한 헌법 제33조에 대
한 체계적 해석상, 헌법이 특별히 개별적 유보
조항을 두고 있는 '공무원'과 '주요방위산업체
에 종사하는 근로자'가 아닌 '일반근로자'의 경
우에 단체행동권을 전면적으로 금지하는 '법률'
이 현행 헌법상 허용될 수 있는 것인지에 관해
서는 많은 비판이 존재한다. 단결권·단체교섭
권·단체행동권을 하나의 일체의 권리라고 이해
하든, '단체행동권'을 단결권과 단체교섭권과
독립된 별개의 권리로 이해하든, '주요방위산업
체에 종사하는 근로자'가 아닌 한 법률로써 당
해 근로자의 단체행동권을 박탈하는 것은 헌법
제37조 제2항에서 금지하는 기본권의 본질적
내용을 침해한다고 보아야 한다는 의견도 매우
유력하다.

◆◆ 참고문헌

김유성, 『노동법Ⅱ』, 법문사, 2001.
김형배, 『노동법』, 박영사, 2018.
박종희, "노동3권의 보장의의와 내용", 『고려법학』 제48호, 고려대학교 법학연구원, 2007.
이흥재, "근로3권에 대한 헌법재판소 판례의 검토", 『법학』 제43권 제2호, 서울대학교 법학연구소, 2002.
정영훈, 『헌법상 근로3권 보장과 제한의 한계』, 헌법재판연구원, 2013.

9. 근기법상 근로자 개념

– 대법원 2006. 12. 7. 선고 2004다29736 판결(퇴직금) –

피용호(한남대 법정대학)

I. 사실관계

원고들(X 등)은 대학입시학원 종합반 강사로서 피고(Y)가 운영하는 학원에서 짧게는 10년, 길게는 15년 동안 계속하여 근무하여 왔으나 매년 2월에 반복 체결되어 왔던 계약의 갱신을 거절당하자, 이는 그 실질이 해고와 같고 갱신, 반복체결된 계약 사이에 일부 공백기간이 있다 하더라도 근로관계의 계속성이 유지되었음을 주장하며 퇴직금 및 해고수당 지급을 청구하였다. 이에 대하여 Y는 X 등은 근로계약이 아닌 '강의용역제공계약'에 따라 강의용역을 제공한 개인사업자이므로 계약의 갱신거절은 정당하고 퇴직금 및 해고수당을 지급할 의무도 없다고 주장하였다.

II. 판결의 내용

1) 근기법상 근로자인지 여부는 계약 형식이 고용계약인지 도급계약인지보다 그 실질에 있어 사업 또는 사업장에 임금을 목적으로 종속적 관계에서 사용자에게 근로를 제공하였는지 여부에 따라 판단하여야 하고, 종속적 관계 여부는 경제적·사회적 여러 조건을 종합하여 판단해야 한다. 다만, 기본급이나 고정급이 정해졌는지, 근로소득세를 원천징수했는지, 사회보장제도에 관하여 근로자로 인정받는지 등의 사정은 사용자가 경제적으로 우월한 지위를 이용하여 임의로 정할 여지가 크기 때문에, 그러한

점들이 인정되지 않는다는 것만으로 근로자성을 쉽게 부정해서는 아니 된다.

2) 근로계약기간을 갱신하거나 동일한 조건의 근로계약을 반복 체결한 경우 갱신, 반복된 계약기간을 합산하여 계속근로 여부와 계속근로연수를 판단해야 하고, 갱신 또는 반복체결된 근로계약 사이에 일부 공백 기간이 있다 하더라도 그 기간 중 근로를 제공하지 않거나 임금을 지급하지 않을 상당한 이유가 있다고 인정되는 경우 근로관계의 계속성은 그 기간 중에도 유지된다.

3) X 등은 실질적으로 기간의 정함이 없는 근로자의 지위에 있었던 것으로 보이므로, Y가 X 등에게 한 근로계약 갱신 거절은 실질적으로 해고라고 봄이 상당하다.

III. 해설

1. 근기법상 근로자인지 여부의 판단기준

근기법 제2조 제1항 제1호는 '직업의 종류와 관계없이 임금을 목적으로 사업이나 사업장에 근로를 제공하는 자'를 근로자로 정의하고 있는바, 근기법상 근로자인지 여부는 결국 이 규정의 해석문제가 된다.

이에 관하여 대상판결은 "근기법상의 근로자에 해당하는지 여부는 계약의 형식이 고용계약인지 도급계약인지보다 그 실질에 있어 근로자가 사업 또는 사업장에 임금을 목적으로 종속적인 관계에서 사용자에게 근로를 제공하였

는지 여부에 따라 판단하여야 하고, 위에서 말하는 종속적인 관계가 있는지 여부는 업무 내용을 사용자가 정하고 취업규칙 또는 복무(인사)규정 등의 적용을 받으며 업무 수행 과정에서 사용자가 상당한 지휘·감독을 하는지, 사용자가 근무시간과 근무장소를 지정하고 근로자가 이에 구속을 받는지, 노무제공자가 스스로 비품·원자재나 작업도구 등을 소유하거나 제3자를 고용하여 업무를 대행케 하는 등 독립하여 자신의 계산으로 사업을 영위할 수 있는지, 노무 제공을 통한 이윤의 창출과 손실의 초래 등 위험을 스스로 안고 있는지와 보수의 성격이 근로 자체의 대상적 성격인지, 기본급이나 고정급이 정하여졌는지 및 근로소득세의 원천징수 여부 등 보수에 관한 사항, 근로 제공 관계의 계속성과 사용자에 대한 전속성의 유무와 그 정도, 사회보장제도에 관한 법령에서 근로자로서 지위를 인정받는지 등의 경제적·사회적 여러 조건을 종합하여 판단하여야 한다."라고 판시하였다. 이러한 판단 방식은 1994년 판결(대판 1994. 12. 9, 94다22859) 이후 대상판결에 이르기까지 유지되고 있다. 이러한 태도는 계약형식과 무관하게 사용종속성 여부에 따라 실질적으로 판단하되, 사용종속성 여부는 제시한 여러 요소를 종합적으로 판단하겠다는 입장으로 볼 수 있다. 다만, 대상판결에서는 ① 업무수행과정에서 '구체적·개별적인' 지휘·감독을 '상당한' 지휘·감독으로 그 기준을 완화하는 표현법을 쓰고 있고, ② 독립사업자성 여부와 관련하여 "… 하는 등 독립하여 자신의 계산으로 사업을 영위할 수 있는지, 노무 제공을 통한 이윤의 창출과 손실의 초래 등 위험을 스스로 안고 있는지"라고 그 기준을 구체화하고 명확히 한 점에서 종전의 판결과 차이가 있다.

그런데 이러한 대법원의 판단 방식은 사용자에 의하여 그 실질이 왜곡되기 쉬운 형식적

인 요소를 주로 사용하는 것이어서, 다양화된 고용형태에 적절히 대응하기 어려운 취약성을 띠고 있다. 즉, "사용자가 자신의 우월한 경제·사회적 지위를 이용하여 일방적으로 결정하는 것이 가능하다는 점을 감안하여 볼 때 사용종속관계의 유무를 판단함에 있어서는 부수적인 요소로서 고려되어도 무방한 형식적 징표"(인천지법 부천지결 2001. 4. 17, 2001카합161)를 오히려 중시할 수밖에 없는 관점을 취하고 있으므로, 전형적인 근로관계와는 다르지만 실질적으로 근로자성을 부인하기 어렵고 또한 그 보호의 필요성이 사회적으로 긍정되는 특수형태 근로종사자의 실태를 반영하기 어려운 판단 구조를 가지고 있다는 의미이다. 대상판결에서 X 등은 처음 Y의 학원에서 강사로 일할 때에는 특별히 문서로 된 계약서를 작성하지 않았고 근로소득세를 납부하였으며 직장의료보험에 가입되어 있었다. 그러나 1994년 초부터 학원측이 매년 강의용역제공계약이라는 이름의 계약서를 작성하고 부가세법상 사업자등록을 하게 하여 사업소득세를 원천징수하였고, 지역의료보험에 가입하게 하였지만, 실제 근무형태는 종전과 달라진 것이 없었다. X 등에게 보다 불리한 조건으로의 변경을 수용할 수밖에 없었다는 사실은 보다 강력한 종속성의 추정을 가능케 한다. 이에 대상판결에서는 기존의 원칙적인 입장을 취하면서도 "다만, 기본급이나 고정급이 정하여졌는지, 근로소득세를 원천징수하였는지, 사회보장제도에 관하여 근로자로 인정받는지 등의 사정은 사용자가 경제적으로 우월한 지위를 이용하여 임의로 정할 여지가 크다는 점에서 그러한 점들이 인정되지 않는다는 것만으로 근로자성을 쉽게 부정하여서는 안 된다."는 단서를 더하여, 사용자에 의하여 형식적으로 제거 또는 위장되었던 근로자성의 징표를 실질적인 노무제공 실태와 부합하는 방향에서 판단하여

X 등의 근로자성을 긍정하였다. 기존의 원칙적인 입장보다는 그 취약성을 보정하였다는 점에서 긍정적인 측면이 발견되지만, 구체적으로는 여전히 다음과 같은 아쉬움이 남는다.

첫째, 대상판결에서는 여전히 노무내용의 타인결정성을 중시하는 좁은 의미의 사용종속성을 근로자성 판단의 실질적 징표로 삼고 있는바, 사용자의 지휘·감독 방식이 직접적이고 구체적인 형태에서 간접적이고 포괄적인 형태로 변화하고 있는 측면을 감안하여 조직적 종속성과 경제적 종속성을 보다 적극적으로 고려할 필요가 있다(박수근 50쪽; 최영호 141쪽). 특히 X 등은 대학입시학원의 종합반 강사로서 강의라는 노무의 제공에 어느 정도 재량이 부여될 수 있으나 이들은 학원운영상 필요불가결한 존재이며 그 차지하는 비중이 가장 중하므로 조직적 종속성이 자연스레 긍정될 수 있고 따라서 근로자성 인정여부에 매우 중요한 요소로 작용될 수 있음에도 불구하고, 이에 대한 판단은 물론 그 판단을 위한 기준도 찾아볼 수 없다.

둘째, 대상판결이 기존의 원칙적인 입장에 단서로 더한 내용의 판단요소들은 사실 기존에 제시한 요소에 대한 보다 면밀한 접근과 근기법 및 관련법규의 적용 또는 배제를 통하여 이미 원칙적인 입장의 단계에서 충분히 고려되었어야 한다. 즉, 실질적인 종속성 판단이 선언된 상황에서 계약의 이름은 아무런 의미를 가지지 못하고, 세법이나 사회보장법 영역에서의 근로자가 근기법상 근로자와 항상 일치하는 것이 아니며, 취업규칙·복무(인사)규정·징계규정 등의 적용은 사용자에게 취업규칙 등의 작성의무가 부여되므로 사용자의 자의가 개입될 여지가 매우 높고, 또한 사용자가 도급 기타 이에 준하는 제도로 사용하는 근로자에 대하여는 근로시간에 따라 일정액의 임금을 보장하여야 한다는 점에 비추어 고정급의 유무 역시 근기법상 근

로자성 판단에 있어서 주요한 요소로 작용될 수 없는 것이다. 따라서 예컨대 근로자성을 부정하는 방향에서 취업규칙이 적용되지 않는다는 사실은 이를 근로자성 판단의 종합단계에서 배제하는 편이 비근로자화의 의도를 차단시키는 실질적인 판단을 위하여 보다 바람직할 것으로 사료된다.

2. 갱신 또는 반복 체결한 근로계약 사이의 공백기간과 계속근로연수

근로계약기간이 만료되면서 다시 근로계약을 맺어 그 근로계약기간을 갱신하거나 동일한 조건의 근로계약을 반복하여 체결한 경우에는 갱신, 반복된 계약기간을 합산하여 계속근로여부와 계속근로연수를 판단함이 원칙이다(대판 1995. 7. 11, 93다26168). 그런데 갱신 또는 반복 체결한 근로계약 사이에 일부 공백기간이 있는 경우 근로관계의 계속성이 유지된 것으로 보아야 하는지 문제된다.

대상판결에서 X 등은 1994년 초부터 매년 2월 중순경부터 11월경까지를 기간으로 정한 근로계약을 맺고 그 기간이 끝난 후 다음해 2월에 다시 계약을 갱신하여 6~7회 반복 체결하여 왔으며, 공백기간 중에는 무급이었다. 공백기간 중에는 근로관계가 계속되지 아니하는 것으로 판단되는 경우 퇴직금지급 요건인 계속근로연수 1년 이상을 충족하지 못하게 되므로 X 등의 퇴직금지급 청구는 배척될 것이며, 이는 근기법상 근로자성이 긍정된 연후 구체적으로 따져 보아야 하는 문제임에 틀림없다. 이에 대하여 대법원은 "갱신되거나 반복 체결된 근로계약 사이에 일부 공백기간이 있다 하더라도 그 기간이 전체 근로계약기간에 비하여 길지 아니하고, 계절적 요인이나 방학기간 등 당해 업무의 성격에 기인하거나 대기 기간·재충전을 위한 휴식 기간 등의 사정이 있어 그 기간 중

근로를 제공하지 않거나 임금을 지급하지 않을 상당한 이유가 있다고 인정되는 경우에는, 근로관계의 계속성은 그 기간 중에도 유지된다고 봄이 상당하다."는 입장에서, X 등이 계약기간이 아닌 기간에도 수능시험 문제풀이 등 강의 외 부수업무 수행과 다음 연도 강의를 위한 재충전 및 강의 능력 제고를 위한 연구기간으로서 근로관계가 계속되었다고 판단하여 퇴직금 지급 청구를 인용하였다.

생각건대 갱신, 반복 체결된 근로계약 사이에 일부 공백기간이 있는 경우 근로관계의 계속성이 유지된 것으로 보아야 하는지의 여부는 매우 구체적인 사정을 살펴 판단할 수밖에 없는 문제이나, 사업 또는 수행업무의 특성과 연속성, 공백기간이 계약의 갱신 또는 반복 체결을 위하여 당연히 예정된 대기기간인지 등이 주요한 판단기준으로 고려될 수 있다고 본다. 또한 그러한 공백기간이 혹 근로관계 당사자 일방의 이익을 위하여 설정된 것은 아닌지 그러므로 종속성을 추정케 하는 또 다른 요소로 평가되어야 하는 것은 아닌지도 아울러 판단되어야 할 것이다. 이러한 관점에서 대상판결의 태도는 결론적으로 타당하다 사료되나, 다만 공백기간이 전체 근로계약기간에 비하여 길지 아니할 것을 요구하는 것은 근로계약의 형식적 측면에 치우칠 가능성이 발견되므로 부수적으로 고려함이 바람직할 것으로 판단된다.

3. 갱신계약체결의 거절과 해고의 정당성

근로계약이 장기간에 걸쳐서 반복하여 갱신됨으로써 그 정한 기간이 단지 형식에 불과하게 된 경우에는 계약상 기간을 정하여 채용된 근로자일지라도 사실상 기간의 정함이 없는 근로자와 다를 바가 없게 되어, 사용자가 근로계약의 갱신을 거절하는 것은 해고가 된다. 대상판결에서도 같은 입장을 취하여 X 등의 해고수당지급 청구를 인용하였으며, 지극히 타당한 것으로 사료된다.

갱신거절을 해고로 보게 되는 이상 만일 그 갱신거절에 정당한 이유가 없으면 부당한 해고로서 사법상 무효가 됨은 물론이다. 대상판결에서는 처분권주의의 원칙상 이에 관하여 명백한 입장을 취하고 있지 아니하나, X 등이 60세에 도달하였다는 것 외에 근무성적 등 다른 사정 때문에 갱신을 거절당한 기록이 없다는 언급에서 당해 해고의 정당성이 긍정되기는 어려울 것으로 유추된다.

4. 의의와 과제

대상판결은 근기법상 근로자성 판단을 위한 기존의 원칙적인 입장을 유지하면서 단서의 추가를 통하여 그 취약성을 보정하였다는 점에서 나름의 의의를 찾아볼 수 있을 것이다. 그러나 날로 고용형태가 다양화되는 현실에서 특수형태 근로종사자 등의 실태를 반영하기 어려운 판단구조가 여전히 유지되고 있는 점은 근본적인 개선과제로 지적되지 아니할 수 없을 것이다.

◈ 참고문헌

박수근, "레미콘운송기사와 경기보조원의 근로자성에 관한 검토", 『노동법학』 제14호, 한국노동법학회, 2002.
최영호, "계약근로형 노무공급자의 근로자성", 『노동법연구』 제13호, 서울대학교 노동법연구회, 2002.

10. 근기법상 사용자 개념

— 대법원 2008. 4. 10. 선고 2007도1199 판결(근기법위반·노조법위반) —

방준식(영산대 법학과)

Ⅰ. 사실관계

피고인(X)은 대학교 의료원(A)의 의료원장이다. A 산하에는 각 병원들이 있으며 그 운영은 대체로 당해 병원장이 관장하지만, X는 A를 대표하여 대학교 총장의 명을 받아 A 산하 각 병원 및 기관의 운영 전반을 관장하고 소속 교직원을 지휘·감독하였으며, 산하 각 병원의 연간 종합 예산 등의 편성·조정·통제, 각 병원별 자금운용수지 현황 관리 등의 업무를 담당해 왔다. 또한 X는 자금 운용에 어려움이 있는 병원에 대하여는 자금 지원 요청을 받아 다른 병원으로부터 자금을 차입하거나 법인으로부터 자금을 지원받도록 하는 등 각 병원의 자금 운영난을 해소하기 위한 조치를 취하도록 되어 있으며, 실제로 A 산하의 A1병원에 대한 인건비 지원을 위해 A 산하 A2병원으로부터 자금을 차용하도록 병원 간 거래의 시행을 승인하였다. 본건은 이러한 사실관계 하에서 A1병원 등 소속의 근로자들에 대한 관계에 있어 대학 의료원장인 X와 A1병원의 병원장인 Y 중 누가 임금체불로 인한 근기법 위반죄의 죄책을 지는 근기법상의 사용자에 해당하는지가 다투어진 사안이다.

Ⅱ. 판결의 내용

구 근기법 제15조(현행 근기법 §2 ① 2호)가 정한 '사용자'란 사업주 또는 사업경영담당자 기타 근로자에 관한 사항에 대하여 사업주를 위하여 행위하는 자를 말하고, 여기에서 '사업경영담당자'란 사업경영 일반에 관하여 책임을 지는 자로서 사업주로부터 사업경영의 전부 또는 일부에 대하여 포괄적인 위임을 받고 대외적으로 사업을 대표하거나 대리하는 자를 말하는바, 구 근기법이 같은 법 각 조항에 대한 준수의무자로서의 사용자를 사업주에 한정하지 아니하고 사업경영담당자 등으로 확대한 이유가 노동현장에 있어서 근기법의 각 조항에 대한 실효성을 확보하기 위한 정책적 배려에 있는 만큼, 사업경영담당자는 원칙적으로 사업경영 일반에 관하여 권한을 가지고 책임을 부담하는 자로서 관계 법규에 의하여 제도적으로 근기법의 각 조항을 이행할 권한과 책임이 부여되었다면 이에 해당한다.

따라서 X가 A를 대표하며 A 산하 각 병원 및 기관의 운영 전반을 관장하고, A 산하 각 병원의 총 예산을 포함한 A의 연간 종합 예산의 편성·조정·통제, 각 병원별 자금운용수지 현황 관리 등의 업무를 담당해 왔다면, A 산하 각 병원이 독립채산제로 운영되고 Y가 그 전결사항으로 소속 근로자들에 대한 임금을 지급하여 왔다 하더라도, X는 A 산하 병원 등 소속 근로자들에 대한 관계에 있어서 구 근기법 제15조에서 정한 사용자에 해당한다.

Ⅲ. 해설

1. 노동관계법상 개념규정과 문제점

근로자의 개념에 관한 노동관계법의 규정들은 '임금을 목적으로 근로를 제공하는 자'(근기법 §2 ① 1호) 내지 '임금·급료 기타 이에 준하는 수입에 의해 생활하는 자'(노조법 §2 1호) 등으로 나타나고 있다. 그리고 대법원 판례에서는 이러한 근로자의 개념을 '사용종속관계'가 있는지의 여부로 판단할 뿐만 아니라 다양한 판단표지를 제시하여 해결하고 있다. 그에 반해 사용자의 개념은 노동관계법(근기법 §2 ① 2호, 노조법 §2 2호)에서 '사업주, 사업경영담당자, 그 사업의 근로자에 관한 사항에 대하여 사업주를 위해 행위(행동)하는 자'로 규정하고 있을 뿐이다.

현행 노동관계법에서 규정하고 있는 사용자의 개념은 근로계약의 당사자나 노동법의 수규자로서의 개념이 아닌 구체적인 사용자의 범위로만 열거되어 있다. 그러나 근기법이든 노조법이든 근로자의 개념에 관한 법규정의 반대편에서 보면, 사용자는 '임금을 목적으로 근로를 제공하는 자'의 상대방이고, '임금·급료 기타 이에 준하는 수입에 의해 생활하는 자'의 상대방에 해당하게 될 뿐만 아니라, '사용종속관계'에서 보더라도 사용종속된 근로자의 상대방에 서게 될 뿐이다.

그렇다면 근기법상 사용자의 개념의 경우, 근로계약관계를 중심으로 보면 근로자로부터 근로제공을 받은 대가로서 임금을 지급하는 자로 볼 수 있기 때문에 다음과 같은 의문이 발생하게 된다. 근로자의 개념에 대한 법규정이 존재하는 이상, 그 상대방에 해당하는 사용자의 개념은 규정의 반복을 피하기 위해 생략할 필요가 있지 않을까? 더욱이 현행 노동관계법이 규정하고 있는 사용자개념은 명백히 개념규정이라고 할 수 없으므로 단지 사업주를 중심으로 해석하여 판단하면 될 것이고, 규범수규자로서 사용자의 범위는 노동법의 각 제도의 특성에 맞추어 결정하면 되기 때문이다. 대법원 판례도 이미 "근기법이 각 조항에 대한 준수의무자로서의 사용자를 사업주에 한정하지 아니하고 사업경영담당자 등으로 확대한 이유가 노동현장에 있어서 근기법의 각 조항에 대한 실효성을 확보하기 위한 정책적 배려에 있다."고 판단한 바 있다(대판 2006. 5. 11, 2005도8364; 대판 2007. 9. 6, 2007도4904).

2. 학설과 판례의 검토

1) 학설의 검토

대체로 근기법 제2조 제1항 제2호에서의 '사용자'는 근기법상 규범준수의무자로서의 사용자로 이해하고 있다. 반면에 근기법 제2조 제1항 제4호의 '근로계약'에 관한 정의규정을 기초로 '근로계약 당사자로서 사용자란 자기의 지시·감독 하에 노무를 제공하는 근로자에 대하여 임금지급의무를 부담할 것을 약정한 계약당사자'라고 정의하고 있다. 따라서 근기법상 규정된 규범수규자로서의 사용자의 개념은 근로계약 당사자로서의 사용자와 동일하다고 볼 수는 없고, 오히려 책임주체를 명확하게 하기 위해서 그 범위를 확장한 것으로 보는 것이다. 이러한 근기법상 사용자의 개념에 대해서는 학설상 특별한 이견이 없는 것으로 판단된다.

2) 판례의 태도

(1) 사업주

'사업주'라 함은 그 사업의 경영주체를 말한다. 결국 개인기업의 경우에는 그 기업주 개인을 의미하고, 법인기업인 경우에는 법인 그 자체를 말한다.

일반적으로 사업주는 근로자와 근로계약을 체결한 근로계약의 한쪽 당사자가 되지만, 판례에 의하면 실질적인 근로관계가 있다면 반드시 근로계약이 체결되어 있지 않더라도 실질적으로 그 근로자를 사용한 사업을 한 자이므로 사업주에 해당된다고 판시한 바 있다(대판 1986. 8. 19, 83다카657). 이 사례에서 하수급인의 근로자를 산업재해보험에 가입시키고, 일당의 형식으로 매월 2회씩 계속적으로 임금을 지급하여 왔으며, 공사에 필요한 제반장비 및 시설을 제공한 원청사업주에 대해 사용자로서의 지위를 인정하였다. 또한 최근의 판례는 하도급업체의 사용자성을 부인하고 원청회사의 사업주성을 인정한 사례(대판 2008. 7. 10, 2005다75088)에서, 하청업체가 사업주로서의 독자성이나 독립성을 갖추고 있는지, 원청회사와 근로자 사이에 실질적으로 종속관계가 있는지 등을 기준으로 하여 근로계약관계가 없는 원청회사가 근로자와의 관계에서 사업주에 해당하는지 여부를 판단한다.

그러나 여전히 개념상 문제점은 존재하고 있다. 예로서 '학교법인 산하 병원의 병원장도 학교법인의 피용자 지위에 있다 하겠으나, 그렇다 하더라도 병원의 간호사들은 병원장이 직접 채용하였으므로, 적어도 위 간호사들에 대한 관계에서는 병원장도 (근기법 제2조 제1항 제2호 소정의) 사용자이다'라고 본 사례(대판 1980. 11. 11, 80도1070)를 들 수 있다. 이 사례에서는 간호사와의 관계에서 병원장(사업경영담당자)도 근기법상 사용자라고 판단한 반면에 학교법인(사업주)이 사용자인지는 명확하게 밝히고 있지 않다. 생각건대 이 사례에서는 병원장(사업경영담당자)이 직접 근로계약을 체결한 근로계약상 사용자라 하더라도, 근기법상 사용자는 원칙적으로 학교법인(사업주)이고, 다만 간호사와의 관계에서 병원장(사업경영담당자)도 사용자가 될 수 있다는 것으로 보아야 할 것이다. 결국 학교법인(사업주)을 중심으로 사용자개념을 판단하되, 구체적인 사안에 따라 병원장(사업경영담당자)도 근기법상 사용자가 될 수 있을 뿐이라는 것이다.

(2) 사업경영담당자

대법원 판례에서는 "사업경영담당자란 사업경영일반에 관하여 책임을 부담하는 자로서 사업주로부터 사업경영의 전부 또는 일부에 대하여 포괄적인 위임을 받고 대외적으로 사업을 대표하거나 대리하는 자를 말한다."고 정의하고 있다(대판 2008. 4. 10, 2007도1199). 그리고 근기법 제2조 제1항 제2호가 규범의 준수의무자로서 '사용자'를 사업주에 한정하지 않고 사업경영담당자 등으로 그 범위를 확대한 이유는 노동현장에서 근기법의 각 조항에 대한 실효성을 확보하기 위해 정책적으로 배려한 것이라고 한다. 더 나아가 대법원 판례는 사업경영담당자란 원칙적으로 사업경영일반에 관하여 권한을 가지고 책임을 부담하는 자로서 관계법규에 의하여 제도적으로 근기법 각 조항을 이행할 권한과 책임이 부여되었다면 사업경영담당자에 해당한다고 할 것이고, 반드시 현실적으로 그러한 권한을 행사하여야만 하는 것은 아니라고 보았다(대판 1989. 4. 25, 87도2129). 그러나 사업주를 중심으로 사용자개념을 정립하지 않음으로 인해 위 판례(대판 1980. 11. 11, 80도1070)에서와 같이 사업경영담당자가 사용자인지 불분명한 사례가 발생하게 된다.

(3) 근로자에 관한 사항에 대하여 사업주를 위하여 행위(행동)하는 자

대법원 판례에서는 근로자에 관한 사항에 대하여 사업주를 위하여 행위(행동)하는 자가 누군지 밝히고 있다. 즉, '근로자에 관한 사항에 대하여 사업주를 위하여 행위(행동)하는 자라 함은 근로자의 인사·급여·후생·노무관리 등 근로조건의 결정 또는 업무상의 명령이나 지휘·감독을 하는 등의 사항에 관하여 사업주로부터 일정한 권한과 책임을 부여받은 자'를 말한다는 것이다(대판 2011. 9. 8, 2008두13873). 따라서 현실적으로 근로자의 인사, 급여, 노무관리 등에 관하여 사업주를 위해 행위(행동)하는 자는 모두 사용자에 해당하게 된다.

다만 근로자에 관한 사항에 대하여 사업주를 위하여 행위(행동)하는 자에 해당하는지의 여부는 그가 근로자에 관한 어떤 사항에 대하여 사업주로부터 일정한 권한과 책임을 부여받고 있었는지의 여부에 따라 결정된다고 한다. 예를 들어 학교법인(사업주)이 경영하는 병원의 인사노무담당자도 그 병원의 피용자이지만, 그 병원의 노동조합과 단체교섭의 상대방으로서 사업주를 위하여 행위(행동)하는 자라고 하면, 인사노무담당자는 노조법 제2조 제2호의 소정의 사용자일 뿐만 아니라 근기법 제2조 제1항 제2호의 사용자에도 해당된다.

◆ **참고문헌**

강성태, "지금 왜 사용자인가?", 『노동법연구』 제24호, 서울대학교 노동법연구회, 2008.

권혁, "사용자 개념 확대론에 대한 재검토", 『노동법논총』 제26집, 한국비교노동법학회, 2012.

방준식, "사용자의 개념정립과 그 확장범위에 관한 법적 연구", 『노동법포럼』 제10호, 노동법이론실무학회, 2013.

11. 사내하도급근로자와 도급인의 근로관계성립 (묵시적 근로관계)

- 대법원 2008. 7. 10. 선고 2005다75088 판결(종업원지위확인) -

강성태(한양대 법학전문대학원)

I. 사실관계

원고(X)들은 형식적으로는 A기업 소속의 근로자들이었다. A기업은 1978. 4. 24. 설립되어 약 25년간 피고 회사(Y사)의 전속 사내하도급업체로서 Y사를 위해 선박엔진 열교환기, 시 밸브(Sea Valve), 세이프티 밸브(Safety Valve)의 검사·수리 등의 업무를 수행하여 왔다. A기업이 2003. 1. 31. 사실상 Y사의 주도하에 폐업되자, X들은 Y사를 피고로 하여 종업원지위확인소송을 제기하였다. 원심은 A기업과 Y사 사이의 법적 관계를 합법적인 도급관계로 봄으로써 X들의 청구를 기각하였다.

II. 판결의 내용

원고용주에게 고용되어 제3자의 사업장에서 제3자의 업무에 종사하는 자를 제3자의 근로자라고 할 수 있으려면, 원고용주는 사업주로서의 독자성이 없거나 독립성을 결하여 제3자의 노무대행기관과 동일시할 수 있는 등 그 존재가 형식적, 명목적인 것에 지나지 아니하고, 사실상 당해 피고용인은 제3자와 종속적인 관계에 있으며, 실질적으로 임금을 지급하는 자도 제3자이고, 또 근로제공의 상대방도 제3자이어서 당해 피고용인과 제3자간에 묵시적 근로계약관계가 성립되어 있다고 평가될 수 있어야 한다.

X들이 소속된 A기업은 약 25년간 오직 Y사로부터 선박엔진 열교환기, 시 밸브(Sea Valve), 세이프티 밸브(Safety Valve)의 검사, 수리 등의 업무를 수급인 자격으로 수행하여 왔는데, Y사는 A기업이 모집해 온 근로자에 대하여 Y사가 요구하는 기능시험을 실시한 다음, 그 채용 여부를 결정하였고, 그 시험 합격자에게만 Y사가 직접 지급하는 수당을 수령할 자격을 부여하였으며, A기업 소속의 근로자들에 대하여 징계를 요구하거나, 승진대상자 명단을 통보하는 등, A기업 소속 근로자들의 채용, 승진, 징계에 관하여 실질적인 권한을 행사하였다. 뿐만 아니라, Y사는 X들의 출근, 조퇴, 휴가, 연장근무, 근로시간, 근무태도 등을 점검하고, X들이 수행할 작업량과 작업 방법, 작업 순서, 업무 협력 방안을 결정하여 X들을 직접 지휘하거나 또는 A기업 소속 책임자를 통하여 X들에게 구체적인 작업 지시를 하였으며, A기업이 당초 수급한 업무 외에도 X들로 하여금 Y사 소속 부서의 업무를 수행하게 하거나, A기업의 작업물량이 없을 때에는 교육, 사업장 정리, 타 부서 업무지원 등의 명목으로 X들에게 매월 일정 수준 이상의 소득을 보장하는 등, 직접적으로 X들에 대한 지휘감독권을 행사하였다. 더 나아가, A기업은 원칙적으로 수급한 물량에 대하여 시간단위의 작업량 단가로 산정된 금액을 Y사로부터 수령하였지만, Y사는 A기업 소속 근로자들이 선박 수리와 직접적

인 관련이 없는 Y사의 다른 부서 업무지원, 안전 교육 및 직무교육 등에 종사하는 경우 이에 대한 보수도 산정하여 그 지급액을 결정하였을 뿐만 아니라, X들에게 상여금, 퇴직금 등의 수당을 직접 지급하였다. 한편, A기업에 대한 작업량 단가는 Y사 소속 근로자(이른바 직영근로자)로 조직된 B 노동조합과 Y사 사이에 체결된 임금협약 결과에 따라 결정되었으며, X들의 퇴직금이나 건강보험 등 사회보험료 역시 Y사가 기성대금과 함께 지급하는 등, Y사가 X들의 임금 등 제반 근로조건에 대하여 실질적인 영향력을 행사하였다. 마지막으로, A기업은 사업자등록 명의를 가지고 소속 근로자들에 대한 근로소득세 원천징수, 소득신고, 회계장부 기장 등의 사무를 처리하였으나, 이러한 사무는 Y사가 제공하는 사무실에서 이루어졌을 뿐만 아니라, A기업은 독자적인 장비를 보유하지 않았으며, 소속 근로자의 교육 및 훈련 등에 필요한 사업경영상 독립적인 물적 시설을 갖추지 못하였다.

A기업은 형식적으로는 Y사와 도급계약을 체결하고 소속 근로자들인 X들로부터 노무를 제공받아 자신의 사업을 수행한 것과 같은 외관을 갖추었다고 하더라도, 실질적으로는 업무수행의 독자성이나, 사업경영의 독립성을 갖추지 못한 채, Y사의 일개 사업부서로서 기능하거나, 노무대행기관의 역할을 수행하였을 뿐이고, 오히려 Y사가 X들로부터 종속적인 관계에서 근로를 제공받고, 임금을 포함한 제반 근로조건을 정하였다고 봄이 상당하므로, X들과 Y사 사이에는 직접 Y사가 X들을 채용한 것과 같은 묵시적인 근로계약관계가 성립되어 있었다고 보는 것이 옳다.

Ⅲ. 해설

1. 사내하도급 분쟁과 판례 법리

최근 10여 년간 노동분쟁 중 사내하도급 분쟁만큼 재판실무와 노동법학계의 관심을 집중시킨 주제도 없을 것이다. 가장 큰 이유는 사내하도급이 현재 우리나라에서 간접고용 현상을 주도하고 있고 그래서 관련 분쟁의 중심이기 때문이다. 대다수 사내하도급 분쟁에서 핵심적인 쟁점은 '사내하도급 근로자와 도급회사 사이에 근로계약관계가 존재하는가?'라는 것이다. 1998년 파견법 제정 이후 하도급 근로자가 도급회사를 상대로 근로계약관계의 존재를 주장하는 방법은 두 가지이다. 하나는 자신의 진짜 근로계약상 사용자가 도급회사라는 주장이고, 다른 하나는 도급회사와 하도급업체 및 자신 사이의 노무제공관계의 실질이 파견법상 근로자파견이어서 구 파견법 제6조 제3항(직접고용 간주조항)이 적용되는 결과 근로계약관계가 성립되었다는 주장이다.

이런 사내하도급 분쟁에 대해 대법원은 최근 의미 있는 판결들을 연이어 선고했는데, 그 중 가장 중요한 것으로는 대상판결(현대미포조선 판결), 대판 2008. 9. 18, 2007두22320(예스코 판결), 대판 2010. 3. 25, 2007두8881(현대중공업 판결) 및 대판 2010. 7. 22, 2008두4367(현대자동차 판결) 등이 있다. 이 판결들은 사내하도급 판례 법리의 기본적인 틀을 형성한다.

2. 대상판결의 의의

1) 사내하도급관계에 묵시적 근로계약관계 법리의 적용

대상판결은 파견법 제정 이전부터 유지되어

온 판례 법리인 '묵시적 근로계약관계 법리'를 사내하도급관계에 적용하였다. 이 판결에서 밝힌 "원고용주에게 고용되어 제3자의 사업장에서 제3자의 업무에 종사하는 자를 제3자의 근로자라고 할 수 있으려면, 원고용주는 사업주로서의 독자성이 없거나 독립성을 결하여 제3자의 노무대행기관과 동일시할 수 있는 등 그 존재가 형식적, 명목적인 것에 지나지 아니하고, 사실상 당해 피고용인은 제3자와 종속적인 관계에 있으며, 실질적으로 임금을 지급하는 자도 제3자이고, 또 근로제공의 상대방도 제3자이어서 당해 피고용인과 제3자 간에 묵시적 근로계약관계가 성립되어 있다고 평가될 수 있어야 한다."라는 기본 법리는 이미 대판 1999. 11. 12, 97누19946에서 만들어진 것이다.

판례는 형식상 사업주인 수급인의 사용자성을 인정하지 않고 직접적으로 도급인과 수급인 근로자사이에 근로관계를 인정하기 때문에 흔히 이 법리를 '묵시적 근로계약관계 법리'라고 한다. 대상판결은 이 묵시적 근로계약관계 법리를 최초로 대규모 공장의 사내하도급 관계에 적용하였다는 점에서 가장 큰 의의가 있다.

2) 묵시적 근로계약관계 인정의 요건

이 법리에 따를 때, 도급인과 수급인 근로자 사이에 곧바로 근로관계가 인정되기 위해서는 원고용주인 수급인에게 사업주로서의 실체(독립성)가 없어야 하고, 또한 도급인과 수급인 근로자 사이에 지휘명령관계뿐만 아니라 근로계약의 기본적인 관계(임금 지급과 근로 제공)도 있어야 한다. 이 점은 묵시적 근로계약관계 법리를 적용하여 직접 근로관계를 인정하였던 대판 2002. 11. 26, 2002도649과 대판 2003. 9. 23, 2003두3420도 마찬가지이다. 두 판결에서

는 특히 수급인 회사에 사업주로서의 실체가 없을 때 적용되었다. 대상판결 역시 수급인의 사업주로서의 실체를 중요하게 보았지만, 다른 한편으로 사실관계 인정의 측면에서 볼 때 2002년과 2003년의 대법원 판결들과 달리 '사업주로서의 실체성'보다는 '근로관계(지휘명령관계와 기본적 관계)의 존재'에 상대적으로 보다 중점을 두었다는 점에서 진일보하였다고 평가할 수 있다.

3. 비판과 과제

대상판결에 대한 비판은 박제성 박사에 의해 가장 신랄하게 이루어지고 있다. 박제성 박사에 따르면 대상판결이 취하고 있는 묵시적 근로계약 법리의 가장 큰 문제점은 엄격한 요건 심사이다. 즉 판례법리가 취하고 있는 엄격한 요건 심사로 인해 사실관계가 너무나 명확하여 묵시적 근로계약관계를 인정하지 않을 수 없는 예외적인 경우를 제외하면 도급인의 사용자성이 인정될 수 있는 경우는 드물고 실제 판결례를 보아도 그렇다고 한다. 그 주된 이유는 엄격한 요건 심사의 핵심은 고용사업주의 실체, 즉 독립성 여부 판단인데, 법원이 생각하는 고용사업주의 독립성이란 온전한 독립성이 아니라 '약간의 독립성'이어서 "고용사업주에게 그 약간의 독립성만 있으면 비록 하도급 근로자와 사용사업주 사이에 종속관계가 인정된다 하더라도 근로계약관계는 부정될 수 있다는 점"에 있다고 비판한다.

확실히 묵시적 근로계약관계의 인정을 위해 판례가 요구하는 요건은 매우 엄격하지만, 판례의 이런 태도는 아마도 일반 계약이론에 비추어 이 법리가 가지는 엄청난 효과 때문일 것이다. 묵시적 근로계약관계 법리를 적용하여 직접

근로계약관계의 성립을 인정한다는 것은 엄밀하게 말하면 3면관계인 사내하도급관계를 부정하는 것이다. 즉 사내하도급관계에서 하도급업체를 지워버리고(존재하는 도급계약을 없는 것으로 보고) 사내하도급 근로자와 도급회사 사이의 2면관계로서 직접 근로계약관계만을 인정하는 것이다. 이런 강력한 법적 효과를 부여하기 위해서는 그에 걸맞는 '예외적 상황'이 사실관계에서 인정되어야 되어야 하는 것은 당연한 사리이다. 문제는 어떤 상황이 이러한 '예외적 상황'에 해당하며, 현행 판례 법리가 이를 적절하게 반영하고 있는가에 있다. 향후 중요한 연구 과제의 하나이다.

◆ 참고문헌

강성태, "사내하도급 삼부작 판결의 의의", 『노동법학』 제35호, 한국노동법학회, 2010.
김인재, "사내하도급 근로자와 사용사업주의 근로관계", 『조정과 심판』 제34호(2008년 가을호), 중앙노동위원회, 2008.
박제성, "미완의 3부작 그 완성을 위하여", 사내하도급3부작 토론회, 2010.
박제성, 『사내하도급과 노동법』, 한국노동연구원, 2009.
이철수 외, 『로스쿨 노동법』, 오래, 2013.
이철수, "판례를 통해 본 사내하도급의 법적 쟁점", 『노동법실무연구』 제1권, 노동법실무연구회, 2011.

12. 동일가치노동 동일임금

— 대법원 2003. 3. 14. 선고 2002도3883 판결(남녀고용평등법위반) —

조상균(전남대 법학전문대학원)

Ⅰ. 사실관계

피고인(Y)은 평택시 세교동 소재 타일 제조공장(H사)의 대표이사이다. H사 사업장의 타일 제조공정은 성형, 시유, 소성, 선별, 포장, 제유, 잉크제조, 스크린판 제조공정의 8개 공정으로 크게 나누어지고 위 각 공정 중 남자직원의 근무인원은 합계 16명이고 여자직원의 근무인원은 합계 5명인데 2교대로 근무하면서 남자직원 총 32명, 여자직원 총 10명이 교대로 근무하고 있다.

이 사건 공소사실의 요지는, "사용자는 근로자에 대하여 남녀의 차별적 대우를 하여서는 아니 되며 동일한 사업 내의 동일가치의 노동에 대하여는 동일한 임금을 지급하여야 함에도, Y는 H사의 대표이사로서, … 여자근로자 23명에 대한 임금 합계 금 22,409,607원을 부족하게 지급하는 등 성별을 이유로 근로자들을 부당하게 대우하였다."는 것이다. 위 공소사실에 대해서 제1심(수원지법 평택지판 2001. 9. 26, 97고단1484)은 이 부분 공소사실을 유죄로 판단하였고, 제2심(수원지판 2002. 7. 11, 2001노3321)은 "H사의 여자직원들이 담당하여 왔던 노동과 남자직원들이 담당하여 왔던 노동은 그 담당하는 업무의 성질, 내용, 기술, 노력, 책임의 정도, 작업조건 등에 비추어 '동일가치의 노동'에 해당된다고 볼 수는 없(다)"고 판단하여 이 사건 공소사실에 대하여 무죄를 선고하였다. 이에 대하여 검사가 상고한 것이 이 사건이다.

Ⅱ. 판결의 내용

1. 구 남녀고용평등법 제6조의2 제1항 소정의 '동일가치의 노동'의 의미 및 일반적 판단 기준

'동일가치의 노동'이라 함은 당해 사업장 내의 서로 비교되는 남녀 간의 노동이 동일하거나 실질적으로 거의 같은 성질의 노동 또는 그 직무가 다소 다르더라도 객관적인 직무평가 등에 의하여 본질적으로 동일한 가치가 있다고 인정되는 노동에 해당하는 것을 말하고, 동일가치의 노동인지 여부는 같은 조 제2항 소정의, 직무 수행에서 요구되는 기술, 노력, 책임 및 작업조건을 비롯하여 근로자의 학력·경력·근속연수 등의 기준을 종합적으로 고려하여 판단하여야 한다.

2. 구 남녀고용평등법 제6조의2 제2항 소정의 '기술, 노력, 책임 및 작업조건'의 의미

'기술, 노력, 책임 및 작업조건'은 당해 직무가 요구하는 내용에 관한 것으로서, '기술'은 자격증, 학위, 습득된 경험 등에 의한 직무수행 능력 또는 솜씨의 객관적 수준을, '노력'은 육체적 및 정신적 노력, 작업수행에 필요한 물리적 및 정신적 긴장, 즉 노동 강도를, '책임'은 업무에 내재한 의무의 성격·범위·복잡성, 사업주가 당해 직무에 의존하는 정도를, '작업조건'은 소음, 열, 물리적·화학적 위험, 고립, 추위 또는 더위의 정도 등 당해 업무에 종사하는 근로자가 통상적으로 처하는 물리적 작업환경을 말한다.

3. '동일가치의 노동'의 구체적 판단

1) 기술과 노력

일반적으로 앞서 본 '기술'과 '노력'의 면에서 임금 차별을 정당화할 만한 실질적 차이가 없는 한 체력이 우세한 남자가 여자에 비하여 더 많은 체력을 요하는 노동을 한다든가 여자보다 남자에게 적합한 기계 작동 관련 노동을 한다는 점만으로 남자근로자에게 더 높은 임금을 주는 것이 정당화되지는 않는 것인데, H사의 공장의 경우에 남녀근로자가 하는 작업이 일반적인 생산직 근로자에 비하여 특별히 고도의 노동 강도를 요하는 것이었다든가 신규채용되는 남자근로자에게 기계 작동을 위한 특별한 기술이나 경험이 요구되었던 것은 아닌 것으로 보이므로, 원심 인정과 같은 정도의 차이만으로 남녀 간 임금의 차별 지급을 정당화할 정도로 '기술'과 '노력'상의 차이가 있다고 볼 수는 없다고 할 것이다.

2) 책임

이들은 모두 일용직 근로자로서 그 '책임'의 면에서 별다른 차이가 있다고 보기도 어렵다.

3) 작업조건

남녀 모두 하나의 공장 안에서의 연속된 작업공정에 배치되어 협동체로서 함께 근무하고 있고 공정에 따라 위험도나 작업환경에 별다른 차이가 있다고 볼 수 없어 그 '작업조건'이 본질적으로 다르다고 할 수는 없다.

4. 결론

이 사건 사업장 내에서 일용직 남녀근로자들이 하는 일에 다소간의 차이가 있기는 하지만 그것이 임금의 결정에 있어서 차등을 둘 만큼 실질적으로 중요한 차이라고 보기는 어려우므로, 그들은 실질적으로는 거의 같은 성질의 노동에 종사하고 있다고 봄이 상당하고, 따라서 달리 위와 같은 남녀근로자 사이의 임금 차별이 합리적인 기준에 근거한 것임을 알아볼 수 있는 자료가 없는 이상, H사는 임금 책정에 있어 성에 따라 그 기준을 달리 적용함으로써 여자근로자에게 동일가치의 노동에 종사하는 남자근로자보다 적은 임금을 지급한 것이라고 할 것이다.

Ⅲ. 해설

1. 판결의 의의 및 특징

이 사건은 구 고평법 제6조의2 제1항 소정의 '동일가치의 노동'의 의미와 그 판단기준 하에서 여성을 이유로 하는 임금차별의 위법성이 다루어진 사건이다.

'동일가치 노동 동일임금'원칙은 1951년에 ILO 제100호 조약이 채택된 이후 국제인권법상 중요한 원칙으로 자리잡고 있다. 이 원칙은 다른 직종·직무라 하더라도 노동의 가치가 동일 또는 동등하다면 그 노동에 종사하는 노동자에게 성이 다름에도 불구하고 동일한 임금을 지불해야 한다는 것으로, 우리나라의 경우에 1989년 일부 개정된 고평법에 비로소 규정되기에 이르렀다.

　이러한 '동일가치 노동 동일임금'의 해석을 정면에서 다룬 선행 판례로는 연세대사건판결(서울지법 서부지판 1991. 6. 27, 90가단7848)이 유일하며 이 판결은 임시일용직인 여자청소원의 노동과 정식직원인 남자방호원의 노동이 그 담당하는 성질, 내용, 책임의 정도, 작업조건 등에 비추어 동일가치의 노동에 해당되지 않는다고 판단한 바 있다.

　그로부터 10여 년이 지난 이후 나온 대상판결도 기본적으로는 연세대사건판결을 답습한 판단을 내리고 있지만, 몇 가지 점에서 중요한 특징을 가지고 있다. 첫째, 비교되는 남녀간의 고용형태가 같은 비정규직이라는 점, 둘째, H사의 취업규칙에서 성별을 임금결정의 중요한 기준으로 삼아왔다는 점, 셋째, 위 원칙을 근거로 하여 임금차액청구소송이 아닌 직접적인 위법성을 다룬 점 등이 연세대사건판결과 비교해서 특징을 가지고 있다고 말할 수 있을 것이다.

　또한, 이 사건은 '동일가치의 노동'의 의미와 그 판단기준을 다룬 최초의 대법원판결로서 중요한 의의를 갖는다고 할 수 있다.

2. '동일가치의 노동'의 의미 및 일반적 판단 기준(판지 1, 2)

　먼저 판지 1, 2에서는 '동일가치의 노동'의 의미와 그 구체적 판단기준을 제시하고 있다. 즉 '동일가치의 노동'인지 여부를 '동일하거나 실질적으로 거의 같은 성질의 노동'과 '그 직무가 다소 다르더라도 객관적인 직무평가 등에 의해 본질적으로 동일한 가치가 있다고 인정되는 노동'으로 분류하고 있다. 이러한 대법원의 판단에 대해서 현실적으로 기업 내에서 객관적

인 직무평가 기준을 마련하고 있지 않은 경우에는 '동일가치의 노동'을 판단하기 어렵다는 견해(조상균, 420쪽)와 판단기준으로 제시하고 있는 학력, 경력, 근속연수 등은 그 자체가 직무의 내용을 구성하고 있다고 보기 어렵기 때문에, 이러한 요소들은 기술, 노력, 책임을 판단할 때 간접적으로 고려되거나 임금차이를 정당화하는 합리적인 이유로서 고려되어야 한다는 견해(이승욱, 49쪽)가 있다. 다만, 본 판결에서는 임금차별의 위법성을 다루면서 학력, 경력, 근속연수 등은 고려하지 않았다.

3. '동일가치의 노동'의 구체적 판단(판지 3)

　판지3은 '동일가치의 노동'을 판단하면서, 첫째 남녀 간 임금의 차별 지급을 정당화할 정도로 '기술'과 '노력'상의 차이가 있다고 볼 수 없다는 점, 둘째 이들은 모두 일용직 근로자로서 그 '책임'의 면에서 별다른 차이가 있다고 보기 어렵다는 점, 셋째 '작업조건'이 본질적으로 다르다고 할 수 없다는 점을 들어 이 사건 사업장 내에서 일용직 남녀근로자들이 하는 일에 다소간의 차이가 있기는 하지만 그것이 임금의 결정에 있어서 차등을 둘 만큼 실질적으로 중요한 차이라고 보기는 어렵다고 판단하고 있다.

4. 한계와 과제

　본 판결은 '동일가치 노동 동일임금' 원칙의 판단기준을 명확하게 밝혀 대법원이 '동일가치 노동'의 의미를 사실상 동일노동으로 엄격히 한정하여 남녀 간 임금차별을 방치해 왔던 기존의 입장에서 벗어나 '실질적으로 중요한 차이가 없는 노동'으로 폭넓게 인정했다는 점에서 앞으로 실무상 큰 영향력을 갖고 있다는 점에는 두

말할 필요도 없다. 하지만 본 판결은 '동일가치 노동 동일임금' 원칙을 근거로 한 차액임금소송이 가능한지 여부에 관해서는 직접 해명을 하지 못한다는 한계를 내포하고 있었다. 이 문제에 관해서는 판례 및 학설 모두 이를 긍정하고 있으며, 서울고판에서는 고평법의 목적이 남녀 고용평등의 실현이라는 점, 여타 사항에 대해 남녀의 차별을 소극적으로 금지하고 있는 고평법이 이와는 달리 임금에 대하여는 적극적·능동적인 의무를 부과하고 있는 점, 이러한 의무 위반에 대한 고평법상의 형사처벌 규정이 곧 차별받는 근로자의 임금청구권을 부정하는 근거는 아니라는 점, 고평법은 근기법상의 차별금지를 구체화한 법으로 근기법 제15조가 적용될 수 있는 점 등을 이유로 하여 고평법 제8조에 위반하여 동일가치의 노동에 대하여 남성근로자보다 적은 임금을 지급받기로 한 근로계약

부분은 무효로 되고, 동일가치의 노동에 대해 성별을 이유로 동일임금을 지급받지 못한 근로자들에게 차별받은 임금 상당액을 직접 청구할 권리가 있다고 봄이 타당하다는 판결을 내렸다 (서울고판 2010. 12. 24, 2010나90298. 대판 2011. 4. 28, 2011다6632(심리불속행)).

그러나 정확하게 100% '동일가치의 노동'은 아니지만, 남녀근로자 간에 과도한 임금차별이 발생한 경우에도 과연 임금차액을 청구할 수 있는가에 대한 문제에 관해서는 여전히 명확한 결론이 나오지 못하고 있다.

◆◆ 참고문헌

김엘림, "남녀동일가치노동의 동일임금원칙의 적용", 『노동법률』 2003년 5월호, 중앙경제.
이승욱, "남녀고용평등법상 동일가치노동의 판단기준", 『조정과 심판』 제21호, 중앙노동위원회, 2005.
조상균, "동일가치노동에 대한 여성임금차별의 위법성", 『민주법학』 제24호, 민주주의 법학연구회, 2003.

13. 사실상 여성 전용 직렬에 대한 정년 차별

– 대법원 2019.10.31. 선고 2013두20011 판결(공무원지위확인) –

구미영(한국여성정책연구원)

Ⅰ. 사실관계

국가정보원에 전산·사식과 입력 직렬 10급 공무원으로 입사했던 원고들은 1999년 해당 직렬들이 폐지되자 연이어서 전임계약직 직원으로 채용되어 근무하였다. 1999년 폐지된 6개 직렬 중 전산사식, 입력작업, 전화교환, 안내 등 4개 직렬의 직원은 모두 여성이었고, 영선, 원예 등 2개 직렬의 직원은 모두 남성이었다. 직렬폐지와 함께 '국가정보원 계약직직원규정'은 전임계약직의 근무상한연령을 직렬에 따라 다르게 규정하였다. 이에 따라 "1. 안전: 만 30세, 2. 상담, 전산·사식, 입력작업, 안내: 만 43세, 3. 의료기사, 간호사, 영양사, 영선, 원예 : 만 57세, 4. 의사: 만 65세, 5. 기타 분야: 만 60세"로 정하며, 과거 10급 공무원에서 계약직으로 변경된 자 중 전산·사식, 입력작업, 전화교환, 안내 분야의 근무자는 만 45세까지 계약기간을 연장할 수 있다고 정하였다. 이 연령규정에 따라 전산·사식, 입력작업 직렬에 속한 원고1과 원고2는 각 2년을 더 연장하여 근무하다가, 2010.12.31.과 2010.6.30.에 퇴직하였다.

Ⅱ. 판결의 내용

대상판결은 "원심으로서는 사실상 여성 전용 직렬로 운영되어 온 전산사식 분야의 근무 상한연령을 사실상 남성 전용 직렬로 운영되어 온 다른 분야의 근무상한연령보다 낮게 정한 데에 합리적인 이유가 있는지를 구체적으로 심리·판단하였어야 한다. 그런데도 원심은, 이 사건 연령 규정이 남녀고용평등법 제11조 제1항에 위반되어 당연무효인 경우에는 대외적으로 국민과 법원을 구속하는 법규적 효력은 물론이고 행정내부적인 효력도 없게 된다는 점을 간과하고, 이 사건 연령 규정이 남녀고용평등법 제11조 제1항에 위반되는지 여부를 전혀 심리·판단하지 않은 채, 이 사건 연령 규정을 행정내부 준칙으로 삼아 재계약 당시 계약기간 또는 계약기간 만료 이후 갱신 여부를 결정할 수 있다고 전제한 다음 그에 따라 이루어진 국가정보원장의 퇴직조치가 적법하다고 판단하였다. 이러한 원심 판단에는 상위법령을 위반한 행정규칙의 효력, 남녀고용평등법 등에 관한 법리를 오해하여 필요한 심리를 다하지 않음으로써 판결 결과에 영향을 미친 위법"이 있다고 하여 원심(서울고판 2013. 8. 23, 2012누34206)을 파기하였다.

Ⅲ. 해설

1. 성별을 사유로 한 불리한 처우 여부

「남녀고용평등과 일·가정 양립 지원에 관한 법률」(이하 '남녀고용평등법') 상의 차별이란

'성별 등의 사유로 합리적인 이유 없이 채용 또는 근로의 조건을 다르게 하거나 그 밖의 불리한 조치를 하는 경우'를 뜻한다(§2 ①). 대상판결 사건처럼 정년 연령을 달리 정한 것이 문제되는 경우에는 이러한 차등대우가 성별을 사유로 한 것인지에 대한 판단이 필요하다.

　대상판결은 원고들이 소속된 전산·사식을 사실상 여성 전용 직렬로 보았고, 여성 전용 직렬의 정년을 다른 직렬에 비해 12~14년 낮게 정한 것이 성별에 따른 차등 정년이라고 판단하였다. 피고인 국가정보원은 여성의 정년 연령을 남성보다 낮게 정한다는 규정을 두지 않았고, '여성이기 때문에' 43세를 정년 연령으로 해야 한다는 규정이나 방침을 준 바가 없었다. 대상판결에서 성별을 이유로 한 차등 정년으로 판단한 주된 근거는 원고들이 소속된 전산사식이 사실상 여성 전용 직렬이라는 사실이었다. 1999년과 2000년경 국가정보원의 전산입력작업원 및 전산사식 직원 채용공고는 '고졸 여성' 또는 '고졸 이상의 학력을 소지한 여성'에게만 응시자격을 부여한 것이 사실로 인정되었다. 또한 1999. 3. 31. 폐지된 6개 직렬 중 전산사식, 입력작업, 전화교환, 안내 등 4개 직렬의 직원은 모두 여성이었고, 영선, 원예 등 2개 직렬의 직원은 모두 남성인 것으로 확인되었다. 이러한 사실에 근거하였을 때 전산사식은 사실상 여성 전용 직렬로 볼 수 있고, 이 직렬에 대해 정년을 낮게 정한 것에서 '성별 등을 사유로' 한 차등대우라고 판단한 것이다.

　여성이 전부 또는 다수를 이루는 여성 전용 직종, 직렬에 대한 차등대우는 성별이 당해 차등대우에 영향을 미쳤음을 보여주는 중요한 판단요소 중 하나이다. 이는 판례를 통해 확인할 수 있는데, 최초의 고용 성차별 대법원 판결인 전화교환원 정년차별 사건 판결에서 제시되었다(대판 1988. 12. 27, 85다카657). 전화교환원 정년차별 사건 판결에서는 '피고는 전화교환직을 여성으로 충원해왔고 4,800~7,480명에 달했던 교환직 중 남성은 꾸준히 불과 3명에 그쳤다는 점을 고려하였다. 또한 '거의 대부분이 여성인 직종에 남성근로자가 예외적으로 취업하게 된 경위와 그 근로내용 및 역할 그리고 앞으로도 남성을 필요로 하는지 여부와 이 직종에 대한 남성들의 취업경향 등을 살펴서 여성전용직종인지의 여부'를 판단할 수 있다고 판시하였다. 전기공사협회 정년차별 사건 판결에서도 '행정직 6직급이 모두 여성근로자들로만 구성'되어 있다는 점을 고려하여 6직급에 대한 승진차별과 정년차별이 정당한지 판단한 바 있다(대판 2006. 7. 28, 2006두3476).

　대상판결 사건에서 성별을 사유로 한 차등 정년인지 판단함에 있어 나타난 또 다른 쟁점은 전산·사식과의 비교대상을 어느 직렬로 할 것인가의 문제이다. 원고들이 소속된 직렬이 여성만으로 구성되었음에는 다툼이 크지 않았는데, 비교대상과 관련해서는 1심과 대상판결의 판단이 달랐다. 1심 판결에서는 영선·원예 외에 안전 직렬도 비교대상에 포함하였고, 안전 직렬의 정년 연령이 더 낮다는 것을 근거로 차별을 부인하였다. 반면에 대상판결은 비교대상을 영선·원예 직렬로 한정하였다. 국가정보원이 작성했던 '계약직 정원관리 방안 하달'에서 전산사식, 입력작업, 전화교환, 안내, 영선, 원예 6개 분야를 단순기능분야 계약직으로 분류한 점을 근거로 한 것이다. 비교대상에 비하여 정년 연령이 12년 이상 낮은 사실이 인정됨에 따라 상고심은 성별 등을 사유로 근로의 조건을 다르게 하거나 그 밖의 불리한 조치라는 결론에 이를 수 있었다.

2. 합리적 이유

성별을 사유로 하여 차등대우를 한 것이 소명되면 문제된 처분에 성별이 아닌 다른 합리적 이유가 있어야 함을 피고측에서 입증할 부담을 진다. 근로기준법상 균등처우 조항이나 남녀고용평등법 위반 여부를 판단할 때 '합리적 이유'를 판단함에 있어 자의금지원칙에 따른 심사에 그치지 아니 하고 해당 불리한 조치에 대하여 목적의 정당성과 수단의 적합성, 피해의 최소화, 법익의 균형성을 심사하여야 하고, 그 중 하나라도 충족하지 못하면 합리적 이유가 없는 차별이 된다.

대상판결에서는 성별을 사유로 한 차등대우에 합리적 이유가 있는지 판단하는 방법에 대해 다음과 같이 판시하였다.

"여성 근로자들이 전부 또는 다수를 차지하는 분야의 정년을 다른 분야의 정년보다 낮게 정한 것이 여성에 대한 불합리한 차별에 해당하는지는, 헌법 제11조 제1항에서 규정한 평등의 원칙 외에도 헌법 제32조 제4항에서 규정한 '여성근로에 대한 부당한 차별 금지'라는 헌법적 가치를 염두에 두고, 해당 분야 근로자의 근로 내용, 그들이 갖추어야 하는 능력, 근로시간, 해당 분야에서 특별한 복무규율이 필요한지 여부나 인력수급사정 등 여러 사정들을 종합적으로 고려하여 판단하여야 한다."

위 판시에서 근로 내용, 요구되는 능력, 근로시간 등 합리적 이유 판단 시 고려할 요소로 제기한 것들은 전화교환원 정년차별 사건 판결에서 인용한 것이다. 그런데 대상판결은 이를 넘어서 평등원칙이나 여성에 대한 차별금지라는 헌법적 가치를 강조한 점에서 의의가 있다.

차별금지의 가치를 위반할 정도로 중대한 필요성과 적절성이 있는지 엄격하게 검토해야 한다는 의미로 해석된다. 또한 이 사건 1심 판결은 과거에도 전산사식 분야의 정년 연령이 더 낮게 정해져 있었다는 연혁, 영선·원예 분야의 계약직직원 채용공고에서 관련 자격증을 소지한 사람에게 응시자격을 부여하였다는 점 등을 합리적 이유가 있다고 판단하는 근거로 인정하였다. 반면에 대상판결은 여성을 달리 대우하는 규정이 있었다는 연혁이 성별 차등대우를 정당화하는 근거가 될 수 없고, 영선, 원예 분야에서 자격증 소지 여부는 채용·선발 기준의 하나로 고려된 것일 뿐 단순기능분야 내에서 남녀의 근무상한연령에 12~14년이라는 현저한 차등을 정당화하는 사유로 볼 수 없다고 판단하였다. 위법한 차별에 대한 합리적 이유를 판단함에 있어 사용자의 재량권을 일탈한 예외적인 경우일 것을 요구하는 것에 한정하지 않고, 성별에 따른 위법한 처분을 용인할 수 있을 정도로 높은 수준의 합리성, 정당성이 요구됨을 보여준다.

3. 공무원에 대한 차별금지 규정 적용 등

국가공무원법 등에서는 고용 성차별 금지 조항을 따로 두지 않고 남녀고용평등법은 적용대상을 근로기준법상 근로자로 규정한다. 따라서 공무원에 대해서도 근로기준법의 균등처우 조항이나 남녀고용평등법의 차별금지 조항이 적용되는지 다툼의 소지가 있다. 이에 대하여 대상판결은 "국가나 국가기관 또는 국가조직의 일부는 기본권의 수범자로서 국민의 기본권을 보호하고 실현해야 할 책임과 의무를 지니고, 공무원도 임금을 목적으로 근로를 제공하는 근로기준법상의 근로자인 점 등을 고려하면, 공무원 관련 법률에 특별한 규정이 없는 한 국가기관과 공무원 간의 공법상 근무관계에도 적용"된다고 판시하였다. 국가공무원법 등 공무원의 복무, 인사 관련 법령에 고용차별의 금지 및 피해구제 관련 규정이 없는 한 국가기관과 공무원 간의 공법상 근무관계에도 적용된다는 것이다.

또한 이 사건의 차등 정년은 국가정보원의 행정규칙을 근거로 하였는데, 대상판결은 "그 내용이 상위법령에 반하는 것이라면 법치국가원리에서 파생되는 법질서의 통일성과 모순금지 원칙에 따라 당연무효이고, 행정내부적 효력도 인정될 수 없다. 이러한 경우 법원은 해당 행정규칙이 법질서상 부존재하는 것으로 취급하여 행정기관이 한 조치의 당부를 상위법령의 규정과 입법 목적 등에 따라서 판단하여야"한다고 판시하였다. 행정규칙 상 정년 차등의 근거가 있다 하더라도 「근로기준법」의 균등처우 조항이나 「남녀고용평등법」등의 상위법령에 반한다면 그 효력이 부인된다는 것이다.

4. 평가

1) 여성을 특정 직급이나 직군, 직렬로만 채용, 배치하고 승진, 임금, 정년 등에서 차등을 두는 것은 전형적인 고용 성차별의 모습 중 하나이다. 최초의 고용 성차별 판결인 전화교환원 정년차별 사건에서도 다른 기능직과 달리 교환원 직렬에만 여성을 채용, 배치하고 정년 연령을 달리 정한 것이 차별로 인정된 바 있다. 대상판결에서도 사실상 여성 전용 직렬에 대해 불리한 처우를 하는 것이 성별을 사유로 한 차등대우임을 소명하기에 충분함을 다시 한 번 확인시켜 주었다.

2) 이 판결의 가장 큰 의의는 성별을 사유로 한 차등대우에 대하여 합리적 이유를 엄격하게 심사해야 한다는 기준을 제시하였다는 점이다. 남녀고용평등법상 합리적 이유가 있는지 여부는 사용자의 재량권 일탈 여부 또는 사회통념상 합리성 수준으로 심사하는 것이 아니라, 성별을 이유로 한 차등대우가 소명되었음에도 그 정당성을 인정할 불가피한 사유가 있는지에 따라 엄격하게 판단해야 한다. 대상판결에서 합리적 이유 판단과 관련하여 헌법 상 평등의 원칙과 '여성근로에 대한 부당한 차별 금지'라는 헌법적 가치를 염두에 둘 것을 주문한 것이 이러한 해석을 뒷받침한다.

◆ 참고문헌

구미영, "여성이 전부 또는 다수인 분야에 대한 차별의 위법성 판단 – 대법원 2019.10.31 선고, 2013두20011판결", 한국노동연구원 노동리뷰 2020년 2월호, 2020.

김진, 고용상 차별 판단과 '합리적 이유' – 판례를 중심으로(미공간), 2016.

노동법실무연구회, 『근로기준법 주해I』, 박영사, 2020.

심재진, "남녀고용평등법의 쟁점에 대한 고찰 – 차별금지와 직장 내 성희롱을 중심으로", 『노동법논총』 제41호, 2017.

14. 근로내용과 무관한 다른 사정에 의한 차별

― 대법원 2019. 3. 14. 선고 2015두46321 판결(시간강사료반환처분등무효확인) ―

이수연(경남대 극동문제연구소)

Ⅰ. 사실관계

원고는 국립대학교인 ○○대학교와 2014. 2.경 당해 1학기(매주 2시간, 매월 8시간) 강의를 담당하는 근로계약을 체결하고, 강의를 담당했다. 근로계약상 2014학년도 1학기 강의료 단가는 강사의 전업 또는 비전업 여부를 구분하여, 전업의 경우에는 시간당 80,000원, 비전업의 경우에는 시간당 30,000원이 책정되어 있었다. 피고는 원고로부터 '전업/비전업 확인서'를 제출하게 하여 전업과 비전업 여부를 확인한 다음 강사료를 지급하였다. 그런데, 원고는 '부동산임대사업자로서 국민건강보험지역사업자로 등록되어 있어 별도의 수입이 있는 사람'에 해당하나, 피고에게 '전업강사'에 해당하는 것으로 고지하였고, 이에 따라 피고는 원고에게 전업 시간강사 단가를 기준으로 2014. 3.분 강사료 640,000원을 지급하였다. 이후, 2014. 4.경 피고는 국민연금공단으로부터 원고가 위의 '별도의 수입이 있는 사람'에 해당함을 통보받고, 원고에게 기 지급된 2014. 3.분 시간강사료 중 차액 400,000원을 반환하라는 통보를 하였고, 2014. 4.~5.분 강사료는 '비전업'강사료를 기준으로 산정하여 지급하였다.

Ⅱ. 판결의 내용

대상판결은 첫째, "시간강사의 경우, 다른 교원들과 같이 정해진 기본급이나 고정급 또는 제반 수당 등을 지급받지 아니하고, 근로제공관계가 단속적인 경우가 많으며, 특정 사용자에게 전속되어 있지도 않은 등의 특징을 가지고 있더라도 이러한 사정을 들어 근로자성을 부정할 수 없다"고 하여 시간강사의 근기법상 근로자성을 확인하였다. 둘째, 근기법 제6조에 따라 사용자는 "성별·국적·신앙 또는 사회적 신분을 이유로 근로조건에 대한 차별적 처우를 하지 못한다"고 전제함으로써, 시간강사의 전업 또는 비전업과 같은 고용형태를 근기법 제6조 '사회적 신분'에 해당하는 것으로 보았다. 셋째, 근기법 제6조가 금지하는 "'차별적 처우'란 사용자가 근로자를 임금 및 그 밖의 근로조건 등에서 합리적인 이유 없이 불리하게 처우하는 것을 의미하고, '합리적인 이유가 없는 경우'란 당해 근로자가 제공하는 근로의 내용을 종합적으로 고려하여 달리 처우할 필요성이 인정되지 아니하거나 달리 처우하는 경우에도 그 방법·정도 등이 적정하지 아니한 경우를 말한다"고 하여 근기법상 차별의 의미와 판단기준을 제시하였다. 넷째, "근기법 제6조와 고평법 제8조는 헌법 제11조 제1항의 '평등 원칙'을 근로관계에 실질적으로 실현하기 위한 것"이라는 점을 명확히 하고, "사업주는 동일한 사업 내의 동일 가치 노동에 대하여는 동일한 임금을 지급하여야 한다"고 하여 고평법 제8조의 '동일가치노동 동일임금'의 원칙을 근기법상 일반 원칙으로 확장할 수 있음을 시사하였다.

Ⅲ. 해설

1. 시간강사의 근로자성

대상판결은 기존의 근기법상 근로자성 판단법리에 기초하여, 시간강사의 근로의 특성에 기인한 사정들만으로 근로자성을 부인할 수 없다는 점을 확인하고 있다. 시간강사가 학교의 교육 업무를 담당하고 있음에도 불구하고 고등교육법상 "교원"에 해당하지 않는다는 점에서 노동법상 그 보호의 필요성에 기초하여 근기법상 근로자성을 법목적적으로 판단하고 있다(대판 2007. 3. 29, 2005두13018,13025). 즉, 시간강사의 근로자성은 사용자가 국립 또는 사립 소속인지 여부에 관계없이 적용될 수 있는 것으로, 이 같은 입장은 그동안의 노동법 사각지대를 해소하는 데 기여한 측면이 크다.

그런데, 대상판결은 괄호 안의 단서에서 "시간강사의 지위는 2019. 8. 1.부터 시행되는 고등교육법 제14조, 제14조의2의 각 규정에 의하면, 강사는 학교의 교원으로서 계약으로 임용하며, 임용기간은 1년 이상으로 하여야 한다"고 설시함으로써, 대학 강사가 현행 고등교육법상 "교원"에 해당하는 경우 근기법상 근로자성이 인정되지 않을 수 있다는 해석이 가능하도록 한다. 만약 괄호 안의 단서가 그러한 취지라면, 대학 강사가 고등교육법상 교원에 해당하는 경우 또 다른 노동법상의 사각지대를 형성할 수도 있다는 점에서 유의할 필요가 있다.

2. 근기법상 차별금지 사유로서 '사회적 신분'의 의미

일반적으로 근기법 제6조에서 말하는 '사회적 신분'에는 후천적인 신분이 포함되는 것으로 해석하면서도, 정규직 또는 비정규직 등과 같은 고용형태가 이러한 후천적 신분에 포함되는지 여부와 관련하여서는 학계 및 판례에서 지속적으로 이견이 있어 왔다(도재형). 그런데, 대상판결은 시간강사의 '전업 또는 비전업' 즉, 개인의 고용형태를 근기법 제6조가 금지하는 '사회적 신분'에 포함되는 것으로 전제하지만, 기존 대법원 판결에서와 마찬가지로 구체적인 사회적 신분의 의미에 대해서는 설시하지 않는다(대판 1991. 7. 12, 90다카17009). 다만, 하급심판결에서는 사회적 신분을 '주로 계속적·고정적 지위인지 여부, 근로자의 인격과 관련한 일신전속적인 표지인지 여부'로 판단하기도 하고(서울고판 2012. 12. 7, 2012나39631), '직업뿐 아니라 사업장 내의 직종, 직위, 직급도 상당한 기간 점하는 지위로서 사회적 평가를 수반하거나 사업장 내에서 근로자 자신의 의사나 능력발휘에 의해서 회피할 수 없는 사회적 분류에 해당하는 것인지 여부'로 판단하기도 한다(서울남부지판 2016. 6. 10, 2014가합3505). 이들은 모두 사회적 신분을 생래적인 것에 한정하여 해석하지 않는다. 그러나 전자는 계속적이고 고정적인 상태를 요구함으로써 제한이라 할 수 있는 반면, 후자는 근로자에 대한 사회적 평가를 수반하는 지위, 사회적 분류를 포함함으로써 그 범위를 상대적으로 넓게 본다. 그런데 전자의 입장에 의하면, 시간강사가 사회적 신분에 해당한다는 점은 의문의 여지가 없으나, 전업 또는 비전업 여부가 사회적 신분으로서 근기법의 차별금지사유에 해당하는지 여부는 명확하지 않다. 대상판결은 시간강사의 전업 또는 비전업 여부에 따른 차별여부의 관점에서 해석되고 있다는 점에서 후자와 같이 '사회적'이라는 의미를 넓게 보고 있는 것으로 보인다. 다만, 이러한 해석에도 불구하고, 차별금지의 사유가 되는 '사회적'이라는 용어가 가진 개방성을 고려하여, 이와 관련한 명확한 법리를 구축해 나갈 필요가 있다.

3. 근기법상 차별적 처우의 의미 및 판단 기준

대상판결은 근기법 제6조에서 말하는 '차별적 처우'에 대한 의미와 '합리성' 판단기준에 대해 설시한다. 그러면서 ① 차등 대우의 존부를 확인하고, ② 그 차등 대우에 대한 '합리성' 판단은 고평법상 '동일가치노동에 대한 동일임금'의 개념으로 확장하여 해석해야 하고, ③ 법 위반이 있는 이상, 이에 대한 사용자측에 기인하는 재정적 상황 등과 같은 요소는 차별을 정당화할 수 없는 것으로 본다. 이는 달리 말해, 임금 등 근로조건의 '차등 대우'는 비교 대상자 간의 노동이 '동일, 유사한 또는 동일가치'인 노동이 아니어야 하고, 각각의 노동에 대해 대우를 달리해야 할 필요성이 있어야 하고, 설사 달리 처우해야 할 필요성이 있더라도 그 방법 및 정도가 적정해야 하므로, 법령에 위반되는 사용자 측에 기인하는 재정적인 상황 등은 합리적인 사유로 볼 수 없다는 것이다. 따라서 임금 등 근로조건에서 차등을 두는 것이 근로의 내용(노동의 동일성)과 무관한 것인 경우, 사용자의 재정 상황 등은 차별을 정당화 하는 요소(더 나아가 '진정직업자격')로서 인정되지 않게 된다. 이러한 접근법은 차별법리가 형성, 발전되어 온 선진국에서의 그것과 맥을 같이 하는 것으로서,

차별 관련 사건에서 기존 차별의 판단기준과 '합리성'의 범위를 넓게 이해해 왔던 입장과는 구분된다.

법적 규제로서 '차별'의 의미 또는 개념을 정하는 것은 법에서 보호하고자 하는 범주를 정하는 것이다. 따라서 차별(직접, 간접, 구조적 차별) 개념의 인정과 그 판단기준은 한 사회의 '차별'의 해소에 관한 인식을 대변해 준다. 대상판결에서 설시한 '차별적 처우'의 의미와 '합리성' 판단기준은 근기법에서 보호하고자 하는 균등대우의 범위를 정하는 것으로, 향후 우리나라 차별 법리의 확립에 매우 중요한 의미를 갖는다.

4. 동일가치노동 동일임금의 원칙

대상판결은 시간강사의 노동은 전업과 비전업의 경우 모두 동일하나, 전업과 비전업을 구분하여 다른 대우의 대상으로 삼는다고 하여, 비교대상자의 노동의 '동일성'을 인정한다. 그러면서 고평법상 '동일가치노동'의 개념을 근기법상 균등처우의 판단기준으로 원용함으로써, 균등대우의 원칙을 노동의 가치가 동일한 경우에까지 확장할 수 있는 것으로 해석한다. 즉, 노동의 동일성 판단에서 근기법상 균등대우 원칙을 고평법상 '동일가치노동'과 동일한 관점에서 바라보아야 한다는 것이다. 이 같은 해석은 근로관계에서의 실질적 평등원칙을 선언한다는 점에서 매우 의미가 크다. 그러나 현행 근기법의 법적 지위를 다른 개별 법령에 우선한다기보다 근로관계를 중심으로 근로조건의 최저기준을 정하는 개별 법령으로서의 지위를 가지는 것으로 이해하는 입장에서는 근기법상 균등대우의 원칙을 고평법상 동일가치노동 동일임금의 원칙으로 곧바로 확장하여 해석기에는 무리가 따를 것으로 보인다.

동일한 사업장에서 동일노동에 종사하면 동

일임금의 대상이 되어야 하는 것은 평등권 혹은 균등대우의 당연한 원리이다. 우리 법제는 이러한 원칙을 실현하기 위해 근기법 제6조에서 균등대우의 원칙을, 기간제법 제8조 및 파견법 제21조에서 '동종 또는 유사한 업무'에 대한 동일대우원칙을, 고평법 제8조에서 '동일가치노동'에 대한 동일임금원칙을 각각 규정한다. 특히, 대상판결에서 인용되고 있는 고평법 제8조의 동일가치노동 동일임금원칙은 근기법, 기간제법, 파견법에서와는 달리 기존의 왜곡된 성인식에 기초하는 구조적 '성별' 임금차별을 해소하기 위해 고안된 법리라 할 수 있다. 그래서 기간제법, 파견법 등에서는 '동일 또는 유사한 업무'에 대한 동일대우원칙을 규정하고 있음에 반해, 고평법 제8조에서는 다른 고용상(모집과 채용, 임금 외의 금품, 교육·배치 및 승진, 정년·퇴직 및 해고) 발생하는 성차별과 구분하여, 임금차별의 경우 '동일가치노동'에 대해서도 동일임금의 원칙을 적용받도록 한다. 또한 '동일 또는 유사한 업무'와 '동일가치노동'은 그 노동을 수행하는 비교대상의 선정과 판단기준을 달리한다(이수연).

따라서 대상판결과 같은 해석이 가능하기 위해서는 근기법의 법적지위와 기간제법이나 파견법상의 '동종 또는 유사한 노동'의 의미를 '동일가치노동'으로 명시하는 개정작업이 선행될 필요가 있고, 현행법 체계에 기초하지 않은 해석은 향후 나아갈 방향에 공감하는 것과는 별개로 신중을 기할 필요가 있어 보인다. 더 나아가 앞서 언급한 바와 같이 대상 사건의 시간강사의 전업 또는 비전업 여부는 근로의 본질적인 내용을 달리하지 않는다는 점에서 '동일노동' 동일임금원칙이 적용될 수 있는 사안이다. 이러한 사안에서까지 근로의 내용 자체가 다른

경우에 원용될 수 있는 '동일가치노동'의 개념으로 확장하여 해석하는 것은 오히려 고평법상 '동일가치노동'의 개념을 '동종 또는 유사한 노동'과 같은 선상에서 바라본다는 비판이 가능하다는 점에서도 유의할 필요가 있다.

5. 평가

대상판결은 시간강사에 대해 노동법 보호대상으로서 '근로자'임을 확인하고, 근로기준법 제6조가 규정하는 '사회적 신분'에 시간강사의 '전업 또는 비전업'이라는 고용형태가 포함되는 것을 전제로, 노동법상 균등대우의 일반조항인 근기법 제6조의 차별의 의미와 판단기준을 제시하고, 성차별이 아닌 다른 사유에 의한 차별 사건에서도 고평법 제8조에서 규정하는 동일(가치)노동 동일임금의 원칙을 원용할 수 있는 해석론을 제시하였다는 점에서 의의가 크고, 이는 향후 우리나라 차별법리의 구축에 상당한 영향을 미칠 것으로 예상된다.

다만, 시간강사의 '교원'으로서의 지위가 인정되는 경우 근로자성 인정, 근기법 제6조에서 말하는 사회적 신분에 전업 또는 비전업 등과 같은 고용형태가 포함되는 것인지, 현행법 체계 내에서 근기법상 균등처우에 고평법상 '동일가치노동'의 개념이 원용 가능한지, 가능하다면 기간제법, 파견법 등에까지 적용될 수 있는지 등에 대해 면밀한 검토와 보완이 수반되어야 할 것으로 보인다.

◆◆ 참고문헌

김엘림, "동일가치노동·동일임금원칙에 관한 쟁점", 『노동법학』 제17호, 한국노동법학회, 2003.
도재형, "임금에서의 균등대우원칙", 『노동법연구』 제47호, 서울대학교 노동법연구회, 2019.
이수연, "남녀고용평등법상 동일임금법리상의 한계와 개선과제", 『노동법학』 제44호, 한국노동법학회, 2012.

15. 직장 내 성희롱

－대법원 2017. 12. 22. 선고 2016다202947 판결(손해배상(기)) －

김엘림(한국방송통신대 법학과)

Ⅰ. 사실관계

1. 원고의 소송 제기와 주장

원고 X는 R 자동차 회사(Y) 소속 연구소의 여성 과장인데 2013. 6. 11. 성희롱과 관련하여 피고들의 행위로 인해 자신이 입은 정신적 고통에 대한 위자료 청구 소송을 제기했다.

이 소송에서 피고 1은 유부남이면서 비혼인 X에게 개인적 만남을 약 1년간 지속적으로 요구하는 등의 성희롱을 한 직속 상급자 A이다. 피고 2는 X에게 성희롱 피해를 인사부서에 신고하는 것을 극구 만류하고 A와 함께 사직할 것을 권고한 소속 부서 총책임자인 B이다. 피고 3은 부하인 조사 담당 직원 D가 X의 성희롱 피해 신고 사실을 부정적 평가를 곁들여 메신저 등을 통해 사내에 유포시켰음에도 이를 방치하고, A를 부당하게 경징계 처분한 인사팀장 C이다. 피고 4는 A, B, C의 사용자인 Y이다. X의 주장은 A, B, C는 민법 제750조(불법행위)에 따라, Y는 "타인을 사용하여 어느 사무에 종사하게 한 자는 피용자가 그 사무집행에 관하여 제삼자에게 가한 손해를 배상할 책임이 있다"라고 규정한 민법 제756조에 따른 손해배상책임을 져야 한다는 것이다.

그런데 소송 제기 후 Y는 X가 부하 직원을 과격한 발언으로 협박하여 성희롱 관련 소문 유포에 관한 진술서를 받았다며 견책의 징계를 하였고, X의 전문업무를 축소했다. 또한 X의 성희롱 문제 제기를 도운 동료 E에 대하여 근무시간 미준수를 이유로 정직 1주일의 징계를 했다. 그리고 X와 E에 대하여 회사 서류를 무단으로 반출해 노동위원회 등에 제출했다며 직무정지와 대기발령 처분 및 고소를 했다. X는 Y의 조치들은 고평법이 금지한 성희롱 피해자에 대한 불리한 조치에 해당되므로 Y는 민법 제750조(불법행위)에 따른 손해배상 책임도 져야 한다며 소송 이유를 추가했다.

위자료 청구금액은 A는 3천만 원, B는 1천만 원, C는 2천만 원, Y는 1억 2천만 원이다.

2. 피고의 주장

피고들은 모두 X의 주장이 사실이 아니라고 반박했다. Y는 X가 문제 삼는 업무조정이나 징계는 인사권의 정당하고 합리적 행사이며, A의 언동은 사무집행과 관계없는 개인적 일탈이기 때문에 손해배상 책임이 발생하지 않는다고 주장했다.

3. 제1심 판결의 요지

제1심 법원(서울중앙지판 2014. 12. 18, 2013가합536064)은 A가 사회통념상 일상적으로 허용되는 농담 등의 수준을 넘어 X로 하여금 성적 굴욕감이나 혐오감을 느끼게 하여 직장 내 성희롱을 했다며 1천만 원의 위자료 지급을 명했다.

그러나 B, C, Y에 대한 X의 청구를 모두 기각했다. B는 X가 사직서를 먼저 제출한 상태에서 조직의 관리책임자로서 원만하게 문제를 해결하기 위해 A에게 사직을 권고한 것이므로 불법성이 없다는 것이다. 또한 D의 발언은 X의 명예를 훼손한 것으로 보기 어렵다고 보았다. Y에 대해서는 A의 성희롱 행위가 사무집행과 관계없이 개인적으로 이루어지고 X가 상당 기간 공개하지 않았으므로 Y가 이를 알았거나 알 수 있었다고 보기 어렵다는 점, Y의 X와 E에 대한 징계는 성희롱 사건과 관계없이 X와 E의 직무위반에 대한 제재인 점, Y의 X에 대한 업무분장 조정은 인사권자의 합리적 재량권 행사인 점에서 불법성이 없다고 보았다.

4. 항소의 제기

X는 피고를 Y로 한정하여 항소했다. 항소이유는 Y는 A와 D의 불법행위에 대한 사용자책임을 져야 하고 아울러 자신에 대한 부당한 업무조정과 자신과 조력자 E에 대한 부당한 징계를 한 것에 대한 불법행위 책임을 부담해야 한다는 것이다. 위자료 청구 금액은 1억 2천만이었다.

5. 제2심 판결의 요지

제2심 법원(서울고판 2015. 12. 18, 2015나2003264)은 X의 주장 중 X와 E에 대한 Y의 징계 부분만 배척하고, 그 외는 모두 수용했다. 제2심 법원의 판시 중 주목되는 부분은 다음과 같다.

1) 부하직원의 업무환경에 영향을 미칠 수 있는 상급자가 그 부하직원에 대하여 직장 내 성희롱을 한 경우에는 그 자체로 직무위반행위로서 민법 제756조에서 말하는 '사무집행에 관

한 불법행위'에 해당한다. Y가 성희롱예방교육 등 방지조치를 형식적으로 하였기에 면책되지 않는다.

2) 성희롱 사건의 조사 담당자가 비밀유지와 공정성을 엄수해야 하는 것은 고평법에 명시되지 않더라도 조리상 당연한 것이다.

3) Y의 X에 대한 업무분장 조정은 합리성이 없으므로 불리한 조치에 해당된다.

그런데 제2심 판결은 다음과 같은 점에서 논란을 발생시켰다.

1) Y가 지급해야 할 위자료 지급액을 사용자 책임으로 3백만원, 불법행위 책임으로 7백만원 총 1천만원으로 정했다. 더구나 A가 1천만원을 제1심 판결 선고일 후에 변제했으므로 A의 성희롱으로 인한 Y의 위자료 지급의무는 없다고 했다. 성희롱 사건에서 주목할 동향은 사용자 책임을 인정하고 위자료 액수를 상향시키고 있는 점이다. 이 판결은 이를 역주행한 것이다. X의 피해와 Y의 회사 규모 등 제반사정을 고려할 때, 위자료 지급액수는 지나치게 낮다는 지적이 있다. 2) 고평법은 "이 법과 관련한 분쟁해결에서 입증책임은 사업주가 부담한다."는 조항을 1989년 4월부터 두고 있다. 사용자의 조치가 부당하고 불리한 조치임을 증명하려면 사용자가 소장하는 인사자료, 경영자료를 제시해야 되는 경우가 많은데 근로자들로서는 입증하기가 어려운 사정을 감안한 입법조치이다. 이에 따라 근로자는 사용자의 조치가 부당함을 판단자가 추측할 수 있는 정도의 소명만 해도 된다. 그런데 제2심 판결은 모든 입증책임이 사업주에 있다는 것은 합리적이지 않고 형평에도 맞지 않으므로 적어도 불리한 조치가 있었다는 점은 피해 근로자가 입증해야 하고, 그 불리한 조치를 하게 된 다른 실질적인 이유

가 있었다는 점은 사업주에게 입증책임이 있다고 판시했다. 재판관이 입법부의 법개정 없이 현행법과 다르게 해석하고 재판과정에서 근로자에게 입증책임을 요구한 것은 타당하지 않다는 지적이 있다.

Ⅱ. 대상판결의 내용

1. 판단 결과

원고와 피고 쌍방의 상고에 대하여 대법관의 일치된 의견으로 X와 E의 징계에 관한 원심판결의 부분을 파기하고, 이 부분 사건을 다시 심리·판단하도록 서울고등법원에 환송하였으며 피고 Y의 상고를 기각했다.

2. 판단 요지

1) 피해자에 대한 불리한 조치에 관한 판단

(1) 사업주의 조치가 피해근로자 등에 대한 불리한 조치로서 위법한 것인지 여부는 그 조치가 직장 내 성희롱에 대한 문제 제기 등과 근접한 시기에 있었는지, 그 조치를 한 경위와 과정, 그 조치를 하면서 사업주가 내세운 사유가 피해근로자 등의 문제 제기 이전부터 존재하였던 것인지, 피해근로자 등의 행위로 인한 타인의 권리나 이익 침해 정도와 그 조치로 피해근로자 등이 입은 불이익 정도, 그 조치가 종전 관행이나 동종 사안과 비교하여 이례적이거나 차별적인 취급인지 여부, 그 조치에 대하여 피해근로자 등이 구제신청 등을 한 경우에는 그 경과 등을 종합적으로 고려하여 판단해야 한다.

(2) X가 부하 직원에게 과격한 발언을 한 것은 자신의 성희롱 사건 소문을 확인하기 위한 과정에서 이루어진 점, X에 대한 징계처분이 X의 소송 제기 후 근접한 시기에 발생하였고 경기지방노동위원회와 중앙노동위원회로부터 부당징계로 인정받은 점 등에서 Y의 X에 대한 견책처분은 고평법 제14조 위반의 불리한 조치에 해당한다.

(3) 고평법 제14조의 보호 대상에 피해자를 도와 준 조력자는 직접적으로 포함되지 않지만, 조력자 E에 대한 Y의 징계는 노동위원회와 법원의 결정과 헌법재판소의 기소유예 취소결정으로 부당함이 드러났고, 그 부당한 조치로 인해 X가 정신적 고통을 받았고 피해구제절차 진행에 어려움을 겪었으므로 X에 대한 불리한 조치에 해당된다.

2) 피해자에 대한 불리한 조치의 손해배상에 관한 판단

(1) 피해근로자를 도와준 동료 근로자에 대한 징계처분 등으로 말미암아 피해근로자에게 손해가 발생한 경우 이러한 손해는 특별한 사정으로 인한 손해에 해당한다. 따라서 사업주는 민법 제763조, 제393조에 따라 이러한 손해를 알았거나 알 수 있었을 경우에 한하여 손해배상책임이 있다고 보아야 한다.

(2) 이때 예견가능성이 있는지 여부는 사업주가 도움을 준 동료 근로자에 대한 징계처분 등을 한 경위와 동기, 피해근로자 등이 성희롱 피해에 대한 이의제기나 권리를 구제받기 위한 행위를 한 시점과 사업주가 징계처분 등을 한 시점 사이의 근접성, 사업주의 행위로 피해근로자 등에게 발생할 것으로 예견되는 불이익 등 여러 사정을 고려하여 판단해야 한다. 특히 사업주가 피해근로자 등의 권리 행사에 도움을 준 근로자가 누구인지 알게 된 직후 도움을 준 근로자에게 정당한 사유 없이 차별적으로 부당한 징계처분 등을 하는 경우에는, 그로 말미암아

피해근로자 등에게도 정신적 고통이 발생하리라는 사정을 예견할 수 있다고 볼 여지가 크다.

Ⅲ. 해설

1. 대상판결의 의의 및 특징

1) 이 성희롱 소송과 재판의 영향으로 직장 내 성희롱 피해자에 대한 실질적이고 구체적인 보호를 위해 2017. 11. 28. 고평법 제14조(직장 내 성희롱 발생 시 조치)가 크게 개정되어 2018. 5. 29.부터 시행되었다. 이 개정으로 "직장 내 성희롱과 관련하여 피해를 입은 근로자 또는 피해를 입었다고 주장하는 근로자"에 대한 성희롱 사건의 조사기간 중의 보호조치(제3항)가 신설되었고, 조사 결과 직장 내 성희롱 발생 사실이 확인된 때의 피해자에 대한 보호조치(제4항)와 행위자에 대한 제재(제4항)가 구체화되었다. 또한 피해자 등에 대한 불리한 조치(제6항)의 보호 대상에 "성희롱 발생 사실을 신고한 근로자"가 포함되었고, 사업주의 불리한 조치가 일곱 가지로 세분화되어 명시되었다. 대상판결은 고평법 제14조의 해석 기준이 된다.

2) 피해자의 조력자에 대한 부당 징계를 피해자에 대한 불리한 조치로 해석한 최초의 판결이다.

3) 성희롱 조사담당자의 조리상의 직무와 그 직무위반에 대한 사업주의 사용자 책임을 원심과 함께 인정한 의의가 있다. 그 영향으로 2017년 11월의 고평법 개정 시에 "직장 내 성희롱 발생 사실을 조사한 사람, 조사 내용을 보고 받은 사람 또는 그 밖에 조사 과정에 참여한 사람은 해당 조사 과정에서 알게 된 비밀을 피해근로자등의 의사에 반하여 다른 사람에게 누

설하여서는 아니 된다. 다만, 조사와 관련된 내용을 사업주에게 보고하거나 관계 기관의 요청에 따라 필요한 정보를 제공하는 경우는 제외한다."라는 조항(제7항)이 신설되었다.

4) "고평법 제30조는 직장 내 성희롱에 관한 분쟁에도 적용된다. 그러므로 피해자 등에 대한 조치가 성희롱과 관련성이 없거나 정당한 사유가 있다는 점은 사업주가 증명을 해야 한다."라고 판시하여 고평법의 입증책임 규정의 적절성과 유효성을 인정하였다.

2. 판결의 후속 법적 처리

1) 대상판결의 환송심 판결(서울고판 2018. 4. 20, 2017나2076631)은 대상판결의 판시를 유지하고 X에 대한 위자료 액수를 총 4천만 원으로 상향시켰다.

2) 대상판결의 사안에 관한 형사소송에서 2020. 1. 31. 수원지법은 X에게 불리한 조치를 한 인사담당 부서장에게 벌금 800만 원, 징계위원회 위원장에게 벌금 4백만 원, Y에게 벌금 2천만 원을 선고했다. 다만, 업무조정을 한 이사에 대하여는 무죄를 선고했다.

◆ 참고문헌

고철웅, "직장 내 성희롱으로 인한 사업주의 불법행위책임여부 - 대법원 2017.12.22. 선고 2016다202947 판결을 중심으로 -", 『민사법학』 제85호, 한국민사법학회, 2018.

김엘림, "직장 내 성희롱과 사용자 책임 - 대법원 1998.2.10. 선고 95다39533 (손해배상(기))", 『노동판례백선 초판』, 한국노동법학회 편, 박영사, 2014.

김엘림, "성희롱 사건의 사용자책임론에 관한 판례의 동향", 『젠더법학』 제8권 제1호, 한국젠더법학회, 2016.

김태선, "직장 내 성희롱과 사용자 책임 - 대상판결 : 대법원 2017.12.22. 선고 2016다 202947판결 -", 『민사법학』 제84호, 한국민사법학회, 2018.8, 105~142쪽.

장현진, "직장 내 성희롱과 사용자 책임", 『월간 노동법률』 2020.11월호, 중앙경제.

16. 직장 내 괴롭힘

– 대법원 2009. 5. 14. 선고 2009다2545 판결(손해배상(기)) –

Ⅰ. 사실관계

피고회사 A의 직원이었던 원고(X)는 상급자의 개인 비리가 있다고 생각하고 이를 피고회사에 진정한 적이 있다. 그 이후 원고가 1998년에 이어 1999년 2월에 2회 연속 과장진급에서 탈락하자 이것이 내부고발에 따른 불이익이라고 보고 직속상사인 피고 C(컴퓨터사업부 부장), D(컴퓨터고객지원실장), E(컴퓨터시스템고객지원팀장)에게 항의하였다. 그러나 오히려 원고는 1999. 2. 23. 명예퇴직을 종용당했는데 이를 거부하자 직속상사인 피고들은 외근직이었던 원고를 내근직으로 변경하면서 구체적인 업무를 부여하지 않았다. 나아가 피고 D(실장)는 항의하는 원고를 폭행하기도 하고 원고의 개인용 책상과 컴퓨터, 사무용품 등을 회수하여 원고가 정상적으로 근무할 수 있는 여건을 빼앗고, 원고의 책상 위치를 의도적으로 다른 직원과 격리시켰으며 피고 F(동료)를 시켜 팀원들이 원고를 따돌리도록 하는 내용의 이메일을 보내기도 하였다.

이에 원고는 1999. 7. 29.경 피고 C(부장)에 이어 피고회사 A의 대표이사인 피고 B에게 억울함을 탄원하였다. 피고 B는 인사기획팀에게 이에 관한 조사를 지시하였다. 인사기획팀은 1999. 8. 17.과 9. 11. 두 차례에 걸쳐 조사결과를 피고 B에게 보고하였는데 상급자의 잘못된 조치를

언급하면서도 원고 및 피고 D(실장)의 쌍방과실에 대하여 각 징계조치가 필요하다는 한편 조직문화 개선의 필요성을 언급하였다. 이에 피고 B는 원고 등에 대한 조치 후 조직 활성화 방안을 추후에 추진하되, 징계 등은 예정대로 조치하라는 취지의 지시를 내렸다. 그 후 원고는 1999. 11. 8.자로 원 소속이었던 컴퓨터시스템고객지원팀에서 컴퓨터기술지원팀으로 전보되었는데 이는 원고의 희망과 다른 것이었다(피고 D는 1999. 11. 1.자로 면직 후 대기발령). 원고는 이후 전보부서에서의 업무수행 거부, 직무 태만 등의 사유로 2000. 2. 1. 징계해고 되었다(후에 정당해고로 인정). 이 과정에서 원고는 적응 장애 및 우울장애를 겪게 되었고 2000년에 근로복지공단에 의해 업무상 재해로 요양승인을 받았다. 이에 대해 피고회사는 원고의 요양승인처분 취소소송을 제기하였으나 1심과 2심 법원에서 모두 기각되었고 이 판결은 2003. 8.경에 확정되었다.

2006. 7. 17.에 원고(X)는 직장 내 괴롭힘뿐만 아니라 피고회사 측이 자신에 대해 근거 없는 고소 및 위증을 했다고 하여(원고는 사문서위조 및 동행사 혐의로 기소되었지만 2003. 6. 11. 무죄확정판결을 받았다) 피고 C, D, E, F는 불법행위자로서, 대표이사인 피고 B는 불법행위에 대한 방조자로서 공동불법행위책임을 묻는 한편, 피고회사 A에 대하여는 사용자책임

을 물어 정신적 고통에 대한 위자료(6,000만
원)를 청구하는 손해배상소송을 제기하였다. 이
에 1심 법원(서울중앙지판 2008. 2. 15, 2006가
단333765)과 2심법원(서울중앙지판 2008. 12.
4, 2008나11077)은 피고들은 연대하여 원고에
게 2,000만원을 지급하라는 일부인용 판결을
하였다. 이에 피고측이 대법원에 상고하였다.

Ⅱ. 판결의 내용

　대법원은 대표이사인 피고 B의 행위를 불법
행위 방조로 본 원심의 판단부분만을 파기환송
하고 피고들의 나머지 상고는 기각하였다. 먼
저 청구의 시효와 관련하여 대법원은 "원고로
서는 피고회사 A가 제기한 요양승인처분 취소
소송이 피고회사 A의 패소로 확정된 2003. 8.
경에야 불법행위의 요건사실에 대하여 현실적
이고도 구체적으로 인식하여 손해배상청구가
사실상 가능하게 되었다고 보는 것이 합리적"
이라는 원심 판단이 정당하다고 판단하였다.
다음으로 대법원은 피고 B가 제기한 불법행위
방조 부분과 관련하여 "피고 B의 부하직원들의
원고에 대한 부당행위는 1999. 8. 말경 원고가
개인용 책상을 다시 지급받는 시점에 일단락되
었다고 보이는데, 그것은 피고 B가 원고의 탄
원을 접하여 사실조사 및 보고를 지시하고(중
략) 담당임원에게 적절한 조치를 취하도록 지
시한 데에 말미암은 것이라고 볼 수" 있다는
등의 이유에서 대표이사 "피고 B가 부하직원들
의 원고에 대한 불법행위에 도움을 주지 않을
주의의무를 위반하여 방조한 것으로 볼 수 없
다"고 파기하였다.

Ⅲ. 해설

1. 대상판결의 의의와 쟁점

　대상판결은 직장 내 괴롭힘에 대한 불법행
위책임을 처음으로 인정한 대법원판결로서의
의의가 있다. 직장 내 괴롭힘은 강학상 근로자
의 인격권 침해와 일할 환경에 관한 권리인 근
로의 권리를 침해하는 행위로 인식된다. 근로
자의 인격적 법익 내지 인격권 침해에 대한 민
사적 구제는 정신적 손해배상책임으로 나타나
며 특히 그 행위의 비난가능성으로서의 위법성
에 주목하여 통상 불법행위책임으로 소구되어
왔다. 일찍이 사립학교 교사를 부당하게 징계
파면하고 출근을 저지하면서 출근한 교사에 대
하여 근무를 못하게 하면서 급료를 지급하지
아니한 채 차별대우를 한 것을 교사의 인격권
침해로서 불법행위에 기한 위자료 지급을 인정
한 사건(대판 1980. 1. 15, 79다1883)이 있었
던 만큼 불법행위를 이유로 근로자의 정신적
고통에 대한 위자료지급을 인정한 판결의 내력
은 생각보다 오래되었다. 대상판결이 나오기
약 10여년 전에는 우리나라에서 직장내 성희롱
을 다룬 첫 판결인 서울대 조교사건(대판 1998.
2. 10, 95다39533)도 나왔다. 이 판결에서 대
법원은 성희롱의 위법성의 문제가 새로운 유형
의 불법행위이기는 하나, 이를 논함에 있어서
는 이를 일반 불법행위의 한 유형으로 파악하
여 행위의 위법성 여부에 따라 불법행위의 성
부를 가리면 족하다고 한 바 있다. 이에 비추
어 보면 위 대상판결에서 직장 내 괴롭힘 가해
자들이 공동불법행위책임을 져야 하고 이에 따
라 피고회사 A도 사용자책임을 부담한다는 것
자체에 대해서는 큰 논란이 있을 수 없다.

대상판결에서 다투어진 쟁점은 크게 두 가지로서 불법행위책임의 소멸시효가 도과되었는지 여부와 피고 대표이사가 즉시 피해자에 대한 적극적인 보호조치를 취하지 않은 사정이 과연 불법행위에 대한 방조로 인정할 수 있느냐 하는 것이었다.

2. 불법행위채권의 소멸시효

1) 불법행위책임의 소멸시효는 불법행위를 한 날로부터 10년, 그 손해 및 가해자를 안 날로부터 3년인데(민법 §766), 피고들에 대한 손해배상채권이 시효완성으로 소멸되었는지 여부가 문제되었다. 원고에 대한 직장 내 괴롭힘은, 주로 1999. 2.경 원고가 과장승진 누락과 퇴직 종용을 받은 때부터 시작하여 늦어도 원고가 해고된 2000. 2. 1.까지 벌어졌다고 보아야 하나 이 사건 손해배상소송은 2006. 7. 17.에야 1심법원에 제기되었기 때문이다. 따라서 '손해를 안 날'을 언제로 볼 것인지 확정하는 것이 중요했다. 이 사건에서 대법원은 민법 제766조 제1항에서 말하는 '손해를 안 날'이라 함은 피해자 등이 불법행위의 요건사실에 대하여 현실적이고도 구체적으로 인식하였을 때를 의미한다면서 이를 판단하기 위해서는 개별적 사건에 있어서의 여러 객관적 사정을 참작하고 손해배상청구가 사실상 가능하게 된 상황을 고려하여 합리적으로 인정하여야 한다고 전제하면서 요양승인처분 취소소송이 피고회사 A의 패소로 확정된 2003. 8.경에야 원고가 손해를 안 날이 된다고 하였다. 이에 따라 대법원은 원심의 판단과 같이 이 부분 소멸시효가 도과되지 않았다고 하였다.

2) 그런데 이러한 판단은 원심판결에서 피고회사측의 원고에 대한 고소 내지 위증에 의

한 불법행위책임을 인정하면서도 이로 인한 정신적 피해가 발생한 사실을 원고가 알 수 있었던 것은 고소 내지 위증이 있었던 2000. 7.무렵이나 2001. 9.무렵이었기에 이에 대해서는 이미 소멸시효가 도과하였다고 본 것과 비교하여 일관된 설명을 필요로 한다. 생각건대 법원이 아직 소멸시효가 도과하지 않았다고 본 불법행위책임은 원고의 인격권 침해의 결과로서 적응장애 및 우울장애라는 손해를 배상하라는 것에 주목한 데에 따른 것이고 고소 내지 위증의 불법행위책임은 위와 같은 인격권 침해와는 별개로 인식한 것에 기인한 것으로 해석할 수 있다. 이렇게 보아야 불법행위책임 인정만을 위해서라면 괴롭힘 행위의 위법성 판단으로 충분했던 것을 원심법원이 굳이 판결의 앞부분에서 산업안전보건법 제5조 제1항까지 언급해 가면서 "피고 회사는 나머지 피고들의 사용자이자 사업주로서, 피고 B, C, D, E는 피고 회사로부터 그 업무를 위임받아 집행하는 사람으로서 자신들이 지휘·감독하는 원고가 작업환경으로 인한 스트레스 등으로 건강장해 등 업무상 재해를 당하지 아니하도록 예방조치를 취할 의무가 있다"고 하여 피고들의 불법행위책임의 인정 근거를 적극적으로 설시한 이유가 쉽게 이해된다. 이에 따라 직장 내 괴롭힘에 따른 손해배상채권의 소멸시효는 지나지 않았다고 볼 수 있다. 직장 내 괴롭힘은 사후에라도 피해자에게 정신적 상처를 깊이 남길 수 있는 행위라는 점에서 대상판결의 구체적 타당성은 지지될 수 있다.

3. 대표이사의 불법행위책임

1) 대상판결에서 또 하나의 쟁점은 직장 내 괴롭힘에 가담하거나 지시하지 않았지만 이를 미온적으로 처리한 대표이사에 대해 교사자나

방조자를 공동행위자로 본다는 민법 규정(§760
③)을 들어 공동불법행위의 방조자로서 책임을
인정할 수 있느냐 하는 점이다. 원심과 달리
대법원은 "피고 주식회사의 규모나 사업조직
등에 비추어 볼 때 대표이사인 피고 B가 해당
계열사, 사업부서 등에 관한 구체적인 업무를
총괄하는 임원들에게 원고의 직속상사들의 부
적절한 대응 등에 대해 적절한 조치를 취하도
록 지시하는 이상으로 부하직원들의 위법행위
를 방지하기 위한 어떠한 구체적인 직무를 수
행할 의무가 있었다고 보기는 어렵다"고 하여
과실에 의한 불법행위 방조책임은 없다고 보았
다. 생각건대 이 사건은 현행 근로기준법과 달
리 직장 내 괴롭힘 신고를 접수한 사용자의 피
해근로자 보호조치의무에 대해서는 아무런 규
정이 없었던 시기에 발생한 것이라는 점, 그리
고 직장 내 괴롭힘이란 통상적으로 업무수행과
직·간접적으로 관련된 경우가 많아서 업무상
적정범위를 넘어설 때 비로소 위법하다는 평가
를 받게 되기에 사용자가 이를 미리 인지하기
쉽지 않다는 점을 고려한다면 대표이사 B의 방
조책임을 부정한 대상판결의 결론은 타당해 보
인다. 그러나 현행 근로기준법 제76조의3 제3
항은 직장 내 괴롭힘의 조사기간 동안 피해근
로자등을 보호하기 위하여 필요한 경우 해당
피해근로자 등에 대하여 근무장소의 변경, 유

급휴가의 명령 등 적절한 조치를 하여야 한다
고 규정하고 있으므로 이 사건이 현재 벌어진
사건이라면 대표이사인 피고 B의 방조를 부정
하기는 어려울 것이다.

2) 한편 민법 제756조(사용자책임)에 따르
면 사용자에 갈음하여 그 사무를 감독하는 자
도 피용자가 사무집행에 관하여 제삼자에게 가
한 손해를 배상할 책임이 있다고 규정하고 있
다. 따라서 만약 피고인 대표이사 B에 대하여
제760조상의 방조자로서 공동불법행위책임이
아니라 사용자책임을 물었다면 다른 평가가 가
능했을 것으로 보인다. 왜냐하면 1999. 7. 29.
원고의 탄원서를 받아 피고 B가 이를 인지한
이후에 취한 행동만으로는 가해행위를 한 피용
자의 사무감독에 상당한 주의를 했다고 보기는
어려운 면이 있기 때문이다.

◆• 참고문헌

강성태, "내부고발자에 대한 '직장 내 괴롭힘'과 손해배
    상책임", 『노동법학』 제35호, 한국노동법학회, 2010.
심재진, "직장 내 괴롭힘에 대한 구제의 확대방안 소고",
    『노동법학』 제68호, 한국노동법학회, 2018.
유성재 외 4인, 『노동위원회 정책연구 포럼』(중앙노동위
    원회 학술연구용역 보고서), 2018.11.
이준희, "직장에서의 괴롭힘 관련 법규에 대한 해석론과
    실무상 쟁점", 『노동법논총』 제46호, 한국비교노동법
    학회, 2019.
전윤구, "노동법의 과제로서의 근로자 인격권 보호(Ⅰ)",
    『노동법연구』 제33호, 서울대학교 노동법연구회, 2012.

17. 위약금 예정 금지

－ 대법원 2008. 10. 23. 선고 2006다37274 판결(약정금) －

심재진(서강대 법학전문대학원)

Ⅰ. 사실관계

피고(X)는 2001년 소속 회사인 A사와 재직 시 또는 퇴직 후 정당한 이유 없이 영업비밀을 누설하는 경우에 손해를 배상한다는 취지의 영업비밀보호계약을 체결하고 A에서 10년간 근무하기로 약정하였고, 5억원을 영업비밀 및 10년간 근무약정의 약속이행금으로 확인하면서 불이행시에는 그 금액의 두 배를 지급하기로 약정하였다. 이후 2002. 3. 원고(Y)가 A에서 분할되어 설립되면서 Y는 X와 사이에 위 약정상의 지위를 승계하였다. 한편 위 약정을 체결한 이후부터 2003년까지 11회에 걸쳐 243일 동안 기술제휴회사인 일본 회사에 연수 및 출장을 다녀왔고, A 및 Y는 이 연수경비로 27,711,933원을 지출하였다. 그런데 X는 2004년 Y에 사직서를 내고 다른 회사에 과장으로 입사하였다.

Y는 X가 영업비밀보호계약을 위반하였고, X가 10년간 계속 근무할 것을 전제로 막대한 연수비용을 들여 일본의 기술제휴회사의 신기술을 습득하게 하였기 때문에 이 사건 약정에 따라 10년간 근무약정 위반시에 지급하기로 한 금액 중 일부를 지급할 의무가 있다고 주장하였다. Y는 영업비밀을 유지할 의무를 위반한 적이 없고, 이 사건 약정은 근기법의 위약금 예정의 금지 조항에 위반되어 무효라고 주장하였

다. 이 사건 원심(부산고판 2006. 5. 19, 2005나19491)은 다른 회사에서의 X의 업무가 Y에서 일할 때의 업무와 다르다며 Y의 영업비밀을 침해하는 행위를 하고 있다고 보지 않았다. 그러나 원심은 10년간의 전직금지기간이 약정이 무효가 될 정도로 과다하게 장기간이라고 단정하기 어렵다는 점 등을 들어 근기법에 의하여 금지된 위약금 또는 손해배상액을 예정하는 계약에 해당하지 아니하여 이 약정이 유효하다고 보아 이 부분에 대해 원고의 청구를 인용하였다. 이에 대해 X는 상고하였다.

Ⅱ. 판결의 내용

대법원은 이 사건 약정이 근기법에 위반하여 위약금 또는 손해배상액을 예정하는 계약인지 여부에 대해 판단하면서 소위 의무복무기간을 설정하고 이를 위반할 경우 소정 금원을 사용자에게 지급하기로 하는 약정에 대하여 일반적 판단기준을 제시하였다. 대법원은 약정의 취지가 근로자가 약정한 기간 이전에 퇴직하면 '사용자에게 어떤 손해가 어느 정도 발생하였는지 묻지 않고 바로 소정 금액을 사용자에게 지급하기로 하는 것이라면' 근기법의 위약금 예정 금지조항을 위반한 것으로 효력을 인정할 수 없다고 하였다. 또한 그 약정이 근무기간 이전에 퇴직한 것을 이유로 임금을 반환하기로 하

는 취지인 경우에도 이 조항의 입법목적에 반하여 효력을 인정할 수 없다고 하였다.

그러나 대법원은 그 약정이 사용자가 근로자의 교육훈련 또는 연수를 위한 비용을 우선 지출하고 근로자는 실제 지출된 비용의 전부 또는 일부를 상환하는 의무를 부담하기로 하되 장차 일정 기간 동안 근무하는 경우에는 그 상환의무를 면제해 주기로 하는 취지인 경우에는, 그러한 약정의 필요성이 인정되고, 주로 사용자의 업무상 필요와 이익을 위하여 원래 사용자가 부담하여야 할 성질의 비용을 지출한 것에 불과한 정도가 아니라 근로자의 자발적 희망과 이익까지 고려하여 근로자가 전적으로 또는 공동으로 부담하여야 할 비용을 사용자가 대신 지출한 것으로 평가되며, 약정 근무기간 및 상환해야 할 비용이 합리적이고 타당한 범위 내에서 정해져 있는 등 위와 같은 약정으로 인하여 근로자의 의사에 반하는 계속 근로를 부당하게 강제하는 것으로 평가되지 않는다면, 그러한 약정까지 근기법의 위약금 예정 금지조항에 위반되는 것은 아니라고 하여 적용의 예외를 인정하였다.

위와 같은 일반 법리를 설시한 후 대법원은 이 법리를 적용하여 이 사건의 구체적인 사실관계에 적용하였다. 대법원은 약정한 10년 동안 근무하겠다는 것 등을 약속하면서 미이행시에 10억 원을 지불하기로 하는 내용은 약정 근무기간 이전에 퇴직하여 약속을 위반하기만 하면 그로 인하여 어떤 손해가 발생하였는지 묻지 않고 바로 미리 정한 10억 원을 사용자에게 손해배상액으로 지급하기로 하는 것이어서 전형적인 위약금 또는 손해배상액의 예정에 해당하여 효력을 인정할 수 없다고 보았다. 또한 대법원은 이 약정이 실제로 지출된 교육훈련 또

는 연수비용의 전부 또는 일부를 상환하는 의무를 부담하기로 하되 일정기간 동안 근무하는 경우에는 그 상환의무를 면제받기로 하는 취지로 해석할 여지가 없다고 덧붙였다.

Ⅲ. 해설

1. 명확해진 '위약금 예정'

대상판결 이전의 판례는 근기법의 위약금 예정 금지조항의 취지가 "① 위약금이나 손해배상액 예정의 약정을 금지함으로써 ② 근로자가 퇴직의 자유를 제한받아 부당하게 근로의 계약을 강요당하는 것을 방지하고, 근로계약 체결시의 근로자의 직장선택의 자유를 보장하며 불리한 근로계약의 해지를 보호"하는 것에 있다고 보았다(대판 2004. 4. 28, 2001다53875). 이 사건 원심도 이러한 취지를 그대로 인용하였으나 여러 가지 상황을 종합해 볼 때, 퇴직의 자유를 제한하여 피고에게 부당하게 근로의 계속을 강요하는 것이라고 볼 수 없다고 판단했다. 결국 원심은 ②의 '부당하게 강제하는' 것이 없으면, ①의 위약금이나 손해배상액 예정의 약정이 허용된다고 본 것이다.

대상판결에서 대법원은 위에서 언급된 판결(대판 2004. 4. 28, 2001다53875)을 참조하면서 위 ①의 의미를 명확하게 적시하였다. 즉 대상판결은 이를 "근로자의 근로계약 불이행을 이유로 사용자에게 어떤 손해가 어느 정도 발생하였는지를 묻지 않고 바로 일정 금액을 배상하도록 하는 약정을 미리 함으로써"로 명확히 하였다. 또한 대상판결은 대법원의 이전 판결에서 위약금이나 손해배상액 예정의 약정을 금지하는 취지로 언급되어 온 부분 중, ②에서 '부당하게'를 빼고, '근로자의 의사에 반하는 계

속근로를 강제하는 것을 방지하기 위한 것'이라고 표현하였다. 이렇게 판례법리의 문구를 명확하게 함으로써 이 사건 원심과 같이 '부당성' 여부를 판단한 후 부당한 경우에만 위약금예정 약정에 해당한다고 판단될 수 있는 여지를 없앴다. 따라서 이제는 대상판결에 의해 명확해진 판례법리에 따른 요건을 충족하면 자동으로 ① 에 해당하게 되어 근기법에서 금지하는 위약금 또는 손해배상액을 예정하는 약정이 되는 것으로 해석될 수 있게 되었다. 다시 말하면 이 사건 원심의 판단과는 달리 위 요건을 충족하는 상황에서 그러한 계약이 여러 상황을 종합하여 실제적으로 부당한지를 다시 살펴볼 필요가 없게 되었다.

2. 교육훈련 또는 연수비용 반환약정

그러나 대법원은 일정한 기간의 근무로 비용반환의무가 면제되는 교육훈련 또는 연수비용 반환약정에 대해서는 위의 ①에 해당할 여지가 있다고 하더라도 약정의 여러 상황을 고려하여 '부당하게 강제하는 것'으로 평가되지 않으면, 근기법이 금지하는 위약금 예정 계약에 해당하지 않는다고 본다. 대상판결에서도 앞서 언급한 바와 같이 연수비용반환약정과 관련하여 여전히 '부당하게 강제하는 것'인지를 판단하는 방식을 취하고 있다. 그렇다 하더라도 교육훈련 또는 연수의 비용과 관련하여 해외파견 근무기간의 임금반환을 약정하거나(대판 1996. 12. 6, 95다24944, 24951), 이 근무기간의 각종의 경비에 대한 반환을 약정하는 것은 여전히 제20조가 금지하는 약정으로 본다(대판 2004. 4. 28, 2001다53875).

이 사건에서의 판례법리가 소위 사이닝보너스(Signing Bonus) 반환약정의 유효성에 대해

서 어떠한 의미를 갖는지가 문제될 수 있다. 사이닝보너스라는 것은 유능한 근로자가 타회사로 전직하는 것을 방지할 목적으로 소정의 임금이외의 일정액을 지급하되, 일정기간 근무하지 않고 전직시 이 금액 또는 그 이상을 반환하게 하는 약정으로 최근에 그 유효성이 문제가 되고 있다. 대상판결은 일부의 글(박정택, 76쪽)과는 달리 회사가 일정액을 지급한 바가 없는 것으로 보이기 때문에 사이닝 보너스 문제를 직접 다룬 사건은 아니다.

3. 사이닝보너스 반환약정

대상판결을 연수비용 반환약정에 한정하여서만 예외적으로 '부당하게 강제하는 것'인지의 여부를 판단하여 위약금예정 계약에 해당하는 것으로 본다면, 사이닝보너스 반환약정은 근기법이 금지하는 위약금예정 계약에 해당한다고 볼 수도 있다. 특히 사이닝보너스는 근로자의 노동의 가치를 높게 평가하여 지급한다는 점에서는 임금에 해당한다고 볼 여지가 있어 연수비용반환약정에서의 연수비용과는 다를 수 있다.

그렇지만 이 약정은 사용자가 해당 근로자가 계속 근무할 경우 회사에 이득이 되는 점을 고려하여 소정의 임금 이외의 추가로 제공하는 금원을 반환하는 약정이라는 점에서 연수비용반환약정과 유사하다. 이렇게 볼 수 있다면, 이 사건에서의 연수비용반환약정과 관련한 판례법리가 유추하여 적용될 수 있다. 즉 약정의 필요성, 약정근무기간 및 보너스 액수 등을 고려하여 합리적이고 타당한 범위 내에 있는 것이면 유효하다고 할 수 있다.

마지막으로 이 사건에서는 해당 약정이 10억원의 손해배상금을 지급하는 것이어서 근기

법의 위약금예정 금지조항에 위반되는지 여부가 다투어진 것이다. 만약 손해배상금을 정하지 않고 10년간 근무하는 것으로 약정했다면 이 약정은 경업(전직)금지약정이 될 것이고, 이 사건은 이 약정의 유효성에 대한 판단 여부가 쟁점이 되었을 것이다. 이러한 경우라면 "보호할 가치 있는 사용자의 이익, 근로자의 퇴직 전 지위, 경업 제한의 기간·지역 및 대상 직종, 근로자에 대한 대가의 제공 유무, 근로자의 퇴직 경위, 공공의 이익 및 기타 사정 등을 종합적으로 고려"하여 이의 유효성 여부를 판단하여야 할 것이다(대판 2010. 3. 11, 2009다82244).

◆◆ **참고문헌**

강상현, "전직금지약정 위반에 따른 위약금예정의 효력", 『2008 노동판례비평』, 민주사회를 위한 변호사 모임, 2009.
권오성, "사이닝보너스 반환약정의 유효성에 관한 연구", 『성신법학』 제12호, 성신여자대학교, 2013.
박정택, "사이닝보너스(Signing Bonus) 반환과 관련된 법적 쟁점", 『노동법률』 2010년 5월호, 중앙경제.

18. 근로자의 경업피지의무

－대법원 2010. 3. 11. 선고 2009다82244 판결(손해배상(기))－

정영훈(한국노동연구원)

Ⅰ. 사실관계

피고(Y)는 손톱깎이 등 철금속 제품의 제조 판매 및 수출입업을 주요 업무로 하는 원고(X) 회사에 1986. 1.에 입사하여 1999. 9.부터 X의 무역부장으로 근무하여 오다가 퇴직한 후, 2004. 4.경 중개무역회사를 설립, 운영하면서 중국업체에 도급을 주어 X가 A사에 납품한 바 있는 손톱깎이 세트 등과 일부 유사한 제품을 A사에 납품하였다. 그런데 X와 Y 사이에는 Y가 재직 중이었던 2002. 9. 30. 경업금지약정 및 기밀유지약정이 포함된 연봉·근로계약이 체결되어 있었다. 동 계약상의 경업금지약정에 의하면 Y는 X를 퇴직 후 2년 이내에는 Y와 경쟁관계에 있는 회사에 취업하거나 직·간접 영향을 미쳐서는 아니 되고, X 근무 시 체득한 경영상황, 기술정보, 거래처 단가 등 경영상 비밀이 될 수 있는 회사업무 일체를 제3자에게 누설하지 아니하며 기밀보안유지를 다하기로 하되 퇴직 후 3년간 기밀보안은 유지하도록 되어 있었다. X는 Y가 퇴직 후에 동 약정에 위반하여 X와 경쟁관계에 있는 회사를 설립하여 X의 영업비밀인 'A사 바이어 명단, 납품가격, 아웃소싱 구매가격, 물류비, 가격 산정에 관한 제반자료, X의 중국 하청업자에 대한 자료'를 이용하여 X가 납품하던 손톱깎이 등의 제품을 Y의 하청업체를 통해 생산하여 A사에 납품하였다는 것을 이유로 Y에 대해서 손해배상을 청구하였다.

1심, 항소심 모두 X가 패소하였고, 대법원은 X의 상고를 기각하여 이를 확정하였다.

Ⅱ. 판결의 내용

1) 사용자와 근로자 사이에 경업금지약정이 존재한다고 하더라도, 그와 같은 약정이 헌법상 보장된 근로자의 직업선택의 자유와 근로권 등을 과도하게 제한하거나 자유로운 경쟁을 지나치게 제한하는 경우에는 민법 제103조에 정한 선량한 풍속 기타 사회질서에 반하는 법률행위로서 무효라고 보아야 하며, 이와 같은 경업금지약정의 유효성에 관한 판단은 보호할 가치 있는 사용자의 이익, 근로자의 퇴직 전 지위, 경업 제한의 기간·지역 및 대상 직종, 근로자에 대한 대가의 제공 유무, 근로자의 퇴직 경위, 공공의 이익 및 기타 사정 등을 종합적으로 고려하여야 하고, 여기에서 말하는 '보호할 가치 있는 사용자의 이익'이라 함은 부정경쟁방지 및 영업비밀보호에 관한 법률 제2조 제2호에 정한 '영업비밀'뿐만 아니라 그 정도에 이르지 아니하였더라도 당해 사용자만이 가지고 있는 지식 또는 정보로서 근로자와 이를 제3자에게 누설하지 않기로 약정한 것이거나 고객관계나 영업상의 신용의 유지도 이에 해당한다 할 것이다.

2) 이 사건 각 정보는 이미 동종업계 전반에 어느 정도 알려져 있었던 것으로, 설령 일부 구체적인 내용이 알려지지 않은 정보가 있었다고 하더라도 이를 입수하는데 그다지 많은 비용과 노력을 요하지는 않았던 것으로 보이므로, 이 사건 경업금지약정에 의해 보호할 가치가 있는 이익에 해당한다고 보기 어렵거나 그 보호가치가 상대적으로 적은 경우에 해당한다고 할 것이다.

3) Y가 이 사건 경업금지약정의 체결로 인해 특별한 대가를 수령한 것으로는 보이지 않는데도 퇴직 후 2년이라는 긴 시간 동안 경업이 금지되어 있는 점, 피고는 1986. 1. 5. 원고에 입사하여 1999. 9. 6.부터 2004. 2. 28.까지 원고의 무역부장으로 근무하였는데, X에서 무역 업무를 통하여 습득한 일반적인 지식과 경험을 이용하는 업무에 종사할 수 없다면 직장을 옮기는 것이 용이하지 않고, X를 그만둘 경우 생계에 상당한 위협을 받을 수 있는 점, Y가 X를 퇴직하고 같은 업종의 회사를 설립하여 X가 거래하던 A사에 납품할 수 있었던 것이 오로지 Y가 A사의 바이어 등과 신뢰관계가 있었기 때문이었다기보다는 해외 구매업체들이 중국 쪽으로 구매처를 옮기는 추세에서 주로 국내 하청업체들로부터 제품을 공급받아 오던 X와는 달리 Y가 전적으로 중국의 하청업체들로부터 공급받은 제품을 납품함으로써 가격 경쟁력을 갖출 수 있었던 데에 기인한 것으로 보이는 점, 비록 Y가 회사를 설립하여 X와 동종 사업을 영위하고자 X를 그만 두었고, 퇴직일에 임박하여 미리 그 사업을 준비하는 행위를 하였다고 하더라도 그 배신성이 크다고 보기는 어려운 점 등을 종합하여 앞서 본 법리에 비추어 살펴보면, 이 사건 경업금지약정은 민법 제

103조에 정한 선량한 풍속 기타 사회질서에 반하는 법률행위로서 무효라고 할 것이다.

Ⅲ. 해설

1. 대상판결의 의의

대상판결은 근로계약 종료 후에 종전의 사용자와 동종의 영업행위에 종사하는 것을 금지하는 약정, 즉 경업금지약정의 유효성에 관해서 종래의 하급심 판결이 설시하여 왔던 판단기준을 정리하여 이를 명확히 제시한 최초의 대법원 판결이라는 점과, 유효성 판단의 요소 중의 하나인 경업금지약정에 의한 사용자의 보호 가치 있는 이익의 의미를 구체적으로 판단한 최초의 대법원 판결이라는 점에서 선례로서 매우 중요한 의의를 갖는다.

2. 경업금지약정의 유효성 판단 기준

대상판결이 설시하고 있는 것처럼 근로관계의 종료 후의 경업을 금지하는 약정이 헌법상 보장된 근로자의 직업선택의 자유와 근로권 등을 과도하게 제한하거나 자유로운 경쟁을 지나치게 제한하는 경우에는 민법 제103조에 정한 선량한 풍속 기타 사회질서에 반하는 법률행위로서 무효로 되는데, 이는 이미 다수의 하급심 판결에 의해서 인정되어 왔다. 문제는 경업금지약정의 유효성을 판단하는 기준인데, 대상판결은 사용자의 보호 가치 있는 이익, 근로자의 퇴직 전 지위, 경업 제한의 기간·지역 및 대상 직종, 근로자에 대한 대가의 제공 유무, 근로자의 퇴직 경위, 공공의 이익 및 기타 사정 등을 종합적으로 고려하여야 한다고 하고 있다. 이러한 판단기준도 역시 종래 다수의 하급심 판결에서 제시되어 온 것을 종합한 것으로 그다지 새로

울 것은 없다(서울중앙지결 2008. 3. 19, 2007 카합3903; 서울동부지판 2010. 11. 3, 2010가합161).

이 판단기준의 핵심은 경업금지약정에 의한 사용자의 보호 가치 있는 이익과 경업금지계약에 의해서 초래되는 근로자의 불이익을 형량하는 것에 있다고 할 수 있다. 여기에서 근로자의 불이익은 경업 제한의 기간·지역 및 대상 직종에 따라서 측정되는데, 만약 경업금지의무를 근로자가 부담하는 것에 대한 일정한 대가가 존재하는 경우에 이는 근로자의 불이익을 완화 또는 불식시키는 매우 중요한 요소로 작용한다. 학계에서는 경업금지의무에 대한 대가의 존재라는 요소를 이익 형량에 있어서 불가결의 요소로 보아야 한다는 견해(신권철, 250쪽)와 이에 반대하는 견해(전형배, 209쪽)가 존재하는데, 대상판결을 포함한 종래의 판결은 모두 이를 이익형량에서 고려해야 할 하나의 요소라고 볼 뿐 불가결의 요소, 즉 요건으로 보고 있지 않다.

대상판결은 이러한 요소 이외에도 근로자의 퇴직 전 지위, 근로자의 퇴직 경위, 공공의 이익도 판단요소로 넣고 있는데, 이러한 판단 요소가 경업금지약정의 유무효를 결정적으로 좌우한 판결은 아직까지 없다. 근로자의 퇴직 전 지위가 높으면 높을수록 사용자의 보호 가치 있는 이익과의 관련성이 높기 때문에 사용자의 이익에 보다 무게가 실리게 될 것이다. 또한 근로자의 퇴직 경위를 볼 때 근로자가 근로관계 종료 후에 경업을 영위하기 위하여 근로관계가 종료하기 전부터 상당한 시간을 가지고 경업을 치밀하게 준비하였다면 대상판결이 지적하고 있는 바와 같이 '그 배신성이 크다'고 볼 수 있어서 이러한 점도 이익형량에서 사용자에게 유리하게 작용할 것이다.

이러한 형량에 의해서 사용자의 정당한 이익에 비하여 근로자의 불이익이 크면 법원은 당해 경업금지계약을 무효로 판단하거나 경업금지약정이 유효하게 될 수 있도록 경업금지약정상의 경업금지의 범위를 축소하게 된다(경업금지계약의 효력을 유지할 수 있도록 경업금지의 기간을 축소한 판결로서는 대결 2007. 3. 29, 2006마1303).

이상과 같이 경업금지약정의 유효성 판단은 사용자와 근로자의 대립되는 이익을 형량하는 구조를 취하고 있고 구체적인 형량에서 고려되는 요소가 매우 많으며 양자를 상대적으로 평가하기 때문에 판단기준 자체로서는 예측가능성이 상당히 낮다는 문제가 있다. 하지만 실제의 판결들을 보면 사용자의 정당한 이익이 존재하는지의 여부와 경업금지의 대상적 범위나 시간적 범위가 주로 문제로 되는데, 앞에서 본 것처럼 경업금지의 범위가 사용자의 정당한 이익에 비하여 지나치게 넓다고 한다면 이를 적정한 비례관계가 유지될 수 있는 범위로 법원이 축소할 수 있기 때문에 결과적으로 가장 중요한 판단 요소는 사용자의 정당한 이익이 존재하는가의 여부 또는 그 정당한 이익이 얼마나 중요한 것인가에 관한 판단이라고 할 것이다.

3. 사용자의 보호 가치 있는 이익의 의미

하급심 판결 중 과거의 판결들은 사용자의 보호 가치 있는 이익의 범위를 영업비밀에 한정하는 경향이 있었다(서울고판 1998. 10. 29, 98나35947; 수원지결 2000. 6. 7, 2000카합95; 서울동부지판 2003. 7. 4, 2002가합5338). 영업비밀이라 함은 공공연히 알려져 있지 않고 독립된 경제적 가치를 가지는 것으로서, 상당한 노력에 의하여 비밀로 유지된 생산방법·판매방법 기타 영업활동에 유용한 기술상 또는 경영상의 정보를 말한다(부정경쟁방지법 §2 2호). 이와 같이 사용자의 보호 가치 있는 이익을 영업비밀에 한정하려고 한 것은 영업비밀이 사용자의 객관화된 지적재산이라는 점(대판 1997. 6. 13, 97다8229)과, 이러한 영업비밀은 근로자가 근로관계에 종사하면서 터득한 일반적인 지식 또는 기능과는 법개념적으로 비교적 명확히 구별될 수 있기 때문이다. 만약 경업금지약정으로 인하여 근로관계에서 터득한 일반적인 지식 또는 기능을 이용할 수 있는 업무에 종사할 수 없다면 근로자는 직장을 옮기는 것이 용이하지 않고, 사용자를 그만둘 경우 생계에 상당한 위협을 받게 될 것이다.

하지만 대상판결은 사용자의 보호 가치 있는 이익의 범위를 대폭적으로 확대하고 있다. 대상판결이 인정하고 있는 사용자의 보호 가치 있는 이익은 ① 영업비밀, ② 영업비밀은 아니지만 사용자만이 가지고 있는 지식 또는 정보로서 근로자와 이를 제3자에게 누설하지 않기로 약정한 것, ③ 고객관계, ④ 영업상의 신용유지 등의 네 가지이다. 대상판결은 이 사건 각 정보는 영업비밀에 해당하지 않지 않을 뿐만 아니라, 이미 동종업계 전반에 어느 정도 알려져 있었던 것으로 설령 일부 구체적인 내용이 알려지지 않은 정보가 있었다고 하더라도 이를 입수하는데 그다지 많은 비용과 노력을 요하지는 않았던 것이기 때문에 경업금지약정에 의해 보호할 가치가 있는 이익에 해당한다고 보기 어렵거나 그 보호가치가 상대적으로 적다고 판단하고 있다.

4. 부정경쟁방지법상의 영업비밀보호와의 관계

영업비밀의 보유자는 부정경쟁방지법 제10조 제1항에 따라 영업비밀 침해행위를 하거나 하고자 하는 자에 대하여 그 행위로 인하여 영업상의 이익이 침해되거나 침해될 우려가 있는 때에는 법원에 그 행위의 금지 또는 예방을 청구할 수 있다. 근로자가 전직한 회사에서 영업비밀과 관련된 업무에 종사하는 것을 금지하지 않고서는 회사의 영업비밀을 보호할 수 없다고 인정되는 경우에는 부정경쟁방지법 제10조 제1항에 의한 침해행위의 금지 또는 예방 및 이를 위하여 필요한 조치 중의 한 가지로서 그 근로자로 하여금 전직한 회사에서 영업비밀과 관련된 업무에 종사하는 것을 금지하도록 하는 조치를 취할 수 있다(대결 2003. 7. 16, 2002마4380). 사용자는 이를 통해서 영업비밀의 침해가 문제되는 경우에는 동 법상의 금지청구 등을 이용하여 사용자는 경업금지약정과 거의 동일한 법적 효과를 거둘 수 있게 된다. 따라서 경업금지약정의 실제적인 효용은 사용자의 보호 가치 있는 이익 중에서 위에서 본 ②, ③, ④에 해당되는 경우라고 할 것이다.

◆ 참고문헌

노동법실무연구회, 『근로기준법주해 Ⅰ』, 박영사, 2010.
신권철, "근로자의 경업금지의무", 『노동법연구』 제18호, 서울대학교 노동법연구회, 2005.
전형배, "경업금지약정과 근로자에 대한 대상조치", 『노동판례연구 Ⅰ』, 한국학술정보, 2009.

19. 임금의 판단기준

– 대법원 2005. 9. 9. 선고 2004다41217 판결(임금) –

김홍영(성균관대 법학전문대학원)

Ⅰ. 사실관계

원고들(X)은, 피고 회사(Y)가 X의 퇴직금을 지급하면서 그 기초가 되는 평균임금에서 휴가비, 선물비, 단체개인연금, 가족수당, 중식대, 1997년도 성과금 등을 제외하였다고 주장하면서, 평균임금에서 제외된 위 각 급여에 퇴직금 지급률을 곱한 미지급 퇴직금의 추가지급을 구하였다.

평균임금은 3개월간의 임금을 평균하므로, 평균임금에 포함되려면 먼저 임금에 해당되어야 한다. 전술한 급여들이 임금에 해당되는지가 다투어졌다.

대상판결에서는 아울러 고열작업수당, 산업안전보건비, 단체개인연금 등 급여들이 통상임금에 포함되는지도 쟁점이 되었는데, 이 글에서는 평균임금의 전제가 되는 임금성에 국한하여 살펴본다.

Ⅱ. 판결의 내용

1) 평균임금 산정의 기초가 되는 임금총액에는 사용자가 근로의 대상으로 근로자에게 지급하는 일체의 금품으로서, 근로자에게 계속적·정기적으로 지급되고 그 지급에 관하여 단체협약, 취업규칙 등에 의하여 사용자에게 지급의무가 지워져 있으면 그 명칭 여하를 불문하고 모두 포함되는 것이고, 비록 현물로 지급되었다 하더라도 근로의 대가로 지급하여 온 금품이라면 평균임금의 산정에 있어 포함되는 임금으로 봄이 상당하다.

2) Y는 단체협약에 따라 X를 포함한 전 사원들에게 매년 설 휴가비, 추석 휴가비 각 15만원, 하기 휴가비 25만원을 각 지급하여 왔고, 노사합의에 따라 선물비를 연 20만원 상당으로 책정한 후 그에 상응하는 선물을 현품으로 지급하여 왔으므로, 위 각 휴가비 및 선물비는 단체협약, 노사합의 및 관행에 따라 일률적·계속적·정기적으로 지급된 것으로서 그 월평균액이 퇴직금 산정의 기초가 되는 평균임금에 포함된다.

3) 비록 직접 근로자들에게 현실로 지급되는 것이 아니고 그 지급의 효과가 즉시 발생하는 것은 아니라 하더라도 사용자가 단체협약에 의하여 전 근로자를 피보험자로 하여 개인연금보험에 가입한 후 매월 그 보험료(월 2만원씩) 전부를 대납하였고 근로소득세까지 원천징수하였다면, 이는 근로의 대상인 임금의 성질을 가진다.

4) 가족수당은 회사에게 그 지급의무가 있는 것이고 일정한 요건에 해당하는 근로자에게 일률적으로 지급되어 왔다면, 이는 임의적·은혜적인 급여가 아니라 근로에 대한 대가의 성질을 가지는 것으로서 임금에 해당한다. 이 사건 가족수당(배우자 월 1만 5천원, 미혼 자녀 2인까지 1인당 월 1만 3천원)은 노사간 합의에 의

하여 Y에게 그 지급의무가 있고 일정한 요건에 해당하는 근로자에게 일률적으로 지급되어 왔으므로 근로에 대한 대가의 성질을 가지는 것으로서 퇴직금 산정의 기초가 되는 평균임금에 포함된다.

5) 이 사건 중식대(1천 7백원)는 현물로 제공되었고, Y가 식사를 하지 않는 근로자에게 식비에 상응하는 현금이나 다른 물품을 지급하였다거나 지급할 의무가 없으므로, 중식대는 근로자의 후생복지를 위해 제공되는 것으로서 근로의 대가인 임금이라고 볼 수 없다.

6) 상여금이 계속적·정기적으로 지급되고 그 지급액이 확정되어 있다면 이는 근로의 대가로 지급되는 임금의 성질을 가지나 그 지급사유의 발생이 불확정이고 일시적으로 지급되는 것은 임금이라고 볼 수 없다. 이 사건 목표달성 성과금은 매년 노사간 합의로 그 구체적 지급조건이 정해지며 그 해의 생산실적에 따라 지급 여부나 지급률이 달라질 수 있는 것이지 생산실적과 무관하게 계속적·정기적으로 지급된 것이라고 볼 수 없어 Y에 그 지급의무가 있는 것이 아니므로 위 성과금은 X의 퇴직금 산정의 기초가 되는 평균임금에 산입될 수 없다.

Ⅲ. 해설

1. 판결의 의의

대상판결은 임금의 범위에 관한 다양한 논점을 담은 판결이다. 대상판결에서 휴가비, 선물비, 개인연금보험료, 가족수당 등은 평균임금에 포함되지만, 중식대 및 1997년 성과금은 임금성을 부정하여 평균임금에서 제외된다고 보았다. 판례가 무엇을 기준으로 임금 여부를 판단하는지 이해할 필요가 있다.

평균임금은 퇴직급여법상의 퇴직금, 근기법상의 휴업수당 등의 지급에 기준이 되는 임금이다. 평균임금은 이전 3개월 동안에 지급된 임금을 평균하는데(근기법 §2 ① 6호), 임금에 해당하지 않으면 평균임금에도 포함되지 않으므로, 퇴직금 등의 계산에서 특정 급여가 임금에 해당되는지가 실무적으로 다투어진다.

2. 근로의 대가인지의 판단 기준

1) 판례의 기본 법리

근기법은 임금을 "사용자가 근로의 대가로 근로자에게 임금, 봉급, 그 밖에 어떠한 명칭으로든지 지급하는 일체의 금품"이라고 정의하고 있다(§2 ① 5호).

'근로의 대가'란 근로제공에 대한 반대급부라는 의미이다. 업무수행에 실제로 소요되는 비용의 보상(실비변상), 단순히 의례적·호의적으로 지급되는 금품 등은 근로제공에 대한 반대급부가 아니므로 임금에 해당하지 않는다.

문제는 각종 복리후생적 또는 생활보장적 명목의 금품이 근로의 대가인가이다. 명칭 여하에도 불구하고 그 실질에 따라 임금인지 여부가 판단되어야 한다.

대상판결처럼 판례는, 평균임금 산정의 기초가 되는 임금총액에는 사용자가 근로의 대가로 근로자에게 지급하는 일체의 금품으로서, 근로자에게 계속적·정기적으로 지급되고 그 지급에 관하여 단체협약, 취업규칙 등에 의하여 사용자에게 지급의무가 지워져 있으면 그 명칭 여하를 불문하고 모두 포함된다고 본다. 또한 일정 요건에 해당하는 근로자에게 일률적으로 지급하는 것이라면 그 명칭 여하를 불문하고 임금이라 본다.

대상판결처럼 휴가비, 선물비, 개인연금보험

료 등을 계속적·정기적인 지급형태와 지급의무를 고려하여 임금으로 인정한다. 가족수당의 경우 가족 수에 따라 지급되므로 근로의 대가가 아니라고 볼 여지도 있지만, 판례는 가족수당이 지급의 계속성·정기성 및 지급의무의 존재와 아울러 지급의 일률성(전 근로자에게 지급) 등을 중시하여 근로의 대가라고 인정한다.

반대로 계속적·정기적으로 지급되었다는 사정이 부인되면 임금에 해당되지 않는다고 보는 경향도 있다(대판 2003. 4. 22, 2003다10650 - 선물비에 임금성 부정).

이처럼 판례는 계속적·정기적으로 지급된다는 점 또는 일률적으로 지급된다는 점, 지급의무가 지워져 있다는 점 등을 중시하여, 그러한 사정이 인정되는 복리후생금품은 임금의 실질이 있다고 인정하는 경향을 갖는다. 이는 과거 임금인상의 방편으로 복리후생수당을 증가시켜 온 관행, 수당의 명목과 달리 일률적으로 지급되고 있다는 지급실태 등을 고려하는 판단으로 평가된다.

2) 판례의 보충 법리

판례의 판단 기준이 지급형태와 지급의무를 중시한다는 점에서 자칫 형식적인 판단이 될 위험도 있다. 지급형태와 지급의무에 관한 사정들은 어디까지나 근로의 대상으로 지급되는 금품으로 인정할 수 있는 대표적인 징표로 삼을 수 있다는 것이고, 그러한 사정을 갖춘 경우에 한해서만 임금에 포함시킬 수 있다는 의미는 아니다. 그래서 판례는 다음처럼 보충적인 법리를 아울러 사용하기도 한다.

① 어떤 금품이 근로의 대상으로 지급된 것인지를 판단함에 있어서는 그 금품지급의무의 발생이 근로제공과 직접적으로 관련되거나 그것과 밀접하게 관련된 것으로 볼 수 있어야 하고, 이러한 관련 없이 그 지급의무의 발생이 개별 근로자의 특수하고 우연한 사정에 의하여 좌우되는 경우에는 그 금품의 지급이 단체협약·취업규칙·근로계약 등이나 사용자의 방침 등에 의하여 이루어진 것이라 하더라도 그러한 금품은 근로의 대상으로 지급된 것으로 볼 수 없다(대판 2011. 7. 14, 2011다23149 등). 그러므로 의사에게 진료수익이나 실적에 따라 지급되는 진료포상비(대판 2011. 3. 10, 2010다77514), 영업사원에게 차량판매나 영업 프로모션에 따라 지급되는 인센티브 성과급(대판 2011. 7. 14, 2011다23149) 등은 임금에 해당하나, 일정 직급 이상의 직원이 자기 차량을 보유하여 운전하는 경우 지급되는 자가운전보조비(대판 1995. 5. 12, 94다55934)은 임금에 해당되지 않는다.

② 사용자가 근로자에게 지급하는 임금은 계속적·정기적으로 지급되는 것이 통상적이므로 그 지급사유의 발생이 확정되어 있지 않고 일시적으로 지급되는 것은 근로의 제공과 관련 없이 지급되는 것으로 판단될 여지가 많기는 하지만, 그렇다고 하여 반드시 계속적·정기적으로 지급되어야만 근로제공과 관련된 것이고 그렇지 않은 것은 근로제공과 무관한 것이라는 논리필연적인 관계가 있는 것은 아니므로, 드물게나마 계속적·정기적으로 지급되는 것이 아니라 하더라도 다른 사정을 종합하여 사용자가 근로자의 근로제공과 관련하여 지급하는 것으로 볼 수 있으면 임금에 해당한다(대판 2006. 8. 24, 2004다35052 - 장려금, 일시금, 하계휴가 장려금 등에 임금성 인정 가능).

다만 위와 같이 보충적인 법리까지 고려하는 판결례는 아직 적은 편이다.

3. 상여금의 임금성 여부 판단

상여금은 정기 상여금으로 지급되거나 또는 일시금으로 지급되고 있다. 상여금이 임금에 해당되는지의 판단도 결국 근로제공과 직접적으로 관련되거나 그것과 밀접하게 관련된 것인지에 달려 있다.

판례는 상여금이 계속적·정기적으로 지급되고 그 지급액이 확정되어 있다면 임금으로 인정하고, 그 지급사유의 발생이 불확정이고 일시적으로 지급되는 것은 임금임을 부정한다.

예를 들면 매년 기본급의 300%를 일정 시기에 지급하도록 취업규칙이나 단체협약에서 정하여 지급되는 정기상여금의 경우 임금성을 인정하여 평균임금에 포함시킨다.

반면 대상판결처럼 매년 노사간 합의로 구체적 지급조건이 정해질 뿐만 아니라 그 해의 생산실적에 따라 지급 여부 및 지급률도 달라지는 경영성과금인 상여금은 생산실적과 무관하게 계속적·정기적으로 지급된 것이라고 볼 수 없고 회사에 그 지급의무가 있는 것이 아니어서 임금성을 부정한다. 다만 생산격려금이 전년도의 경영성과를 감안한 특별상여금으로서 1회에 한하기로 약정하였다고 하더라도 이후 회사의 경영실적의 변동과 관계없이 근로자들에게 정기적·계속적·일률적으로 특별생산격려금을 지급하여 왔다면 이는 근로계약이나 노동관행 등에 의하여 사용자에게 그 지급의무가 지워져 있는 것으로서 평균임금 산정의 기초가 되는 임금에 해당한다(대판 2001. 10. 23, 2001다53950).

한편 판례가 임금성을 부인하는 근거로 드는 "지급사유의 발생이 불확정", "일시적으로 지급" 등은 오히려 임금성을 부인하는 근본적인 요소가 될 수 없으며, 경영성과금이 경영실적에 따라 지급되는 것이어도 대상기간 중에 근로를 제공한 근로자들에게 지급되므로 결국 근로의 대가라는 비판도 있다(김홍영, 75-76쪽).

◆· **참고문헌**

김홍영, "상여금의 임금성 여부", 『노동법연구』 제21호, 서울대학교 노동법연구회, 2006.
노동법실무연구회, 『근로기준법주해 I』, 박영사, 2010.
조용만 외, 『로스쿨 노동법 해설』, 오래, 2013.
하갑래, 『통상임금의 관점에서 본 법정기준임금제도의 개편방안』, 중앙경제, 2013.

20. 선택적 복지제도에서의 복지포인트

－대법원 2019. 8. 22. 선고 2016다48785 판결(임금등) －

김태환(국회의정연수원)

Ⅰ. 사실관계

Y는 2008년경부터 예산의 범위 내에서 모든 직원들에게 복지포인트를 부여하였다. 재직자의 개인별 복지포인트는 전년도 말일을 기준으로 당해연도 1월 1일에 부여됐는데, 전직원에게 일률적으로 603포인트(1포인트가 1,000원에 해당)를 배정하였고, 근속연수에 비례하여 차등적으로 추가포인트를 배정하여 1월(상반기)과 7월(하반기)에 균등 분할하여 지급하였다. 휴직자와 퇴직자에 대해서는 당해 연도 근무기간에 비례하여 일할 계산하였고, 신규입사자의 경우 2012년까지는 재직자와 동일하되, 상반기 입사자는 7월 배정액의 반액에 해당하는 금액을 지급하고 하반기 입사자는 익년 1월에 지급하였으나, 2013년 이후에는 선택적 복지제도 운영지침의 개정으로 재직자와 동일하게 하되, 입사일로부터 일할계산하여 익월에 배정하게 되었지만 12월 입사자의 경우는 포인트 배정에서 제외되었다.

직원들이 복지포인트를 이용하여 온라인 또는 복지가맹업체에서 복지카드로 자율항목에 해당하는 물품, 용역을 선결제하고, Y에게 사용내역을 알려주면 익월 16일에 사용한 포인트 상당액의 금원을 지급해주는 방식으로 선택적 복지제도를 운영해 왔다.

한편, 복지포인트의 사용기간은 당해 연도 복지포인트 부여일로부터 12월 20일까지로 하며 해당 일까지 사용하지 못한 복지포인트는 소멸하고, 사용 항목은 여행, 건강관리, 문화생활, 자기계발, 가족생활 등으로 제한되어 있다.

Y는 이 사건 복지포인트가 통상임금에서 제외됨을 전제로 연장근로수당 등을 계산하여 X들에게 지급하여 왔다. 하지만 X들은 이 사건 복지포인트 등이 통상임금에 해당한다고 주장하며, Y를 상대로 이 사건 복지포인트 등을 통상임금에 포함하여 다시 계산한 연장근로수당 등과 기지급 연장근로수당 등의 차액을 청구하는 소송을 제기하였다.

Ⅱ. 판결의 내용

대상판결은 "사용자가 근로자에게 지급하는 금품이 임금에 해당하려면 먼저 그 금품이 근로의 대상으로 지급되는 것이어야 하므로 비록 그 금품이 계속적·정기적으로 지급된 것이라 하더라도 그것이 근로의 대상으로 지급된 것으로 볼 수 없다면 임금에 해당한다고 할 수 없다. 여기서 어떤 금품이 근로의 대상으로 지급된 것이냐를 판단함에 있어서는 그 금품지급의무의 발생이 근로제공과 직접적으로 관련되거나 그것과 밀접하게 관련된 것으로 볼 수 있어야 한다(대판 1995. 5. 12, 94다55934, 대판 2011. 7. 14, 2011다23149 등 참조)"고 하였다.

또한 "사용자가 선택적 복지제도를 시행하면서 이 사건과 같이 직원 전용 온라인 쇼핑사이트에서 물품을 구매하는 방식 등으로 사용할 수 있는 복지포인트를 단체협약, 취업규칙 등에 근거하여 근로자들에게 계속적·정기적으로 배정한 경우라고 하더라도, 이러한 복지포인트는 근로기준법에서 말하는 임금에 해당하지 않고, 그 결과 통상임금에도 해당하지 않는다"고 보아 대법원은 원심판결(서울고판 2016. 10. 12, 2016나3364)을 파기하고, 사건을 서울고등법원에 환송하였다.

Ⅲ. 해설

1. 선택적 복지제도의 연혁과 그 도입 경위

선택적 복지제도는 전통적인 기업복지 또는 기업복리후생제도를 변화시킨 새로운 제도로 미국에서 최초로 시작되었다. 과거의 전통적인 복리후생제도가 평균적인 표준형 근로자를 상정하여 그러한 근로자가 필요할 것이라고 판단되는 제도를 설계하고, 근로자 개인이 그러한 제도가 규정하고 있는 상황이 발생하면 혜택을 제공받는 방식이었다면, 선택적 복지제도는 근로자 개인의 선택에 기초하여 복리후생제도의 내용이나 수혜 수준을 달리한다는 점에서 차이가 있다.

국내에서는 1997년 한국 IBM이 선택적 복지제도를 처음 도입하였고, 이후 대기업과 중소기업에 빠르게 확산되었다. 공무원의 경우 2003년 기획예산처, 경찰청 등에서 시범실시된 후에 「공무원 후생복지에 관한 규정」을 2005년 마련하여 전 부처로 확대·시행하였고, 지방자치단체와 공공기관의 경우에는 2008년 도입을 완료하였다(최정은, 669쪽).

한편, 많은 기업들은 선택적 복지제도의 일환으로 복지포인트를 부여하는 방법을 택하고 있으며, 개별 사업장의 사정에 따라 적용기간의 설정, 잔여포인트의 이월여부, 수혜범위의 설정 등에 있어서 차이를 보이고 있다. 복지포인트는 다양한 복지서비스를 근로자가 필요에 따라 스스로 선택할 수 있도록 한다는 관점에서 근로자의 복지를 향상시키고 조직몰입도를 높이는 데 큰 효과가 있는 것으로 나타나고 있다(한광수, 김희성, 96-97쪽).

2. 근로복지기본법상 복지포인트의 임금성

복지포인트의 전제가 되는 선택적 복지제도는 근로복지기본법 제3장(기업근로복지) 제3절(선택적 복지제도)의 제81조(선택적 복지제도 실시)와 제82조(선택적 복지제도의 설계·운영 등)에서 규율하고 있다. 또한 근로복지기본법 제3조 제1항은 "근로복지(임금·근로시간 등 기본적인 근로조건은 제외한다. 이하 같다)정책은 근로자의 경제·사회활동의 참여기회 확대, 근로의욕의 증진 및 삶의 질 향상을 목적으로 하여야 한다."고 규정하여 근로복지정책의 기본원칙을 세우고 있다. 그러나 동 규정이 근로복지의 개념에서 임금을 명시적으로 제외하고 있음을 알 수 있다. 따라서 대상판결은 "근로복지기본법상 기업근로복지를 구성하는 선택적 복지제도에 기초한 복지포인트는 임금과 같은 근로조건에서 제외된다고 보는 것이 타당한 규범해석"이라고 보았다.

3. 복지포인트가 근로제공의 대가인지 여부

1) 대상판결은 "선택적 복지제도의 취지와 도입 경위의 특수성으로 인해 복지포인트는 여행, 건강관리, 문화생활, 자기계발 등으로 사용

용도가 제한되어 있고, 통상적으로 1년 내 사용하지 않으면 이월되지 않고 소멸하게 되며, 양도 가능성도 없다. 이처럼 복지포인트는 근로자가 근로를 제공한 대가로 사용자로부터 지급받아 생계의 기초로 삼는 임금이라고 평가하기에는 적절하지 않은 특성을 다수 가지고 있다."고 보았다.

복지포인트가 근로의 대가인지 여부를 판단하기 위해서는 금품 지급근거 및 지급목적 등을 고려하여 판단해야 하는데, 대상판결은 이러한 선택적 복지로서의 복지포인트의 법 목적 등을 고려하여 근로의 대가와는 무관한 복리후생적 목적의 금품이라는 점을 들어 임금성을 부정하고 있다.

반면, 별개의견과 반대의견은 임금성 여부를 판단함에 있어서는 근로의 대가로 지급되었는지를 갖고 판단하는 데에는 동의하고 있으나, 복리후생적 성격이 있다고 해서 일률적으로 임금이라는 성격이 배제되는 것은 아니라고 하거나(별개의견), 실비변상 또는 은혜적인 이유로 지급되거나 개별 근로자의 근로제공과 무관한 특수하고 우연한 사정에 의해 지급되는 경우를 제외하고는 근로제공과 직접적 또는 밀접한 관련이 있는 것이라고 보았다(반대의견).

2) 대상판결은 또한 통상적으로 복지포인트는 근로자의 근로제공과 무관하게 매년 초에 일괄하여 배정된다는 점에서 이러한 형태의 임금은 우리 노사 현실에서 쉽사리 찾아보기 어렵고, 이는 복지포인트의 단순한 특성이라고 이해해서는 안 되며, 근로의 대가가 아니라는 적극적인 징표로 이해할 수 있는 사정이라고 보았다.

복지포인트를 사용자가 근로자에게 계속적·정기적으로 지급하고, 단체협약, 취업규칙, 근로계약, 노동관행 등에 의해 사용자에게 지급의무가 부여된다면, 이러한 금품은 근로의 대가로서 임금일 가능성이 높다고 볼 수 있다. 하지만 1회성으로 지급되거나, 실비변상적인 것이거나, 은혜적인 것이거나, 지급의무의 발생이 개별 근로자의 특수하고 우연한 사정에 의하여 좌우되는 경우로서 근로의 대가로 평가할 수 없는 금품은 '근로의 대가'를 이루는 징표들 중 전부 또는 일부가 충족되지 않기 때문에 임금이라고 볼 수 없을 것이다(최정은, 675쪽).

3) 한편, 선택적 복지제도를 도입한 개별 사업장에서 단체협약이나 취업규칙 등에 복지포인트를 '보수'나 '임금'으로 명시하지 않고 있는 경우가 대부분이다. 따라서 근로관계 당사자들도 복지포인트가 근로의 대가가 아님을 인식하고 있다고 할 수 있다.

4. 복지포인트의 배정 자체를 금품의 지급으로 볼 수 있는지 여부

복지포인트를 둘러싼 사용자와 근로자 사이의 법률관계는 근로자가 제한된 사용 용도와 사용방법에 따라 물품 등을 구매할 경우 일정한 한도 내에서 사용자가 근로자의 지출을 보전해주는 것을 내용으로 한다. 단체협약이나 취업규칙에 의하여 복지포인트가 부여될 경우 그에 따른 실제 급부는 사용자가 근로자의 지출을 보전하기 위한 출연을 할 때 비로소 이루어진다. 따라서 복지포인트 배정행위는 향후 근로자가 복지포인트를 통하여 물품을 구매할 경우 그 대금을 사용자가 최종 부담할 의무가 있음을 확인하는 사용자의 사실행위에 불과하다. 근로자로서도 차감된 복지포인트 상당액의 돈을 지급받는 등의 절차가 이루어질 때 비로소 현실적인 이익을 얻게 되는 것이다.

이처럼 다수의견은 복지포인트 배정행위는 단지 사실행위에 불과하여 근로자는 이를 통해 현실적 이익을 얻는 것도 아니며 사용자가 비용을 지출하는 것도 아니기 때문에 복지포인트의 배정만으로 금품지급이 이루어진 것으로 볼 수 없다고 보았다(박종희, 221쪽).

5. 평가

선택적 복지제도에 의하여 지급되는 복지포인트가 근로기준법에서 일컫는 임금 또는 통상임금에 해당하는지에 대하여는 종래 하급심에서 판단이 엇갈리고 있었는데, 대상판결은 복지포인트의 임금성 및 이를 전제로 한 통상임금성을 둘러싼 임금소송에 대해서 판단기준을 제시했다는 점에서 의의가 있다고 할 것이다. 다만 대상판결 이후에도 사용자가 근로자에게 지급하는 여타 복리후생적 금품에 대한 근로기준법상 임금성 인정 여부는 개별 사안에 따라 구체적인 사정을 고려하여 판단되어야 할 것이다(최정은, 661쪽).

아울러 대상판결에서도 언급했듯이 복지포인트가 임금에 해당한다고 할 경우 근로자로서는 복지포인트를 지급받는 것보다 직접 통화로 지급 받는 것이 절차적으로 간편하고, 사용 용도에 제한이 없기 때문에 통화 지급을 선호할 것이고, 사용자로서도 동일한 액수의 임금을 지급하기 위해서 복잡하고 번거로우며 비용이 드는 근로복지제도를 운용할 필요를 찾기 어려울 것이다. 즉, 복지포인트가 임금에 해당한다는 견해는 선택적 복지제도의 취지와 존재 의의를 부정하는 결과를 초래할 수 있으며, 제도의 존폐를 좌우할 수 있다는 점에서 우려하지 않을 수 없다.

◆ 참고문헌

노호창, "선택적 복지제도로 지급한 복지포인트의 임금성 여부 – 대법원 2019.8.22. 선고 2016다48785 전원합의체 판결–", 『노동리뷰』 통권 제175호, 한국노동연구원, 2019.10.
박종희, "복지포인트의 임금성 – 대법원 2019.8.22. 선고 2016다48785 판결(전합) 중심으로 – ", 『노동법포럼』 제28호, 노동법이론실무학회, 2019.
최정은, "복지포인트의 임금성 및 통상임금성 인정 여부", 『사법』 51호(2020년 봄호), 사법발전재단, 2020.
최홍기, "복지포인트의 통상임금성 판단에 관한 소고", 『법학논문집』 제41집 제3호, 중앙대학교 법학연구원, 2017.
한광수·김희성, "복지포인트의 임금해당성 – 대법원 2019.8.22., 선고 2016다 48785 판결을 중심으로 – ", 『노동법논총』 제48호, 한국비교노동법학회, 2020.

21. 통상임금의 판단기준

─ 대법원 2013. 12. 18. 선고 2012다89399 전원합의체 판결(퇴직금) ─
─ 대법원 2013. 12. 18. 선고 2012다94643 전원합의체 판결(임금) ─

이철수(서울대 법학전문대학원)

Ⅰ. 사실관계

1. 대법원 2013. 12. 18. 선고 2012다 89399 판결('정기상여금 판결')

원고(X1)는 피고(Y)의 퇴직근로자이다. Y는 상여금지급규칙(이하 '상여금규칙')에 따라 짝수 달에 상여금을 지급하되 근속기간이 2개월을 초과한 근로자에게는 전액을, 근속기간이 2개월을 초과하지 않는 신규입사자나 2개월 이상 장기 휴직 후 복직한 자, 휴직자에 대하여는 상여금 지급대상기간 중 해당 구간에 따라 미리 정해 놓은 비율을 적용하여 산정한 금액을 각 지급하였으며, 상여금 지급대상기간 중에 퇴직한 근로자에 대해서는 근무일수에 따라 일할계산하여 지급하였다. Y와 전국민주노동조합총연맹 전국금속노동조합(이하 '노동조합')은 2008. 10. 8. 체결한 단체협약을 통해 위 상여금이 근기법 소정의 통상임금에 해당하지 않는다는 전제하에 통상임금에 산입될 임금의 범위에서 제외하였다. 이에 X1은 위 합의의 무효를 주장하며 미사용 연월차수당과 퇴직금 차액분의 지급을 청구하였다. 이에 대하여 원심 법원은 위 상여금을 통상임금에 해당한다고 판단하였다.

2. 대법원 2013. 12. 18. 선고 2012다 94643 판결('복리후생비 판결')

원고(X2)는 Y의 근로자이다. Y와 노동조합

은 단체협약 체결을 통해 Y가 김장철에 김장보너스를 지급하며, 지급금액은 노사협의에 의하여 지급하는 것으로 하였고, 실제로 이에 따라 매년 지급 직전 노사협의를 통해 금액을 정하였다. 한편, Y의 상여금규칙은 그 지급시기를 매 짝수 달과 설·추석으로, 지급월의 전월과 당월을 대상기간으로 하면서, 신규입사자나 장기휴직 후 복직한 자의 경우 대상기간 동안의 근무일에 따라 각 100%에서 30%까지의 상여 적용률을 설정하였고, 휴직자 역시 대상기간 중 휴직기간에 따라 100%에서 50%까지의 지급기준을 두었다. 다만, 대상기간 2개월을 휴직하면 상여금을 지급하지 않고, 퇴사자에 대해서는 근무한 일수만큼 일할계산하여 지급하도록 규정하였다.

그런데 실제 운영에 있어 Y는 상여금규칙 소정의 지급기준을 적용하지 아니하고, 지급일 현재 6개월 이상 휴직 중인 자를 제외하고는 재직 중인 근로자 전원에게 설·추석상여금을 일률적으로 지급하는 한편 지급일 전에 퇴직한 근로자에게는 지급하지 아니하였다. 이에 X2는 Y를 상대로 연장근로수당, 야간근로수당, 휴일수당, 주휴수당, 연월차수당의 차액분의 지급을 청구하였다. 이에 대하여 원심 법원은 위 각 금품이 모두 통상임금에 해당한다고 판단하였다.

Ⅱ. 판결의 내용

1. 정기상여금 판결

어떠한 임금이 통상임금에 속하는지 여부는 그 임금이 소정근로의 대가로 근로자에게 지급되는 금품으로서 정기적·일률적·고정적으로 지급되는 것인지를 기준으로 그 객관적인 성질에 따라 판단하여야 하고, 임금의 명칭이나 그 지급주기의 장단 등 형식적 기준에 의해 정할 것이 아닌바, 일정한 대상기간에 제공되는 근로에 대응하여 1개월을 초과하는 일정기간마다 지급되는 정기상여금은 통상임금에 해당하므로 "이 사건 상여금은 근속기간에 따라 지급액이 달라지기는 하나 일정 근속기간에 이른 근로자에 대해서는 일정액의 상여금이 확정적으로 지급되는 것이므로, (…) 소정근로를 제공하기만 하면 그 지급이 확정된 것이라고 볼 수 있어 정기적·일률적으로 지급되는 고정적인 임금인 통상임금에 해당한다."

근속수당의 지급조건에 일정 근무일수를 기준으로 그 미만은 일할계산하여 지급하고 그 이상은 전액 지급하기로 정해진 경우 일할계산하여 지급되는 최소한도의 임금은 고정적인 임금이므로, 이에 대해 고정성이 없다고 보아 통상임금성을 부정한 판결(대판 1996. 3. 22, 95다56767)은 대상판결에 배치되는 범위 내에서 변경된다. 또한 지급일 당시 '재직 중'일 것이 지급조건인 것은 통상임금이 아니므로, 문제가 된 복리후생적 명목의 급여가 지급일 당시 재직 중일 것을 지급조건으로 하는지 여부에 관하여 심리하지 아니한 채 해당 급여가 단체협약 등에 의하여 일률적·정기적으로 지급되는 것으로 정해져 있다는 사정만으로 통상임금에 해당한다고 판단한 판결들(대판 2007. 6. 15, 2006다13070 및 같은 취지의 판결들)도 이에 배치되는 범위 내에서 판결이 변경된다.

2. 복리후생비 판결

김장보너스는 "지급액을 결정하기 위한 객관적인 기준 없이 단지 사후에 노사협의를 통해 그 지급액을 정하도록 한 경우라면 그 지급액이 사전에 확정되어 있다고 볼 수 없(으므로) … 고정적인 임금이라고 할 수 없어 통상임금에 해당한다고 볼 수 없(음에도) … 이 사건 김장보너스가 실제의 근무성적과 상관없이 휴직자, 정직자 등을 제외한 소속 근로자들에게 지급되었음을 이유로 통상임금에 해당한다고 판단"한 원심에는 통상임금에 관한 법리를 오해하여 판결에 영향을 미친 위법이 있다.

한편, 설·추석상여금에 대해서는, "근로자가 소정근로를 했는지 여부와 관계없이 지급일 기타 특정시점에 재직 중인 근로자에게만 지급하기로 정해져 있는 임금은 소정근로의 대가로서의 성질을 갖지 못할 뿐만 아니라 고정적 임금으로 볼 수 없"으며, "어떠한 임금이 이러한 성격을 갖고 있는지는 그 근로계약이나 단체협약 또는 취업규칙 등에서 정한 내용에 따라 판단하여야 하고, 근로계약 등에 명시적인 규정이 없거나 그 내용이 불분명한 경우에는 그 임금의 성격이나 지급 실태, 관행 등 객관적 사정을 종합적으로 고려하여 판단하여야 할 것"이라고 전제한 후에, Y의 상여금규칙 소정의 지급기준은 일응 짝수달에 지급되는 상여금을 대상으로 한 것으로 설·추석상여금은 그 적용 대상이 아닌 것으로 볼 수 있으며, Y가 상당기간에 걸쳐 그 지급일 전에 퇴직한 근로자에게 설·추석상여금을 지급하지 않았고 이에 대하여 노동조합이나 개별근로자가 이의를 제기하지 않았다면, "설·추석상여금에 대해서는 지급일에 재직 중일 것이 임금을 지급받을 수 있는 자격요건으로 부가되어 기왕에 근로를 제공했던 사람이라도 지급일에 재직하지 않는 사람에게는 지급하지 않는 반면, 지급

일에 재직하는 사람에게는 기왕의 근로 제공
내용을 묻지 아니하고 이를 모두 지급하기로
하는 명시적 또는 묵시적 노사합의가 이루어졌
거나 그러한 관행이 확립된 것으로 볼 여지가 있
으므로", 이러한 점들을 심리하여 이들 임금의
지급에 있어 재직 요건에 관한 노사합의가 이루
어졌는지 또는 그러한 관행이 확립되어 있는지
살펴보지 않은 것을 이유로 하여 원심판결 중 Y
패소부분을 파기환송하였다.

Ⅲ. 해설

1. '고정성'에 대한 진일보한 해석

대상판결은 '사전확정성'을 고정성 판단의
핵심 요소로 삼아, 지급액의 절대고정성에 함몰
되어 있던 기존의 논의를 극복할 수 있는 진일
보한 해석론을 보여주었다. 따라서 지급액의 변
동 여부에 따라 기계적으로 고정성 유무를 판
단하던 기존의 하급심 판결들은 더 이상 지지
될 수 없게 되었다. 그 결과 일정 근무일수를 기
준으로 계산방법 또는 지급액이 달라지는 경우
에도 소정근로를 제공하면 적어도 일정액 이상
의 임금이 지급될 것이 확정되어 있다면, '최소
한도로 확정되어 있는 범위'에서는 고정성을 인
정할 수 있다. 나아가 근무실적에 따라 지급액
의 변동이 초래된다 하더라도 최저한도로 보장
하고 있는 임금부분은 통상임금에 포함된다. 그
러나 재직요건을 이유로 정기상여금도 통상임
금에서 제외하자는 논의가 나오는 만큼 고정성
의 요건을 "소정근로를 제공하는 것을 전제로
사전에 확정되어 있는 임금"으로 정의하는 것
이 보다 바람직하다.

2. 임금이분설의 환생(?) – 재직요건을
이유로 한 복리후생비 제외

대상판결은 재직요건을 이유로 복리후생비

가 통상임금에 포함되지 않을 수 있음을 분명
히 하여 기존의 판례법리를 변경했다. 재직요건
은 임금청구권의 발생을 위한 자격요건이고, 그
성취 여부가 불분명하기 때문에 소정근로의 대
가로 보기 힘들고 비고정적이라는 것이다. 그
결과 복리후생비의 일반적 관행을 고려하면 대
부분의 복리후생비가 통상임금에 해당되지 않
게 되고 이는 '임금이분설'을 취하던 시절과 유
사한 결과를 초래할 가능성이 높다.

이 점과 관련하여 정기상여금 판결에서 '일
정한 근무일수를 충족하여야만 하는 임금'이라
는 개념 – 즉 소정근로를 제공하는 외에 일정
근무일수의 충족이라는 추가적인 조건을 성취하
여야 비로소 지급되는 것 – 을 도입한 점은 이
해하기 힘들다. 나아가 이러한 임금군은 이른바
'소정근로'에 대한 대가의 성질을 가지는 것이
라고 보기 어렵다는 설시나, 그러면서도 재직요
건이 부가되어 있다 하더라도 재직기간까지의
기간에 비례한 만큼의 임금이 지급되는 경우에
는 고정성이 부정되지 않는다고 하는 판단은 더
더욱 혼란스럽다. 소정근로의 대가가 아니라면
임금성이 부정된다는 의미인가? 전체의 맥락을
보면 그렇게 읽히지는 않고, 통상임금성을 부정
하기 위해 고정성의 결여라는 이유와 함께 방론
으로 설시한 것으로 보인다. 임금성을 인정하는
전제 하에서 살펴보면, 다시 말해 근로의 대가
라는 것을 전제한다면, 소정근로의 대가가 아니
라는 것은 무슨 의미인가? 과거 임금이분설을
취하고 있을 당시의 보장적 부분과 관련한 관념
이 되살아 난 것은 아닌지 의문스럽다.

3. 재직요건이 부가된 정기상여금이 통상
임금인가?

재직요건과 관련하여 더욱 기이한 현상은,
판결문의 일부분만을 충실히 기계적으로 해석
하여 상여금의 경우에도 근무기간에 비례하지

않고 지급기에 재직해야만 지급한다면 고정성이 부정된다는 입장이 활개를 치고 있다는 점이다. 고용노동부의 2014. 1. 23. '통상임금 노사지도 지침'이 대표적이다.

판결문을 통해서 알 수 있듯이 이번 전원합의체 판결은 재직요건 자체의 유효성 여부를 판단하지 않았고, 복리후생적 금품에 재직요건이 추가된 경우를 직접적 판단대상으로 삼고 있다. 정기상여금, 근무수당, 나아가 기본급의 경우에도 이러한 문법을 구사할 지는 판결문상 분명하지 않고 논란의 여지가 많다. 이런 점에서 고용노동부가 정기상여금의 경우에까지 재직요건을 고정성 판단의 일 요소로 단정하는 것은 행정기관으로서 현명하지 못할 뿐만 아니라, 삼권분립의 원리에 비추어 보면 일종의 월권을 행한 것이 아닌가 싶다. 판결문에서는 재직요건 이외에 소정근로의 대가가 아니라는 이유를 추가하여 고정성을 부정하고 있는데, 대상판결의 고민을 헤아릴 필요가 있다. 후속 대법원 판결의 입장을 좀 더 지켜보아야 할 사안이라고 생각된다.

요컨대 전원합의체 판결에서 다루어진 사안은 명절상여금, 휴가비 등의 이른바 복리후생비에 관한 것이기 때문에 이를 정기상여금의 경우까지 유추하는 것은 신중을 기해야 하고 구체적인 판단은 대법원의 후속 판결을 기다려야 할 것이다. 특히 정기상여금이 대상판결이 표현하는 "일정 근무일수를 충족하여야만 지급되는 임금"인지의 여부, "소정근로의 대가가 아닌 금품"에 해당되는지의 여부에 관한 규범적 판단이 병행되어야 할 것이다.

4. 대상판결의 평가

대상판결은 그동안 논란이 되어왔던 통상임금의 판단기준을 구체적으로 제시하고 근로자의 추가수당청구가 신의칙에 위배되어 제한되는 요건을 설시하였다는 점에 큰 특징이 있다. 판결문 곳곳에 법리와 현실, 미래와 과거의 조화를 모색하기 위한 고민이 드러난다.

향후 대상판결의 판단기준에 따라 고용노동부의 예규는 물론 산업현장에서 단체협약이나 취업규칙 등이 개정되어야 할 것이다. 대상판결은 앞으로 미래질서 형성을 위한 나침반적 기능을 수행할 것으로 보인다. 그러나 재직 요건이 정기상여금에도 적용되는지 여부를 둘러싸고 해석상의 논란이 상존하고 당장 임단협 과정에도 영향을 미칠 것으로 보인다. 통상임금의 문제는 기본적으로 우리의 임금체계가 복잡하고 기형화되어 있는 현실에서 기인한 문제이고, 근로시간 단축과 내적 연관성을 지니는 문제이니 만큼, 법원의 판결과 상관없이 임금제도개선 논의는 여전히 필요하다 할 것이다. 이는 정부와 국회의 몫이다.

◆ 참고문헌

김홍영, "통상임금에 관한 대법원 전원합의체 판결의 의의", 한국고용노사관계학회 2014 동계학술대회 자료집 발표문, 2014. 1. 15.
박지순, "통상임금에 관한 대법원 판결의 쟁점과 정책과제", 임금체계 개편 대토론회 자료집, 경제사회발전노사정위원회/국민경제자문회의/한국노동연구원, 2014. 1. 23.
이철수, "통상임금 관련 2013년 전원합의체 판결의 의미와 평가", 『노동법학』 제49호, 한국노동법학회, 2014.
이철수, "통상임금에 관한 최근 판결의 동향과 쟁점: 고정성의 딜레마", 『서울대 법학』 제54권 제3호, 서울대학교 법학연구소, 2013.

22. 시간급 통상임금의 환산방법

– 대법원 2020. 1. 22. 선고 2015다73067 전원합의체 판결(임금) –

최윤희(건국대 법학전문대학원)

Ⅰ. 사실관계

운수업체의 버스기사들인 근로자들은 회사 측과 단체 협약 및 임금 협정에서 기본시급을 정하고, 정해진 기본시급을 기준으로 야간, 연장, 주휴 수당과 같은 법정 수당을 계산하여 지급받았다. 이 회사의 단체협약에서는 주휴수당을 150퍼센트 가산지급하기로 약정되어 있었다. 회사가 근로자들에게 지급한 급여에는 기본시급을 기준으로 계산한 급여와 법정 수당 외에도 승무수당, 연초수당, 식대, 근속수당, 상여금, 운전자공제회비 등이 있었는데, 이 사건 근로자들은 이러한 승무수당 등도 통상임금에 포함되어야 하므로 이를 기초로 다시 계산한 통상임금액을 기준으로 법정수당이 재계산되어야 하고, 따라서 재계산한 금액에서 기히 지급된 법정수당액과의 차액을 근로자들이 추가로 지급받아야 한다고 주장한 사안이다. 근로자들에게 적용되는 임금협정의 내용을 살펴보면 운전직 근로자의 일당액을 정한 다음, 운전직을 포함한 승무직 근로자 전원의 일당액 속에는 기본급, 연장근로급, 야간근로급 및 소정의 주휴수당이 포함되어 있다고 규정하고 있다. 아울러, 통상임금은 임금협정서의 임금산출 기준에 의한 기본급으로 한다고 규정하였다. 임금협정서의 부속서류인 '임금의 구조 및 산출기준'에 의하면, 1일 기본급을 8시간 근로를 기준으로

하되 1일 연장근로 4.5시간, 야간근로 0.5시간, 주휴수당은 1주당 12시간으로 규정하고 있다. 따라서 1주일 총 근로시간을 90.75시간으로 정하였는데, 그 근거는 1주간 기본근로시간 40시간(8시간×5)에 1주간 연장근로시간 33.75시간(4.5시간×5×할증율150/100)을 더하고, 이에 다시 1주간 야간 근로시간 5시간(0.5시간×5×할증율200/100)과 주휴수당에 해당하는 근로시간 12시간(8시간×할증율150/100)이 더하여진 결과이다. 회사는 이러한 계산방법에 근거하여 근로자들의 1주간 임금총액을 임금협정서에서 정하고 있는 일당액×5로 계산한 금액으로 보아 이를 1주간 총 근로시간 90.75로 나눈 금액을 시간급 통상임금으로 간주한 데 반하여, 근로자들은 통상임금 산정에 있어 기본급 외에도 근로자들이 지급받은 승무수당 등이 포함되어야 한다고 주장한 것이다.

Ⅱ. 판결의 내용

법원은 이 사건에서 근로기준법이 정한 기준근로시간을 초과하는 약정 근로시간에 대한 임금으로서 월급 또는 일급 형태로 지급되는 고정수당을 시간급 통상임금으로 환산하는 경우, 시간급 통상임금 산정의 기준이 되는 총 근로시간 수에 포함되는 약정 근로시간 수를 산정함에 있어 법정수당 산정을 위한 근로기준법

소정의 가산율을 고려하여야 하는지 여부에 대하여 이를 고려할 필요가 없다고 판단하였다. 즉, 노사 간의 특별한 정함이 없는 한, 근로자가 실제로 근로를 제공하기로 약정한 시간 수 자체를 합산하여야 하는 것이지, 법정수당 산정을 위한 가산율을 고려한 연장근로시간 수와 야간근로시간 수를 합산할 것은 아니라고 판단하였다. 아울러, 이러한 법리가 단체협약이나 취업규칙 등으로 주휴수당에 가산율을 정한 경우에도 동일하게 적용된다고 판단하여 위 회사의 임금협정과 단체협약에도 불구하고 통상임금 산정의 기준이 되는 총 근로시간 수를 계산함에 있어 가산율을 적용할 필요가 없다고 보았다. 법원에 의하면, 이러한 가산율 규정은 어디까지나 기본 주휴수당에 일정한 비율을 가산하여 지급하기로 하는 취지에 불과하므로 총 근로시간 수에 포함되어야 하는 주휴일에 근무한 것으로 의제되는 시간 수를 산정할 때 주휴수당에 정한 가산율을 고려할 필요는 없다고 판단하였다. 또한 급여와 법정 수당 외에도 승무수당, 연초수당, 식대, 근속수당, 상여금, 운전자공제회비 등을 모두 통상임금으로 인정해 달라고 한 근로자들의 주장에 대하여는, 2009. 4.부터 2011. 1.까지 지급받은 근속수당, 식대, 상여금은 정기적·일률적·고정적 임금으로 모두 통상임금에 해당하지만, 2011. 2.부터 지급받은 근속수당 등은 정기적·일률적·고정적인 임금으로 인정하기 어렵다고 판단하였다.

Ⅲ. 해설

1. 고정수당의 시간급 통상임금 인정법리

일반적으로 이 사안과 같이 일급 내지 월급의 형태로 지급받은 근속수당과 같은 고정수당에 반드시 법정수당이 포함되어 지급되는 것은 아니다. 다만, 이러한 고정수당에 법정수당이 포함되어 지급되었다고 인정되는 경우 대법원의 입장은 월급으로 지급받는 고정수당 안에 법정수당에 해당하는 부분이 있다면 이러한 경우 법정수당은 원칙적으로 통상임금에 해당할 수는 없지만, 통상임금으로 보기 힘든 야간, 연장, 주휴수당이 포함된 고정수당이라 하더라도 실제로 통상임금에 해당하는 금액이 얼마인지를 확정할 필요가 있다고 본다. 즉, 통상임금의 속성인 정기성, 일률성, 고정성이 충족되는 고정수당은 통상임금의 성격을 가지며, 설사 이러한 고정수당 안에 통상임금의 성격을 가지지 아니하는 일부분 금액이 들어있다 하더라도 그로 인하여 고정수당 자체의 통상임금성을 부인할 수 없는 만큼 그 금액을 확정하여야 하므로 문제가 된 고정수당액을 법정수당 지급의 근거가 된 야간, 연장, 주휴근로시간까지 모두 포함한 총 근로시간으로 나누는 방식에 의하여 시급 통상임금을 산정하고 그 결과 실제로 지급된 금액과의 차액이 발생한다면 이를 지급하여야 한다는 것이다. 이 점은 종전의 판례들과 마찬가지로 이 사건 판결에서도 그 취지를 분명히 하고 있다.

2. 연장, 야간, 주휴근로의제시간에 대한 가산율 적용문제

이 사건 판결의 주요 논점은 보다 구체적으로 총 근로시간을 산정함에 있어 야간, 연장, 주휴근로시간을 계산함에 있어 가산율을 적용하느냐 여부이다. 우리 근로기준법은 연장, 야간, 휴일근로의 경우 통상임금의 50퍼센트를 가산 지급한다고 규정하고 있다. 이 사건 판결에서 대법원은 이러한 근로기준법 상의 임금할증 규정에 따라 주휴수당을 지급함에 있어 가산율을 적용하기로 단체협약이나 취업규칙 등에서 정하였다고 하더라도 그것이 근로시간 계산에 있어서 할증의 근거가 될 수는 없다고 보고 있다. 근속수당과 같은 고정수당의 지급이 법정수당 지급으로 곧바로 해석될 수 없음에도 불구하고 법정수당 지급에 관한 당사자의 의사가 고정수당에도 동일하게 해석된다는 것은 불합리하다고 보는 것이 이 사건 판결의 요지라고 할 수 있다. 더 나아가, 월급 형태의 고정수당을 통상임금에 포함시키지 아니한 채 법정수당을 산정하였다면 이러한 고정수당의 시간급 산정방식에 관한 의사가 형성되었다고 보기도 어렵다는 판단 하에서 앞서 본 회사의 임금협정 내지 단체협약의 내용이 그대로 고정수당의 시간급 산정방식까지 합의하였다고 볼 수 없다고 보았다.

3. 이 판결의 반대의견

이 판결의 다수의견에 대하여 반대의견은 종전의 판결들과 마찬가지로 법정수당 부분의 근로시간 계산에 있어 가산율을 적용하는 것이 보다 합리적일 뿐만 아니라, 당사자의 의사에도 합치된다는 입장이다. 반대의견에 의하면, 이 사건 임금협정의 규정들이 주휴수당은 기본시급의 12시간 분이라고 정한 것과 차이가 있다고 보기 어렵다는 입장이다. 뿐만 아니라, 임금협정에 대하여 다수의견의 해석과 같이 이는 단지 임금지급에 있어서의 가산율을 정한 것일 뿐 근로시간계산에 있어서도 가산율을 적용하려는 취지가 아니었다고 해석한다 하더라도, 주휴근로 의제시간은 원래 근로자가 근로를 제공하지 않지만 사용자가 주휴수당을 지급하기 때문에 주휴일에 유급으로 처리되는 시간 수를

의미한다는 것이다. 따라서 주휴 수당에 가산율이 정해져 있다면 주휴일에 유급으로 처리되는 시간 수가 늘어나는 것이어서 결국 가산율이 고려되므로 유급으로 처리되는 시간 수가 시간급 통상임금 산정에 그대로 반영되어야 한다는 입장이다.

4. 평가

이 판결은 기준근로시간을 초과하는 약정 근로시간에 대한 임금으로 지급된 일급 또는 월급 형태 고정수당을 시간급 통상임금으로 환산함에 있어 구체적인 환산방법은 그 지급의 근거가 된 단체협약이나 근로계약 등을 해석함으로써 당사자의 의사를 확인해야 하는 문제라는 점에서는 반대의견이나 종전 판례와 같은 입장이다. 다만, 단체협약 및 취업규칙 등으로 주휴수당에 가산율을 정한 경우 이러한 가산율 약정에 따라 지급된 고정수당의 시간급 통상임금 환산시 연장근로시간 수와 야간근로시간 수에 가산율을 고려하여 총 근로시간 수를 정하여야 하는지 여부에 대하여, 이 판결에서는 주휴수당 계산시 가산율 약정이 있다는 것만으로 고정수당의 시간급 통상임금 산정 방식에 대한 당사자의 특별한 의사가 인정되기 어렵다는 입장이다. 주휴수당 계산에 대한 가산율이 정하여져 있다 하더라도 기준근로시간을 초과하는 약정 근로시간에 대한 임금으로 지급된 일급 또는 월급 형태 고정수당의 시간급 통상임금 환산시 그 산정방식에 관한 당사자의 의사가 별도로 존재하지 아니한다고 보아, 가산율을 고려하여 계산된 연장근로시간수와 야간근로시간수를 합산하지 아니하고 근로자가 실제로 근로를 제공하기로 약정한 시간 수 자체를 합산하여야 한다는 입장이다. 종전의 판결들은 일급이나 월

급의 형태로 지급받는 고정수당을 시간급 통상임금으로 환산할 때, 유급휴일에 근무한 것으로 의제하여 그 근로의제시간과 연장·야간 근로시간을 약정근로시간으로 모두 더하여 총 근로시간을 계산함에 있어 연장·야간·휴일근로의 임금 가산율을 적용하여 통상임금을 산정하는 입장을 취하고 있었다. 반면 이 판결에서 중시한 부분은 당사자의 의사해석이다. 즉, 당사자가 종전의 대법원 판결에서 인정한 바와 같이 가산율을 적용하여 근로시간을 계산하는 방식에 합의하였다면 이는 별론으로 하되, 당사자의 의사가 이러한 합의를 하지 않았다면 각각의 근로시간에 대한 대가를 대등하게 하려는 것이 당사자의 추정적 의사에 부합하다는 판단을 하고 있다. 이 부분은 종전의 대법원 판결들과 확연히 다른 부분이다.

◆ 참고문헌

권오성, "고정수당을 시간급 통상임금으로 환산하는 계산식", 『월간노동리뷰』 제180호, 한국노동연구원, 2020.

김홍영, "통상임금의 해석상 쟁점", 『노동법연구』 제35호, 서울대학교 노동법연구회, 2013.

김희성, "통상임금에 관한 법적 문제점과 개선방안", 『노동법논총』 제28집, 한국비교노동법학회, 2013.

도재형, "통상임금 소고", 『노동법연구』 제35호, 서울대학교 노동법연구회, 2013.

박종희, "통상임금제도개선의 입법정책적 과제", 『노동법학』 제49호, 한국노동법학회, 2014.

방강수, "통상임금법리의 이원화", 『법학논총』 제36권 제4호, 한양대학교 법학연구소, 2019.

송강직, "통상임금과 정기성", 『노동법논총』 제28집, 한국비교노동법학회, 2013.

여연심, "통상임금의 시간급 산정에 관한 문제", 『사법』 제1권 제52호, 사법발전재단, 2020.

유성재, "지급일재직요건의 효력과 통상임금성", 『노동법포럼』 제27호, 노동법이론실무학회, 2019.

이철수, "통상임금관련 2013년 전원합의체판결의 의미와 평가", 『노동법학』 제49호, 한국노동법학회, 2014.

23. 최저임금의 적용을 위한 비교대상임금

— 대법원 2007. 1. 11. 선고 2006다64245 판결(임금등) —

오상호(창원대 법학과)

Ⅰ. 사실관계

원고들(X)은 피고(Y)가 운영하는 서울 소재 자동차운전학원에서 도로주행강사로 근무하다가 퇴직한 근로자들이다. Y는 X를 포함한 위 학원 근로자들에게 시간당 1,900원의 기본급(1일 8시간, 토요일 4시간의 근로시간에 대한 급여)을 지급하고, 이를 기초로 시간외 수당(1,900원×150%), 주휴수당(1,900원×100%), 휴일수당(시간당 4,000원), 특근수당(1,900원×300%) 및 퇴직금을 계산하여 지급하였다. Y는 X에게 위 수당들 이외에도 근속수당과 연수수당을 지급해왔는데, 근속수당은 근로자들의 근속기간에 따라 3개월 미만인 경우 월 30,000원부터 차등적으로 매월 일정액을 지급하되 결근시에만 일할 공제해 지급해왔고, 연수수당은 근로자들의 실 근로시간에 따라 차등적으로 매월 일정액을 지급하되 모든 근로자들에게 최저한도의 금액(40,000원)은 보장해 주었다.

X는 수령한 임금 가운데 기본급 수준이 최저임금법상 최저임금수준에 미치지 못하며 그로 인해 각종 수당명목의 급여수준도 함께 감소할 뿐만 아니라 최저한도의 연수수당 금액을 포함하더라도 시급 통상임금이 최저임금법에서 고시한 최저임금에 미달하므로 그 부족부분에 대한 임금차액과 이를 기초로 계산된 각종수당 및 퇴직금의 지급을 요구하였다. 그러나 Y는

근속수당과 연수수당이 통상임금에 포함되는 임금이며, 설령 최저한도를 초과한 연수수당이 통상임금에 포함되지 아니한다 하더라도, 연수수당은 X를 포함한 다른 근로자들과 합의로 부족한 최저임금을 보전하기 위해 지급해 온 수당으로 X에게 지급된 시급 통상임금은 최저임금법상 최저임금의 범위를 오히려 초과하므로 X의 요구를 수용하지 않았다.

이에 X는 Y가 지급한 시급 통상임금이 최저임금에 미달하므로 최저임금법에 따라 적법하게 산정하였더라면 지급받을 수 있었던 최저임금액과 이를 기초로 재 산정되어야 할 미지급 기본급, 각종 수당 및 퇴직금의 부족액 지급을 청구하는 소를 제기하였다.

Ⅱ. 판결의 내용

판결의 주요 내용 세 가지는 다음과 같다:

1. X가 지급받은 임금이 최저임금액에 미달하는지 여부와 관련해, "지급된 임금 중 최저임금법 제6조 제4항 및 같은 법 시행규칙 제2조 [별표 1](구법)이 정한 임금 또는 수당을 제외한 임금액과 최저임금액을 비교하여 판단하여야 한다."는 점을 근거로 대법원은 근속수당과 주휴수당이 최저임금에 적용되는 대상임금에 해당하며, 하급심과 달리 최저임금법에 포함되는 임금의 범위가 근기법상 통상임금의 범위와

일치할 필요가 없음을 근거로 근속수당과 주휴수당을 최저임금에 산입해야 한다는 취지를 분명히 하였다.

2. 또한 각 수당을 시간급으로 환산하는 방법과 관련해 "최저임금 산정기준 시간 수는 통상임금 산정기준 시간 수와 같을 수 없다"는 전제 하에 "유급으로 처리되는 시간 등이 포함되지 않는다."고 판단했다.

3. 끝으로 연수수당 지급계약의 효력과 관련해 "근로자와 사용자가 최저임금의 적용을 위한 임금에 산입되지 않는 임금을 최저임금의 적용을 위한 임금의 범위에 산입하여 최저임금에 미달하는 부분을 보전하기로 약정한 경우 그 임금 약정의 효력은 무효다."고 하여 계약당사자간 이러한 취지의 합의 효력을 인정하지 않았다.

Ⅲ. 해설

1. 쟁점

사용자가 지급하는 임금의 최저임금법 위반 여부를 판단하기 위해서는 최저임금액과 비교하는 임금('비교대상임금')의 범위가 확정되어야 하고, 이 임금을 시간급 임금으로 환산할 때 분모에 산입되는 비교대상 시간을 몇 시간('기준시간 수')으로 볼 것인지가 문제되었다. 이 사건에서 월 급여에 포함된 주휴수당이 비교대상임금에 포함되어야 하는지 그리고 주휴수당에 대응하는 주휴시간이 기준시간 수에 포함되는지 여부가 중요 이슈로 부각되었고 대법원은 최초로 비교대상임금의 범위에 주휴수당을 포함해야 하며 최저임금 적용을 위한 기준시간 수에 유급으로 처리되는 시간은 고려할 필요가 없음을 판시했다. 이후 판례는 동일한 취지의 입장을 재

차 확인했다(대판 2018. 6. 19, 2014다44673).

그런데 2018. 6. 12. 최저임금법을 개정하여 최저임금 산입범위를 개편하였고 법 개정에 따른 최저임금 적용을 위한 기준시간 수 명확화를 위해 법 시행령을 같은 해 12. 31. 개정하여 개정법이 2019. 1. 1.부터 시행되면서, 종래 대법원 판결에 따른 해석론과 개정법에 따른 새로운 입법론의 차원에서 이 사건 쟁점의 관계를 살펴보도록 한다.

2. 비교대상임금에 포함되는 임금의 범위

1) 비교대상임금의 개념과 범위

근로자의 약정 시간급이 법정 최저시간급에 미달하는 경우 임금약정은 최저임금법상 강행적 효력이 적용되어 무효로 되고 그 미달하는 부분은 보충적 효력에 의해 최저임금으로 대체된다. 따라서 보충적 효력으로서 차액의 지급의무 존부를 판단하기 위해서는 최저임금의 적용을 위한 임금에 산입되는 임금의 범위가 확정되어야 한다. 문제는 이 범위에 약정 시간급 이외에 연수수당만 포함된 경우와 연수수당과 함께 근속수당 및 주휴수당의 산입까지 인정된 경우 수당의 종류와 수당금액의 다소에 따라 그 범위와 수준이 달라져 차액의 과다·과소(또는 초과)라는 법적 효과가 발생할 수 있다는 점이다.

이에 대해 하급심과 대법원은 차액의 인정범위에서 큰 차이를 보였다. 대법원은 최저임금에 포함되는 임금의 범위를 판단하는 기준으로서 통상임금 개념을 원용한 하급심과 달리 '비교대상임금'이라는 개념을 채택해 사용하고 있다. 이 개념은 최저임금법 제6조 제4항에서 최저임금의 적용을 위한 임금을 의미하며, 최저임금 미달 여부를 판단하는 도구개념이다(정인섭, 141면).

세부적인 임금항목(범위)과 관련해 종전 규정(법 시행규칙 §2 별표 1)에서 비교대상임금에 산입되지 아니하는 임금의 범위는 ① 매월 1회 이상 정기적으로 지급하는 임금 외의 임금 ② 근기법상 소정근로시간 또는 소정 근로일에 대하여 지급하는 임금 외의 임금 ③ 그 밖에 최저임금액에 산입하는 것이 적당하지 아니하다고 인정되는 경우(근로자의 생활보조 및 복리후생을 위한 성질의 임금)로 구분되므로 [별표 1]이 예정한 비교대상임금 개념은 '소정의 근로에 대해 정기적으로 지급되는 임금'으로 이해할 수 있다.

개정 규정(법 시행규칙 §2)에서는 매월 1회 이상 정기적으로 지급되는 임금은 최저임금에 산입된다는 원칙을 정하고 다만, 산입되지 아니하는 임금의 범위는 ① 근기법상 소정근로시간 또는 소정 근로일에 대하여 지급하는 임금 외의 임금으로 법정 주휴일을 제외한 유급휴일에 대한 임금은 미 산입(주휴수당은 산입) ② 상여금 그밖에 이에 준하는 임금으로서 산정단위가 1개월을 초과하는 상여금, 장려가급, 능률수당 그리고 근속수당은 월 환산액의 25% 초과분만 산입 ③ 생활보조 및 복리후생성 임금 중 통화 이외의 것으로 지급되는 것은 미 산입, 통화로 지급되는 임금은 월 환산액의 7% 초과분만 산입하는 것으로 정해졌다. 다만, 매월 1회 이상 정기적으로 지급하는 상여금과 복리후생비의 미 산입 비율이 단계적으로 축소되어 2024년 이후에는 전부 산입됨에 유념해야 한다.

2) 비교대상임금과 최저임금과의 관계

X의 차액분은 상수(고시기준 년도별)인 최저임금액에서 변수인 비교대상임금액(하급심의 입장에 따를 경우 통상임금액)을 공제한 금액

을 기초로 결정된다. 따라서 변수의 크기에 따라 X가 Y에게 지급을 청구할 수 있는 금액도 달라진다. 하급심은 근속수당이 실 근로일수에 따라 각각 그 지급액이 달라지거나 지급여부가 결정되기 때문에 고정성이 없는 금품이여서 통상임금에 해당되지 못한다는 일관된 판례의 입장(대판 1994. 10. 28, 94다26615)을 근거로 근기법상 통상임금에 속하지 아니하므로 최저임금법에서 규정한 최저임금에 포섭되는 임금의 범위에 해당되지 않으며, 연수수당의 부분은 정기적·일률적으로 지급되는 고정적인 최저한도 금액(40,000원)만 통상임금에 포함된다는 입장이었다. 결과적으로 기본급과 연수수당 최저금액만 변수로 책정되어 높은 차액이 발생했다. 반면에 대법원은 하급심이 인정한 최저금액 연수수당 부분은 그대로 확정했으나, 추가적으로 근속수당과 주휴수당이 최저임금에 포함되는 임금인지 여부를 판단하면서 비교기준은 근기법상 통상임금이 아닌 최저임금법상 비교대상임금이 적용되어야 하며, 이러한 수당들이 최저임금에 포함됨으로써 비교대상임금의 범위가 확대되었다. 즉, 기본급과 연수수당 최저금액을 포함해 근속수당과 주휴수당 금액까지 변수에 산입함으로써 상수금액 대비 변수금액의 총액이 높아지면서 X가 Y에게 지급을 청구할 수 있는 금액은 하급심과 비교해 크게 감소하였다.

개정법에 의하면, 근속수당의 경우 산정단위와 지급주기가 모두 1개월을 초과하지 않는 경우여서 판례의 입장과 같이 그 전부가 최저임금에 산입되며, 주휴수당의 경우 최저임금법 제6조 제4항 제1호의 미 산입 임금 범위를 법 시행규칙 제2조 제1항 제3호에서 "법정 주휴일을 제외한 유급휴일에 대한 임금은 미 산입"된다고 정해 주휴수당이 비교대상임금에 포함됨을

명확히 하였다.

3. 비교대상임금의 시간급 환산방법

최저임금법 제6조 제3항의 보충적 효력을 적용하기 위해서는 근로자에게 지급된 최종 금액이 최저임금법상 최저임금과 비교해 미달하는 차액부분이 확정되어야 하며, 이를 위해서는 월급제 임금체계 하에서 비교대상임금에 포함되는 수당들을 시간급으로 환산하는 문제가 남게 된다. 하급심과 대법원은 비교대상임금 가운데 월 단위로 지급된 임금의 시간급 환산시 산정기준시간에 관하여도 서로 다른 기준을 적용하였다. 이 사건 소정근로시간 수는 1일 8시간, 1주 44시간이므로 하급심은 근기법 시행령 제6조 제2항 제3호를 근거로 월 소정근로시간(191.2)에 유급처리되는 시간(34.76)을 합산하여 225.9시간을 산정기준시간으로 선택한 반면, 대법원은 시간급 비교대상임금을 환산할 때 산정기준시간은 근기법 제2조 제1항 제8호에서 정한 소정근로시간(191.2)이므로 통상임금 산정기준시간 수와는 구별된다는 입장이다. 결국, 동일한 임금이라도 통상임금의 시간급 환산방법에 의할 경우보다 비교대상임금의 시간급 환산방법에 의할 경우 금액이 더 크고 최저임금과의 차액도 줄어든다(이철수, 42면).

그런데 최저임금법 시행령은 소정근로시간 외에 '유급으로 처리되는 시간을 합산'할 것을 명문화하기 위해 월 환산액 산정 기준 규정을 신설해 환산 방식을 명확하게 했고, 그에 따라 계산하면 시간급 비교대상 임금 환산에서 큰

차이가 생기게 되며, 이는 하급심과 고용노동부의 견해와 일치한다. 또한 헌법재판소도 "법 시행령 제5조 제1항이 종전 대법원 판례와 고용노동부의 해석 불일치와 혼란을 해소하기 위한 측면과 근로자의 개근 여부에 따라 최저임금법 위반 여부가 달라지는 불합리한 결과가 발생한 가능성이 있다."는 측면에서 제기된 헌법소원을 재판관 전원일치 의견으로 합헌 결정했다(헌재 2019. 12. 27. 2017헌마1366, 2018헌마1072(병합)).

4. 최저임금에 미달하는 계약의 효력

계약 당사자간 최저임금법상 비교대상임금에 산입될 수 없는 월 4만 원을 초과하는 연수수당을 비교대상임금의 범위에 산입시켜 최저임금에 미달하는 부분을 보전하기 위한 목적으로 체결된 약정의 효력과 관련하여서는 최저임금법 제6조 제3항의 강행적 효력에 반하여 무효라고 판시하였다. 임금수준은 계약 당사자간 자유롭게 정할 수 있는 것이 원칙이지만, 최저임금법의 최저임금 수준 보장의 취지와 목적에 반하는 것으로 무효가 됨을 명확히 했다.

◆◆ 참고문헌

이철수, "최저임금법상의 비교대상임금에 대한 비판적 분석 - 대법원 2007. 1. 11. 선고 2006다64245 판결을 중심으로 - ", 『노동법연구』 제28호, 서울대학교 노동법연구회, 2010.

정인섭, "최저임금법상 비교대상임금과 통상임금 - 평석 대상판결: 대법원 2007. 1. 11. 선고 2006다64245 판결", 『노동법연구』 제23호, 서울대학교 노동법연구회, 2007.

24. 임금지급의 원칙

– 대법원 1988. 12. 13. 선고 87다카2803 전원합의체 판결(양수금) –

이희성(원광대 법학전문대학원)

Ⅰ. 사실관계

A는 피고 회사(Y)에 근무하다가 1986. 7. 28. 퇴직함에 따라 Y에 대하여 퇴직금채권을 갖게 되었는데, 그 중 일부를 같은 해 10. 18. 원고(X)에게 양도하고 같은 달 20.에 Y에게 통지하였다. Y는 위 채권양도통지를 받은 이후에 X로부터 지급청구를 받았으나 같은 해 11. 3. A에게 남은 퇴직금 전액을 지급하였는 바, X는 Y를 상대로 양수금청구의 소를 제기하였다. X는 Y가 이 사건 퇴직금을 자신에게 지급하여야 한다고 주장하고, Y는 위 채권양도는 구 근기법 제36조(현행 §43) 제1항에 의한 직접지급의 원칙에 반하므로 무효라고 주장하였다.

이에 대하여 원심법원은, 어떤 법률에도 임금채권의 양도를 금지하는 명시적 규정이 없고, 위 근기법 제36조 제1항을 근로자의 자유로운 의사에 따른 임금채권의 양도까지 금지하는 규정으로 해석할 수는 없으므로 A가 X에게 한 채권양도를 무효라고 할 수 없고, 따라서 Y가 A에게 퇴직금을 지급하였더라도 이로써 채권양수인인 X에게 대항할 수는 없는 것이니, Y의 주장은 이유 없다고 하면서 X의 청구를 인용하였다(서울지판 1987. 10. 21, 87나1066). 이에 대하여 Y가 상고한 것이 이 사건이다.

Ⅱ. 판결(전원합의체)의 내용

대법원은 먼저 임금채권의 양도를 금지하는 법률의 규정이 없으므로 A는 X에게 퇴직금채권을 양도할 수 있다는 점을 분명히 하였다. 다만 A가 임의로 제3자인 X에게 임금채권을 양도한 경우 X가 Y에게 그 금원의 지급을 청구할 수 있는지 여부에 관하여는 의견이 나뉘었으며, 대법원은 다수의견에 따라 X의 청구를 부인, 원심판결을 파기환송하였다.

1. 다수의견

근기법 제36조 제1항(현행 §43 ①)에서 임금직접지급의 원칙을 규정하고 그에 위반하는 자는 처벌을 하도록 하는 규정(현행 §109)을 두어 그 이행을 강제하고 있는 취지는 임금이 확실하게 근로자 본인의 수중에 들어가게 하여 그의 자유로운 처분에 맡기고, 나아가 근로자의 생활을 보호하고자 하는데 있는 것이므로 이와 같은 근기법의 규정 취지에 비추어 보면 근로자가 그 임금채권을 양도한 경우라 할지라도 그 임금의 지급에 관하여는 같은 원칙이 적용되어 사용자는 직접 근로자에게 임금을 지급하지 아니하면 안되는 것이고 그 결과 비록 양수인이라고 할지라도 스스로 사용자에 대하여 임금의 지급을 청구할 수는 없다고 해석하여야 할 것이며, 그렇게 하지 아니하면 임금직접지급의 원칙을 정한 근기법의 규정은 그 실효를 거둘 수가 없게 될 것이다. 이와 저촉되는 기존의 판결(대판 1959. 12. 17, 4292민상814)을 변경한다. 따라서 원심판결에는 근기법 제36조 제1항(현행 §43 ①)의 취지를 오해하여 판결에 영향을 미친 위법이 있다.

2. 소수의견

근로자의 임금채권이 자유롭게 양도할 수 있는 성질의 것이라면 그 임금채권의 양도에 의하여 임금채권의 채권자는 바로 근로자로부터 제3자로 변경되고 이때 그 임금채권은 사용자와 근로자와의 관계를 떠나서 사용자와 그 양수인과의 관계로 옮겨지게 됨으로써 양수인은 사용자에게 직접 그 지급을 구할 수 있다.

근기법이 직접지급의 원칙을 밝히고 있는 것은 사용자가 근로자에게 지급할 임금이 있음을 전제로 그 임금을 근로자에게 직접 지급하도록 사용자와 근로자 사이의 직접적인 법률관계를 규제하려는 것이지, 근로자로부터 그 임금채권을 적법하게 양수받은 제3자와의 간접적인 법률관계에까지 이를 끌어들여 양수인에게까지도 사용자가 이를 직접 지급하는 것을 금지하는 것으로는 풀이되지 아니한다.

Ⅲ. 해설

1. 쟁점

근기법은 임금지급에 관하여 직접지급·전액지급·통화지급·정기일지급 등의 원칙을 정하고 있다. 이는 근로자의 생계수단인 임금이 확실하게 근로자에게 지급되어야 한다는 취지에서 비롯된다. 이 규정을 둘러싸고는 전액지급원칙과 관련하여 "사용자가 일방적으로 임금을 공제하는 것을 금지하여 근로자에게 임금 전액을 확실하게 지급 받게 함으로써 근로자의 경제생활을 위협하는 일이 없도록 그 보호를 도모하려는 데 있으므로, 사용자가 근로자에 대하

여 가지는 채권을 가지고 일방적으로 근로자의 임금채권을 상계하는 것은 금지"되는 것이 원칙이라고 판단한 판결(대판 2001. 10. 23, 2001다25184) 및 사용자가 근로자의 임금 지급에 갈음하여 사용자가 제3자에 대하여 가지는 채권을 근로자에게 양도하기로 하는 약정은 원칙적으로 전부 무효로 보아 통화불 원칙을 확인한 판결(대판 2012. 3. 29, 2011다101308) 등이 존재한다.

대상판결은 이러한 임금지급의 원칙 중 직접지급의 원칙과 관련하여 임금채권의 양도가 있는 경우의 쟁점을 다루고 있다. 대상판결(다수의견)은 근로자의 임금채권을 양도할 수 있다고 하면서도 양수인이 사용자에게 직접 그 지급을 구할 수는 없다고 보았는데, 아래에서는 임금채권의 양도 가능 여부, 직접지급의 원칙과 채권양도의 본질을 살펴 판결의 타당성을 검토한다.

2. 임금채권의 양도 가능 여부

채권은 채권의 성질이 양도를 허용하지 않는 경우나 당사자가 양도금지특약을 한 경우를 제외하고는 양도할 수 있는바(민법 §449), 어느 법률에도 임금채권의 양도를 금지하는 규정은 없다. 이는 근로자가 자기의 임금채권을 자유롭게 처분하려는 의사를 존중하고 이를 보장해주고자 함에 있다고 이해된다. 따라서 임금채권의 양도는 가능하다고 본다.

3. 직접지급의 원칙과 채권양도의 본질

1) 직접지급의 원칙

직접지급의 원칙이란 사용자는 임금을 직접 근로자에게 지급하여야 한다는 원칙인데(근기법 §43 ①), 이는 근로자가 적법하게 처분하고 남은 임금채권, 즉 근로자에게 아직도 귀속되어 있는 임금채권을 사용자로 하여금 근로자에게

직접 지급하게 함으로써 근로자의 임금이 법정대리인이나 후견인 또는 그 수령을 위임받은 사람들에 의하여 횡령되는 등의 피해를 막으려는 취지에서 마련된 원칙이다.

따라서 근로자가 제3자에게 임금수령을 위임 또는 대리하게 하는 법률행위는 무효이며, 특히 사용자가 근로자의 임금을 근로자의 친권자, 임의대리인, 법정대리인에게 지급하는 것은 직접지급의 원칙에 반한다(그러나 사자에 의한 지급은 직접지급의 원칙 위반이라고 할 수 없고, 임금을 은행 등 금융기관에 입금하는 것 또한 근로자가 지정하는 본인 명의의 예금계좌에 입금하여 임금지급일에 자유롭게 인출할 수 있도록 하는 경우라면 직접지급의 원칙에 위반되지 않는다). 단 국세징수법(§33) 및 민사집행법(§246)에 의한 압류는 허용되며, 이 경우에도 2분의 1을 한도로만 압류가 허용된다.

2) 채권양도의 본질

채권양도는 채권이 귀속하는 주체를 직접적으로 변경하게 하는 것이므로, 일반적으로 채권양도가 이루어지면 양도인이 채무자에 대하여 가지고 있던 채권은 그대로 양수인에게 귀속되고 채무자에 대한 채권자도 양도인으로부터 양수인으로 변경되므로 양수인은 채무자에 대하여 그 양수채권의 실체적 권리와 추심권을 아울러 주장할 수 있게 된다고 본다.

3) 검토

직접지급의 원칙에 충실할 때에는, 근로자가 임금채권을 양도한 경우라 할지라도 그 임금의 지급에 관하여는 직접지급의 원칙이 적용되어 사용자는 직접 근로자에게 임금을 지급하지 아니하면 안 되는 것이고 그 결과 비록 양수인이라 할지라도 스스로 사용자에 대하여 임금의 지급을 청구할 수는 없다고 해석될 것이다.

반면 채권양도의 본질에 충실할 때에는, 임금채권의 양도에 의하여 임금채권의 채권자는 바로 근로자로부터 제3자로 변경되고 이때 그 임금채권은 사용자와 근로자와의 관계를 떠나서 사용자와 그 양수인과의 관계로 옮겨지게 됨으로써 양수인은 직접 그 지급을 구할 수 있게 된다고 해석될 것이다.

4. 평가

대상판결의 다수의견은 "근로자의 임금채권을 양도할 수 있다고 하면서도 그 양수인이 사용자에게 직접 그 지급을 구할 수 없다."고 하여 직접지급의 원칙을 엄격히 해석하고자 하였다. 이러한 입장은 임금이 확실하게 근로자 본인에게 확보되어 근로자의 자유로운 처분 아래 놓이도록 하는 것 및 이를 통하여 근로자의 생활을 보호하는 것을 위 근기법 조항의 취지로 이해하고 이에 충실하게 해석하고자 한 것으로 평가할 수 있다. 임금채권자인 근로자와 양수인 사이의 양도계약상 아무 하자가 없는 경우에 임금채권에 대한 실체적 권리는 양수인에게 이전하더라도 수취권능(추심권, 사용자의 직접지급의무)은 근기법 제43조 제1항 본문에 의하여 근로자에게 귀속되어 있다고 보는 학설(김형배, 362쪽)도 대상판결의 다수의견을 지지한다.

그러나 대상판결(다수의견)이 근로자의 임금채권을 양도할 수 있다고 하면서도 그 양수인이 사용자에게 직접 그 지급을 구할 수 없다고 본 것은 채권양도와 직접지급의 원칙의 법리를 오해한 것이라 생각된다. 근기법이 직접지급의 원칙을 밝히고 있는 것은 사용자가 근로자에게 지급할 임금이 있음을 전제로 그 임금을 근로자에게 직접 지급하도록 사용자와 근로자 사이의 직접적인 법률관계를 규제하려는 것이지, 근로자로부터 그 임금채권을 적법하게 양수받은 제3자와의 간접적인 법률관계에까지 이를 끌어들여 양수인에게까지도 사용자가 이를 직접 지급하는 것을 금지하는 것으로는 풀이되지 아니한다.

　대상판결의 소수의견에서 지적하듯이, 근로자에게 지급할 임금에 대한 압류금지 규정의 취지를 "근로자의 의사에 반하여 근로자의 주요한 생존재원인 임금채권에 대한 압류를 금지함으로써 근로자의 권익을 보호"하려는 것으로 파악하고, "근기법이나 그 밖의 어느 법률에도 임금채권의 양도를 금지하는 규정을 두지 아니한 것은 근로자가 자기의 임금채권을 자유롭게 처분하려는 의사를 존중하고 이를 보장해 주고자 함에 있다고 이해"하는 것이 타당하다. 만약 사용자로 하여금 임금채권을 그 양수인에게 지급할 수 없도록 하려면 마땅히 법률에 임금채권의 양도 자체를 금지하는 규정을 명문으로 두어야 할 것이다. 나아가 다수의견과 같이 임금채권의 양도 이후에 양수인과 근로자 사이에 채권에 관한 실체적 권리와 추심권이 분리됨을 전제로 한 법리구성은 채권양도의 본질이나 직접지급의 원칙의 취지에도 어긋난다고 하지 않을 수 없고 나아가 당사자 사이의 법률관계를 불필요하게 복잡하게 하여 사실상 임금채권의 양도를 금지하는 결과를 가져오게 되어 부당하다. 근로자가 일단 자유의사에 따라 임금채권을 양도하여 버렸는데도 이를 사용자로부터 직접 지급받은 후가 아니면 양수인에게 지급할 수 없도록 하는 것은 근로자나 양수인에게 번거로운 부담만 더하여 주는 것이고, 만일 임금채권을 양도해 버린 근로자가 그 후 위 규정을 들어 양수인에게 그 지급을 거절하거나 이미 양수인에게 지급해 버린 사용자에게 다시 그 임금의 지급을 구하게 된다면 그들 사이에 또 다른 분쟁을 일으킬 우려마저 낳게 할 뿐이다.

　다만, 대상판결의 다수의견과 달리 임금채권의 양도 때에는 양수인에게 사용자가 직접 지급할 수 있다고 해석하더라도, 임금 직접지급의 원칙의 취지에 비추어 볼 때 임금채권의 양도가 근로자의 자유로운 의사에 기한 것이라는 판단은 엄격하고 신중하게 이루어져야 할 것이다. 임금 전액지급의 원칙과 관련하여 사용자가 근로자에 대하여 가지는 채권을 가지고 일방적으로 근로자의 임금채권을 상계하는 것은 금지된다고 할 것이지만, 사용자가 근로자의 동의를 얻어 근로자의 임금채권에 대하여 상계하는 경우에 그 동의가 근로자의 자유로운 의사에 터잡아 이루어진 것이라고 인정할 만한 합리적인 이유가 객관적으로 존재하는 때에는 근기법상 전액지급원칙에 위반하지 아니하며, 다만 임금 전액지급의 원칙의 취지에 비추어 볼 때 그 동의가 근로자의 자유로운 의사에 기한 것이라는 판단은 엄격하고 신중하게 이루어져야 한다는 판결(대판 2001. 10. 23, 2001다25184)은, 임금 직접지급의 원칙과 관련하여 임금채권의 양도에 있어 당해 양도가 근로자의 자유로운 의사에 기한 것인지를 판단할 때에 참고가 될 것이다.

◆◆ 참고문헌

김상국, "임금채권의 직접불의 원칙", 『부산법조』 제8호, 부산지방변호사회, 1989.
김형배, 『노동법』, 박영사, 2014.
임종률, 『노동법』, 박영사, 2014.

25. 대기시간과 근로시간

– 대법원 2018. 6. 28. 선고 2013다28926 판결(임금) –

오문완(울산대 법학과)

Ⅰ. 사실관계

피고 F와 G는 여객자동차 운송사업을 하는 회사이고, 원고 A, B, C는 피고 F 주식회사에, 원고 D, E는 피고 G 주식회사에 소속된 버스 기사들이다. 피고들은 버스운송사업조합인 H조합에 소속돼 있고, 원고들은 J연맹 K노조 소속 조합원들이다. H조합과 K노조는 매년 임금협정을 체결하여 왔는데, 2007년부터 2010년까지 매해 체결된 임금협정 중 "근로시간과 연장근로수당"에 관한 내용은 아래와 같다.

① 주간 5일은 기본근로 8시간, 연장근로 1시간을 포함한 9시간으로 하고, 운행의 특성상 오전·오후 근무 중 9시간에 미달되거나 초과되는 근로시간 분은 일 단위로 계산하지 아니하고 월 단위로 상계하며, 근무시간 중에 휴식시간을 준다.

② 2008. 6. 30.까지는 주간 최초 4시간의 연장근로에 대해서 시급의 125%를, 이후의 근로시간에 대해서는 시급의 150%를 각 지급한다. 2008. 7 1.부터는 연장근로에 대해서 시급의 150%를 지급한다.

원고들은 1주일씩 번갈아 가며 오전 근무와 오후 근무를 하는데, 출근 후 운행시작 전에 출근부에 도장을 찍고, 입금표에 자신들의 이름과 노선, 아이디 등을 기재하여 요금통에 넣어 이를 버스 안에 부착한 다음(오후 근무의 경우는 생략), 단말기에 아이디를 입력한 후 버스 운행을 시작하고, 그날의 운행을 마친 후에는 아이디를 종료하고 요금통을 떼어 내(오전 근무의 경우는 생략) 이를 영업소에 반납한 다음, 버스를 주차장에 주차하고, 버스내부 청소를 한 후에 퇴근을 하는 방식으로 근무를 하고 있다.

원고들은 자신의 아이디를 단말기에 입력한 후 영업소를 출발하여 노선에 따라 버스를 운행한 후 다시 영업소로 돌아와 아이디를 종료시킴으로써 1회 운행을 마치게 되는데, 1회 운행을 마친 후에는 배차를 담당하는 직원이 정해주는 다음 운행 시각 전까지 대기를 하면서 그 대기시간(도로사정, 교통상황 등에 따라 그 시간이 일정하지 않다) 동안에 식사, 휴식, 차량정비, 검사 및 청소 등을 하여 왔다. 원고들은 버스운행과는 별도로 버스에 가스가 떨어지면 스스로 충전소에서 가스를 충전하고, 또한 여객자동차운수사업법 제25조에 따라 1년에 총 8시간의 교육을 받아 왔다.

원고들은 버스운행시간 외에도 1일 20분씩의 운행준비와 정리시간, 대기시간, 가스충전과 교육시간이 근로시간에 포함되어야 하고, 이렇게 계산한 원고들의 실근로시간이 임금협정에서 정한 약정근로시간을 초과하게 되므로, 연장근로수당을 지급해야 한다고 주장한다.

이에 대해 피고들은 피고회사들의 취업규칙에는 운행준비 시간을 근로시간에서 제외하도록 규정하고 있어 운행준비와 정리시간은 근로시간에서 제외하여야 하고, 설령 이를 근로시간으로 인정한다고 하더라도 1일 6분씩이면 충분하다고 한다. 대기시간은 원고들이 피고들의 지휘·감독을 받지 아니하고 자유로이 이용할 수 있는 시간으로서 근로시간에서 제외하여야 한다고 주장한다. 이렇듯 운행준비와 정리, 대기시간을 근로시간에서 제외하면 원고들의 월 단위 실근로시간은 약정근로시간에 미치지 못하므로, 원고들의 청구에 응할 수 없다는 입장이다.

이 다툼에 대해 1심은 이렇게 판단하고 있다(서울북부지판 2012. 2. 1, 2011가단1399).

① 버스운행시간, 충전시간 및 교육시간이 실근로시간에 포함된다는 점에 관하여는 당사자들 사이에 다툼이 없다.

② 운행준비와 정리시간은 원고들이 실제 근로를 제공한 시간으로서 당연히 실근로시간에 포함된다고 할 것이고, 피고들은 원고들에게 운행시작 30분 전에 출근을 하여 차량상태를 점검하게 하고 있고, 겨울철에는 버스 출반 전 10분 정도 공회전을 하도록 지시하고 있는 사실이 인정돼, 이러한 사실과 운행준비 및 정리를 위한 원고들의 업무내용 등을 참작하여 원고들의 주장과 같이 운행준비 및 정리시간을 1일 20분씩 인정한다.

③ 대기시간은 여러 외부적 요인에 의하여 일정하지 아니한 점, 원고들은 배차 담당직원의 지시에 따라 다음 운행을 위한 준비를 하여야 하는 점, 원고들은 대기시간 중에 식사와 휴식을 취하는 외에 차량 정비 또는 검사를 받거나 차량 청소를 하기도 하는 점, 임금협정서상 피고들은 소속 근로자들에게 근무시간 중에 휴식시간을 주도록 되어 있는 점, 만약 버스운행시간만을 근로시간으로 볼 경우에 원고들의 1일

실근로시간이 임금협정상의 약정 근로시간인 9시간에 대부분 미치지 못하는 것으로 보이는 점 등의 사정에 비추어 보면, 대기시간은 원고들에게 자유로운 이용이 보장된 시간이 아니라 실질적으로 피고들의 지휘·감독 아래 놓여있는 시간으로 봄이 상당하다고 할 것이므로, 대기시간은 근로시간에 포함된다고 볼 것이다.

이 사건의 항소심 역시 1심과 같은 판단을 내렸다(서울북부지판 2013. 2. 22, 2012나2390). 식사시간과 관련해서 근무를 위해 대기하는 시간에 식사를 해야 하기 때문에 점심식사시간은 10:00부터 14:30분까지, 저녁식사시간은 15:30부터 20:40까지로 폭넓게 규정하고 있는 점, 원고들은 대기시간 중에 식사와 휴식을 취하는 외에 차량 정비 또는 검사를 받거나 차량 청소를 하기도 하는 점 등의 사정에 비추어 보면 식사시간은 원고들에게 자유로운 이용이 보장된 시간이 아니라 실질적으로 피고들의 지휘·감독 아래 놓여있는 시간으로 봄이 상당하다고 할 것이므로, 피고들의 위 주장은 이유 없다는 것이다.

이에 피고들이 상고를 하였고, 대법원의 판단이 평석 대상판결의 내용이다.

II. 판결의 내용

대상판결은 "근로시간이란 근로자가 사용자의 지휘·감독을 받으면서 근로계약에 따른 근로를 제공하는 시간을 말하고, 휴게시간이란 근로시간 도중에 사용자의 지휘·감독으로부터 해방되어 근로자가 자유로이 이용할 수 있는 시간을 말한다. 따라서 근로자가 작업시간 도중에 실제로 작업에 종사하지 않는 휴식시간이나 대기시간이라 하더라도 근로자의 자유로운 이용

이 보장되지 않고 실질적으로 사용자의 지휘·감독을 받는 시간은 근로시간에 포함된다고 보아야 한다. 근로계약에서 정한 휴식시간이나 대기시간이 근로시간에 속하는지 휴게시간에 속하는지는 특정 업종이나 업무의 종류에 따라 일률적으로 판단할 것이 아니다. 이는 근로계약의 내용이나 해당 사업장에 적용되는 취업규칙과 단체협약의 규정, 근로자가 제공하는 업무 내용과 해당 사업장의 구체적 업무 방식, 휴게 중인 근로자에 대한 사용자의 간섭이나 감독 여부, 자유롭게 이용할 수 있는 휴게 장소의 구비 여부, 그 밖에 근로자의 실질적 휴식이 방해되었다거나 사용자의 지휘·감독을 인정할 만한 사정이 있는지와 그 정도 등 여러 사정을 종합하여 개별 사안에 따라 구체적으로 판단하여야" 한다고 전제한다.

이어서 이 사건의 경우 노사가 ① "임금협정을 체결하면서 1일 근로시간을 기본근로 8시간에 연장근로 1시간을 더한 9시간으로 합의하였는데, 이는 당시 1일 단위 평균 버스운행시간 8시간 외에 대기시간 중 1시간 정도가 근로시간에 해당할 수 있다는 점을 고려"한 것으로 보이는 점, ② 원고들이 대기시간 동안 임금협정을 통해 근로시간에 이미 반영된 1시간을 초과하여 청소, 차량점검 및 검사 등의 업무를 하였다고 볼 만한 자료가 없는 점, ③ 회사가 대기시간 중에 원고들에게 업무에 관한 지시를 하는 등 구체적으로 지휘·감독하였다고 볼 만한 자료가 없는 점, ④ 회사가 소속 버스운전기사들의 대기시간 활용에 대하여 간섭하거나 감독할 업무상 필요성도 크지 않았던 것으로 보이는 점, ⑤ 실제로 버스운전기사들은 휴게실에서 휴식을 취하거나 식사를 하는 등 대기시간 대부분을 자유롭게 활용한 것으로 보이는 점 등

에 비추어 문제가 되는 대기시간에는 근로시간에 해당하지 않는 시간이 포함되어 있다고 보아야 하는데도, 대기시간이 일정하지 않다는 등의 사정만으로 대기시간 전부가 근로시간에 해당한다고 본 원심판단에 법리오해 등의 잘못이 있다고 판단하였다.

Ⅲ. 해설

1. 쟁점

대상판결은 대기시간이 근로시간인지 휴게시간인지 여부가 쟁점이 된 판결이다. 우리 근로기준법은 근로시간 도중에 휴게시간을 주도록 하면서 휴게시간은 근로자가 "자유롭게 이용할 수 있다"고 규정한다(§54 ②). 즉 근로시간 도중이라도 자유롭게 이용하면 휴게시간이고 자유롭지 못하면 근로시간인 셈이다. 그러나 과연 어떤 상태가 자유로운 것이고 자유롭지 못한 것인지의 판단이 쉬운 것은 아니고 결국은 올바른 법해석에 맡겨져 있는 영역이다.

더욱 근본적인 문제는 과연 근로시간이란 무엇을 의미하는지 하는 근로시간의 개념 자체로부터 생겨난다. 따라서 근로시간의 개념을 먼저 짚어보고 이어서 대기시간이 근로시간인지 아닌지를 판단하기로 한다.

2. 대기시간은 근로시간인가?

1) 근로시간의 개념

근로기준법은 1주와 1일의 기준시간을 정하면서(§50 ①,②) 근로시간이 무엇인지 정의하지는 않는다. 해석으로 보완할 도리밖에 없다.
종전의 지배적 견해인 지휘감독설은 '근로자가 사용자의 작업상의 지휘감독 아래 있는 시간' 또는 '근로자가 그의 노동력을 사용자의 지

휘감독 아래 두고 있는 시간'이라고 정의해 왔
다(김유성, 141쪽; 하갑래, 253쪽 등). 이에 대
하여 업무성 보충설은 '사용자의 작업상의 지휘
감독 아래 있는 시간 또는 사용자의 명시 또는
묵시의 지시·승인에 따라 그 업무에 종사하는
시간'이라고 정의한다. 2012년 개정 근로기준
법에서 '작업을 위하여' 근로자가 사용자의 지
휘·감독 아래에 있는 대기시간 등은 근로시간
으로 '본다'는 조항을 신설한 것(§50 ③)은 이
러한 견지에 입각한 것이라고 한다(임종률,
455쪽).

　　그러나 이 조항은 '사용자의 지휘감독 아래
있는' 대기시간은 근로시간인데 그 시간은 '작
업을 위하여' 존재하는 시간이라는 의미로 해석
하여야 한다. 부연하자면 '작업을 위하여'란 문
구는 대기시간을 꾸며주는 것일 뿐 독립적인
의미를 가지는 문구는 아니라는 것이다. 평석
대상판결도 근로시간이란 근로자가 '사용자의
지휘·감독을 받으면서' 근로계약에 따른 근로
를 제공하는 시간이라고 밝히고 있다.

2) 대기시간과 휴게시간

　　이렇듯 근로시간인지 여부는 노동자가 자신
의 노동력을 사용자의 '지휘감독 아래' 두고 있
는지 여부에 달려 있다. 그리고 사용자의 지휘
감독은 명시적인 것에 한하지 않고 묵시적인
것을 포함한다.

　　대기시간과 휴게시간은 모두 출근한 상태에
서 근로시간에 직접 연결되어 있다는 점이 공
통적이다. 그 차이는 대기시간은 사용자의 지시
가 있으면 바로 작업에 종사해야 할 시간으로
그 작업상의 지휘감독 아래 있는 데 대하여, 휴
게시간은 사용자의 지휘감독에서 벗어나서(근
로제공 의무에서 해방되어) 근로자가 자유롭게
이용할 수 있는 시간이다. 요컨대 대기시간과
휴게시간은 그 시간을 근로자가 자유롭게 이용
할 수 있는지 여부에 따라 구분된다.

◆ 참고문헌

김유성, 『노동법 Ⅰ』, 법문사, 2005.
임종률, 『노동법(18판)』, 박영사, 2020.
하갑래, 『근로기준법(전정 25판)』, 중앙경제, 2013.

26. 포괄임금제의 성립요건과 효력

– 대법원 2016. 10. 13. 선고 2016도1060 판결(근로기준법위반·근로자퇴직급여보장법위반) –

Ⅰ. 사실관계

상시 15명의 근로자를 사용하여 건설업을 경영하는 사용자인 피고인은 철골공으로 2012. 11. 5.부터 2014. 7. 31.까지 근무하다 퇴직한 이 사건 근로자의 퇴직금 2,152,150원, 2013년 1월분부터 2014년 7월분까지 임금 14,891,076원, 2013년도 연차유급휴가 미사용수당 2,084,160원 등 합계 19,127,386원을 당사자 간 지급기일 연장에 관한 합의 없이 지급사유 발생일인 퇴직일로부터 14일 이내에 지급하지 않았다는 이유로 기소되었다. 이에 대해 피고인은 이 사건 근로계약 체결 당시부터 시간외근로, 야간근로, 휴일근로 등이 예정되어 있음을 알고 포괄임금제에 의한 임금을 지급하기로 약정하여 일급여를 높게 측정하였으므로 미지급한 임금 및 퇴직금이 없고, 설령 그러한 미지급 금액이 있다고 하더라도 피고인은 포괄임금약정이 체결된 것으로 알고 있었기에 임금체불의 고의가 없다고 주장하였다.

Ⅱ. 판결의 내용

대상판결은 "기본임금을 미리 산정하지 아니한 채 제 수당을 합한 금액을 월급여액이나 일당임금으로 정하거나 매월 일정액을 제 수당으로 지급하는 내용의 포괄임금제에 관한 약정

이 성립하였는지 여부는 근로시간, 근로형태와 업무의 성질, 임금 산정의 단위, 단체협약과 취업규칙의 내용, 동종 사업장의 실태 등 여러 사정을 전체적·종합적으로 고려하여 구체적으로 판단하여야 한다. 이때 단체협약이나 취업규칙 및 근로계약서에 포괄임금이라는 취지를 명시하지 않았음에도 묵시적 합의에 의한 포괄임금약정이 성립하였다고 인정하기 위해서는, 근로형태의 특수성으로 인하여 실제 근로시간을 정확하게 산정하는 것이 곤란하거나 일정한 연장·야간·휴일근로가 예상되는 경우 등 실질적인 필요성이 인정될 뿐 아니라, 근로시간, 정하여진 임금의 형태나 수준 등 제반 사정에 비추어 사용자와 근로자 사이에 그 정액의 월급여액이나 일당임금 외에 추가로 어떠한 수당도 지급하지 않기로 하거나 특정한 수당을 지급하지 않기로 하는 합의가 있었다고 객관적으로 인정되는 경우이어야 할 것이다."라고 판시한 후, 원심이 이 사건 근로계약서에 근로시간과 일당만이 기재되어 있고 수당 등을 포함한다는 취지의 기재는 전혀 없으며, '본 계약서에 명시되지 않은 사항은 근로기준법 등 관계법규에 따른다.'고 기재되어 있는 점, 이 사건 근로형태와 업무의 성질상 그 근로관계가 근로시간이 불규칙하거나 감시·단속적이거나 또는 교대제·격일제 등의 형태여서 실제 근로시간의 산출이 어렵거나 당연히 연장·야간·휴일근로가 예

상되는 경우라고는 보이지 아니하는 점 등을 종합하여 보면, 피고인과 근로자 사이에 위 근로계약과 별도로 포괄임금계약이 체결되었다고 보기 어렵고, 따라서 피고인이 공소사실 기재 임금 및 퇴직금을 지급하지 않은 사실 및 임금체불의 고의가 인정된다는 이유로 이 사건 공소사실을 유죄로 판단한 것은 타당하다고 판단하였다.

Ⅲ. 해설

1. 포괄임금제의 의의

포괄임금제는 근로기준법에 근거한 것이 아닌 판례에 의해 인정되고 있는 제도로, 판례는 포괄임금제를 "기본임금을 미리 산정하지 않은 채 시간 외 근로 등에 대한 제 수당을 합한 금액을 월급여액이나 일당 금액으로 정하거나, 매월 일정액을 제 수당으로 지급하기로 하는 임금지급계약(대판 1997. 4. 25, 95다4056; 대판 1998. 3. 24, 96다24699; 대판 1999. 5. 28, 99다2881)"이라 한다. 적정한 근로시간 규제를 통한 근로자 보호라는 근로기준법상 근로시간 규정이 추구하는 목적의 측면에서 볼 때 포괄임금제는 분명 문제가 있는 제도이다. 포괄임금제에서는 실제 근로시간 수와 관계없이 일정액이 지급되기 때문에 가산수당을 통해 시간외근로·휴일근로·야간근로를 억제하고자 하는 근로시간규제의 목적이 달성되기 어렵기 때문이다.

2. 포괄임금제에 대한 합의

포괄임금제가 인정되기 위해서는 단체협약, 취업규칙 또는 개별 근로자의 동의 등 포괄임금제에 대한 합의가 있어야 한다. 문제는 포괄임금제에 대한 명시적 약정이 없는 경우에 포괄임금제에 대한 묵시적 약정을 인정할 수 있는지이다. 이전의 판례는 포괄임금제에 대한 묵시적 합의를 비교적 폭넓게 인정하는 입장(대판 1983. 10. 25, 83도1050)이었던 반면, 대판 2009. 12. 10, 2008다57852 이후 대법원은 묵시적인 포괄임금제 합의를 쉽게 인정하지 않는다. 이 판결에서 대법원은 "포괄임금제에 관한 약정이 성립하였는지 여부는 근로시간, 근로형태와 업무의 성질, 임금 산정의 단위, 단체협약과 취업규칙의 내용, 동종 사업장의 실태 등 여러 사정을 전체적·종합적으로 고려하여 구체적으로 판단하여야 하며, 비록 개별 사안에서 근로형태나 업무의 성격상 연장·야간·휴일근로가 당연히 예상된다고 하더라도 기본급과는 별도로 연장·야간·휴일근로수당 등을 세부항목으로 명백히 나누어 지급하도록 단체협약이나 취업규칙, 급여규정 등에 정하고 있는 경우는 포괄임금제에 해당하지 아니한다고 할 것이고, 단체협약 등에 일정 근로시간을 초과한 연장근로시간에 대한 합의가 있다거나 기본급에 수당을 포함한 금액을 기준으로 임금인상률을 정하였다는 사정 등을 들어 바로 위와 같은 포괄임금제에 관한 합의가 있다고 섣불리 단정할 수는 없다."고 판시하였다. 대법원은 이후에도 대판 2012. 3. 29, 2010다91046과 대판 2016. 8. 24, 2014다5098, 2014다5104에서 이와 같은 입장을 거듭 확인시켜주었다.

대상판결은 이전 판례와 마찬가지로 포괄임금제에 대한 묵시적 약정이 여전히 인정될 수 있다는 전제에 있기는 하지만, 묵시적 약정이 성립할 수 있는 요건을 보다 구체화하는 한편 그 성립을 제한하고 있다. 대상판결에 따르면, 근로시간 산정이 어렵다거나 일정한 연장·야간·휴일근로가 예상된다는 사정만으로 포괄임금제에 대한 묵시적 약정은 인정될 수 없다. 포괄임금제에 대한 묵시적 약정이 인정되기 위해서는 여기에 더하여 근로시간, 임금 등 제반사정에 비추어 볼 때 추가적인 지급은 없다고 볼 만한 객관적인 사정이 인정될 수 있어야 한다.

3. 포괄임금제에 대한 합의의 유효성

포괄임금제에 대한 합의가 있는 경우에도 그 합의가 유효한 것인지가 문제된다. 이와 관련하여 이전의 판례는 "근로시간, 근로형태와 업무의 성질 등을 참작하여 계산의 편의와 직원의 근무의욕을 고취"하는 취지이고 "단체협약이나 취업규칙에 비추어 근로자에게 불이익이 없고, 제반 사정에 비추어 정당하다고 인정"되는 경우 포괄임금제는 유효하다고 하여 그 합의의 유효성을 널리 인정하는 입장에 있었다(대판 1997. 4. 25, 95다4056; 대판 1998. 3. 24, 96다24699; 대판 1999. 5. 28, 99다2881). 이에 대하여는 "근로시간, 근로형태와 업무의 성질 등을 참작하여 계산의 편의와 직원의 근무의욕을 고취"한다는 것은 포괄임금제의 독자적인 유효요건이라 할 수 없고, '근로시간, 근로형태와 업무의 성질'과 관련하여 어떠한 점을 참작해야 하는지가 불분명하다는 비판이 있었다.

이러한 점을 고려하여서인지 대법원은 대판 2010. 5. 13, 2008다6052에서 "감시·단속적 근로 등과 같이 근로시간의 산정이 어려운 경우가 아니라면 달리 근로기준법상의 근로시간에 관한 규정을 그대로 적용할 수 없다고 볼 만한 특별한 사정이 없는 한 근로기준법상의 근로시간에 따른 임금지급의 원칙이 적용되어야 할 것이므로, 이러한 경우에도 근로시간 수에 상관없이 일정액을 법정수당으로 지급하는 내용의 포괄임금제 방식의 임금 지급계약을 체결하는

것은 그것이 근로기준법이 정한 근로시간에 관한 규제를 위반하는 이상 허용될 수 없다."고 판시하여, 실제 근로시간을 산정하는 것이 어려운 경우에만 포괄임금에 대한 합의의 유효성을 엄격하게 인정하고 있다. 이후 대법원은 이와 같은 법리에 기초하여 대판 2014. 6. 26, 2011도12114에서는 예술직업학교의 교수들이 지문인식기나 출퇴근 카드를 통해 출퇴근 상황을 기록하고 결근을 하면 일정액을 공제한 사실에 비추어 근로시간 산정이 어려운 경우가 아니라고 판단하였고, 대판 2016. 9. 8, 2014도8873에서는 노인센터의 요양보호사들이 주·야 3교대 근로를 하고 출퇴근 시간이 정해져 있고 야간에도 늘 대기상태에 있어 육체적·정신적 부담이 상당하였던 점 등에 비추어 근로시간 산정이 어려운 경우에 해당하지 않는다고 판단한 바 있다.

4. 포괄임금제의 효과

포괄임금제에 대한 합의가 있고 유효한 경우에는 수당의 추가지급 문제는 발생하지 않는다. 이에 반해 포괄임금제에 대한 합의가 없거나 포괄임금제에 대한 약정이 유효하지 않은 경우에는 포괄임금제에서 정한 약정수당과 실제 연장, 야간, 휴일근로에 대해 근로기준법에 따라 산정된 법정수당과 차액 지급 문제가 발생한다(대판 2010. 5. 13, 2008다6052; 대판 2014. 6. 26, 2011도12114; 대판 2016. 9. 8, 2014도8873). 즉, 포괄임금제 하에서 지급된 수당과 근로기준법상의 규정에 의해 계산된 수당을 비교하여 포괄임금으로 지급된 정액수당 금액이 근로자의 실제 근로시간을 기준으로 근로기준법에서 정한 기준에 따라 계산된 수당에 미달하는 경우에는 그 차액을 추가로 지급하여

야 한다.

5. 평가

포괄임금제는 실근로시간에 따른 임금지급 원칙에 대한 예외로서 근로시간 산정이 실제로 어려운 경우 등 엄격한 요건 아래 극히 제한적으로 인정되어야 하지만, 실제 노동현장에서는 광범위하게 활용되고 있다. 그러나 포괄임금제는 연장근로, 야간근로, 휴일근로가 일상적으로 이루어지는 것을 전제로 하는 것이어서 장시간 노동을 고착화시키므로 아무렇지 않게 활용되어서는 안 되는 제도이다. 포괄임금제를 널리 허용하게 되면, 포괄임금제에는 연장·야간·휴일수당이 이미 포함되어 지급된 것으로 보아 회사로서는 언제든 마음대로 연장·야간·휴일근로를 시킬 수 있게 된다. 또한 포괄임금제에서는 노동시간 수에 상관없이 일정금액만이 지급되기 때문에 노동자로서는 일한 시간만큼 정당한 임금을 받지 못하는 문제가 있다. 포괄임금제가 '공짜야근'을 가능하게 하는 제도라는 비아냥거림을 듣게 되는 이유이기도 하다.

이러한 배경 하에 기존에 포괄임금제의 성립 및 유효성을 널리 인정하던 대법원의 입장에서 변화가 일어났다. 우선, 판례는 포괄임금제에 대한 명시적인 합의가 없는 경우 포괄임금제에 대한 묵시적인 합의를 제한적으로 인정함으로써 포괄임금약정 자체의 성립을 부정한다. 다른 한편, 포괄임금제에 대한 합의가 있는 경우에도 근로시간 산정이 실제 어려운 경우가 아니면 그 합의의 유효성을 인정하지 않는다.

포괄임금제 약정은 실근로시간에 따른 임금지급원칙의 예외로서 제한적으로 인정되어야 한다는 점에서 대상판결이 '포괄임금제에 대한 약정이 있었다고 추단할 만한 객관적인 사정'이 있는 경우에 국한하여 묵시적 합의를 인정하는 것은 타당하다고 본다. 대상판결을 포함한 포괄임금제 약정의 성립 및 유효성에 대한 판례가 확고하게 자리매김한 지금 포괄임금제를 통한 장시간·저임금 근로관행이 사라지기를 기대한다.

◆ 참고문헌

강선희, "포괄임금제의 성립 및 유효성 판단기준", 『노동법포럼』 제10호, 노동법이론실무학회, 2013.
강성태, "포괄임금제의 노동법적 검토", 『노동법연구』 제26호, 서울대학교 노동법연구회, 2008.
김홍영, "포괄임금제 법리의 새로운 검토", 『성균관법학』 제23권 제3집, 성균관대학교비교법연구소, 2012.
하갑래, "포괄임금제의 내용과 한계", 『노동법학』 제29호, 한국노동법학회, 2009.

27. 연차휴가제도

─ 대법원 2017. 5. 17. 선고 2014다232296, 232302 판결(임금) ─

이호근(전북대 법학전문대학원)

I. 사실관계

Y는 항공기 제조업 등을 영위하는 회사이고, X는 Y사에 입사하여 근무하던 중, 2000. 12. 1. 업무상 스트레스로 인한 불안장애 진단을 받고, 같은 달 13.부터 2012. 7. 31.까지 장기요양을 한 자이다. X는 장기요양기간 중에 휴업급여로 근로복지공단으로부터 직접 평균임금의 70%와 Y로부터 단체협약에서 정한 통상임금의 30%를 각 수령하였다. 한편, X는 업무상 질병으로 인한 요양기간 동안 이 사건 임금규정에서 정한 기준에 따라 연차휴가수당이 발생하였는데, Y가 이를 지급하지 않고 있으므로, Y는 X에게 소멸시효가 완성되지 않은 2008년도분부터 2010년도분까지의 미지급 연차휴가수당 39,962,360원 및 이에 대한 지연손해금을 지급할 의무가 있다고 주장하였다.

II. 판결의 내용

원심은 제1심판결 이유를 인용하여, 근로자가 연차휴가를 사용할 해당 연도에 전혀 출근하지 않은 경우 연차휴가수당을 지급하지 않기로 정한 단체협약이나 취업규칙의 내용은 유효하다는 취지로 판단하여, X의 미지급 연차휴가수당 부분 주장을 배척하였다. 반면, 대상판결에서 대법원은 연차유급휴가부여 요건인 근로자가 1년간 80% 이상 출근하였는지 판단하는 기준과 이때 근로자가 업무상의 부상 또는 질병으로 휴업한 기간은 장단(長短)을 불문하고 소정근로일수와 출근일수에 모두 포함시켜 출근율을 계산하여야 한다고 판단하였다. 대법원은 "근로기준법 제60조 제1항이 규정한 바에 따르면 유급 연차휴가는 1년간 80% 이상 출근한 근로자에게 부여된다. 이 경우 근로자가 1년간 80% 이상 출근하였는지는, 1년간의 총 역일(曆日)에서 법령·단체협약·취업규칙 등에 의하여 근로의무가 없는 것으로 정해진 날을 뺀 일수(이하 '소정근로일수'라고 한다) 중 근로자가 현실적으로 근로를 제공한 출근일수의 비율, 즉 출근율을 기준으로 판단하여야 한다"(대판 2013. 12. 26, 2011다4629 등 참조)고 하고, "근로기준법 제60조 제6항 제1호는 위와 같이 출근율을 계산할 때 근로자가 업무상의 부상 또는 질병으로 휴업한 기간은 출근한 것으로 간주하도록 규정하고 있"고, "이는 근로자가 업무상 재해 때문에 근로를 제공할 수 없었음에도 업무상 재해가 없었을 경우보다 적은 연차휴가를 부여받는 불이익을 방지하려는 데에 취지가 있다"고 보고, "그러므로 근로자가 업무상 재해로 휴업한 기간은 장단(長短)을 불문하고 소정근로일수와 출근일수에 모두 포함시켜 출근율을 계산하여야 하고, 설령 그 기간이 1년 전체에 걸치거나 소정근로일수

전부를 차지한다고 하더라도, 이와 달리 볼 아무런 근거나 이유가 없다"고 판시하여, 원심(부산고판 2014. 10. 30, 2013나21461, 2014나20274)을 파기환송하였다.

Ⅲ. 해설

1. 대상판결의 의의

연차휴가에 대한 다양한 판결이 증가하고 있다. 근로기준법상 제60조(연차 유급휴가)는 "① 사용자는 1년간 80퍼센트 이상 출근한 근로자에게 15일의 유급휴가를 주어야 한다. ② 사용자는 계속하여 근로한 기간이 1년 미만인 근로자 또는 1년간 80퍼센트 미만 출근한 근로자에게 1개월 개근 시 1일의 유급휴가를 주어야 한다 … ④ 사용자는 3년 이상 계속하여 근로한 근로자에게는 제1항에 따른 휴가에 최초 1년을 초과하는 계속 근로 연수 매 2년에 대하여 1일을 가산한 유급휴가를 주어야 한다. 이 경우 가산휴가를 포함한 총 휴가 일수는 25일을 한도로 한다"고 규정하고 있다. 연차휴가권 산정의 법정기준은 '소정근로일'과 '출근일'이다. 소정근로일이란 근로제공의 의무가 있는 날을 의미하며, 단, 근로기준법에 의한 연차유급휴가를 사용한 날은 근로의무가 면제되어 소정근로일에 해당하지 아니한다. 이와 관련 위 근로기준법 제60조는 "⑥ 제1항 및 제2항을 적용하는 경우 다음 각 호의 어느 하나에 해당하는 기간은 출근한 것으로 본다. 1. 근로자가 업무상의 부상 또는 질병으로 휴업한 기간, 2. 임신 중의 여성이 제74조제1항부터 제3항까지의 규정에 따른 휴가로 휴업한 기간, 3. 「남녀고용평등과 일·가정 양립 지원에 관한 법률」 제19조제1항에 따른 육아휴직으로 휴업한 기간" 등을

'출근간주일'로 규정하고 있다. 대상판결은 "근로자가 연차휴가수당을 청구할 수 있는 경우 및 연차휴가를 사용할 권리 혹은 연차휴가수당 청구권이 연차휴가를 사용할 전년도 1년간의 근로에 대한 대가에 해당한다고 해석하고, 근로자가 업무상의 부상 또는 질병 등의 사정으로 연차휴가를 사용할 해당 연도에 전혀 출근하지 못한 경우, 이미 부여받은 연차휴가를 사용하지 않은 데 따른 연차휴가수당을 청구할 수 있다"고 판시하였다. 아울러 이러한 연차휴가수당의 청구를 제한하는 내용의 단체협약이나 취업규칙의 효력은 '무효'라고 판단하였다. 근로자가 연차휴가에 관한 권리를 취득한 후 1년 이내에 연차휴가를 사용하지 아니하거나 1년이 지나기 전에 퇴직하는 등의 사유로 인하여 더 이상 연차휴가를 사용하지 못하게 될 경우에는 사용자에게 연차휴가일수에 상응하는 임금인 연차휴가수당을 청구할 수 있다. 대상판결은 연차휴가를 사용할 권리 혹은 연차휴가수당 청구권은 근로자가 전년도에 출근율을 충족하면서 근로를 제공하면 당연히 발생하는 것으로, 연차휴가를 사용할 해당 연도가 아니라 그 전년도 1년간의 근로에 대한 대가에 해당(대판 2011. 10. 13, 2009다86246, 대판 2014. 3. 13, 2011다95519 등 참조)한다고 보았다. 따라서 근로자가 업무상 재해 등의 사정으로 말미암아 연차휴가를 사용할 해당 연도에 전혀 출근하지 못한 경우라 하더라도, 이미 부여받은 연차휴가를 사용하지 않은 데 따른 연차휴가수당은 청구할 수 있으며(대판 2000. 12. 22, 99다10806, 대판 2005. 5. 27, 2003다48549, 48556 등 참조), 이러한 연차휴가수당의 청구를 제한하는 내용의 단체협약이나 취업규칙은 강행규정으로서 근로기준법에서 정하는 기준에 미치지 못하는 근로

조건을 정한 것으로, 효력이 없다고 보았다. 대법원은 원심 판결에 대하여 "① 원고가 업무상 재해로 휴업한 기간이 1년 전체일지라도 이 사건 조항을 적용하여 출근율을 계산하여야 하는데, 그 경우 2008년부터 2010년까지의 기간 동안 매년 출근율을 충족하게 됨은 명백하고, ② 이에 따라 연차휴가를 사용할 수 있게 된 2009년부터 2011년까지의 기간 중에 원고가 전혀 출근하지 않았다고 하여 연차휴가수당을 청구할 수 없게 되는 것도 아니므로, 그와 달리 정한 단체협약이나 취업규칙의 내용은 효력이 없다고 보고, 그러므로 원심의 판단에는 연차휴가 내지 연차휴가수당에 관한 법리를 오해하여 판결에 영향을 미친 잘못이 있다고 보아, 이 점을 지적하는 취지의 상고이유 주장은 이유 있다"며 원심판결 중 연차휴가수당청구 부분을 파기하고, 이 부분 사건을 다시 심리·판단하도록 원심법원에 환송 판결하였다.

2. 연차유급휴가의 지급요건

한편, 연차휴가제도 관련 기존 서울도시철도공사 관련 판결(대판 2008. 10. 19, 2008다41666)에서 법원은 근기법상 연차유급휴가 부여의 요건인 '소정근로일수'와 '출근일수' 그리고 사업장내 취업규칙상 근로자의 연차유급휴가의 수급요건 등에 대하여 '실질 출근일'을 중심으로 판시한 바 있다. 동 판결에서 법원은 '징계'에 해당하는 근로자의 정직 또는 직위해제기간을 '근로자의 신분은 유지'되나 그 기간 중 '근로의무만 면제'되었다는 점에서 이를 '소정근로일수'에 포함시키면서 연차유급휴가부여에 필요한 '출근일수'에는 포함하지 않아 연차유급휴가의 지급대상이 되지 않도록 하는 취업규칙 규정은 구 근기법 제59조 규정에 반하지

않는다며 연차유급휴가 수급요건으로 출근일수를 중요전제로 해석하였다. 반면, 대상판결(대판 2017. 5. 17, 2014다232296,232302)에서는 "① 출근간주 기간(업무상 재해, 부당해고 기간)이 1년 전체에 걸치더라도 '연차휴가권'이 발생하며, ② 업무상 재해 등의 사정으로 연차휴가 사용연도에 전혀 출근하지 못한 경우라 하더라도 '연차휴가수당 청구권'은 발생한다"고 판시하여, 근로자의 귀책사유가 없는 '출근간주 기간'을 출근일로 보아 연차휴가제도 적용요건을 보다 적극적으로 해석하였다. 따라서 근로자가 업무상 재해 등의 사정으로 말미암아 연차휴가를 사용할 해당 연도에 전혀 출근하지 못한 경우라 하더라도, 이미 부여받은 연차휴가를 사용하지 않은 데 따른 연차휴가수당은 청구할 수 있다.

3. 그 밖의 쟁점

근로자는 근로기준법 제60조에 따라 '휴가 청구권'이 부여되고, 그 기간에 대해 취업규칙 등에서 정하는 통상임금 또는 평균임금을 지급받는다(§60 ⑤). 사용자가 유급 '휴가의 사용을 촉진'하기 위하여 최초 1년의 근로기간이 끝나기 3개월 전을 기준으로 10일 이내에 근로자별로 사용하지 아니한 휴가 일수를 알려주고 근로자가 그 사용시기를 정하여 사용자에게 통보하도록 서면으로 촉구할 것 등의 조치를 했음에도, 근로자가 휴가를 사용하지 않아 소멸된 경우에는 사용자는 그 사용하지 않은 휴가에 대하여 보상할 의무가 없고(§61 ①, ②) 사용자의 귀책사유에 해당하지 아니하는 것으로 본다. 아울러 사용자는 근로자대표와의 서면 합의에 따라 연차 유급휴가일을 갈음하여 특정한 근로일에 근로자를 휴무시킬 수 있다(§62). 한편,

사용자는 근로자가 청구한 시기에 휴가를 주는 것이 사업 운영에 막대한 지장이 있는 경우에는 그 '시기를 변경'할 수 있다(§60 ⑤).

4. 평가

대상판결은 연차휴가 수급권이 근로자 귀책이 없는 사유(정당한 파업 기간, 업무상의 부상 또는 질병으로 휴업한 기간, 임신 중의 여성이 휴가로 휴업한 기간, 육아휴직으로 휴업한 기간 등)인 경우 이를 소정근로일과 출근율에 포함시켜 보상토록 하였다는 점에 그 판결의 의의가 있다. 특히 우리나라의 경우 주요 국가에서와 달리 '출근율'을 유급휴가 지급의 중요전제로 보고, 그에 따라 '비례적 삭감(대판 2013. 12. 26, 2011다4629)'토록 하고 있으나, 이는 근로제공 의무가 없는 기간에 대하여 법령상 근거없이 휴가일수를 삭감하는 결과가 되어 유의할 필요가 있다.

한편, 이후 다른 판결에서 대법원은 "사용자의 '위법한' 직장폐쇄로 인하여 출근하지 못한 경우, 만일 위법한 직장폐쇄가 없었어도 해당 근로자가 쟁의행위에 참가하여 근로를 제공하지 않았을 것이 명백한 경우, 적법한 경우에는 그 기간을 연간 소정근로일수에서 제외하고, 위법한 경우에는 연간 소정근로일수에 포함시키되, 결근한 것으로 처리하여야한다"고 판시하고 있다(대판 2019. 2. 14, 2015다66052).

한편, 연차휴가는 고용관계를 유지하면서 비교적 장시간에 걸쳐 근로자의 근로의무를 면제함으로써 정신적·육체적 피로를 회복하고, 건강을 보호하기 위한 제도이다. 그럼에도, 우리나라 연차휴가제도는 휴가사용률이 50~60%내외에 불과한 실정으로, 연차휴가제도의 휴식보장적 성격이 더욱 확대될 필요가 있다. 국제노동기구(ILO)나 유럽연합(EU)의 지침이나 주요 국가의 법령은 1년에 6개월의 근무기간을 요건으로 3주간의 휴가를 보장하고 있으며, 공무원의 경우 10일 이상 연속휴가를 인정하고 있고, 국제노동기준은 2주간 연속하여 휴가권을 보장하고 있다. 미사용 보상수당을 대신하여 '휴가저축제도' 도입방안 등 금전보상대신에 근로자의 '휴식권을 보장'토록 할 필요가 있으며, 노사협정을 통하여 계속사용(10~15일)을 보장하는 일본의 '계획연휴제'방안이나 '법정대체휴일제' 확대 등의 대안이 제기되는 등 연차휴가제도의 목적에 맞는 휴가사용촉진 활성화가 근로자 건강권을 유지시키는 데 중요하다.

◆◆ 참고문헌

강성태, "근로기준법상 휴식 제도의 개정", 『노동법연구』 제41호, 서울대학교 노동법연구회, 2016.
김근주, "연차휴가의 입법적 개선방안", 『노동법학』 제50호, 한국노동법학회, 2014.
김홍영, "휴식 보장을 위한 연차휴가의 제도개선론", 『노동법연구』 제40호, 서울대학교 노동법연구회, 2016.
박귀천, "연차유급휴가에 관한 독일연방노동법원의 최근 판례에 대한 검토", 『법학논집』 제19호, 이화여자대학교, 2015.
임종률, 『노동법』 제18판, 박영사, 2020.

28. 취업규칙 불이익 변경의 의미

－대법원 1993. 5. 14. 선고 93다1893 판결(퇴직금) －

이승길(아주대 법학전문대학원)

Ⅰ. 사실관계

피고 공사(Y, 대한지적공사)는 급여규정의 퇴직금 조항에 따라 퇴직 당시의 월봉급에 지급률을 곱하는 방식으로 산출된 금원을 퇴직금으로 지급하여 왔다.

Y는 1981. 4. 1. 퇴직금 지급률을 하향조정하고, 퇴직금 산정의 기초가 되는 월봉급액을 증액하는 방식으로 급여규정을 개정하였다. 퇴직금 지급률이 하향조정됨에 따라 장기근속을 희망하는 사람에게는 불리하게 되었으나, 퇴직금 산정의 다른 기초가 되는 월봉급액이 증액되고, 1967. 7. 1.~1968. 12. 31.의 재직기간에 대한 퇴직금 산정방식이 개선되었다. 결과적으로 장기근속을 희망하지 아니하는 사람에게는 오히려 유리하게 되었다.

이 사건의 급여규정을 개정할 당시 Y는 근로자집단의 '동의'를 받은 바가 없다. 하지만 이 사건의 급여규정을 개정할 때는 이미 재직한 기간에 대해서는 개정 전 규정을 적용해 기득권을 보호하고, 개정의 동기가 정부투자기관의 경영합리화를 이루려는 정부의 방침에 따른 공익을 위한 것이며, 개정 후에도 일반 공무원보다는 훨씬 높은 수준의 퇴직금을 유지하고, 소속 직원이나 노동조합은 약 10년 동안 별다른 이의가 없었다.

Y는 퇴직 근로자인 원고(X)에 대하여 개정된 급여규정에 따라 퇴직금을 계산해 지급하였다. 하지만, X는 1981. 4. 1. 개정 이전의 급여규정에 따라 퇴직금을 계산해 퇴직금 차액 청구의 소를 제기하였다.

원심(서울고판 1992. 12. 2, 91나52646)은 취업규칙의 일부를 이루는 급여규정의 변경이 일부의 근로자에게는 유리하고 일부의 근로자에게는 불리하므로 근로자에게 일방적으로 불이익하게 변경되었다고 단정할 수 없다고 하여 그 변경에 근로자집단의 동의가 필요 없다고 판단('사회통념상 합리성'을 인정함)하여 X의 청구를 기각하였다.

이에 X가 불복해 대법원에 상고를 제기하였다. 대법원은 퇴직금 규정의 변경은 근속기간에 따라 유·불리를 달리하게 된 근로자집단의 규모에 관계없이 비교할 것 없이 불이익한 변경으로 판단('사회통념상 합리성'도 부인함)하여 원심판결을 파기환송하였다.

Ⅱ. 판결의 내용

취업규칙의 일부를 이루는 급여규정의 변경이 일부의 근로자에게는 유리하고 일부의 근로자에게는 불리한 경우 이러한 변경에 근로자집단의 동의가 필요한지를 판단하는 것은 근로자 전체에 대하여 획일적으로 결정되어야 할 것이고, 또한 이러한 경우 취업규칙의 변경이 근로자에게 전체적으로 유리한지 불리한지를 객관적으로 평가하기가 어려우며, 같은 개정으로 근로자 상호간의 유·불리에 따른 이익이 충돌되면 이러한 개정은 근로자에게 불이익한 것으로 취급해 근로자들 전체의 의사에 따라 결정함이 타당하다(근로자간 유·불리를 달리하는 변경 ＝불리변경).

따라서 이 사건 퇴직금 규정의 변경은 근속기간에 따라 유·불리를 달리하게 된 근로자집단의 규모를 비교할 것 없이 불이익한 변경으로서 근로자집단의 '동의'가 필요하고, 이러한 절차를 밟지 않고 행해진 이 사건 급여규정의 개정은 '무효'이다.

Ⅲ. 해설

1. 취업규칙 불이익 변경의 의의, 법규정 및 해석

1) 취업규칙 불이익 변경의 의의

'취업규칙'이란 사용자가 다수 근로자에게 적용하기 위하여 근로조건('복무규율' 포함)을 정한 규칙을 말한다. 실제로 사업(장)에서는 취업규칙의 명칭을 보수(급여)규정, 퇴직금규정, 인사관리규정 등과 같이 구분해 개별 규정이 취업규칙의 일부를 이룬다. '사규'라고도 한다. 고용형태, 직종 또는 근로형태, 직군, 직급, 근속연수, 근무장소 등과 같이 특수성에 따라 근로자의 일부에만 적용되는 별도의 취업규칙을 마련할 수도 있다.

최근에는 능력·성과주의 임금체계의 도입(연봉제 등), 일정한 직급 또는 직책의 근로자에 대한 임금피크제의 도입, 인수합병·영업양도 등 기업변동 등에 따라 사업장 내에서 상이한 근로조건 및 복무규율을 적용받는 근로자집단의 병존 현상도 나타나고 있다.

취업규칙은 다수 근로자가 취업하는 경우에는 이들의 근로조건을 공평·통일적으로 설정하는 것이 효율적인 사업경영을 위하여 필요하다. 그리고 취업규칙은 다수 근로자의 근로조건을 획일화하는 중대한 기능을 가지기 때문에 근기법은 근로자보호 목적에서 취업규칙에 대하여 그 작성의무, 작성·변경의 절차 등을 제한하고, 근로계약에 대한 규범적 효력을 인정하고 있다. 현장의 노사관계에서는 근로계약의 내용이 간략하고, 노동조합이 없는 기업도 많기 때문에 취업규칙은 임금·근로시간, 근로조건 등의 근로계약의 내용을 세부적으로 정하는 유일한 준칙으로 중요한 역할을 담당한다.

현행 근기법에서는 취업규칙 불이익변경시에만 근로자집단의 '동의'를 받아야 한다고 한정해 규정하고 있다. 현장에서 사용자는 취업규칙을 불이익 변경하면서 근로자집단 모두의 근로조건을 불이익하게 변경하기도 하고, 특정 근로자집단의 근로조건은 이익으로 변경 또는 유지하면서 다른 근로자집단의 근로조건을 불이익하게 변경하기도 한다. 여기서 '취업규칙의 불이익변경'이란 사용자가 종래의 취업규칙을 개정·신설해 '근로조건'이나 '복무규정'에 대하여 근로자의 기득권 또는 기득이익을 침해하거나, 근로자에게 저하된 근로조건이나 강화된 복무규정을 일방적으로 부과하는 것을 말한다(대판 1989. 5. 9, 88다카4277; 대판 2015. 8. 13, 2012다43522 다수 판례 등).

문제는 불이익한 변경인지의 '판단기준'이 무엇인가에 달려있다. 그 판단기준은 근기법에 규정이 없다. 종전의 취업규칙 내용대로 적용되기 때문에 '퇴직금지급 청구소송'을 중심으로 취업규칙 불이익 변경의 판례가 축적되어 왔다.

2) 취업규칙 불이익 변경의 법규정 및 해석

근기법에서는 사용자는 취업규칙을 작성·변경한다면 그 사업(장)에 '근로자집단'(근로자의 과반수 노조(대표자) 또는 (전체)근로자의 과반수)의 '의견청취'로 충분하다(§94 ① 본문, 위반시 500만원 이하의 벌금, §114 ①. 상시 5명 이상 10명 미만의 근로자를 사용하는 사용자가 임의로 취업규칙을 작성·변경시에도 적용됨(§11 ①, §93)). 여기서 '의견청취'는 적용대상 근로자(이해관계에 영향을 받는 자)의 의견을 반영하도록 노력해 근로자를 보호하고, 의견청취 없는 경우를 무효(단속규정)로 보는 것은 불합리하다는 점에서 의견청취의무는 취업규칙의 효력발생 요건이 아니다(대판 1999. 6. 22, 98다6647; 임종률, 370-371쪽).

하지만, 근로자에게 불리하게 변경한다면 '근로자집단'('노동조합의 대표자' 및 '집단의 의사결정방식 내지 회의방식')의 '동의'를 받아야 한다(§94 ① 단서, 위반시 §114 ①의 형벌 부과). 본래 집단적 동의가 요구되는 근거로 근로조건 대등결정의 원칙, 근로조건의 통일적 규율의 필요성 등 여러 규범적 요청을 제시하고 있다(대판 1977. 7. 26, 77다355; 대판 1990. 3. 13. 89다카24780 등. §94 ① 단서가 신설된 1989년 전후에 관계없이 근로자집단의 동의를 요구함).

여기서 근로자집단의 '동의'가 필요한 것은 '취업규칙을 근로자에게 불이익하게 변경한 경우'로 한정된다(임종률, 373쪽). 이것은 근로자에게 기존 취업규칙의 불이익 '개정'(대체, 삭제, 배제) 및 '신설'이 있다. 예를 들어 무계출결근 등 사유에 따른 자연면직 조항의 신설(대판 1989. 5. 9, 88다카4277), 취업규칙에 정년규정이 없던 운수회사에서 55세 정년 규정의 신설(대판 1997. 5. 16, 96다2507) 등이다. 이

사례들은 근로자의 기득의 권리나 이익을 박탈하는 불이익한 근로조건을 부과하기 때문이다.

또한 취업규칙 불이익 변경에 대해 근로자집단의 '동의'를 받을 의무를 위반하면 '벌칙'(§114 ①)이 적용되고, 그 '동의'가 없는 불이익 변경은 '무효'가 된다(효력발생요건).

2. 판례 및 학설의 동향

1) 불이익 변경을 인정한 사례

취업규칙의 불이익 변경으로서 집단적 동의가 필요한가는 근로자 전체에 대하여 획일적인 결정을 전제로 하여 근로자에게 전체적으로 유·불리한지를 객관적으로 평가하기 어렵거나 근로자 상호간의 유·불리에 따른 이익이 충돌한다면 근로자들에게 불이익에 해당한다(대판 1993. 12. 28, 92다50416).

또한, 근속연수와 평균임금의 두 가지 요소로 산정되는 퇴직금은 하나의 근로조건이므로, 누진제퇴직금에서 근속연수에 연동되는 지급률을 인하하면서 평균임금에 해당하는 요소를 유리하게 변경하는 경우에는 변경된 취업규칙에 따라 산정한 퇴직금이 종전보다 불리한지 여부를 판단해야 한다.

그리고 여러 개의 근로조건이 동시에 변경되는 경우에는 원칙적으로 근로조건별로 불이익 여부를 판단해야 하지만, 불리하게 변경된 근로조건이 유리하게 변경된 근로조건과 상호 밀접한 관련성을 가지고 있는 경우에는 종합적 판단을 해야 한다(대판 1995. 3. 10, 94다18072). 과연 그 퇴직금의 개정 조항이 유·불리한 개정인지를 밝혀서 그 유·불리를 함께 판단해야 하고, 그 전체적·종합적 판단의 결과 불리한 개정으로 밝혀진 경우(일부 근로자에게는 유리하고 일부 근로자에게는 불리해 근로자 상

호간에 유·불리에 따른 이익의 충돌시에도 동일하다)에는 종전의 급여규정을 적용받고 있던 근로자집단의 집단적 의사결정에 의한 동의를 받아야 하고, 그러한 동의가 없다면 그 변경은 '무효'이다(대판 1993. 5. 14, 93다1893; 대판 1993. 12. 28, 92다50416; 대판 1995. 3. 10, 94다18072; 대판 1997. 8. 26, 96다1726; 대판 2000. 9. 29, 99다45376; 2002. 6. 28, 2001다47764; 대판 2009. 5. 29, 2009두2238; 대판 2012. 6. 28, 2010다7468(Zero Sum 방식의 연봉제 도입)). 한편, 정년 보장형 임금피크제 및 정년 연장형 임금피크제의 도입에 대하여 취업규칙의 불이익 변경이라고 본 하급심 판례가 있다(서울행판 2007. 1. 23, 2006구합28598; 서울중앙지판 2015. 8. 28, 2014가합557402).

2) 불이익 변경을 부인한 사례

반면에, 회사가 보수규정에서 새 수당을 지급하는 규정과 동시에 퇴직금 규정을 개정해 새롭게 지급되는 그 수당을 퇴직금 산정의 기초임금에서 제외시킨 경우 퇴직금 규정의 개정을 전후해 퇴직금 액수에 변동이 없으면 기존의 근로자들의 기득의 권리나 이익의 박탈이 아니기 때문에 위의 개정은 근로자에게 불리한 개정이 아니다(대판 1997. 8. 26, 96다1726).

그 후 취업규칙의 일부인 급여규정 개정의 유·무효를 판단하는데 퇴직금 지급률이 전반적으로 인하되어 그 자체가 불리해도, 그 지급률의 인하와 함께 임금 인상과 근로시간 단축 등 다른 요소가 유리하게 변경되면 그 '대가관계'

나 '연계성'이 있는 제반 상황(유리한 변경 부분 포함)을 종합 고려해 보면, 취업규칙의 불이익 변경이라 볼 수 없다(대판 2004. 1. 27, 2001다42301).

이러한 판례 태도는 하나의 근로조건과 다른 근로조건(정년과 주당 근로시간 등)을 비교 가능한지 의문이고, 그 특정의 근로조건은 불리하게 변경된 만큼 불이익 변경이라는 비판적 견해도 있다(임종률, 373쪽).

3. 평가

대상판결은 우선 취업규칙 불이익 변경의 전체 근로자를 '동의 주체'라고 본 선례로 인용되지만, '불이익 변경 여부의 (인적) 판단기준'에 관한 일반 법리를 제시하고 있다. 퇴직금 규정의 변경이 단기 근무 후 퇴직하려는 자에게는 유리하지만, 장기 근속자에게는 불리한 사안에 대하여 취업규칙 불이익 변경의 유형 중 하나인 '근로자 일부 유리, 일부 불리한 경우에는 전체를 불이익으로 보기 때문에, 근로자집단의 동의 절차를 거쳐야 함'을 분명하게 요구하는 판결로서 리딩 케이스라고 볼 수 있다(같은 취지 다수 판결 있음).

◆◆ 참고문헌

김치중, "취업규칙의 불이익한 변경인지를 판단하는 기준", 『대법원판례해설』 제19-2호, 법원도서관, 1993.
김형배/박지순, 『노동법강의』(제8판), 신조사, 2020.
노동법실무연구회, 『근로기준법주해Ⅲ』(제2판), 박영사, 2020(취업규칙: 마은혁 집필).
임종률, 『노동법』(제18판), 박영사, 2020.
조용만·김홍영, 『로스쿨 노동법 해설』(제4판), 오래, 2019.

29. 취업규칙 불이익 변경에서 동의 주체인 집단의 범위

－대법원 2009. 5. 28. 선고 2009두2238 판결(부당해고구제재심판정취소) －

박귀천(이화여대 법학전문대학원)

Ⅰ. 사실관계

원고(X)는 취업규칙의 정년규정을 일반직 직원인 4급 이하 직원에 대해서는 종전의 55세에서 58세로 연장하고, 관리직 직원인 3급 이상 직원에 대해서는 종전의 60세에서 58세로 단축하여, 일반직 직원들에게는 유리하게, 관리직 직원들에게 불리하게 변경하였다. 정년규정 개정 당시 X의 전체 직원 38명 중 관리직 직원은 12명이고, 노동조합은 관리직 3급 4명과 일반직 23명 등 총 27명으로 구성되어 있었으며, 노동조합은 위 규정 개정에 동의하였다. 이에 X의 관리직 직원인 피고보조참가인(Y)은 정년규정 개정에 의해 불이익을 받게 되는 자신들의 과반수의 동의를 얻은 것이 아니기 때문에 정년규정 개정에 대해 유효한 동의를 얻은 것으로 볼 수 없고 따라서 무효인 정년규정에 따른 퇴직조치는 부당해고라고 주장하면서 부당해고구제신청을 하였다. 원심법원은 이러한 Y의 주장을 받아들였다. 그러나 대법원은 원심판결을 파기하면서 이 사건 취업규칙 개정으로 인하여 불이익을 받는 직원의 범위에는 일반직 직원과 관리직 직원 전체가 포함되기 때문에 직원 전체를 대상으로 그 과반수의 동의를 받아야 한다고 판단하였다.

Ⅱ. 판결의 내용

대상판결은 "여러 근로자집단이 하나의 근로조건 체계 내에 있어 비록 취업규칙의 불이익변경 시점에는 어느 근로자집단만이 직접적인 불이익을 받더라도 다른 근로자집단에게도 변경된 취업규칙의 적용이 예상되는 경우에는 일부 근로자집단은 물론 장래 변경된 취업규칙 규정의 적용이 예상되는 근로자집단을 포함한 근로자집단이 동의주체가 되고, 그렇지 않고 근로조건이 이원화되어 있어 변경된 취업규칙이 적용되어 직접적으로 불이익을 받게 되는 근로자집단 이외에 변경된 취업규칙의 적용이 예상되는 근로자집단이 없는 경우에는 변경된 취업규칙이 적용되어 불이익을 받는 근로자집단만이 동의 주체가 된다."라고 하면서, "4급 이하의 일반직 직원들은 누구나 3급 이상으로 승진할 가능성이 있으며, 이러한 경우 승진한 직원들은 이 사건 정년규정에 따라 58세에 정년퇴직하여야 하므로 위 개정은 3급 이상에만 관련되는 것이 아니라 직원 전부에게 직접적 또는 간접적·잠재적으로 관련되는 점 등에 비추어 볼 때 이 사건 정년규정의 개정은 당시 3급 이상이었던 관리직 직원뿐만이 아니라 일반직 직원들을 포함한 전체 직원에게 불이익하여 그 개정 당시의 관리직 직원들뿐만 아니라 일반직 직원들을 포함한 전체 직원들이 동의 주체가 된다."라고 판시하였다.

Ⅲ. 해설

1. 대상판결의 의의와 쟁점

근기법 제94조 제1항에 따르면 사용자는 취업규칙을 근로자에게 불리하게 변경하는 경우에 해당 사업 또는 사업장에 근로자의 과반수로 조직된 노동조합이 있는 경우에는 그 노동조합, 그러한 노동조합이 없는 경우에는 근로자의 과반수의 동의를 받아야 한다. 그런데 일부 근로자에 대해서만 취업규칙의 불이익변경이 이루어지는 경우에 불이익변경의 대상이 되는 일부 근로자들만이 동의의 주체가 되는지, 아니면 전체 근로자들이 동의의 주체가 되는지에 대해서는 규정하고 있지 않다.

일부 근로자들을 대상으로 취업규칙 불이익변경이 이루어지는 경우는 크게 두 가지 경우로 나누어 볼 수 있을 것이다. 첫째, 예를 들어 생산직과 사무직, 정규직과 비정규직 등 각 근로자집단별로 각기 다른 취업규칙을 적용하고 있는 상황에서 어느 한 집단에 대해서만 불이익변경이 이루어지는 경우이다. 둘째, 하나의 취업규칙의 적용을 받고 있던 근로자들 중 일부 근로자들에게만 불이익변경이 이루어지는 경우이다.

대상판결은 이러한 두 가지 경우에 대한 판단기준을 제시한 판결이라는 점에서 의미가 있다. 대상판결이 나오기 전에도 일부 근로자들을 대상으로 하는 취업규칙 불이익변경에 대한 동의 주체에 대해 판단한 판결들이 있기는 했지만 판단기준에 대한 명확한 입장을 밝히지는 않았고, 대법원 판결 간에 상이한 입장을 보이기도 하였다. 학설은 ① 일부 근로자만을 동의

주체로 보는 견해(김유성, 208-209쪽; 김지형, 482쪽), ② 전체 근로자를 동의 주체로 보는 견해(임종률a, 319-321쪽. 다만 임종률 교수는 이후 변경된 취업규칙의 적용을 받는 근로자의 과반수의 동의를 받아야 하는 것으로 견해를 변경하였다(임종률b, 352-353쪽).), ③ 근로자들이 동일한 취업규칙 체계 내에 있다면 전체 근로자가 동의 주체가 되지만 근로자들이 각기 다른 취업규칙을 적용받고 있다면 불리하게 변경되는 취업규칙의 적용을 받는 근로자들만 동의 주체가 된다고 보는 견해(박귀천, 72쪽) 등으로 나뉘었다.

2. 각기 다른 근로자집단에 대하여 취업규칙이 분리, 적용되고 있는 상황에서 불이익변경이 이루어지는 경우

과거 이러한 경우가 문제된 대표적인 판결로는 사원과 노무원에 대한 퇴직금규정이 이원화되어 있는 취업규칙의 불이익변경의 효력이 문제되었던 사안이 있다(대판 1990. 12. 7, 90다카19647). 이 사안에서 대법원은 "사원과 노무원으로 이원화된 개정 퇴직금규정이 개정 전의 그것보다도 … 근로자에게 불리하게 변경된 경우에는 이에 관하여 종전 취업규칙의 적용을 받고 있던 근로자집단의 동의가 있어야 유효하다고 할 것인바, 노동조합원인 총근로자 중 85%가 넘는 수를 차지하는 노무원이 퇴직금개정안에 완전히 동의하였다 하더라도 개정 퇴직금규정이 노무원에 대한 부분에 국한하여 효력이 있는 것일 뿐, 개정에 동의한 바 없는 사원에 대한 부분은 효력이 없다."라고 판시하였다. 그런데 90다카19647 판결의 사실관계에 따르면, 노동조합은 노무원의 규정 개정에 대해서만 동의하고 사원에 대한 규정의 개정에 관해서는

아무런 의사표시를 하지 않았으며, 사원들 역시 자신들의 규정 개정에 대해 동의하지 않았다. 즉, 어느 누구도 동의하지 않았기 때문에 불리하게 개정된 사원의 퇴직금규정이 무효임은 당연하지만 만일 노동조합만 동의했거나, 사원들만 동의했다면 어떻게 판단되었을 것인가에 대한 의문이 제기되었다.

이후 2004년에 내려진 판결에서 대법원은 공무원으로 있다가 공사 소속 직원으로 신분이 전환된 근로자들(이하 "전직자들")은 61세의 정년을, 다른 근로자들은 58세 정년을 적용받았는데 인사규정 변경에 의해 58세로 정년을 통일하면서 과반수 조합의 동의만 받았을 뿐, 위 전직자들의 동의는 받지 않은 경우, 정년 단축이 전직자들에게만 불리하게 변경된 것인데 이들의 집단적 동의를 받지 않았기 때문에 정년 규정 개정은 효력이 없다고 판단하였다(대판 2004. 1. 27, 2001다42301). 전직자들에게 적용되던 기존의 정년 규정은 다른 근로자들에게는 적용되지 않았기 때문에 전직자들만이 집단적 동의의 주체가 된다고 본 것이다.

3. 하나의 근로자집단에 대하여 적용되어 오던 취업규칙의 개정으로 인하여 일부 근로자들에게 불이익변경이 이루어진 경우

이는 대상판결에서 문제된 경우와 같이 근로자들 중에서 주로 비조합원 내지 상위 직급 근로자들을 대상으로 불이익변경을 하는 경우이다. 특히 90년대 말 이후부터 관리직 등 상위 직급 근로자들에 대해서만 근로조건을 불리하게 변경하는 경우, 불이익변경 당시 직접 불이익을 받지 않는 조합원들을 포함한 전체 근로자들이 동의의 주체가 되는지, 아니면 직접 불

이익을 받게 되는 근로자들만 동의의 주체가 되는지에 대해 학설, 행정해석 상 다툼이 많았다.

대상판결 이전에 내려진 대법원 판결들을 보면, 직접적으로 이 문제를 판단한 것은 아니지만 각기 다른 입장의 원심 판결들을 지지한 사건들이 발견되어 대법원 판결 간에도 입장이 일관되지 않은 것으로 보인다. 먼저, 개정 전 정년 규정에서는 1급의 정년은 60세, 그 외 직원은 55세로 규정하고 있다가 규정을 개정하여 1급의 정년을 58세로 하향 변경하고, 그 외 직원에 대한 정년은 그대로 유지하면서 과반수 조합의 동의는 받았으나 개정된 규정의 적용대상인 1급 직원 과반수의 동의는 받지 않은 사안에서 원심(부산고판 2002. 3. 20, 2001나1638)은 비록 전체 직원의 과반수로 조직된 노동조합이 정년 규정 개정에 동의하였어도 불이익을 받는 해당 근로자집단인 1급 직원들의 과반수 동의는 받지 않았으므로 위 취업규칙의 변경은 1급 직원들에 대하여 아무런 효력이 없다고 하였는데 대법원은 이러한 원심의 판단을 지지하였다(대판 2003. 6. 27, 2002다23611). 반면, 2급 이상 직원의 정년만 60세에서 55세로 단축하고, 3급 이하 직원의 정년은 변동이 없으며 개정 당시 직원들의 직급은 원고 및 다른 근로자 1명이 2급이고 나머지 직원 4명은 3급 이하의 직급에 속하였는데 위 개정 이후 직원 6명 중 5명이 위 개정에 대하여 사후 동의한 사안에서 원심(서울고판 2005. 9. 15, 2004누23621)은 직원 누구나 3급에서 2급으로 승진할 가능성이 있고 실제로 사후 동의 당시 3급이었던 근로자가 그 후 2급으로 승진한 점, 취업규칙의 변경이 근로자들에게 불이익한지 여부는 근로자 전체에 대하여 판단하여야 하는 점 등에 비추어 볼 때 직원 전체가 집단적 동의

의 주체가 된다고 판단하였고, 대법원은 심리불속행으로 기각하여 위 원심판결을 확정지었다(대판 2006. 2. 10, 2005두12770).

4. 대상판결의 평가

대상판결이 내려지기 전까지 취업규칙의 불이익변경이 문제된 사건에서 법원은 동의 주체로서의 근로자집단은 '종전 취업규칙의 적용을 받던 근로자집단'이라고 일관되게 설시해 왔지만 일부 근로자들에 대해서만 취업규칙 불이익변경이 이루어지는 경우 '종전 취업규칙의 적용을 받던 근로자집단'은 과연 어떻게 획정해야 하는가에 대해서 명확한 판단기준을 밝히지는 않았었다. 대상판결은 이러한 문제에 대해 여러 근로자집단이 하나의 근로조건 체계 안에 있는 경우와 근로자집단의 근로조건이 이원화되어 있는 경우로 나누어 동의의 주체를 판단하는 기준을 밝히고 있다. 특히 대상판결은 개별적 근로관계 문제에 집단적 동의 요건을 결부시켜 근로자들이 사용자의 일방적인 취업규칙 변경

을 어느 정도 제어할 수 있도록 하고 있는 근기법 규정의 의미를 충실히 반영하면서 변경된 근로조건을 장래에 적용받게 될 근로자들도 동의 주체에 포함시켰다는 점에서 의미가 있다. 다만 대상판결에 따르면 여러 근로자집단이 하나의 근로조건 체계 안에 있는 경우 관리직 사원 등 비조합원들이 직접적인 불이익변경의 대상이 된다 하더라도 전체 근로자 과반수로 조직된 노조 내지 전체 근로자 과반수의 집단적 동의만 요하기 때문에 실제 불이익을 받는 당사자의 의사가 제대로 반영되기 어렵다는 한계가 있다.

◆◆ 참고문헌

김유성, 『노동법 Ⅰ』, 법문사, 2005.
김지형, 『근로기준법 해설』, 청림출판, 2000.
노동법실무연구회, 『근로기준법주해 Ⅲ』, 박영사, 2010.
박귀천, "일부 근로자들을 대상으로 하는 취업규칙 불이익 변경에 있어서 동의의 주체", 『노동법연구』 제9호, 서울대학교 노동법연구회, 2000.
임종률, 『노동법』, 박영사, 2000 [임종률a].
임종률, 『노동법』, 박영사, 2014 [임종률b].

30. 취업규칙 불이익 변경과 동의방식

— 대법원 2003. 11. 14. 선고 2001다18322 판결(임금) —

이희성(원광대 법학전문대학원)

Ⅰ. 사실관계

피고(Y)회사는 취업규칙에 따라 직원들에게 상여금을 지급하고 있었는데 경영상태가 악화되자, 취업규칙을 변경하여 1998. 1. 1.부터 6개월간 일체의 상여금을 지급하지 아니하기로 하였다(이하 '1차 변경'이라고 한다). Y에는 노동조합이 없었는바, Y는 본사의 각 부서와 전국 각 영업소별로 변경에 동의한다는 내용의 문구가 기재된 서면을 보내 변경의 취지와 필요성을 설명한 다음 부서별로 위 서면의 아랫부분에 직원들의 서명을 받아 전체적으로 취합하는 방식으로 직원 전원의 동의를 받았다.

그런데 1차 변경에 따른 상여금 삭감 기간이 경과하고도 경영상태가 호전되지 아니하자 Y는 취업규칙을 재차 변경하여 직원들의 상여금을 1998. 7. 1.부터 1년 6개월간 추가로 삭감하기로 하였는데(이하 '2차 변경'이라고 한다), Y의 직원들 일부는 사원협의회를 중심으로 Y에 대하여 상여금 추가 삭감의 근거 제시를 요구하였고, 이에 Y는 사원협의회 임원들을 만나 상여금 추가 삭감의 필요성을 설명하는 한편, 1차 변경 시와 마찬가지로 본사의 각 부서와 전국의 각 영업소별로 위와 같은 변경에 동의한다는 내용의 문구가 기재된 서면을 보내 변경의 취지와 필요성을 설명한 다음 부서별로 위 서면의 아랫부분에 직원들의 서명을 받아 전체적으로 취합하는 방식으로 직원 과반수의 동의를 받았다.

한편, 원고(X)들은 위 1·2차 변경 당시 Y가 배부한 서면에는 동의하는 사람이 서명할 수 있을 뿐 반대하는 사람은 그 의사를 표시할 방법이 없었고, 일부 부서장들은 자신의 서명을 마친 후에도 직원들이 서명을 하는 동안 서명 장소에 계속 남아 있는 등 Y측의 부당한 개입이나 간섭이 있었다며 변경된 취업규칙의 효력을 부인하였다. 이를 토대로 X는 Y를 상대로 한 임금(상여금)청구의 소를 제기하였다.

Ⅱ. 판결의 내용

대상판결은 "취업규칙에 규정된 근로조건의 내용을 근로자에게 불이익하게 변경하는 경우에 근로자 과반수로 구성된 노동조합이 없는 때에는 근로자들의 회의 방식에 의한 과반수 동의가 필요하다고 하더라도, 그 회의 방식은 반드시 한 사업 또는 사업장의 전 근로자가 일시에 한자리에 집합하여 회의를 개최하는 방식만이 아니라 한 사업 또는 사업장의 기구별 또는 단위 부서별로 사용자측의 개입이나 간섭이 배제된 상태에서 근로자 상호간에 의견을 교환하여 찬반의견을 집약한 후 이를 전체적으로 취합하는 방식도 허용된다고 할 것인데, 여기서 사용자측의 개입이나 간섭이라 함은 사용자측이 근로자들의 자율적이고 집단적인 의사결정을 저해할 정도로 명시 또는 묵시적인 방법으로 동의를 강요하는 경우를 의미하고 사용자측이 단지 변경될 취업규칙의 내용을 근로자들에게 설명하고 홍보하는 데 그친 경우에는 사용자측의 부당한 개입이나 간섭이 있었다고 볼 수 없다."고 하며, 위 1·2차 변경 당시 Y가 배부한 서면에 반대의 의사를 표시할 방법이 없었고, 일부 부서장들이 자신의 서명을 마친 후에도 직원들이 서명을 하는 동안 서명 장소에 계속 남아 있었다 할지라도 이것을 Y가 직원들의 자율적이고 집단적인 의사결정을 부당하게 저해할 정도로 개입·간섭한 것이라고는 볼 수는 없다는 이유로 상고를 기각하였다.

Ⅲ. 해설

1. 쟁점

취업규칙의 작성·변경에 관한 권한은 원칙적으로 사용자에게 있으므로 사용자는 그 의사에 따라서 취업규칙을 작성·변경할 수 있다. 다만 취업규칙의 변경에 의하여 기존 근로조건의 내용을 일방적으로 근로자에게 불이익하게 변경하려면 종전 취업규칙의 적용을 받고 있던 근로자집단의 집단적 의사결정방법에 의한 동의를 요한다고 할 것인바, 사용자는 해당 사업 또는 사업장에 근로자의 과반수로 조직된 노동조합이 있는 경우에는 그 노동조합의, 노동조합이 없는 경우에는 근로자 과반수의 동의를 받아야 한다(근기법 §94 ①; 위반하면 §114의 형벌 부과). 대상판결은 노동조합이 없는 경우의 근로자 과반수의 동의방식에 관하여 설시하고 있다. 또한 이 경우 집단적 의사결정방법에 의한 동의에서 '사용자측의 개입이나 간섭'의

의미가 무엇인가가 쟁점이 되고 있다.

2. 동의방식

근로자의 과반수로 조직된 노동조합이 없는 경우에 근로자 과반수의 동의는 집단적 의사결정방식 내지 회의방식에 따라야 한다. 즉 근로자가 같은 장소에 집합한 회의에서 근로자 개개인의 의견표명을 자유롭게 할 수 있는 적절한 방법(무기명 투표 등)으로 의결한 결과 근로자의 과반수가 찬성하는 방식이어야 할 것이다.

그러나 사업장의 규모가 큰 기업의 경우에는 모든 근로자가 한 자리에 모여 의사결정을 한다는 것이 현실적으로 어렵고, 사업의 성격상 근로자가 한꺼번에 근무 장소를 이탈하는 것이 불가능할 것이므로 그 회의 방식은 반드시 한 사업 또는 사업장의 모든 근로자가 일시에 한 자리에 집합하여 회의를 개최하는 방식만이 아니라, 기구별 또는 단위부서별로 사용자측의 개입이나 간섭이 배제된 상태에서 근로자 상호간의 의견을 교환하여 찬반의견을 집약한 후 이를 전체적으로 취합하는 방식도 허용된다고 할 것이다. 이때 사용자측의 개입이나 간섭이라 함은 사용자측이 근로자들의 자율적이고 집단적인 의사결정을 저해할 정도로 명시 또는 묵시적인 방법으로 동의를 강요하는 경우를 의미한다(대상판결).

최근 판례에서는 자율적·집단적 의사결정을 저해할 정도로 명시 또는 묵시적 방법으로 동의를 강요한 것으로 인정할 수 있는 사정이 없는 한 설명회 개최방식이나 동의서 회람방식에 의한 근로자 과반수의 개별적 동의도 집단적 동의로서 유효한 것으로 보는 경향이 있다(대판 2010. 1. 28, 2009다32362; 대판 2004. 5. 14, 2002다23185,23192 등). 이는 엄격한

의미에서 회의방식에 의한 동의, 즉 근로자 상호간의 의견교환과 찬반의사 집약·취합이라는 공식적인 절차를 거치지 않았더라도, 취업규칙의 불리한 변경의 필요성에 대한 근로자 사이의 암묵적 공감대가 형성되었던 것으로 볼 수 있는 상황, 비공식적인 의견교환의 기회나 시간이 주어졌던 것으로 볼 수 있는 상황에서 동의서 회람 방식 등에 의한 근로자 과반수의 개별적 동의는 그것이 사용자측의 부당한 개입·간섭에 의한 것이 아닌 한 유효한 것으로 보고 있다.

그러나 개별적 회람·서명을 통하여 근로자 과반수의 찬성을 받은 것만으로는 근로자집단의 동의를 받은 것으로 볼 수 없다고 판시한 경우도 있다(대판 1994. 6. 24, 92다28556).

한편, 근로자 과반수의 동의 없이 변경된 취업규칙은 무효가 되는바, 근로자 과반수의 동의는 변경된 취업규칙의 효력발생요건이다.

3. 평가

생각건대 사업장의 규모가 큰 기업의 경우에는 모든 근로자가 한 자리에 모여 의사결정을 하기 어려우므로, 동의방식은 사업장의 기구별 또는 단위부서별로 근로자 상호간의 의견을 교환하여 찬반의견을 집약한 후 이를 전체적으로 취합하는 방식도 허용된다 할 것이다. 다만, 이 경우 사용자측의 개입이나 간섭은 배제되어야 할 것이다.

대상판결에서 Y가 근로자들에게 배부한 서면 자체에는 반대의 의사를 표현할 난이 존재하지 않았으나, 취업규칙의 변경에 동의하지 않는 근로자들은 서명을 하지 않거나 다른 방법으로 반대의사를 표현할 수도 있었으므로 동의절차에 Y측의 개입이 있었다고 볼 수는

없고, 근로자들이 서면에 서명하는 과정에서 일부 부서장들이 서명 장소에 계속 남아 변경될 취업규칙의 내용을 설명·홍보하였다하여 근로자들의 자유로운 의사결정에 Y측이 간섭한 것이라 볼 수도 없다. 따라서 Y의 근로자 과반수 동의는 유효하고, Y의 취업규칙은 변경의 효력을 가지므로, X의 Y를 상대로 한 임금(상여금)청구의 소는 기각되어 마땅하다.

이 판결은 집단적 의사결정방식에 의한 동의에서 '사용자측의 개입이나 간섭'의 의미를 최초로 적시한 판결이다. 종래의 판례(대판 1977. 7. 26, 77다355; 대판 1991. 9. 24, 91다17542 등)에서는 "노동조합이 없는 경우에는 근로자들의 회의방식에 의한 과반수의 동의가 있어야 한다."고 판시한 바 있으나, 최근판례(대판 2010. 1. 28, 2009다32362; 대판 2004. 5. 14, 2002다23185·23192 등)에서는 자율적·집단적 의사결정을 저해할 정도로 명시 또는 묵시적 방법으로 동의를 강요한 것으로 인정할 수 있는 사정이 없는 한 설명회 개최방식이나 동의서 회람방식에 의한 근로자 과반수의 개별적 동의도 집단적 동의로서 유효한 것으로 보는 경향이 있다.

따라서 대상판결은 근로자 과반수 동의의 소극적 요건으로서 '사용자측의 개입이나 간섭'의 의미를 밝히고 사용자측의 개입이나 간섭이 있었는지 여부를 구체적으로 판단하여 취업규칙에 규정된 근로조건의 내용을 근로자에게 불이익하게 변경함에 있어 근로자 과반수로 조직된 노동조합이 없는 경우의 동의방식을 확립하였다는 점에서 시사하는 바가 크다.

◆ 참고문헌

김형배, 『노동법』, 박영사, 2014.
임종률, 『노동법』, 박영사, 2014.

31. 동의를 얻지 않은 취업규칙 불이익 변경의 효력

― 대법원 1992. 12. 22. 선고 91다45165 전원합의체 판결(퇴직금청구) ―

강희원(경희대 법학전문대학원)

I. 사실관계

피고 회사(Y)의 취업규칙은 당초 제정된 후 1964. 3. 1.과 1973. 1. 1. 그리고 1974. 8. 1. 등 3차례에 걸쳐 변경되었으나 그때마다 위 취업규칙상의 퇴직금규정은 근로자 측의 동의 없이 그들에게 불리한 방향으로 개정되었다.

원고(X)는 1978. 9. 1. Y에 입사하여 묵산광업소에서 직원으로 근무하다가 1988. 1. 31. 퇴직하였는데, 그 퇴직금 산정 방식과 관련하여, X는 위 3차례에 걸친 Y의 퇴직금규정의 불이익한 변경은 모두 그 적용을 받고 있던 근로자들의 집단적 의사결정방법에 의한 동의 없이 이루어진 것이어서 취업규칙 변경으로서의 효력이 없으므로 X의 퇴직금을 산정하는 데 적용되어야 할 지급률은 1964. 2. 29. 이전까지 시행되던 최초의 취업규칙상의 지급률이어야 한다고 주장하며 퇴직금 청구 소송을 제기하였다. 이에 Y는 위 각 변경을 거쳐 X의 입사 이래 퇴직 시까지 시행되던 1974. 8. 1.자 변경된 취업규칙상의 퇴직금규정이 적용되어야 한다고 주장하였다.

II. 판결의 내용

대상판결에서 <다수의견>은 변경 전인 최초의 퇴직금규정이 X에게 적용될 수 없는 근거를 아래와 같이 판시하였다(2명의 대법관은 반대의견을 제시하였다).

1) 취업규칙의 작성·변경에 관한 권한은 원칙적으로 사용자에게 있으므로 사용자는 그 의사에 따라 취업규칙을 작성·변경할 수 있다.

2) 근기법 제95조(현행 §94)의 규정에 의하여 노동조합 또는 근로자 과반수의 의견을 들어야 하고 특히 근로자에게 불이익하게 변경하는 경우에는 동의를 얻어야 하는 제약을 받는 바, 기존의 근로조건을 근로자에게 불리하게 변경하는 경우에 필요한 근로자의 동의는 근로자의 집단적 의사결정방법에 의한 동의임을 요하고 이러한 동의를 얻지 못한 취업규칙의 변경은 효력이 없다.

3) 사용자가 취업규칙에서 정한 근로조건을 근로자에게 불리하게 변경함에 있어서 근로자의 동의를 얻지 않은 경우에 그 변경으로 기득이익이 침해되는 기존의 근로자에 대한 관계에서는 변경의 효력이 미치지 않게 되어 종전 취업규칙의 효력이 그대로 유지되지만, 변경 후에 변경된 취업규칙에 따른 근로조건을 수용하고 근로관계를 갖게 된 근로자에 대한 관계에서는 당연히 변경된 취업규칙이 적용되어야 하고, 기득이익의 침해라는 효력배제사유가 없는 변경 후의 취업근로자에 대해서까지 변경의 효력을 부인하여 종전 취업규칙이 적용되어야 한다고 볼 근거가 없다.

Ⅲ. 해설

1. 판결의 의의

1977년부터 줄곧 대법원은 취업규칙의 작성·변경에 관한 권한은 원칙적으로 사용자에게 있으므로 사용자는 그 의사에 따라 취업규칙을 작성·변경할 수 있으나, 다만 근기법 제94조의 규정에 의하여 노동조합 또는 근로자 과반수의 의견을 들어야 하고 특히 근로자에게 불이익하게 변경하는 경우에는 그 동의를 얻어야 하는 제약을 받는바, 그 동의는 근로자의 집단적 의사결정방법에 의한 동의임을 요하고 이러한 동의를 얻지 못한 취업규칙의 변경은 효력이 없다는 입장(절대적 무효설)을 고수하였다(대판 1977. 7. 26, 77다355; 대판 1988. 5. 10, 87다카2578; 대판 1989. 5. 9, 88다카4277; 대판 1991. 2. 12, 90다15952·15969·15976 등).

그런데 대상판결에서 대법원은 사용자가 취업규칙에서 정한 근로조건을 근로자에게 불리하게 변경함에 있어서 근로자의 동의를 얻지 않은 경우에 그 변경으로 기득이익이 침해되는 기존의 근로자에게는 변경의 효력이 미치지 않아 종전 취업규칙의 효력이 그대로 유지되지만, 변경 후에 변경된 취업규칙에 따른 근로조건을 수용하고 근로관계를 갖게 된 근로자에 대해서는 변경의 효력을 부인하여 종전 취업규칙이 적용되어야 한다고 볼 근거가 없다는 이유로 변경된 취업규칙의 효력을 인정함으로써 근기법 제94조 제1항 단서의 강행규범성을 상대화하였다(주관적 상대적 무효설).

2. 판례법리에 대한 검토

1) 근기법상 취업규칙과 그 작성·변경권자의 문제

대상판결은 취업규칙의 작성·변경에 관한 권한이 사용자에게 있다고 전제하고 있다. 그런데 이 전제와 관련해서는 근기법 제93조가 취업규칙의 작성(또는 제정)권을 사용자에게 일방적으로 수권하는 수권규정으로 보는 것이 타당한지 여부가 문제된다. 대상판결과 같이 취업규칙의 개념적 징표를 그 작성에 있어서 사용자의 일방성에서 찾는다면, 이것이 근기법상 근로조건의 노사대등결정원칙(근기법 §4)에 부합할 수 있는지, 그리고 이러한 취업규칙제도가 근기법의 입법목적(근기법 §1)을 어떻게 실현할 수 있는지 의문이 있기 때문이다.

근기법이 하나의 장(章)을 할애하여 취업규칙제도를 둔 것은 사용자에게 취업규칙의 일방적인 작성권한을 수권하기 위한 것이 아니다. 그것은 사업 또는 사업장에서 사용자의 일방적 작성에 의해서 근로자에 대한 사용자의 지배권의 상징이었던 종래의 취업규칙을 근기법상의 노동보호제도로 전환하려는데 있다. 즉 근기법이 근로자의 보호를 목적으로 구체적인 근로조건을 감독하기 위해 사용자에 대해 구체적인 근로조건이 될 취업규칙안(案)을 작성하여 신고하도록 한 것이다. 근기법 제93조는 사용자에 대해 취업규칙입안의무를 부과한 것이지, 취업규칙작성권한을 부여한 것은 아니라고 할 것이다. 그러므로 근기법에 있어서 취업규칙안(案)작성의무와 취업규칙안작성권한 및 취업규칙작성(제정)권은 그 규범적 의미에 있어서 분명히 다르다. 즉 취업규칙안작성의무와 취업규칙안작성권한이 구별되어야 함은 물론이고, 이들 양 개념과 취업규칙작성(제정)권은 차원을 달리하는 것이기 때문에 더더욱 명확히 구분되어야 한다. 사용자에 의해 일방적으로 작성된 취업규칙안은 근기법의 소정 절차를 거쳐 비로소 근로자보호규범인 취업규칙이 되는 것이다. 따라서 사용자가 작성하기만 하면 그것이 바로 근기법상의 취업규칙이 되는 것은 아니다. 사용자작성의 취업규칙안(案)이 바로 취업규칙으로 되는 것은 아니라고 할 것이다.

근기법은 우리나라 근로자보호의 근간법이고 또 동법 제4조는 근로조건노사대등결정원칙을 기본원칙으로 선언하고 있고 동법 제5조는 근로자와 사용자가 취업규칙을 성실하게 이행하도록 의무화하여 근로관계에 있어 신의성실의 원칙을 규정하고 있는데, 동법 제94조 제1항은 사업내의 자주규범으로서 취업규칙의 작성·변경에 있어 특히 근로조건에 관한 사항에 대한 노사의 공동관여를 통해서 근로조건노사대등결정원칙을 구체화하려는 것에 그 입법목적이 있다고 하겠다. 위와 같은 입법적 취지에서 비춰 보면, 근기법 제93조가 사용자에게 취업규칙을 일방적으로 작성(또는 제정)할 수 있는 권한을 수여하고 있다고 해석하는 것은 근로자보호법으로서의 근기법의 입법목적을 부정하는 것이라고 할 것이다. 그러므로 근기법 제93조는 사용자의 취업규칙작성(또는 제정)권한을 규정한 것이 아니라 근로자의 보호를 위한 단초를 마련하기 위하여 취업규칙안(案)의 작성·신고의무를 부과한 것이라고 해석해야 할 것이다.

2) 작성·변경절차를 위반한 취업규칙 효력의 문제

앞에서 살펴본 바와 같이 대상판결은, 사용자가 일방적으로 변경한 취업규칙의 효력을 기존 근로자의 이익과 상충하는 한에서는 무효로 하여 부정하지만, 변경 후에 신규로 취업한 근로자에게는 유효로 인정하는 이른바 주관적 상대적 무효설을 취하더라도 타당하다는 논지를 전개하고 있는데, 이것은 대법원이 취업규칙의 작성·변경에 관한 권한이 사용자에게 있다고 전제하면서 근로자보호제도로서 근기법상의 취업규칙제도에 대한 오해에서 비롯된 것이라고 하겠다.

한편, 취업규칙의 작성·변경의 효력 문제와 관련하여 사용자와의 관계에서 개별근로자의 구체적인 근로조건의 결정 및 변경과 관련해서 영향을 받을 수 있는 종업원(근로자)집단은 크게 세 그룹으로 카테고리화 할 수 있다. 즉 취업규칙(안)의 작성·변경과정에 그것에 동의의사를 표시한 근로자(제1그룹), 부동의사를 표시한 근로자(제2그룹) 그리고 작성·변경 이후에 신규로 취업하였기 때문에 찬반의사표시를 할 수 있는 기회조차 갖지 못한 근로자(제3그룹)가 그것이다.

우선, 근기법 제94조 제1항 소정의 요건이 충족되면, 이들 제1, 제2 및 제3그룹 근로자에게 공히 취업규칙의 작성·변경은 효력이 있다. 그런데 근기법 제94조 제1항 소정의 요건이 충족되지 아니한 경우, 대상판결의 법리에 의하면, 제1그룹과 제2그룹 근로자들에게는 일응 작성·변경의 효력이 인정되지 않을 것이나 제3그룹 근로자에게는 작성·변경의 효력이 인정된다.

여기에서 제기되는 문제는, 판례가 명시적으로 언급하고 있지 않아서 알 수는 없지만, 제1그룹에 대한 취업규칙의 작성·변경의 효력이 어떻게 되는가라는 것이다. 제1그룹과 제3그룹의 근로자를 다르게 취급한 근거가 있는가? 제1그룹의 근로자에 대해 작성·변경의 효력을 부정하는 근거는 무엇인가라는 것이다. 그리고 명시적으로 취업규칙의 작성·변경에 동의한 근로자(제1그룹)를 작성·변경 이후에 신규로 취로하였기 때문에 찬반의사표시를 할 수 있는 기회조차 갖지 못한 근로자(제3그룹)보다 보호해야 할 근거가 있는가? 이러한 차별적 취급을 정당화하기는 쉽지 않을 뿐만 아니라 근기법은 이러한 차별적 취급을 인정하고 있지 않다고 할 것이다(근기법 §6 참조).

다른 한편, 판례 법리를 좀 더 극단으로 끌어가 보면, 종업원들의 집단적 의사결정방식에 의해 사용자가 작성·변경하는 취업규칙을 통제하도록 하는 근기법 제94조의 기본적 취지를 부정하는 결과가 된다. 이것은 극단적인 경우에는 취업규칙의 작성·변경의 효력은 근로자 개별적으로 판단해야 한다는 결론에 도달한다. 이렇게 되면 사용자는 동일한 사업장에서 동일한 상황에 있는 근로자들에 대해 그의 취업시기에 따라 상이한 근로조건결정규범을 자의적으로 적용하는 것을 허용하게 된다. 이것은 하나의 사업 또는 사업장에 근무하는 근로자들에게 적용되는 취업규칙을 근로자들이 집단적으로 영향력을 행사해서 근기법 제4조가 규정하고 있는 근로조건노사대등결정의 원칙을 어느 정도 실현할 수 있도록 하고자 하는 근기법 제94조 제1항의 제도적인 취지와는 정반대의 결과로 된다.

3. 정리

취업규칙은 사용자가 일방적으로 작성·변경할 수 있는 것이 아니라 근기법 제93조와 제94조 제1항의 소정의 작성·변경절차를 거쳐 비로소 유효한 취업규칙으로 성립되어 근기법 제97조의 효력을 갖는다. 사용자가 근로자에 대한 의견청취(동의)의무를 제대로 이행하지 않았거나 고용노동부장관에 대한 신고를 하지 않는 경우에는 근기법상의 온전한 근로조건결정규범(근기법 §4, §97 등 참조)으로서 취업규칙의 성립을 원칙적으로 부정해야 할 것이다. 이 점에서 동의를 얻지 않은 취업규칙 불이익 변경의 효력에 대해서는 대상판결에 의해서 폐기된 종전 판례의 입장이 근기법상의 취업규칙의 법리로서 타당하다고 할 것이다.

나아가 대상판결이 종전의 판례를 변경해야 할 특별한 사회적·경제적 사정이나 상위법률의 개정 등과 같은 규범적 정당화사유가 없음에도, 이를 임의적으로 변경하는 것은 판결에 의한 성문법의 개정(또는 변경)과 같이 사법권의 한계를 벗어나 위헌적이라고도 평가할 수 있을 것 같다. 어떻든 대법원이 대상판결에 의해 종래의 판례를 변경함으로써 근로자에 대한 사용자의 일방적 지배의사가 취업규칙이라는 이름으로 좀 더 견고한 규범성을 갖게 되었다는 것은 두 말할 필요도 없다고 하겠다.

◆◈ 참고문헌

강희원, "근로기준법상 취업규칙의 개념에 대한 일고찰-취업규칙법론의 재정립을 위해", 『노동법학』 제42호, 한국노동법학회, 2012.

강희원, 『노동법기초이론』, 법영사, 2012.

강희원·선미란, "취업규칙의 본질에 관한 일고찰-우리 근로기준법 제·개정사와 관련하여", 『외법논집』 제37권 제2호, 한국외국어대학교 법학연구소, 2013.

32. 배치전환(전직)의 정당성 판단기준

— 대법원 2018. 10. 25. 선고 2016두44162 판결(부당징계및부당전환배치구제재심판정취소) —

문무기(경북대 법학전문대학원)

Ⅰ. 사실관계

여과지 등을 제조·판매하는 외국계 기업 ㈜한국알스트롬뭉쇼(Ahlstrom－Munksjo, 피고보조참가인, 이하 '회사'라 함)에서 품질검사원의 업무를 담당하던 근로자(원고)에 대하여, 회사가 2013. 8. 16. '검사진행 속도가 느리고(이 점은 원고도 인정하였다) 물성검사 결과를 현장에 늦게 전달하여 현장에서 불만을 제기한다'는 등의 이유를 들어 원고로 하여금 근무부서의 변경 없이 계속 품질검사원의 업무를 수행하되, 상주근무자(08:00부터 17:00까지 근무)인 소외 1과 맞교환하여 2013. 8. 21.부터 현장직 3교대 형태에서 현장직 상주 형태로 근무하도록 하는 배치전환의 인사발령(이하 '이 사건 배치전환'이라 함)을 하였다. 이 사건 배치전환 후 원고에게 부여된 업무는 중요 거래처 성적서 작성, 고객관리, 시험성적서 발행, 고객요청 샘플발송 등인데, 이에 대해 원고는 검사의 난이도가 높고, 문서 작업의 양이 막대하게 늘어나는 등 원고의 능력에 부합하지 않아 그 적응에 어려움과 불편을 겪고 있다고 호소하였다. 또한 원고는 연장·야간·휴일 근무 등에 따른 수당을 지급받지 못하게 됨에 따라 배치전환 이전에 지급받던 월 평균 8,320,220원의 급여보다 약 41%가 감소한 월 평균 4,829,920원의 급여를 지급받고 있다고 주장하였다. 한편 회사는 2012. 4. 20. 부적합품이 발생하였다는 사유로 원고에게 견책의 징계처분을 한 바 있는데 이 과정에서 이 사건 배치전환을 검토한 것으로 보이고, 세 차례에 걸쳐 원고와 면담을 하였으나 이는 주로 회사의 의사를 전달한 것으로서 성실한 사전협의를 거친 것으로 보이지는 않았다.

Ⅱ. 판결의 내용

가. 사용자의 근로자에 대한 전직이나 전보처분 등이 근로자에게 불이익한 처분이 될 수 있으나 원칙적으로 인사권자인 사용자의 권한으로 업무상 필요한 범위 내에서는 상당한 재량을 인정하여야 하므로, 근로기준법 위반이나 권리남용 등의 특별한 사정이 없는 한 무효라고 할 수 없다.

나. 전직처분 등의 업무상 필요성과 근로자의 생활상의 불이익을 비교·교량하고, 근로자가 속하는 노동조합(노동조합이 없으면 근로자 본인)과의 협의 등 그 전직처분 등을 하는 과정에서 신의칙상 요구되는 절차를 거쳤는지에 따라 결정하여야 한다.

다. 전직에 따른 생활상 불이익이 근로자가 통상 감수해야 할 정도를 현저하게 벗어나지 않으면 이는 정당한 인사권 범위 내에 속하므로 권리남용에 해당하지 않는다. 사용자가 전직처분을 할 때 근로자 본인과 성실한 협의절차를 거치는 것은 정당한 인사권 행사 여부를 판단하는 하나의 요소이지만, 그러한 절차를 거치지 않았다는 사정만으로 전직처분 등이 권리남용에 해당하여 당연히 무효가 된다고 볼 수 없다.

라. 사용자가 전직처분 등을 할 때 요구되는 업무상의 필요란 인원 배치를 변경할 필요성이 있고 그 변경에 어떠한 근로자를 포함시키는 것이 적절할 것인가 하는 인원선택의 합리성을 의미하는데, 여기에는 업무능률의 증진, 직장질서의 유지나 회복, 근로자 간의 인화 등의 사정도 포함된다.

Ⅲ. 해설

1. 대상판결의 의의

원심은 원고에게 불리한 동료 근로자들의 진술 및 회사의 종전 인사조치 등을 볼 때 이 사건 배치전환의 업무상 필요성을 객관적·구체적으로 확인할 수 없다고 하였으나, 대상판결은 '근로자 스스로도 검사(고형분 측정) 진행속도가 느림을 인정'했음을 지적하면서 업무상 필요성을 인정하였다. 또한 배치전환으로 새로 부과된 업무에 따른 고통·어려움이 크고 감소된 수입의 정도도 적지 않을 뿐 아니라 '배치전환의 회피노력이나 다른 대안 모색이 없었던' 점을 들어 원고와 성실한 협의를 거치지도 않은 배치전환은 인사권 남용에 해당한다고 판단한 원심에 대해, 대상판결은 '작업 공정상 품질검사원 중 교대근무자와 상주근무자가 모두 필요한 상황에서 급여 감소는 원고의 자발적 선택의 결과로 보인다'고 판단하였다. 특히 원심에 대해 '원고가 고형분 측정을 늦게 하는 등의 사유로 배치전환을 할 업무상 필요가 있었는지, 근로자가 배치전환 후 통상적으로 겪게 되는 업

무 적응과정에서의 어려움이나 불편과 비교할 때 원고가 배치전환 후 겪는 어려움과 불편의 내용·정도가 구체적으로 어떠한지, 원고의 급여가 감소된 구체적 원인이 무엇인지, 3교대 근무와 상주 근무의 형태가 상이함으로써 불가피하게 발생하는 급여 차이가 어느 정도인지 등 배치전환을 할 업무상 필요성 및 그로 인한 원고의 생활상 불이익과 관련된 여러 사정을 추가로 심리한 후 배치전환에 정당한 이유가 있는지를 판단하였어야 한다'라고 지적하면서, 이 사건 배치전환 부분에 대한 원심 판결을 배척하고 일부 파기 환송하였다.

결국 대상판결은 배치전환(전직)의 세 가지 정당성 판단기준인 업무상 필요성, 생활상 제반 불이익과의 균형 여부 및 신의칙상 절차 준수 여부 등 모든 요소에서 원심의 판단을 부정하였지만, '업무상 필요성'을 '인원 배치 변경의 필요성'과 '인원 선택의 합리성'으로 세분화하면서, 업무상 필요에는 '업무능률의 증진, 직장질서의 유지나 회복, 근로자 간의 인화' 등의 사정도 포함된다는 법리를 제시(대판 2013. 2. 28, 2010두20447, 대판 2013. 2. 28, 2010다 52041 등 참조)하였다는 점에서 그 의의가 있다. 특히 실무에서 배치전환·인사이동 등 기업내 전직 사건이 다수 발생하고 있는 상황에서, 전직의 정당성 판단법리를 구체화·세분화한 측면에서 그 의미가 작지 않다.

2. 전직의 개념과 정당성 판단기준

노동력의 효율적 배분을 위한 기업내 인력이동 수단으로서 근로자 업무의 내용·장소를 변경하는 인사조치를 의미하는 전직(轉職, Worker Transfer, 인사노무상 실무 및 판례에서 사용되고 있는 용어는 전직이라는 법령상 개념보다는

(인사, 부서, 관내·외)이동, 배치전환(전환배치), 전근, 전보, 전출, 파견, 사외근무 등 매우 다양한 양상을 보이고 있다)에 대하여 우리 근로기준법은 해고와 마찬가지로, 사용자에게 이를 원칙적으로 금지시키고 있다. 근로기준법 제23조 제1항은 정당한 이유 없는 해고 및 전직을 금지하는 부정문의 형식으로 엄격히 규율하고 있기 때문이다. 이는 해고무효확인(민사) 내지 부당해고구제(행정) 청구 소송에서 이를 제기한 근로자가 아니라 사용자가 그 정당성을 입증해야 한다는 입증책임 전환의 효과를 발생시키기도 한다(대판 1991. 7. 12, 90다9353 등).

따라서 사용자가 배치전환(전직)이라는 인사조치를 감행할 수 있으려면 "정당한 이유"로 표현되고 있는 실체적·절차적 정당성이 반드시 존재해야 한다. 즉, 근로자를 전직시키기 위한 업무상 필요성 및 제반 불이익과의 균형 여부 등 내용적 측면에서 정당성을 갖추어야 하는 것은 물론, 당사자와의 성실한 협의와 사후조치 등 과정·방법상 정당성도 갖추어야 하는 것이다. 특히 근로계약상 근로자가 종사할 업무의 내용이나 근무장소가 특정된 경우에는 사용자가 이를 일방적으로 변경할 수 없고, 해당 근로자의 명시적 동의가 반드시 필요하다(대판 1992. 1. 21, 91누5204; 대판 1993. 9. 14, 92누18825; 대판 1993. 9. 28, 93누3837 등).

그러나 종래 대법원 판결에서는 전직 사건에 접근함에서의 엄중함을 그다지 찾아볼 수 없다. 즉, '근로자에 대한 전보나 전직은 "원칙적으로 인사권자인 사용자의 권한"에 속하므로 업무상 필요한 범위 내에서는 사용자가 "상당한 재량"을 가지며 그것이 근로기준법 등에 위반되거나 권리남용에 해당되는 등의 특별한 사정이 없는 한 유효하다. 전직이 권리남용에 해당하는지 여부는 전보처분 등의 업무상의 필요성과 전보 등에 따른 근로자의 생활상의 불이익을 비교·교량하여 결정하되, 전직에 따른 생활상의 불이익이 근로자가 "통상 감수하여야 할 정도를 현저하게 벗어난 것"이 아니라면 정당한 인사권의 범위 내에 속하는 것으로서 권리남용에 해당하지 않는다. 근로자 본인과 성실한 협의절차를 거쳤는지의 여부는 인사권의 정당한 행사인지 여부를 판단하는 하나의 요소라고 할 수는 있으나, 그러한 절차를 거치지 않았다는 사정만으로 권리남용에 해당하여 당연히 무효가 된다고는 볼 수 없다'는 것이 한국관광공사사건 판결(대판 1989. 2. 28, 86다카2567) 이후 우리 법원의 확고한 입장이기 때문이다(대판 1991. 9. 24, 90다12366; 대판 1991. 10. 25, 90다20428; 대판 1995. 5. 9, 93다51263; 대판 1997. 7. 22, 97다18165,18172; 대판 2009. 3. 12, 2007두22306 등). 한마디로, 전직으로 인해 다소간의 어려움은 있겠지만 일자리를 잃는 정도로 근로자에게 위험·불이익한 것은 아니니까 "어지간하면" 회사의 전직 명령에 따라야 한다는 것이고, 그 내용·형식(절차)은 사용자가 "알아서 적당하게" 처리하면 족하다는 이야기가 될 수 있다. 그러나 전직의 법적 근거조차 근로계약이 아니라 "원칙적으로 인사권자인 사용자의 권한"이라고 보는 한, 우리 근기법과 같은 실정법적 규제 조항을 갖지 못한 일본의 통설인 포괄적합의설을 넘어 오래 전에 잊혀져버린 것으로 알았던 경영전권(자유재량행위)설에 근접한 입장이 아닌가 싶을 정도로 문제가 심각해진다(참고로 전직의 법적 근거에 대해 일본 및 우리나라에서는 통상 자유재량행위설, 포괄적합의설, 근로계약설(순수근로계약설, 특약설) 및 배전명령권부인설 등이 논의되고 있지만, 전직을 명하는 인사권 행사를 근로계약과 별개의 경영권 내지 소유권에서 유래하는 사실행위(사용자의 완전재량사항)로 보아 그 유효여부를 따질 수 없는 성질의 것으로 파악하는 경영전권설은 학설상 연혁적 의미 외에는 특별한 가치를 갖지 못하는 소멸된 견해로 보는 것이 일반적이다).

초판 대상판결(대판 1995. 10. 13, 94다52928)은 잉여인력의 효율적 활용을 위해 행해진 전직처분은 업무상 필요성과 함께 전공, 경력 등에 비추어 그 대상 근로자를 선택한 점에서도 합리성을 인정하였다. 나아가 주거이전(구미에서 춘천으로) 등에 따른 불이익이 현저하고 중대할 뿐만 아니라 신의칙상 요구되는 의사반영 기회를 부여하는 진지한 대화 절차도 거치지 아니하여 인사권 남용에 해당되어 무효라고 판단한 원심(서울고판 1994. 9. 30, 94나5702)을 파기하면서, '서울 본사에 단신 부임하거나 가족을 대동하여 이사해야 하는 불이익은 근로자가 전직에 따라 통상 감수해야 할 범위 내의 불이익에 불과하다'고 보면서 오히려 '생활상 불이익을 해소하려고 정기적인 승진 대상자가 아니었음에도 승진발령까지 하였던 점'을 크게 부각시켰다. 이에 비해 2판 대상판결은 "전직 대상자 선택의 합리성"을 부각하면서 업무상 필요성에서 구체적·세부적인 판단기준을 몇 가지 제시한 측면에서 주목된다. 그러나 전직을 "원칙적으로 금지"하는 실정법 규율체계 및 제반 불이익을 "현저한 어려움"이라는 잣대로 배척하는 종래의 "무심함의 틀"을 벗어나지 못하고 있다.

3. 전직과 징계처분 및 불법행위

전직에는 징계로서의 성격을 갖는 경우(대판 1994. 5. 10, 93다47677; 대판 1997. 12. 12, 97다36316 등)도 있지만, 이에 더하여 근기법 제23조 제1항을 해석함에 있어서 전직 처분을 "징벌"의 일종으로 이해하는 견해가 있다. 그러나 해고보다 징벌성 특히, 위험·불이익이 상대적으로 덜한 전직에 대해서는 자칫 기업내 질서(업무상 필요성)와 근로자의 준수의무를 강조하는 판례법리가 당연한 것이 되기 쉬움에 주의할 필요가 있다. 전직 처분이 정당한 경우에는 이에 따르지 않는 근로자에게 징계처분이 내려질 수 있으며, 선행행위로서의 인사이동 조치와 후속조치로서의 징계처분이 상호 연계되어 그 정당성 및 법적 효력 여부가 다투어진다. 한편 부당한 해고처분이 불법행위도 구성할 수 있는 것처럼, 부당한 전직명령 역시 근로자에게 위법하게 정신적 고통을 가하는 경우 불법행위를 구성할 수 있다. 즉, 전직 처분이 우리의 "건전한 사회통념이나 사회상규상 도저히 용인될 수 없음이 분명한 경우"에는 위법하게 근로자에게 정신적 고통을 가한 것이 되어 불법행위를 구성한다(대판 2009. 5. 28, 2006다16215).

◆▸ 참고문헌

이철수·김인재·강성태·김홍영·조용만, 『로스쿨 노동법』, 오래, 2019.
조용만·김홍영, 『로스쿨 노동법 해설』, 오래, 2019.

33. 대기발령·직위해제의 법리

— 대법원 2007. 7. 23. 선고 2005다3991 판결(부당전보무효확인) —

I. 사실관계

원고(X)는 2000. 12. 1. Y1회사로부터 경영상 과원을 이유로 하는 대기발령처분을 받았고, 그러한 상태는 2002. 10.경 Y1회사가 Y2회사로 사업이 양도된 이후에도 지속되었다. Y2회사는 X등 소외 회사의 근로자들을 퇴사 후 재입사하는 형식으로 고용을 승계하면서 근로자들로부터 "종전의 근로조건과 동일한 대우를 해주기로 하되, Y1회사와의 고용관계와 관련하여 어떠한 권리주장이나 청구를 하지 않는다."는 내용의 고용제안서를 받았다. X는 부제소와 관련한 내용에 대해 한 차례 이의제기를 하였으나 최종적으로는 고용제안서의 원안대로 제출하였다. X는 Y2회사에 고용승계 된 이후에도 소제기시까지 2년여 이상 대기발령상태가 지속되었고, 이에 주위적으로 Y1회사의 대기발령처분의 무효를, 예비적으로 Y2회사의 대기발령처분의 무효를 주장하는 소송을 제기하였다(실제 사안에서는 Y1회사의 대기발령처분 이전에 있었던 별도의 전보처분 및 고용제안서 내용의 부제소합의의 효력, Y2회사의 X에 대한 대기발령처분의 존재여부 등에 대해서도 다루어졌으나 방론에 불과하므로 자세한 기술은 생략한다). 한편, Y2회사 취업규칙 제53조 제1호는 경영상 과원으로 인정된 자에 대해서 대기발령을 할 수 있음을, 제53조 제2호는 대기발령자에 대해서는 기본급 또는 그에 준하는 임금만을 지급한다는 점을, 제67조 제11호는 대기발령 후 3개월이 경과되도록 보직되지 아니한 자에 대해서는 해고한다는 규정을 두고 있다. 원심판결(서울고판 2004. 12. 1, 2004나15500)은 주위적 청구에 대해서는 부제소합의의 존재를 이유로 기각하였고, 예비적 청구에 대해서는 대기발령처분의 부존재를 이유로 각하하였다. 대법원은 주위적 청구에 관해서는 원심판결과 동일한 판단을 하였으나 예비적 청구에 대해서는 X의 주장을 "Y2회사가 (장기간)대기발령을 유지하면서 보직을 부여하지 않고 있는 것이 부당하다."는 취지로 선회하여 이에 대한 판단을 하였다.

II. 판결의 내용

대상판결은 "기업이 그 활동을 계속적으로 유지하기 위해서는 노동력을 재배치하거나 그 수급을 조절하는 것이 필수불가결하므로, 대기발령을 포함한 인사명령은 원칙적으로 인사권자인 사용자의 고유권한에 속한다 할 것이고, 따라서 이러한 인사명령에 대하여는 업무상 필요한 범위 안에서 사용자에게 상당한 재량을 인정하여야 하지만, 대기발령이 일시적으로 당해 근로자에게 직위를 부여하지 아니함으로써 직무에 종사하지 못하도록 하는 잠정적인 조치이고, 근기법 제30조 제1항(현행 §23 ①)에서 사용자는 근로자에 대하여 정당한 이유 없이 전직, 휴직, 기타 징벌을 하지 못한다고 제한하고 있는 취지에 비추어 볼 때, 사용자가 대기발령 근거규정에 의하여 일정한 대기발령사유의 발생에 따라 근로자에게 대기발령을 한 것이 정당한 경우라고 하더라도 당해 대기발령 규정의 설정 목적과 그 실제 기능, 대기발령 유지의 합리성 여부 및 그로 인하여 근로자가 받게 될 신분상·경제상의 불이익 등 구체적인 사정을 모두 참작하여 그 기간은 합리적인 범위 내에서 이루어져야 하는 것이고, 만일 대기발령을 받은 근로자가 상당한 기간에 걸쳐 근로의 제공을 할 수 없다거나, 근로제공을 함이 매우 부적당한 경우가 아닌데도 사회통념상 합리성이 없을 정도로 부당하게 장기간 동안 대기발령 조치를 유지하는 것은 특별한 사정이 없는 한 정당한 이유가 있다고 보기 어려우므로 그와 같은 조치는 무효라고 보아야 할 것이다."고 하면서 "Y1회사가 경영형편상 과원을 이유로 이 사건 대기발령처분을 한 것 자체는 업무상 필요한 범위 안에서 이루어진 것으로서 정당한 이유가 있었다고 보더라도 그 이후 장기간에 걸쳐 대기발령처분을 그대로 유지하고 있다가 Y2회사가 2002. 10. 11.경 사실상 Y1회사와 X 사이의 고용관계를 그대로 승계하면서 X와 명시적으로 고용계약까지 체결한 이상 경영형편상 과원이라고 보기 어려우므로 X에 대한 대기발령사유는 일응 해소되었다고 볼 것인데, 그 이후에도 X에게 아무런 직무도 부여하지 않은 채 기본급 정도만을 수령하도록 하면서 장기간 대기발령 조치를 그대로 유지한 것은 특별한 사정이 없는 한 정당한 사유가 있다고 보기 어렵다."고 하여 Y2회사가 2002. 10. 11.경 이후

에도 X에 대한 대기발령을 그대로 유지한 조치는 특별한 사정이 없는 한 무효라고 판결하였다.

Ⅲ. 해설

1. 대기발령과 징계

대기발령은 근로자 개인 혹은 사용자의 경영상 사정으로 당해 근로자에게 기존의 직무를 계속적으로 담당하게 하는 것이 불가능하거나 부적당한 경우에 장래의 업무상의 장애를 예방하기 위하여 일시적으로 당해 근로자에게 직위를 부여하지 아니함으로써 직무에 종사하지 못하도록 하는 잠정적인 조치로서 보직의 해제를 의미한다. 사법실무는 일반적으로 대기발령에 대해서 사용자의 고유한 인사권의 행사로 보면서 업무상 필요한 범위 안에서 사용자에게 상당한 재량을 인정하고 있다. 그런데 대기발령의 처분에 따라서는 근로자에게 불이익한 경우도 있고, 그 경우에는 근기법 제23조 제1항이 적용되어야 하므로 사용자의 권한행사를 제한할 필요성의 차원에서라도 인사권행사로서의 대기발령과 징계로서의 대기발령을 구분할 필요가 있다. 그러나 기업실무나 사법실무에서는 이를 명확히 구별하고 있지는 않다. 즉, 기업에서는 취업규칙에 대기발령의 사유를 본래적 의미의 대기발령의 업무상의 필요성이 있는 사유와 징계의 사유를 명확히 구분하여 규정하지도 않고, 대기발령 자체를 징계의 한 종류로 규정하기도 하는 등 임의적으로 적용·사용한다. 대법원도 대기발령이 장래에 있어서 예상되는 업무상의 장애를 예방하기 위한 조치라는 점에서 과거의 근로자의 비위행위에 대하여 기업질서 유지를 목적으로 행하여지는 징벌적 제재로서의 징계와는 그 성질이 다르다(대판 1996. 10. 26, 95

누15926)고 하면서도 실제로는 사용자가 취업규칙에서 구분하여 규정한 내용을 그대로 인정하는 형태로 별다른 구분을 하지 않고 있다. 대상판결의 경우는 경영상의 과원을 이유로 한 대기발령으로 전형적인 대기발령사유에 따른 처분이다. 다만 그에 따라 근로자가 입는 불이익의 측면에서 근기법 제23조 제1항의 적용여부가 문제된다.

2. 인사권의 행사와 근기법 제23조 제1항의 적용

일반적으로 법원은 대기발령과 같은 사용자의 인사권의 행사에 대해서는 상당한 재량을 인정하고 있다. 이와 같은 법원의 태도는 사용자의 인사권에 대응하는 근로자의 근로권과 비교해볼 때 사용자의 권리에 경도되었다는 비판을 받는다. 헌법은 근로관계에서의 인간의 존엄성을 보장하고 있으므로 그와 같은 취지가 경시되어서는 안 되며, 이에 따라 사용자의 인사권을 제한하는 구체적인 규정이 근기법 제23조 제1항이다. 이 규정은 "사용자는 '정당한 이유 없이' 해고, 휴직, 정직, 전직, 감봉 그 밖의 징벌을 하지 못한다."고 규정한다. 이 규정은 해고 등 사용자의 인사상 불이익 처분으로부터 근로자를 보호하기 위한 일반조항으로서의 성격을 갖는다. 규정상의 인사처분은 불이익처분의 예시에 불과하고, 그 외 어떠한 명칭 여하에 불구하고 개별 근로자에 대한 불이익처분으로서의 성질을 가지는 사용자의 처분이라면 이 규정의 적용을 받는다. 따라서 대기발령의 경우도 그에 따라 근로자가 불이익을 입는 경우라면 이 조항의 적용을 받는다. 대상판결도 이를 인정하고 있다.

3. 대기발령의 정당성

대기발령도 개별 근로자에 대한 인사상 불이익처분인 이상 그것이 유효하려면 정당한 이유가 있어야 하며, 여기에는 실체적·절차적 정당성 모두를 포함한다. 실체적 정당성에 대한 판단요소로 판례에 따르면 우선, 대기발령의 사유가 취업규칙(혹은 단체협약)에 근거가 있어야 하고, 그 사유 자체가 적법하여야 한다. 다음으로, 대기발령사유 해당성이다. 판례는 대기발령(직위해제)의 경우 "대기발령사유가 존재하는 근로자에 대하여 대기발령처분 외의 다른 처분을 하도록 강제할 수 있는 것이 아닌 점 등에 비추어, 근로자에 대한 대기발령처분의 정당성은 근로자에게 당해 대기발령사유가 존재하는지 여부나 대기발령에 관한 절차규정을 위반한 것이 당해 대기발령처분을 무효로 할만한 것이냐에 의하여 판단할 것이다(대판 1996. 10. 29, 95누15926)."고 하여 이 요소를 중시하고 있다. 마지막으로, 판례는 대기발령이 인사권의 행사라는 점을 살려 '대기발령의 업무상의 필요성과 그에 따른 근로자의 생활상의 불이익과의 비교교량'이라는 기준을 통해 판단하고 있다(대판 2002. 12. 26, 2002두8011). 이에 대해서는 판례가 인사권행사의 정당성 판단 과정에서 사법상의 권리남용금지의 법리를 채택하고 있다고 하면서 이는 근기법 제23조 제1항의 규정취지를 제대로 살리고 있지 못하다는 비판이 있다(박홍규, 288쪽).

한편, 대상판결은 대기발령처분의 기간에 대한 평가를 통해 대기발령사유의 해당성 여부를 판단하고 있다. 이에 따라 다른 유형의 대기발령 사안에 대한 정당성 판단요소와는 달리 당해 대기발령 규정의 설정 목적과 그 실제 기능,

대기발령 유지의 합리성 여부 등을 판단요소로 추가하고 있다. 그에 따라 사용자가 대기발령 근거규정에 의하여 일정한 대기발령사유의 발생에 대해 근로자에게 대기발령을 한 것이 정당한 경우라고 하더라도 그 기간은 합리적인 범위 내에서 이루어져야 하는 데, 만일 대기발령을 받은 근로자가 상당한 기간에 걸쳐 근로의 제공을 할 수 없다거나, 근로제공을 함이 매우 부적당한 경우가 아닌데도 사회통념상 합리성이 없을 정도로 부당하게 장기간 동안 대기발령 조치를 유지하는 것은 특별한 사정이 없는 한 정당한 이유가 있다(대기발령사유가 있다)고 보기 어렵다고 하여 그와 같은 조치를 무효로 보고 있다.

그 외 또 다른 인사권행사인 휴직명령에 있어서도 대법원은 합리적인 수준에서 휴직기간을 제한하고 있다. 즉, 대법원은 "사용자의 취업규칙이나 단체협약 등의 휴직근거규정에 의하여 사용자에게 일정한 휴직사유의 발생에 따른 휴직명령권을 부여하고 있다 하더라도 그 정해진 사유가 있는 경우 당해 휴직규정의 설정 목적과 그 실제 기능, 휴직명령권 발동의 합리성 여부 및 그로 인해 근로자가 받게 될 신분상 경제상의 불이익 등 구체적인 사정을 모두 참작하여 근로자가 상당한 기간에 걸쳐 근로의 제공을 할 수 없다거나, 근로제공을 함이 매우 부적당하다고 인정되는 경우에만 정당한 이유가 있다"고 하여 구속에서 해제된 근로자에 대해 휴직명령을 계속 유지한 회사의 처분을 무효로 보았다(대판 2005. 2. 18, 2003다63029).

4. 대상판결의 평가

대상판결은 대기발령 등 사용자의 인사권에 해당하는 영역에 대해 그간 막연히 사용자에게 상당한 수준의 재량이 있다는 인식에서 벗어나 최소한 일정한 한계가 있음을 구체적으로 확인시켜준 판결이다. 사용자는 인사권과 관련하여 대기발령제도를 둘 것인지, 징계 혹은 인사의 장 어디에 둘 것인지, 대기발령사유와 기간을 어떻게 할 것인지 등 다양한 부분에 있어서 포괄적인 권한을 행사할 수 있다. 그러나 그러한 처분이 근로자에게 불이익한 처분으로 다가서는 이상, 근기법 제23조 제1항의 적용에 따른 일정한 제한을 받게 되고, 이 규정의 취지는 실제 사안에 있어서 적극적으로 반영되어야 한다. 대기발령의 기간을 합리적인 수준에서 제한한 이 판결을 기화로 다른 인사권행사의 영역에 있어서도 위 규정으로 구현되는 근로자의 근로권이 적정한 수준에서 보장되도록 합리적인 판결이 이루어져야 할 것이다.

◆ 참고문헌

김성진, "대기발령의 법적성질과 정당성", 『노동법학』 제26호, 한국노동법학회, 2008.
도재형, "직위해제에 이은 당연퇴직의 정당성", 『조정과 심판』 제18호(2004년 여름호), 중앙노동위원회, 2004.
박홍규, 『고용법·근로조건법』, 삼영사, 2005.
정영훈, "제재적 목적의 대기발령의 법적성질 및 정당성 판단", 『2011 노동판례비평』, 민주사회를 위한 변호사모임, 2012.

34. 징계에 선행하는 직위해제처분의 구제이익

– 대법원 2010. 7. 29. 선고 2007두18406 판결(부당해고구제재심판정중직위해제부분취소) –

강선희(경기지방노동위원회)

Ⅰ. 사실관계

사용자(Y)는 근로자(X)가 노동조합 중앙위원 및 여성위원장으로 활동하던 중 노동조합 인터넷 게시판에 Y의 이사장을 모욕하는 내용의 글을 게시하여 직원의 의무를 위반하고 품위를 손상하였다는 사유로 2005. 1. 26. 인사규정('직무수행능력이 현저히 부족하거나 근무성적과 태도 극히 불량한 자')에 따라 직위해제를 한 후 같은 사유로 2005. 3. 7. 해고하였다. Y의 인사규정은 직위해제의 경우 승진·승급에 제한을 가하고, 보수규정은 직위해제기간 중 보수의 20%(3개월 경과 시 50%)를 감액하도록 정하고 있다. X는 서울지방노동위원회에 부당직위해제·부당해고 및 부당노동행위 구제신청을 하였고, 서울지방노동위원회는 X의 부당직위해제·부당해고 구제신청을 인용하여 구제명령을 하는 반면 부당노동행위는 기각하였다. 중앙노동위원회는 초심명령 중 직위해제 부분을 취소하고, 부당해고 및 부당노동행위는 초심을 유지하였으며, X와 Y는 각각 직위해제와 부당해고에 대해 행정소송을 제기하였다. 서울행정법원은 직위해제처분과 같은 사유로 해고하였으므로 원래의 직위해제처분은 그 효력을 상실하였으므로 구제신청의 이익이 없다고 판단하여 X의 청구를 기각하였고, 항소심인 서울고등법원도 1심 판결 이유를 그대로 인용하여 X의 청

구를 기각하였으나 대상판결은 아래의 판결 내용으로 원심을 파기하고 환송하였다. 한편 Y의 부당해고 재심판정 취소소송의 경우 서울행정법원은 구제명령을 발한 재심판정을 유지한 반면 서울고등법원은 Y의 청구를 받아들여 1심 판결을 취소하였으나 대법원(대판 2010. 7. 29, 2007두18437)은 원심을 파기·환송하여 종국적으로 X가 승소하였다.

Ⅱ. 판결의 내용

직위해제처분은 근로자로서의 지위를 그대로 존속시키면서 다만 그 직위만을 부여하지 아니하는 처분이므로 만일 어떤 사유에 기하여 근로자를 직위해제한 후 그 직위해제 사유와 동일한 사유를 이유로 징계처분을 하였다면 뒤에 이루어진 징계처분에 의하여 그 전에 있었던 직위해제처분은 그 효력을 상실한다. 여기서 직위해제처분이 효력을 상실한다는 것은 직위해제처분이 소급적으로 소멸하여 처음부터 직위해제처분이 없었던 것과 같은 상태로 되는 것이 아니라 사후적으로 그 효력이 소멸한다는 의미이다. 따라서 직위해제처분에 기하여 발생한 효과는 당해 직위해제처분이 실효되더라도 소급하여 소멸하는 것이 아니므로, 인사규정 등에서 직위해제처분에 따른 효과로 승진·승급에 제한을 가하는 등의 법률상 불이익을 규정하고 있는

경우에는 직위해제처분을 받은 근로자는 이러한 법률상 불이익을 제거하기 위하여 그 실효된 직위해제처분에 대한 구제를 신청할 이익이 있다.

Ⅲ. 해설

1. 직위해제와 구제이익의 의의와 법적 쟁점

직위해제는 일반적으로 근로자가 직무수행 능력이 부족하거나 근무성적 또는 근무태도 등이 불량한 경우, 근로자에 대한 징계절차가 진행 중인 경우, 근로자가 형사 사건으로 기소된 경우 등에 있어서 당해 근로자가 장래에 있어서 계속 직무를 담당하게 될 경우 예상되는 업무상의 장애 등을 예방하기 위하여 일시적으로 당해 근로자에게 직위를 부여하지 않음으로써 직무에 종사하지 못하도록 하는 잠정적인 조치로서의 보직 해제를 말한다. 인사실무에서는 보직대기, 대기발령 등 다양한 명칭을 사용하는 경우가 있으나 '직위를 박탈하여 직무수행을 못하게 하는 것'이 직위해제의 본질적인 내용이므로 그 명칭과 관계없이 취지상 이와 같다면 직위해제에 포섭하여 판단하면 된다. 실무에서 직위를 박탈하는 직위해제 후 새로운 직무에 종사하지 못하게 하는 대기를 명함으로써 양자가 일체로 행해지는 경우가 많다.

한편 근로자가 사용자로부터 직위해제 및 부당해고 등을 당하여 노동위원회에 구제를 신청하는 경우 구제신청의 이익이 있어야 하는데, 구제이익(구제신청의 이익)이란 부당해고등에 관하여 노동위원회의 공권적 판단(구제명령)을 구하기 위하여 가지고 있어야 하는 구체적 이익 내지 필요를 말한다. 이러한 구제이익은 구제신청의 요건 중 하나이므로 이를 갖추지 못

했거나 사건 진행 중 신청요건을 상실하면 구제절차를 유지할 수 없게 되어 구제신청은 각하된다. 노동위원회규칙 제60조 제1항은 '신청하는 구제의 내용이 법령상이나 사실상 실현할 수 없거나 신청의 이익이 없음이 명백한 경우'에 '각하'하도록 정하였다. 직위해제 후 다시 직위를 부여받았다면 그 직위는 이미 회복되어 직위해제처분은 실효되었으므로 원칙적으로 직위해제의 부당성을 구할 구제신청의 이익이 존재하지 않는다. 다시 말하면 직위의 부여로 근로자의 구제신청의 목적이 달성된 것이다. 이는 부당해고를 다투던 중 복직명령을 받아 근로자 지위가 회복됨으로써 부당해고 구제절차를 유지할 필요가 없는 이치와 같다. 또한 직위해제 후 직위를 부여받거나 징계 등으로 그 상태가 해소되고, 그 기간 중 인사상·임금상의 불이익이 없다면 이와 같은 경우에도 구제절차를 유지할 필요가 없어 구제이익이 없다. 그런데 직위해제 후 다시 직위를 부여받았더라도 직위해제기간 중 인사상·임금상 등의 불이익이 상당하여 직위해제처분의 취소를 구할 필요가 있을 수 있고, 대상판결의 사안처럼 직위를 부여받은 것이 아니라 직위해제와 같은 사유로 징계처분을 받아 직위해제가 실효된 경우에도 그 직위해제로 발생한 불이익을 제거하기 위해 이의 취소를 구할 이익이 있을 수 있다. 따라서 아래에서는 어떠한 경우에 구제이익이 있다고 볼 것인지를 구체적으로 살펴본다.

2. 징계에 선행하는 직위해제와 구제이익의 유무

징계에 선행하는 직위해제와 관련하여 구제이익이 다투어진 사안에서 대상판결과 같이 구제이익이 있다고 본 사례가 있는 반면 구제이

익이 없다고 본 하급심 사례도 있는데, 그 차이가 어디서 비롯되었는지를 살펴본다. 직위해제 내지 대기발령 후 직무가 다시 부여되거나 징계 및 인사조치 등으로 직위해제의 효력이 소멸하였거나 그 상태가 해소되었더라도 기왕의 직위해제로 발생한 효과까지 소급적으로 소멸하는 것은 아니므로 이로 인해 직위해제기간 중 승진·승급에 제한을 받는 등의 법률상의 불이익을 입었다면 구제이익이 있다. 더욱이 일정한 경우에 직위해제를 기초로 직권면직처분을 받을 가능성까지 있고, 실제 직위해제 후 직무미부여로 직권면직된 경우 선행하는 직위해제의 적법성 여부가 직권면직의 정당성 여부에 영향을 미칠 수 있으므로 근로자는 직권면직과 별도로 직위해제에 따른 법률상 불이익을 제거하기 위해 이에 대한 구제를 신청할 이익이 있다. 대부분의 사례는 이에 속하고, 구제이익이 있음을 전제로 직위해제의 정당성을 판단하고 있는 경우가 많다. 그런데 위와 같이 승진·승급의 제한 등의 인사상 불이익이 아니라 오로지 직위해제기간 중 급여 감소 등 임금상의 불이익만 있는 경우 구제이익이 있는지가 문제될 수 있다. 일부 하급심(서울고판 2009. 12. 17, 2009누13193)은 대기발령 중 임금 등의 경제적 불이익은 임금청구소송 등 민사소송을 제기하여 구제받을 수 있으므로 대기발령을 해제하고 전보발령을 통해 새로운 직위를 부여하였다면 이의 구제를 신청할 이익이 없다고 판시하였다. 그러나 이 판결은 대상판결이 나오기 전의 것으로 대상판결과도 배치되고, 더욱이 해고기간 중의 임금 상당액 지급명령 및 금품지급명령의 독자적 이익을 인정하는 전원합의체 판결(대판 2020. 2. 20, 2019두52386)의 취지에 비추어 보면 그대로 유지되기 어려울 것으로 보인다.

한편 실무에서 대상판결이 원용하고 있는 판례(대판 1997. 9. 26, 97다25590)를 구제이익이 없다고 판단한 것으로 오해하는 경우도 종종 발견된다. 이는 근무지 이탈 등 복무규정 위반으로 징계의결 요구 중이라는 사유로 직위해제하였다가 뒤이어 직위해제 사유와 같은 사유로 해고되었으나 이에 대해 구제신청을 하여 노동위원회로부터 부당해고의 인정 및 원직복직명령을 받고 복직한 근로자가 해고처분 이후 복직 시까지 지급받지 못한 임금을 청구한 사건이다. 이 사안에서 대법원은 "어떠한 사유에 의하여 근로자를 직위해제한 후 직위해제 사유와 동일한 사유를 이유로 그 근로자를 해임한 경우는 그 해임처분으로써 원래의 직위해제처분은 그 효력을 상실하게 된다."라고 판시하면서 해고기간 중 임금액을 산정함에 있어 효력을 상실한 직위해제처분을 고려하지 않고 정상적인 근무 상태에서의 임금을 기초로 계산해야 한다고 판단하였다. 타당한 결론인데 해임처분으로 인해 '원래'의 직위해제처분이 실효한다는 표현 때문에 위와 같은 오해를 한 것으로 보인다.

3. 직위해제 무효 확인의 이익과 구제이익

직위해제의 무효를 다투는 소송에서 확인의 이익이 없다고 각하판결을 하는 경우가 더러 있다. 예컨대 대판 2007. 12. 28, 2006다33999 사건에서 대법원은 직위해제 후 정직처분을 받았으므로 직위해제의 효력을 상실하였고, 직위해제에 따른 임금 감소로 인한 불이익과 관련하여 직위해제처분 무효 확인을 구하는 것이 가장 유효·적절한 수단이 될 수 없다는 취지에서 그 무효 확인을 구할 이익이 없다고 판단하였다. 반면 대판 2018. 5. 30, 2014다9632 사건에서 대법원은 대기처분으로 인사(승진·승급)

와 급여에서 불이익을 입고, 대기처분 후 6개월 보직 미부여로 자동해임처분을 받은 경우 대기처분의 적법성 여부가 자동해임처분의 사유에도 직접 영향을 미치므로 여전히 이러한 불이익을 받는 상태에 있는 근로자로서는 자동해임처분과 별개로 대기처분의 무효 여부에 관한 확인 판결을 받음으로써 유효·적절하게 자신의 현재의 권리 또는 법률상의 지위에 대한 위험이나 불안을 제거할 수 있다고 보아 확인의 이익을 인정하였다. 통상적으로 확인의 소는 현재는 권리 또는 법률상의 지위에 관한 위험이나 불안을 제거하기 위하여 허용되지만, 과거의 법률관계도 현재의 권리 또는 법률상의 지위에 영향을 미치고 있고 현재의 권리 또는 법률상 지위에 대한 위험이나 불안을 제거하기 위하여 그 법률관계에 관한 확인판결을 받는 것이 유효·적절한 수단이라고 인정될 때에만 확인의 이익이 있다(대판 2010. 10. 14, 2010다36407

등)고 보고 있다. 즉 판결을 할 때 제거할 법적 불안이나 위험이 없으면 확인의 이익이 없고, 임금 감소 등의 경제적 불이익은 직접적인 권리구제 방법인 임금지급을 구하거나 손해배상을 구하는 등의 '이행의 소'를 제기하여야 한다는 입장이다. 따라서 위와 같은 각하판결은 확인의 소에서 '확인의 이익'과 관련한 성질에서 비롯된 것이므로 '구제이익'과는 차별성이 있고, 이와 같은 직위해제처분 무효확인소송에 적용되는 '확인의 이익'의 법리를 부당직위해제구제신청에 원용하여 '구제이익'이 없다고 볼 것은 아니다.

◆ 참고문헌

도재형, "해고에 선행하는 직위해제처분의 구제이익", 『노동법률』 제232호, 중앙경제사, 2010.
박수근, "직위해제의 노동법상 쟁점과 해석", 『노동법학』 제26호, 한국노동법학회, 2008.

35. 전적의 정당성 판단기준

– 대법원 1993. 1. 26. 선고 92다11695 판결(해고무효확인등) –

문무기(경북대 법학전문대학원)

Ⅰ. 사실관계

Y그룹은 그룹차원에서 일괄 채용한 인력을 각 계열사에 배정한 후, 그룹기획조정실이 계열사별로 인력의 과부족 현황을 파악하여 그 충원계획을 수립하고 잉여인원에 대해 그룹차원에서 이를 취합하여 다른 계열회사로 전출시키는 등 인사관리를 시행했다. 계열사 사이 전출·입의 경우 당해 사원의 명시적·묵시적 동의를 받고 시행하였다. 원고(X)는 1986. 2.경 대졸 관리직사원의 공개채용을 통해 피고 Y1회사에 배치된 후 인천공장 에어콘개발팀 소속 대리(전기직)로 근무하였다. 한편 1990. 2.경 소형승용차 생산팀에 합류할 전기직 경력 사원을 충원하고자 Y그룹기획조정실과 협의한 그룹 계열사 Y2회사는 X를 적임자로 판단하였고, Y1회사가 X와 아무런 상의 없이 3. 21. 그룹기획조정실에 인사발령 의뢰를 하여 기획조정실이 X를 전출시키는 인사발령을 행하였다. X는 위 인사조치가 사전 협의·동의 없이 이루어져 부당하다는 이유로 Y2회사에의 부임을 거부하면서 Y1회사로 계속 출근하였고, Y1회사는 인사위원회를 개최하여 인사명령 불응을 이유로 정직 4주의 징계조치를 취하였다. X는 징계위원회 개최일 08:00경 Y그룹센터빌딩 정문에서 그룹의 인사관리 실태에 항의하는 유인물을 배포하고, 정직기간 만료 후에도 Y2회사로의 부임

을 계속 거부하였다. 이에 Y1회사는 다시 징계위원회를 개최하여 정당한 인사명령 불응과 유인물 배포를 통한 회사 비방을 사유로 X를 해고하였다.

Ⅱ. 판결의 내용

1) 근로자를 그가 고용된 기업으로부터 다른 기업으로 적을 옮겨 다른 기업의 업무에 종사하게 하는 이른바 전적은 종래 기업과의 근로계약을 합의해지하고 이적할 기업과 사이에 새로운 근로계약을 체결하는 것이거나 근로계약상 사용자의 지위를 양도하는 것이므로, 동일기업 내 인사이동인 전근·전보와 달라 특별한 사정이 없는 한 근로자의 동의를 얻어야 효력이 생기는 것인바, 사용자가 근로자의 동의를 얻지 않고 기업그룹 내의 다른 계열회사로 근로자를 전적시키는 관행이 있어서 그 관행이 근로계약의 내용을 이루고 있다고 인정하기 위해서는 그와 같은 관행이 기업사회에서 일반적으로 근로관계를 규율하는 규범적인 사실로서 명확히 승인되거나, 기업의 구성원이 일반적으로 아무런 이의도 제기하지 아니한 채 당연한 것으로 받아들여 기업 내에서 사실상의 제도로서 확립되어 있지 않으면 안 된다.

2) 근로자의 동의를 전적의 요건으로 하는 이유는 근로관계에 있어서 업무지휘권의 주체

가 변경됨으로 인하여 근로자가 받을 불이익을 방지하려는 데에 있다고 할 것인바, 그룹 내의 기업에 고용된 근로자를 다른 계열기업으로 전적시키는 것은 형식적으로는 사용자의 법인격이 달라지게 된다 하더라도 실질적으로 업무지휘권의 주체가 변동된 것으로 보기 어려운 면이 있으므로, 사용자가 기업그룹 내부의 전적에 관하여 미리(근로자가 입사할 때 또는 근무하는 동안에) 근로자의 포괄적인 동의를 얻어 두면 그때마다 근로자의 동의를 얻지 아니하더라도 근로자를 다른 계열기업으로 유효하게 전적시킬 수 있다.

3) 구 근기법 제22조(현행 §17, 근로조건의 명시)와 동법 시행령 제7조(현행 §8) 제1호의 규정취지에 비추어볼 때, 사용자가 기업그룹 내 전적에 관해 근로자의 포괄적 사전동의를 받는 경우에는 전적할 기업을 특정하고(복수기업이라도 좋다) 그 기업에서 종사해야 할 업무에 관한 사항 등 기본적 근로조건을 명시하여 근로자의 동의를 얻어야 된다.

Ⅲ. 해설

1. 대상판결의 의의

평석대상판결은 기업집단내 계열사 사이의 전적에 대하여 근로자의 포괄적 사전동의가 있었다는 기업측의 주장을 배척하고, 전적명령 거부 및 이를 이유로 한 징계위원회의 소집에 항의하는 유인물의 무단배포를 징계사유로 삼은 해고의 정당성을 부정한 원심(서울고판 1992. 2. 19, 91나13436)을 인용한 대법원 판결이다. 다만, 기업간 전직의 유형이라 할 수 있는 전적(轉籍)이라도 기업집단 내에서 통상 이루어진 경우에는 기업내 전직(배치전환)과 유사한 논리에서 근로자의 구체적·개별적 동의에 갈음할 수 있는 사전적·포괄적 동의의 유효성을 인정하되, 그 요건을 엄격히 해석하여 계열회사간 전적이 20여 년간 계속되어 시행되어 왔고 현존 관리직 사원의 30% 이상이 전적되었으며, 입사시 근로자가 제출한 서약서에 "전근, 출장 기타 귀사의 명령에 대해서는 불평없이 절대 복종하겠습니다."라고 기재되었다 하더라도 이를 전적에 대한 포괄적 사전동의로 볼 수 없다고 배척하였다. 특히 전적에 대한 근로자의 포괄적 사전동의의 요건을 '전적할 기업을 특정하고, 그 기업에서 종사해야 할 업무에 관한 사항 등 기본적 근로조건을 명시하여 근로자에게 동의를 얻어야 할 것'으로 명시한 부분이 주목된다.

2. 전적의 개념

전적(轉籍)이란 기업집단 내 특정 계열사에서 다른 계열사로 근로자의 소속을 변경하는 경우와 같이, 근로계약상 사용자 변경을 수반하는 인사조치를 말한다. 근로계약상 일방 당사자인 사용자가 변경된다는 측면에서, 근로자의 업무 내용·장소만 변경될 뿐 사용자 변경이 없는 배치전환(전직)과 구분된다. 그러나 이와 달리 '포괄적 개념으로서의 인사이동인 전직(轉職, Worker-Transfer) 가운데에서 근로계약상 당사자, 즉 근로제공자와 지휘·명령자의 관계가 변경되는 기업간 전직 중에서도 근로관계상 당사자가 형식적 측면뿐 아니라 실질적으로도 변경되는 것을 말하며, 따라서 기업간 전직의 유형 중에서 형식적 측면에서만 근로관계상 당사자가 변경되지 않을뿐 실질적으로는 근로제공을 받는 당사자로서의 사용자가 변경되는 전출(轉出)과는 구별되는 개념'으로 이해하는 필자와 같은 견해도 있다.

일반적으로 기업간 전직은 기업집단내 계열
사 또는 특정기업의 자회사 내지 협력사로의
인사이동이 빈번히 이루어지고 있으나, 계열사
상호간의 인사이동보다는 기업집단 본부(그룹
기획조정실 등)와 계열사 사이의 이동이 중심
이 되고 있다. 또 근로자의 소속이 당초 그룹
기획조정실로 되어 있다가 계열회사로 이동하
는 경우보다는 특정 계열회사에 소속된 근로자
가 그룹 기획조정실로 파견되는 형태가 빈발하
며, 이러한 경우에는 전출과 유사한 형태를 취
하는 경우가 많다고 한다. 반면 계열사 상호간
인력이동의 경우에는 소속 회사의 변경을 수반
하게 되므로 전형적인 전적에 해당된다. 다만
일단 전적이 이루어지면, 그에 따른 근로조건은
크게 변화됨이 없이 대체로 종전과 거의 동일
하게 유지되는 것이 일반적이다. 이에 따라 전
적 내지 전출에 대해서도 "실질적으로 업무지
휘권의 주체가 변동된 것으로 보기 어려운" 측
면을 고려하여 근로자의 구체적 동의 등 '기업
간' 전직의 요건이 아니라 배치전환과 같은 '기
업내' 전직의 법리에 따른 포괄적·사전적 동의
등으로 그 정당성 요건 충족 여부를 판단하는
경우가 적지 않다.

그러나 이러한 현실은 오히려 전적을 기업
내 전직과 구별하여 근기법 제23조와 무관한
민법 제657조에 근거하여 규율하고 있는 종전
판례법리의 변경을 요청하게 되는 중요한 근거
가 될 수 있다. 즉, 노동보호법의 특수성을 고
려할 때 근기법 제23조가 명시적으로 규율하는
전직의 범위 내에 위와 같은 '형식적 전적·전
출(≒사실상 기업간 전직(배치전환))'을 포함하
여 엄격히 규율하는 것이 타당할 것이다.

3. 전적의 정당성 판단기준

전적의 유효요건으로서 우리 법원은 전통적
으로 '근로자의 동의'를 요구하고 있다. 그러나
민법 제657조의 취지와 근로자의 불이익성에
주목하여 이를 명확히 제시하는 경우 –'전직'
이라 표현하고 있지만 사안의 내용상 전적에
관한 최초의 대법원 판결이라 추정할 수 있는
삼경복장(주)사건(대판 1989. 5. 9, 88다카
4918) 등 참조– 도 있지만, 평석대상 판례와
같이 민법 규정을 명시적으로 언급하지는 않으
면서 전적의 특성(종전 근로계약의 해지 및 이
적 기업과의 근로계약 체결 또는 근로계약상
사용자 지위 양도)에 기초하여 "특별한 사정이
없는 한 근로자의 동의를 얻어야 효력이 생기
는 것"임을 적시하는 경우(대판 1994. 6. 28,
93누22463)도 있다. 더구나 이러한 근로자의
동의는 개별적·구체적 동의가 아니라 사전적·
포괄적 동의를 의미하는 것으로 인식되고 있는
데, 대상판결과 같이 기업간 전직이라 하더라도
실질적으로 배치전환과 유사한 정도로 일상적·
관행적으로 인사교류가 빈번하게 이루어지는
기업집단내 전적의 경우에는 업무지휘권의 변
동이 사실상 없는 것으로 보아 근로자의 포괄
적 사전동의가 있다면 개별 사안마다 개별적으
로 근로자의 동의를 받지 않아도 되는 것으로
파악하고 있다.

그러나 이러한 접근방법은 근기법 제23조의
전직에 전적을 포함시키지도 않으면서 민법상
근로자의 동의라는 요건마저 지나치게 유연화
함으로써 사실상 기업의 편의에 따른 인사이동
의 가능성을 확대시킬 뿐만 아니라, 근로자의
고용상 지위의 불안정 내지 근로조건의 열악화
를 초래할 우려를 낳고 있다. 그나마 대상판결

등에서는 구체적인 동의 방법에 있어서 '전적 기업의 특정 및 근로조건의 명시'라는 요건을 제시하고 있는데, 이는 근기법 제17조 및 동법 시행령 제8조에 기초한 근로조건 명시원칙에 따라 근로자에 의해 이루어지는 사전적·포괄적 동의의 범위를 일정 부분 제한하는 최소한의 안전장치라고 하겠다(대판 1996. 5. 10, 95다42270; 대판 1996. 12. 23, 95다29970 등).

한편 포괄적 사전동의가 유효하기 위한 특별한 사정으로서 노사관계상 확립된 관행이 존재하는 경우 이를 전적의 법적 근거로 인정하되, 그 정도에 있어서는 평석대상판결과 같이 "다른 기업에로의 전직과 관련하여 근로계약의 내용을 이루고 있다고 할 정도로 명확히 승인되거나 확립된 관행이 당해 기업에 존재하는 경우"로 엄격히 한정하고 있다. 현재까지 전적 관행의 유효성을 인정한 사례는 없는 것으로 파악되고 있다(대판 2006. 1. 12, 2005두9873 등). 다만, "전적에 따르기로 하여 회사를 퇴직하는 절차를 마치고 타사에 취업하는 서류를 작성·제출한 후 2개월 동안이나 정상적으로 근무하였다면, 그 과정에서 전적에 대하여 동의를 보류하는 의사를 표시하거나 전적을 거부하는 경우에 징계 등 제재를 받게 될 것이라는 위협을 받아 부득이 전적한 것이라는 등의 특별한 사정이 없는 한, 위와 같은 행동은 전적에 대한 동의를 전제로 행해진 것이라고 봄이 논리와 경험의 법칙에 합치된다. 회사가 근로자에게 아무런 업무도 부여하지 않았고 전적을 거부함으로 인해 징계 등 제재사유가 되는 것을 단순히 염려하였다는 사정만으로는, 일시적인 현상유지의 방편으로 전적절차를 밟았을 뿐 전적에 동의한 것이 아니라고 보기 어렵다."고 판시한 사례(대판 1993. 1. 26, 92누8200)도 있다.

그러나 배치전환의 경우와 달리 전적, 전출(파견) 등 기업간 전직에 대해서는 상대적으로 기업의 업무상 필요성 내지 근로자측 불이익에 대한 세부적인 검토 및 양자의 비교·형량이라는 측면이 깊이 고려되지 못하는 경향이 있다. 이는 물론 근로제공의 상대방 변경이라는 전적(기업간 전직)의 특성에 기인한 것이겠지만, 근로자의 동의 여부에 지나치게 집중함으로써 보다 세부적인 노사간 힘의 균형 내지 근로조건 등에서 근로자 보호의 목적을 달성하기 어려운 한계가 드러나는 아쉬움이 있다.

◆◦ 참고문헌

문무기, 『전직의 법리』, 서울대 박사학위논문, 2000.
이철수 외, 『로스쿨 노동법』, 오래, 2013.
조용만 외, 『로스쿨 노동법 해설』, 오래, 2013.

36. 시말서제출요구와 근로자의 양심의 자유

― 대법원 2010. 1. 14. 선고 2009두6605 판결(부당해고및부당노동행위구제재심판정취소) ―

하경효(고려대 법학전문대학원)

Ⅰ. 사실관계

원고(X)는 2006. 8. 7.부터 이 사건 복지재단(Y)에서 사회복지사로 근무를 하던 중 2007. 3. 16. Y로부터 기존 근무장소인 복지관으로부터 3~4km 떨어진 곳에 위치한 재활프로그램 현장에서 근무할 것을 명받았다. 그러나 X는 Y의 이러한 파견근무명령에 응하지 않았고, Y는 이에 대해 시말서를 제출하도록 요구하였다. 그러나 X는 이에도 응하지 않았고 결국 Y는 인사위원회를 개최하여 X에게 소명 기회를 부여한 뒤에 시말서 제출과 함께 징계사유로 견책처분을 의결하고 2007. 4. 23. X에게 통보하였다. 그러자 X는 파견근무명령은 부당하고, 부당한 명령에 대한 불복을 이유로 한 시말서 제출요구는 정당하지 않으며 이를 거부한 것이 징계사유가 될 수 없다는 점을 들어 노동위원회에 구제신청을 하였다.

지노위와 중노위는 이 사건 파견근무명령이 권리남용으로 판단될 정도로 통상적인 감수한도를 벗어난 것은 아니어서 파견근무명령은 정당하고 따라서 시말서 제출요구나 이에 따르지 않는 것을 이유로 한 징계는 정당하다고 보았다.

이에 대해 행정법원은 파견근무명령은 정당한 업무명령에 해당되어 이에 따르지 않은 것은 징계사유에는 해당된다고 판단했으나 시말서가 단순히 사고나 비위행위의 경위·전말을 자세히 적어서 제출하는 경위서가 아니라 사죄문·반성문을 의미하는 경우라면 시말서 제출요구는 헌법이 보장하는 양심의 자유를 침해하는 것이어서 위법한 업무명령이므로 이의 불이행을 독립한 징계사유로 삼을 수는 없다고 판단하였다. 이러한 행정법원의 판단에 대해 고등법원과 대법원은 정당하다고 인정하였다.

Ⅱ. 판결의 내용

1) 취업규칙에서 사용자가 사고나 비위행위 등을 저지른 근로자에게 시말서를 제출하도록 명령할 수 있다고 규정하는 경우, 그 시말서가 단순히 사건의 경위를 보고하는 데 그치지 않고 더 나아가 근로관계에서 발생한 사고 등에 관하여 '자신의 잘못을 반성하고 사죄한다는 내용'이 포함된 사죄문 또는 반성문을 의미하는 것이라면, 이는 헌법이 보장하는 내심의 윤리적 판단에 대한 강제로서 양심의 자유를 침해하는 것이므로, 그러한 취업규칙 규정은 헌법에 위배되어 근기법 제96조 제1항에 따라 효력이 없고, 그에 근거한 사용자의 시말서 제출 명령은 업무상 정당한 명령으로 볼 수 없으므로 근로자가 그와 같은 시말서의 제출명령을 이행하지 않았더라도 이를 징계사유나 징계양정의 가중사유로 삼을 수는 없다.

2) 대법원은 1심, 2심이 판단한 바와 같이

이 사건 시말서의 성격을 단순한 사고나 비위행위의 경위·전말을 자세히 적어서 제출하는 경위서가 아닌 사죄문·반성문을 의미하는 것으로 보았다. 결국 대법원은 시말서가 단순한 사건의 경위만을 보고하도록 하는 것이라면 시말서 제출명령은 양심의 자유를 침해하지 않는 것이나, 사죄문·반성문의 의미를 가지는 시말서를 작성하여 제출하도록 하는 것은 양심의 자유를 침해한다고 판단하고 있다.

Ⅲ. 해설

1. 양심에 반하는 행동을 강제당하지 않을 자유

헌법 제19조에서 규정한 양심의 자유의 보호영역으로는 양심형성의 자유와 함께 형성된 양심에 따라 행동할 수 있는 양심활동의 자유를 포함한다. 그리고 양심활동의 자유의 내용에는 형성된 양심을 표명하지 않거나 그에 따라 행동하지 않을 소극적 자유를 포함하고, 이러한 소극적 자유에는 양심을 언어와 행동으로 표명하도록 강제당하지 않을 자유와 양심에 반하는 행동을 강제당하지 않을 자유가 포함된다. 따라서 헌법재판소는 양심상 승복할 수 없는 사죄광고를 명하는 판결을 집행하는 경우, 이는 양심에 반하는 행동을 강제당하지 않을 자유의 침해로서 위헌이라고 판단한 것이다(헌재 1991. 4. 1. 89헌마160). 그러나 양심을 이유로 일정한 행동을 거부함으로써 타인의 권리를 침해하거나, 자신의 자율적 의사결정에 의하여 형성된 법률관계에서의 의무를 위반할 수도 있을 것이다. 그러므로 예컨대 근로자가 자신의 양심을 이유로 근로계약상의 노무제공의무를 거부하는 것과 관련해서도 계약이행의무를 전제로 근로자의 양심

의 자유를 어떠한 경우에 어떻게 보호할 수 있는지가 중점적으로 논의되고 있는 것이다. 결국 양심에 반하는 행동을 강제당하지 않을 자유는 모든 경우에 획일적으로 인정하기는 어렵고 사안에 따라 판단할 수밖에 없다. 특히, 시말서 제출의 근거가 되는 취업규칙의 규정 내용이나 시말서 제출요구 내용에 따라 개별 사안마다 달리 판단될 수 있을 것이다.

2. 반성·사죄 내용의 시말서 제출요구와 근로자의 양심의 자유

법원은 사용자의 시말서 제출요구가 자신의 잘못을 반성하고 사죄한다는 내용이 포함된 사죄문 또는 반성문을 작성하여 제출하도록 하는 취지라면 이는 양심의 자유를 침해하는 것으로서 위법한 업무명령으로 판단하였다. 따라서 이러한 위법한 시말서 제출요구에 불응하여 시말서를 제출하지 않은 행위를 독립된 징계사유 또는 징계양정의 가중사유로 판단하는 것은 허용될 수 없다고 하여 견책의 징계처분이 부당하다고 보고 있다. 이처럼 법원이 반성과 사죄의 내용을 포함하는 시말서의 제출을 강제할 수는 없으며, 이러한 시말서 제출요구에 근로자가 불응했다고 하여 이를 징계 또는 징계가중사유로 삼을 수는 없다고 본 것은 타당한 판단이고 수긍이 된다. 그러나 사안에서 인사규정 제47조의 규정 자체가 양심의 자유를 침해하는 무효의 규정인지에 대해서는 다른 해석도 가능하다.

3. 본 사안의 인사규정 제47조에 대한 해석

본 사안에서 인사규정 제47조 제1항은 "직원이 행한 행위가 징계사유에 미치지 아니하고

조직의 질서유지에 위배될 수 있는 경미한 행위를 한 경우 부서장은 해당직원에게 지적사항을 시정하고 반성의 계기가 되도록 시말서와 함께 주의를 줄 수 있다고 규정하고 있는데, 법원은 이 규정내용에 비추어 여기서의 시말서는 반성·사죄의 시말서를 의미하므로 무효라고 보았다.

그러나 이 규정이 근로자의 양심의 자유를 침해하는 규정인지는 보다 구체적으로 살펴볼 필요가 있다. 행정법원에서는 주의조치를 하면서 시말서 제출을 요구한 점과 "반성의 계기"를 마련하기 위하여 시말서 제출을 요구할 수 있다고 규정한 점에 비추어 반성과 사죄의 내용을 포함하는 문서를 작성하여 제출하라는 의미로 봄이 상당하다고 판단하고 있다.

그러나 "반성의 계기"라는 내용이 해당근거규정에 포함되어 있다는 점과 주의조치를 하면서 시말서 제출을 요구한 점은 반성이나 사죄 내용의 시말서로 볼 수 있는 중요한 추단근거가 되는 것은 분명하나, 규정의 전체내용에 비추어 시말서보다 주의조치로 반성의 계기를 삼고자 하는 것으로 해석될 여지도 적지 않다. 이에 따르면 근로자는 일단 적어도 파견근무명령에 불응하는 이유라도 적어서 제출하여야 하고 이에 대해 사용자가 반성이나 사죄의 내용을 적어서 내도록 요구한다면 이를 정당하게 거부할 수 있으며, 이를 이유로 징계나 징계가중을 할 수 없다고 판단할 수 있을 것이다.

4. 징계양정의 합리성

법원은 파견근무명령에 불응한 근로자의 행위는 정당한 업무명령을 거부한 것으로서 인사규정과 복무규정에 정한 징계사유에 해당한다고 판단하면서도 징계종류 중 가장 낮은 징계인 견책이 징계재량범위를 일탈·남용한 것으로 평가하였다. 그러나 사용자는 파견근무명령 불응에 대하여 이미 주의조치를 했기 때문에 이를 이유로 다시 견책조치를 할 수는 없는 것으로 판단하는 것은 몰라도 견책이 징계양정을 일탈·남용한 것으로 판단될 수 있는지는 논란의 여지가 없지 않다.

5. 대상판결의 평가

법원은 이 사건 판결에서 반성 내지 사죄 내용을 포함하는 시말서의 제출을 요구하는 것은 근로자의 양심의 자유를 침해하는 것이므로 사용자는 이러한 시말서 제출 불응을 이유로 근로자를 징계하거나 징계가중 할 수 없다는 점을 분명히 해 주고 있다. 또한 이 사건 판결은 취업규칙 등에 징계처분을 당한 근로자는 시말서를 제출하도록 규정되어 있는 경우에 징계처분에 따른 시말서의 불제출은 징계사유가 된다고 판단하였던 이전 판결(대판 1991. 12. 24, 90다12991)과는 그 사안이 다르다는 것을 명시함으로써 반성과 사죄의 내용이 아닌 단순한 사건의 경위만을 보고하도록 하는 것이라면 그러한 시말서를 제출하도록 요구하는 것은 정당한 업무명령에 해당된다는 것을 밝히고 있다. 이러한 판결내용을 통해 시말서의 의미를 명확히 해 주고 있으며 무분별한 시말서 제출 요구의 관행, 잘못된 시말서 관련 규정내용이나 의식을 바로 잡는 계기를 마련해 준 의미있는 판결로 생각된다.

그러나 다른 한편, 이 판결의 의미를 오해하거나 확대해석하여 징계와 관련하여서는 시말서 요구를 아예 할 수 없다거나 시말서 내용에 반성과 사죄의 내용이 포함되어 있기만 하면, 이는 반성문 내지 사죄문으로서의 시말서로 평가하여 무효라고 판단할 우려도 없지 않다.

　근로자의 양심의 자유에 비추어 사용자는 반성이나 사죄의 내용을 담은 시말서 제출을 강제할 수 없기 때문에 이러한 시말서 미제출은 근로자에 대한 징계나 징계가중의 근거가 될 수 없다는 점이 판례의 핵심내용이라 할 수 있다. 그러므로 사용자의 시말서 제출요구에 대하여 근로자는 사고의 경위나 징계에 관련된 자신의 입장만을 담아 제출할 수 있으며, 자신에게 유리한 징계결정의 참고자료로 하고자 반성과 사죄의 뜻을 담아 제출할 수도 있을 것이다.

　요컨대, 사용자는 적어도 직장질서나 근로계약상의 의무위반에 관련된 사실확인 차원에서 시말서를 작성·제출하도록 요구하는 것은 가능하나 근로자의 양심상의 판단과 결정에 상관없이 반성이나 사죄의 내용을 반드시 포함하도록 요구할 수는 없다고 할 것이다. 경위서나 사실확인서로서의 시말서는 사용자가 정당하게 요구할 수 있는 것이고, 반성과 사죄 내용의 시말서는 근로자가 자신의 이익을 위해 자신의 의사에 따라 제출할 수 있는 것으로 이해할 수 있을 것이다. 결국, 반성과 사죄 내용의 시말서를 작성하여 제출하도록 강제하느냐 여부가 양심의 자유를 침해하는지를 판단하는 핵심지표로 볼 수 있다.

　또한, 시말서의 양심의 자유침해문제와 관련하여 시말서라는 용어의 적정성에 대한 검토를 토대로 용어정비도 필요한 것으로 생각된다.

◆ 참고문헌

송강직, "근로자의 양심의 자유: 일본판례를 중심으로", 『노동법학』제10호, 한국노동법학회, 2000.
지성수, "시말서제출명령과 양심의 자유침해", 『대법원판례해설』제84호, 법원도서관, 2010.
최대권, "양심의 자유와 사죄광고", 『서울대 법학』제39권 3호, 서울대학교 법학연구소, 1998.
하경효, "근로관계에 있어서 근로자의 양심의 자유와 자기책임", 『노동법에 있어서 권리와 책임』(김형배교수 화갑기념논문집), 박영사, 1994.
하경효, "시말서제출요구와 근로자의 양심의 자유", 『노동법률』2010년 6월호, 중앙경제.

37. 징계(해고)의 절차적 정당성

– 대법원 2004. 6. 25. 선고 2003두15317 판결(부당해고구제재심판정취소) –

김소영(충남대 법학전문대학원)

Ⅰ. 사실관계

2001. 1. 27. Y회사(사용자)는 장기간 무단결근을 이유로 X(근로자)를 징계해고했다. Y회사의 취업규칙은 "징계의 결정은... 사원에게 소명의 기회를 부여해야 한다"고 규정하고 있으나, 징계위원회 개최에 대한 사전통보의 시기와 방법 등에 관하여는 아무런 규정이 없었다. X에 대한 징계위원회 개최통보서는 징계위원회 개최 당일인 2001. 1. 26. X의 집으로 송달되었다. 따라서 X는 소명자료를 준비하거나 징계위원회에 참석할 시간적 여유가 전혀 없었다. X가 참석하지 않은 상태에서 징계위원회는 X에 대한 징계해고를 의결했다. 관할 지방노동위원회는 X의 부당해고구제신청을 받아들여 구제명령을 내렸으나, 중앙노동위원회(2001부해357)와 제1심 판결(서울행판 2002. 5. 14, 2001구44174)은 X에 대한 해고가 정당하다는 결론을 내렸다. 그러나 원심(서울고판 2003. 11. 21, 2002누11273)과 대상판결(대판 2004. 6. 25, 2003두15317)은 징계절차 위반을 이유로 해고의 효력을 인정하지 않았다.

대상판결에서 Y회사는 X가 다른 징계대상자들과의 긴밀한 연락과 공동 행동 등을 통하여 징계위원회 개최사실을 사전에 알고 있었으므로 절차상의 하자가 치유되었다고 주장했으나 법원은 이를 인정하지 않았다.

Ⅱ. 판결의 내용

대상판결은 "Y회사의 취업규칙은 징계대상자에게 소명의 기회를 부여해야 한다고 규정하고 있는바, 이는 징계대상자에게 징계위원회에 출석하여 변명과 소명자료를 제출할 수 있는 기회를 부여한 것이라 할 것이므로, Y회사는 징계대상자 X에게 변명과 소명자료를 준비할 만한 상당한 기간을 두고 개최일시와 장소를 통보하여야 할 것인데, 2001. 1. 26. 14:00에 개최되어 징계해고가 의결된 징계위원회의 개최통보서가 X의 집으로 송달된 것은 징계위원회 개최 당일로서, 위 통보가 징계위원회 개최 전에 이루어진 것인지 여부조차 확정되지 아니할 뿐만 아니라, 가사 개최 전에 이루어진 것이라고 하더라도 이는 X에게 징계위원회에 참석할 시간적 여유 또는 변명과 소명자료를 준비할 만한 시간적 여유를 주지 않고 촉박하게 이루어진 통보로서 부적법하므로 위 징계위원회 의결에 터잡은 이 사건 징계해고는 위법하다"고 판시했다(대판 1991. 7. 9, 90다8077 참조).

Ⅲ. 해설

1. 쟁점

대상판결의 사안에서 X는 무단결근을 이유로 Y회사로부터 '징계'해고되었다. 따라서 X에 대한 해고의 효력에 대하여는 「징계의 정당성」과 「근기법 제23조 1항의 '정당한 이유'에 의한 해고의 정당성」에 대한 판단이 함께 이루어져야 한다. 즉, 징계해고가 아닌 일반해고의 경우에는 사용자의 일방적 의사표시에 의한 근로관계의 종료를 뜻하는 해고의 정당성만 문제되지만 징계해고의 경우에는 징계의 정당성이 함께 문제된다. 대상판결은 이 사건 징계해고가 징계절차에 관한 취업규칙에 위배되어 무효이므로 해고 사유에 관한 실체적 판단은 할 필요가 없다고 보았다.

대상판결의 쟁점은 첫째, 징계절차를 위반하여 이루어진 징계(해고)의 효력 여부, 둘째, 취업규칙에 징계대상자에 대한 소명 기회를 부여한다는 규정은 있으나 사전통보의 시기와 방법 등 구체적 절차 규정은 존재하지 않는 경우에도 징계대상자에게 '상당한 기간'을 두고 사전통보가 이루어지지 않으면 징계의 효력이 부정되느냐의 문제이다.

2. 징계절차의 의의와 징계절차 위반의 효력

징계가 정당하려면 징계대상자의 행위가 징계사유에 해당되어야 하고, 징계사유와 징계처분 사이의 적정성(비례성) 및 형평성이 확보되어야 한다. 그런데 징계사유 해당성 여부를 확인하고 징계양정의 적정성과 형평성을 확보하는 것은 공정한 징계절차(징계위원회 구성과 심의절차 등)를 통해서 보장될 수 있다.

판례는 단체협약이나 취업규칙 등에 징계혐의사실의 고지, 변명의 기회부여 등의 징계절차 규정이 있는 경우에 징계절차의 준수는 '실체적 징계사유의 존부'를 불문하고 징계처분의 유효요건이 된다는 입장이다. 또한, "징계규정에서

징계대상자에게 징계위원회에 출석하여 소명할 수 있는 기회를 부여한 경우, 설사 사전 통보의 시기와 방법에 관한 구체적 규정이 없다고 하여도 소명자료를 준비할 만한 '상당한 기간'을 두고 개최일시와 장소를 통보하여야 하므로 시간적 여유를 주지 않고 촉박하게 이루어진 통보는 실질적으로 소명기회를 박탈하는 것과 다를 바 없어 부적법하다"고 한다(대판 1991. 7. 9, 90다8077). 대상판결 역시 기존 판결과 같은 결론을 내렸다.

소명의 준비에 필요한 '상당한 기간 내'에 통지하지 않음으로써 절차의 정당성이 부정된 사례에는 '징계위원회 개최 2일 전 통보'(대판 1991. 1. 26, 91다22070), '징계위원회 개최 1일 전 통보'(서울행판 2006. 7. 14, 2005구합36257), '징계위원회 개최 30분 전 통보'(대판 1991. 7. 9, 90다8077)의 경우가 있다. 또한, 징계규정에 피징계자에 대한 소명기회 부여가 정해져 있는 경우에 사용자가 근로자에게 발송한 징계위원회 소집통지서의 도달 여부를 확인하지 않은 채, 근로자가 불참한 상태에서 징계위원회를 강행하여 해고를 의결하였다면 절차상 하자로 징계처분은 무효가 된다(서울행판 2006. 10. 31, 2006구합5120).

그러나 법원은 징계절차 규정이 존재하지 않는 경우에는 징계절차를 거치지 않았다고 해서 징계가 무효가 되는 것은 아니라는 입장이다(대판 1995. 3. 24, 94다42082; 대판 2004. 1. 2, 2001다6800; 대판 2006. 11. 23, 2006다49901 등). 이와 같이 징계절차가 규정되어 있는 경우에만 절차적 정당성을 충족시킬 것을 요구하는 판례의 태도에 대하여 학계는 "취업규칙이나 단체협약 등의 징계규정에 징계절차에 관한 내용이 없다 하더라도 사용자의 징계

권 남용으로부터 근로자를 보호하기 위하여 최소한의 절차적 권리를 보장해야 한다"는 비판적 견해를 제기하고 있다. 그리고 그 근거로서 '헌법상의 적법절차의 원리, 절차적 정의, 헌법 제32조의 근로권의 보장, 근로조건 대등결정의 원리, 근로관계에 있어서의 신의칙 내지 형평성 원리 등'을 들고 있다(김성진, 171쪽; 김재훈, 98쪽, 도재형 73쪽, 박지순 259쪽 등). 징계절차 규정의 유무와 상관없이 징계대상자에게 최소한 소명기회는 부여하는 것이 사용자의 징계권 남용을 방지할 수 있고, 기능적으로도 실체적 진실의 발견에 효율적이다. 특히 징계처분 중에서 가장 중징계에 속하는 징계해고의 경우에는 징계처분의 절차적 정의가 중요한 의의를 갖는다.

3. 징계절차 위반의 정도에 대한 판단 기준

징계절차상의 하자는 사전 통보, 징계위원회 구성 및 운영, 소명기회 부여 등과 관련하여 문제가 된다. 법원은 "징계절차 위반이 징계처분을 무효로 하느냐의 여부는 일률적으로 정해지는 것은 아니고 징계규정의 취지에 따라 결정되는 것이므로 절차 위반의 징계에 대한 사법상의 효력이 반드시 부정되는 것은 아니다"라는 취지의 판결을 내린 바 있다(대판 1994. 3. 22, 93다28553). 이와 같은 판례의 태도에서 법원은 사용자가 징계절차를 위반한 경우에도 절차위반의 정도에 따라 징계의 효력 여부를 판단하고 있음을 알 수 있다. 문제는 징계처분의 효력을 좌우할 수 있는 절차 위반의 정도, 즉 절차적 하자의 기준이다. 이에 대하여 "징계절차 규정을 통해 징계대상자의 방어권이 실질적으로 보장될 수 있는지 여부가 가장 중요한 판단기준이 된다"는 견해가 타당하다고 본다

(김성진, 169쪽). 따라서 사전 통지나 변론권의 부여와 같이 징계대상자의 방어권 보장에 핵심적 영향을 끼치는 징계절차를 위반한 경우에는 징계처분의 효력에 영향을 끼치지만, 그렇지 않은 경우에는 처분의 효력을 직접적으로 좌우하지 않을 수도 있을 것이다.

판례는 사용자가 피징계근로자에게 징계절차를 위반하여 사전통지를 하지 않거나 소명자료를 준비할 시간을 주지 않고 촉박하게 징계위원회 출석을 요구한 경우에도 근로자가 출석하여 충분히 소명을 한 경우에는 징계절차상의 하자가 치유되었다고 본다(대판 1991. 2. 8, 90다15884; 대판 1997. 7. 11, 95다55900 등). 그러나 법원은 대상판결에서와 같이 징계대상자가 다른 징계대상자들과의 긴밀한 연락 등을 통하여 징계위원회 개최사실을 사전에 알고 있었다는 사실에 대하여는 절차상의 하자가 치유된 것으로 인정하지 않았다.

4. 징계절차 관련 판결의 통일적 정합성 문제

사용자의 징계권 남용으로부터 근로자를 보호하기 위하여는 적절한 징계절차를 통한 징계 사유의 확인 및 당해 사유와 징계처분 사이의 비례성(적정성)이 확보되어야 한다. 우리 판례는 징계의 절차적 정당성과 실체적 정당성을 독립적 요소로 보고, 징계절차를 위반한 징계는 효력이 없다는 입장을 취하고 있다. 대상판결 역시 이 사건 징계해고는 절차 위반으로서 무효이므로 징계 사유에 관한 실체적 판단은 할 필요가 없다고 보았다.

대상판결의 사업장 취업규칙은 징계대상자에게 소명기회를 부여한다는 원칙은 밝히고 있으나 사전통보 등 구체적 절차규정은 존재하지

않았는데, 법원은 징계위원회 개최 당일에 이루어진 통보를 절차 위반으로 판단하고 이 사건 징계처분의 효력을 부정하였다. 대상판결의 법리 전개와 결론에 찬동한다.

　다만, 대상판결과 별개로 징계절차 판결과 관련하여 법원의 상반된 태도에 대하여 다음과 같이 지적하고자 한다. 전술(Ⅲ.2.)한 바와 같이 법원은 사업장에 징계규정이 존재하지 않는 경우에는 별도의 징계절차를 거치지 않고 단행하는 징계도 효력이 있다는 입장인데, 다른 한편으로는 대상판결에서 보듯이 징계대상자에 대한 소명기회 부여의 원칙적 규정이 한 줄이라도 존재하는 경우에는 시행에 관한 구체적 규정이 없는 경우에도 징계절차를 위반한 징계의 효력을 부정하고 있다. 극단적으로 말하면 법원은 사업장에 징계규정이 존재하지 않는다는 이유로 근로자에게 최소한의 소명 기회도 부여하지 않는 것을 허용하면서, 한편으로는 개별 사업장 징계규정의 하자를 절차적 정의의 관점에서 치유해주는 모순된 태도를 취하고 있

다. 다시 말하여 사용자의 징계권 남용으로부터 근로자가 보호되는지 여부가 결과적으로 근로자가 취업한 사업장에 징계규정이 존재하는지에 달려 있게 된다. 따라서 징계의 절차적 정의에 입각하여 판결의 통일적 정합성을 기할 필요가 있다.

◆ 참고문헌

김성진, "절차위반 징계의 효력 – 노조의 인사협의·동의 절차를 중심으로", 『노동법포럼』 제15호, 노동법이론실무학회, 2015.

김소영, "사용자의 징계권의 범위: 판례법리에 의한 '징계의 정당성 판단'을 중심으로", 『노동법학』 제34호, 한국노동법학회, 2010.

김재훈, "징계절차의 하자관행과 징계행위의 효력", 『노동판례 비평: 대법원 노동사건 판례 경향 분석 및 주요 판례 평석(2001년)』 제6호, 민주사회를 위한 변호사모임, 2002.

도재형, "징계해고의 절차적 제한", 『노동법연구』 제9호, 서울대학교 노동법연구회, 2000.

박지순, "징계제도의 법적 구조 및 개별 쟁점의 재검토", 『노동법포럼』 제1호, 노동법이론실무학회, 2008.

하경효, "징계해고의 정당사유와 절차에 관련된 문제", 『조정과 심판』 제6호, 중앙노동위원회, 2001.

38. 해고와 당연퇴직

－대법원 1993. 10. 26. 선고 92다54210 판결(해고무효확인) －

도재형(이화여대 법학전문대학원)

Ⅰ. 사실관계

원고(X)는 피고(Y) 회사의 노동조합 위원장으로 선출되어 1990년 임금 교섭을 하는 과정에서 회사 업무를 방해하고, 불법 태업 및 파업을 하며 옥외집회를 열고 시위를 주동하였다는 이유로 구속되어 징역 1년에 집행유예 2년을 선고받고 그 형이 확정되었다. Y의 노사합의서 및 취업규칙은 근로자가 형사상의 범죄로 유죄판결을 받았을 때 당연퇴직한다고 규정하고 있었다. Y는 X가 위 형을 선고받자 인사위원회를 열어 노사합의서 및 취업규칙상의 당연퇴직사유가 발생하였다 하여 형식적인 심의 의결을 거쳐 같은 날짜로 당연퇴직되었음을 X에게 통보하였다.

Ⅱ. 판결 내용

근로계약의 종료 사유는 근로자의 의사나 동의에 의하여 이루어지는 퇴직, 근로자의 의사에 반하여 사용자의 일방적 의사에 의하여 이루어지는 해고, 근로자나 사용자의 의사와는 관계없이 이루어지는 자동소멸 등으로 나눌 수 있다. 근기법의 규율 대상인 '해고'란 실제 사업장에서 불리우는 명칭이나 그 절차에 관계없이 위의 두 번째에 해당하는 모든 근로계약관계의 종료를 의미한다고 해석해야 한다. Y가 어떠한 사유의 발생을 당연퇴직사유로 규정하고 그 절차를 통상의 해고나 징계해고와는 달리 하였더라도 근로자의 의사에 관계없이 사용자측에서 일방적으로 근로관계를 종료시키는 것이라면 성질상 이는 해고로서 근기법에 의한 제한을 받는다.

그러므로 X에 대한 이 사건 퇴직조치가 단체협약이나 취업규칙에서 당연퇴직으로 규정하였다 하더라도 이는 위와 같은 의미의 해고의 일종이고, 다만 그 절차에서 다른 일반의 해고 절차와 구분하기 위하여 회사가 내부적으로 그 명칭과 절차를 달리한 것이라고 볼 것이다. 따라서 원고에 대한 이 사건 퇴직조치가 유효하기 위하여는 근기법에 따른 '정당한 이유'가 있어야 하고, 정당한 이유가 없는 경우에는 해고무효확인소송을 제기할 수 있다.

Ⅲ. 해설

1. 쟁점

근로관계의 종료 사유 중 해고는 근기법의 제한을 받는다. 그런데 일반 사업장에서 해고는 하나의 모습으로 존재하지 않는다. 그렇기 때문에 해고와 그 밖의 근로관계의 종료 사유를 구분하는 작업은 쉽지 않다. 더군다나 근기법은 해고에 관한 정의 규정을 두고 있지 않다. 결국 그 해석 및 다양한 근로관계 종료 사유 중 어떤 것이 해고에 해당하는지를 판단하는 작업은 법원에 맡겨져 있다.

근기법상 해고에 해당하는지 여부가 다뤄지는 대표적인 예가 취업규칙 등에 당연퇴직으로 규정되어 있는 경우이다. 대부분의 경우 당연퇴직 절차는 일정한 사유가 발생하면 회사의 어떠한 처분이 없어도 근로관계가 당연히 종료한다고 되어 있는바, 이는 해고와는 다른 것이거나 혹은 어떠한 법률행위도 없기 때문에 근기법의 해고 제한 규정들이 적용되지 않을 수 있다는 의문이 있는 것이다(김치중, 383쪽).

2. 당연퇴직과 해고 제한 법리

해고는 근로관계를 종국적으로 종료시키는 사용자의 일방적이고 확정적인 의사표시이다. 법적 규율의 대상이 되는 해고는 실제 사업장에서 불리는 명칭이나 그 절차에 관계없이 근로자의 의사에 반하여 사용자의 일방적 의사에 의하여 이루어지는 일체의 근로계약관계의 종료를 의미한다. 따라서 기업이 취업규칙이나 단체협약 등에서 어떤 사유의 발생을 당연퇴직 사유로 규정하였다 하더라도, 그것이 근로관계의 자동 소멸을 가져오는 경우(예: 사망, 정년, 근로계약 기간의 만료 등)를 제외하고는 그 당연퇴직 처분도 근로관계를 종료시키는 해고에 해당한다(대판 1993. 10. 26, 92다54210).

판례는 당연퇴직 사유가 근로관계의 자동소멸사유에 해당하는 경우를 근로계약의 당사자 또는 근로계약 내용 자체에서 비롯된 것으로 제한하고 있다(김진, 36쪽). 예컨대 법원은, 건물 경비요원 등 파견 업체가 근로자와 체결한 근로계약서상 '건물주와 피고와의 관리용역계약이 해지될 때 근로계약도 해지된 것으로 본다'는 약정을 근로계약의 자동소멸사유로 본 원심을 파기한 바 있다(대판 2009. 2. 12, 2007다62840). 이는 근로계약 밖의 사유를 근로관계의 자동소멸사유로 볼 경우 해고 제한 법제가 형해화될 수 있다는 것을 우려한 것이다.

당연퇴직 관련 사건에서는 먼저, 취업규칙이나 단체협약 등의 당연퇴직 조항이 근로관계의 자동소멸을 규정한 것인지 아니면 해고에 관해 규정한 것인지를 해석을 통해 규명해야 한다. 그리고 후자에 해당한다면, 당연퇴직의 유효 여부는 해고의 정당성 문제와 같다. 즉, 사망 또는 정년의 도달 등과 같이 근로관계의 당연 종료를 사유로 한 것을 제외한 당연퇴직의 유효 여부는 그것이 근기법상 해고로서의 정당성을 갖추고 있는지에 따라 좌우된다(대판 1995. 3. 24, 94다42082). 이때 당연퇴직 사유의 의미는 관련 규정의 해석을 통해 밝혀진다.

한편, 위에서 살펴본 법리는 법률에서 당연퇴직 제도를 정한 공무원 관계에 적용되지 않는다. 국가공무원법 제69조, 지방공무원법 제61조 등 공무원법에서는 재직 공무원이 공무원 임용 결격사유에 해당할 경우 당연히 퇴직한다는 규정을 두고 있다. 판례에 따르면, 이러한 당연퇴직의 경우에는 결격사유가 있어 법률상 당연퇴직되는 것이지 공무원 관계를 소멸시키기 위한 별도의 행정처분이 필요하지 않다. 따라서 그 사유 발생으로 당연퇴직의 인사발령이 있었다 하여도 이는 퇴직 사실을 알리는 이른바 관념의 통지에 불과하여 행정소송의 대상이 되지 않는다(대판 1992. 1. 21, 91누2687).

공무원 관계에 관한 위 법리가 근로계약 관계에서도 적용될 수 있는지에 대해서 논란이 있을 수 있으나, 법원은 그 가능성을 부정한다. 그 이유로는 일반 사업 또는 사업장에서 취업규칙 등에 당연퇴직 사유를 규정한 경우, 취업규칙 등이 법령과 같은 효력을 가지는 것이 아니므로, 회사가 취업규칙 등에 따라 당연퇴직 사유를 근거로 직원이 퇴직한 것으로 처리할 것인지의 여부는 원칙적으로 사용자의 재량에 맡겨져 있다는 점 등을 든다(대판 1993. 11. 9, 93다7464).

3. 당연퇴직의 정당성 판단 방식

당연퇴직의 실체적 정당성 유무를 판단하기 위해서는 먼저 취업규칙 등에서 정한 당연퇴직 사유의 의미를 해석해야 한다. 이때에는 당연퇴직 사유로 정한 것이 근로관계를 더 이상 유지·존속시킬 수 없는 사유로 정할 만한 합리적인 근거가 있는지도 함께 고려해야 한다(하경효, 57쪽). 그 이후 근로자에게 당연퇴직 사유에 해당하는 사정이 발생했는지 여부를 따져 그 효력을 판단한다. 당연퇴직의 효력을 판단할 때는 징계해고에서처럼 징계 양정의 적정성을 판단하지 않는다. 따라서 당연퇴직 사유의 해석은 당연퇴직 관련 소송에서 중요한 쟁점이 된다.

판례에 의하면, 당연퇴직 사유를 해석할 때는 해당 규정만을 고립적으로 해석해서는 안 되고, 그 규정 취지뿐만 아니라 해당 사업장의 성격 및 특성, 임용결격 사유 및 당연퇴직 사유의 내용 및 취업규칙 등에서 정한 당연퇴직 이외의 해고 사유 등 근로관계 종료 사유를 모두 살펴봐야 한다(대판 1995. 3. 24, 94다42082; 대판 2005. 6. 10, 2004두10548). 아래에서는 판례에서 문제된 사유들을 살펴본다.

당연퇴직 사유 중 대표적인 예는 근로자가 유죄판결을 받은 것을 사유로 한 경우이다(사업장에서 이 사유는 당연퇴직 또는 징계해고사유, 직권면직사유 등 다양한 해고 유형의 사유로 규정되어 있다). 판례에 의하면, 노사합의서 등에 당연퇴직 사유로 정한 '형사상의 범죄로 유죄판결을 받았을 경우'의 의미는, 그 밖의 당연퇴직(면직) 사유가 ① 사직 등과 같이 근로자가 명시적 또는 묵시적으로 근로제공 의사가 없음을 표시한 경우, ② 사망 등과 같이 그 성질상 근로자가 근로제공을 할 수 없는 경우, ③ 예정된 근로기간이 만료된 경우 등인 점에 비추어 볼 때, "근로계약에 따른 근로자의 기본적인 의무인 근로제공의무를 이행할 수 없는 상태가 장기간 계속되어 왔음"을 근거로 하여 사용자가 근로자를 당연퇴직시켜도 근로자가 이의를 제기할 여지가 없을 정도의 상태, 즉 형사상 범죄로 구속되어 있는 근로자가 현실적으로 근로제공이 불가능한 신체의 구속 상태가 해소되지 아니하는 내용의 유죄판결(예컨대, 실형판결)을 받은 경우를 의미한다고 풀이함이 상당하다고 한다(대판 1995. 3. 24, 94다42082).

다만, 법원은 취업규칙 등에서 '유죄판결'을 징계해고사유나 직권면직사유로 규정한 경우에는 실형 판결만을 받은 경우만을 의미하는 것은 아니라고 보고 있다. 근로자가 범죄행위로 인하여 유죄의 확정판결을 받은 사실을 징계규정에 해고사유(당연퇴직사유나 휴직 중에 있는 근로자에 대한 퇴직사유와는 다름)로 규정하는 것은 그 범죄행위로 인하여 근로자의 기본적인 의무인 근로제공의무를 이행할 수 없는 상태가 장기화되어 근로계약의 목적이 달성될 수 없는 경우뿐만 아니라 그 범죄행위로 인하여 사용자인 회사의 명예나 신용이 심히 실추되거나 거래관계에 악영향을 끼친 경우 또는 사용자와 근로자간의 신뢰관계가 상실됨으로써 근로관계의 유지가 기대될 수 없는 경우에도 근로계약상의 의무를 침해한 것으로 보기 때문이라는 점을 그 근거로 든다(대판 1997. 5. 23, 97다9239).

4. 대기발령에 이은 당연퇴직

취업규칙 등에 대기발령 이후 일정 기간이 경과하도록 복직 발령을 받지 못하거나 직위를 부여받지 못하는 경우에는 당연퇴직한다는 규정을 두고 있는 경우가 있다. 이 경우 대기발령에 이은 당연퇴직 처리는 이를 일체로서 관찰하면 근로자의 의사에 반하여 사용자의 일방적 의사에 따라 근로관계를 종료시키는 것으로서 실질상 해고에 해당한다. 따라서 사용자가 그 처분을 함에 있어서는 근기법 제23조 제1항 소정의 정당한 이유가 필요하다(대판 2007. 5. 31, 2007두1460).

이 경우에는 당연퇴직의 정당한 이유가 있는지를 어떻게 판단해야 하는지가 문제된다. 판례에 의하면, 일단 대기발령이 인사규정 등에 의하여 정당하게 내려진 경우라도 일정한 기간이 경과한 후의 당연퇴직 처리 그 자체가 정당

한 처분이 되기 위해서는 대기발령 당시에 이미 사회통념상 해당 근로자와의 고용관계를 계속할 수 없을 정도의 사유가 존재하였거나 대기발령 기간 중 그와 같은 해고사유가 확정되어야 한다(대판 2007. 5. 31, 2007두1460). 그 취지는 근기법 제23조 제1항의 취지에 비추어 볼 때, 당연퇴직의 정당성은 대기발령에 종속되어 판단해서는 안 되고 별도로 검토되어야 한다는 것이다(도재형, 82쪽).

◆ 참고문헌

김진, "용역계약 해지와 근로계약의 '자동소멸'", 『조정과 심판』 제37호(2009년 여름호), 중앙노동위원회, 2009.
김치중, "당연퇴직의 법률적 성격과 근로기준법 제27조 제1항", 『대법원판례해설』 제20호, 법원도서관, 1994.
도재형, "직위해제에 이은 당연퇴직의 정당성", 『강원법학』 제18권, 강원대학교 비교법학연구소, 2004.
하경효, "형사유죄확정판결에 대한 당연퇴직규정의 적용 한계", 『노동판례평석모음집』, 중앙노동위원회, 2005.

39. 시용과 본채용 거부의 정당성

- 대법원 2006. 2. 24. 선고 2002다62432 판결(해고무효확인) -

신수정(경제사회노동위원회)

I. 사실관계

X은행은 1998. 6. 29. 금융감독위원회의 계약이전결정에 의하여 경영악화에 빠진 Y은행의 자산 및 부채를 인수하게 되었고, 이 과정에서 Y은행의 전체 직원 2,014명 중 1,017명을 신규채용하였다. 그리고 1998. 11. 2. X은행은 신규채용한 4급 이하 직원들 중 상대적으로 인사고과가 우수한 상위 70%에 해당하는 736명에 대하여 "근로자는 취업에 앞서 6개월의 범위 내에서 사용자가 정하는 시용기간을 거쳐야 하며 X은행은 위 기간중과 종료시에 근로자를 해고할 수 있다. 다만, 필요한 경우에는 시용기간을 거치지 아니하고 직원으로 임용할 수 있다(다만, 일부 채용대상자들과는 시용기간을 3개월로 정함)"는 내용의 근로계약을 체결하였다. 또한, 직원들로부터 차후 위 채용조건에 일체의 이의를 제기하지 않기로 하는 내용의 서약서도 제출받았다.

X은행은 1999. 4. 초순경 Y은행 출신 직원 736명에 대하여 근무성적평정을 실시하였는데, 평정요소는 업무수행태도 및 의욕(60%), 업무수행능력 및 성과(40%)로 하고, 평정기간은 1998. 11.~1999. 3.까지(5개월)로 하며, 평정등급은 A(탁월), B(양호), C(약간 미흡), D(상당히 미흡)의 4등급으로 하되, 평정등급이 A 및 B 등급인 경우에는 정식직원으로 채용하고,

C 등급에 해당하는 때에는 선별적으로 정식직원으로 채용하며, D 등급에 속하는 경우에는 고용계약을 해지하기로 방침을 정한 후, 각 지점에 1999. 4. 10.까지 근무성적평정표를 작성하여 제출하도록 하였다. 이 과정에서 X은행은 각 지점별로 고용해지 대상 인원 즉 C 또는 D 등급자의 수를 할당하였고, 영업본부소 팀장의 요구에 따라 이미 제출된 근무성적평정표가 재작성되기도 하였다.

근무성적평정 결과, 위 736명의 직원들 중 650명은 A 또는 B의 평정등급을 받았으나, 나머지 86명은 C 또는 D의 평정등급을 받아 고용계약해지대상자로 선정되었다. X은행은 평정책임자들에게 고용계약해지대상자들에 대한 근무성적평정표를 보충하는 평정의견서를 제출하게 하고 86명 중 이미 퇴직한 2명을 제외한 84명에 대하여 1999. 4. 27.과 28. 2일에 걸쳐 개별면접을 실시한 후 42명에 대하여 업무수행태도 등 근무성적불량을 사유로 근로계약을 해지하였다. 한편, 위 근무성적평정을 한 평정자 및 확인자들 중 상당수는 평정대상직원들을 평정함에 있어 당해 지점 또는 부서 내 다른 직원들과 비교하여 평가하였다.

정식채용에서 탈락돼 근로계약이 해지된 근로자들은 X은행을 상대로 해고무효확인의 소를 제기하였다.

Ⅱ. 판결의 내용

대상판결은 "시용기간 중에 있는 근로자를 해고하거나 시용기간 만료시 본계약의 체결을 거부하는 것은 사용자에게 유보된 해약권의 행사로서, 당해 근로자의 업무능력, 자질, 인품, 성실성 등 업무적격성을 관찰·판단하려는 시용제도의 취지·목적에 비추어 볼 때 보통의 해고보다는 넓게 인정되나, 이 경우에도 객관적으로 합리적인 이유가 존재하여 사회통념상 상당하다고 인정되어야 할 것이다."라고 하면서 "피고 은행이 각 지점별로 C 또는 D의 평정등급 해당자 수를 할당한 점, 피고 은행이 근무성적 평정표가 작성·제출된 후 일부 지점장들에게 재작성을 요구하였고, 이에 따라 일부 지점장들이 평정자 및 확인자를 달리하도록 정한 피고 은행의 근무성적평정요령에 어긋나게 혼자서 근무성적평정표를 재작성하기도 한 점, 평정대상자마다 평정자가 상이한 점, 시용조건부 근로계약 해지의 성격상 당해 근로자의 업무적격성 등을 절대적으로 평가하여야 함에도 상당 수의 평정자가 다른 직원들과의 비교를 통하여 상대적으로 평가한 점, 원고들에 대한 근무성적 평정표 및 평정의견서만으로 원고들의 업무수행능력이 어느 정도, 어떻게 부족하였는지 또 그로 인하여 업무수행에 어떠한 차질이 있었는지를 알 수 없는 점 등에 비추어 보면, 피고 은행이 원고들과의 이 사건 근로계약을 해지한 데에는 정당한 이유가 있다고 보기 어렵고 달리 이를 인정할 증거가 없으므로, 결국 피고 은행이 이 사건 근로계약에서 유보된 해지권을 행사하여 원고들을 해고한 것은 무효"라고 판단하며 원심(서울고판 2002. 10. 9, 2000나49130)을 인용하였다.

Ⅲ. 해설

1. 대상판결의 의의

대상판결은 시용계약 해지의 정당성 판단기준에 관한 기존 판례법리를 적용하여 이 사건 계약의 해지가 무효임을 인정한 사례이다.

대상판결은 기존 판례(대판 2003. 7. 22, 2003다5955 등)를 원용하면서 근로자의 업무적격성 판단이 시용제도의 취지 및 목적이라고 판시하였다. 그리고 이 사건에서 원고들에 대한 계약해지가 무효라고 판단된 이유 중 하나는 X은행이 각 지점별로 계약해지의 대상이 되는 C등급과 D등급의 인원을 사전에 할당한 점이다. 객관적으로 업무적격성이 있는 자라고 하더라도 할당제로 인해 근로계약이 해지될 수 있기 때문에, 이는 당연히 부당하다 할 것이다.

2. 시용과 근로관계

1) 의의 및 법적 성질

'시용(試用)'이란 본채용(정식 근로계약)을 체결하기 이전에 일정 기간 동안 정규 근로자로서의 적격성 유무 및 본채용 가부를 판정하기 위하여 시험적으로 사용하는 것을 말한다.

시용의 법적 성질에 대하여 전통적인 계약이론은 시용계약을 근로계약 체결 과정의 일부 또는 근로계약 체결의 예약에 불과하다고 보았다. 그러나 오늘날 판례 및 학설은 시용계약은 그 자체로서 근로계약이고, 다만 정규 근로자로서의 적격성이 없다고 판단된 경우에는 본채용을 거절할 수 있다는 의미에서 사용자에게 해약권이 유보된 특수한 근로계약이라고 본다(대판 2001. 2. 23, 99두10889). 따라서 시용기간 중에 있는 근로자를 해고하거나 시용기간

만료시 본계약의 체결을 거부하는 것은 사용자에게 유보된 해약권의 행사로서, 당해 근로자의 업무능력, 자질, 인품, 성실성 등 업무적격성을 관찰·판단하려는 시용제도의 취지·목적에 비추어 볼 때 보통의 해고보다는 넓게 인정되지만, 이 경우에도 객관적으로 합리적인 이유가 존재하여 사회통념상 상당하다고 인정되어야 한다고 보고 있다(대판 2003. 7. 22, 2003다5955; 대판 2005. 7. 15, 2003다50580).

2) 시용관계의 성립

시용 또는 시용관계가 성립하려면 해당 근로자와 사용자 사이에 시용에 관한 명시적인 합의, 즉 시용계약이 있어야 한다. 사용자와 근로자 간에 시용기간을 둔다는 명시적인 합의가 없는 경우에는 시용기간을 두지 않은 것으로 본다. 즉, 시용기간 없이 이미 본채용이 이루어진 것이다.

한편, 사용자는 근로자의 동의가 없어도 취업규칙이나 단체협약을 통하여 시용기간을 둘 수 있다. 즉, 취업규칙이나 단체협약이 입사하는 모든 근로자에게 일정한 기간의 "시용기간을 둔다."고 규정하는 경우에는 모든 근로자에게 시용기간을 둔 것이 된다. 그러나 취업규칙이나 단체협약에서 시용기간의 적용을 선택적 사항으로 규정하고 있는 경우에는 사용자와 근로자 간에 명시적인 합의가 있어야만 시용기간을 둔 것으로 인정된다(대판 1991. 11. 26, 90다4914).

시용기간의 길이에 대해서는 특별한 정함이 없어 당사자의 자유로운 계약에 맡겨지지만, 적격성의 판정 등 시용의 목적을 객관적으로 달성하기에 족한 정도의 기간을 초과할 수 없다고 보아야 한다.

3) 시용과 본채용의 거부

시용기간 중에 사용자가 자의적으로 시용 근로자와의 근로관계를 해소하거나 시용기간이 만료된 후에도 본채용을 거부하는 경우에는 법률상 '해고'에 해당하므로 근로기준법 제23조가 적용된다. 따라서 사용자가 정당한 이유가 없는데도 시용 근로자의 본채용을 거절하는 것은 근로기준법상 부당한 해고에 해당하여 무효가 된다.

사용자가 시용기간 만료 시 본 근로계약의 체결을 거절하는 경우에는 그 구체적·실질적 사유와 시기를 서면으로 통지해야 한다(대판 2015. 11. 27, 2015두48136).

4) 시용과 채용내정의 차이

채용내정이란 본채용 훨씬 전에 채용할 자를 미리 결정해 두는 것을 말한다. 시용과 채용내정은 둘 다 사용자에게 해약권이 유보된 근로계약관계라는 점에서 공통점이 있다. 그러나 근로제공 및 임금지급과 관련하여 차이가 있다. 시용의 경우 근로자는 근로를 제공하고 사용자는 그에 따른 임금을 지급하여야 한다. 반면에 채용내정의 경우 본채용 예정일 이전의 채용내정기간 동안에 채용내정자는 근로제공 의무가 없고 사용자도 임금지급 의무가 없다.

3. 대상판결의 평가

근로기준법은 시용계약에 대해서 전혀 규정하고 있지 않다. 따라서 시용기간의 설정 여부뿐만 아니라 합리적인 시용기간, 시용계약 후 본채용 거부의 경우에 대해서는 판례 법리를 통해 판단이 이루어지고 있다.

대상판결은 시용계약 해지의 정당성 판단기준에 관한 기존 판례법리를 인용하며 근로자의 업무적격성 판단이 시용제도의 취지 및 목적이라고 판시하고 있다. 대상판결을 포함하여 판례는 시용계약의 해지 또는 본채용의 거부에 대해서 보통의 해고에 비해 그 정당성을 넓게 인정하고 있다. 이는 근로자의 업무능력, 자질, 인품, 성실성 등 업무적격성을 관찰·판단하려는 시용제도의 취지 및 목적에 비추어 볼 때 당연하다 할 것이다. 다만, 이 경우에도 객관적으로 합리적인 이유가 존재하여 사회통념상 상당하다고 인정되어야 그 해지 및 거부의 정당성을 인정받을 수 있다.

이러한 판례의 입장은 시용제도의 목적인 업무적격성 판단과 관련한 사용자의 재량권을 존중하되, 그 남용에 대해서는 제한하겠다는 것으로 보여진다. 대상판결은 기존 판례의 입장을 견지하여 계약해지 대상이 되는 평정등급(C또는 D) 인원을 사전 할당한 점, 근무성적평정요령의 평정절차를 위반한 점, 근무성적평정표 및 평정의견서만으로 평가한 점 등을 근거로 계약해지는 부당하다고 판단하였고, 타당한 판결이라 생각한다.

대상판결 이후, 시용계약과 관련하여 "시용 근로관계에서 사용자가 본 근로계약 체결을 거부하는 경우에는 근로자에게 거부사유를 파악하여 대처할 수 있도록 구체적·실질적인 거부사유를 서면으로 통지하여야 한다(대판 2015. 11. 27, 2015두48136)."라고 하여, 시용 후 본채용 거부 시 근로기준법 제27조 적용 여부에 대한 판결이 나온 바 있다.

◆◆ 참고문헌

노동법실무연구회, 『근로기준법주해 Ⅱ』 제2판, 박영사, 2020.
김형배·박지순, 『노동법강의』 제9판, 신조사, 2020.
임종률, 『노동법』 제18판, 박영사, 2020.
조용만·김홍영, 『로스쿨 노동법 해설』, 오래, 2013.
조성혜, "시용조건부 근로계약과 해고", 『노동법률』 179호, 중앙경제, 2006.

40. 경영상 해고

－ 대법원 2002. 7. 9. 선고 2001다29452 판결(해고무효확인) －

박은정(인제대 법학과)

I. 사실관계

원고(X)는 피고 은행(Y)의 익산중앙지점 개인고객영업점장으로 근무하던 근로자이었다. 그런데 1990년대 후반 은행의 통폐합 과정에서 Y는 일정 직급 이상의 직원들을 대상으로 연령·재직기간·근무성적의 감축대상자 선정기준에 따라 감축대상자 명단을 작성하면서 당초 감축대상자로 선정된 직원 중 연령이 낮은 직원과 근무성적이 낮은 직원 중 호봉이 낮은 직원들을 감축대상에서 제외하였다. 이후 Y는 감축대상인원 및 감축대상 선정기준을 노동조합에 통보하고 협의과정을 거쳐 선정된 근로자들에 대하여 이루어진 경영상 해고 과정에서 감축대상임에도 불구하고 경영상 해고를 피하기 위한 희망퇴직자 모집에 응하지 아니한 X를 경영상 이유에 의하여 해고하였다. X는 자신에 대하여 이루어진 경영상 해고가 근기법에서 정한 경영상 해고의 각 요건을 갖추지 못하여 정당하지 아니하다는 취지로 법원에 해고무효확인소송을 제기하였다.

II. 판결의 내용

1. 정리해고의 판단 기준

사용자가 경영상의 이유에 의하여 근로자를 해고하고자 하는 경우에는 긴박한 경영상의 필요가 있어야 하고, 해고를 피하기 위한 노력을 다하여야 하며, 합리적이고 공정한 기준에 따라 그 대상자를 선정하여야 하고, 해고를 피하기 위한 방법과 해고의 기준 등을 근로자의 과반수로 조직된 노동조합 또는 근로자대표에게 통보하고 성실하게 협의하여야 한다.

2. 긴박한 경영상의 필요에 관하여

긴박한 경영상의 필요라 함은 반드시 기업의 도산을 회피하기 위한 경우에 한정되지 아니하고, 장래에 올 수도 있는 위기에 미리 대처하기 위하여 인원삭감이 객관적으로 보아 합리성이 있다고 인정되는 경우도 포함되는 것으로 보아야 하고, 위 각 요건의 구체적 내용은 확정적·고정적인 것이 아니라 구체적 사건에서 다른 요건의 충족 정도와 관련하여 유동적으로 정해지는 것이므로, 경영상 해고의 정당성은 개별사정들을 종합적으로 고려하여 판단해야 한다.

3. 해고회피노력에 관하여

사용자가 정리해고를 실시하기 전에 다하여야 할 해고회피노력의 방법과 정도는 확정적·고정적인 것이 아니라 당해 사용자의 경영위기의 정도, 정리해고를 실시하여야 하는 경영상의 이유, 사업의 내용과 규모, 직급별 인원상황 등에 따라 달라지는 것이고, 사용자가 해고를 회피하기 위한 방법에 관하여 노동조합 또는 근로자대표와 성실하게 협의하여 정리해고 실시에 관한 합의에 도달하였다면 이러한 사정도 해고회피노력의 판단에 참작되어야 한다.

- 158 -

4. 합리적이고 공정한 해고의 기준에 관하여

합리적이고 공정한 해고의 기준 역시 확정적·고정적인 것은 아니고 당해 사용자가 직면한 경영위기의 강도와 정리해고를 실시하여야 하는 경영상의 이유, 정리해고를 실시한 사업부문의 내용과 근로자의 구성, 정리해고 실시 당시의 사회경제상황 등에 따라 달라지는 것이고, 사용자가 해고의 기준에 관하여 노동조합 또는 근로자대표와 성실하게 협의하여 해고의 기준에 관한 합의에 도달하였다면 이러한 사정도 해고의 기준이 합리적이고 공정한 기준인지의 판단에 참작되어야 한다.

5. 노동조합과의 성실한 협의에 관하여

근기법이 근로자대표에 대하여 미리 통보하고 성실하게 협의하여야 한다고 하여 정리해고의 절차적 요건을 규정한 것은 정리해고의 실질적 요건의 충족을 담보함과 아울러 비록 불가피한 정리해고라 하더라도 협의과정을 통한 쌍방의 이해 속에서 실시되는 것이 바람직하다는 이유에서이다.

Ⅲ. 해설

근기법 제24조가 규정하는 경영상 해고는 판례상 정당한 해고의 요건으로서 인정되어 오고 있던 경영상 이유에 의한 해고를 분리하여 법제화한 것으로 인식되고 있는 것이 일반적이다(다만, 이견이 존재하기는 한다). 평석대상 사건은 경영상 해고제도가 법제화된 이후의 판결로서 경영상 해고에 대한 판례의 흐름상 중요한 위치를 갖는다. 다만, 그 의미가 반드시 긍정적인 것이라고는 할 수 없을 것이다.

1. 판례상 경영상 해고 요건의 정립

경영상 해고에 필요한 네 가지 요건이 제시된 것은 대판 1989. 5. 23, 87다카2132를 통해서이다. 즉 ① 해고를 하지 않으면 기업경영이 위태로울 정도의 급박한 경영상의 필요성이 존재할 것, ② 경영방침이나 작업방식의 합리화, 신규채용의 금지, 일시휴직 및 희망퇴직의 활용 등 해고회피를 위한 노력을 다하였을 것, ③ 합리적이고 공정한 정리기준을 설정하여 이에 따라 해고대상자를 선별할 것, ④ 해고에 앞서 노동조합이나 근로자측과 성실한 협의를 거칠 것이라는 요건이 정립된 것이다. 이것은 대판 1990. 1. 12, 88다카34094를 통해 좀 더 분명해졌다. 경영상 해고를 위한 첫 번째 요건으로서 '급박한 경영상의 필요'란 "기업이 일정한 수의 근로자를 정리해고하지 않으면 경영악화로 사업을 계속할 수 없거나 적어도 기업재정상 심히 곤란한 처지에 놓일 개연성이 있는 경우를 의미한다."고 한 것이다. 그리고 대판 1990. 3. 13, 89다카24445는 위 요건에 사용자의 노동조합 또는 근로자에 대한 해고통지의무가 있음을 확인하였다. 이로써 경영상 해고를 위한 판례상 요건이 정립된 것이다. 그러나 경영상 해고를 위한 각각의 요건이 독립적·개별적 판단을 통해 모두 충족되어야 하는 것은 아니다. 대판 1995. 12. 5, 94누15783 판결은 경영상 해고가 "정당하다고 하려면 … 제반사정을 전체적·종합적으로 고려하여 당해 해고가 객관적 합리성과 사회적 상당성을 지닌 것으로 인정될 수 있어야 할 것"이라고 하였고, 이후 법원은 이와 같은 입장에 기초하여 경영상 해고를 판단하고 있다(이를 '요건의 요소화'라고 하기도 한다). 평석 대상판결도 마찬가지이다(Ⅱ의 1 참조).

2. 경영상 해고의 요건 1: 긴박한 경영상 필요성

대판 1990. 1. 12, 88다카34094가 판시했던 경영상 해고를 위한 '긴박한 경영상 필요성'은 대판 1991. 12. 10, 91다8647 판결을 통해 완화된다. 즉 여기에서는 그 이전의 판례가 취했던 긴박한 경영상 필요성에 대한 엄격한 판단으로부터 벗어나, 기업의 경영상 필요성이라는 것이 기업의 경제적 이유뿐만 아니라 생산성 향상이나 작업형태의 변경, 신기술 도입과 같은 기술적인 이유와 이에 따라 발생하는 산업의 구조적 변화를 포함하는 것으로 보았다. 그래서 "기업의 도산을 회피하기 위한 것에 한정할 필요는 없고 인원삭감이 객관적으로 보아 합리성이 있다고 인정될 때에는 긴박한 경영상의 필요성이 있는 것으로 넓게 보아 주어야 함이 타당"하다고 판시했다.

대상판결은 위와 같은 경영상 필요에 대한 판단을 보다 더 완화시킨다. 즉, 긴박한 경영상의 필요란 반드시 기업의 도산을 회피하기 위한 경우에 한정되지 않고 "장래에 올 수도 있는 위기에 미리 대처하기 위하여" 인원삭감이 객관적으로 보아 합리성이 있다고 인정되는 경우도 포함되는 것으로 보아야 한다고 함으로써(Ⅱ의 2 참조), 반드시 기업이 현재 실제 적자상태에 있거나 이에 준할 수 있는 정도의 사정은 아니더라도 긴박한 경영상 필요성의 요건을 충족할 수 있다고 본 것이다. 이에 따라 이후의 판결에서는 현재 적자상태는 아니지만 기존에 진행되어 오던 경영위기가 계속되고 있고 이를 극복하기 위해 실시한 합병과 부서 통폐합에 따른 인원과잉현상이 발생한 경우(대판 2002. 7. 9, 2001다29542), 매출 총액은 증가하였지만 공사수주실적이 급감함으로써 전반적인 영업기반 자체가 흔들린 데다가 미수금 증대에 따른 금융비용 등이 급증하여 회사의 경영상태가 급속하게 악화된 경우(대판 2002. 8. 27. 2000두6756) 등에도 긴박한 경영상 필요성을 인정한다. 이러한 긴박한 경영상 필요 요건의 판단 과정에는 1998년 2월 20일의 근기법 개정도 있었다. 즉 긴박한 경영상의 필요성에 "경영악화를 방지하기 위한 사업의 양도·인수·합병은 긴박한 경영상의 필요가 있는 것으로 본다."는 내용이 추가된 것이다. 이에 따라 영업양도를 전제로 하여 양수기업으로의 고용관계승계를 거부한 근로자를 해고하는 것도 "원래의 사용자는 영업 일부의 양도로 인한 경영상의 필요에 따라 감원이 불가피하게 되는 사정이 있어" 긴박한 경영상의 필요성을 충족시키는 것으로 판단하였다(대판 2010. 9. 30, 2010다41089 등).

3. 경영상 해고의 요건 2: 해고회피노력 의무

현행 근기법에서는 정리해고가 필요한 긴박한 경영상의 사유가 있는 경우라도 "사용자는 해고를 피하기 위한 노력을 다하여야" 한다고 규정하고 있다(§24 ② 1문 전단). 하지만 무엇이 해고를 피하기 위한 노력인가에 대해서는 해석에 맡기고 있는데, 판례는 경영방침이나 작업방식의 합리화, 신규채용의 금지, 일시휴직 및 희망퇴직의 활용 등을 해고회피수단으로 인정하였다. 또 대판 2002. 6. 28, 2000두4606 이후부터는 신규채용이 있었다 하더라도 제반 사정을 판단하여 해고회피노력을 다 한 것으로 인정되기도 했다(대판 2002. 7. 9, 2000두9373 등).

이와 같은 과정에서 대상판결은(Ⅱ의 3 참조) 해고회피노력의 방법과 정도는 "확정적·고정적인 것이 아니"라고 함으로써, 이전의 판결들에서 해고회피노력을 어느 정도 유형화시킨 경향으로부터 벗어나 판례상 해고회피의 방법을 상당히 유동적인 것으로 판단할 수 있게 하였다. 특히 평석대상 사건은 "노동조합 또는 근로자대표와 성실하게 협의하여 정리해고 실시에 관한 합의에 도달"한 경우에도 해고회피노력을 다 한 것으로 인정하였다.

4. 경영상 해고의 요건 3: 공정한 해고 대상자의 선정

경영상 해고를 위한 공정하고 합리적인 기준과 관련하여 2000년대 초반까지 법원은 근로자들의 평소 근무성적·상벌관계·경력·기능의 숙달도 등과 같은 사용자 측의 기준을 사용한 선정기준을 합리적이고 공정한 것으로 판단하는 경향이었다. 그러나 대상판결은 합리적이고 공정한 해고의 기준을 근무성적이나 징계여부와 같은 사용자 측의 기준에 독립시켜 판단하지 않고, 근로자의 주관적 사정이나 긴박한 경영상의 필요성 및 정리해고 실시 당시의 사회경제상황 등과 연결시켜 그 기준을 다양화시키고 있다는 점에서 기존의 다른 판결들과는 구분된다(Ⅱ의 4 참조).

5. 경영상 해고의 요건 4: 근로자대표와의 사전협의

근기법상 경영상 해고를 위한 근로자대표와의 사전협의 요건은 법제화 이전부터 경영상 해고의 유효성을 판가름할 수 있는 필수적인 요건은 아니었다. 대판 1992. 8. 14, 92다16973은 "사전협의를 거치지 아니하였다 하더라도 전체적으로 고려하여" 경영상 해고의 유효성을 판단하여 왔고, 대판 1992. 11. 10, 91다19463은 "정리해고의 실질적 요건이 충족되어 … 근로자와의 협의절차를 거친다고 하여도 별다른

효과를 기대할 수 없는 등 특별한 사정이 있는 때"에는 사용자가 근로자측과 사전협의절차를 거치지 않았더라도 정리해고가 무효인 것은 아니라고 판단하였던 것이다.

경영상 해고의 절차에 대한 이와 같은 인식은 지금도 유효하게 적용되고 있다. 여기에서 평석대상 사건이 의미를 갖는 것은, 위와 같이 절차적 요건이 경영상 해고의 유효성을 판단하는데 필수적인 요건이 아니라는 것에 대한 이유를 밝혔다는 점에 있다(Ⅱ의 5 참조).

6. 결론

경영상 해고에 대한 전반적인 판례의 경향은 경영상 해고의 요건, 특히 경영상 필요에 대한 판단 기준을 완화하는 한편, 다른 요건들을 점차 구체화한다고 말할 수 있다. 이 경향이 지속되는 가운데 1997년 근기법상 경영상 해고의 법제화는 그와 같은 판례의 경향성에 큰 영향을 미친 것으로 보이지 않는다. 평석 대상판결 이후에도 경영상 해고에 대한 법원의 판단은 계속되고 있고, 그 방향성은 어느 정도 일관된다. 대상판결은 경영상 해고의 법제화 이후 나온 판결로서, 법원이 근기법상 경영상 해고 규정을 어떻게 이해하는지, 그리고 1990년대 후반 경제위기를 겪으면서 경영상 해고를 바라보는 관점이 어떻게 변하고 있는지를 볼 수 있는 지표를 공고화한 의미를 부여할 수 있을 듯하다.

◆• 참고문헌

박은정, "경영상 해고에 관한 대법원 판례 분석과 평가", 『노동법학』 제53호, 한국노동법학회, 2015.
전형배, "우리나라 경영해고의 현황과 과제", 『노동법연구』 제34호, 서울대학교 노동법연구회, 2013.

41. '긴박한 경영상 필요'의 판단 단위

— 대법원 2015. 5. 28. 선고 2012두25873 판결(부당해고구제재심판정취소) —

남궁준(한국노동연구원)

Ⅰ. 사실관계

피고보조참가인(Y)은 관광호텔업을 경영하는 법인으로 서울호텔사업부와 부산호텔사업부를 두고 있다. 이 사건의 경영상 해고 당시 Y의 신용등급과 현금흐름등급은 최상위 등급으로 평가되었고 꾸준히 당기순이익을 기록하고 있었으며, 해고 전후로 직원에게 성과급을 지급하고 신규인력을 채용하였다. 한편 원고들(X)이 소속된 서울호텔사업부는 해고 직전 2년 연속 적자를 보았고(당기 연도는 소폭 흑자), 부산호텔사업부와 인적·물적·장소적으로 분리·독립되어 있었다. 두 사업부는 노동조합도 따로 조직되어 있고 서로 다른 취업규칙·단체협약이 적용되었다.

Y는 경영합리화를 위해 서울호텔사업부의 객실정비 등 5대 부문을 도급 전환하기로 결정하였고, 해당 부문에 종사하던 근로자 대부분은 도급업체에 재입사하였다. 약 2년 후 Y는 위 부문의 잔여인력으로 인해 발생할 수 있는 위장도급 등의 법적 문제를 해결하기 위해, X를 포함한 11명의 근로자를 대상으로 희망퇴직 신청을 받고, 노동조합과의 협의 후 통상임금 20개월분의 도급전환 위로금 지급, 도급업체로의 고용승계와 정년보장, 또는 Y 내 유니폼 세탁 직무 등으로의 전환배치를 제안했다. 2명은 전환배치에 동의했고, 재입사·전환배치를 모두 거부한 X는 경영상 이유로 해고되었다.

X는 서울지방노동위원회에 부당해고 구제신청을 하였고 인용되었다. 그러나 이후 서울고등법원에 이르기까지 근로기준법 제24조 제1항 '긴박한 경영상의 필요' 요건의 충족 여부를 두고 노동위원회와 법원은 심급마다 계속 엇갈리는 판정/판결을 내렸다. 대법원은 이 사건 해고가 긴박한 경영상 필요에 따라 이루어지지 않았다고 판단하며 원심판결을 파기·환송하였다.

Ⅱ. 판결의 내용

대상판결은 "'긴박한 경영상의 필요'란 반드시 기업의 도산을 회피하기 위한 경우에 한정되지 아니하고, 장래에 올 수도 있는 위기에 미리 대처하기 위하여 인원삭감이 필요한 경우도 포함되지만, 그러한 인원삭감은 객관적으로 보아 합리성이 있다고 인정되어야 한다"고 전제하고, "'긴박한 경영상의 필요'가 있는지를 판단할 때에는 법인의 어느 사업부문이 다른 사업부문과 인적·물적·장소적으로 분리·독립되어 있고 재무 및 회계가 분리되어 있으며 경영여건도 서로 달리하는 예외적인 경우가 아니라면 법인의 일부 사업부문 내지 사업소의 수지만을 기준으로 할 것이 아니라 법인 전체의 경영사정을 종합적으로 검토하여 결정하여야 한다"고 보았다.

대상판결은 '긴박한 경영상의 필요'의 판단 단위에 대한 위 원칙의 예외를 구성하는 요건 중 하나인 '재무 및 회계의 분리여부'를 판단하는 기준은 공식적인 재무제표라고 설시했다. 따라서 Y의 공식적인 재무제표가 법인 전체를 기준으로 작성되어 있는 한, 회계 편의를 위해 서울호텔사업부와 부산호텔사업부를 재무적으로 분리해 작성한 회사 내부의 자료가 있다 하더라도 이는 두 사업부의 분리를 증명하는 근거가 될 수 없다고 판시했다. 그러므로 서울호텔사업부가 아닌 법인 전체의 사정을 '긴박한 경영상의 필요' 판단의 기초로 삼아야 한다고 보았다.

나아가 대상판결은 Y의 전반적 경영상태가 견고하고, 이 사건 해고에 의해 절감된 인건비 비율이 Y의 매출 규모의 약 0.2%에 불과하다는 점을 지적했다. 또한, 객실정비, 기물세척 등은 호텔 영업을 위해 필수적 업무이기 때문에, 이에 대한 도급화 조치는 단순 인건비 절감 또는 노무관리의 편의를 위한 조치로서 특정한 사업부문 자체가 폐지되어 인원삭감이 불가피한 경우와는 구별된다고 보았다. 이를 바탕으로 대상판결은 이 사건 해고가 긴박한 경영상의 필요에 따른 해고가 아니라고 결론내렸다.

Ⅲ. 해설

1. 경영상 해고의 정당성 요건과 '긴박한 경영상의 필요'

종래 경영상 해고에 관한 판례를 법제화한 근로기준법 제24조는 '경영상 이유에 의한 해고'가 정당하기 위한 요건으로, ① 긴박한 경영상의 필요가 있을 것, ② 해고를 피하기 위한 노력을 다할 것, ③ 합리적이고 공정한 해고의 기준을 정하고 이에 따라 그 대상자를 선정할 것, ④ 해고를 피하기 위한 방법과 해고의 기준 등에 관하여 근로자대표에게 통보하고 성실히 협의할 것을 규정하고 있다. 대상판결은 이 중 첫째 요건의 구체적 쟁점 중 하나인, 복수의 사업부를 운영하는 법인의 경우 '긴박한 경영상의 필요'를 판단하는 단위가 무엇인지에 대해 설시하였다. 즉, 대상판결은 해당 경영상 해고가 단행된 사업부가 아닌 법인 전체의 경영 사정을 기준으로 긴박한 경영상의 필요성이 있는지 판단해야 한다고 하면서 기존의 법리를 재확인한 것이다.

2. '긴박한 경영상의 필요'의 판단 단위가 법인이 아닌 사업부가 되기 위한 요건

대상판결은 법인이 아닌 개별 사업부가 '긴박한 경영상의 필요'의 판단 단위가 되기 위한 예외적 상황을 열거했다. 즉 ① 해당 사업부문이 다른 사업부문과 인적·물적·장소적으로 분리·독립되어 있고, ② 재무 및 회계가 분리되어 있으며, ③ 경영여건을 서로 달리하고 있다면, 해당 사업부문만을 따로 떼어 긴박한 경영상의 필요 여부를 판단할 수 있다는 것이다.

대상판결은 위 세 가지 요건이 모두 충족되어야 예외적으로 법인이 아닌 사업부가 '긴박한 경영상의 필요'의 판단 단위가 될 수 있다는 점을 명확히 했다. 대상판결은 "서울호텔사업부와 부산호텔사업부의 재무와 회계가 분리되어 있다고 단정하기 어렵"기 때문에 "원심 판시와 같이 [두 사업부]가 인적·물적·장소적으로 분리되어 있고 노동조합이 별도로 조직되어 있더라도" 법인 전체를 기준으로 판단해야 한다고 보았다.

대상판결이 인용한 판결(대판 2006. 9. 22, 2005다30580)은 노동조합이 사업부별로 조직되어 있는지까지 포함해 총 네 가지 요건을 제시했다. 대상판결의 원심 또한 같은 판결을 인용하며 이 사건의 서울호텔사업부와 부산호텔사업부에 서로 다른 노동조합이 조직되어 있다는 점과 (해고 단행 후) 두 사업부가 별도의 교섭단위로 분리되었다는 점에 주목했다. 그러나 대상판결은 일반 법리를 설시하며 사업부문별 노동조합 조직 여부 요건을 언급하지 않았으며, 이 사건의 구체적 판단에서도 관련 사실을 비중 있게 고려하지 않았다. 이는 복수노조 설립이 허용되는 변화된 법적 환경을 반영하여 과거의 법리를 현대화한 것으로 이해된다.

3. 재무와 회계 분리여부에 대한 판단기준

대상판결은 복수의 사업부문 간 재무 및 회계의 분리·독립 여부를 판단하기 위한 기준으로 공식적인 재무제표를 들었다. Y는 서울호텔사업부와 부산호텔사업부를 포함한 법인 전체를 기준으로 공식적인 재무제표를 작성하였는데 이때 두 사업부를 별도의 영업부문으로 구분하여 공시하지 않았으며, 이 재무제표를 기초로 Y에 대한 감사가 이루어졌다. 대상판결은 Y는 두 호텔사업부 외에 외식사업부가 있고 본사에서 이들 사업부 전체의 인사와 재무를 관장하는 지원담당부서가 있는 점과 두 호텔사업부 소속 직원에게 일률적으로 성과급을 지급한 점도 지적하였다. 이 사실을 기초로 대상판결은 "사업부별로 사업자등록을 하고 각자 수입·지출·자산·부채를 관리하고 재무제표를 작성하고 있으며, 이를 기준으로 전체 법인의 연결재무제표를 작성하고 있"어 양 사업부의 재무와 회계가 사실상 분리되어 있다는 원심의 판단을 기각하고, 법인 전체의 경영 사정을 기준으로 사안의 긴박성을 판단하였다.

4. 평가

'긴박한 경영상 필요' 요건은 경영상 해고의 유효요건 중 유일한 실체적 요건이라는 점에서 다른 세 가지 절차적 요건과 질적으로 구별된다. 전자의 판단은 사용자의 경영상 결정권을 어느 범위까지 보장할 것인지에 대한 법적 가치판단이 핵심인 반면, 후자는 앞의 판단을 전제로 근로자의 이익을 어느 정도까지 반영할 것인지 결정하는 것이다. 이러한 관점에서 볼 때 판례는 경영상 긴박성의 의미와 판단시점 판단을 통해 사용자의 경영상 결정권을 폭넓게 인정해주는 쪽으로 점차 변해왔다고 볼 수 있다. 초기 판례는 이른바 '도산회피설'의 입장을 취했지만, 대략 1991년부터 '객관적으로 보아 인원감축의 합리성이 있는 경우' 경영상 긴박성을 긍정하였고, 2002년경 이후에는 장래의 위기에 대처하기 위한 경영합리화도 인정하고 있기 때문이다. 다만 그러한 경영악화가 계속적·구조적 문제에 기인한 것이어야 한다.

대상판결은 '위와 같은 판단 자체가 어느 단위에서 이루어져야 하는가'라는 선결 쟁점을 검토했다. 동 판결은 그것이 법인 차원에서 이루어져야 한다는 원칙을 세우면서, 법인의 일부 사업부문 내지 사업소가 인적·물적·장소적, 재무·회계, 경영 여건 측면에서 엄격하게 분리·독립된 경우 해당 사업부문 내지 사업소가 기준이 될 수 있다는 예외를 두었다. 일견 선결 쟁점에 대한 중립적 판단처럼 보이는 이 법리는, 사용자의 자의적·비합리적 결정에 따라 경영상 해고가 오·남용되는 것을 방지·제한하는 기능을 수행한다. 사업부 사이의 관계는 사용자가 임의로 결정·조정할 수 있으므로, 경영상 긴박성을 객관적으로 판단하기 위해서는 공식

재무제표 검토 작업 등을 통해 확인된 해당 사
업부의 진정한 분리·독립성이 전제되어야 하기
때문이다. 대상판결도 이와 같은 객관적 분석을
바탕으로 서울호텔사업부의 경영악화를 인정하
지 않았고, 이 사건 해고가 단순 인건비 절감
또는 노무관리 편의 등을 목적으로 이루어졌다
고 추정하였다.

이상의 사항을 종합적으로 고려할 때 대상
판결은 타당한 판결이라고 평가할 수 있다.

◆◇ 참고문헌

김성수, "수개 사업부 중 한 사업부 경영악화 시 경영상
　해고의 허용 여부", 『노동법률』, 중앙경제사, 2015년
　11월호.
김형배, "긴박한 경영상의 필요에 의한 해고의 법리", 『저
　스티스』 제29권 제3호, 한국법학원, 1996.
노동법실무연구회, 『근로기준법 주해Ⅱ』 제2판, 박영사,
　2020.
박종희, "개정법상 '경영상 이유에 의한 해고'제도의 해
　석과 운용에 관한 정책방향", 『노동법학』 제8호, 한국
　노동법학회, 1998.
하경효·박종희·강선희, "서울지노위 판정례 분석을 통
　한 경영상 해고의 운용실태와 특징, 『노동정책연구』
　제11권 제2호, 한국노동연구원, 2011.
한인상, "경영상 해고 관련 판례 및 입법 동향 분석", 『노
　동법논총』 제41집, 비교노동법학회, 2017.

42. 해고회피노력

- 대법원 2017. 6. 29. 선고 2016두52194 판결(부당해고구제재심판정취소) -

양승엽(연세대 법학연구원)

I. 사실관계

원고(X)는 상시 근로자 1,200여 명을 고용하여 증권매매업 등을 운영하는 법인으로 2012년 경영상황 악화에 따라 복리후생제도의 축소 등 비용절감을 위한 자구책을 실시하였고, 신규채용 축소, 희망퇴직 실시 및 계열사 전보 등을 통해 인력을 축소하기 시작하였다. X의 이러한 노력에도 불구하고 지속적으로 경영상황이 악화되자 총 12차례에 걸쳐 노사협의회와 정리해고의 규모, 정리해고 대상자 선발기준과 절차 등에 대해 협의하였고, 최종적으로 2013년 12월 감원목표를 350명으로 결정하였다. 여러 차례의 희망퇴직을 통해 341명을 감원하였으며 14명은 전환배치되었다. 최종적으로 34명의 정리해고 대상자를 선정하였는데, 다시 27명이 희망퇴직을 신청하여 정리해고된 근로자는 7명이었다. 7명(A 등)은 ① 긴박한 경영상의 필요성, ② 해고회피노력, ③ 근로자대표와의 성실한 협의 요건을 충족하지 못하였다는 것을 근거로 노동위원회에 부당해고 구제를 신청하였고, 서울지방노동위원회는 기각을, 중앙노동위원회는 A 등의 재심판정을 인용하였다. 이에 불복을 한 X는 중앙노동위원회(피고 Y)를 대상으로 재심판정취소의 소를 행정법원에 제기하였고, 행정법원과 고등법원에서 승소하였다.

II. 판결의 내용

대법원은 Y의 상고를 받아들여 '정리해고를 회피하기 위한 노력' 등에 관한 법리를 오해하여 심리를 다하지 아니하였다는 이유로 원심판결을 파기 환송하였다. 대법원은 먼저 "정리해고의 요건 중 해고를 피하기 위한 노력을 다하여야 한다는 것은 경영방침이나 작업방식의 합리화, 신규채용의 금지, 일시휴직 및 희망퇴직의 활용, 전근 등 사용자가 해고 범위를 최소화하기 위하여 가능한 모든 조치를 취하는 것을 의미하고, 그 방법과 정도는 확정적·고정적인 것이 아니라 당해 사용자의 경영위기의 정도, 정리해고를 실시하여야 하는 경영상의 이유, 사업의 내용과 규모, 직급별 인원상황 등에 따라 달라지는 것이다."라는 선례(대판 1999. 4. 27, 99두202 및 대판 2004. 1. 25, 2003두11339)를 인용하였다.

그리고 대법원이 사용자의 해고회피노력이 미진하였다고 판단한 근거는 신규채용, 승진인사 단행과 성과급 지급 등인데, 가장 쟁점이 된 것은 회사가 최종 감원목표를 상회 달성한 상황에서 추가로 정리해고를 실시한 경우, 해고회피노력을 다 한 것으로 볼 수 있는가였다. 대법원은 감원된 인원이 정리해고 대상자 7명을 제외하고도 "감원된 341명과 최종 정리해고 대상자 선정기준이 공고된 후 희망퇴직을 신청한

27명, 감원목표 인원수에 포함된 전환배치직원 14명 등 모두 382명에 이르러 최종 감원목표인 350명을 상회하고 있었을 가능성"이 높다고 판단한 다음, 이는 해고를 피하기 위한 노력을 다한 경우에 해당한다고 보기 어렵다고 판시하였다.

Ⅲ. 해설

1. 판결의 의의

정리해고가 인정되기 위해서는 ① 긴박한 경영상의 필요성, ② 해고회피노력, ③ 합리적이고 공정한 선정기준, ④ 근로자대표와의 성실한 협의, 네 가지 요건이 필요하다. 대법원이 정리해고가 부당하다고 판시한 기존의 사안들을 보면 ① 긴박한 경영상의 필요성과 ③ 합리적이고 공정한 선정기준의 요건을 결여하여 정리해고가 무효라고 한 판결례는 많으나, ② 해고회피노력의 부재 또는 미진을 이유로 정리해고가 부당하다고 한 예는 많이 찾아볼 수 없다. 이런 점에서 대상판결은 해고회피노력의 의미와 충족 여부에 대한 판단기준을 제시하였다는 데 의의가 있다.

2. 해고회피노력의 구체적 내용

1) 해고회피노력의 개념과 방법

해고회피노력이 필요한 이유에 대해 학설은 정리해고는 근로자에게 귀책사유가 없이 행해지는 것이어서 최후수단 또는 보충적 수단의 성격이 특히 요청되기 때문이라 설명한다. 이는 대법원이 설시한 해고회피노력의 개념에서 잘 드러나는데, 대상판결은 '해고회피노력'이란 "사용자가 해고 범위를 최소화하기 위하여 가능한 모든 조치를 취하는 것"이라 하고, 그 방법으로 "경영방침이나 작업방식의 합리화, 신규채용의

금지, 일시휴직 및 희망퇴직의 활용, 전근 등"을 들고 있다(대판 1992. 12. 22, 92다14779). 그리고 사용자가 해고를 회피하려는 방법에 관하여 "노동조합 또는 근로자대표와 성실하게 협의하여 정리해고 실시에 관한 합의에 도달하였다면 이러한 사정도 해고회피노력의 판단에 참작"되어야 한다(대판 2002. 7. 9, 2001다29452).

구체적인 수단은 여러 가지를 들 수 있으나, 대법원은 그러한 방법과 정도는 "확정·고정적인 것이 아니라 당해 사용자의 경영위기, 정리해고를 실시하여야 하는 경영상의 이유, 사업의 내용과 규모, 직급별 인원상황 등에 따라 달라"진다고 한다(대판 2004. 1. 15, 2003두11339).

해고회피노력의 위반은 어떤 행동을 하지 않았다는 작위의무 위반에만 그치지 않고, 여러 수단을 실행하였으나 해고회피노력을 '다'하지 않았다는 경우 역시 포함된다. 그리고 해고회피노력의 정도는 긴박한 경영상의 필요성과도 연관이 되는데 긴박한 경영상의 필요성이 강할수록 해고회피노력의 정도는 약해지지만, 그것이 약하다면 해고회피노력의 정도는 강하게 요구된다. 대상판결의 사안 역시 여러 비용절감 노력과 배치전환, 그리고 희망퇴직 등을 실시하였지만, 감원목표를 정리해고 전 이미 달성하였기에 해고회피노력의 정도가 강하게 요구된 것이다. 반대로 경영상황이 너무 악화되어 해고회피노력 자체를 할 수 없을 정도라면 해고회피를 하지 않았다고 해서 정리해고의 정당성이 부정되지 않는다.

학설 중 해고회피노력은 단계적으로 적용되어야 한다는 견해가 있다. 정리해고의 최후수단의 원칙에 따라 해고회피노력은 비례적으로 이루어져야 하는데, 근로자의 이익이 적게 침해되는 조치를 먼저하고, 그다음에 강한 조치가 이

루어져야 한다는 것이다(김형배, 704쪽). 그러나 해고회피노력의 수단이 정형화되지 않았다는 점과 어떠한 수단이 이익을 더 크게 침해하는지는 근로자에 따라 달라진다는 점을 들어 반대하는 견해도 있다(하갑래, 946쪽).

2) 해고회피노력의 유형

정리해고는 경영이 악화하여 발생하는 것이기 때문에 경영 악화를 막기 위한 여러 수단이 해고회피노력이 될 수 있다. 따라서 해고회피노력은 그 태양이 다양하여 일반화하기 힘들어 구체적인 모습을 유형으로 묶어 살펴봐야 한다. 단, 사용자는 한 가지 방법만을 실행하는 것이 아니라 여러 유형을 함께 사용한다. 그 중 주요한 유형을 보면 아래와 같다.

(1) 인원 감원: 가장 대표적인 방식으로 희망(명예)퇴직이 있다. 희망퇴직은 정리해고와 비교하여 법적 분쟁을 최소화하면서 온건한 방법으로 인원 과잉을 해소할 수 있는 장점을 갖고 있지만 본질에서 근로자의 고용상실을 초래한다는 측면에서 최후적인 해고회피수단으로 취급되어야 한다(서울고판 2014. 2. 7, 2012나14427,74290). 그리고 희망퇴직에 응하지 않았다고 해서 정리해고 대상자 선정기준에 있어 불이익을 주어서는 안 된다(대판 2004. 1. 15, 2003두11339). 희망퇴직을 실시했지만 해고 대상자와 면담 등을 통하여 직무전환이나 재취업을 알선하는 등 고용유지를 위한 노력이 없었던 경우 해고회피노력을 부정한 예도 있다(대판 2005. 9. 29, 2005두4403). 그 외 기간제 근로계약의 해지와 재계약 거부, 그리고 신규채용 중지도 해고회피노력이 될 수 있다(자연감원).

(2) 배치전환: 전직과 전적, 그리고 넓게 취업 알선 등이 있다. 희망퇴직자 중 일부를 계약직으로 전환하여 재취업시키고, 일부는 자회사나 관련 업체에 취업알선을 하였다면 해고회피노력을 다한 것으로 인정한다(대판 2002. 7. 9, 2001다29452). 다만, 폐지된 직책의 근로자가 직급과 보수가 동일한 다른 직책으로 전보 명령을 받았으나 근무하지 않겠다고 한 경우 사용자는 정리해고가 아닌 통상해고를 할 수 있다(대판 1991. 9. 24, 91다13533). 그리고 상호 부서 간의 인력 이동이 사실상 불가능한 경우에는 해고를 회피할 수 없는 경우로 본다. 가령, 생산공정이 다르고 제품 간 교차생산이 불가능하며 기술 수준도 다른 상황을 들 수 있다(대판 2011. 9. 8, 2009두14682).

(3) 업무중단 및 감소: 휴직, 근로시간 단축, 휴가의 집단적 조기 사용 등을 들 수 있다. 업무중단 및 감소에 따른 급여의 삭감은 전체 근로자에게 영향을 미치며 생계에 지장을 준다. 따라서 정리해고 대상자가 아닌 근로자들이 동의할 가능성, 조업 시간 단축의 규모 및 예상기간, 조업 시간 단축에 따라 손실을 입게 될 근로자의 숫자 등 관련 당사자들의 사정을 참작하여 사용자가 해고회피노력을 다했는지를 판단해야 한다.

(4) 직업훈련: 직업훈련은 정리해고 대상자의 전직과 관련 있다. 해고 대상자가 업무능력의 미달 등으로 전직을 할 수 없다면 사용자는 해고회피노력을 다한 것으로 인정된다. 그러나 해고 대상자가 직업훈련을 통해 종래와 다른 내용의 근무를 할 수 있을 때는 사용자는 해고 전에 직업훈련을 시킬 의무가 있다. 다만, 해당 근로자가 직업훈련을 받을 의사와 능력이 있어야 하고, 사용자 입장에서도 직업훈련에 필요한 기간과 비용이 과도하지 않아야 한다.

그 외의 유형으로 경영개선 측면에서 경영

방침의 변화, 작업방식의 과학화·합리화, 경영진 교체 등이 있고 근로조건 저하에 관하여 임금동결 및 삭감, 복리후생 감소 등이 있다.

3. 결론

해고회피노력은 특징으로 첫째, 해고회피 당시에는 정당성 판단이 쉽지 않고 정리해고가 일어난 이후 판단되는 사후적 성격이 있다. 따라서 요건 성립 여부가 긴박한 경영상의 필요성과 연관이 된다. 대법원이 해고회피노력의 방법과 정도가 사용자의 경영 위기의 정도에 따라 유동적이라고 한 것은 이러한 이유 때문이다. 둘째, 그 수단이 확정되어 있지 않다. 인원감원, 배치전환, 업무중단 및 감소, 직업훈련, 경영개선, 그리고 근로조건 저하뿐만 아니라 경영 악화를 개선하기 위한 다양한 방법들이 해고회피노력으로 들어갈 수 있으며, 무엇을 선택

할지는 사용자의 재량이나 정리해고의 최후수단적 성격을 생각하면 해고의 범위를 최소화하는 방법이어야 한다.

대상판결은 이 중 첫 번째 특징을 잘 드러냈다. 목표한 감원 인원을 충족한 상황에서 긴박한 경영상의 필요성이 인정되지 않을 때 해고회피노력의 정도는 강한 것이어야 한다는 것이다. 대상판결을 선례로 해고회피노력이 정리해고 정당성 판단의 실질적인 요건이 되길 기대한다.

◆ 참고문헌

김유성, 『노동법 I』, 법문사, 2005.
김형배, 『새로 쓴 노동법』, 박영사, 2016.
임종률, 『노동법』, 박영사, 2020.
하갑래, 『근로기준법』, ㈜중앙경제, 2018.
노동법실무연구회, 『근로기준법주해』, 박영사, 2020.

43. 해고의 예고

– 대법원 2018. 9. 13. 선고 2017다16778 판결(부당이득금) –

방강수(법학박사)

Ⅰ. 사실관계

원고(X)는 광주시 동구 소재 아파트의 입주자대표회의이고, 피고(Y)는 2005. 5. 2. X에게 고용되어 아파트 관리소장으로 근무하였다. X는 주택법 위반 등 총 17개의 징계사유를 들어 Y를 2015. 5. 20.자로 징계해고하였다. X는 Y를 해고하기 30일 전에 예고하지 아니하였고, 같은 해 5. 27. Y에게 근기법 제26조의 '해고예고수당'으로 2,714,790원을 지급하였다.

Y는 이 사건 징계해고는 부당하다며 전남지방노동위원회에 부당해고 구제신청을 하였고, 전남지방노동위원회는 2015. 7. 20. 부당해고라는 취지로 Y의 구제신청을 인용하는 판정을 하였다. X는 부당해고 판정에 따라 같은 해 8. 11. Y를 관리소장으로 복직시킨 후, 같은 해 9. 3.경 Y에게 위 해고예고수당을 반환하라는 통지를 하였으나 Y는 이를 반환하지 않았다.

X는 이 사건 징계해고는 부당해고에 해당하여 효력이 없으므로, 위 해고예고수당은 법률상 원인 없이 지급된 것이라며 부당이득반환 청구의 소를 제기하였다.

Ⅱ. 판결의 내용

1. 소액사건의 경우 대법원에 상고할 수 있는지

X의 청구금액은 약 270만원으로 대상판결의 사안은 소액사건이고, 해당 쟁점에 대한 대법원 판례는 아직 없는 상태이다. 이러한 소액사건의 경우 대법원에 상고할 수 있는지에 대하여, 대상판결은 소액사건이라는 이유로 대법원이 그 법령의 해석에 관하여 판단을 하지 아니한 채 사건을 종결한다면 국민생활의 법적 안전성을 해칠 것이 우려된다며, 이러한 특별한 사정이 있는 경우에는 소액사건에 관하여 상고이유로 할 수 있는 '대법원의 판례에 상반되는 판단을 한 때'(소액사건심판법 §3 2호)의 요건을 갖추지 아니하였다고 하더라도 법령해석의 통일이라는 대법원의 본질적 기능을 수행하는 차원에서 실체법 해석적용의 잘못에 관하여 판단할 수 있다고 하였다.

2. 해고가 무효인 경우 해고예고수당이 부당이득인지

대상판결은 "근로기준법 제26조 본문에 따라 사용자가 근로자를 해고하면서 30일 전에 예고를 하지 아니하였을 때 근로자에게 지급하는 해고예고수당은 해고가 유효한지 여부와 관계없이 지급되어야 하는 돈이고, 그 해고가 부당해고에 해당하여 효력이 없다고 하더라도 근로자가 해고예고수당을 지급받을 법률상 원인이 없다고 볼 수 없다."라고 하여 X의 청구를 기각하였다. 즉, 해고가 사후에 무효가 되더라도 이미 지급받은 해고예고수당은 부당이득이 아니라는 것이다. 대상판결은 이러한 판단의 근거로 세 가지를 들고 있다.

첫째, 법규정의 문언에 따른 해석이다. 대상판결은 근기법 제26조 본문의 규정상 해고가 유효한 경우에만 해고예고 의무나 해고예고수당 지급의무가 성립한다고 해석할 근거가 없다고 한다.

둘째, 법규정의 목적에 따른 해석이다. 대상판결은 근기법 제26조의 해고예고제도의 취지는 "근로자로 하여금 해고에 대비하여 새로운 직장을 구할 수 있는 시간적·경제적 여유를 주려는 것"이라는 기존 법리를 인용하면서, 해고예고제도는 해고의 효력과 관계가 없는 제도이므로, 해고가 무효인 경우에도 해고가 유효인 경우에 비해 해고예고제도를 통해 근로자에게 시간적·경제적 여유를 보장할 필요성이 작지 않다고 한다.

셋째, 해고 과정에서의 보호 필요성이다. 대상판결은 해고가 무효로 판정되어 근로자가 복직을 하고 미지급 임금을 받더라도, 그것만으로는 해고예고제도를 통해 해고 과정에서 근로자를 보호하려는 근기법 제26조의 입법 목적이 충분히 달성되기 어렵다고 한다. 또한 해고예고제도는 해고의 사법상(私法上) 효력에 영향을 미치지 않는다는 점을 고려하면, 해고예고제도 자체를 통해 근로자를 보호할 필요성은 더욱 커진다고 한다. 즉, 부당해고에 대한 사후 구제(복직 및 임금 지급)만으로는 '해고 과정'에서의 보호를 담보할 수 없다는 것이다.

Ⅲ. 해설

대상판결은 해고예고제도의 취지에 관한 기존의 법리(대판 2010. 4. 15, 2009도13833)와 해고예고의무 위반은 해고의 사법상 효력에 영향이 없다는 기존의 법리(대판 1993. 9. 24, 93누4199; 대판 1994. 3. 22, 93다28553)를 재확인하면서, 근기법 제26조의 해고예고제도는 해고의 효력과 관계없이 적용되는 규정임을 명확히 하였다. 그 결과 해고가 무효로 판단되더라도 이미 지급받은 해고예고수당은 부당이득이 아니라고 하여, 그간의 논란을 해결하였다는 점에서 의의가 있다.

1. 해고예고제도의 연혁과 취지

근기법 제26조 본문은 "사용자는 근로자를 해고(경영상 이유에 의한 해고를 포함한다)하려면 적어도 30일 전에 예고를 하여야 하고, 30일 전에 예고를 하지 아니하였을 때에는 30일분 이상의 통상임금을 지급하여야 한다."라고 규정하고 있다. 현행법과 같은 내용의 해고예고제도는 1961년 근기법 개정 때 신설되었다. 1953년 제정 근기법 제28조(조문 제목은 '해고자에 대한 지급')의 제1항은 사용자는 해고된 근로자에게 30일분 이상의 평균임금을 지급해야 한다고 규정했고, 동조 제2항은 근속연수에 따라 이 수당을 가산(2년부터는 30일분, 10년부터는 60일분)해서 지급할 것을 규정하였다. 지급액 산정방식이 현행 퇴직금 제도와 유사하다. 그러나 해고자에게만 지급된다는 점에서, 퇴직 사유를 불문하고 지급되는 현행 퇴직금과는 다르다.

1953년 근기법 제28조는 퇴직금 성격의 해고수당이라 할 수 있다. 이 규정은 1961년 개

정 근기법에서 '해고의 예고'와 '퇴직금제도'로
나뉜다. 1961년 근기법은 제27조의2 제1항 본
문에서 "사용자는 근로자를 해고하고자 할 때
에는 적어도 30일전에 그 예고를 하여야 한다.
30일전에 예고를 하지 아니한 때에는 30일분
이상의 통상임금을 지급하여야 한다."라고 규
정하였으며, 제28조에서는 퇴직금제도를 규정
하였다. 그리고 제29조는 해고예고의 적용예외
자(이른바 '단기취업자')에 대해 규정하였다.
1961년 근기법의 해고예고제도는 예외사유에
대한 개정을 제외하고는 현행법과 내용상으로
동일하다.

이러한 입법연혁에 비추어 보면 근기법 제26
조의 해고'예고'제도는 해고'제한'제도와는 그
취지를 달리한다. 갑작스런 해고로 인한 근로자
의 생활상 곤란을 경감하기 위한 제도라고 보
아야 한다(김유성, 315-316쪽). 판례도 해고
예고제도의 취지를 "근로자로 하여금 해고에
대비하여 새로운 직장을 구할 수 있는 시간적
또는 경제적 여유를 주려는 것"으로 파악하고
있다(대판 2010. 4. 15, 2009도13833).

2. 해고예고의무 위반시 해고의 효력

해고의 정당한 이유는 갖추었으나, 사용자가
해고예고의무를 위반하여(즉, 30일 전에 예고
도 하지 않고 해고수당도 지급하지 않은 경우)
해고를 한 경우에 그 해고의 효력에 대한 논의
가 있다. 무효설은 해고예고의무는 해고의 효력
발생을 위한 하나의 강행적 요건이므로 그 해
고는 무효라고 한다(김형배, 700쪽). 반면 유효
설은 근기법 제26조는 단속법규에 불과하고 해
고의 제한과는 그 취지를 달리한다는 이유 등
으로 해고의 효력에 영향을 끼치지 않는다고
한다(김유성, 316쪽; 임종률, 544쪽). 판례는 "해

고예고의무를 위반한 해고라 하더라도 해고의
정당한 이유를 갖추고 있는 한 해고의 사법상 효력
에는 영향이 없다"고 하여, 오래 전부터 유효설의
입장을 취해 왔다(대판 1993. 9. 24, 93누4199;
대판 1994. 3. 22, 93다28553).

대상판결은 이러한 유효설의 연장선상에 있
다. 대상판결은 "해고예고수당은 해고가 유효
한지 여부와 관계없이 지급되어야 하는 돈"이
기 때문에, 해고가 무효가 되더라도 근로자가
해고예고수당을 지급받을 법률상 원인이 있다
고 판단한 것이다. 또한 부당해고 판정으로 인
한 사후 구제와 해고 당시에 새로운 직장을 구
할 수 있는 시간적·경제적 여유를 주는 것을
별개로 파악하여, 해고가 유효이든 무효이든 관
계없이 해고예고제도는 동일하게 적용된다고
하였다.

3. 해고예고수당 청구권의 인정 여부

대상판결에 따르면 해고가 무효가 되더라도
이미 지급받은 해고예고수당은 부당이득에 해
당하지 않는다는 점이 명확해졌다. 그런데 이것
이 근로자에게 해고예고수당에 대한 청구권을
인정하는 것인가? 사용자가 해고예고의무를 위
반한 경우 근로자에게 해고예고수당의 청구권
이 인정될 수 있는지 문제가 될 수 있다.

부정설은 부당해고로 판단되어 복직되는 근
로자가 이미 지급받은 해고예고수당이 부당이
득이 되지 않는 것은, 근로자에게 해고예고수당
청구권이 존재하기 때문이 아니라 그의 반대편
에 있는 사용자가 해고를 할 때 이행해야 하는
법률상 의무가 존재하기 때문이므로, 근로자가
해고예고수당 청구권을 갖는 것은 아니라고 한
다(노호창, 126-127쪽). 반면 긍정설은 사용
자가 30일 전에 예고를 하지 않고 즉시해고를

한 경우 해고예고수당 지급의무를 부담하며, 해고예고수당 미지급에 따라 근기법 제26조 위반으로 처벌을 받은 후 상당기간이 지나고 나서 부당해고로 판단되어 근로관계가 회복되더라도 법 위반 행위가 소멸되지는 않으므로, 근로자는 해고예고수당에 대한 청구권을 갖는다고 한다. 따라서 부당해고로 판정되어 원직복직을 한 후에도 사용자가 해고예고수당을 지급하지 않은 경우, 근로자는 청구권을 갖는다고 한다(강선희, 148쪽).

4. 해고예고의 적용예외자

구 근기법 제35조는 (ⅰ) 일용근로자로서 3개월을 계속 근무하지 아니한 자, (ⅱ) 2개월 이내의 기간을 정하여 사용된 자, (ⅲ) 월급근로자로서 6개월이 되지 못한 자, (ⅳ) 계절적 업무에 6개월 이내의 기간을 정하여 사용된 자, (ⅴ) 수습 사용한 날부터 3개월 이내인 근로자 등을 해고예고제도의 적용예외자로 규정하였다. 근무기간의 단기성의 비추어 해고예고제도의 적용을 제외한 것이다.

이 중 '월급근로자로서 6개월이 되지 못한 자'에 대하여, 2015년 헌법재판소는 '대체로 기간의 정함이 없는 근로계약을 한 자들로서 근로관계의 계속성에 대한 기대가 크다고 할 것이므로, 이들에 대한 해고 역시 예기치 못한 돌

발적 해고에 해당한다'며, 이들을 해고예고의 적용대상에서 제외한 것은 근로의 권리를 침해하고 평등 원칙에 반하는 것이라 하여 위헌 결정을 하였다(헌재 2015. 12. 23. 2014헌바3).

이후 해고예고의 적용예외자들 간에 일관적·체계적인 기준이 결여되었다는 지적에 따라, 2019. 1. 15. 근기법 개정 시 제35조를 모두 삭제하고, 제26조 단서 제1호를 신설하여 "근로자가 계속 근로한 기간이 3개월 미만인 경우"로 대체하였다. 이로써 업무내용이나 고용형태 등을 불문하고, 계속 근로한 기간이 3개월 이상인 모든 근로자들은 해고예고제도의 적용을 받게 되었다.

◆ 참고문헌

강선희, "해고가 무효가 되더라도 이미 지급한 해고예고수당은 부당이득이 아니다", 『노동리뷰』 통권 제166호, 한국노동연구원, 2019.
김유성, 『노동법Ⅰ』, 법문사, 2005.
김태현, "예고해고의 적용 예외에 대한 법적 검토 – 헌법재판소 2015. 12. 23. 선고 2014헌바3 결정을 중심으로 – ", 『노동법포럼』 제18호, 노동법이론실무학회, 2016.
김형배, 『노동법』, 박영사, 2018.
노호창, "부당해고로 판단된 경우 기지급된 해고예고수당이 부당이득이 되는지 여부", 『노동법학』 제68호, 한국노동법학회, 2018.
박수근, "해고예고수당과 부당이득", 『노동법률』 제337호, 중앙경제, 2019.
임종률, 『노동법』, 박영사, 2017.

44. 해고의 서면통지

― 대법원 2011. 10. 27. 선고 2011다42324 판결(퇴직금등) ―

전형배(강원대 법학전문대학원)

Ⅰ. 사실관계

X는 2006. 5. 10. 고문으로 위촉되어 Y에 입사한 후 2007. 4. 1. 전무로 승진하였으며 Y에 입사한 이래 계속 감사실장으로 근무하여 왔다. Y는 선박의 건조, 개조, 수리 해체 및 판매, 해양플랜트, 특수선 사업 등을 주요 사업내용으로 하는 회사이다. 그런데 X가 2008 한국감사인대회 참석차 출장 중이었던 2008. 9. 3. Y는 감사실을 폐지하면서 X에게 대기발령 조치를 내렸다. Y의 인사소위원회는 2008. 10. 9. X에게 "출석일시: 2008. 10. 15., 출석목적: 본인진술 기회부여, 심의내용: 사규위반, 관련근거: 취업규칙 5. 8. 4.항 징계의 해고사유 (2), (6), (9), (13), (16), (17), (24), (27) 및 감사규정 제5조 감사인의 의무 (2), (4)"라고 기재된 출석요구 통보서를 발송하였다. X는 위 통보서를 수령한 다음날인 2008. 10. 13. Y에게 통보서에 징계사실이 특정되어 있지 않아 자신의 방어권을 원천적으로 제약하므로 구체적 사실의 서면통보 및 인사소위원회 개최연기를 요구하였다. Y는 인사소위원회의 개최를 연기하지 아니한 채 2008. 10. 20. X에 대하여 징계해고를 결정한 후 2008. 10. 22. X에게 "징계사유: 사규위반, 심의결과: 해고, 발령기준일: 2008. 10. 1.(수)"라고 기재된 심의결과 통보서를 발송하였고, 2008. 11. 5. X에게 2008. 10. 21.자

로 해고되었음을 통보하였다. 이에 X는 해고가 무효임을 전제로 하여 2008. 11. 26. 서울중앙지방법원에 퇴직금 등 약 4억 3천 800만 원의 금전 지급을 청구하는 소송을 제기하였으나 패소하였고, 항소심인 서울고등법원은 해고가 무효임을 인정하면서 퇴직금 등 X가 구하는 금원의 일부를 인용하였다. 서울고등법원 판결에 대하여 X는 금원의 추가 지급을 청구하는 내용의 상고를 제기하였고, Y는 해고가 정당하다는 전제 아래 X 청구의 기각을 구하는 취지의 상고를 제기하였다.

Ⅱ. 판결의 내용

대법원은 근기법 제27조의 취지에 관하여 해고사유 등의 서면통지를 통해 사용자로 하여금 근로자를 해고하는 데 신중을 기하게 함과 아울러, 해고의 존부 및 시기와 그 사유를 명확하게 하여 사후에 이를 둘러싼 분쟁이 적정하고 용이하게 해결될 수 있도록 하고, 근로자에게도 해고에 적절히 대응할 수 있게 하기 위한 것이라고 설명하였다. 따라서 사용자가 해고사유 등을 서면으로 통지할 때에는 근로자의 처지에서 해고의 사유가 무엇인지를 구체적으로 알 수 있도록 하여야 하고, 특히 징계해고의 경우에는 해고의 실질적 사유가 되는 구체적 사실 또는 비위내용을 기재하여야 하며 징계대상

자가 위반한 단체협약이나 취업규칙의 조문만 나열하는 것으로는 충분하지 않다고 판단하였다.

이를 바탕으로 Y가 X에 대한 징계를 위하여 인사소위원회에 출석을 요구하면서 보낸 통보서와 X의 참여 없이 실시한 인사소위원회의 심의결과를 통지한 통보서, 2008. 11. 5.자 해고통보서에 구체적으로 X의 어떠한 행위가 사규 위반에 해당하여 징계사유와 해고사유가 되는지에 관한 내용이 전혀 기재되어 있지 아니하므로 Y의 X에 대한 해고는 그 절차상 근기법 제27조를 위반한 위법이 있다고 판단하였다.

III. 해설

1. 해고 서면통지 제도의 취지

해고 서면통지제도를 규정한 근기법 제27조는 해고사유와 해고시기를 서면으로 통지하도록 함으로써 사용자가 해고 여부를 더 신중하게 결정하도록 할 뿐만 아니라 해고사유를 둘러싼 분쟁이 발생한 경우 해고의 존부와 해고 분쟁 사항의 명확화와 근로자의 방어권 보장을 통해 해고의 정당성을 둘러싼 사후의 분쟁해결을 적정·용이하게 하고, 종국적으로는 근로자의 권익도 보호한다는 취지가 있다.

2. 해고사유와 시기의 특정, 그리고 통지의 방법

해고의 효력 유무가 서면통지의 유무에 따라 결정되는 시스템을 도입하면 제도 자체와 관련한 분쟁의 쟁점은 자연스럽게 무엇을 어떻게 통지하여야 하는가에 집중된다.

먼저, 해고의 사유와 관련하여서는 근로자의 입장에서 해고의 사유로 기재된 사실이 구체적으로 어떤 행위를 가리키는 것인지 이해할 수

있는 정도이어야 한다. 이것은 무엇보다 근로자의 적절한 방어권을 보장하는 데 필수적인 요소라고 할 수 있다. 마치 형사재판에서 공소사실의 특정이 피고인의 방어권 보장에 필수적인 요소이듯 말이다. 다만, 여기에 대해서는 실제 사용자가 해고사유를 어느 정도 구체화하고 명확히 기재하여야 하는지가 분명하지 않을 뿐만 아니라 이후 해고의 정당성을 다투는 과정에서 서면에 기재된 해고사유에 한정하여 해고의 정당성을 판단하여야 하는지가 문제된다는 점에서 법이론적으로 수긍하기 어렵다는 주장도 있다.

해고시기의 특정과 관련하여서는 그 내용이 명백하기 때문에 해고의 효력이 발생하는 시기로서 해고시기와 관련한 분쟁은 일반적으로 상정하기 어렵지만 해고의 서면통지를 근기법 제26조가 정하는 해고의 예고도 겸하도록 할 경우에는 30일전 통지의 요건이라는 점이 부가된다.

끝으로 통지의 방법과 관련하여서는 법률이 '서면'으로 이를 규정하고 있기 때문에 어느 범위의 통지 수단이 서면에 포섭될 것인가가 문제될 수 있다. 문장의 표현 자체로는 종이로 된 문서가 가장 대표적인 수단이 될 수 있는데 그 이외에도 이메일, 문자서비스 등 전자적 전송매체를 통한 통지가 여기에 포함되는지 문제될 수 있다.

마지막 쟁점에 관해서는 제도 시행 초기 예원기획 사건(서울행판 2010. 6. 18, 2010구합11269)에서 서울행정법원은 졸업증명서 미제출을 사유로 들어 근로자에게 채용을 취소한다는 내용의 채용취소통지문을 이메일로 발송한 것에 관하여 이메일을 전자결제체제가 완비된 회사의 전자문서에 준하는 것으로 취급하기 어렵고 회사와 근로자가 업무연락 수단으로 이메일만을 사용하였다거나, 장소적·기술적 이유 등

으로 이메일 외의 의사연락 수단이 마땅히 없는 등의 특별한 사정도 없는 점에 비추어 보면, 이메일을 통한 해고통지는 근기법 제27조에서 규정하는 서면에 의한 해고통지가 이루어진 것이라고 볼 수는 없다고 판단바 있었다. 반면, 심리불속행 사건이기는 하나 대우건설 사건(대판 2010. 7. 22, 2010다33279)에서 대법원은 인사위원회 의결통보서가 첨부된 이메일로 해고를 통보한 경우 이메일이 근로자와 회사 사이의 의사연락 수단이자 회사의 해고의 의사가 담긴 문서인 인사위원회 의결통보서를 근로자에게 전달하기 위한 방법이므로, 이는 서면에 의한 통지이고 따라서 해고통지에 하자가 없다고 판단했다.

이후 대법원은 국도안전산업 사건(대판 2015. 9. 10, 2015두41401)에서 서면이란 원칙적으로는 종이문서를 의미하지만 전자문서법의 취지와 전자문서의 특징을 고려하여 전자문서가 서면에 의한 해고통지의 역할과 기능을 충분히 수행하고 있다면 이메일 등 전자문서에 의한 해고통지도 구체적 사안에 따라 해고통지로서 유효하다고 판단하였다.

3. 해고 서면통지 제도와 관련한 대상판결 이전의 하급심 판례

제도 시행 초기 해고 서면통지와 관련한 쟁점이 부각되었던 사건을 판결 선고일 순서대로 나열하면 다음과 같은 것들이 있다.

한국소아마비협회 사건(서울고판 2010. 2. 10, 2009누16932)에서 서울고등법원은 징계 해고시기만을 특정하고, 해고사유는 '징계해임'이라고만 기재한 해고통지서의 효력에 대하여 근로자가 징계사유가 구체적으로 명시된 인사위원회 출석요구서를 수령한 바 있고 그 후 개별

징계사유별로 반박하는 의견진술서를 인사위원회에 작성·제출한 사정 등에 비추어 보면, 해고사유를 명시하지 않은 것으로 볼 것은 아니라고 판단했다. 강동신용협동조합 사건(서울행판 2010. 10. 14, 2010구합8546)에서 서울행정법원은 해고 당시 해고시기와 해고사유가 기재된 서면에 의한 해고통지를 하지 아니하고 그 후 20여 일이 경과한 다음 근로자가 회사에 방문하여 징계처분통보서를 받아갔더라도 이는 서면에 의한 해고통지가 이루어지지 아니하여 효력이 없다고 판단하였다. 아울러, 근로자가 해고 이전에 징계사유에 관하여 소명할 기회를 충분히 부여받았고 실제로 상당 부분 소명이 이루어져서 징계사유의 특정이나 이에 대한 방어권 행사에 큰 지장이 없었더라도 해고통보의 효력은 없다고 판단하였다.

대상판결이 선고되기 전 해고 서면통지 제도에 관한 실무의 해석론은 다소 분분한 상태였다고 평가할 수 있다. 대상판결은 이러한 하급심의 분분한 판단에 대하여 일정한 기준을 제시한 것으로 이해할 수 있다.

4. 대상판결이 제시한 해고사유의 기재에 관한 2가지 기준

먼저, 근로자의 처지에서 해고의 사유가 무엇인지를 구체적으로 알 수 있어야 한다. 종전의 다소 혼란스런 판례의 취지를 정리하여 해고의 사유는 구체적으로 적시하되 근로자의 입장에서 이해가능하게 표현되어야 한다는 기준을 제시하였다. 여기서 해고사유의 구체성과 근로자의 이해가능성이라는 두 가지 표지가 중시되기 때문에 해고사유는 기본적으로 육하원칙에 따라 분명하게 기술하는 것이 적절하여 보이고, 그 내용은 근로자가 이해할 수 있는 형태

로 제시되어야 한다. 따라서 근로자가 이해할 수 없는 지나친 약어나 외국어를 사용한 해고사유의 제시는 적법한 통지로서 효력이 없다. 한편, 해고사유는 해고통지서에 같이 첨부된 서류에 기재하는 방식도 적법하다고 볼 수 있지만 첨부서류는 해고통지서와 함께 근로자가 수령할 수 있어야 하며 별도로 전달 혹은 송달하는 때에는 원칙적으로 먼저 도달한 해고통지서가 요건 미비로 효력이 없으므로 첨부서류의 수령으로 해고통지의 무효인 하자가 치유된다고 해석할 수 없다.

다음으로, 징계해고의 경우에는 해고의 실질적 사유가 되는 구체적 사실 또는 비위내용을 기재하여야 한다. 해고의 사유는 실질적 내용이 기재되어 있어야 한다. 따라서 사용자가 표면적으로 내세우는 사유를 해고사유로 기재하여 해고통보를 한 후 실질적 사유를 뒤늦게 주장하며 다투는 것은 제도의 취지에 반하므로 허용되지 않는다. 이런 경우에는 실질적 해고사유를

내용으로 하는 징계절차를 다시 밟아서 근로자에게 정당한 방어의 기회를 제공하여야 한다. 해고의 사유가 되는 행위의 유형이 복수인 때에는 날짜, 시간 등을 통하여 개별 행위를 가능한 한 구체적으로 특정하여 해고사유에 관한 분쟁의 소지를 사전에 예방할 필요가 있다. 나아가 징계의 대상이 되는 행위가 특정되었다면 그 행위가 해고에 해당하는 법적 근거가 제시되어야 한다. 즉, 근로계약, 취업규칙, 단체협약 등에 해고의 사유가 기재되어 있는 때에는 근로자의 특정 행위가 위 각 법원(法源)의 어떤 조항에 포섭되는지에 관하여 개별적으로 알려주어야 한다.

◆◈ **참고문헌**

권혁, "해고서면주의", 『경영법률』 제19집 제4호, 경영법률학회, 2009.
노동법실무연구회, 『근로기준법주해 Ⅱ』, 박영사, 2020.
하경효, "해고서면요건의 제도적 기능과 적용상의 쟁점", 『고려법학』 제56호, 고려대학교 법학연구원, 2010.

45. 경력사칭과 해고

— 대법원 2012. 7. 5. 선고 2009두16763 판결(부당해고및부당노동행위구제재심판정취소) —

하경효(고려대 법학전문대학원)

Ⅰ. 사실관계

Y사 및 Z사 등은 모두 A회사로부터 생산공정 중 각 일부씩을 도급받아 상시 근로자 약 55명 내지 170명을 고용하여 인력도급업 및 부품조립업 등을 영위하는 회사들이고, B노조는 전국단위의 산별노동조합이다. 원고 X 등은 B노조 소속의 근로자로서, 2003. 9. 1.부터 2006. 7. 1.까지 Y사 및 Z사 등에 생산직 사원으로 입사하여 근무하면서 2007. 9. 2. 설립된 B노조 A회사 비정규직지회의 간부 등으로 활동하여 오던 중, 2007. 9. 10.부터 2007. 9. 17. 까지 사이에 Y사 및 Z사 등으로부터 입사 당시 이력서에 대학졸업 사실을 기재하지 않음으로써 학력을 허위로 기재하였다는 이유로 해고되었다.

Y사 및 Z사 등의 취업규칙을 보면 "다음 각 호에 해당하는 자는 종업원으로 채용하지 않으며 채용된 후라도 해고한다."라고 하여 "경력 또는 학력, 이력사항 등을 허위로 작성하여 채용된 자"를 해고사유의 하나로 규정하고 있으며, 채용시의 제출서류인 자필이력서에 학력 및 1개월 이상의 경력을 빠짐없이 기록하도록 하고 있다. 그리고 "회사는 다음 각 호에 해당하는 자는 징계조치를 할 수 있다."고 하여 "채용시의 제출서류의 학력 및 경력을 속이거나 숨기고 입사한 자"라고 되어 있었다. 이에 X 등

은 이 사건의 해고가 부당해고 및 부당노동행위임을 주장하여 구제신청을 하였다. 이 글에서는 부당노동행위부분은 제외한다.

Ⅱ. 판결의 내용

대상판결은 먼저 부당해고의 부분에 대하여 "근기법 제23조 제1항은 사용자는 근로자에게 정당한 이유 없이 해고하지 못한다고 하여 해고를 제한하고 있으므로, 징계해고사유가 인정된다고 하더라도 사회통념상 고용관계를 계속할 수 없을 정도로 근로자에게 책임 있는 사유가 있는 경우에 한하여 해고의 정당성이 인정된다. 이는 근로자가 입사 당시 제출한 이력서 등에 학력 등을 허위로 기재한 행위를 이유로 징계해고를 하는 경우에도 마찬가지이고, 그 경우 사회통념상 고용관계를 계속할 수 없을 정도인지는 사용자가 사전에 허위 기재 사실을 알았더라면 근로계약을 체결하지 않았거나 적어도 동일 조건으로는 계약을 체결하지 않았으리라는 등 고용 당시의 사정뿐 아니라, 고용 후 해고에 이르기까지 근로자가 종사한 근로 내용과 기간, 허위기재를 한 학력 등이 종사한 근로의 정상적인 제공에 지장을 가져오는지 여부, 사용자가 학력 등 허위 기재 사실을 알게 된 경위, 알고 난 후 당해 근로자의 태도 및 사용자의 조치 내용, 학력 등이 종전에 알고 있던 것

과 다르다는 사정이 드러남으로써 노사간 및 근로자 상호간 신뢰관계 유지와 안정적인 기업경영과 질서유지에 미치는 영향 기타 여러 사정을 종합적으로 고려하여 판단하여야 한다. 다만 사용자가 이력서에 근로자의 학력 등의 기재를 요구하는 것은 근로능력 평가 외에 근로자의 진정성과 정직성, 당해 기업의 근로환경에 대한 적응성 등을 판단하기 위한 자료를 확보하고 나아가 노사간 신뢰관계 형성과 안정적인 경영환경 유지 등을 도모하고자 하는 데에도 목적이 있는 것으로, 이는 고용계약 체결뿐 아니라 고용관계 유지에서도 중요한 고려요소가 된다고 볼 수 있다. 따라서 취업규칙에서 근로자가 고용 당시 제출한 이력서 등에 학력 등을 허위로 기재한 행위를 징계해고사유로 특히 명시하고 있는 경우에 이를 이유로 해고하는 것은, 고용 당시 및 그 이후 제반 사정에 비추어 보더라도 사회통념상 현저히 부당하지 않다면 정당성이 인정된다."고 하면서 학력의 허위 기재 등을 이유로 한 해고의 정당성을 원칙적으로 인정하고 있다.

그리고 대상판결은 사안에서 "학력 등의 허위기재를 징계해고사유로 규정한 취업규칙에 근거하여 근로자를 해고하는 경우에도, 고용 당시에 사용자가 근로자의 실제 학력 등을 알았더라면 어떻게 하였을 지에 대하여 추단하는 이른바 가정적 인과관계의 요소뿐 아니라 고용 이후 해고 시점까지의 제반 사정을 보태어 보더라도 그 해고가 사회통념상 현저히 부당한 것은 아니라고 인정이 되어야만 정당성이 인정될 수 있다."고 하여 X 등이 입사 당시 이력서에 대학졸업 사실을 기재하지 않음으로써 취업규칙에 근거하여 학력을 허위로 기재하였다는 것을 이유로 Y사 등이 근로자를 해고하는 경우

에, 취업규칙에서 이를 해고사유로 명시한 취지와 채용 당시 그러한 조건을 명시적으로 요구하였는지 여부, X 등이 학력을 허위로 기재하여 취업한 경위 및 목적과 의도, 고용 이후 해고에 이르기까지 종사한 근로의 내용과 기간, 학력이 당해 근로의 정상적인 제공 등과 관련이 있는지 등 여러 사정을 제대로 살피지 않은 채 해고의 정당성을 인정한 원심(서울고판 2009. 9. 2, 2009누2872)은 해고에 관한 법리를 오해한 위법이 있다고 하여 이를 파기하였다.

Ⅲ. 해설

1. 학력허위기재를 이유로 한 징계해고의 정당성

근로계약관계는 양 당사자간의 신뢰를 전제로 하는 계속적 계약관계이므로, 사용자는 근로계약 체결시 노동력의 정당한 평가와 직장질서규범에의 적응성 평가를 위하여 학력·경력 등 근로자에 관한 일신상의 사항을 필요로 하며, 근로자는 근로계약체결 과정에서 사용자가 요청하는 일신상의 사항에 대해 성실하게 고지할 의무가 있다. 사안에서 X 등이 대학졸업 사실을 이력서에 기재하지 않은 것은 이러한 진실고지의무의 위반에 해당하는 것으로, 근로자의 진실고지의무위반을 이유로 한 징계해고가 가능한가에 대해서 이를 인정하는 견해와 부정하는 견해로 견해가 대립하고 있다.

다수설과 판례의 일반적인 태도는 사용자가 이력서에 근로자의 학력 등의 기재를 요구하는 것은 근로능력 평가 외에 근로자의 진정성과 정직성, 당해 기업의 근로환경에 대한 적응성 등을 판단하기 위한 자료를 확보하고 나아가

노사 간 신뢰관계 형성과 안정적인 경영환경 유지 등을 도모하고자 하는 데에도 목적이 있는 것으로, 학력허위기재 등을 이유로 한 징계해고는 정당한 것으로 보고 있다. 반면, 근로자가 진실고지의무를 위반하여 학력 등을 허위기재한 것은 기업의 공동질서 규범을 위반한 것에 대한 제재를 목적으로 하는 징계해고의 대상은 될 수 없는 것이 원칙이며, 다만 근로관계의 유지가 기대될 수 없는 경우에는 일반해고의 대상이 될 수 있다고 하는 반대 견해도 있다.

징계해고란 기업질서의 문란에 대하여 행해지는 것으로서, 근로자와 사용자간의 근로계약상의 의무위반을 이유로 하는 일반해고와는 구별해야 하며, 근로자가 학력허위기재 등으로 입사를 한 것으로 인하여 기업질서위반이나 손해발생 등이 구체화된 경우에 한하여 징계해고를 할 수 있다고 보아야 한다. X 등이 비록 입사 당시에 대졸학력을 누락기재 하였으나, 이로 인하여 사회통념상 고용관계를 유지할 수 없을 정도로 직장질서의 위반 등이 있다고 볼 수 없으므로 설령 취업규칙 등에 징계사유로 되어 있다 할지라도, 이를 이유로 징계해고를 할 수는 없다고 판단된다.

2. 일반해고의 요건과 가능성

근기법 제23조 제1항은 사용자는 정당한 이유 없이 근로자를 해고할 수 없도록 규정하고 있다. 일반적으로 정당한 이유는 질병 등 근로자의 일신상의 사유와 무단결근·조퇴, 근로계약상의 부수의무 위반 등의 근로자의 행태상의 사유를 들고 있다. 그러나 이러한 사유가 있다고 하여 바로 해고의 정당한 이유로 인정되는 것은 아니며, 판례는 사회통념상 고용관계를 계속할 수 없을 정도인 경우에 한하여 정당한 이

유로 인한 해고를 인정하고 있다. 위 사안에서 X 등이 학력을 허위기재함으로써 사회통념상 고용관계를 계속할 수 없을 정도로 신뢰관계가 훼손되거나 근로제공 의무의 이행에 지장을 초래하는 것으로 인정될 경우에는 근기법 제23조 제1항에 의한 일반해고가 가능할 것이다.

위 사안에서 X 등은 각 2003. 9. 1.부터 2006. 7. 1.까지 사이에 Y사 등에 입사하여 근무해 왔으며, 학력 허위기재 사실은 2007. 9. 2. 설립된 B노조의 지회에서 이들이 노조간부로서 활동하자 Y사 등이 이들의 경력 등에 대하여 신상을 조사하는 과정에서 비로소 드러난 것으로, 이 사건 해고 기간인 2007. 9. 10.부터 2007. 9. 17. 이전까지는 근로제공에 별다른 문제없이 근무를 계속해왔다.

X 등이 비록 입사시에 대학졸업의 학력을 기재하지 않았으며, 이러한 학력의 허위기재는 Y사 등의 취업규칙상 징계사유에 해당한다고 할지라도, X 등이 근로제공 의무를 이행하는데 있어서 실질적으로 문제가 되지 않았으며 Y사 등이 이로 인하여 재산상의 피해를 입거나 직장질서의 유지를 곤란하게 할 정도의 혼란을 야기한 것으로 볼 수는 없으므로, 단순히 학력의 누락기재 사실이 해고의 정당한 이유가 될 수 없을 것이다.

3. 의사표시의 착오로 인한 취소 가능성

근로자의 학력 또는 경력허위기재문제는 원칙적으로 해고가 아닌 계약체결시의 중대한 착오나 사기를 이유로 한 취소 여부가 검토되어야 한다고 본다. X 등이 채용서류인 이력서에 대학졸업의 학력을 기재하지 않은 것이 근로계약 체결시 내용의 중요부분에 해당하여 사용자가 민법 제109조에 의하여 착오를 이유로 근로

계약을 취소하거나, 민법 제110조에 의하여 근로자의 사기를 이유로 취소할 수 있는가 하는 것이다.

근로자의 일부 학력이나 경력을 누락 기재한 것은 없는 학력이나 경력사실을 기재한 이른바 학력이나 경력사칭의 경우와는 위법성이나 취소사유 인정여부와 관련하여 그 법적 평가와 판단을 달리 할 수 있을 것이다. 근로계약상 예정된 노무급부의 실질에 비추어 별다른 의미가 없는 대졸학력을 단지 누락하여 학력을 허위기재한 것이므로 이는 부작위에 의한 기망행위로 볼 수 있을 것이고, 이러한 기망행위와 사용자의 근로계약 체결이라는 의사표시 사이에 개연적 인과관계가 인정된다고 단정할 수 없다고 본다.

따라서 취소권의 인정 여부는 허위의 내용에 대한 규범적 평가를 기초로 구체적으로 판단될 수 있을 것이다. 위 사안에서의 학력의 누락기재 사실만으로 취소권이 인정되기는 어렵다고 본다.

4. 평가

학력허위기재를 이유로 한 징계해고에 대하여 기존의 판례는 이른바 가정적 인과관계를 기준으로 하여 사용자가 채용당시에 학력의 허위기재 사실을 알았더라면 채용하지 않았을 것이라고 인정되면 해고에 정당한 이유가 있는 것으로 판시하여 왔다.

그러나 대상판결은 이에 더 나아가 고용 이후 해고 시점까지의 전 과정을 참조하여 그 해고가 사회통념상 현저히 부당한 것이 아닐 것임을 요구하며, 부당성을 판단하는 요소로 구체적인 내용을 적시하고 있다는데 그 의의는 크다고 할 것이다.

근로계약의 취소는 노무급부의 특수성에 기인한 부당이득의 반환법리의 적용한계와 근로자보호관념을 근거로 이미 제공한 노무급부에 대하여는 약정한 보수가 지급되어야 한다는 점에서 해고와 그 실질에서 차이가 별로 없다. 따라서 근로계약에서 취소법리는 해고로 대체될 수 있다는 견해가 제기되기도 하였다. 그러나 실제에서 큰 차이가 없다 할지라도 법리적으로는 계약체결상의 문제와 계약유지존속의 문제는 구별되어야 한다. 그럼에도 이력서허위기재가 징계해고의 정당사유가 될 수 있다는 기본태도를 원칙적으로 견지하고 있는 점은 앞으로 보다 세밀한 법리적 검증을 요하는 부분으로 생각된다.

참고문헌

김도형, "이력서허위기재와 부당노동행위", 『노동판례비평』 제1호, 민주사회를 위한 변호사모임, 1997.
김소영, "경력사칭을 이유로 하는 징계해고의 정당성: 대법원 2012. 7. 5. 선고 2009두16763 판결을 중심으로", 『기업법연구』 제26권 제3호, 한국기업법학회, 2012.
김형배, "경력사칭과 징계해고", 『노동법연구』, 박영사, 1991.
이원희, "이력서허위기재의 해고정당성 판단시점은 해고시점이다", 『노동법률』 2012년 12월호, 중앙경제.
하경효, "학력은폐시 징계해고의 타당성", 『노동법률』 1999년 6월호, 중앙경제.

46. 파산절차상 근로관계

－대법원 2004. 2. 27. 선고 2003두902 판결(부당해고등구제재심판정취소)－

박승두(청주대 법학과)

Ⅰ. 사실관계

원고(X)는 A회사의 근로자들로 2001. 5. 15.자로 피고(Y: A회사의 파산관재인)로부터 즉시해고를 당하였다. A회사는 2001. 5. 11 서울지방법원으로부터 파산을 선고받았고, 파산선고와 동시에 선임된 Y는 같은 해 5. 15. 사내 전자공고문을 통하여 같은 해 6. 14.자로 전 직원을 해고한다는 해고예고를 하면서 노동조합 간부 등으로 일하던 직원들을 포함한 X에 대하여는 즉시 해고한다는 내용의 개별통지를 하였다.

Y는 자신을 보조하는 보조인으로 계속 근무하기를 희망하는 직원은 별도의 임용계약서를 작성·제출하도록 공고하였지만, 위에서 즉시해고 대상자로 통보된 X는 그 대상에서 제외하였다. 해고예고통지를 받은 직원 2,349명 중에서 1,804명이 보조인 임용신청을 하여 그 중에서 1,680명이 계약기간 1년으로 정한 보조인으로 임용되었다.

원심(서울고판 2002. 12. 11, 2002누10607)은 파산법(§50)과 민법(§633)에 의하여 Y에게 광범위한 근로계약의 해지권을 인정하고 있어, Y의 즉시해고는 근기법 소정의 부당해고에 관한 규정의 적용을 받지 않아 정당하므로, X의 청구를 기각하였다.

Ⅱ. 판결의 내용

기업이 파산선고를 받아 사업의 폐지를 위하여 그 청산과정에서 근로자를 해고하는 것은 위장폐업이 아닌 한 기업경영의 자유에 속하는 것으로서 파산관재인이 파산선고로 인하여 파산자 회사가 해산한 후에 사업의 폐지를 위하여 행하는 해고는 정리해고가 아니라 통상해고에 해당하는 것이므로, 정리해고에 관한 근기법 규정이 적용될 여지가 없다.

파산법 제50조(현행 「채무자 회생 및 파산에 관한 법률」 §335에 해당)는 파산관재인에게 쌍무계약에 대한 계약해제권을 인정하고 있고, 민법 제633조는 사용자가 파산선고를 받은 때에는 파산관재인은 고용기간의 약정이 있는 경우에도 고용계약을 해지할 수 있으며 이때 계약해지로 인한 손해배상을 청구하지 못한다고 규정하여 파산관재인에게 광범위한 근로계약의 해지권을 인정하고 있는바, 이는 근로계약관계가 기업의 존속을 전제로 하는 것임에 반하여 파산은 사업의 폐지와 청산을 목적으로 하는 것이어서 파산이 선고된 경우 파산관재인은 재산관리업무를 수행하는 데 필요한 한도 내에서 파산자와 제3자 사이의 법률관계를 청산하여야 할 직무상의 권한과 의무를 갖고 또 파산재단을 충실하게 관리하여야 할 의무를 부담하는 등 파산의 본질은 기본적으로 기업의 청산이고 파산관재인이 그 직무수행의 일환으로 행하는 근로계약의 해지는 근로관계가 계속되는 기업에서 행하여지는 해고와는 그 본질을 달리하는 것이어서 파산관재인에 의한 근로계약해지는 파산선고의 존재 자체가 정당한 해고사유가 되는 것이므로 결국 근기법 소정의 부당해고에 관한 규정은 그 적용이 없다고 보아야 할 것이다. 따라서 원심판결이 정당하다고 원고의 청구를 기각하였다.

Ⅲ. 해설

1. 학설

1) 근기법상 해고설

이 학설은 「채무자 회생 및 파산에 관한 법률」(이하 '채무자회생법')에서 규정하고 있는 파산절차를 진행하는 기업의 근로자를 해고하는 경우에도 근기법상 해고요건을 갖추어야 한다고 주장한다(윤창술, 81쪽; 도재형, 189쪽). 여기서 근기법상 정리해고요건을 갖추어야 하느냐 여부는 해고를 행사하면서 근기법 제24조의 정리해고 절차를 취하였으면 이에 해당하는지 여부, 제23조의 해고절차를 취하였으면 이에 해당하는지 여부를 판단하여야 한다.

파산절차에서의 해고도 근기법을 근거로 하여야 하는 이유는 첫째, 채무자회생법은 파산절차에서 단체협약에 대하여 雙方未履行雙務契約 규정의 적용을 배제하는 규정을 두지 않고 있지만, 회생절차에서와 마찬가지로 단체협약과 근로계약에는 채무자회생법의 적용이 배제되어야 한다. 둘째, 법체계상 민법은 특별법이 아닌 일반법이고, 근로계약은 일반 민사계약이 아니므로 민법이 아닌 근기법이 우선 적용되는 것이 원칙이다. 셋째, 근기법은 근로조건에 관한 법정최저규범이므로, 민법을 보완 적용하는 경우에도 근로조건에 관하여는 근기법의 수준 이상이 보장되어야 한다. 넷째, 파산의 경우 근기법에 의하더라도 원칙적으로 해고의 요건을 충족하므로 특별한 문제가 없는데, 굳이 민법 규정을 적용할 필요가 없기 때문이다(박승두b, 168쪽).

2) 채무자회생법상 쌍방미이행쌍무계약 해지설

이 학설은 채무자회생법에서 규정하고 있는 파산절차를 진행하는 기업의 근로자를 해고하는 경우에는 근기법이 아니라, 채무자회생법상 쌍방미이행쌍무계약에 관한 규정을 적용하여야 하는데 민법상 고용계약 해지규정이 이에 대한 특칙에 해당하기 때문에, 민법 규정을 우선적용하고 채무자회생법상 쌍방미이행쌍무계약에 관한 규정도 적용한다고 한다. 또한 일부 근기법 규정도 적용한다고 한다.

이 견해는, "사용자의 파산에 대하여 고용계약은 파산선고시를 기준으로 쌍방미이행의 쌍무계약이라고 볼 수 있으므로 채무자회생법 제335조 등의 적용대상이 되지만, 이 경우에 민법 제663조에 특칙이 있다. 즉 기간의 약정이 있는 경우라도 사용자가 파산선고를 받은 경우에는 노무자 또는 파산관재인의 어느 쪽도 계약을 해지할 수 있다(민법 §663 ①). 해지에 의하여 손해가 발생하여도 양쪽 모두 그 배상청구를 할 수 없다(동조 ②). 양쪽 당사자에게는 상대방에 대한 해지 여부에 대한 최고권이 인정된다(채무자회생법 §339, §335 ②). 물론 고용계약에 기간의 약정이 없는 경우에는 민법 제660조에 의하여 어느 쪽으로부터도 고용계약의 해지를 통고할 수 있다."(전병서, 125−126쪽)고 한다.

3) 민법상 고용계약해지설

이 설은 파산절차를 진행하는 기업의 근로자를 해고하는 경우에는 근기법을 적용하지 않고, 민법상 고용계약해지에 관한 규정을 근거로 하여야 한다고 주장한다. 즉, "파산자의 종업원이 해고되지 않고 남아 있으면 파산관재인은 파산선고일에 즉시 해고의 절차를 밟아야 한다(민법 §663 ①). 이는 정리해고가 아닌 통상해고이고 단체협약에 해고에 관하여 노동조합과 협의하도록 정해져 있다고 하더라도 파산관재인은 이에 구속되지 않는다. 파산관재인의 해고는 민법 제663조에 의하여 파산선고라는 원인에 기한 것이므로 부당노동행위의 문제가 생길 여지는 없다."(서울지방법원, 93쪽)고 한다.

2. 평가

1) 파산절차상 해고의 법적 성질에 관한 오해

본 판결은 파산절차상 해고의 성질에 관하여 "채무자회생법상 쌍방미이행쌍무계약해지설" 혹은 "민법상 고용계약해지설" 중 어느 한 쪽을 선택하지 아니하고, 구 파산법(현 채무자회생법)상 쌍무계약에 대한 규정과 민법 규정을 모두 원용하고 있다. 결과적으로 양쪽 견해를 모두 채택하고 있다고 보아야 한다.

이는 근기법과 채무자회생법, 그리고 민법의 이념과 법적 성격을 제대로 이해하지 못하여 이들 법률의 상호관계를 입체적으로 파악하지 못한 것으로 부당한 해석이다. 노동법은 헌법에서 규정한 노동3권 등 노동기본권의 구체적인 행사범위와 절차를 규정하는 것이 목적이고, 채무자회생법은 회사의 갱생을 위하여 필요한 민사법상의 특칙을 규정한 것이라 이해할 수 있다. 따라서 채무자회생법내에서 노동기본권에 관한 행사의 구체적인 범위를 정하는 것은 이

법의 이념을 벗어나게 되는 것이다. 설령 이러한 이념을 벗어나서 채무자회생법에서 근로관계에 관한 규정을 두더라도 이는 '광의의 노동법' 혹은 '실질적 의미의 노동법'에 해당하는 것이고, 근로조건의 최저기준에 해당하는 근기법의 수준을 하회할 수는 없게 된다. 이는 근로자의 인간다운 생활권을 보장하는 헌법의 요청임과 동시에 근로조건의 최저기준원칙을 규정한 근기법 제1조와 제2조에 위배되게 된다(박승두a, 206쪽).

따라서 파산절차의 경우에도 근로계약에는 미이행쌍무계약에 관한 규정이나 민법의 규정이 적용되는 것은 아니다. 그 이유는 첫째, 법체계상 민법은 특별법이 아니고 일반법이고, 근로계약은 일반 민사계약이 아니므로 민법이 아닌 근기법이 우선 적용되는 것이 원칙이다. 둘째, 근기법은 근로계약에 관한 법정최저규범이므로, 민법을 보완 적용하는 경우에도 근기법의 수준이상이 보장되어야 한다.

2) 파산에 대한 초헌법적 해석

본 판결은 "기업이 파산선고를 받아 사업의 폐지를 위하여 그 청산과정에서 근로자를 해고하는 것은 위장폐업이 아닌 한 기업경영의 자유에 속하는 것"이라고 한다. 기업경영의 자유는 어디에 근거한 것인가? 원래 해고는 남용의 가능성이 많고 근로자의 생존에 직결되는 문제이기 때문에 헌법상 인간다운 생활권과 근로의 권리를 이어받아 근기법에서 정당한 이유가 있어야 가능하다는 대원칙을 규정하였다. 그런데 이에 대한 예외를 규정한 근거법률이 없는데도 불구하고 해고를 기업경영의 자유라고 하는 것은 우리법의 질서를 모두 무시한 초헌법적 해석이다.

그리고 이 견해는 파산에 대하여 "치외법권 지역" 혹은 "법치주의의 소도"로 생각하는 편견이며, 파산과 청산, 해산의 개념을 제대로 이해하지 못하는 탁상공론에서 비롯된 것이다. 기업이 법원에서 파산을 선고받아 파산관재인이 선임되면 효율적으로 회사의 재산을 현금화하여 채권자에게 배당하는 청산절차를 진행하게 되고 이러한 절차가 끝나면 기업은 해산된다. 따라서 청산의 과정에서는 모든 사업을 폐쇄하고 바로 매각절차에 들어가기도 하고 사업성이 양호한 부문은 계속 운영을 하기도 한다. 또 파산절차 진행 중에는 언제든지 회생절차를 신청할 수 있고, 이 경우에는 회생절차에 관한 판단이 날 때까지 파산절차는 중지된다. 결론적으로 파산선고를 받아 청산을 하는 과정에서는 회사의 경영이 아주 유동적이기 때문에 이를 일률적으로 해석하는 것은 현실을 이해하지 못한 단순하고 경직되고 왜곡된 해석에 불과하다.

◈ 참고문헌

도재형, "청산과정에서 근로자를 해고하는 것이 정리해고에 해당하는지 여부", 『2001 노동판례비평』, 민주사회를 위한 변호사모임, 2002.

박승두, "채무자회생법과 노동법의 관계", 『노동법학』 제35호, 한국노동법학회, 2010 [박승두a].

박승두, "파산절차 진행기업 노동자의 해고요건", 『사회법연구』 제11호, 한국사회법학회, 2008 [박승두b].

박승두, "해고제도의 일원화론", 『노동법학』 제30호, 한국노동법학회, 2009.

서울중앙지방법원 파산부 실무연구회, 『법인파산실무』, 박영사, 2006.

서울지방법원, 『파산사건실무』(개정판), 서울지방법원, 2001.

윤창술, "파산절차에서의 단체협약과 근로계약", 『인권과 정의』, 대한변호사협회, 2000.1.

전병서, 『도산법』, 법문사, 2006.

47. 비진의 의사표시에 의한 사직

— 대법원 2000. 4. 25. 선고 99다34475 판결(징계면직처분무효확인) —

김소영(충남대 법학전문대학원)

I. 사실관계

원고(X)는 피고(Y회사)의 근로자로 재직 중 업무상 수집한 증권 정보를 야당 정치인에게 누설했다는 혐의를 받고 1985. 10.경 국가안전기획부로부터 내사를 받았다. 국가안전기획부는 1985. 10.말경 X의 혐의 내용을 Y회사에게 통보하였고, Y회사는 X에게 사직을 종용하다가 X가 이에 불응하자 증권시장관리를 위한 정보 수집 업무내용을 외부에 누설하였음을 징계 사유로 X를 징계면직하였다. X는 징계면직처분을 받은 직후인 1985. 12. 6. 국가안전기획부에 불법연행되어 1주일간 위 혐의 내용과 대공불순세력과의 연계혐의에 대하여 혹독한 조사를 받았다. X는 석방된 후 Y회사에게 사직원을 제출함과 동시에 종전의 징계면직처분을 취소하고 의원면직처리를 하여 달라는 취지의 재심청구를 하여 인사위원회는 종전의 징계면직처분을 취소하고 X를 의원면직처리하기로 의결한 후 1986. 2. 3. X를 의원면직하였다.

그 후 X는 1988. 8. 31. Y회사에 복직청원을 하였으나 거부되었으며, 그로부터 6년 4개월이 경과된 1995. 1. 3. 다시 복직청원을 하였으나 마찬가지로 받아들여지지 않았다. X는 1998. 2. 17. Y회사를 상대로 해고의 효력을 다투는 소를 제기하였다.

원심(서울고판 1999. 5. 27, 98나44460)은 이 사건 사직의 의사표시는 비진의 의사표시에 해당하고, 피고(Y회사)도 그러한 사정을 알면서 이를 수리한 것이니, 무효인 사직의 의사표시에 기하여 의원면직의 형태로 근로계약관계를 종료시킨 행위는 실질적으로는 피고(Y회사)의 일방적인 의사에 의하여 근로계약관계를 종료시킨 것으로 그 형식에 불구하고 부당해고에 해당하여 무효라고 판시하였다. 그러나 대상판결(대판 2000. 4. 25, 99다34475)은 이 사건 사직의 의사표시는 비진의 의사표시에 해당하지 않으므로 피고(Y회사)가 X의 사직의 의사표시를 수락함으로써 근로계약관계는 합의해지에 의하여 종료된 것으로서 이 사건 의원면직처분을 해고라고 볼 수 없고, 아무런 이의의 유보나 조건 없이 퇴직금을 수령한 후 오랜 기간이 지난 후에 해고의 효력을 다투는 소를 제기하는 것은 신의칙이나 금반언의 원칙에 위배된다고 하여 원심판결을 파기환송하였다.

II. 판결의 내용

대상판결은 "사용자가 사직의 의사 없는 근로자로 하여금 어쩔 수 없이 사직서를 작성·제출하게 한 후 이를 수리하는 이른바 의원면직의 형식을 취하여 근로계약관계를 종료시키는 경우처럼 근로자의 사직서 제출이 '진의 아닌 의사표시'에 해당하는 등으로 무효이어서 사용자의 그 수리행위를 실질적으로 사용자의 일방적 의사에 의하여 근로계약관계를 종료시키는 해고라고 볼 수 있는 경우가 아닌 한, 사용자가 사직서 제출에 따른 사직의 의사표시를 수락함으로써 사용자와 근로자 사이의 근로계약관계는 합의해지에 의하여 종료되는 것이므로 사용자의 의원면직처분을 해고라고 볼 수 없다. 여기에서 진의 아닌 의사표시에 있어서의 '진의'란 특정한 내용의 의사표시를 하고자 하는 표의자의 생각을 말하는 것이지 표의자가 진정으로 마음속에서 바라는 사항을 뜻하는 것은 아니므로, 표의자가 의사표시의 내용을 진정으로 마음속에서 바라지는 아니하였다고 하더라도 당시의 상황에서는 그것을 최선이라고 판단하여 그 의사표시를 하였을 경우에는 이를 내심의 효과의사가 결여된 진의 아닌 의사표시라고 할 수 없다. 이 사건 근로자가 징계면직처분을 받은 후 당시 상황에서는 징계면직처분의 무효를 다투어 복직하기는 어렵다고 판단하여 퇴직금 수령 및 장래를 위하여 사직원을 제출하고 재심을 청구하여 종전의 징계면직처분이 취소되고 의원면직처리된 경우, 그 사직의 의사표시는 비진의 의사표시에 해당하지 않는다."고 판시하였다.

Ⅲ. 해설

1. 쟁점

대상판결에서 Y회사가 국가안전기획부의 해고 압력을 받고 X가 사직을 수용하는 조건으로 의원면직 처리한, 소위 조건부 퇴직에 해당된다. 조건부 퇴직이란 일반적으로 근로자에게 징계해고사유에 해당하는 비위가 존재하거나 외부의 해고 압력(예: 비판적 언론인에 대한 해고 압력 등) 등에 의하여 사용자가 먼저 사직을 권고·종용하고 근로자가 일정 기간내에 사직서를 제출하면 의원면직 처리하는 것을 말한다(김형배, 671쪽). 의원면직 후 사용자가 사직서 제출에 따른 사직의 의사표시를 수락함으로써 합의해지에 의하여 근로계약관계가 종료되는 것이다. 그런데 진의 아닌 의사표시는 원칙적으로 효력이 있지만, 상대방이 표의자의 진의 아님을 알았거나 알 수 있었을 경우에는 무효가 되므로(민법 §107 ①), 의원면직의 형식을 취하더라도 근로자의 사직서 제출이 진의 아닌 의사표시(비진의 의사표시)라는 것을 사용자가 알았거나 알 수 있었을 경우에는 사직의 의사표시는 무효가 된다.

따라서 대상판결의 쟁점은 다음과 같다. 첫째, 조건부 퇴직에서 근로자의 사직의 의사표시에 대한 해석이 문제된다. 둘째, 진의 아닌 의사표시의 요건으로서 '진의'의 의미가 무엇인지 문제된다.

2. 조건부 퇴직에 있어서의 '사직의 의사표시'

근로자의 사직(임의퇴직)이나 합의해지에 의한 근로관계 종료의 경우에는 사용자의 일방적 의사표시에 의한 해고와 달리 원칙적으로 노동법적 보호의 필요성은 발생하지 않는다. 근로자의 단독행위에 의한 해약고지로서의 '사직'과 근로계약 당사자의 의사 합치에 의한 '합의해지'는 사적 자치의 영역이기 때문이다. 근로자가 합의해지를 청약한 경우 사용자가 이를 승낙하기 전 까지는 사용자에게 예측할 수 없는 손해를 주는 등 신의칙에 반하는 특별한 사정이 없는 이상 사직의 의사표시를 철회할 수 있지만, 근로자가 사직을 통고한 후에는 통고기간이 경과하기 전이라도 그 의사표시를 철회할 수 없다(대판 2000. 9. 5, 99다8657). 이와 같이 사직과 합의해지는 개념상 구분되지만, 일괄사퇴 후 사직서의 선별적 수리, 명예퇴직, 조건부퇴직 등의 경우에는 사직의 의사표시가 합의해지의 청약인지 명확하게 판단하기 어렵다. 조건부 퇴직에 대하여는 합의해지로 판단하는 것이 타당하다고 본다.

사직이나 합의해지에 의해 근로계약 해지의 효력이 발생한 후 사용자가 근로자에게 행한 근로관계 소멸의 통지는 관념의 통지에 불과하므로 이를 해고라 할 수 없다(대판 1996. 7.30, 95누7765; 대판 2007. 12. 27, 2007두15612).

사용자가 사직의 의사 없는 근로자로 하여금 어쩔 수 없이 사직서를 작성·제출하게 한 후 이를 수리하는 이른바 의원면직의 형식을 취하여 근로계약관계를 종료시키는 경우에는 근로자의 사직서 제출은 진의 아닌 의사표시에 해당되어 무효가 되므로, 사용자의 그 수리행위는 실질적으로 사용자의 일방적 의사에 의하여 근로계약관계를 종료시키는 해고라고 볼 수 있다. 그러나 근로자의 사직의 의사표시가 '비진의 의사표시'에 의한 것이 아닌 경우에는 사용자가 사직서 제출에 따른 사직의 의사표시를 수락함으로써 사용자와 근로자 사이의 근로계약관계는 합의해지에 의하여 종료되는 것이므로 사용자의 의원면직처분을 해고라고 볼 수 없다. 다만 조건부 퇴직 처분이 실질상 또는 절차상의 이유로 무효인 경우에는 이에 따른 의원면직처분도 무효로 보아야 할 것이다(대판 1995. 11. 14, 95누1422).

3. 비진의 의사표시의 '진의'

진의 아닌 의사표시의 핵심적 요소는 진의와 표시의 불일치이며, 주된 법적 쟁점은 비진의 의사표시에 있어서 진의의 의미를 어떻게 이해해야 하느냐의 문제이다. 진의 아닌 의사표시에서 진의란 보통 의사표시에서 '내심적 효과의사'를 말한다. 효과의사를 일정한 법률적 효과의 발생을 지향한 의사라고 할 때 내심적 효과의사는 표의자의 내심의 실제의사를 의미한다. 표의자가 진정으로 마음 속에서 바라는 것과 내심의 효과의사를 구분하기 위하여는 '표의자가 진정으로 마음속에서 바라는 사항이라도 특정한 법률효과를 지향하는 것으로 볼 수 없는' 의사표시가 진의가 아니라는 점을 명확히 해야 할 것이다(박동진, 8쪽). 진의 아닌 의사표시에 대한 증명책임은 이를 주장하는 근로자에게 있다(대판 2009. 3. 26, 2008두2528).

사직의 의사표시와 관련하여 판례는 진의와 비진의를 다음과 같이 구별하고 있다. "근로자가 사직을 진정으로 바라지는 않았지만 자신이 처한 당시의 상황에서 사직서 제출이 최선의 선택이라고 판단하여 행한 사직의 의사표시는 이를 내심의 효과의사가 결여된 진의 아닌 의사표시라고 할 수 없다"(대판 1996. 12. 30, 95누16059; 대판 2001. 1. 19, 2000다51919,51926; 대판 2006. 4. 14, 2006다1074 등).

사직의 의사표시가 비진의로서 무효가 된 경우는 퇴직금을 중간정산하기 위하여 형식상 사직서를 제출한 경우(대판 1988. 5. 10, 87다카2578), 사업의 양도·합병·조직변경에 따라 소속 근로자들이 회사방침에 따라 퇴직금을 받고 일괄사퇴한 경우(대판 1999. 6. 11, 98다18353), 사용자가 근로자들로부터 사직서를 일괄적으로 제출받아 그 중 일부를 선별적으로 수리한 경우(대판 1991. 7. 12, 90다11554; 대판 1993. 5. 25, 91다41750; 대판 1994. 4. 29, 93누16185 등)가 있다.

비진의 의사표시를 인정하지 않은 판례는 다음과 같다. 조직개편에 따라 우선순위로 정리해고 될 것을 예상하거나(서울행판 2000. 11. 3, 99구36217), 향후 예상되는 인사상 불이익과 명예퇴직 위로금 등 금전상의 이익을 고려했거나(서울행판 2000. 11. 21, 99구15784), 그 당시의 경제상황·회사의 구조조정계획·회사가 제시하는 희망퇴직 조건·퇴직할 경우와 계속 근무할 경우에 있어서의 이해관계 등을 종합적으로 고려하여 당시의 상황으로서는 그것이 최선이라고 판단한 결과 사직원을 제출한 것으로 봄이 상당한 경우에 비진의의사표시를 인정하지 않았다(대판 2001. 1. 19, 2000다51919·51926; 대판 2003. 4. 22, 2002다65066; 대판 2003. 4. 11, 2002다60528).

결국 근로자가 사용자의 사직 종용에 따라 사직서를 제출한 경우 그 사직의 의사표시가 진의인지 비진의인지 여부는 '사직서의 기재 내용, 사직서 작성·제출의 동기 및 경위, 사직서 제출 전후의 사정, 사직서 제출과 관련하여 근로자가 취한 태도 등'을 종합적으로 고려하여 사안별로 판단해야 한다.

4. 평가

대상판결은 의원면직처분과 부당해고의 관계에 있어서 사직서 제출이 진의의 의사표시에 의한 것인지에 대한 종래의 판례법리에 기초하여 그 의사표시의 진의를 인정한 사례이다. 대상판결은 근로자가 사직을 진정으로 바라지는 않았으나 당시의 상황에서는 그것을 최선이라고 판단하여 의사표시를 한 경우에 그 의사표시는 '진의'에 해당된다고 보았다.

다양하고 복잡한 현실 노사관계에서 민법상 의사표시 해석의 법리를 외형적으로 해고와 구별되는 근로관계의 종료에 적용하여 판단하는 것은 한계가 있다. 따라서 노동법의 해고제한 취지에 부합하는 구체적 해석론을 정립할 필요가 있다.

◆◆ 참고문헌

김형배, 『노동법』 제26판, 박영사, 2018.
박동진, "허위표시에 대한 사법상의 효력 – 진의 아닌 의사표시와 통정허위표시 –", 『법학연구』 제25권 4호, 연세대학교 법학연구원, 2015.
박종희, "사직서 제출에 있어서 의사표시 해석 및 명예퇴직과 정리해고와의 관계", 『고려법학』 제38집, 고려대학교 법학연구원, 2002.
박지순, "근로관계 종료에 관한 의사표시 해석에 관한 연구", 『안암법학』, 안암법학회, 제34호, 2011.
하경효, "근로자의 사직의 의사표시의 해석", 『조정과 심판』 제23호, 중앙노동위원회, 2005.
_____, "조건부 사직의사표시의 성질과 효력", 『재산법연구』 제28권 제4호, 한국재산법학회, 2012.

48. 사직 의사표시의 해석과 철회

— 대법원 2000. 9. 5. 선고 99두8657 판결(부당해고구제재심판정취소) —

도재형(이화여대 법학전문대학원)

Ⅰ. 사실관계

원고(X)는 참가인(Y)이 대전직할시 동구로부터 위탁받아 운영하는 어린이집 원장으로 근무하던 중 학부모들 앞에서 보육교사의 명예를 훼손하는 발언을 하고 직장 구성원 간에 불화를 조성했다는 등의 이유로 견책의 징계처분과 함께 다른 어린이집의 개원 실무 책임자로 근무하라는 전보명령을 받았다. X는 그로부터 8일 후 사직서를 제출하였고 Y는 이틀 후 그 사직서를 수리하였다. X는 사직서 수리 사실을 통보받기 전에 자신의 사직 의사표시를 철회하였다.

원심은 X의 사직서 제출을 근로계약관계의 합의해지의 청약으로 파악하고 Y가 이를 승낙함으로써 근로계약 종료의 효과가 발생한 이상 X로서는 더 이상 사직의 의사표시를 철회할 수 없다는 이유로, 위 사직 의사표시의 철회로 근로계약이 여전히 존속 중이라는 X의 주장을 배척하였다.

Ⅱ. 판결의 내용

사직의 의사표시는 특별한 사정이 없는 한 당해 근로계약을 종료시키는 취지의 해약고지로 볼 것인바, 원심이 확정한 사실관계 및 기록상 나타난 바와 같은 사직서의 기재내용, 사직서 작성·제출의 동기 및 경위, 사직 의사표시 철회의 동기 기타 여러 사정을 참작하면 X의 위 사직서 제출은 위에서 본 원칙적 형태로서의 근로계약의 해지를 통고한 것이라고 볼 것이지, 근로계약의 합의해지를 청약한 것으로 볼 것은 아니며, 이와 같은 경우 사직의 의사표시가 Y에게 도달한 이상 X로서는 Y의 동의 없이는 비록 민법 제660조 제3항 소정의 기간이 경과하기 전이라 하여도 사직의 의사표시를 철회할 수 없다.

Ⅲ. 해설

1. 쟁점

근로계약관계가 법률행위에 의하여 종료되는 경우는 흔히 ① 사용자의 근로자에 대한 단독행위인 해고, ② 근로자의 사용자에 대한 일방적 의사표시인 해약고지 및 ③ 당사자 쌍방의 의사 합치(계약)가 이루어진 합의해지의 세 가지로 나누어진다. 이 중 해고는 근기법에 의하여 제한된다. 해약고지에 관한 근거 조항은 민법 제660조이며, 이에 따라 근로자는 일정한 고지 기간의 경과에 의해 근로계약관계를 끝낼 수 있다(고용기간의 약정이 있는 경우에는 부득이한 사유가 있는 때에 즉시 고용계약을 종료시킬 수 있는데(민법 §661), 이 경우에는 철회의 법리가 문제되지 않으므로 따로 설명하지 않는다). 마지막으로, 근로계약의 합의해지는 근로자와 사용자의 쌍방 합의에 의하여 근로계약을 장래에 향하여 종료시키는 것이다.

해약고지와 합의해지는 원칙적으로 사적 자치의 원칙이 보장되는 영역에 속한다. 한편, 근로자의 해약고지나 합의해지에 의해 근로계약해지의 효력이 생긴 후 사용자가 근로자에 대하여 한 근로계약 소멸의 통지는 관념의 통지에 불과하고 이를 해고라고 할 수도 없다(대판 1996. 7. 30, 95누7765). 따라서 근기법이 해고의 경우에 요구하는 '정당한 이유'가 존재할 필요가 없다.

해고가 아닌 근로관계의 종료 원인 중 대표적인 것이 근로자의 사직이다. 사직의 의사표시가 있는 경우에는 그것이 해약고지와 합의해지의 청약 중 어디에 해당하는지가 문제된다. 이들은 개념상 명백히 구분되나, 실제 근로자의 사직 의사표시를 무엇으로 분류할지가 불분명한 경우가 있다. 그런데 판례에 따르면 해약고지의 경우에는 근로자가 자신의 의사표시를 철회하는 것이 불가능하고, 반면에 합의해지의 청약인 경우에는 그 철회가 가능하다. 이 점에서 근로자의 사직을 해약고지와 합의해지의 청약 중 무엇으로 분류할 것인지가 의미를 갖게 된다(박종희, 277쪽).

2. 해약고지와 합의해지의 청약

법원은 근로자가 한 사직의 의사표시를, 특별한 사정이 없는 한, 해당 근로계약을 종료시키는 취지의 해약고지(해지)로 본다(대판 2000. 9. 5, 99두8657). 이렇게 해약고지에 해당할 경우 사용자가 사직서를 제출받은 날로부터 1월이 경과하면(기간의 보수를 정한 때에는 사용자가 사직서를 제출받은 당기(當期) 후의 1기

를 경과하면) 해당 근로계약은 해지된다(민법 §660 ②, ③). 한편, 민법 제660조는 근로자의 해약의 자유를 보장하는 규정으로서 근로자에게 불리하지 않는 한 그 기간이나 절차에 관하여 취업규칙 등에서 달리 규정하는 것이 가능하다. 판례에 의하면, 취업규칙 등에서 위 제660조 소정의 기간보다 짧은 기간을 규정하는 것도 허용된다(대판 1997. 7. 8, 96누5087).

사직의 의사표시가 사용자에게 도달한 이상 근로자로서는 사용자의 동의 없이는 비록 민법 제660조 제2항, 제3항 소정의 기간이 경과하기 이전이라 하여도 사직의 의사표시를 철회할 수 없다(민법 §543 ②).

사직과 관련하여 볼 때, 합의해지는 근로자가 근로계약관계의 합의해지를 청약하고 사용자가 이를 승낙함으로써 해당 근로계약관계를 종료시키는 것을 뜻한다. 명예퇴직이 그 대표적 예이다. 근로계약관계의 종료에 관한 근로자의 의사표시가 합의해지의 청약에 해당하는 경우, 그 근로자는 사용자의 승낙의 의사표시가 자신에게 도달하기 이전까지 청약의 의사표시를 철회할 수 있다(대판 1994. 8. 9, 94다14629; 대판 2000. 9. 5, 99두8657). 이 점에서 합의해지 청약의 효력은 위 해약고지와 구별된다.

합의해지의 청약 철회에 관한 이러한 해석은 민법 제527조가 "계약의 청약은 이를 철회하지 못한다."고 규정하여 청약의 구속력을 인정하고 있는 것과 어긋난다. 이렇게 근로계약관계에서 합의해지의 청약 철회에 대해 예외를 두는 이유로서는 ① 민법 제527조가 적용되는 전형적 사례는 새로운 계약 관계를 형성하는 경우인데, 계속적인 인적 결합 관계에 있는 근로계약 당사자 사이의 합의해지의 청약에 있어서는 철회를 자유롭게 허용하더라도 상대방의

보호에 지장을 초래할 가능성이 적다는 점, ②
사용자의 우월적 지위가 근로자의 사직의 의사
표시 등에 영향을 미칠 가능성이 크기 때문에
그 의사표시의 철회를 허용할 필요성이 크다는
점, ③ 청약 후에 예견하지 못한 사정이 발생한
경우 기존의 청약에 구속력을 유지시키는 것은
부당하다는 점 등을 들 수 있다(한범수, 800쪽;
홍진영, 126쪽).

철회의 의사표시는 인사에 관하여 권한이
있는 자에게 해야 한다(한범수, 801쪽).

3. 해약고지와 합의해지 청약의 구별 기준

앞에서 설명한 바와 같이 판례는 사직의 의
사표시를 특별한 사정이 없는 한 당해 근로계
약을 종료시키는 취지의 해약고지로 본다. 이는
그 철회를 허용하는 것은 예외적인 경우에 한
정된다는 생각 때문이다. 이 판례 법리에 대해
선 사직의 의사표시는 중립적·객관적으로 해석
해야 함에도 이를 원칙적으로 해약고지라고 파
악하는 것은 당사자의 진정한 의사를 왜곡할
우려가 있다는 비판이 있다(박지순, 559쪽). 또
한 근로자의 사직 의사가 확고한 경우 외에는
근로자 보호의 견지에서 원칙적으로 철회가 가
능한 합의해지의 청약으로 봐야 한다는 비판도
있다(한범수, 804쪽).

위와 같은 판례 및 그에 대한 비판 등을 고
려하더라도, 사직의 의사표시를 해약고지 또는
합의해지의 청약 중 무엇으로 분류할 것인지는
그 철회 가능성을 따질 때마다 문제된다. 그렇
다면, 근로자의 사직을 어떤 경우에 해약고지로
파악하고 어떤 경우에는 합의해지의 청약으로
봐야 할까? 이것은 종국적으로는 의사 해석의
문제이다(하경효, 5쪽). 그러한 의사 해석의 기
준으로서는 사직서의 기재 내용, 사직서 작성·

제출의 동기, 사직서 제출 이후의 사정, 사직
의사표시 철회의 동기 등 제반 사정을 들 수 있
다(대판 2000. 9. 5, 99두8657; 대판 2003. 4.
25, 2002다11458). 그와 함께 근로관계의 특수
성과 근기법상 근로관계의 존속 보장의 이념
등이 고려될 수 있을 것이다(홍진영, 127-128
쪽; 하경효, 18쪽).

사직서의 기재 내용이 1차적 의사 해석 기
준이 되어야 한다는 것은 사직서가 처분문서로
서의 성격을 지닌다는 점에서 당연하다. 그리고
사직서 제출이나 철회의 동기를 살펴야 하는
것 역시 의사 해석의 일반적 기준이다. 그 밖에
도 해당 기업의 사직의 처리 절차도 하나의 기
준이 될 수 있다. 기업의 취업규칙 등에서 근로
자가 사직서를 제출할 경우 사용자의 승인 절
차를 규정하고 있는 경우, 그 근로자의 사직의
의사표시는 합의해지의 청약으로 파악할 수 있
기 때문이다.

4. 합의해지 청약 철회의 제한

앞에서 살펴본 바와 같이 합의해지 청약의
철회는 사용자의 승낙 의사가 형성되어 확정적
으로 근로계약 종료의 효과가 발생하기 전까지
만 가능하다.

또한 청약을 철회하는 것이 사용자에게 예
측할 수 없는 손해를 주는 등 신의칙에 반한다
고 인정되는 특별한 사정이 있는 경우에는 철
회가 허용되지 않는다(대판 2000. 9. 5, 99두
8657). 이는 위와 같은 예외를 설정하는 근거
가 근로계약관계의 특성상 그렇게 철회를 허용
하더라도 상대방의 신뢰 보호에 지장을 초래하
지 않는다는 점 때문인데, 그러한 전제가 없어
지면 청약 의사표시의 철회 역시 제한될 수밖
에 없다는 생각에 기초한 것이다.

5. 사직 의사표시와 명예퇴직

명예퇴직이란, 기업이 구조조정을 위하여 근로자 수를 감축하거나 인사 적체를 해소하기 위해 정년에 이르지 않은 근로자에게 금전적 보상을 제공하고 정년 전에 미리 퇴직할 것을 유도하는 제도이다(한범수, 804쪽). 희망퇴직이라고 불리기도 한다. 앞에서 설명한 바와 같이 명예퇴직은 합의해지에 의해 근로계약관계가 종료되는 대표적 예이다.

명예퇴직의 모습은 세 가지로 분류할 수 있다. 첫째는 취업규칙에서 정한 요건 및 절차에 따라 근로자가 명예퇴직 신청(합의해지의 청약)을 하고 사용자가 그 신청을 승낙하는 형태이다. 둘째는 사용자가 특정 근로자에게 명예퇴직을 권고하고(합의해지의 청약), 근로자가 이를 승낙하는 모습이다. 셋째는 회사는 명예퇴직 절차를 공고하면 근로자가 명예퇴직 신청서를 제출하면 회사가 그 중에서 명예퇴직 대상자를 선정하는 모습이다(한범수, 804-805쪽).

첫째 모습의 명예퇴직에서 그 신청 철회는 앞에서 설명한 일반적인 합의해지 청약의 철회에 관한 법리에 따르면 된다. 둘째 모습의 명예퇴직에서는 근로자의 승낙에 의해 근로계약관계는 종료하므로 철회의 문제는 일어나지 않는다. 셋째 모습의 명예퇴직에서 회사의 명예퇴직 공고는 청약의 유인에 불과하고 근로자의 사직원 제출이 명예퇴직의 신청(청약)에 해당하며, 사용자가 이를 승인(승낙)함으로써 합의에 의해 근로관계가 종료된다. 따라서 사용자의 승낙이 있기 전에는 근로자가 임의로 그 청약의 의사표시를 철회할 수 있다(대판 2003. 4. 25, 2002다11458).

◆ 참고문헌

박종희, "사직서 제출에 있어서 의사표시 해석 및 명예퇴직과 정리해고와의 관계", 『고려법학』 제38호, 고려대학교 법학연구소, 2002.
박지순, "근로관계 종료에 관한 의사표시 해석에 관한 연구", 『안암법학』 제34권, 안암법학회, 2011.
하경효, "근로자의 사직의 의사표시의 해석", 『조정과 심판』 제23호(2005년 가을호), 중앙노동위원회, 2005.
한범수, "명예퇴직 신청의 철회", 『대법원판례해설』 제44호, 법원도서관, 2004.
홍진영, "희망퇴직 의사표시의 해석 및 그 효력에 관한 고찰", 『노동법 실무연구』 재판자료 제118집, 법원도서관, 2009.

49. 아파트 위탁관리계약의 해지와 근로관계의 종료

― 대법원 2017. 10. 31. 선고 2017다22315 판결(해고무효확인) ―

권오성(성신여대 법과대학)

Ⅰ. 사실관계

피고는 2015. 12. 1. 원고를 채용한 후, 원고를 서울 송파구에 위치한 A아파트 경비원으로 근무하도록 하였다. 피고와 원고 사이에 체결된 근로계약서(이하 "이 사건 근로계약"이라고 한다)에는 "2015. 12. 1.부터 2016. 2. 29.까지(3개월)로 기한의 정함이 있는 것으로 하며, 계약기간 종료 또는 계약기간 중이라도 피고와 사업장 사이의 위·수탁(도급)계약이 해지(종료)되는 경우 근로계약은 자동종료"된다는 내용이 있었고, 계약서 하단에 "입사 후 최초 3개월의 수습기간을 거쳐 정식 직원으로 임명되며 이와 관련한 사항은 취업규칙에 따르는 것"이라고 기재되어 있었다.

피고는 2016. 2. 25. 원고에게 "원고와 피고와의 근로계약 기간이 2016. 2. 29.자로 종료되기에 근로관계 종료를 통지한다."라는 내용의 서면을 송부하였고(이하 "이 사건 근로계약 해지"라고 한다), 이에 원고는 2016. 5. 16. 서울남부지방법원에 '이 사건 근로계약은 시용계약으로 시용계약에서 정한 시용기간 만료 시 본계약의 체결을 거부하는 것은 해고에 해당하므로 사용자가 자신을 해고하려면 해고사유와 해고시기를 서면으로 통지하여야 하는데 이 사건 사용자는 구체적인 해고사유를 서면으로 통지하지 않았을 뿐더러, 3개월의 시용기간 동안 성실하게 근무하였는데도 아무런 이유 없이 해고한 것은 부당하다'는 이유로 해고무효의 확인과 2016. 3. 1.부터 복직일까지의 임금 지급을 구하는 소를 제기하였다. 한편, 원고가 이 사건 소를 제기한 이후인 2016. 5. 31. 피고와 A아파트 입주자대표회의 간에 체결된 위탁관리 계약이 종료되었다.

원고의 청구에 대하여 피고는 '이 사건 근로계약은 3개월의 기간을 정한 근로계약이므로 2016. 2. 25.자 근로관계 종료 통보는 같은 달 19. 기간만료로 근로관계가 종료한다는 사실을 통지한 것일 뿐 근로계약을 해지한 것이 아니고, 만일 이 사건 근로계약이 3개월의 시용기간을 정한 취지라고 하더라도 피고와 A아파트 입주자대표회의 사이의 위탁관리계약이 2016. 5. 31. 종료되었으므로 피고와 원고 사이의 근로관계도 자동종료되었다는 취지로 항변하였다.

Ⅱ. 판결의 내용

1심법원은 피고의 취업규칙과 근로계약서에 계약 기간 중이라도 피고와 A아파트 사이의 위탁관리계약이 종료되는 경우 근로계약도 자동종료된다는 내용이 기재되어 있으므로 피고와 A아파트 사이의 위탁관리계약이 종료된 2016. 5. 31. 피고와 원고 사이의 근로관계가 자동종료되었음을 전제로 원고의 해고무효확인 청구

부분은 확인의 이익이 없다는 이유로 각하하고, 임금지급 청구 부분에 대해서는 이 사건 근로계약이 시용계약에 해당한다는 원고의 주장을 받아들여 피고의 2016. 2. 25.자 근로관계 종료 통보를 해고로 보고, 피고가 해고사유를 서면으로 통지하지 않아 부당한 해고라고 인정한 후 해고 다음 날인 2016. 3. 1.부터 1심법원이 피고와 원고 사이의 근로관계가 자동종료되었다고 본 2016. 5. 31.까지의 임금을 지급하라고 판결하였다(서울남부지판 2016. 11. 11, 2016가합1633). 이에 원고와 피고 모두 항소하였는바, 원심법원도 이 사건 근로계약을 시용계약이라고 보고 피고의 본 계약 체결 거부는 합리적인 이유도 없음은 물론 서면통지 절차도 준수하지 않아 무효라고 보았고, 원고의 임금지급 청구에 대하여는 1심법원과 마찬가지로 해고 다음 날인 2016. 3. 1.부터 1심법원이 피고와 원고 사이의 근로관계가 자동종료되었다고 본 2016. 5. 31.까지의 임금을 지급하라고 판결하였다(서울고판 2017. 5. 26, 2016나210391).

이에 원고와 피고 모두 상고하였는바, 대법원은 이 사건 근로계약에서 정한 '근로계약기간 중이라도 사업장의 위탁관리계약이 해지(종료)되는 경우 근로계약은 자동 종료되는 것으로 한다'는 약정은 근로계약의 자동소멸사유를 정한 것으로 볼 수 없고, 따라서 A아파트에 대한 위탁관리계약이 종료됐다고 하더라도 원고와 피고 사이의 근로관계가 당연히 종료된 것으로 단정할 수 없다는 이유로 원심판결 중 원고패소 부분을 파기하고, 이 부분 사건을 서울고등법원에 환송하는 판결을 하였다(대판 2017. 10. 31, 2017다22315).

Ⅲ. 해설

1. 쟁점의 정리

이 사건의 법률적 쟁점은 크게 ① 이 사건 근로계약이 2015. 12. 1.부터 2016. 2. 29.까지의 3개월의 기간을 정한 기간제 근로계약인지 아니면 3개월의 시용기간을 정한 시용계약인지 여부와 ② 피고와 A아파트 사이의 위탁관리계약이 종료되는 경우 피고와 원고 사이의 근로계약도 자동종료된다는 계약조항을 유효로 볼 수 있는가이다.

2. 모순되는 계약조항의 해석방법

①의 쟁점은 이 사건 근로계약서의 '근로계약기간'과 '기타 조건'의 의사해석에 관한 문제이다. 이 사건 계약서 상단에 기재된 '근로계약기간'은 "2015. 12. 1.부터 2016. 2. 29.까지(3개월)로 기한의 정함이 있는 것으로 하며, 계약기간 종료 또는 계약기간 중이라도 피고와 사업장 사이의 위·수탁(도급)계약이 해지(종료)되는 경우 근로계약은 자동종료되는 것"으로 규정하여 단기간의 확정적 또는 불확정적 근로계약기간을 명시하면서도, 계약서의 하단에 '기타 조건'으로 "입사 후 최초 3개월의 수습기간을 거쳐 정식 직원으로 임명되며 이와 관련한 사항은 취업규칙에 따르는 것"으로 기재되어 있는바, 원고는 '기타 조건'의 기재를 들어 이 사건 근로계약이 시용계약이라고 주장한 반면 피고는 '근로계약기간'의 기재를 들어 이 사건 근로계약이 기간제 근로계약이라고 항변하였다. 이에 대하여 원심판결은 "공동주택의 사업주체나 입주자대표회의 등과의 단기 계약을 통해 한시적인 위탁관리 업무를 하는 피고 업무

의 특성상 소속 근로자에 대해 근로기간을 단기간으로 하는 근로계약이 필요하고 이 사건 근로계약서의 근로계약기간에도 그와 같은 점이 반영된 것으로는 보인다."고 하면서도 "하지만 시용기간을 규정한 것임이 명백한 '기타 조건'을 부정하거나 무시할 수는 없고 이 사건 근로계약은 시용계약으로 봐야 한다."는 이유로 이 사건 근로계약이 시용계약이라고 판단하였다. 이 사건 근로계약 하단에 기재된 "입사 후 최초 3개월의 수습기간을 거쳐 정식 직원으로 임명되며 이와 관련한 사항은 취업규칙에 따르는 것"이라는 내용을 고려할 때, 원심법원의 계약해석은 타당하고 대상판결 또한 원심판결의 해석을 수긍하였다. 이 사건 근로계약을 시용계약으로 이해할 경우, 피고의 2016. 2. 25.자 근로관계 종료 통보는 시용계약에 있어서의 본채용의 거부로 해고에 해당하며, 따라서 해고사유를 서면으로 명시하지 않고 이루어진 본채용의 거부는 근로기준법 제27조에 위반하여 무효임이 명백하다(대판 2015. 11. 27, 2015두48136 참조).

3. 근로관계 자동종료 약정의 유효성

②의 쟁점에 대해서는 원심판결과 대상판결이 입장을 달리하였는바, 원심판결은 "공동주택의 위탁관리를 하는 피고 업무의 특성상 공동주택 위탁관리계약의 해지나 종료를 소속 근로자의 근로계약기간에 반영하거나 이와 연동하는 것은 불가피한 면이 있으므로(이 점에서 사용자가 근로자를 필요한 곳에 파견하는 것을 주요 사업으로 하는 사안에 관한 대판 2009. 2. 12, 2007다62840의 사안과는 다르다), 피고의 이 사건 아파트에 대한 위탁관리계약이 종료됨에 따라 원고와 피고 사이의 근로관계 역시 종

료된 것으로 봐야 한다."고 판단한 반면 대상판결은 "사용자가 아파트의 위탁관리업무를 주요 사업으로 하는 회사로서 그 근로자와 사이에 근로자가 근무하는 아파트의 관리주체 등과 사용자 사이의 위탁관리계약이 해지될 때에 그 근로자와 사용자 사이의 근로계약도 자동 종료되는 것으로 한다고 약정하였다고 하여 그와 같은 해지사유를 근로관계의 자동소멸사유라고 할 수는 없다(대판 2009. 2. 12, 2007다62840 등 참조)."고 판단하였다.

원심법원과 대상판결의 이러한 해석의 차이는 대판 2009. 2. 12, 2007다62840이 판시한 "사용자가 어떤 사유의 발생을 당연퇴직 또는 면직 사유로 규정하고 그 절차를 통상의 해고나 징계해고와 달리한 경우에, 그 당연퇴직사유가 근로자의 사망이나 정년, 근로계약기간의 만료 등 근로관계의 자동소멸사유로 보이는 경우를 제외하고는 이에 따른 당연퇴직처분은 구 근로기준법(2007. 4. 11. 법률 제8372호로 전문 개정되기 전의 것) 제30조의 제한을 받는 해고이다."라는 판례법리의 적용범위에 대한 이해의 차이에서 비롯된 것으로 보인다. 원심판결이 이 사건의 경우 '사용자가 근로자를 필요한 곳에 파견하는 것을 주요 사업으로 하는 사안에 관한 대판 2009. 2. 12, 2007다62840의 사안과는 다르다'고 설시한 사실이 보여주듯, 원심법원은 위 2007다62840 판결이 주차관리 및 경비요원을 '파견'하는 사업을 하는 사용자에 관한 것임에 주목하여 위 판결을 '모집형 파견근로'에 관한 선례로 제한적으로 이해한 것으로 보인다. 반면 대상판결은 위 2007다62840 판결이 제시한 법리가 '파견'은 물론 아파트 위탁관리계약 등 도급계약 일반에 넓게 적용된다고 보아 "사용자가 아파트의 위탁관리업무를

주요 사업으로 하는 회사로서 그 근로자와 사이에, 근로자가 근무하는 아파트의 관리주체 등과 사용자 사이의 위탁관리계약이 해지될 때에 그 근로자와 사용자 사이의 근로계약도 자동 종료되는 것으로 한다고 약정하였다고 하여 그와 같은 해지사유를 근로관계의 자동소멸사유라고 할 수는 없다"고 판단한 것으로 이해된다. 근로계약의 자동종료의 정당성을 다투는 쟁송은 대부분 근로자는 근로관계의 종료를 희망하지 않았으나 근로계약에 기재된 조건의 성취로 근로관계가 종료된 사안이다. 사적자치의 원칙상 근로계약에도 자동종료 사유를 정할 수 있을 것이다. 그러나 해고의 정당성을 엄격히 통제하는 근로기준법 제23조 제1항의 취지를 고려할 때 사용자가 이러한 해고제한 조항을 회피하기 위하여 자동종료 사유를 정하였거나 사용자 자신이 감수하여야 할 경영상의 위험을 근로자에게 전가할 목적으로 자동종료 사유를 정한 경우에는 그 유효성을 인정하기 곤란할 것이다.

4. 평가

사용자 자신도 예측할 수 없는 경영상 위험의 발생을 근로계약의 자동종료 사유로 규정하는 방식으로 경영상 위험을 근로자에게까지 전가하는 것은 불합리하며, 이는 노무제공의 방식이 '모집형 파견근로'의 경우에든, 위탁관리계약이든 동일하다. 따라서 공동주택 위탁관리계약의 해지나 종료를 위탁관리업체와 경비원 간의 근로관계의 자동소멸사유로 정하는 것이 허용되지 않는다는 점을 명확히 하였다는 점에서 대상판결은 의미가 크다.

◆ 참고문헌

강희원, "용역계약의 해지가 근로관계의 자동소멸사유인가?", 『노동법학』 제36호, 한국노동법학회, 2010.
권오성, "아파트 위탁관리계약의 종료와 경비원의 당연퇴직", 『월간 노동리뷰』 통권 제157호, 한국노동연구원, 2018.
오세웅, "근로계약 상 자동 종료 사유의 해석", 『월간 노동법률』 통권 제323호, ㈜중앙경제사, 2018.

50. 근로계약의 취소

— 대법원 2017. 12. 22. 선고 2013다25194(본소),25200(반소) 판결(임금·손해배상(기)) —

노호창(호서대 법경찰행정학과)

I. 사실관계

근로자 甲(대상판결의 원고, 반소피고)은 이력서에 일부 허위경력을 기재한 것이 문제되어 乙회사(대상판결의 피고, 반소원고)로부터 2010. 9. 17.에 같은 달 30.까지만 근무할 것을 구두로 통보받고 해고되자 서울지방노동위원회(이하 '서울지노위')에 부당해고 구제신청을 하여 2010. 12. 28. 서면통지의무 위반으로 인한 부당해고임을 인정받았고 이에 대해 乙회사가 재심을 신청하였으나 중앙노동위원회(이하 '중노위')도 2011. 4. 4. 같은 이유로 재심신청을 기각하였다. 乙회사는 이 판정에 불복하여 행정소송을 제기하였다. 1심 서울행정법원은 乙회사가 2011. 9. 15. 폐업하여 구제이익이 없다는 이유로 2011. 12. 22. 중노위 재심판정을 취소하였으나 중노위 위원장이 항소하였다. 2심인 서울고등법원은 2012. 6. 21. '乙회사가 중노위 재심판정 이후 폐업하여 근로자와 회사 간의 근로관계가 종료하였더라도 그때까지의 서울지노위의 임금지급명령에 따른 임금지급의무는 여전히 유효'하므로 乙회사에게는 중노위의 재심판정 취소를 구할 법률상 이익이 인정되고 해고의 구두통보는 서면통지의무위반으로 무효라 하여 乙회사가 패소하였다. 이에 대해 乙회사가 상고하였고 2012. 10. 11. 대법원의 심리불속행 기각 판결로 항소심이 확정되었다.

그런데 근로자 甲은 이 사건 부당해고 구제절차 진행 중 중노위에서 2011. 4. 4. 서면통지의무위반을 이유로 한 부당해고가 인정되자 직후인 2011. 4. 29. 乙회사에서 퇴사하였고 이어 乙회사를 상대로 2011. 11. 4. 서울북부지방법원에 임금청구(해고 다음 날인 2010. 10. 1.부터 퇴직일인 2011. 4. 29.까지의 임금 2,100만원)의 소를 제기하였다. 乙회사는 2012. 5. 3. 반소로써 이 사건 근로계약의 취소 의사를 표시하고 기존에 지급한 임금의 반환과 손해배상을 청구하였다. 1심에서는 乙회사의 근로계약 취소와 그 소급효를 인정하였으나 그로 인해 근로자 甲과 乙회사가 얻은 부당이득은 그 액수에 있어 서로 동일하다고 보아 2012. 9. 14. 근로자 甲의 본소와 乙회사의 반소 모두 기각되었고 이에 근로자만 항소하였다. 2심은 乙회사의 이 사건 근로계약의 취소를 받아들였지만 근로자 甲이 실제 노무제공을 한 2010. 9. 30.까지의 임금청구만 받아들이고 회사의 해고 통지 이후에 실제 노무제공을 하지 않은 2010. 10. 1.부터 퇴사일(2011. 4. 29.)까지의 임금청구는 받아들이지 않았다. 이에 근로자 甲이 상고하였다.

II. 판결의 내용

대상판결은 "원고의 기망으로 체결된 이 사건 근로계약은 그 하자의 정도나 원고의 근무기간 등에 비추어 하자가 치유되었거나 계약의 취소가 부당하다고 볼 만한 특별한 사정이 없는 한, 피고의 취소의 의사표시가 담긴 반소장 부본의 송달로써 적법하게 취소되었다고 봄이 상당하다. 그러나 그 취소의 소급효가 제한되어 이 사건 근로계약은 취소의 의사표시가 담긴 반소장 부본 송달 이후의 장래에 관하여만 그 효력이 소멸할 뿐 위 반소장 부본이 원고에게 송달되기 이전의 법률관계는 여전히 유효하다고 보아야 한다. 그럼에도 이와 달리 원심은, 이 사건 근로계약이 원고의 기망으로 체결된 것으로서 피고의 취소의 의사표시에 의해 적법하게 취소되었고 그 취소로 인해 장래에 관하여만 계약의 효력이 소멸할 뿐이라고 하면서도, 이는 근로자가 현실적으로 노무를 제공한 경우에 한하는 것이고 현실적으로 노무를 제공하지 않은 기간에 대하여는 소급적으로 계약의 효력이 소멸한다는 그릇된 전제에서 원고에 대한 해고 통지 이후로서 위 취소의 의사표시 이전의 부당해고 기간 동안에는 현실적인 노무의 제공이 없었다는 이유만으로 위 기간에 대하여는 소급적으로 계약의 효력이 소멸하여 근로관계의 존속을 전제로 한 임금 지급을 구할 수 없다고 판단하였다. 이러한 원심 판단에는 근로계약 취소의 소급효에 관한 법리를 오해하여 판결에 영향을 미친 잘못이 있다."고 판시하였다. 즉 대상판결은, 이 사건 근로계약의 취소가 가능하기는 하지만 그 의사표시 이후 장래를 향해서만 근로계약의 효력을 소멸시킬 수 있다고 보아 원심이 취소의 소급효를 일부 인정하여 근로자 甲의 해고 이후의 임금청구(해고로 인하여 노무제공을 하지 못한 부분)까지 기각한 것은 위법하다고 본 것이다.

III. 해설

1. 쟁점의 정리

사안에서는, 원고가 부당해고 기간 동안에 실제로 근로를 제공한 바는 없었기 때문에 만일 피고 측에서 사기에 의한 의사표시 취소 규정(민법 §110 ①)에 근거하여 근로계약을 취소한 경우, 근로관계 계속은 의제되지만 실제 근로제공은 없었던 부당해고 기간 동안의 미지급 임금에 대해서도 사용자의 지급의무가 소급적으로 소멸하는 것인지가 문제된다.

다음으로 취소라는 의사표시를 통해 근로관계를 종료시키는 것이 해고로 포섭될 수 있는가도 문제가 된다.

2. 취소의 소급효 제한 여부에 관한 견해 대립

대상판결의 사안에서 실제 노무제공이 없었던 기간(2010.10.1.~2011.4.29.)에 대해서 취소의 소급효를 인정하는 것이 타당하다는 견해가 주장될 수 있다. 이러한 견해의 근거로는 경력사칭의 기망행위를 한 자에게 공정성에 반하는 부당한 이득을 줄 이유가 없다는 것이라든가(김형배) 노무제공이 없었던 기간은 근로관계의 소급적 청산이 실제로 문제되지 않는다는 점에서 소급효가 제한될 필요성이 크지 않다는 것(권오성)이 주장될 수 있다.

반면에 실제 노무제공이 없었던 기간에 대해서 취소의 소급효를 부정하는 것이 타당하다는 견해도 주장될 수 있다. 이러한 견해의 근거로는 근로자의 임금청구권이 근로계약의 취소 이전에 이미 발생하였다는 것(하경효), 근로자가 노무제공을 못했던 것이 사용자의 부당해고와 그 귀책사유에 따른 수령지체 때문이라는 것(강선희), 기존의 부당해고를 인정한 판결의 효력에 따른 임금지급의무를 사후에 개인의 의사표시인 취소의 소급효를 통해 뒤바꾸는 것은 모순이라는 것(노호창)이 주장될 수 있다.

3. 근로계약의 취소를 해고로 포섭할 수 있는지 여부에 대한 견해 대립

우선 사용자에 의한 근로계약의 취소는 근로자의 의사에 반해 사용자가 일방적 의사로 행한 근로계약의 종료이므로 해고로 보아야 한다는 견해가 있다(강선희). 따라서 노동법상 해고제한 법리가 적용되고 대상판결의 사안에서 근로계약 취소 통지는 서면에 의한 해고통지로 해석될 수 있다고 한다.

반면에, 근로계약의 취소는 해고와 구별되는 별개의 것이라는 전제에서 근로계약의 취소는 해고로 포섭되어서는 안 되고 병존한다는 견해가 있다(하경효, 김형배). 그런 견지에서 경력사칭은 해고의 정당한 사유가 아니라 근로계약의 취소 사유로 다루어져야 한다고 강조하기도 하였다(하경효).

4. 평가

근로관계에서 근로계약 취소의 소급효를 인정하는 경우 예기치 못한 불합리가 발생한다는 점을 고려하여, 종전의 해고가 부당해고로 확정된 만큼, 해고 시점과 사용자의 근로계약 취소의 의사표시 도달 시점 사이의 기간 동안 실제로 근로제공은 없었더라도 근로관계는 유지되고 있었던 것이므로, 근로관계의 종료는 취

소의 의사표시 이후에만 인정될 수 있다는 전제에서 부당해고 기간 중의 임금에 대한 사용자의 지급책임이 인정된다는 대상판결의 입장은 민사상 계약 취소의 법리와 근로관계의 특수성을 함께 고려한 판단으로 보인다.

그런데 대상판결에서는 기망행위(사기)에 따른 법률행위의 취소(민법 §110 ①)를 통상적 관점에서 검토한 것이 아니라 '하자의 정도를 평가하였고 기망으로 인한 근로계약 체결 이후의 사정(근무기간)을 검토하였으며 하자가 치유되었거나 계약의 취소가 부당하다고 볼 만한 특별한 사정을 고려하였다'는 점을 주목할 필요가 있다. 민법상의 사기 취소는 사기로 인해 계약체결이 이루어지는 것으로 족하기 때문이다. 물론 대상판결이 근로계약의 취소에 있어서 민법상 취소의 요건과 효과를 검토하는 것처럼 읽히는 점을 부정하기는 어렵다. 그러나 근로계약 체결 이후의 사정을 고려하고 있는 점, 하자의 정도를 고려하고 있는 점, 계약의 취소가 부당하다고 볼 만한 특별한 사정을 고려하고 있는 점 등은 민법상 사기를 이유로 한 취소와는 다른 점이다. 이미 우리 판례는 "근로자가 학력을 은폐하거나 사칭하여 입사한 경우라도 그와 같은 학력의 은폐나 사칭이 사용자의 근로자에 대한 신뢰관계나 기업질서 유지 등에 영향을 주는 것"이어야 함을 요구하고 있는데(대판 1986. 10. 28, 85누851) 이는 상당 기간 성실하게 근무한 근로자가 후에 경력사칭이 드러난 경우 또는 경력사칭이 업무관련성이 없는 경우 등에는 해고사유, 심지어는 취소사유로도 삼지 못하도록 하기 위한 것으로 보는 것이라고 생각한다. 또한 판례는 오랫동안 '취업규칙 등 규정에 따른 것이든 법률행위에 의한 것이든 사용자에 의해 근로자의 의사와 무

관하게 일방적으로 근로관계를 종료시키는 것'을 해고로 판단해왔고 사용자가 증명해야 하는 해고의 정당한 사유에 대해서 '사회통념상 고용관계를 계속할 수 없을 정도로 근로자에게 책임있는 사유가 있는 경우에 행하여져야 정당성이 있는 것'이라는 전제에서 '사용자의 사업 목적과 성격, 사업장의 여건, 근로자의 지위 및 직무의 내용, 비위행위의 동기와 경위, 이로 인한 기업의 위계질서가 문란하게 될 위험성 등 기업질서에 미칠 영향, 과거의 근무태도 등' 여러 가지 사정을 '종합적으로' 고려할 것을 요구해왔다.

대상판결이 언급한 하자의 정도, 근로자의 근무기간, 계약의 취소가 부당하다고 볼 만한 특별한 사정을 고려하고 있는 것 등은 해고의 정당한 사유를 검토하는 것과 다르지 않다. 또한 근로계약의 취소라는 것이 사용자의 일방적 의사표시에 의해 근로자의 의사와 무관하게 근로관계를 종료시키는 행위이므로 우리 판례가 이해하고 있는 '해고'의 개념에 정확히 일치한다. 결론적으로 대상판결은 근로계약의 취소도 노동법상 해고제한의 법리 속에서 이해하고 있다고 판단한다.

5. 보론

근로계약의 취소를 해고로 포섭하지 않는다면, 민법만 관여하게 되고 노동법이 배제되므로 다음과 같은 난점이 발생한다. 첫째, 근로계약의 취소와 해고가 별개로 취급되므로, 소송물이 '근로계약 취소에 따른 부당이득 반환등'과 '부당해고'로 서로 다르게 되어 분쟁이 반복될 것이다. 둘째, 징계(해고) 사유가 여러 가지 있을 때 그중 경력·학력사칭에 대해서는 근로관계 시작 이전의 사유라는 이유로 취소를 인정하고 나머지 사유에 대해서만 징계(해고) 사유로 인정하는 것도 가능하게 되어 징계절차와 소송절차가 뒤엉키게 되어 분쟁이 장기화된다. 마지막으로, 해고를 당했다면 노동위원회의 구제를 받을 수 있는데도 근로계약 취소라는 이유로 근로자지위확인을 구하는 민사소송만 가능하다고 한다면 해고의 정당성 심사를 받는 것도 어려울 수 있게 되어, 결국 근로계약의 취소는 노동법 회피 방식이 될 위험성이 있다.

참고문헌

권오성, "근로계약의 취소와 소급효의 제한 – 대법원 2017. 12. 22. 선고 2013다25194(본소), 2013다25200(반소) 판결을 소재로 –", 『노동법포럼』 제23호, 노동법이론실무학회, 2018.
김형배, "경력사칭(기망행위)과 근로계약 취소의 소급효", 『노동법논총』 제42호, 한국비교노동법학회, 2018.
노호창, "부당해고 확정 후 사용자에 의해 행해진 근로계약 취소의 법률효과", 『노동법학』 제65호, 2018.
신권철, "근로계약의 무효·취소와 해고의 쟁점 – 판례를 중심으로 –", 『노동법연구』 제47호, 서울대학교노동법연구회, 2019.
하경효, "근로계약의 취소와 소급효제한의 내용", 『노동법률』 2018년 2월호, 중앙경제사, 2018.2.

51. 노동위원회 구제명령의 효력

– 대법원 2006. 11. 23. 선고 2006다49901 판결(해고무효확인및임금) –

심재진(서강대 법학전문대학원)

I. 사실관계

피고(Y)는 택시운송업을 하는 회사이고, 원고인 X1과 X2는 Y 소속 택시 운전기사로 근무하고 있었다. Y는 X1에 대하여 2003. 3. 31. 징계위원회를 개최하여 ① 20여일이 넘는 무단결근, ② 교통사고로 회사에 손해를 입힌 점, ③ 사고차량을 수리할 때 지정수리업체가 아닌 다른 업체에 의뢰하면서 이 업체에 1백만원을 요구한 점, ④ Y 및 Y의 대표이사에 대한 허위사실 유포, ⑤ 승무시 난폭 운전과 여학생에 대한 폭언을 하였다는 이유로 징계해고하였다. 또한 Y는 X2에 대해서는 입사 후 수습기간 중에 회사에 매일 납부할 사납금 68만 8천원을 납부하지 않고 유용(횡령)하여 회사경영에 막대한 지장을 초래했다는 이유로 2003. 4. 7. 별도의 절차 없이 면직처리하였다.

X1과 X2는 노동위원회에 부당해고 및 부당노동행위 구제신청을 하였고, 노동위원회는 징계 종류 중 가장 무거운 처분인 해고를 한 것이 재량권남용이라는 이유로 부당해고 결정을 하였으나 부당노동행위에 대하여는 기각결정을 내렸다. 이에 대한 재심사건에서 중앙노동위원회는 위 초심결정 중 부당해고 부분은 유지하고, 부당노동행위 부분을 취소하여 X1과 X2에 대한 해고가 부당노동행위라고 결정하였다. 이에 대해 Y는 행정소송을 제기하지 아니하여 중

앙노동위원회의 결정은 2004. 5.경 확정되었다. 그 이후 X1과 X2는 Y를 상대로 해고무효확인 및 임금지급 청구소송을 제기하였다. 이 사건의 제1심 법원은 원고들의 청구를 기각하였고(의정부지판 2005. 10. 6, 2004가합5287), 원고들은 다시 항소하였으나 이 사건 원심법원은 X1과 X2의 청구를 기각하였다(서울고판 2006. 6. 23, 2005나101781).

이 사건에서 X1과 X2는 해고에 대해 절차적 및 실체적 정당성이 없다고 주장하면서 동시에 Y가 원고들에 대한 해고의 정당성을 다투는 것이 신의칙이나 금반언의 원칙에 반하여 허용될 수 없다고 주장하였다. 그 이유로 원고들은 Y가 노동위원회 결정에 승복하고 행정소송을 제기하지 아니하여 노동위원회의 결정이 확정된 사정을 들었다. 이 사건 원심은 이러한 주장을 노동위원회 판정의 공법상의 효력을 들어 이유가 없다고 배척하였다. 이에 원고들은 이 점을 상고이유 중의 하나로 제기하였다.

II. 판결의 내용

대상판결은 원고들의 상고이유에 대해 별다른 이유 설명 없이 원심판단을 그대로 인정하고 있다. 즉 대상판결은 '노동위원회의 사용자에 대한 구제명령은 사용자에게 이에 복종하여야 할 공법상의 의무를 부담시킬 뿐, 직접 노사

간의 사법상의 법률관계를 발생 또는 변경시키는 것은 아니'라고 하면서, 이러한 이유 때문에 '노동위원회로부터 부당해고라는 구제명령이 있었고 이것이 확정되었다는 사정만으로 새로이 제기된 민사소송에서 사용자가 이를 다투는 것이 신의칙이나 금반언의 원칙에 반하여 허용될 수 없는 것이라고 하기 어렵다'는 원심의 결정을 그대로 옮기면서 이를 인정하고 있다.

Ⅲ. 해설

1. 대상판결의 의의

해고에 관한 노동위원회의 판정은 해고 등의 당부에 관한 판단이다. 그럼에도 불구하고 대법원은 노동위원회의 판정이 근로자와 사용자간의 사법상 법률관계를 발생 또는 변경시키는 않는다고 본다. 왜냐하면 대법원이 보는 바에 따르면 그 실체적 내용에 관계없이 구제명령은 행정기관인 노동위원회가 사용자에게 공법상의 의무를 부담시키는 형식을 취하고 있기 때문이다. 따라서 노동위원회의 구제명령은 해당 근로자와 사용자의 사법상의 근로계약관계를 변동시키는 데에는 영향을 주지 못하는 것이다. 동일한 취지에서 부당해고에 대한 근로자의 구제신청(혹은 재심신청)을 기각한 노동위원회의 결정도 해고 등이 유효하여 근로자와 사용자의 사법상의 근로계약관계가 없는 것으로 확정짓지 못한다.

그리고 이러한 법원의 판례법리는 구제명령의 확정이나 기각이 행정소송 단계에서 이루어지더라도 동일하게 적용된다. 대법원은 부당해고에 해당하지 않아 구제신청을 기각한 노동위원회 결정에 대해 근로자가 제기한 행정소송에서 패소판결을 선고받아 그 판결이 확정된 이

후에 근로자가 제기한 해고무효확인 소송(대판 2011. 3. 24, 2010다21962)에서 이를 확인하였다. 즉 대법원은 위와 같이 그 판결이 확정되었다고 하더라도 "이는 재심판정이 적법하여 사용자가 구제명령에 따른 공법상의 의무를 부담하지 않는다는 점을 확정하는 것일 뿐 해고가 유효하다거나 근로자와 사용자 간의 사법상 법률관계에 변동을 가져오는 것이 아니"라고 설시하였다. 이러한 점에 근거하여 대법원은 이 사건의 근로자가 해고의 무효 확인을 구할 소의 이익이 있다고 보았다.

2. 민사판결의 우위성

이처럼 동일한 사건에 대한 선행의 확정 노동위원회 판정은 그것이 행정소송에서 확정된 경우라도 후행의 해고무효확인 등의 민사소송에 영향을 주지 못하지만, 반대로 선행의 해고무효확인 등의 확정 민사소송판결은 후행의 노동위원회의 판정에 영향을 준다. 즉 대법원은 부당해고에 대한 노동위원회 구제절차가 진행 중에 근로자가 별도로 사용자를 상대로 같은 사유로 해고무효확인청구의 소를 제기하여 청구가 이유 없다 하여 기각판결을 선고받아 확정되면, 더 이상 구제절차를 유지할 필요가 없게 되어 구제이익이 소멸한다고 본다(대판 1992. 7. 28, 92누6099). 또한 이러한 경우에 근로자의 부당노동행위구제신청을 기각한 지방노동위원회의 결정을 유지하여 재심신청을 기각하거나 구제명령을 발한 지방노동위원회의 결정을 취소하여 구제신청을 기각하는 내용의 중앙노동위원회의 재심판정의 취소를 구하는 소송은 그 소의 이익이 없다(대판 1996. 4. 23, 95누6151).

이러한 대법원의 판결들까지 종합적으로 고려하면, 노동위원회의 판정에 대해 그 효력을

공법영역에 국한하여 보는, 평석대상 사건에서의 판례 법리는 부당해고 등과 관련해서 공법과 사법의 구제방식을 구분하여 각각의 영역에서 독립적으로 구제를 실현하려는 취지가 아님을 알 수 있다. 이 사건의 판례법리는 민사재판에서 해고에 대해 확정판결이 난 경우 근로자가 제기한 구제절차에서 구제이익이나 소의 이익을 부정하여 공법상의 구제를 원천적으로 차단하면서, 그 반대의 경우는 허용함으로써 해고 등의 고용관계에 대한 행정적 구제제도에 대해서 민사판결의 우위성을 확인하는 법리의 일부라고 볼 수 있다.

3. 문제점

부당해고 등에 대한 노동위원회의 결정이 그 내용은 사법적 관계인, 근로자와 사용자간의 고용관계에 대한 것이면서도 그 형식은 행정기관의 행정처분이어서 대법원이 그 결정의 효력을 민사법원의 판결의 효력보다 하위에 두는 것으로 보면 위의 판례 법리는 그런 면에서 이해가 될 수 있다. 그리고 노동위원회의 판정이 행정소송 단계에서 확정되었다고 하더라도 여전히 이러한 판례법리를 적용하는 것은 그 취지에서 보면 논리필연적이다.

그럼에도 불구하고 위의 판례법리는 현실에서 중요한 문제점을 드러낸다. 우선 근로자가 부당해고 등에 대해 노동위원회에 대한 구제신청을 하고 중앙노동위원회의 재심판정에 대해 행정소송을 제기한 경우 분쟁의 해결이 상당히 장기화될 수 있다는 점이 문제이다. 앞서 언급한 사건(대판 2011. 3. 24, 2010다21962)도 근로자가 중앙노동위원회의 재심판정에 대해서 행정소송을 제기하였으나 기각되어 항소하였으나 다시 기각되어 대법원에까지 상고하여 기각

되어 재심판정이 확정된 이후에 다시 민사상의 해고무효확인소송을 제기한 것이다. 결국 이 사건의 분쟁해결은 1999년의 노동위원회 구제신청시점부터 보면 12년, 2000년 행정소송의 시점으로부터는 11년이 걸리게 된 셈이다. 그러한 면에서 이와 같은 상황은 노동위원회를 통해 신속하게 해고 등의 사건을 해결한다는 입법취지를 무색하게 한다.

근로자의 권리구제를 위해 이것이 바람직할 수도 있다는 의견이 있을 수 있으나 사용자도 동일하게 노동위원회의 확정된 구제명령에 대해서 민사소송을 제기할 수 있기 때문에 근로자의 권리구제로만 좁혀서 초장기적인 분쟁을 긍정적으로 보는 것은 타당하지 않다.

다음으로 대법원의 이러한 법리는 동일한 사건에 대하여 노동위원회를 통한 부당해고 구제절차를 먼저 제기하고, 이 절차의 진행 중에 해고와 관련한 민사소송을 제기하는 경우 그 결과가 모순되어 나타나게 될 수 있는 문제점이 있다. 이 평석대상사건에서 사용자 Y는 확정된 구제명령의 위반으로 처벌을 받게 되었지만, 후행의 해고무효 확인 등의 민사소송에서의 대법원의 판정에 의해 원고들을 원직에 복직시켜야할 의무가 없고 당연히 해고기간의 임금에 대해서 지급할 의무도 없게 되었다. 이 평석대상 사건은 행정소송 단계에까지 가지 않았지만, 행정소송 이후의 단계에서 재심판정이 확정되는 경우, 해고 등이 유효한 것인지에 대해 법원간의 모순된 판결이 허용될 수 있다. 실제로 위에서 언급한 사건(대판 2011. 3. 24, 2010다21962)의 원심은 행정소송에서 부당해고가 아니라는 행정법원의 판단과는 달리 부당해고에 해당한다고 판시한 바 있다(서울고판 2010. 2. 5, 2007나49139). 이와 같은 모순된 판결이 허

용되면 법원판단의 신뢰성을 훼손할 수 있다.

셋째로 대법원 판례법리는 노동위원회의 구제명령에 대해 실효성을 제고하기 위하여 도입된 법제도의 입법취지에도 배치된다. 특히 부당해고 등에 대한 이행강제금제도는 구제명령의 실효성을 강화하기 위해 비교적 최근에 도입된 제도들이다. 이러한 제도에 따라 노동위원회가 이행강제금까지 부과하였음에도 불구하고, 현행 판례법리는 예를 들어 사용자에게 해고 등이 부당하다는 것을 전제로 관련 확정 구제명령을 무시하고 민사상의 최종적인 판단을 다시구할 수 있는 기회를 부여하여 그 구제명령의 실효성을 약화시킬 수 있는 것이다.

4. 변화의 필요

위와 같은 판례법리가 형성된 것은 대법원이 노동위원회의 기능과 목적 그 취지를 충분히 고려하지 못했기 때문이다. 노동위원회는 해고 등과 관련하여 그 분쟁을 신속하고 비용이 들지 않는 방식으로 처리하기 위해 만들어진 행정기관이다. 이러한 노동위원회의 기능, 목적, 취지를 충분히 실현하는 방향으로 판례법리

의 전환이 필요할 것이다. 또한 노동위원회는 행정기관이면서도 준사법적 기능을 담당하여, 근로자와 사용자의 사법상의 권리관계를 실체적으로 판단하고, 노동위원회의 결정에 대한 행정소송도 동일하게 판단한다는 점을 고려하여야 한다.

그렇기 때문에 행정소송 이전 단계에서 확정된 노동위원회의 판정에 대해서는 그러할 수 없을지라도 행정소송 단계에서 확정된 노동위원회의 판정에 대해서는 그것이 사법상의 권리관계에 대한 법원의 실체적 판단이라는 점을 반영하는 방식으로 판례법리가 변화될 필요가 있다. 즉 대법원은 해고 등에 대한 후행 민사재판에서 예를 들어 소의 이익 부정, 선확정판결의 증명력 인정 등의 방법을 사용하여 행정소송단계에서 확정된, 선행의 노동위원회의 판정과의 모순된 판단을 방지하여야 한다(김홍영, 224-233쪽).

◆◆ 참고문헌

김홍영, "부당해고재심판정취소소송 판결과 해고무효확인소송 판결 간의 모순된 판단의 방지", 『노동법학』 제36호, 한국노동법학회, 2010.

52. 부당해고 구제절차와 소의 이익

– 대법원 2020. 2. 20. 선고 2019두52386 전원합의체 판결(부당해고구제재심판정취소) –

강선희(경기지방노동위원회)

Ⅰ. 사실관계

근로자(X)는 기간의 정함이 없는 근로계약을 체결하고 근무하던 중 2016. 12.경 사용자로부터 무단외출 등의 사유로 징계해고를 통보받고 서울지노위에 구제신청을 하였고, 그 후 근기법 제30조 제3항에 따라 원직복직 대신 임금 상당액 이상의 금품지급명령('금품지급명령' 내지 '금전보상명령')을 구하는 것으로 신청취지를 변경하였다. X의 부당해고 구제신청은 서울지노위 및 중노위에서 정당한 이유가 있다고 기각되었고, 이에 불복하여 서울행정법원에 재심판정 취소를 구하는 소를 제기하였는데 소송이 진행되던 중 적법한 절차를 거쳐 신설된 정년(만 60세)의 시행일인 2017. 10. 1. X는 정년이 되어 당연퇴직하였다. 이에 서울행정법원은 기존 대법원 판례를 좇아 해고의 효력을 다투던 중 정년에 도달하여 근로관계가 종료되었으므로 원직에 복직하는 것이 불가능하게 되어 소의 이익이 없다고 각하하였고, X가 항소하였으나 서울고등법원도 서울행정법원과 같은 취지로 기각하였다. 이에 대해 X가 상고하였고, 대법원 전원합의체는 아래와 같은 판결 내용으로 기존 대법원 판결을 변경하면서 원심 판결을 파기한 후 사건을 서울행정법원으로 환송하였다.

Ⅱ. 판결의 내용

부당해고 구제명령제도에 관한 근로기준법의 규정 내용과 목적 및 취지, 임금 상당액 구제명령의 의의 및 그 법적 효과 등을 종합적으로 고려하면, 근로자가 부당해고 구제신청을 하여 해고의 효력을 다투던 중 정년에 이르거나 근로계약기간이 만료하는 등의 사유로 원직에 복직하는 것이 불가능하게 된 경우도 해고기간 중의 임금 상당액을 지급받을 필요가 있다면 임금 상당액 지급의 구제명령을 받을 이익이 유지되므로 구제신청을 기각한 중앙노동위원회의 재심판정을 다툴 소의 이익이 있다고 보아야 한다.

Ⅲ. 해설

1. 부당해고 구제신청의 구제이익과 소의 이익 및 쟁점

근로자(또는 노동조합)가 사용자로부터 부당해고등을 당하여 노동위원회에 구제를 신청하는 경우 구제신청의 이익이 있어야 하고, 중노위의 재심판정에 불복하여 행정소송을 제기하는 경우 재심판정의 취소를 구할 소의 이익이 있어야 한다. 이와 같은 구제이익 및 소의 이익을 좁은 의미의 구제신청의 요건 및 소송요건으로 파악하고 있다. 구제이익(구제신청의 이익)이란 부당해고나 부당노동행위 등에 관하여 노동위원회의 공권적 판단(구제명령)을 구하기 위하여 가지고 있어야 하는 구체적 이익 내지 필요를 말하고, 소의 이익이란 중앙노동위원회의 재심판정에 대하여 행정소송을 제기한 경우 재심의 명령이나 처분의 취소를 구할 법률상 이익을 말한다. 근기법 및 노조법은 근로자 또는 노동조합이 노동위원회에 구제를 신청할 수 있다고 정하였을 뿐 구제신청의 이익이 구체적으로 무엇인지에 대해 정하고 있지 않다(근기법 §28, 노조법 §82). 한편 노동위원회의 부당해고등 구제 재심판정 취소소송은 행정쟁송으로서의 보편성을 가지므로 행정소송에서의 소의 이익에 관한 일반 법리가 적용되는데, 행정소송법은 제13조에 취소소송은 '처분의 취소를 구할 법률상 이익'이 있는 자가 제기할 수 있다고 정하고, 노동위원회규칙 제60조 제1항은 '신청하는 구제의 내용이 법령상이나 사실상 실현할 수 없거나 신청의 이익이 없음이 명백한 경우'에 '각하'하도록 정하였다. 여기서 '법률상 이익'이란 당해 처분의 근거 법률에 의하여 보호되는 직접적이고 구체적인 이익이 있는 경우를 말하며, 간접적이거나 사실적·경제적 이해관계를 가지는 데 불과한 경우는 포함되지 않는다(대판 2001. 9. 28, 99두8565 등).

노동위원회가 부당해고라고 판단하면 사용자에게 근로자를 원직에 복직시키라는 명령(원직복직명령)과 더불어 해고기간에 정상적으로 근로하였다면 받을 수 있었던 임금 상당액을 지급하라는 명령(임금 상당액 지급명령)을 하게 된다. 그런데 근로자가 대상판결의 사안과 같이 부당해고 구제신청을 하여 해고의 효력을 다투던 중 정년 등의 사정으로 근로관계가 종료되는 경우 근로자가 더 이상 원직에 복직하

는 것이 불가능하게 되기 때문에 노동위원회는 원직복직명령을 내릴 수 없거나 재심이나 행정소송에서 원직복직명령을 유지할 필요가 없게 되는 경우가 더러 발생한다. 이러한 경우 원직복직명령이나 재심판정을 취소하더라도 원상회복이 불가능하므로 원직복직의 구제명령을 구할 이익 및 재심판정의 취소를 구할 이익이 없게 된다. 이와 같은 위법한 재심판정의 취소를 구하는 소는 그 재심판정에 의해 발생한 위법 상태를 배제하여 원상으로 회복시키고, 그 재심판정으로 침해되거나 방해받은 법률상 이익을 보호·구제하고자 하는 소송이기 때문이다(대판 1995. 7. 11, 95누4568 등). 그러나 여기서 근로관계가 적법하게 종료되어 원직복직명령을 구하거나 유지할 수는 없어도 부당해고기간에 받지 못한 임금 상당액을 구할 독자적 구제이익이 있는지를 두고 그간 논란이 되었다.

2. 종전 판결의 한계와 대상판결의 의의

종전 판례는 "근로자가 부당해고 구제신청을 하여 해고의 효력을 다투던 중 근로계약기간의 만료로 근로관계가 종료하였다면 근로자로서는 해고기간 중의 지급받지 못한 임금을 지급받기 위한 필요가 있다고 하더라도 이는 임금청구소송 등 민사소송절차를 통하여 해결될 수 있다."라는 이유를 들어 임금 상당액 지급명령의 독자적 구제이익을 부정하였다(대판 2012. 7. 26, 2012두3484 등). 이러한 가운데 2007년 근기법 제30조 제3항의 금품지급명령(금전보상명령)제도의 도입으로 다시금 임금 상당액 지급명령을 구할 독자적 구제이익이 있다는 주장에 힘이 실리면서 노동위원회 및 하급심을 중심으로 부당해고를 당한 때로부터 계약기간 만료 시까지 임금 상당액 지급명령 및 금전보상명령

을 하였으나 종전 판례에 번번이 가로막혀 패소하거나 취소되었다. 이로 인해 기간제근로자 등이 노동위원회 구제절차를 사실상 이용하지 못하는 불합리한 결과를 낳을 뿐만 아니라 사용자가 근로계약기간 중 부당해고를 하더라도 어떠한 법적 책임을 부담하지 않음으로써 사실상 사용자의 부당해고를 용인해주는 결과를 초래하여 비정규 고용이 남용될 수 있는 여지를 제공한다는 비판이 있었다(강선희, 89쪽). 아울러 앞선 사례와 같이 원직복직명령이 계약기간 만료 등의 사정변경으로 이행불가능하게 되어 원직복직명령이 실효되더라도 사용자는 임금 상당액의 지급명령을 포함하는 노동위원회의 결정에 따를 공법상의 의무를 부담하므로 사용자로서는 그 의무를 면하기 위하여 재심판정의 취소를 구할 법률상 이익 및 재심신청의 이익이 언제나 있다고 본 판례(대판 1993. 4. 27, 92누13196 등)의 견해에 비추어 근로자와 사용자 사이에 소송수단에 있어 형평에 맞지 않다는 비판도 있다(유성재, 90쪽). 이러한 비판에도 판례의 입장에 변화가 없자 여러 차례 입법적 개선을 제기하거나 시도하였고, 이러한 시도가 결실을 보지 못하고 있는 사이 대법원은 전원합의체 판결을 통해 스스로 자신의 견해를 변경함으로써 바로잡았다. 그간 대법원이 갱신기대권 법리를 통해 기간제근로자의 근로계약기간 만료에 대해 해고제한 법리를 유추적용하였다면, 대상판결은 계약기간 중의 부당해고에 대한 임금 상당액 지급명령 및 금전보상명령의 독자적 구제이익을 인정함으로써 실질적으로 해고제한법(근기법 §30 ①)이 작동할 수 있도록 길을 열었다는 점에 큰 의의가 있다.

3. 임금 상당액 지급명령(금품지급명령)의 독자적 이익을 인정하는 논거

첫째, 부당해고 구제명령제도는 '부당한 해고를 당한 근로자에 대한 원상회복, 즉 근로자가 부당해고를 당하지 않았다면 향유할 법적 지위와 이익의 회복을 위해 도입된 제도'이므로 근로자 지위의 회복뿐만 아니라 (원직에 복직하는 것이 불가능하더라도) 해고기간 중의 임금 상당액을 지급받도록 하는 것도 부당해고 구제명령제도의 목적에 포함된다.

둘째, 원직복직명령은 장래의 근로관계에 대한 조치이고, 해고기간 중의 임금 상당액 지급명령은 과거 해고기간 중의 근로관계의 불확실성에 따른 법률관계를 정리하기 위한 것으로 서로 목적과 효과가 다르기 때문에 원직복직이 가능한 근로자에 한정하여 임금 상당액을 지급받도록 할 것은 아니다.

셋째, 노동위원회의 구제명령은 이행강제금(근기법 §33)과 형사처벌(근기법 §111)을 통해 간접적인 강제력을 가지므로 근로자가 해고기간 중의 미지급 임금과 관련하여 강제력 있는 구제명령을 얻을 이익이 있고, 따라서 근로자가 구제명령을 얻기 위해 재심판정의 취소를 구할 이익도 인정된다.

넷째, 해고기간 중의 임금 상당액을 지급받기 위하여 민사소송을 제기할 수 있다는 사정이 소의 이익 내지 구제이익을 부정할 이유가 되지 않는다. 오히려 민사소송과 별개로 신속·간이한 구제절차 및 이에 따른 행정소송을 통해 임금 상당액의 손실을 회복할 수 있도록 한 것이 부당해고 구제명령제도의 취지에 부합한다.

다섯째, 종전 판결은 금품지급명령 제도를 도입한 근로기준법 개정 취지에 맞지 않고, 기간제근로자의 실효적이고 직접적인 권리구제를 사실상 부정하는 결과가 되어 부당하다. 원직복직을 전제로 하지 않는 구제수단을 제도적으로 도입한 점에 비추어 보면 원직복직이 불가능한 경우에도 소의 이익을 인정하여 근로자가 구제받을 수 있는 기회를 주는 것이 타당하다.

4. 대상판결의 적용 대상 및 확대 해석의 가능성 등

대상판결은 원직복직이 불가능하게 된 경우를 "해고의 효력을 다투던 중 '사직'하거나 '정년'에 도달하거나 '근로계약기간이 만료'하는 등의 이유로 근로관계가 종료한 경우"를 들고 있으므로 이에 대해서는 다툼의 여지가 없다. 따라서 임금 상당액 지급명령(금품지급명령)은 해고일로부터 근로관계 종료일(정년 내지 근로계약기간 만료일)까지이다. 대상판결로 변경된 종전 판례 모두 해고의 효력을 다투던 중 근로계약기간의 만료와 임기 만료로 근로관계가 종료된 사안이다. 대상판결이 '사직'을 언급하고 있어 위와 같은 법리를 적용할 수 있다고 보이는데 적어도 '해고의 효력을 다투던 중 해고의 정당성 여부에 대해 판정 및 판결에 맡기고 장래를 향해 사직'한 때에 한정하여 구제이익이 있는지를 종합적으로 판단하여야 한다. 노동위원회에 부당해고 구제신청을 제기하기 전에 근로자가 자의로 사직하거나 해고의 효력을 다투던 중 해고일로 소급하여 사직하였다면 구제받을 권리를 포기하거나 해고의 수용 또는 합의해지로 근로관계가 종료되었다고 볼 여지가 있기 때문이다. 해고의 효력을 다투던 중 '폐업'된 경우에는 유기적 조직체로서 사업(장)이 존재하지 않으므로 원직복직명령은 사실상 실현

할 수 없을 것이나 위 근로계약기간 만료 등과 마찬가지로 해고일로부터 사실상 폐업으로 인해 원직복직이 불가능하게 된 때까지 임금 상당액의 지급을 구할 이익이 있다. 다만 해고가 없었다면 사실상 근로를 제공할 수 있었는지, 그 기간이 어느 정도인지 등을 종합적으로 판단하여야 한다. 한편 징계 및 인사명령의 정당성 여부를 다투던 중 위와 같은 원인 내지 적법한 해고로 근로관계가 종료된 경우에도 부당 징계 및 부당 인사명령으로 인한 임금 상당액 및 임금 차액의 지급을 구할 이익이 있는지가 문제될 수 있는데 대상판결의 법리를 보면 부당해고의 경우와 달리 볼 필요가 없으므로 위 판결과 같은 맥락으로 적용될 수 있을 것이다. 한편 사용자로부터 해고를 당한 근로자가 노동위원회에 구제를 신청하기 전에 이미 계약기간이 만료되거나 정년이 도래하여 근로관계가 종료한 경우에까지 구제이익을 확대하는 것은 어려우므로 각하해야 한다는 입장(박은정·권오성, 375쪽)이 있다. 그러나 필자는 해고가 개제되지 않은 기간만료 사건과 달리 취급해야 할 필요성이 없고, 대상판결의 논거가 그대로 적용되며, 더욱이 근로자로서는 해고의 정당성 여부에 따라 갱신기대권 인정 여부를 다툴 이익이 있고, 구제신청 시점에 따라 판단을 달리해야 할 이유가 없다고 본다.

◆◆ 참고문헌

강선희, "해고기간 중의 임금 상당액 지급명령 및 금전보상명령을 구할 독자적 구제이익이 있다.", 『노동리뷰』 제181호, 한국노동연구원, 2020.
박은정·권오성, "부당해고구제신청의 구제이익과 소의 이익", 『이화여자대학교 법학논집』 제24권 제3호(통권 69호), 2020.
유성재, "임금상당액 지급명령의 독립적 구제이익", 『법학논문집』 제37집 제3호, 중앙대학교 법학연구원, 2013.

53. 부당해고와 불법행위

- 대법원 1993. 10. 12. 선고 92다43586 판결(손해배상(기)) -

김희성(강원대 법학전문대학원)

Ⅰ. 사실관계

원고 근로자(X)는 1989. 8. 7. A사에 생산과장으로 입사하여 근무해 오던 중, 직원들 사이에 파벌을 조성하고 능력도 부족하여 회사에 많은 손해를 입혔을 뿐만 아니라 1989. 11.부터 1990. 1. 사이에 여러 차례(3일간) 무단결근하였음을 이유로 1990. 1. 11. 해고되었다. 이에 X는 기업주인 Y를 상대로 1990. 1. 25. 해고무효확인의 소를 제기하여 해고무효확인 및 월 80만원의 비율로 복직시까지의 임금지급을 구하였다. 수원지법은 X가 Y에게 고용된 이래 성실하게 근무하였으나 3일간 결근하자, X에게 징계위원회의 소집사실을 통고하여 변명의 기회를 주어야 함에도 불구하고 아무런 통고없이 징계위원회를 형식상 구성하여 해고결의를 한 후 해고를 일방적으로 통고한 사실과 X가 월 임금으로 금 80만원을 받아온 사실을 확정하여 해고무효와 임금지급의 판결을 선고하였고(수원지판 1990. 10. 25, 90가합1437) 이 판결은 그 무렵 확정되었다. 그 후 X는 Y로부터 복직통보를 받고 1990. 12. 18.부터 복직하여 근무하였다. 그 사이 Y는 1991. 1. 3. B사를 설립하여, 자신이 경영하던 A사의 생산시설 및 근로자를 계속 사용하게 되었다. X도 이 회사의 직원으로 근무해 오던 중 1991. 2. 22. 자진 사직하였다. 한편 Y는 위 법원의 해고무효 및 임금지급의 판결에

따라 해고기간(1990. 1.~ 1990. 12.) 중의 임금 960만원(80만원×12개월)을 지급하려 하였다. 그러나 X는 해고 전 월 80만원의 임금 이외에 별도로 40만원을 더 지급받아 왔으며, 그간 A사의 다른 직원들에게 연 280%의 상여금과 평균 15% 인상된 임금이 지급되고 있었으므로 이 금액이 추가지급 되어야 한다고 주장하면서 수령을 거부하였다. 이에 Y는 1990. 12. 18. 판결확정된 금액(월 80만원 기준)을 법원에 변제공탁하였다. 그러자 X는 Y와 B회사를 상대로 임금의 추가지급과 본인 및 가족들이 받은 정신적 손해에 대한 위자료를 청구하는 소송을 다시 제기하였다.

Ⅱ. 판결의 내용

대상판결은 "근로계약이 근로자의 근로제공과 이에 대한 사용자의 임금지급을 내용으로 하는 쌍무계약임은 원심의 설시와 같다고 할 것이나, 근로계약에 따른 근로자의 근로제공이 단순히 임금의 획득만을 목적으로 하는 것은 아닐 것이므로, 사용자가 근로자를 부당해고한 것이 반드시 임금지급채무를 이행하지 아니한 것에 불과하다고만 말할 수는 없고, 이것이 불법행위를 구성하는 경우도 있을 수 있으며, 이와 같은 경우에는 그 해고가 법률상 무효라고 하여 해고 전의 상태로 돌아간다 하더라도 사

- 210 -

회적 사실로서의 해고가 소급적으로 소멸하거
나 해소되는 것은 아니므로, 임금채무나 그에
대한 지연손해금을 받게 된다고 하여 이것만
가지고 불법행위로 인한 정신적 고통의 손해가
완전히 치유되는 것이라고 할 수 없다."고 판시
함으로써, 부당해고로 인한 정신적 손해배상책
임(위자료지급의무)의 가능성을 인정하고 있다.
또한 부당해고가 불법행위를 구성한다는 것과
관련해서 "일반적으로 사용자가 근로자를 징계
해고한 것이 정당하지 못하여 무효로 판단되는
경우 그 해고가 무효로 되었다는 사유만에 의
하여 곧바로 그 해고가 불법행위를 구성하게
된다고 할 수 없음은 당연하다고 하겠으나, 사
용자가 근로자를 징계해고할 만한 사유가 전혀
없는데도 오로지 근로자를 사업장에서 몰아내
려는 의도하에 고의로 어떤 명목상의 해고사유
를 만들거나 내세워 징계라는 수단을 동원하여
해고한 경우나, 해고의 이유로 된 어느 사실이
소정의 해고사유에 해당되지 아니하거나 해고
사유로 삼을 수 없는 것임이 객관적으로 명백
하고, 또 조금만 주의를 기울이면 이와 같은 사
정을 쉽게 알아볼 수 있는데도 그것을 이유로
징계해고에 나아간 경우 등 징계권의 남용이
우리의 건전한 사회통념이나 사회상규상 용인
될 수 없음이 분명한 경우에 있어서는 그 해고
가 근기법 제27조(현행 §23) 제1항에서 말하는
정당성을 갖지 못하여 효력이 부정되는 데 그
치는 것이 아니라, 위법하게 상대방에게 정신적
고통을 가하는 것이 되어 근로자에 대한 관계
에서 불법행위를 구성할 수 있을 것"이라고 판
시하고 있다.

Ⅲ. 해설

1. 쟁점

대상판결은 여러 쟁점이 있는데, 그 중 특히
부당해고의 경우 정신적 손해에 대한 위자료청
구권의 인정여부와 그 요건(불법행위의 성립요
건)에 관한 문제가 다루어지고 있다. 본 평석에
서는 위자료청구권이 인정되기 위해서는 불법
행위의 성립이 전제되어야 하는지의 문제와 정
신적 손해에 대한 배상청구권이 근거지워질 수
있는 요건내용에 대해 검토하고자 한다.

2. 부당해고와 정신적 손해배상책임

대상판결은 사용자의 해고권남용이 우리의
건전한 사회통념이나 사회상규상 용인될 수 없
음이 분명한 경우에 있어서는 그 해고가 근기
법 제23조 제1항에서 말하는 정당성을 갖지 못
하여 효력이 부정되는 데 그치는 것이 아니라,
위법하게 상대방에게 정신적 고통을 가하는 것
이 되어 근로자에 대한 관계에서 불법행위를
구성할 수 있다고 한다. 즉 사용자가 근로자를
해고할만한 사유가 없음을 알고 있으면서도 근
로자를 사업장에서 몰아내려는 의도 하에 객관
적으로 존재하지도 않는 해고사유를 조작하여
부당한 해고를 시도함으로써 근로자에게 정신
적 고통을 주었다면, 채무불이행책임과는 별개
로 불법행위책임을 인정할 수 있다고 한다.

그러면, 불법행위책임이 인정되기 위한 요건
중 위법성에 대해 검토해보기로 한다.

1) 부당해고의 위법성판단

불법행위책임이 인정되기 위한 요건 중 위
법성과 관련해서 대상판결은 모든 부당해고가

불법행위를 구성하는 것이 아니라, "사용자가 근로자를 해고할 만한 사유가 전혀 없는데도 오로지 근로자를 사업장에서 몰아내려는 의도 하에 고의로 어떤 명목상의 해고사유를 만들거나 내세워 해고한 경우나 해고의 이유로 된 어느 사실이 취업규칙 등 소정의 해고사유에 해당되지 아니하거나 해고사유로 삼을 수 없는 것임이 객관적으로 명백하고 또 조금만 주의를 기울이면 이와 같은 사정을 쉽게 알아볼 수 있는데도 그것을 이유로 해고에 나아간 경우 등 해고권의 남용이 우리의 건전한 사회통념이나 사회상규상 용인될 수 없음이 분명한 경우에 … 위법하게 상대방에게 정신적 고통을 가하는 것이 되어 근로자에 대한 관계에서 불법행위를 구성할 수 있을 것"에 한하여 부당해고의 위법성이 인정된다고 한다. 대상판결은 부당해고시 정신적 손해배상청구권의 기초로서 인정하고 있는 불법행위는 근로자에게 위법하게 '정신적 고통'을 가한 불법행위만을 의미한다. 왜냐하면 부당해고도 법질서에 위반되는 것으로 위법하지만, 이 경우 위법은 불법행위법에서 말하는 위법과 같지 않기 때문이다. 또한 부당해고로 인한 정신적 손해배상청구권의 문제를 불법행위로 파악하는 경우에는 부당해고와 근로자의 인격권침해가 문제되는 것이므로 이 둘의 성립요건을 별개로 파악하는 것이 중요하다 할 것이다. 특히 인격권은 소유권과는 달리 불완전한 것이므로 그 침해가 불법행위가 되기 위해서는 다른 권리의 침해보다 그 정도가 큰 경우에 위법성이 인정된다 할 것이기 때문이다(통설).

2) 불법행위로 인한 정신적 손해배상청구권의 법적근거

부당해고로 인한 근로자의 정신적 손해에 대한 배상청구권의 근거를 불법행위책임에서 구한다고 하더라도 그 구체적 근거를 어느 법조문에서 찾아야 하는지에 관하여는 논란이 있다. 대상판결에서는 부당해고가 일정한 경우 불법행위를 구성할 수 있고 이 경우 근로자의 정신적 고통에 대한 사용자의 위자료지급청구권(정신적 손해배상청구권)이 인정된다는 점을 밝히고 있는데, 그러면 구체적으로 어떤 조항이 정신적 손해배상의 근거규정인가 하는가가 문제된다. 민법 제750조 적용설에 따르면, 정신적 손해배상청구권의 근거규정은 민법 제750조로서 민법 제751조는 제750조의 손해에 정신적 손해도 포함된다는 것을 주의적으로 규정한 것에 지나지 않는다고 한다. 민법 제751조 적용설에 따르면 두 규정간의 유기적 관련이나 법문의 구성에 비추어 볼 때, 제750조는 재산적 손해에 대한 규정이며 제751조는 인격권침해로 발생한 정신적 손해배상만을 규정한 것으로 해석한다. 그런데 대상판결은 위자료청구권(정신적 손해배상)에 대한 근거규정을 명확히 제시하고 있지 않아, 위자료청구권의 인정근거가 분명하지 않다는 점이 문제로서 지적된다.

3) 위장폐업으로 인한 부당해고시 불법행위 책임문제

위장폐업으로 인한 부당해고시 불법행위를 구성하는가? 판례(대판 2011. 3. 10, 2010다13282)에 따르면 "사용자가 근로자들에게 어떠한 해고사유도 존재하지 아니함에도 노동조합활동을 혐오한 나머지, 경영상 어려움 등 명목상 이유를 내세워 사업 자체를 폐지하고 근로자들을 해고함으로써 일거에 노동조합을 와해시키고 조합원 전원을 사업장에서 몰아내고는 다시 다양한 방법으로 종전 회사와 다를 바 없는 회사를 통하여 여전히 예전의 기업 활동을 계속하는 것은 우리의 건전한 사회통념이나 사회상규상 용인될 수 없는 행위이므로, 이러한 위장폐업에 의한 부당해고는 근로자에 대한 관계에서 불법행위를 구성한다"고 한다. 그리고 불법행위책임과 손해배상의 범위와 관련해 같은 판례는 부당해고가 불법행위에 해당한다면 해당 근로자에게 임금의 지급을 구하든가 아니면 임금상당액의 손해를 포함하여 손해배상을 청구할 수 있음을 확인하고 있다(심재진, 395쪽).

4) 복직거부와 정신적 손해배상청구권

사용자가 근로자를 정당한 이유없이 해고하여 그 해고에 대한 무효확인판결이 확정되었음에도 불구하고 임금을 지급하면서도 장기간에 걸쳐 근로자에 대한 복직을 거부하는 경우는 어떻게 되는가? 이 문제는 근로자는 근로관계의 내용으로서 사용자에 대하여 취업청구권을 가지는 것인가에 관련된 문제이다. 오늘날의 지배적인 견해는 근로자의 취업청구권을 인정한다. 근로자는 취업을 통해서 인간적으로 성장하고, 기술·기능을 향상시킬 뿐 아니라, 사회와의 발전적 접촉을 할 수 있고, 자기존재의 확인을 위한 중요한 기회를 가지게 된다고 한다. 따라서 근로자의 인격존중은 그의 근로에 대한 경제적 평가(임금액과 관련하여)에 의해서만 실현되는 것이 아니라, 그에게 주어진 근로의 기회를 통해서 발전적으로 실현된다고 한다. 판례(대판 1996. 4. 23, 95다6823)는 "사용자는 특별한 사정이 없는 한 근로자와 사이에 근로계약의 체결을 통하여 자신의 업무지휘권·업무명령권의 행사와 조화를 이루는 범위 내에서

근로자가 근로제공을 통하여 참다운 인격의 발전을 도모함으로써 자신의 인격을 실현시킬 수 있도록 배려하여야 할 신의칙상의 의무를 부담한다. 따라서 사용자가 근로자의 의사에 반하여 정당한 이유 없이 근로자의 근로제공을 계속적으로 거부하는 것은 이와 같은 근로자의 인격적 법익을 침해하는 것이 되어 사용자는 이로 인하여 근로자가 입게 되는 정신적 고통에 대하여 배상할 의무가 있다."고 판시함으로써 취업청구권에 관하여 긍정적인 태도를 취하고 있다.

3. 대상판결의 평가

대상판결은 부당해고와 관련하여 위자료청구권은 엄격한 요건하에서 예외적으로만 인정된다는 점을 확인함으로써 부당해고에 있어서 위자료청구권이 근거지워질 수 있다는 가능성과 그 한계를 밝히고 있다는 점에서 의의를 찾을 수 있다. 그러나 위자료청구의 구체적인 법률적 근거는 무엇인지 등에 대하여 밝히고 있지 않은 점이 아쉬움으로 남는다.

◆ 참고문헌

김형배, 『노동법』, 박영사, 2014.
심재진, "부당해고가 불법행위인 것을 이유로 한 임금상당액 손해배상의 선택적 청구", 『노동법학』 제41호, 한국노동법학회, 2012.
정진경, "부당해고와 불법행위 – 위자료청구를 중심으로 –", 『노동법의 쟁점과 과제』(김유성교수 화갑기념논문집), 2000.
정진경, "부당해고의 불법행위 이론구성", 『노동법실무연구』 제1권, 노동법실무연구회, 2011.
하경효, "근로자의 취업청구권", 『법실천의 제문제』(동천김인섭변호사 화갑기념논문집), 1996.
하경효, "부당해고시의 정신적 손해에 대한 배상책임", 『판례연구』 제6집, 고려대학교 법학연구소, 1994.

54. 퇴직금 분할지급 약정

— 대법원 2010. 5. 20. 선고 2007다90760 전원합의체 판결(퇴직금) —

김홍영(성균관대 법학전문대학원)

I. 사실관계

피고 Y회사는 원고 X들과 사이에 근로계약 기간을 1년으로 정하여 연봉계약을 체결하였는데, 연봉계약서에는 연봉액의 내역으로 기본급에 해당하는 본봉, 시간외 근무수당 등 각종 수당 및 상여금과 함께 1년에 1개월 평균임금 상당액인 퇴직금의 1년간 지급총액과 이를 각 12등분하여 매월 분할 지급되는 금액이 명확하게 제시되었다. 이에 따라 X들은 Y회사로부터 퇴직금 명목의 금원을 매월 균분하여 지급받았다.

Y회사를 퇴직한 후, X들은 연봉액 중 퇴직금 명목으로 기재되어 매월 지급된 금원은 퇴직금이 아니며, 그 금원은 통상의 임금에 해당하므로 그 금액을 포함하여 퇴직전 3개월간 지급받은 연봉액 전부를 기준으로 평균임금을 계산하여 재직기간에 따른 퇴직금을 다시 산정한 후 그 지급을 Y회사에게 청구하였다.

이에 대해 Y회사는 ① 연봉제 계약을 체결하고 퇴직금을 포함한 금액을 연봉총액으로 정한 후 이를 매월 나누어 지급하였으므로 별도로 퇴직금을 지급할 의무가 없으며, ② 설령 분할지급된 금원이 퇴직금 지급으로서 효력이 없다면 법률상 원인 없이 지급된 부당이득이 되므로 부당이득반환채권으로 X들에 대한 퇴직금채권을 상계한다고 항변하였다.

II. 판결의 내용

대상판결은 퇴직금 분할지급 약정에 따른 금원의 지급이 ① 퇴직금 지급으로서 유효하지 않지만, ② 부당이득이므로 반환되어야 한다고 보고 ③ 이를 퇴직금채권과 상계할 수 있다고 판시하였다. ④ 다만, 사용자가 부당이득반환채권을 가지고 퇴직금채권을 상계할 수 있는 범위는 제한된다고 보았다.

1. 퇴직금 지급으로서의 효력 인정 여부

퇴직금 분할지급 약정(사용자와 근로자가 매월 지급하는 월급이나 매일 지급하는 일당과 함께 퇴직금으로 일정한 금원을 미리 지급하는 약정)은 근기법 제34조 제3항(현행 퇴직급여법 §8 ②)의 퇴직금 중간정산으로 인정되는 경우가 아닌 한 최종 퇴직 시 발생하는 퇴직금청구권을 근로자가 사전에 포기하는 것으로서 강행법규인 근기법 제34조(현행 퇴직급여법 §8)에 위배되어 무효이고, 그 결과 퇴직금 분할지급 약정에 따라 사용자가 근로자에게 퇴직금 명목의 금원을 지급하였다 하더라도 퇴직금 지급으로서의 효력이 없다.

2. 지급된 금원의 법적 성격

퇴직금 지급으로서의 효력이 없다면, 사용자는 본래 퇴직금 명목에 해당하는 금원을 지급할 의무가 있었던 것이 아니므로, 이미 지급한 퇴직금 명목의 금원은 근기법상 '근로의 대가로 지급하는 임금'(§2 ① 5호)에 해당한다고 할 수 없다. 사용자는 법률상 원인 없이 지급함으로써 그 금원 상당의 손해를 입은 반면 근로자는 이익을 얻은 셈이 되므로, 근로자는 수령한 퇴직금 명목의 금원을 부당이득으로 사용자에게 반환하여야 한다고 보는 것이 공평의 견지에서 합당하다.

3. 부당이득반환채권으로 퇴직금채권에 대한 상계 허용 여부

사용자가 초과 지급한 임금의 반환청구권을 자동채권으로 하여 근로자의 임금채권이나 퇴직금채권과 상계할 수 있다는 법리는, 사용자가 근로자에게 이미 퇴직금 명목의 금원을 지급하였으나 그것이 퇴직금 지급으로서의 효력이 없어 사용자가 같은 금원 상당의 부당이득반환채권을 갖게 된 경우에 이를 자동채권으로 하여 근로자의 퇴직금채권과 상계하는 때에도 적용된다.

4. 상계의 허용 범위

민사집행법 제246조 제1항 제5호는 근로자인 채무자의 생활보장이라는 공익적, 사회 정책적 이유에서 '퇴직금 그 밖에 이와 비슷한 성질을 가진 급여채권의 2분의 1에 해당하는 금액'을 압류금지채권으로 규정하고 있고, 민법 제497조는 압류금지채권의 채무자는 상계로 채권자에게 대항하지 못한다고 규정하고 있으므로, 사용자가 근로자에게 퇴직금 명목으로 지급한 금원 상당의 부당이득반환채권을 자동채권으로 하여 근로자의 퇴직금채권을 상계하는 것은 퇴직금채권의 2분의 1을 초과하는 부분에 해당하는 금액에 관하여만 허용된다.

Ⅲ. 해설

1. 민사적인 해결 방식을 정리한 판결

대상판결은 퇴직금 분할지급 약정에 따라 월급에 퇴직금 명목의 금원을 포함하여 지급하였다면 나중에 퇴직 시 별도의 퇴직금을 지급하지 않아도 되는가를 다룬 민사소송사건의 판결이다. 기존의 판례 법리는 월급(또는 일당)에 퇴직금 명목의 금원을 포함시켜 지급하는 것은 근기법(§34)과 퇴직급여법(§8)상의 퇴직금 지급으로서의 효력이 없다고 보았다. 그 결과 퇴직금 분할지급 약정을 이유로 퇴직 근로자에 대한 퇴직금 지급을 거부한 사용자는, 퇴직금지급 위반 형사사건에서 유죄 취지의 판결을 받아왔다(대판 2002. 7. 26, 2000다27671; 대판 2007. 8. 23, 2007도4171 등). 그런데 대상판결의 사건처럼 민사사건에서 퇴직금지급의무가 있는지가 다투어지면서, 아울러 만약 이미 지급한 금원이 퇴직금 지급으로서 인정되지 못한다면 사용자가 그 금원의 반환을 청구하는 채권과 퇴직금지급 채무를 상계한다는 항변이 가능한가가 다시 문제가 되었다. 대상판결은 전원합의체 판결로 관련 법리를 정리하였다. 이로써 퇴직금 분할지급 약정이 있는 경우 민사적으로 해결하는 방식이 정리되었다.

결국 퇴직금 분할지급 약정에 따른 지급이 있었더라도 사용자는 근로자의 퇴직 시점에서 상계가 가능한 금액(퇴직금채권의 2분의 1을 초과하는 부분에 해당하는 금액)을 제외한 나머지를 퇴직금으로 다시 지급해야 하며, 상계가 허용되지 않는 부분에 상응하는 금액의 반환은 별도로 부당이득반환을 청구하여야 한다(조용만 외, 189쪽).

2. 대상판결 법리의 적용상 제한

대상판결 이후 부당이득 법리의 적용을 제한하려는 판례도 나타난다. 퇴직금 제도를 강행법규로 규정한 입법 취지를 감안할 때, 대상판결이 판시한 법리는 실질적인 퇴직금 분할지급 약정이 존재함을 전제로 하여 비로소 적용할 수 있는 것이기 때문에, 사용자와 근로자가 체결한 해당 약정이 그 실질은 임금을 정한 것에 불과함에도 퇴직금의 지급을 면탈하기 위하여 퇴직금 분할지급 약정의 형식만을 취한 것인 경우에는 그 법리를 적용할 수 없다는 것이 판례의 입장이다(대판 2012. 10. 11, 2010다95147; 대판 2012. 12. 13, 2012다77006 등). 즉 임금과 구별되는 퇴직금 명목 금원의 액수가 특정되고, 위 퇴직금 명목 금원을 제외한 임금의 액수 등을 고려할 때 퇴직금 분할 약정을 포함하는 근로계약의 내용이 종전의 근로계약이나 근기법 등에 비추어 근로자에게 불이익하지 아니하여야 하는 등, 사용자와 근로자가 임금과 구별하여 추가로 퇴직금 명목으로 일정한 금원을 실질적으로 지급할 것을 약정한 경우에 한하여 대상판결이 판시한 부당이득의 법리가 적용된다고 본다.

반면 ① 연봉금액에서 퇴직금 명목의 금액을 제외하면 오히려 종전의 연봉금액보다 삭감되어 근로계약이 불리해지는 경우 퇴직금 명목의 금원은 임금으로 인정된다(위 대판 2010다95147). ② 급여 내역 중 임금과 구별되는 퇴직금 명목 금원의 액수가 특정되었다고 볼 수 없는 경우는 퇴직금 분할지급 약정이 존재하지 않아 대상판결의 부당이득 법리가 적용되지 않는다(위 대판 2012다77006).

3. 퇴직금 중간정산으로 인정 여부

대상판결에서 언급하듯이, 퇴직금 분할지급 약정이 '퇴직금 중간정산으로 인정되는 경우가 아닌 한' 무효이므로, 퇴직금 분할지급 약정이 합법적인 중간정산(퇴직급여법 §8 ② 참조)으로 인정될 수 있는지의 문제가 남는다.

다음과 같은 점들을 고려할 때, 퇴직금 분할지급 약정은 합법적인 중간정산으로 인정되지 않는다고 판단된다. 첫째, 중간정산은 이미 근로한 기간에 대한 퇴직금을 중간정산하는 것이므로 사전에(대상기간을 근로하기 전에 미리) 중간정산을 약정하여도 강행법규에 위배되어 무효이다(대판 2007. 11. 16, 2007도3725 참조). 둘째, 중간정산은 '근로자의 요구'에 의해 이루어져야 하는데, 자유로운 의사에 근거한 요구이어야 하며(대판 2012. 10. 25, 2012다41045 참조) 사용자가 근로자에게 요구하도록 강요해서는 안 된다. 중간정산의 합의가 근로계약 체결이나 갱신에 부수하거나 연봉계약의 체결에 부수하는 경우, 중간정산이 일괄적으로 시행되는 경우 등은 중간정산을 사실상 강요한 것으로 판단하여야 한다(김홍영, 214쪽). 셋째, 중간정산의 사유는 무주택자의 주택구입이나 전세금·임차보증금, 부양가족의 요양, 임금피크제 등으로 제한된다(퇴직급여법 시행령 §3). 개정 퇴직급여법(2012. 7. 26. 시행)은 퇴직금이 노후재원으로 사용될 수 있도록 퇴직금 중간정산의 요건으로 사유제한을 신설하였다. 따라서 그러한 사유 없이 중간정산의 형식으로 퇴직금을 분할지급하는 것은 적법한 퇴직금 지급으로서 인정되지 않게 되었다.

4. 퇴직금 제도의 면탈 우려

대상판결에 대해 다양한 비판이 제시되어 왔다. 대상판결의 <별개 및 반대의견>들은, ① 부당이득이 아니라 통상의 임금에 해당된다는 점, ② 퇴직금 분할지급 약정에 따른 지급은 의도적인 것이므로 계산의 착오 등의 조정을 위한 상계가 허용되지 않는다는 점 등을 지적하였다.

학설로서는, ① 퇴직금 분할지급 약정의 내용, 체결 경위 등 제반사정을 고려하여 실질적으로는 매 임금지급기의 통상의 임금을 단지 퇴직금 분할지급금 명목으로 형식상 기재한 것에 불과한 경우 퇴직금 지급의무를 면탈하려는 탈법행위이며, 그 금원은 통상의 임금지급으로 인정하여야 한다는 견해(김홍영, 212쪽), ② 퇴직금 분할지급 약정은 선량한 풍속 기타 사회질서에 위반하여 무효(민법 §103)이며 불법원인급여(민법 §746)로 인정해서 반환청구할 수 없다는 견해(강희원, 629쪽), ③ 사용자가 강행규정에 반하는 퇴직금 분할지급 약정을 주도적으로 체결하고, 그 약정이 무효이어서 채무가 없음을 알면서 금원을 지급하였으므로 비채변제(민법 §742)로서 반환을 청구할 수 없다는 견해(김형배, 767쪽) 등 비판도 제시되었다.

퇴직금의 법적 성격에 관해 판례는, 퇴직금은 후불 임금으로서의 성격 이외에도 사회보장적 급여로서의 성격과 공로보상으로서의 성격을 아울러 가지므로, 취업규칙의 퇴직금감액 규정이 퇴직금의 본질에 어긋난다고 볼 수 없다고 한다(대판 1995. 10. 12, 94다36186). 그래도 퇴직급여법상 최저한도의 범위(계속근로연수 1년에 대해 평균임금 30일분으로 계산된 금액)의 퇴직금은 퇴직시까지의 계속 근로에 대한 대가인 후불 임금임에 변함이 없다.

종래 퇴직금 분할지급 약정이 활용된 사례들은 퇴직금감액 규정이 적용되는 고용이 아니라, 기간제 근로자처럼 최저한도의 퇴직금만이라도 지급되기를 기대하는 고용이었다. 매 임금지급기에 지급되는 통상의 임금 수준에서 그 일부를 떼어 퇴직금 분할지급금 명목으로 지급하는 약정을 수락할 것을 고용 또는 재고용의 전제로 사용자가 요구할 때 근로자로서는 이를 받아들일 수밖에 없다.

전술하였듯이 후속 판례에서도 퇴직금의 지급을 면탈하기 위한 경우에는 부당이득 반환의 법리를 적용하지 않지만, 그러한 경우는 극히 예외적으로 인정될 뿐이다. 대개의 경우 대상판결에 따라 해석될 것이다. 사용자가 부당이득반환채권으로 상계하는 경우 퇴직금지급의무의 2분의 1은 남게 되지만 사용자의 상계되지 않은 부당이득반환채권도 비슷하게 남아있어 근로자가 퇴직금 지급을 사실상 청구하기 어렵다. 퇴직금 분할지급 약정이 사용자의 주도로 일률적으로 시행되고 있다는 점에서 퇴직금 제도를 면탈하는 것이 아닌지 근본적인 의문이 제기된다.

5. 퇴직연금제도의 활용

단지 퇴직금 지급시기의 불명확성을 고려해 계산 편의를 위해 매월 지급하려는 의도에서 퇴직금 분할지급 약정을 활용하려는 의도가 있을 수 있다.

그런데 개정 퇴직급여법(법률 제10967호, 시행일 2012. 7. 26.) 이후 새로 성립(합병·분할된 경우는 제외)된 사업의 사용자는 사업의 성립 후 1년 이내에 퇴직연금제도를 설정할 의무가 있으므로(퇴직급여법 §5) 퇴직금 분할지급 약정을 이용할 수 없다. 그 외의 사용자에게도 퇴직금 분할지급 약정은 퇴직금 제도의 위반임이 판례의 일관된 태도이다. 이러한 점에 비추어 볼 때, 퇴직금 분할지급 약정이 있는 사업장은 향후 퇴직연금제도를 활용하는 것이 근로자의 노후재원 대비 및 퇴직연금제도의 확대의 견지에서 바람직하다.

◆ 참고문헌

강희원, "근로관계 존속중 퇴직금 분할 지급과 부당이득", 『노동법학』 제36호, 한국노동법학회, 2010.
김형배, 『노동법』, 박영사, 2014.
김홍영, "퇴직금 분할 지급과 부당이득반환", 『2010 노동판례비평』, 민주사회를 위한 변호사모임, 2011.
조용만 외, 『로스쿨 노동법 해설』, 오래, 2019.

55. 근로관계 종료 후의 임금채권 보호

— 대법원 2001. 10. 30. 선고 2001다24051 판결(퇴직금) —

박수근(한양대 법학전문대학원)

Ⅰ. 사실관계

원고(X)는 1997. 2. 10. 피고(Y)회사에서 퇴직하고, 그로부터 3년이 지난 2000. 2. 24. Y를 상대로 퇴직금지급소송을 제기하였고, Y는 X의 퇴직금청구권은 시효로 소멸하였다고 주장하였다. X는 퇴직금청구권은 퇴직하면 발생하여도 근기법 제36조(금품청산)에서 14일이 경과한 후에야 이를 행사할 수 있기 때문에, 퇴직일에서 14일이 지난 같은 달 25일부터 퇴직금청구권의 소멸시효가 진행하고, 그로부터 3년이 경과하기 1일 전에 소송을 제기하였다고 주장하였다. X가 이렇게 퇴직일로부터 많은 기간이 지난 후 소송을 한 것은 본 사건에서 다른 쟁점이기도 한 합병으로 인한 퇴직금계산 및 노사관행 등과 관련이 있어 보인다. 원심법원은, 근기법 제36조에서 14일은 근로자의 퇴직금청구권의 행사에 관한 법률상의 장애이므로 소멸시효도 금품청산의 기간이 도과한 후 진행하는 것으로 판단하여 X에게 승소판결을 하였다. 이에 Y는 상고하였고, 대법원은 소멸시효가 완성되었다는 취지로 원심을 파기하여 X에게 패소판결을 한 것이 대상판결이다.

Ⅱ. 판결의 내용

소멸시효의 기산점인 "권리를 행사할 수 있을 때"라 함은 이행기 미도래, 정지조건 미성취 등 권리의 행사를 위해 법률상 장애가 없는 경우를 말한다. 근기법 제36조의 금품청산제도는 근로관계가 종료된 후 사용자로 하여금 14일 이내에 근로자에게 임금이나 퇴직금 등의 금품을 청산하도록 하는 의무를 부과하는 한편, 이를 불이행하면 형사상의 제재를 가함으로써 근로자를 보호하고자 하는 것이지, 사용자에게 위 기간 동안 임금이나 퇴직금 지급의무의 이행을 유예하여 주는 퇴직금청구권의 행사에 대한 법률상의 장애라고 할 수는 없다. 근로자는 퇴직금청구권을 퇴직한 다음날부터 행사할 수 있어, 그 때부터 소멸시효의 기산점도 진행된다고 판단함이 타당하므로, 원심판단에는 소멸시효의 기산점 및 근기법상 금품청산기간에 관한 법리를 오해하여 판결 결과에 영향을 미친 위법이 있다.

Ⅲ. 해설

1. 의의

근로관계는 근로자의 사망, 기업의 소멸, 정년과 사직, 해고 등 다양한 사유로 종료되고, 이때 근로자를 보호하기 위해 노동관계법은 다양한 제도를 두고 있다. 특히, 근로관계의 종료 후 임금은 언제까지 지급되어야 하는지, 사용자가 폐업 등으로 임금채권이 다른 채권과 경합할 경우 어떻게 보호되어야 하는지에 관해 근기법 뿐만 아니라 퇴직급여법에서 특칙을 두고 있으며, 사업주가 경제력이 없는 경우에는 임금채권보장법을 통해 일정한 범위의 임금을 보호한다. 이하에서는 근기법 제36조의 금품청산에 관한 대상판결을 중심으로 검토하면서 동법 제38조상 임금채권의 우선변제에 관한 제도와 관련 판결 등도 간단하게 소개한다.

2. 근기법상 금품청산과 청구권의 행사

1) 쟁점

근기법상 제도 중에는 근로자의 보호를 위해 사용자에게 의무를 부과하고 이를 불이행 또는 위반하는 경우 형벌을 부과함으로써 그 제도의 실효성을 확보하려는 것이 있는데, 예컨대, 동법 제36조의 금품청산제도이다. 이 사건에서 금품청산제도에서의 14일에 대해 원심법원과 대법원은 서로 결론을 달리하였는데 쟁점은 세 가지이다. 첫째, 금품청산제도에서 사유발생일로부터 14일은 형벌의 부과를 위한 구성요건의 의미뿐만 아니라 사법상 청구권의 행사에서 "권리행사의 장애사유"의 성격도 존재하는지 여부이다. 둘째, 14일간의 의미를 어떻게 파악할 것인지에 따라 청구권을 행사할 시기와 소멸시효의 진행에 관한 기산점도 결정된다. 셋째, 근로자의 퇴직금청구에 관계없이 퇴직효력이 발생한 다음날부터 사용자에게 지급의무가 발생하고 이를 불이행하면 이행지체와 지연이자가 발생하는지 아니면 근로자의 청구가 있거나 14일이 경과되어야 발생하는지 여부이다. 대상판결은 첫째와 둘째의 쟁점을 중심으로 판단되어 있다.

2) 금품청산에서 기간유예와 형사벌

금품청산제도의 존재목적은 근로관계가 사망 또는 퇴직 등의 사유로 종료되면 사용자가 근로자에게 지급 또는 교부해야 할 각종 의무에 필요한 이행준비기간을 확보하기 위함이다. 이행준비기간은 권리자인 근로자의 청구 여부를 불문하고 근로관계의 종료 등 지급사유가 발생한 시점부터 14일 동안 진행된다. 사용자가 지급의무를 위반하고 그것에 정당한 사유가 없다면 형벌이 가해진다. 정당한 이유의 존부는 사용자의 지급 또는 교부의무의 내용에 따라서 달라질 수 있으나, 사용자의 의무위반에 대해 형벌이 부과되므로 이러한 취지와 관련하여 판단되어야 한다. 금품청산제도에서의 14일의 기간은 형벌을 부과하기 위한 구성요건으로 파악할 수 있다. 대상판결은 금품청산을 위해 필요한 14일을 이러한 의미로 판단하였다.

3) 권리행사의 장애사유와 소멸시효

근로관계가 종료되고 지급 또는 교부해야 할 임금 또는 금품 등이 존재하는 경우 근기법 제36조에 의해서 권리 또는 의무가 발생하는지가 문제된다. 근기법은 근로자의 보호를 위한 최소한의 근로조건에 관한 것을 규율하고 있으므로 금품청산제도를 근로자에게 권리행사의 저지 또는 사용자에게 의무발생의 근거로 파악하기는 어렵다. 이 제도와 직접적으로 관계없이 근로관계의 규범적 성격과 내용에 따라 근로자에게는 권리가 발생하고 사용자는 의무를 부담한다고 해석된다. 권리행사의 장애사유와 근기법 제36조에 규정된 14일의 관계를 어떻게 파악할 것인지가 문제된다. 사용자는 근로관계의 종료시부터 14일 이내에 금품청산의무를 부담하고 근로자도 14일 도과 후에 청구할 수 있다고 해석되면 법률상 권리행사의 장애사유로 파악해야 한다. 그러나 근로관계가 종료되면 근로자는 청구권을 행사할 수 있고 동시에 사용자도 이에 대한 지급의무가 발생한다고 해석하면 법률상 권리행사의 장애사유가 아니다. 대상판결은 권리행사에 장애사유는 아니라고 판단했다.

4) 이행지체와 지연이자

퇴직급여법 제9조 및 근기법 제36조의 해석과 관련하여, 근로자가 퇴직한 그 다음날부터 퇴직금청구권을 행사할 수 있다면, 그 퇴직금에 대한 지연이자의 지급의무는 언제부터 발생하는지 여부이다. 이것은 근로자가 청구해야 사용자가 이행지체에 빠지는지 아니면 퇴직한 다음날부터 이행의무를 부담하는지에 관한 논의와 연결된다. 대상판결 이후 도입된 근기법 제37조가 신설되어 14일이 도과된 다음날부터 지연이자가 발생하도록 규정하고 있으나 권리행사의 장애와 소멸시효에 관한 대상판결의 관점에서 보면 문제점도 있다.

5) 대상판결의 평가

실무에서 대상판결이 나오기 전까지는 근기법 제36조에 관해 깊은 생각없이 관행적으로 14일을 권리행사에서 장애사유로 이해하고, 그 때부터 소멸시효가 진행되고 지연이자도 발생하는 것으로 해석하였다. 원심판결은 이러한 점에 기초하여 판결한 것으로 보인다. 그러나 이 사건에서 회사는 금품청산에서 유예기간은 청구권의 행사와는 직접 관련이 없다고 주장하였고, 대법원은 이러한 주장을 받아들여 원심판결을 취소하였다. 즉, 대법원은 14일의 의미를 사법상 청구권행사의 장애사유가 아니며 형벌의 발생을 위한 구성요건적 성격만을 가지는 것으로 해석하였다. 대상판결은 금품청산제도의 도입 이후 별다른 연구나 설명이 없어 관행적으

로 잘못 활용되던 법리를 변경하여 확립시켰다. 이런 의미에서 대상판결은 노동법 연구자 등에게 시사하는 바가 매우 크다. 다만, 대상판결은 원고의 퇴직금청구를 소멸시효의 완성으로 인하여 기각하였기 때문에, 이행지체와 지연이자의 발생 등에 관해서는 판단하지 않았다.

3. 임금채권의 보호

1) 의의

반드시 근로관계의 종료를 전제하는 것은 아니지만, 근로자를 위한 임금채권 보호는 집행절차법과 실체법상 내용으로 나눌 수 있다. 전자는 근로자가 사용자에게 가지는 임금채권은 다른 채권보다 절차적으로 먼저 지급받을 수 있도록 한 근기법 제38조와 퇴직급여법 제12에 의한 우선변제권, 민사집행법과 도산절차법상 압류의 제한 등이고, 후자는 임금 지급을 규정한 근기법 제43조 등이다. 이러한 보호에도 불구하고 사용자의 재산이 없거나 부족한 경우 의미가 없기 때문에, 임금채권보장법을 통해 임금채권보장기금을 조성하여 근로자를 보호하는데, 이 법은 사회보험제도의 일종이라 할 수 있다.

2) 임금채권 우선 변제

근기법 제38조와 퇴직급여법 제12조 등에 따르면 임금채권의 보호는 법적 우선순위의 기준에서 최우선변제권과 우선변제권으로 구분된다. 최종 3개월분의 임금 및 재해보상금과 3년간의 퇴직급여는 사용자에 대한 담보물건 및 조세공과금 등에 최우선하여 근로자가 지급받을 수 있다. 여기서 '최종 3개월분의 임금'을 둘러싸고 시기를 불문하고 사용자가 지급하지 못한 최종 3개월분의 미지급 임금을 말한다는 입장과, 최종 3개월 사이 미지급된 임금만이 해

당된다는 입장이 대립하였다. 대법원은 이에 대해서 시기적으로 최종 3개월의 임금만을 대상으로 한다고 판단하였다(대판 2008. 6. 26, 2006다1930).

3) 임금채권보장법에 의한 보호

근기법에 의한 임금의 우선변제권은 사용자의 재산에 관한 절차법적인 성격이어서 사용자의 재산이 없는 경우에는 실익이 없다. 이런 이유에서 사용자로부터 부담금을 받아 별도로 조성된 임금채권보장기금을 통해 사업주를 대신하여 그 지급을 보장함으로써 근로자의 생활안정을 도모할 목적으로 1998년 임금채권보장법을 제정하여 시행하고 있다. 이는 사업주가 근로자에게 지급하지 못한 임금의 일부를, 고용노동부장관이 대신 지급하고 그 범위에서 근로자가 가진 청구권을 대위하는 제도이다. 보장되는 내용은 최종 3개월분의 임금, 최종 3년간의 퇴직급여, 최종 3개월분의 휴업수당이다. 임금채권보장법에 의한 임금채권 보장은 근로자의 생활보장을 위하여 인정되는 것이지 개별 근로자의 임금수준을 전액 보장하는 것은 아니므로, 동법은 그 지급 범위를 제한하거나 지급하지 않을 수 있도록 하고 있다. 적용대상 사업장은 산재법 제6조에 따른 사업 또는 사업장이며, 국가와 지방자치단체가 직접 수행하는 사업에는 적용되지 않는다.

◆ 참고문헌

김형배, 『노동법』(제22판), 박영사, 2013.
임종률, 『노동법』(제18판), 박영사, 2020.
노동법실무연구회, 『근로기준법주해Ⅱ』(제2판), 박영사, 2020.

56. 사업이전과 고용승계

– 대법원 2002. 3. 29. 선고 2000두8455 판결(부당해고구제재심판정취소) –

이승욱(이화여대 법학전문대학원)

I. 사실관계

A사는 B사와 공동으로 자본금을 출자하여 설립한 Y사와의 사이에 대상 사업부문과 관련된 일체의 자산을 271억원에 매도하는 내용의 자산매매계약을 체결하였다. 이 계약에서 A사는 토지, 건물, 기계장치, 재고자산, 리스자산, 이전기술 및 영업권 등과 함께 대상 사업부문의 운영에 직접 관련된 물건은 계약에 기재되지 않은 경우에도 이를 매매물건에 포함하기로 하였다. 또한 A사의 부채가 대상 사업부문과 관련하여 발생된 것이든 아니든 일체의 부채를 인수하지 않기로 하되, 다만 매매물건이 담보로 제공된 금융기관 및 리스회사에 대한 리스료지급의무와 거래 자동차회사와의 제품공급계약 관련 각종 계약은 Y사가 A사의 지위를 인수하기로 하였다. 특히 계약에서는 A사 근로자의 고용에 관하여는 Y사가 인수할 의무를 부담하지 않는다고 합의하였다.

인력과 관련하여 Y사는 공개채용절차에 의거하여 신규채용하되, A사에 재취업신청서를 제출하여 A사가 통보한 입사희망자를 위 매매물건 인수 전에 채용하도록 우선적으로 고려하며, A사는 Y사 채용시험에 합격한 자에 대해 자신의 비용과 책임 하에 근로관계를 종료시키고 퇴직금 등을 정산하기로 하였다.

재취업신청서를 늦게 제출하여 고용승계가 거부된 X등 2명은 부당해고에 해당한다고 하여 부당해고구제신청을 제기하였다. 원심은 이 사건 자산매매계약은 영업양도에 해당하고, X등 2명이 A사에 사직서를 제출하고 Y사에 재취업신청서를 늦게 제출한 것은 진정한 사직의사나 재취업을 포기할 의사를 담고 있는 것으로 볼 수 없다고 판단하였다. 이에 Y사가 상고한 것이 이 사건이다.

II. 판결의 내용

1) 영업의 양도라 함은 일정한 영업목적에 의하여 조직화된 업체, 즉 인적·물적 조직을 그 동일성은 유지하면서 일체로서 이전하는 것으로서 영업의 일부만의 양도도 가능하다. 영업양도가 이루어진 경우에는 원칙적으로 해당 근로자들의 근로관계가 양수하는 기업에 포괄적으로 승계된다. 여기서 영업의 동일성 여부는 일반 사회관념에 의하여 결정되어져야 할 사실인정의 문제이다. 문제의 행위가 영업의 양도로 인정되느냐 안 되느냐는 단지 어떠한 영업재산이 어느 정도로 이전되어 있는가에 의하여 결정되어져야 하는 것이 아니고 거기에 종래의 영업조직이 유지되어 그 조직이 전부 또는 중요한 일부로서 기능할 수 있는가에 의하여 결정되어져야 한다. 따라서 영업재산의 전부를 양도했어도 그 조직을 해체하여 양도했다면 영업

의 양도는 되지 않는 반면에 그 일부를 유보한 채 영업시설을 양도했어도 그 양도한 부분만으로도 종래의 조직이 유지되어 있다고 사회관념상 인정되면 그것을 영업의 양도라 볼 것이다.

2) 영업이 양도되면 반대의 특약이 없는 한 양도인과 근로자 사이의 근로관계는 원칙적으로 양수인에게 포괄적으로 승계된다. 영업양도 당사자 사이에 근로관계의 일부를 승계의 대상에서 제외하기로 하는 특약이 있는 경우에는 그에 따라 근로관계의 승계가 이루어지지 않을 수 있다. 그러나 그러한 특약은 실질적으로 해고나 다름이 없으므로 근기법 제23조 제1항 소정의 정당한 이유가 있어야 유효하며, 영업양도 그 자체만을 사유로 삼아 근로자를 해고하는 것은 정당한 이유가 있는 경우에 해당한다고 볼 수 없다.

3) 영업양도에 의하여 근로관계는 원칙적으로 양수인에게 포괄승계되지만 근로자는 반대의 의사를 표시함으로써 양수기업에 승계되는 대신 양도기업에 잔류하거나 양도기업과 양수기업 모두에서 퇴직할 수도 있다. 근로자가 양수기업에의 취업을 희망하는 의사를 표시한 경우에도 그 승계취업이 확정되기 전이라면 취업희망 의사표시를 철회하는 방법으로 승계 반대의사를 표시할 수 있다.

Ⅲ. 해설

1. 판결의 의의

영업양도가 이루어질 경우 양도인 근로자의 근로관계는 원칙적으로 양수인에게 승계된다는 것이 판례의 일관된 입장이다. 대상판결은 양도계약당사자가 영업양도계약에서 근로관계의 승계를 명시적으로 부정하고 단순한 자산매매계

약에 불과하다고 명시적으로 약정하고 있는 경우에 당사자의 의사에도 불구하고 근로관계는 승계될 수 있는지에 대해 판단하고 있다(판지 2) 부분).

한편, 근로관계의 포괄승계라는 효과를 발생하기 위한 요건으로서 영업양도는 어떤 경우에 인정되는지가 선결문제로 된다. 대상판결은 영업양도의 의의를 명확히 하고 있다(판지 1) 부분).

나아가 대상판결은 영업양도시 포괄승계에 대해 근로자가 승계 여부의 선택권을 가지는지, 가진다면 어떤 방식과 내용으로 행사하는지를 판단하고 있다(판지 3) 부분). 이는 영업의 일부가 양도된 상황에서 문제될 수 있다.

2. 영업양도와 근로관계의 승계

영업양도가 이루어지면 근로관계가 원칙적으로 포괄승계된다는 것은 판례의 일관된 입장이다. 근로관계의 승계에 대하여 명시적인 합의가 있는 경우는 물론이고(대판 1991. 11. 12, 91다12806; 대판 1998. 3. 13, 97다57122 등), 명시적인 합의가 없는 경우에도 영업양도로서의 성격이 인정된다면 근로관계의 포괄승계에 대한 묵시적인 합의가 있는 것으로 본다(대판 1987. 2. 24, 84다카1409; 대판 1992. 7. 14, 91다40276 등). 나아가 영업양도 당사자 사이에 근로관계의 일부를 승계의 대상에서 제외하기로 하는 특약이 있는 경우에도 그러한 특약은 실질적으로 해고와 다름이 없기 때문에 해고의 정당한 이유가 있어야 유효하며, 영업양도 그 자체만을 사유로 삼아 근로자를 해고하는 것은 정당한 이유가 있는 경우에 해당한다고 볼 수 없다고 한다(대판 1994. 6. 28, 93다33173; 대판 1991. 11. 12, 91다12806 등).

형식적으로 합병과 영업양도는 명확하게 구

별되지만, 근로관계의 관점에서 보면 양자 사이에 본질적 차이를 인정하기 어려운 점, 영업양도, 특히 영업의 전부를 양도하면서 근로관계의 전부 또는 일부를 승계대상에서 배제하면, 근로자가 관여할 수 없는 경영상 결정인 영업양도가 실질적인 해고 사유가 되는 것과 마찬가지의 결과가 발생하여 해고제한법리를 잠탈할 우려가 있는 점 등을 고려하면 타당한 결론이라고 판단된다.

3. 근로관계가 승계되는 영업양도의 의의

근로관계가 승계되기 위한 요건으로서의 영업양도의 의의에 대해 판례는 대상판결 판지 1과 같은 내용을 일관되게 판시하고 있다. 즉 근로관계가 포괄승계되기 위한 영업양도로 인정되기 위해서는 인적·물적 조직이 그 동일성을 유지하면서 양수인에게 이전되어야 한다는 것이다. 여기에서 인적·물적 조직의 동일성 유지 여부의 판단은 판례에 따르면 사회관념에 따라 결정되는 사실인정의 문제이다.

그런데 이 기준은 너무 추상적이어서 예측가능성을 결여하고 있다. 영업의 동일성 판단이 근로관계승계와 직접적으로 관련되어 있는 점을 고려하면 예측가능성을 제고할 수 있는 구체적 기준을 제시할 필요가 있다.

이런 관점에서 영업의 동일성이 유지되는지 여부는 계약의 형식적인 명칭이나 내용만으로 판단하여서는 안 되고, 계약체결 전후의 사정과 경위, 사업의 성격과 주된 내용, 현실적으로 이전된 물적·인적 조직의 범위와 내용 등을 종합적으로 고려하여 판단하여야 할 것이다.

4. 승계에 대한 근로자의 반대의사

영업의 일부가 양도된 경우에는 양도 전후의

상황에 따라 근로자가 근로관계의 승계를 원하지 않는 상황도 발생할 수 있다. 대상판결은 근로자에게 양도기업 잔류, 양도·양수기업 모두 퇴직하는 두 가지 선택지를 제시하고 있으나, 이후 판례는 양도 기업과 양수 기업 양쪽 모두에서 퇴직하고 양수회사에 새로이 입사하는 선택지도 추가하고 있다(대판 2002. 3. 29, 2000두8455; 대판 2005. 2. 25, 2004다34790; 대판 2010. 9. 30, 2010다41089; 대판 2012. 5. 10, 2011다45217 등).

근로관계 승계에 반대하는 의사는 근로자가 영업양도가 이루어진 사실을 안 날로부터 상당한 기간 내에 양도 기업 또는 양수 기업에게 표시해야 한다. 상당한 기간 내에 표시했는지 여부는 ① 양도 기업 또는 양수 기업이 근로자에게 영업양도 사실, 양도 이유, 양도가 근로자에게 미치는 법적·경제적·사회적 영향, 근로자와 관련하여 예상되는 조치 등을 고지하였는지 여부, ② 그와 같은 고지가 없었다면 근로자가 그러한 정보를 알았거나 알 수 있었던 시점, ③ 통상적인 근로자라면 그와 같은 정보를 바탕으로 근로관계 승계에 대한 자신의 의사를 결정하는 데 필요한 시간 등 제반 사정을 고려하여 판단한다(대판 2012. 5. 10, 2011다45217).

5. 승계 후 근로관계의 내용

영업양도로 인해 근로관계가 승계되는 경우 양수인은 양도인의 종전 근로계약상 지위를 그대로 승계하며, 따라서 승계된 근로자에 대해서는 종전과 동일한 근로조건이 유지된다. 합병 기타 조직통합에 대해서도 마찬가지이다(대판 1995. 12. 26, 95다41659; 대판 2010. 1. 28, 2009다32522,32539 등). 노동조합의 지위, 단체협약 등 집단적 노사관계도 원칙적으로 그대로 유지된다(대판 2002. 3. 26, 2000다3347; 대판 2004. 5. 14, 2002다23185,23192 등). 근로관계가 포괄적으로 승계되는 이상 당연하고 타당한 결론이다.

6. 판결의 특징과 영향

대상판결에서 주목되는 것은 첫째, 영업양도의 의의를 체계적으로 제시하고 있다. 다만 그 기준이 지나치게 추상적이기 때문에 영업양도 상황에서 예측가능성을 확보하기 어렵다. 따라서 영업양도의 핵심인 조직적 통일성 유무를 판단할 때에는 제조업, 서비스업 등 사업의 성격이나 주된 내용에 비추어 사업의 핵심적인 기능과 이를 위한 본질적 수단이 유지되고 있는지를 구체적으로 고려할 필요가 있다.

둘째, 대상판결은 영업양도시 근로관계의 포괄적인 승계를 인정하면서도, 근로자의 반대의사의 표시에 의해 승계를 거부할 수 있는 권리를 인정하고 있다. 판례는 민법 제657조 제1항에서 규정하는 근로자의 '동의' 대신에 '반대의 의사', '거부'라는 표현을 사용함으로써 영업양도 상황에서 노무의 전속성에 관한 민법 제657조 제1항에 기한 근로자의 선택의 자유 요청과 해고제한법리에 근거한 근로관계 포괄승계 요청을 규범적으로 적절히 조화시키고 있다고 평가할 수 있다.

한편, 영업의 일부가 양도된 상황에서 근로자가 승계 반대의사를 표시하고 양도기업에 잔류하면, 양도 기업에는 인원과잉이 되어 경영상 해고가 이루어질 수도 있다. 판례는 이 경우 원래의 사용자는 "정리해고로서의 정당한 요건이 갖추어져 있다면 그 절차에 따라 승계를 거부한 근로자를 해고할 수 있다"고 하고 있다(대판 2000. 10. 13, 98다11437). 그런데 승계를 거부한 근로자가 당연히 우선적인 해고대상자로 되는 것은 아니다. 그렇게 해석한다면 승계 여부에 대한 근로자의 선택권을 규범적으로 인정한 의의가 없어지기 때문이다. 따라서 이 상황에서도 해고대상자 선정은 원칙적으로 일반적인 기준에 따르되, 승계 거부에 정당한 이유가 있는지 여부도 함께 고려하여 판단하는 것이 적절할 것이다.

◆◆ 참고문헌

김경태, "근로관계 승계의 효과", 『노동판례백선』, 한국노동법학회, 2015.
김홍영, "영업양도에서 퇴직금을 지급받기 위한 근로자의 승계거부권", 『노동판례리뷰 2012－2013』, 한국노동연구원, 2014.
이승욱, "고용승계를 위한 영업양도 해당성의 판단기준", 『노동법률』 2002년 5월호, 중앙경제.
이흥재·이승욱, "영업양도와 해고제한", 『서울대학교 법학』 제40권 제3호, 서울대학교법학연구소, 1999.

57. 회사분할과 근로관계의 승계

— 대법원 2013. 12. 12. 선고 2011두4282 판결(부당전적구제재심판정취소) —

권오성(성신여대 법과대학)

I. 사실관계

H사는 법인사업(상품권, 유니폼, 행사용품 등의 판매사업), 식품사업(식자재 납품사업), IT사업(H백화점 계열사 전산프로그램 개발 사업)을 운영해오다가 2008. 10.경 법인사업 부문을 분할하기로 계획하고, H백화점 노동조합에 대하여 노사협의를 요구하였으나, H백화점 노동조합은 이러한 사업부문의 분할은 해당 사업부문에 종사하는 근로자들의 근로조건에 중대한 변화를 초래할 것이므로 해당 조합원들의 근로조건을 단체협약으로 정할 것을 주장하며 단체교섭을 요구하였다. 그러나 H사는 사업부문 분할과 관련된 사항은 단체교섭 사항이 아니고, 기존 근로조건이 유지될 것이라는 이유로 H백화점 노동조합의 단체교섭 요구에 응하지 않았다.

이러한 상황에서 H사는 2008. 10.경부터 2009. 3.경까지 경인지역 직원, 영남지역 직원, 노조전임자들을 상대로 회사분할의 필요성과 방법, 해당 사업부문 근로자 전원에 대한 고용승계 및 근로조건 유지 등에 관한 설명회를 개최한 후 2009. 3. 27. 주주총회를 거쳐 같은 달 31. 전 직원을 상대로 조직변동 사항을 공지하였다. 다만, H사는 소속이 변경되는 근로자들에 대한 인사명령을 하거나 개별 통지를 하지는 않았다. 2009. 4. 1. H사는 기존 회사 내 법

인사업부 등을 분할하여 H2사를 설립하였고, 이후 H2사가 분할대상 사업부문 소속 근로자들에게 4월분 임금을 지급하는 한편, 근로자들에 대한 인사권을 행사하였다.

이 사건 근로자는 2009. 5. 초 서울지방노동청으로부터 고용보험 피보험자격 신고사실 통지를 받고나서 소속변경을 알게 되었고, 이에 따라 2009. 5. 14. H사에 '아무런 협의절차를 거치지 않은 채 소속이 변경된 것은 부당하다'는 취지의 이의신청서를 제출하였고, 이후 H사가 일방적으로 소속을 변경한 것은 부당전적에 해당한다는 이유로 2009. 6. 3. 서울지방노동위원회에 부당전적 구제신청을 하였으나, 서울지방노동위원회는 2009. 7. 30. '이 사건 전적은 참가인의 사전적, 포괄적 동의하에 이루어진 것으로서 부당하지 않다'는 이유로 구제신청을 기각하였다(서울지방노동위원회 2009. 7. 30. 판정 2009부해1189/부노59 병합). 이에 근로자는 중앙노동위원회에 재심신청을 하였고, 중앙노동위원회는 2009. 10. 14. '회사분할로 인하여 근로자의 소속이 변경되는 경우에도 근로자 보호 측면에서 개별근로자의 동의를 받거나 혹은 필요한 상당한 기간 동안 거부권을 행사하도록 하는 것이 타당하다. 그런데, 이 사건의 경우 근로자의 개별적인 동의가 없었을 뿐 아니라 계열기업들 사이에 직원의 동의없는 인사교류가 관행으로 확립되었다고 보기도 어렵기 때문

에 이 사건 전적은 인사재량권의 범위를 일탈한 부당한 조치에 해당한다'는 취지로 초심판정을 취소하고 구제신청을 인용하였다(중앙노동위원회 2009. 10. 14. 판정 2009부해731). 이에 H사는 중앙노동위원회의 재심판정의 취소를 구하는 소를 제기하였다.

Ⅱ. 판결의 내용

H사의 청구에 대하여 1심법원은 "회사분할로 인한 고용승계도 사용자가 회사 분할시 근로자의 동의를 얻지 아니하고 다른 회사로 고용승계시키는 관행이 있어서 그 관행이 근로계약의 내용을 이루고 있다는 등의 특별한 사정이 없는 한 민법 제657조 제1항과 근로기준법 제30조 제1항에 근거하여 전적의 경우와 마찬가지로 근로자의 동의를 얻어야 효력이 발생하는 것으로 봄이 상당하다"는 이유로 H사의 청구를 기각하였다(서울행판 2010. 6. 17, 2009구합52028). 이에 H사는 항소하였는바, 원심법원은 "회사분할시 분할대상이 되는 사업에 종사하던 근로자들에 대한 근로관계는 원칙적으로 신설회사에 포괄적으로 승계되나, 예외적으로 근로자가 거부권을 행사하는 경우 그 근로자에 대한 근로관계는 근로관계 승계대상에서 제외된다고 보는 것이 옳다. 사용자는 근로자가 거부권을 행사하는 것을 보장하기 위하여, 회사분할시 원칙적으로 포괄승계 대상이 되는 근로자에게 사회통념상 거부권 행사에 필요한 상당한 기간을 부여하여야 한다."는 이유로 판단의 이유를 달리하면서도 H사의 항소를 기각하였다(서울고판 2011. 1. 19, 2010누21732).

이에 H사가 상고하였는바, 상고심에서 대법원은 "상법 제530조의10은 분할로 인하여 설립되는 회사(이하 '신설회사'라고 한다)는 분할하는 회사의 권리와 의무를 분할계획서가 정하는 바에 따라서 승계한다고 규정하고 있으므로, 분할하는 회사의 근로관계도 위 규정에 따른 승계의 대상에 포함될 수 있다. …… 둘 이상의 사업을 영위하던 회사의 분할에 따라 일부 사업 부문이 신설회사에 승계되는 경우 분할하는 회사가 분할계획서에 대한 주주총회의 승인을 얻기 전에 미리 노동조합과 근로자들에게 회사분할의 배경, 목적 및 시기, 승계되는 근로관계의 범위와 내용, 신설회사의 개요 및 업무 내용 등을 설명하고 이해와 협력을 구하는 절차를 거쳤다면 그 승계되는 사업에 관한 근로관계는 해당 근로자의 동의를 받지 못한 경우라도 신설회사에 승계되는 것이 원칙이다. 다만 회사의 분할이 근로기준법상 해고의 제한을 회피하면서 해당 근로자를 해고하기 위한 방편으로 이용되는 등의 특별한 사정이 있는 경우에는, 해당 근로자는 근로관계의 승계를 통지받거나 이를 알게 된 때부터 사회통념상 상당한 기간 내에 반대 의사를 표시함으로써 근로관계의 승계를 거부하고 분할하는 회사에 잔류할 수 있다."는 이유로 원심판결을 파기하고, 사건을 서울고등법원에 환송하였다(대판 2013. 12. 12, 2011두4282, 이하 "대상판결"이라고 한다). 이후 파기환송심은 "원고 회사는 이 사건 회사분할과 관련하여 20여 차례에 걸쳐 과장급 이하 사원들을 대상으로 조직된 H 노동조합에 협의를 요구하면서 이 사건 회사분할에 관하여 설명하였고, 「근로기준법」이나 상법 등 관계 법령에서는 근로자와의 협의절차의 이행을 회사분할의 요건으로 규정하고 있지 않으며, 그 설명과 협의의 내용에 관하여도 법령에 규정된 바 없는 점 등을 종합적으로 고려하면, 원고 회사는 이 사건 분할에 관하여 근로자들에게 설명 및 이해와 협력을 구하는 절차를 이행하였다고 봄이 상당"하다고 보아 1심판결 및 재심판정을 취소하였고(서울고판 2014. 10. 23, 2014누1033), 이에 중앙노동위원회위원장이 상고하였으나 심리불속행 기각으로 확정되었다(대판 2015. 3. 12, 2014두14716).

Ⅲ. 해설

1. 상법상 회사분할 제도의 도입 경위

우리나라에 회사분할제도가 도입된 것은 1998. 12. 28. 법률 제5591호로 개정된 상법을 통해서이다. 당시 상법에 회사분할 제도가 도입된 배경은 1997년 외환위기로 초래된 경제위기의 극복을 위하여 기업의 구조조정을 용이하게 하기 위한 것이었다. 회사분할은 하나의 회사가 두 개 이상의 회사로 분리된다는 점에서 근로자로서는 회사분할 이후 복수의 회사 중 어느 회사에 소속될 것인가라는 문제가 항상 발생할 수밖에 없다. 따라서 회사분할의 국면에서의 근로자 보호를 위하여 ① 사전적으로는 회사분할 절차에 대한 근로자 및 노동조합의 참여권을 보장하고, ② 사후적으로는 근로관계의 승계를 원하지 않는 근로자에게 거부권을 부여하는 한편 신설회사로의 승계를 희망하나 그 대상에서 제외된 근로자에게 이의신청권을 부여하는 등 근로자의 선택권을 보장하기 위한 규정을 마련할 필요가 있다. 그러나 우리나라는 1998년 당시는 물론 그 이후에도 회사분할시 근로자의 보호에 관한 아무런 입법도 하지 않고 있다.

2. 회사분할과 근로관계의 승계

회사분할시 근로관계의 승계에 관한 명문의

법규정이 없는 상황에서 종래 하급심 판결은 ① 근로관계의 승계에 근로자의 동의가 필요하다고 본 판결(서울중앙지판 2006. 2. 9, 2004가합84103 등)과 ② 근로관계의 승계가 원칙이나, 근로자에게 '거부권'을 인정한 판결(서울행판 2008. 9. 11, 2007구합45583 등)의 두 가지 입장으로 나뉘었다. 이러한 두 가지 입장의 판결들은 그 판단의 이유는 다르지만 회사분할의 국면에 있어 '기업조직재편의 필요성'이라는 사용자의 이해보다는 '직장에 대한 선택권'이라는 근로자의 이익을 우선적으로 고려하였다고 평가할 수 있을 것인바, 대상판결의 1심판결은 ①의 입장에 따른 판결이고, 원심판결은 ②의 입장에 따른 판결이다. 그런데 대상판결은 분할신설회사는 분할계획서가 정하는 바에 따라 분할회사의 권리와 의무를 승계한다는 상법 제530조의10이 근로관계에도 적용됨을 전제로 ① 회사분할에 따라 일부 '사업 부문'이 신설회사에 승계되고(실체적 요건), ② 분할계획서에 대한 주주총회의 승인을 얻기 전에 미리 노동조합과 근로자들에게 설명하고 이해와 협력을 구하면(절차적 요건) 해당 근로자의 동의를 받지 않더라도 근로관계가 신설회사에 승계되고, 다만 ③ 회사분할이 근로기준법상 해고의 제한을 회피하는 방편으로 이용되는 등의 '특별한 사정'이 있는 경우에만 예외적으로 해당 근로자의 거부권이 인정된다고 판단하였고, 대상판결의 이러한 판시는 이후 회사분할시 근로관계의 승계에 관한 사실상의 규범으로 기능하고 있는 형편이다.

3. 평가

회사분할은 합병과 달리 회사의 재산의 일부가 신설회사로 승계되므로 상법은 이러한 특성을 반영하여 분할계획서에 이전될 재산 등을 기재하도록 정하고 있다. 그런데 상법 제530조 의5 제1항 제7호는 분할계획서의 기재사항으로 분할신설회사에 이전될 '재산과 그 가액'을, 같은 조 제2항 제3호는 분할로 인하여 이전할 '재산과 그 가액'을 규정하고 있다. 따라서 상법의 문언상 '근로계약'은 분할계획서의 기재사항으로 볼 수 없다. 이러한 분할계획서는 일반적인 의사표시와 달리 사적자치의 원칙이 적용되기는 어려운 특성을 갖는다. 따라서 분할계획서에 근로계약이나 단체협약이 승계된다고 기재하더라도 이는 분할계획서의 '무익적 기재사항'에 불과하다. 이처럼 상법 제530조의10은 근로관계의 승계에 적용될 것을 예정하여 입법된 규정이 아니다. 따라서 회사분할의 경우 고용계약의 전속성에 관한 민법 제657조 제1항에도 불구하고 회사분할로 신설회사에 승계되는 사업에 소속된 근로자의 근로관계가 원칙적으로 신설회사로 승계되는 것으로 보기 위해서는 회사분할 시 근로관계의 승계에 관해 '법률의 흠결'이 있음을 확인하고, 이러한 법률의 흠결을 보충하기 위해 회사분할시 근로관계가 원칙적으로 승계된다는 '법형성'을 할 수 있는가를 정면으로 논증해 내는 것이 올바른 접근일 것이다. 이와 반대로 대상판결은 법관의 법형성 작용을 법발견 내지 법해석으로 위장하는 방법으로 법관의 법형성에 요구되는 법적 논증의 책임을 회피하였다.

현행 회사분할 제도는 영업양도나 영업의 현물출자 시 요구되는 '개별적 권리이전절차'라는 번잡함을 줄여준 것에 불과하다고 할 것이다. 따라서 회사분할시 근로관계의 승계에 관한 별도의 입법이 있기 전까지는 영업양도, 특히 영업의 일부양도시 근로관계의 승계 및 근로자의 거부권에 관한 판례법리를 회사분할에 유추하여 해결하는 것이 적절하다.

◆ 참고문헌

권오성, "회사분할과 근로관계의 승계", 『노동법학』 제66호, 한국노동법학회, 2018.
권오성, "회사분할과 단체협약의 승계", 『노동법연구』 제44호, 서울대학교 노동법연구회, 2018.
권오성, "회사분할과 집단적 노사관계", 『노동법학』 제75호, 한국노동법학회, 2020.
박은정, "회사분할과 개별적 근로관계의 승계" 『노동법학』 제71호, 한국노동법학회, 2019.

58. 기간제 근로계약의 갱신기대권

― 대법원 2011. 4. 14. 선고 2007두1729 판결(부당해고구제재심판정취소) ―

노상헌(서울시립대 법학전문대학원)

Ⅰ. 사실관계

원고들(X)은 서울시 산하 참가인인 서울특별시시설관리공단(Y)과 2002. 12. 9.부터 2003. 12. 31.까지 위탁계약을 체결하고 장애인콜택시의 운행업무를 수행하였다. Y는 계약기간이 만료되기 이전 2003. 11.경 계약연장 여부를 결정하기 위하여 심사위원회를 구성하고, 기준항목을 평가하여 총점 70점 이상자에 대하여는 연장계약을 체결하되, 총점 70점 미만자에 대하여는 계약을 종료시키는 심사기준을 마련하였다.

서울특별시 장애인콜택시 관리 및 운행에 관한 조례(이하 '조례')에 따르면, 서울시가 장애인콜택시의 관리 및 운행과 콜센터의 운영에 관하여 Y 외의 법인 또는 단체에게 위탁할 수 있도록 규정되어 있고, 수탁기관이 제3자에게 재위탁하는 경우 계약기간을 1년 단위로 하도록 규정하고 있다. X의 계약 내용을 보면, 계약기간을 2002. 12. 9.부터 2003. 12. 31.까지로 정하고, 계약기간 중 당사자 일방이 계약을 유지할 수 없는 사정이 발생한 경우 30일 전까지 서면으로 상대방에게 통지만 하면 중도 해지할 수 있으며, 위탁기간이 만료되거나 계약이 중도 해지되는 경우에는 계약이 종료되는 것으로 정하였다.

Y는 2003. 12. 심사기준에 따라 70점 미만자에 해당하는 X 등 운전자 11명에 대하여 2003. 12. 31.자로 계약이 종료됨을 통보하여 계약갱신 거절을 통지하고, 나머지 운전자 89명과 연장계약을 체결하였다. 이에 X는 계약이 갱신되리라는 정당한 기대권을 인정할 수 있고, Y가 공정성 및 객관성이 결여된 심사과정을 거쳐 X에 대하여 갱신 기준 점수 미만이라는 점을 들어 계약갱신을 거절한 것은 정당성을 결여한 것으로서 효력이 없다고 주장하였다.

Ⅱ. 판결의 내용

기간을 정하여 근로계약을 체결한 근로자의 경우 그 기간이 만료됨으로써 근로자로서의 신분관계는 당연히 종료되고 근로계약을 갱신하지 못하면 갱신거절의 의사표시가 없어도 그 근로자는 당연 퇴직되는 것이 원칙이다. 그러나 근로계약, 취업규칙, 단체협약 등에서 기간만료에도 불구하고 일정한 요건이 충족되면 당해 근로계약이 갱신된다는 취지의 규정을 두고 있거나, 그러한 규정이 없더라도 근로계약의 내용과 근로계약이 이루어지게 된 동기 및 경위, 계약 갱신의 기준 등 갱신에 관한 요건이나 절차의 설정 여부 및 그 실태, 근로자가 수행하는 업무의 내용 등 당해 근로관계를 둘러싼 여러 사정을 종합하여 볼 때 근로계약 당사자 사이에 일정한 요건이 충족되면 근로계약이 갱신된다는 신뢰관계가 형성되어 있어 근로자에게 그에 따라 근로계약이 갱신될 수 있으리라는 정당한 기대권이 인정되는 경우에는 사용자가 이에 위반하여 부당하게 근로계약의 갱신을 거절하는 것은 부당해고와 마찬가지로 아무런 효력이 없고, 이 경우 기간만료 후의 근로관계는 종전의 근로계약이 갱신된 것과 동일하다고 할 것이다.

Ⅲ. 해설

1. 기간제 근로계약의 갱신기대권

갱신기대권의 법리를 살펴본다. 「기간제 및 단시간근로자 보호 등에 관한 법률」(이하 '기간제법')의 제정으로 현재는 효력을 상실한 근로계약 기간에 관한 근로기준법 규정을 보면, '근로계약은 기간을 정하지 아니한 것과 일정한 사업의 완료에 필요한 기간을 정한 것 외에는 그 기간은 1년을 초과하지 못한다.'(§16)고 규정하였다. 이 규정에 따르면, 근로계약은 ① 기간의 정함이 없거나, ② 일정한 사업의 완료까지 정하거나, ③ 1년 이내로 정하여야 한다. 근로계약 기간을 강행규정으로 정한 법의 취지는 장기계약에서 생길 수 있는 인신구속의 폐해를 예방하기 위함이다. 예컨대 ①의 기간의 정함이 없는 경우, 근로자는 사직의 자유로서 언제든지 근로관계의 구속으로부터 벗어날 수 있고, ②의 일정한 사업의 완료까지 근로계약 기간을 정하면, 노사 당사자는 근로계약의 종기를 예측함으로써 불측의 피해를 줄일 수 있으며, ③의 1년 이내 기간 설정은 장기계약에서 우려되는 근로자의 구속을 예방할 수 있는 것이다.

위 근로계약 기간의 취지를 사용자 관점에서 재해석하면, ①의 기간의 정함이 없는 경우,

사용자에 의한 해고는 제한됨으로써 근로계약관계 해소에는 '정당한 이유' 입증이라는 시간과 비용이 들고, ②의 일정한 사업의 완료까지 근로계약을 정하면, 사용자는 근로자의 일방적 사직에 따르는 불측의 피해를 줄일 수 있으며, ③의 1년 이내 단기간 근로계약을 체결하면 필요에 따라 갱신할 수 있는 유연성을 확보할 수 있다. 이러한 근로계약 기간의 이해에서 사용자는 고용의 유연성을 확보하면서 해고에서 발생하는 비용과 긴장관계를 회피하는 대책으로 '기간제고용'을 다양하게 활용하였다. 근로기준법은 명시적으로 1년 이내의 계약이라면 반복·갱신 횟수 및 총 근로기간을 제한하지 않았고, 사용자는 기간제 근로계약을 이용하여 해고법리를 피하면서 고용을 유연하게 조정할 수 있었다. 이를 기간제근로자의 입장에서 보면, 계약기간 만료에 즈음하여 사용자의 일방적인 근로계약 종료통보(이른바 관념의 통지)로 고용이 종료(실질적 해고)될 수 있다는 불안정한 지위에서 자신의 노동법상 권리조차 제대로 주장하지 못하는 열악한 상태에 놓이게 되었다.

기간제 근로계약에 대한 사용자의 일방적 결정에 대하여 대법원은 기간제 근로계약에 대한 갱신거절을 제한하고 해고법리를 적용하기 위한 법리를 형성하여 왔다. 그 하나는 '사실상 무기계약'으로 보는 것으로서, 기간제고용이 반복 갱신되어 기간의 정함이 형식에 불과한 것으로 볼 수 있는 경우, 갱신거절은 해고처분이고 근로기준법 제23조에 따른 정당한 사유가 없는 한 부당해고로 해석하는 것이다. 다른 하나는 '갱신기대권'을 인정하여, 설사 기간제 근로계약이더라도 언제나 기간만료로 근로관계를 종료시킬 수 있는 것이 아니라, 신뢰관계가 형성되어 갱신기대권이 인정되는 경우 부당하게

갱신을 거절하는 것은 부당해고와 마찬가지로 효력이 없다고 보는 것이다.

전자의 입장에서 기간제 근로계약을 체결한 근로자에게 해고의 법리를 적용하여야 한다고 선고한 최초의 판결이 이른바 연세어학당 사건이다(대판 1994. 1. 11, 93다17843). 대법원은 '기간을 정하여 채용된 근로자라고 할지라도 장기간에 걸쳐서 그 기간의 갱신이 반복되어 그 정한 기간이 단지 형식에 불과하게 된 경우에는 사실상 기간의 정함이 없는 근로자의 경우와 다를 바가 없게 되는 것이고, 그 경우에 사용자가 정당한 사유 없이 갱신계약의 체결을 거절하는 것은 해고와 마찬가지로 무효'라고 판시하여, 기간제근로자를 기간의 정함이 없는 근로자로 '사실상' 간주하기 위한 요건, 판단요소 및 법적 효과를 제시하였다.

후자의 갱신기대권이라는 개념이 판례에서 정립된 것은 대판 2005. 7. 8, 2002두8640을 통해서이다. 계약기간을 정하여 임용된 근로자의 경우 그 기간이 만료됨으로써 근로자로서의 신분관계는 당연히 종료되고 재임용계약을 체결하지 못하면 재임용거부결정 등 특별한 절차를 거치지 않아도 당연퇴직되나, 임용의 근거가 된 법령 등의 규정이나 계약 등에서 임용권자에게 임용기간이 만료된 근로자를 재임용할 의무를 지우거나 재임용절차 및 요건 등에 관한 근거규정을 두고 있어 근로자에게 소정의 절차에 따라 재임용될 수 있으리라는 정당한 기대권이 인정되는 경우에는 사용자가 그 절차에 위반하여 부당하게 근로자를 재임용에서 제외하는 것은 실질적으로 부당해고와 동일시할 수 있다는 법리를 형성하였다.

2. 기간제법 시행과 갱신기대권

2007년 기간제법 시행으로 기간제법이 적용되는 기간제고용에 대하여 갱신기대권이 적용되는지 다툼이 있었다. 즉 기간제법은 불합리한 차별의 시정과 근로조건의 보호를 목적으로 하면서, 근로계약기간에 대해서는 2년을 초과하지 못하도록 규정한 취지에 대한 해석의 차이이다(법 제4조). 기간제법 시행으로 노사당사자는 2년 이내에서 근로계약의 기간을 자유롭게 설정할 수 있고, 2년의 기간 내에서 계약기간이 만료하면 해당 근로계약은 원칙적으로 소멸하여 근로자에게 총 사용기간이 2년을 초과하는 재계약이 체결될 수 있으리라는 기대권이 인정될 수 없다는 법원의 해석이 나왔다(서울고판 2011. 8. 18, 2011누9821, 대법원에서 심리불속행 판결로 결론이 유지되었다). 이에 대하여 기간제법 제4조 규정을 근거로 기간제근로자의 근속기간이 2년이 되면 근로관계를 종료하는 것으로 당연히 예정된다고 해석하는 것은 타당하지 않다는 비판이 제기되었고, 대법원이 판결로 논란을 정리하였다. 대법원은 기간제법의 시행으로 사용자가 2년의 기간 내에서 기간제근로자를 사용할 수 있고, 기간제근로자의 총 사용기간이 2년을 초과할 경우 기간제근로자가 기간의 정함이 없는 근로자로 간주되더라도, 기간제법 제4조의 입법 취지가 기본적으로 기간제 근로계약의 남용을 방지함으로써 근로자의 지위를 보장하려는 데에 있는 점을 고려하면, 기간제법의 시행만으로 시행 전에 이미 형성된 기간제근로자의 갱신에 대한 정당한 기대권이 배제 또는 제한된다고 볼 수는 없고, 나아가 위 규정에 의하여 기간제근로자의 갱신에 대한 정당한 기대권 형성이 제한되는 것도 아니라고 해석하였다. 또한 정당한 기대권이 인정되는 경우에는 사용자가 이에 위반하여 부당하게 근로계약의 갱신을 거절하는 것은 부당해고와 마찬가지로 아무런 효력이 없고, 이 경우 기간만료 후의 근로관계는 종전 근로계약이 갱신된 것과 동일하다는 갱신거절의 법적 효력을 규명하였다(대판 2016. 11. 10, 2014두45765).

3. 평가

대상판결은 기간제법의 시행과 관련하여 기간제 근로계약의 갱신기대권에 대한 논의가 다양하게 진행되는 상황에서 갱신기대권의 법리를 정립한 점에 의미가 있다. 즉 '근로계약, 취업규칙, 단체협약에 갱신절차 규정이 없는 경우에도 근로계약의 내용과 근로계약이 이루어지게 된 동기 및 경위, 계약 갱신의 기준 등 갱신에 관한 요건이나 절차의 설정 여부 및 그 실태, 근로자가 수행하는 업무의 내용 등 당해 근로관계를 둘러싼 여러 사정'을 볼 때 갱신기대권을 인정하여야 한다는 학설의 논의를 수용하는 한편 다수의 하급심 판결을 대상판결이 정리하였다고 평가한다.

또한 대상판결은 첫 번째 갱신 시점에 갱신을 거절한 사안으로 이전에 반복갱신을 해 온 사실이 없더라도 갱신기대권을 인정할 수 있다는 점을 밝혔고, 기간만료 후의 근로관계는 종전의 근로계약이 갱신된 것과 동일하다고 하여

부당한 갱신거절에 대하여 손해배상청구만 가능하다는 것이 아니라 복직이 되어야 한다는 점을 명확히 하였다. 그리고 갱신기대권 법리는 진전하여 앞서 언급한 대법원 2014두45765 판결에서 부당한 갱신거절의 법적 효력의 해석과 기간제법의 시행으로 기간제근로자의 갱신에 대한 정당한 기대권 형성이 제한되는 것은 아니라고 명시하여 기간제법의 시행과 갱신기대권을 둘러싼 논란을 종식시켰다.

대상판결은 갱신 심사 시 심사기준에 자의적 평가가 개입될 여지가 있어 객관성 및 공정성이 결여되어 있거나, 심사 자체가 불공정하게 이루어진 것이라면 갱신거절의 정당성이 결여되어 부당해고라고 보았다. 요컨대 주관적인 평가기준만을 가지고 기간제근로자를 심사하여 갱신 거절한 것이라면 평가의 공정성과 객관성이 결여되어 갱신거절의 합리성이 인정받을 수 없고, 심사기준에 따라 심사가 이루어졌더라도 심사기준의 공정성, 객관성 그리고 심사 실시 자체의 공정성은 사용자가 입증하여야 한다는 것이다.

◆ **참고문헌**

김홍영, "기간제법의 시행 이후 갱신기대권의 인정 여부", 『노동법학』 제41호, 2012.
도재형, "기간제 근로계약 갱신 거절권의 제한", 『노동법연구』 제24호, 2008.

59. 기간제한 예외자(고령자)의 갱신기대권

— 대법원 2017. 2. 3. 선고 2016두50563 판결(부당해고구제재심판정취소) —

이율경(법학박사)

Ⅰ. 사실관계

상시근로자 49명을 사용하여 골프장업을 운영하는 회사(참가인)는 2011. 10. 1. 이 사건 근로자들(원고)과 1년의 근로계약을 체결한 후 2014. 2. 28.까지 새로운 근로계약을 체결하지 아니한 채 원고들을 계속하여 코스관리팀 사원으로 사용하였다. 참가인은 매년 계약기간 만료 후에도 원고들의 근무태도나 회사에 대한 기여 정도 등에 대한 객관적 평가를 거치지 않은 채 원고들과 근로계약을 묵시적으로 갱신하였고, 2014. 3. 1. 원고들의 연봉을 인상하면서 계약기간 1년의 근로계약서를 새로 작성하였다. 한편, 참가인의 인사규정에는 임·직원의 정년을 만 55세로 규정하고 있어 참가인은 2011년 11월경 원고들을 포함하여 약 20명의 근로자들에게 정년퇴직 안내를 통지하였으나 퇴직절차를 진행하지 않고 계속 근무하게 하였다. 그러한 가운데 참가인은 2015년 1월경 원고들에게 같은 해 2월에 계약기간이 만료될 예정인 사실을 각각 서면으로 통보하였다. 이에 원고들은 참가인의 근로계약 기간 만료 통보가 부당해고라며 지방노동위원회에 구제신청을 제기하였으나 기각되고 중앙노동위원회의 재심절차에서도 기각되었다. 그리고 원고들이 행정소송을 제기하였는데, 1심에서는 중노위 재심결정을 취소하였고 2심에서 항소가 기각되었으며, 상고되었으나 대상판결의 요지와 같은 이유로 기각되었다.

Ⅱ. 판결의 내용

대상판결은 "기간제법 제4조 제1항 단서 예외사유에 해당하지 않는 한 2년을 초과해 기간제근로자로 사용하는 경우 기간의 정함이 없는 근로계약을 체결한 것으로 간주하고 있으나, 기간제법의 입법취지가 기간제근로자 및 단시간 근로자에 대한 불합리한 차별을 시정하고 근로조건 보호를 강화하기 위한 것임을 고려하면, 예외사유에 해당한다는 이유만으로 갱신기대권에 관한 법리적용이 배제된다 볼 수 없다."고 하여 정년을 이미 경과한 상태에서 근로계약을 체결하고 근무하는 경우에도 근로계약에 대한 갱신기대권이 인정될 수 있다고 판시하였다. 이때 갱신기대권의 판단기준으로 "정년을 이미 경과한 상태에서 기간제 근로계약을 체결한 경우, 해당 직무성격에 의하여 요구되는 직무수행 능력과 당해 근로자의 업무수행 적격성, 연령에 따른 작업능률 저하나 위험성 증대의 정도, 해당 사업장에서 정년을 경과한 고령자가 근무하는 실태 및 계약이 갱신되어 온 사례 등을 종합적 고려해 근로계약 갱신에 관한 정당한 기대권 인정여부를 판단하여야 한다."고 설시하였다. 이에 따라 이 사건 원고들의 갱신기대권의 인정여부에 대해서는 "원고들에게는 정년이 도과하여 기간의 정함이 없는 근로자로 전환될 수 없다고 하더라도 근로계약이 갱신되리라는 정당한 기대권이 인정된다고 봄이 상당하고, 그 갱신거절의 정당한 이유를 찾아볼 수도 없으므로, 이 사건 근로계약종료는 부당해고에 해당한다"고 판시하였다.

Ⅲ. 해설

1. 대상판결의 쟁점과 의의

이 판결의 주요 쟁점은 정년 후 기간제 근로계약을 체결하여 기간제법에 의해 2년의 사용기간 제한의 예외에 해당하는 고령자로 볼 수 있는 근로자에 대해 갱신기대권이 인정되는지 여부 또는 갱신거절의 합리적 이유에 관한 것이다. 대상판결은 정년을 이미 경과한 상태에서 기간제 근로계약을 체결한 경우 근로계약 기간의 종료 시 기간의 정함이 없는 근로자로 전환될 수는 없다고 하더라도 근로계약이 갱신되리라는 정당한 기대권이 인정될 수 있음을 명시하면서 그 요건을 판시하였다.

이 판결은 기간제법상 기간제한 예외자인 고령자가 갱신기대권을 가질 수 있는지 여부를 판단한 최초의 판결로서, 기간제 근로자의 보호라는 기간제법의 요청과 고령화 사회에서 고령자 고용촉진의 필요성이라는 딜레마를 합리적으로 고려한 판결이라고 할 수 있다.

2. 갱신기대권 법리의 전개

1) 기간의 정함이 있는 근로계약과 갱신기대권 법리

원칙적으로 기간을 정한 근로계약은 그 기간이 만료됨으로써 당연히 종료된다. 그런데 실무에서 사용자가 해고제한 회피의 목적으로 기간의 정함이 있는 근로계약을 체결하여 근로계약을 종료함으로써 해고제한규정이 형해화되는 문제와 근로자 고용 보호의 필요성이 대두되었다. 이와 같은 문제를 해결하기 위해 판례법리가 전개되었는데, 그 내용은 장기간에 걸쳐 근로계약이 반복적으로 갱신되어 기간에 대한 약정이 형식에 불과하다고 보는 경우(사실상 무기계약)와 기간에 대한 약정의 효력을 인정하되 제반사정으로 보아 계속고용이 기대되면 합리적 이유없이 갱신을 거절하는 것은 부당해고와 마찬가지로 무효라고 보는 경우로 크게 나뉘어진다. 후자의 경우가 이른바 '갱신기대권 법리'이다.

갱신기대권이라는 개념은 2005년 대법원 판결(대판 2005. 7. 8, 2002두8640)에서 최초로 명시적으로 인정된 이후 일정한 요건 하에서 인정되어 오고 있다. 최근에는 갱신기대권에 대해 근로계약, 취업규칙, 단체협약 등의 규범에서 재임용에 관한 명문의 근거규정이 없더라도 "근로계약의 내용과 근로계약이 이루어지게 된 동기 및 경위, 계약갱신의 기준 등 갱신에 관한 요건이나 절차의 설정 여부 및 그 실태, 근로자가 수행하는 업무의 내용 등 당해 근로관계를 둘러싼 여러 사정을 종합하여 볼 때, 근로계약 당사자 사이에 일정한 요건이 충족되면 근로계약이 갱신된다는 신뢰관계가 형성되어 있어서 근로자에게 근로계약이 갱신될 수 있으리라는 정당한 기대권이 인정되는 경우에는 사용자가 이를 위반하여 부당하게 근로계약 갱신을 거절하는 것은 부당해고와 마찬가지로 효력이 없고 이 경우 기간만료 후의 근로관계는 종전의 근로계약이 갱신된 것과 동일하다"고 판시하여 (대판 2011. 4. 14, 2007두1729, 대판 2011. 7. 28, 2009두2665 등) 갱신기대권에 대한 인정기준을 확대하고 있다.

2) 기간제법 시행과 갱신기대권의 관계

2007년에 기간제법이 제정되면서 갱신기대권 법리의 적용 여부에 대한 논란이 제기되었다. 학계에서는, 갱신기대권 법리는 기간제법이 시행되기 전에 근로자의 고용보호를 위한 보충적 법리였는데 기간제법의 제정으로 그 법률의 흠결이 보완되었으므로 더 이상 갱신기대권 법리의 적용은 불요하다는 견해, 기간제 근로에서도 근로관계 존속 보호의 필요성이 있으므로 기존의 기간제 보호법리를 배척할 이유가 없다는 견해 등으로 크게 엇갈렸고, 하급심 판결에서도 찬반이 나뉘었다.

그러나 2016년 대법원 판결(대판 2016. 11. 10, 2014두45765)은 "기간제법의 시행으로 사용자가 2년의 기간 내에서 기간제근로자를 사용할 수 있고, 기간제근로자의 총 사용기간이 2년을 초과할 경우 그 기간제근로자가 기간의 정함이 없는 근로자로 간주되더라도, 위 규정들의 입법취지가 기본적으로 기간제 근로계약의 남용을 방지함으로써 근로자의 지위를 보장하려는 데에 있는 점을 고려하면, 기간제법의 시행만으로 그 시행 전에 이미 형성된 기간제근로자의 갱신에 대한 정당한 기대권이 배제 또는 제한될 수 없다. 나아가 위 규정들에 의하여 기간제근로자의 갱신에 대한 정당한 기대권 형성이 제한되는 것도 아니다"라고 하여 갱신기대권이 적용될 수 있음을 명확히 설시하였다.

3. 정년 후 기간제 근로계약에서 갱신기대권

「고용상 연령차별금지 및 고령자고용촉진에 관한 법률」(이하 '고령자고용법'이라 함)의 고령자는 55세 이상인 자이고, 기간제법 제4조 제1항 단서 제4호에 따라 고령자는 근로계약을 체결하는 경우 2년을 초과하여 기간제 근로자로 사용될 수 있고 2년을 초과하여 사용하더라도 기간의 정함이 없는 근로자로 간주되지 않는다. 실제로 정년을 지난 근로자가 촉탁의 형태로 다시 채용되는 경우가 많은데, 정년 이후 촉탁직 근로자는 '고령자'에 해당할 가능성이 높다. 이 경우 고령자의 갱신기대권을 인정할 것인지 문제된다. 갱신기대권은 2년 이내의 근로계약을 체결한 자를 전제하고 있으므로 기간제법상 기간의 예외에 해당하는 고령자에게 적용되는지 여부는 분명하지 않았다. 하급심 가운데 "정년 이후 근로자를 촉탁직으로 고용한 경우 촉탁근로계약의 실시 목적, 내용 및 특성 등을 고려할 때 계약갱신에 대한 기대가 일반적인 기간제근로자에 미치지 않는다고 보는 것이 사회통념에 부합한다"(서울고판 2013. 12. 4, 2013누8204)고 하여 촉탁직 근로자의 갱신기대권을 인정하지 않은 사례가 있었다.

그러나 대상판결은 고령자와 같이 사용기간 제한의 예외인 자에게 갱신기대권 법리가 적용될 수 있음을 명확히 하고 있다. 기간제법의 입법취지가 기간제근로자에 대한 불합리한 차별을 시정하고 근로조건의 보호를 강화하기 위한 것임을 고려할 때 사용기간제한의 예외에 해당하는 이유만으로 갱신기대권의 적용을 배제할 수 없다는 것이다. 그리고 기간제법이 고령자를 사용기간제한의 예외로 정한 목적이 기간제한으로 인해 고령자에 대한 고용이 회피·위축될 수 있음을 감안한 것이라 하더라도 이러한 이유가 곧바로 갱신기대권 법리를 부정할 것은 아니라고 판단하였다.

다만, 대상판결은 이와 같은 예외를 둔 기간

제법의 입법취지, 사업장 내에서 정한 정년의 의미, 정년 이후 기간제 근로계약을 체결하는 근로계약 당사자의 일반적인 의사 등을 모두 고려하여, 정년 후 촉탁직 근로자의 갱신기대권 인정 여부를 판단할 때 추가적으로 고려되는 사정들을 제시하였다. 즉, 직무수행 능력과 당해 근로자의 업무수행 적격성, 연령에 따른 작업능률 저하나 위험성 증대의 정도, 해당 사업장에서 정년을 경과한 고령자가 근무하는 실태 및 계약이 갱신되어 온 사례 등이다.

4. 향후의 쟁점

대상판결은 정년 후 촉탁직 근로자에 대한 갱신기대권을 인정함으로써 촉탁직 근로자의 권리를 보호하고, 무엇보다 기간제법상 사용기간제한의 예외인 고령자에 대한 갱신기대권 인정 여부를 명확히 하였다는 데 의의가 있다. 그리고 갱신거절의 정당한 이유에 대해 근로계약의 형식적인 측면보다 사용자와 근로자 사이에서 근로계약이 실제로 어떻게 운용되었는지 실질적인 판단을 함으로써 정년 후 촉탁직 근로자의 기간제 근로계약을 둘러싼 법률관계를 갱신기대권 중심으로 두텁게 보호하고 있다.

그러나 이 판결이 기간제법에서 예외를 허용한 의의와 고령자고용법상 고령자 고용촉진이라는 입법취지를 망각하였다는 비판, 그리고 이로 인해 오히려 사용자가 정년이 막 경과한 근로자를 다시 촉탁근로자로 받아들일 수 있는 기회를 빼앗을 수 있다는 비판은 여전히 유효하다. 이와 같은 부분을 고려하여 대상판결은 정년 이후 촉탁직 근로자에 대한 갱신기대권 인정 요건을 제시하고 있다. 다만 이 요건이 일반 기간제 근로계약에서 갱신기대권 및 갱신거절을 하는 정당한 이유의 판단기준과 동일한 것인지는 확실하지 않다. 그러나 업무수행에서의 위험도나 민첩성 등에서 일반 근로자와의 차이 가능성 등을 고려하면 갱신기대권과 갱신거절의 합리적 이유에서 사용자의 판단기준이나 재량이 보다 넓게 인정될 가능성이 있다. 고령화가 심화되면서 정년 이후 고용요구가 증가됨에 따라 이 부분에 대하여는 해석상 문제가 계속 제기될 수 있다.

◆ 참고문헌

권혁, "기간제 근로계약관계와 갱신기대법리의 재검토", 『산업관계연구』 제36권 제3호, 한국고용노사관계협회, 2016.
김홍영, "고령자이며 정년 후 재고용된 기간제 근로자에게 갱신기대권 법리를 인정한 사례 — 대법원 2017.2.3. 선고 2016두50563 판결 —", 『(월간)노동리뷰』 통권 제146호, 한국노동연구원, 2017.
박수근, "정년 후 기간제 근로계약과 갱신기대권", 『노동판례비평』 제22권, 민주사회를 위한 변호사모임, 2017.
신권철, "기간제 근로계약의 무기근로계약으로의 전환", 『노동법연구』 제30호, 서울대학교 노동법연구회, 2011.
유성재, "「기간제법」의 제정과 기간제 근로계약의 갱신거부", 『중앙법학』 제12집 제2호, 중앙법학회, 2010.

60. 기간제 사용기간(2년)의 산정방법

― 대법원 2020. 8. 20. 선고 2017두52153 판결(부당해고구제재심판정취소) ―

Ⅰ. 사실관계

Y1과 Y2는 영어회화 전문강사 선발을 위한 시험에 합격한 후 X광역시 소속 A 및 B초등학교에 각각 배치되어 계약기간을 2010. 3. 1.부터 2011. 2. 28.까지 1년으로 하는 근로계약을 체결하고 초·중등교육법령에 따른 영어회화 전문강사로 근무하였다. A 및 B초등학교장은 2010. 3. 1.부터 2014. 2. 28.까지 4년간 신규모집 공고 없이 평가 등을 거쳐 Y1 및 Y2와 1년 단위로 근로계약을 3차례 반복·갱신하였다. A 및 B초등학교장은 X광역시의 '2014. 2. 계약만료에 따른 영어회화 전문강사 근로계약 종료 통보 및 학교단위 신규채용 안내'라는 제목의 공문을 시달받은 후, Y1과 Y2에게 '2014. 2. 28.자로 근로관계가 종료된다'는 사실을 통보하고, 계약기간 종료에 따라 퇴직금을 지급하였다. X광역시의 공개채용 절차를 통해 Y1은 A초등학교에서, Y2는 C초등학교에서 각각 최종 합격하여 계약기간을 2014. 3. 1.부터 2015. 2. 28.까지로 하는 근로계약을 새로이 체결하고 영어회화 전문강사로 계속 근무하였다. 이후 A초등학교장과 C초등학교장은 Y1 및 Y2에게 2015. 2. 28.자로 기간제 근로계약이 만료한다는 통보를 각각 하였다.

Y1과 Y2는 자신들은 계속 근로한 총기간이 4년을 초과하여 기간제법 제4조 제2항에 따라

기간의 정함이 없는 근로계약을 체결한 근로자임에도 불구하고 기간만료를 통보한 것은 부당해고에 해당한다고 주장하며 부당해고 구제신청을 하였고, 중앙노동위원회는 이를 인용하는 재심판정을 하였다. 이에 X광역시는 계약기간의 만료에 따라 적법하게 계약이 종료된 것일 뿐 부당해고에 해당하지 않는다고 주장하며 재심판정의 취소를 구하는 소를 제기하였다.

Ⅱ. 판결의 내용

대상판결은 초·중등교육법령에서 영어회화 전문강사를 기간을 정하여 임용할 경우에는 그 기간은 1년 이내로 하되, 필요한 경우 계속 근무한 기간이 4년을 초과하지 아니하는 범위에서 그 기간을 연장할 수 있다고 정하고 있으므로, 기간제법상 2년을 초과하여 기간제근로자를 사용할 수 있는 예외에 해당(§4 ① 단서 6호)하나, 기간제법에서 제4조 제2항에서 예외에 해당하는 사유가 없거나 소멸되었음에도 불구하고 2년을 초과하여 기간제근로자로 사용하는 경우에는 그 기간제근로자는 기간의 정함이 없는 근로계약을 체결한 근로자로 본다고 규정함에 따라, 영어회화 전문강사의 기간제 근로계약이 반복 또는 갱신되어 '계속 근로한 총기간'이 4년을 초과할 경우에는 기간의 정함이 없는 근로계약을 체결한 근로자로 보아야 한다고 판

시하였다.

그리고 대상판결은 "기간제 근로계약의 대상이 되는 업무의 성격, 기간제 근로계약의 반복 또는 갱신과 관련한 당사자들의 의사, 반복 또는 갱신된 기간제 근로계약을 전후한 기간제 근로자의 업무 내용·장소와 근로조건의 유사성, 기간제근로계약의 종료와 반복 또는 갱신 과정에서 이루어진 절차나 그 경위 등을 종합적으로 고려할 때 당사자 사이에 기존 기간제 근로계약의 단순한 반복 또는 갱신이 아닌 새로운 근로관계가 형성되었다고 평가할 수 있는 특별한 사정이 있는 경우에는 기간제 근로자의 계속된 근로에도 불구하고 그 시점에 근로관계가 단절되었다고 보아야 하고, 그 결과 기간제법 제4조에서 말하는 '계속 근로한 총기간'을 산정할 때 그 시점을 전후한 기간제 근로계약기간을 합산할 수는 없다."고 판시하였다.

이러한 법리를 바탕으로, 대상판결은 ① Y1과 Y2는 근무기간 4년이 지난 후에는 기존 기간제 근로계약을 종료하는 절차를 거친 후 별도의 공개채용 절차를 거쳐 새로이 영어회화 전문강사로 근무하게 된 점, ② 공개채용 절차는 객관적이고 합리적인 기준에 따라 실질적인 경쟁이 이루어진 신규 채용 절차로 평가할 수 있는 점, ③ 종전과 비교하여 볼 때 교원 자격 및 교육 경력 여부를 주요한 평가 기준으로 변경하였는데, X광역시가 기존 영어회화 전문강사들을 계속 채용하겠다는 의사를 가지고 그 기준을 변경한 것이라고 보기 어려운 점, ④ Y1과 Y2를 포함한 기존 영어회화 전문강사에게 공개채용 절차에도 불구하고 이전의 기간제 근로계약을 반복 또는 갱신한다는 인식이나 의사가 있었던 것으로 보이지 않는 점, ⑤ 이러한 사정들을 고려하면, 2014. 3. 1.을 전후하여 Y1과

Y2에 대해 이루어진 종전 기간제 근로계약의 종료 절차 및 이 사건 공개채용 절차가 기간제법 제4조 제2항 적용을 회피하기 위한 의도로 이루어진 형식적인 절차에 불과하다고 할 수도 없는 점 등을 근거로, 공개채용 절차를 거쳐 2014. 3. 1. 새로운 기간제 근로계약이 체결됨으로써 Y1과 Y2와 X광역시 사이에 기존 기간제 근로계약의 단순한 반복 또는 갱신이 아닌 새로운 근로관계가 형성되었다고 평가할 수 있어 그 시점에 근로관계는 단절되어 기간제법 제4조에서 말하는 계속근로한 총기간을 산정할 때 2014. 3. 1.을 전후한 기간제 근로계약기간을 합산할 수 없어 Y1과 Y2의 계속 근로한 총기간이 4년을 초과하지 않으므로, Y1과 Y2를 기간제법 제4조 제2항에 따라 기간의 정함이 없는 근로계약을 체결한 근로자라고 할 수 없다고 판단하였다.

Ⅲ. 해설

1. 판결의 의의 및 특징

기간제법 제4조 제1항 본문은 "사용자는 2년을 초과하지 아니하는 범위 안에서(기간제 근로계약의 반복·갱신 등의 경우에는 그 계속 근로한 총기간이 2년을 초과하지 아니하는 범위 안에서) 기간제근로자를 사용할 수 있다"고 정하면서, 단서에서는 2년을 초과하여 기간제 근로자를 사용할 수 있는 예외를 규정하고, 같은 조 제2항에서는 "제1항 단서의 사유가 없거나 소멸되었음에도 불구하고 2년을 초과하여 기간제근로자로 사용하는 경우에는 그 기간제근로자는 기간의 정함이 없는 근로계약을 체결한 근로자로 본다"라고 규정하고 있다. 기간제법 제4조 제2항에 따라 기간제근로자가 기간의

정함이 없는 근로계약을 체결한 근로자에 해당하는지와 관련하여 기간제근로자를 사용한 기간이 2년을 초과하였는지 여부, 특히 반복갱신 등의 경우 계속 근로한 총기간이 2년을 초과하였는지를 어떻게 산정할 것인지는 기간제법의 적용에 있어 중요한 의미를 가진다.

대상판결에서의 쟁점은 공개채용 전후의 연속하는 기간제 근로계약의 기간을 계속 근로한 총기간의 산정에 있어 합산할 수 있는지 여부이다. 대상판결은 기간제 근로자가 연속하는 기간제 근로계약의 체결을 통해 계속하여 근로하더라도, 기간제법 제4조 제2항의 적용과 관련하여 계속 근로한 총기간을 산정할 때는 전후의 계약에 대해 근로관계의 계속성이 인정될 경우에는 각각의 계약기간을 합산하고, 그렇지 않고 근로관계가 단절된 것으로 평가될 경우에는 이를 합산할 수 없다고 하면서, 근로관계의 계속 또는 단절 여부에 대한 구체적인 판단기준을 제시하고 있는 점에 의의가 있다. 그리고 이와 관련하여 연속하는 기간제 근로계약이 기존 계약의 단순한 반복 또는 갱신에 해당할 경우에는 근로관계의 계속성을 인정하고, 새로운 기간제 근로계약의 체결을 통해 새로운 근로관계가 형성되었다고 평가되는 경우에는 근로관계가 단절된 것으로 보는 점이 특징이다.

2. 근로관계의 계속 또는 단절에 대한 판단

계속 근로한 총기간 산정시에 근로관계의 계속 또는 단절 여부에 대한 기존 판례를 보면 다음과 같다. ① 기간제 근로계약 사이에 공백기간이 있는 경우이다. 판례는 공백기간의 전후의 근로관계가 계속되었다고 평가할 수 있는 경우에는 합산하고, 공백기간 동안 단절되었다가 공백기간 이후에 근로계약을 체결함으로써

새롭게 개시된 것으로 평가되는 경우에는 합산할 수 없다고 하고 있다(대판 2019. 10. 17, 2016두63705; 대판 2019. 10. 18, 2016두60508). ② 기간제법상 기간제근로자에 대한 2년의 사용기간 제한이 적용되는 기간 사이에 2년을 초과하여 사용할 수 있는 예외기간이 있는 경우이다. 판례는 예외사유에 해당하는 기간 전후의 근로관계가 단절 없이 계속되었다고 평가하는 경우에는 예외사유에 해당하는 기간을 제외한 전후의 근로기간을 합산하여 기간제법 제4조의 계속근로한 총기간을 산정하는 것이 타당하다고 한다(대판 2018. 6. 19, 2017두54975; 대판 2018. 6. 15, 2016두62795). 한편, 판례는 2년을 초과하여 기간제근로자로 사용할 수 있는 예외사유에 해당하는 초단시간 근로자로 기간제 근로계약을 체결하였다가 해당 근로관계가 종료된 이후에 새로이 예외사유에 해당되지 않는 일반 기간제 근로계약을 체결한 경우에는 초단시간 근로자로 근무한 기간은 계속 근로한 총기간에 포함되지 않는 것으로 보고 있다(대판 2014. 11. 27, 2013다2672). ③ 사용자의 부당한 갱신거절로 근로제공을 하지 못한 경우이다. 판례에 따르면, 사용자의 부당한 갱신거절로 인해 근로자가 실제로 근로를 제공하지 못한 기간도 계약갱신에 대한 정당한 기대권이 존속하는 범위에서는 기간제법 제4조 제2항에서 정한 2년의 사용제한기간에 포함된다고 보아야 한다(대판 2018. 6. 19, 2013다85523).

① 및 ②의 경우, 판례는 공백기간 또는 예외기간의 발생 경위, 이를 전후한 채용의 경위나 채용 절차, 업무의 내용 등을 종합하여 당사자들 사이에 이전 근로관계를 완전히 종료하고 별도의 근로관계를 새로이 개시하는 의사가 있었는지, 사용자에게 기간제법 제4조 제2항을

회피하고자 하는 의사가 있었는지 등을 중심으로 근로관계가 단절 없이 계속되었는지, 새로운 근로관계가 형성되어 단절되었는지를 판단하고 있다.

대상판결은 이와 같은 법리를 연속하는 기간제 근로계약의 경우에 확장하여 적용한 것이다. 대상판결과 유사한 사건에서, 대법원은 영어회화 전문강사의 근무 학교 재배치 과정에서 근로관계를 종료하고 퇴직금이 정산되었으나 별도의 공개채용 절차를 거치지 않은 경우에 계속 근로한 총기간 동안 새로운 근로관계가 형성됨으로써 근로관계가 단절되었다고 볼 수 없다고 판단했다(대판 2020. 8. 20, 2018두51201). 반면에 대법원은 전임자의 중도사직에 따라 임시로 1개월을 기간으로 계약을 체결한 후 공개채용 절차에 따라 선발되어 2년을 근무한 경우에 대해, 대상판결과 동일한 법리를 적용하여 기존 근로계약의 종료, 공개채용 절차 등이 형식적인 절차로 볼 수 없어 새로운 근로관계가 형성되었다고 평가했다(대판 2020. 8. 27, 2017두61874). 대상판결 및 이러한 판례들을 요약하면, 공개채용 절차를 통해 연속하는 기간제 근로계약을 체결하여 기간제근로자로 계속 근무한 경우, '공개채용 절차가 객관적이고 합리적인 기준에 따라 실질적인 경쟁이 이루어진 신규 채용 절차'로 인정될 수 있는 경우에는 새로운 근로계약 체결에 따른 새로운 근로관계가 형성된 경우로서 전후의 계약기간을 계속 근로한 총기간에 합산할 수 없다.

3. 평가

대상판결은 동일한 기간제근로자가 공개채용 절차를 거쳐 연속하여 채용되어 동일한 업무에 계속적으로 근로한 경우를 대상으로 하고 있다. 이에 대해 대상판결은 공개채용 절차가 실질적인지 여부에 따른 당사자의 의사를 기반으로 계약을 단순한 반복 또는 갱신과 새로운 근로관계의 형성으로 구분하고 그에 따라 근로관계의 계속 또는 단절을 평가한 후 계속 근로한 총기간에의 합산 여부를 판단하고 있다. 그렇지만, 기간제법상 제4조가 강행규정인 점, 반복갱신 등의 경우에는 그 '계속 근로'한 총기간이 2년을 초과할 수 없는 점, 2년 초과 사용시 계약의 법적 성질이 기간의 정함이 없는 근로계약으로 법정되는 점 등에 비추어 대상판결과 같이 당사자 의사를 근거로 기간제법상 '계속 근로'를 위와 같이 구분하는 것이 타당한지, 이러한 법리를 일반화할 수 있을지 등에 대해서는 의문이 제기될 수 있다. 그리고 대상판결과 같이 해석할 경우에 사용자는 실질적인 공개채용 절차만을 거치면 경우에 따라 동일한 기간제근로자를 계속하여 장기간 사용할 수도 있게 되는데, 이는 기간제 근로계약 내지 기간제근로자의 남용 방지라는 기간제법의 입법 취지에도 부합하지 않을 것이다. 이러한 점에서 대상판결의 법리에 대한 재검토와 그 적용에 있어서 신중할 필요가 있을 것으로 보인다.

◆ 참고문헌

강선희, "기간제근로자 사용기간 제한에서 공개채용 절차와 계속근로 여부", 월간 『노동리뷰』 2020년 10월호, 한국노동연구원, 2020.

신권철, "기간제 근로계약의 무기근로계약으로의 전환", 『노동법연구』 제30호, 서울대학교 노동법연구회, 2011.

61. 기간제 사용기간 제한의 예외 사유

– 대법원 2017. 2. 3. 선고 2016다255910 판결(해고무효확인) –

오세웅(법학박사)

Ⅰ. 사실관계

피고(Y)사는 2004년경 A 감리용역을 수주하고, 원고(X)와 2004. 7. 7. 근로계약을 체결하였다. 이후 2005. 7. 7.부터 2011. 7. 7.까지 7회에 걸쳐 매년 근로계약을 반복갱신하여 체결하였다. 그리고 Y사는 다시 X와 다른 B 감리용역 현장을 근무지로 하는 근로계약을 2012. 7. 7. 2012. 10. 31. 2013. 1. 1. 3회에 걸쳐 반복갱신하여 체결하였다. 이후 Y사는 X와 2013. 4. 1. 2013. 7. 1. 2회에 걸쳐 다시 근로계약을 반복갱신하여 체결하였고, 2013. 10. 1.부터 2014. 10. 19.까지는 별도의 근로계약서를 작성하지 않았는데, 이 기간 동안 X는 Y의 지시에 따라 C, D, E 감리용역의 업무를 수행하였다. Y는 A, B, C 용역이 종료된 이후에도 X와 체결한 기존 근로계약을 계속 유지하며 X에게 임금을 지급하여 왔다. 그러던 중 2014. 10. 20. E 감리용역 현장을 근무지로 하고 계약기간을 1년으로 하되 계약만료일 전에 당해 업무가 종결되거나 1개월 이상 중지되어 X가 1개월 이상 근로할 수 없는 경우 근로계약은 종료된다는 단서를 둔 새로운 기간제 근로계약을 체결하였다. 그러나 X가 담당하던 E 감리용역 업무가 2015. 6. 30. 부로 종료되자 Y사는 X에게 근로계약관계 종료를 통보하였다.

이에 X는 기간제 근로계약이 2년 이상 도과되어 자신은 기간의 정함이 없는 근로자가 되었으므로 Y사의 근로계약 관계 종료 통보는 해고에 해당하고 해고에 정당한 사유가 없으므로 무효라고 주장한 반면, Y사는 X의 사용은 기간제법 제4조 제1항 단서 제1호의 '사업의 완료 또는 특정한 업무의 완성에 필요한 기간을 정한 경우'에 해당하므로 X는 기간의 정함이 없는 근로자가 아니고 근로계약관계 종료는 계약상 종료 사유에 따른 것이므로 해고에 해당하지 않는다고 주장하였다.

Ⅱ. 판결의 내용

대상판결은 "기간제법 제4조 제1항 단서 제1호에 따라 사용자가 2년을 초과하여 기간제근로자를 사용할 수 있는 '사업의 완료 또는 특정한 업무의 완성에 필요한 기간을 정한 경우'란 건설공사, 특정 프로그램 개발 또는 프로젝트 완수를 위한 사업 등과 같이 객관적으로 일정 기간 후 종료될 것이 명백한 사업 또는 특정한 업무에 관하여 그 사업 또는 업무가 종료될 것으로 예상되는 시점까지로 계약기간을 정한 경우를 말한다."고 보고, "기간제법의 시행으로 사용자는 원칙적으로 2년의 기간 내에서만 기간제근로자를 사용할 수 있고, 기간제근로자의 총 사용기간이 2년을 초과할 경우 기간제근로자가 기간의 정함이 없는 근로자로 간주되는 점, 기간제법 제4조의 입법 취지가 기본적으로 기간제 근로계약의 남용을 방지함으로써 근로자의 지위를 보장하려는 데에 있는 점을 고려하면, 사용자가 기간제법 제4조제2항의 적용을 회피하기 위하여 형식적으로 사업의 완료 또는 특정한 업무의 완성에 필요한 기간을 정한 근로계약을 반복갱신하여 체결하였으나 각 근로관계의 계속성을 인정할 수 있는 경우에는 기간제법 제4조 제1항 단서 제1호에 따라 사용자가 2년을 초과하여 기간제근로자를 사용할 수 있는 '사업의 완료 또는 특정한 업무의 완성에 필요한 기간을 정한 경우'에 해당한다고 할 수 없다."고 전제하면서 위 사실관계에 대해 Y사가 X를 채용하는 시점에 수주하였던 감리용역이 종결된 이후에도 수주하는 각종 감리용역 등을 수행하기 위해 X와의 사이에 체결된 근로계약을 계속 유지하면서, 기간제법 제4조 제2항의 적용을 회피하기 위하여 형식적으로 사업의 완료 또는 특정한 업무의 완성에 필요한 기간을 정한 근로계약을 반복갱신하여 체결하였다고 볼 여지가 많다고 판단하여 X와 Y가 체결한 각 근로계약이 기간제법 제4조 제1항 단서 제1호에 정한 '사업의 완료 또는 특정한 업무의 완성에 필요한 기간을 정한 경우'에 해당한다고 판단한 원심(서울고판 2016. 9. 21, 2016나2039369)을 파기 환송하였다.

Ⅲ. 해설

1. 기간제근로자 사용기간 제한의 목적

기간제법에 따라 사용자는 법에서 정한 예외적인 사유를 제외하고는 2년을 초과하지 아니하는 범위 안에서 기간제근로자를 사용할 수 있으며(기간제법 §4 ①), 사용자가 법에서 정한

예외적인 사유가 없거나 소멸되었음에도 불구하고 2년을 초과하여 기간제근로자로 사용하는 경우에는 그 기간제근로자는 기간의 정함이 없는 근로계약을 체결한 근로자로 간주된다(기간제법 §4 ②).

기간제법이 이와 같이 기간제근로자의 사용기간을 2년으로 제한하고 이를 초과하는 경우 기간의 정함이 없는 계약(무기계약)으로 전환하도록 규정하고 있는 목적은 2년을 초과하는 기간제근로자 사용을 억제함으로써 이들의 고용불안을 해소하고 그 근로조건을 개선하기 위함이다(헌재 2013. 10. 24. 2010헌마219·2010헌마265(병합)).

2. 사용기간 제한 예외사유

기간제법에서 기간 제한의 예외로 정하고 있는 사유는 ① 사업의 완료 또는 특정한 업무의 완성에 필요한 기간을 정한 경우, ② 휴직·파견 등으로 결원이 발생하여 해당 근로자가 복귀할 때까지 그 업무를 대신할 필요가 있는 경우, ③ 근로자가 학업, 직업훈련 등을 이수함에 따라 그 이수에 필요한 기간을 정한 경우, ④ 고령자와 근로계약을 체결하는 경우, ⑤ 전문적 지식·기술의 활용이 필요한 경우와 정부의 복지정책·실업대책 등에 따라 일자리를 제공하는 경우, ⑥ 그 밖에 합리적인 사유가 있는 경우이다. 법이 이와 같은 사유에 대해 기간 제한의 예외를 인정하는 이유는 그 목적상 특정 기간의 제한을 부여하는 것이 적절치 않거나 기간을 제한하는 방식의 보호가 해당 기간제근로자에게 적절하지 않기 때문이다.

기간제법에서 정한 사용기간 제한의 예외사유에 해당하면 근로자는 2년 이상 기간제근로자로 사용될 수 있으며, 2년을 초과하여도 기간

의 정함이 없는 근로계약을 체결한 근로자로 간주되지 않는다. 즉, 기간제법 상 기간제근로자의 고용안정 대상에서 제외된다. 때문에 법에서 정한 예외사유는 예시가 아닌 제한적 열거규정으로 이해하는 것이 타당하며, 그 해석도 엄격한 기준에 의할 필요가 있다.

3. 사용기간 제한 예외사유 해당여부에 대한 판단 기준

기간제근로자의 사용이 법에서 정한 예외사유에 해당하는지 여부에 대한 판단도 마찬가지로 매우 신중하여야 한다. 대상판결도 기간제법 제4조의 입법 취지가 기본적으로 기간제 근로계약의 남용을 방지함으로써 근로자의 지위를 보장하려는 데에 있는 것으로 이해하여, 예외사유 해당 여부에 대해 실질적이고 신중한 판단이 필요한 것으로 보았다.

그리고 대상판결은 반복갱신되어 체결된 기간제근로계약이 사용기간 제한 예외 사유인 '사업의 완료 또는 특정한 업무의 완성에 필요한 기간을 정한 경우'에 해당하는지 판단하기 위해서는 "사용자가 기간제법 제4조 제2항의 적용을 회피하기 위하여 형식적으로 사업의 완료 또는 특정한 업무의 완성에 필요한 기간을 정한 근로계약을 반복갱신하여 체결하였으나 각 근로관계의 계속성을 인정할 수 있는지는 각 근로계약이 반복갱신하여 체결된 동기와 경위, 각 근로계약의 내용, 담당 업무의 유사성, 공백 기간의 길이와 발생이유, 공백기간 동안 그 근로자의 업무를 대체한 방식 등 관련 사정을 종합적으로 고려하여 판단하여야 한다."고 보아, 단순히 근로계약의 반복갱신 체결에 있어 형식적으로 그 기간을 사업 완료 또는 특정한 업무의 완성에 필요한 기간으로 정한 것만으로는

예외사유에 해당하는 것으로 보기 어렵다고 판단하였다.

마찬가지로 판례는 다른 사용기간 제한 예외사유인 '「고용정책 기본법」, 「고용보험법」 등 다른 법령에 따라 국민의 직업능력 개발, 취업 촉진 및 사회적으로 필요한 서비스 제공 등을 위하여 일자리를 제공하는 경우'에 해당하는지 판단하기 위해서도 "해당 사업의 시행 배경, 목적과 성격, 사업의 한시성이나 지속가능성 등 여러 사정을 종합적으로 고려하여 판단하여야 한다."(대판 2012. 12. 26, 2012두18585)고 보아, 단순히 법령에 의해 이루어지고 그 주체가 정부나 지방자치단체라는 형식적 측면이 아닌 해당 사업의 실질적 측면에서 사용기간 제한 예외사유의 사업으로 볼 수 있는지를 판단하여야 한다고 보았다. 이에 따라 판례는 지방자치단체의 공공도서관 개관시간 연장사업(대판 2012. 12. 26, 2012두18585)과 방과후학교 학부모 코디네이터 사업(대판 2016. 8. 18, 2014다211053)에 대해서는 "복지정책·실업대책 등에 따라 사회적으로 필요한 서비스 제공을 위하여 일자리를 제공하는 경우"로서 예외사유에 해당한다고 보았으나, 건강증진사업(대판 2016. 12. 29, 2016두52385)에 대해서는 일자리 제공 사업의 성격이 없다고 보아 이를 부정한 바 있다.

4. 평가

1) 대상판결은 기간제근로자 사용기간 제한 예외사유에 해당하는지 여부를 판단함에 있어 기간제법의 목적 등에 비추어 단순히 근로계약의 체결 형식만이 아닌 실질적인 근로관계 전반의 사정을 종합적으로 판단하여야 한다는 기준을 제시하였다는 점에서 의미가 있다. 실무적으로 사용기간 제한 예외사유는 사용자가 무기

계약직 전환을 회피할 목적으로 남용하는 경우가 적지 않은데, 사후적이나마 해당 여부에 대해 형식이 아닌 그 실질을 통해 판단함으로써 사용자의 남용 가능성을 방지할 수 있게 되었다.

2) 그리고 대상판결은 예외 사유 중 '사업의 완료 또는 특정한 업무의 완성에 필요한 기간을 정한 경우'와 관련하여 사업 등이 1회가 아닌 수차례 이루어지고 그에 따라 기간제 근로계약도 반복갱신되는 경우 예외 사유에 해당하는지 여부를 판단하기 위해서는 구체적으로 어떠한 요소들(반복갱신 체결의 동기와 경위, 담당 업무의 유사성, 공백기간의 길이와 발생이유 및 업무 대체 방식 등)이 고려되어야 하는지 구체적으로 제시하였다는 점에서도 의미가 있다.

3) 다만, 대상판결 등에도 불구하고 사용자가 사용기간 예외사유로 사용하면서 이를 사전에 명시하거나 고지하지 않고 기간제 근로의 필요가 더 이상 없어진 시점에서 일방적 통보를 통해 근로관계를 종료하다보니 이에 대한 분쟁 발생 가능성은 여전히 존재하게 된다. 대상판결과 같이 사후적으로 사용기간 제한 예외 사유에 해당하는지 여부를 법적으로 명확히 판단하는 것도 중요하겠으나 그에 앞서 기간제 근로계약 체결 당시 이 부분을 당사자 간에 정확히 인지하여 분쟁을 사전에 예방하는 것도 중요하다. 이를 위해 입법론적으로 기간제법 제17조 근로조건 서면명시 사항에 '사용기간 제한 예외사항 해당여부 및 해당 사유'를 포함하는 개정을 고려할 필요가 있다고 생각된다.

◆ 참고문헌

오세웅, "기간제법 상 기간제 근로자 사용기간 제한 예외에 관한 고찰", 『노동법포럼』 제19호, 노동법이론실무학회, 2016.

김태정·변성영, "기간제법상 사용기간 제한의 예외 규정에 관한 소고", 『성균관법학』 제23권 제3호, 성균관대학교 비교법연구소, 2011.

조성혜, "사용기간 제한 예외에 해당하는 기간제 근로자의 갱신기대권", 『노동법논총』 제31집, 한국비교노동법학회, 2014.

윤기택, "사용기간 제한 예외규정과 갱신기대권에 관하여", 『노동법논총』 제35집, 한국비교노동법학회, 2015.

김홍영, "기간제법상 사용기간제한의 예외인 정부의 일자리 제공", 『노동리뷰』 2013년 2월호, 한국노동연구원, 2013.

62. 무기계약 간주자의 근로조건

— 대법원 2019. 12. 24. 선고 2015다254873 판결(임금) —

전별(법학박사)

Ⅰ. 사실관계

원고(X)들은 기간제근로자로 입사한 후 기간제 및 단시간근로자 보호를 위한 법률에 따라 무기계약직으로 간주된 근로자들이다. 원고들의 사용자인 피고 회사(Y)는 원고들이 무기계약직으로 전환된 후에도 원고들과의 사이에서 종전과 동일한 형식의 근로계약을 체결하였으며, 정규직근로자를 대상으로 하는 취업규칙을 원고들에게 적용하지 않았다.

원고들은 자신들이 정규직근로자와 동일·유사한 업무에 종사하였음에도 불구하고 피고 회사가 정규직근로자에 대한 취업규칙을 적용하지 않은 것은 차별적 처우에 해당한다고 주장하였다. 이와 같은 전제하에서 원고들은 피고 회사를 상대로 자신들이 무기계약직이라는 지위에 있다는 사실 및 승급된 호봉에 해당한다는 것을 확인하여 줄 것, 피고 회사가 차등지급한 기본급·상여금·자가운전보조금 및 미지급한 근속수당을 지급할 것을 청구하였다. 이에 대하여 피고 회사는 원고들이 직제규정에 따른 직원에 해당하지 않으므로 정규직근로자에 대한 취업규칙을 적용할 수 없고, 계약직 운영위원회에서 호봉승급결정을 내리지 않았으므로 승급된 호봉을 인정할 수 없다고 주장하였다.

Ⅱ. 판결 내용

법원은 기간제법의 적용범위와 관련하여, ① 기간제법 제4조 제2항은 근로계약기간 부분만 효력이 부정된다거나, 근로계약기간 외 종래 근로조건은 모두 유효하다고 명시하고 있지 않으며, ② 동 법 제8조 제1항은 차별적 처우 금지의 대상을 기간제근로자로 한정하고 있지만 동조의 취지 및 공평의 관념에 따라 무기계약직근로자의 근로조건은 정규직근로자의 근로조건보다 불리해서는 안 되고, ③ 기간제근로자의 사용기한을 2년으로 제한하고 사용자가 이를 위반하는 경우 벌칙규정이 아닌 무기계약직 전환에 관한 규정을 둔 동법의 목적·체계·취지·제정경위를 살펴보면 특별한 사정이 없는 한 무기계약직근로자에게도 정규직근로자의 근로조건이 적용되어야 한다고 판단하였다.

또한 법원은 취업규칙의 강행적·보충적 효력에 따라 정규직근로자에 대한 취업규칙이 무기계약직근로자에게도 적용된다고 판단하였다. 이를 위하여 법원은 "근기법 제97조는 근로계약의 내용이 취업규칙상 근로조건보다 열악한 경우 취업규칙의 강행적·보충적 효력을 인정함으로써 근로자를 보호하기 위해 마련된 규정"이라고 판단하였던 종래 사례(대판 2019. 11. 14, 2018다200709)를 판단이유의 하나로 제시하였다.

Ⅲ. 해설

1. 기간제법의 적용 범위

본 사안에서 특히 주목할만한 부분은 무기계약직근로자에게도 기간제법을 적용하였다는 것이다. 대법원은 근기법 제4조 제2항이 무기계약직근로자에 대한 근로계약기간을 정한 것만 무효가 되거나 근로계약기간을 제외한 나머지 근로조건은 여전히 유효하다는 등 무기계약직근로자의 근로조건에 대해 규정하고 있지 않다는 점, 동법 제8조 제1항의 문언은 기간제근로자에 대한 차별적 처우만 금하고 있으나 규정의 취지 등을 고려하면 무기계약직근로자에게도 이 조항이 적용되어야 한다고 판단하였다. 이처럼 무기계약직근로자에게도 기간제법의 적용을 꾀함으로써 그를 보호하고자 하였다는 점에 이 판결의 의의가 있다. 무기계약직근로자에 대한 별도의 규정이 마련되어 있지 않은 상황에서 기간제법을 적용하는 방안을 고려하는 것은 매우 중요한 논의일 것으로 보인다.

그런데 대법원은 종래 무기계약직근로자에 대한 기간제법 적용에 대해 부정적인 견해를 견지하여 왔다. 기간제법은 '기간제근로자'에 대한 차별시정과 근로조건 보호를 목적으로 삼고 있으며(§1), '기간제근로자'는 '기간의 정함이 있는 근로계약을 체결한 근로자'로 한정하고 있다(§2 1호). 또한 동법 제8조 제1항은 그 적용대상을 '기간제근로자'로 명시함으로써 차별적 처우 금지의 대상을 '기간제근로자'로 제한하고 있다는 것이 다수의 견해이다. 법원은 이 규정을 근거로 무기계약직근로자로 의제된 근로자들의 차별시정신청의 당사자적격을 부인하여 왔다. 이에 따라 무기계약직근로자에 대한

차별시정과 관련된 소의 원고적격 판단기준이 주요하게 다루어져왔다.

차별시정에 관한 소의 원고적격 인정여부는 차별적 처우가 있었던 때를 기준으로 한다. 따라서 기간제근로자가 차별적 처우를 받고 퇴직한 이후 차별시정신청을 한 경우, 그의 원고적격은 인정되었다(서울행판 2011. 8. 18, 2010구합41802). 또한 법원은 기간제근로자의 계속근로기간이 기간제법 시행 이후 2년을 초과하지 않는 경우에 한하여 원고적격을 인정하였다(행판 2010. 2. 18, 2009구합26234). 더욱이 법원은 무기계약직근로자가 '기간의 정함이 없는 근로자'라는 것을 이유로 기간제근로자에 대한 차별적 처우를 판단하는 기준인 '비교대상근로자'로 삼기도 하였다(대판 2016. 12. 27, 2014두8865). 이러한 연유로 무기계약직근로자에게도 기간제법을 적용할 수 있도록 관련 규정을 개정하거나, 무기계약직근로자의 근로조건에 관한 규정을 두고자 하는 논의가 계속되어 왔다.

이와 관련하여 차별시정제도의 신청인적격에 무기계약직근로자를 포함하거나(강성태, 182쪽), 동종·유사한 근로에 종사하는 정규직근로자의 근로조건과 동일한 근로조건을 보장하거나 그러한 근로자가 없는 경우 정규직근로자로 채용되더라면 적용되었을 근로조건을 보장해야 한다는 견해가 제시되기도 하였다(윤애림, 58쪽). 이러한 논의는 기간제법의 적용범위에 무기계약직근로자가 포함되지 않는다는 한계를 절감한 후 제기된 것이었다.

본 판례는 무기계약직에 대한 차별시정의 범주를 확대함으로써 그를 보호하고자 하였다는 점에 의의가 있다. 그러나 기간제법은 '기간제근로자'에 대한 차별시정과 근로조건 보호를 목적으로 삼고 있으며(§1), 기간제근로자는 '기

간의 정함이 있는 근로계약을 체결한 근로자'로 한정하고 있으므로, 무기계약직근로자의 보호를 위한 별도의 법제를 마련하는 방안을 모색할 필요가 있을 것으로 보인다.

2. 취업규칙의 강행적·보충적 효력과 무기계약직근로자

1) 취업규칙의 강행적·보충적 효력

근기법 §97는 취업규칙에서 정한 기준에 미달하는 근로계약은 그 부분에 관하여 효력이 없다고 명시함으로써, 취업규칙의 강행적 효력을 인정하고 있다. 이 경우 무효로 된 부분은 취업규칙상 명시된 기준에 따르게 된다. 이처럼 근기법은 취업규칙에 강행적·보충적 효력을 인정함으로써 개별 근로자들의 근로조건을 향상시키고, 전체 근로자들의 근로조건을 통일화하고자 하였다(이정, 141쪽). 법원도 부당해고와 관련한 사안에서 취업규칙을 '명칭에 관계없이 사업장에서 복무규율 및 근로조건에 관하여 정한 준칙'이라고 정의한 후, 임용규정은 취업규칙에 해당하여 법령이나 단체협약에 우선하지는 않으나 근로계약보다는 우선하여 적용된다고 보아 강행적·보충적 효력을 인정하였다(대판 2007. 10. 11, 2007두11566).

2) 정규직근로자에 대한 취업규칙과 무기계약직근로자와의 관계

정규직근로자에 대한 취업규칙을 무기계약직근로자에게도 그대로 적용할 수 있는지 여부는 무기계약직근로자의 근로조건의 결정 기준과 관련이 있다. 이와 관련하여 일본은 노동계약법 제18조에서 무기계약직근로자의 근로조건은 계약기간을 제외하고는 기간제근로자의 근로조건과 동일한 것으로 본다고 규정함으로써

무기계약직근로자의 근로조건에 대한 논의를 정리하였다. 그러나 우리나라는 기간제법에서 무기계약직근로자의 근로조건을 명시하고 있지 않다. 이와 같은 이유로 무기계약직근로자의 근로조건에 관한 논의가 계속되어 왔다. 무기계약직근로자에 대한 근로조건을 정하지 않은 경우, 정규직근로자에 대한 취업규칙이 적용되어 정규직근로자와 동일한 근로조건을 가진다는 견해(김난희, 182쪽), 무기계약직근로자는 정규직근로자로 전환되는 것으로 계약 및 근로조건을 새롭게 창설하는 효과를 가진다는 견해(김형배, 831쪽), 무기계약직근로자는 기간제근로자가 기간의 정함이 없는 것으로 간주된 것이므로 근로기간 외 근로조건은 기간제근로자와 동일하게 보아야 한다는 견해(임종률, 627쪽)가 있다.

본 사안에서 법원은 기간제법 §4 ②은 무기계약직근로자의 전환에 관한 내용만 존재할 뿐 효과에 관한 규정을 두고 있지 않다는 점을 주요 근거 중 하나로 제시하였다. 그러나 관련 규정의 부재가 곧 정규직근로자와 동일한 근로조건을 설정하는 것을 의미하는지 여부는 보다 많은 연구가 필요할 것으로 보인다.

또한 본 사안에서 법원은 취업규칙 위반의 효력에 관한 판례를 제시하면서 취업규칙의 강행적·보충적 효력에 대해 기술하고 있다. 그런데 법원이 제시한 판례(대판 2019. 11. 14, 2018다200709)는 취업규칙의 불이익변경시 근로자의 동의가 없었던 경우 근로조건의 판단기준을 제시한 것으로, 정규직근로자 사이에 적용되는 취업규칙에 관한 문제일 뿐 정규직근로자에 대한 취업규칙을 무기계약직에게 적용하는 것이 타당하다는 판단을 내린 사안은 아니다. 따라서 법원이 본 사안의 근거로 제시하였던 판례의 기준을 무기계약직근로자에게 그대로

적용하는 것이 가능할지 여부는 숙고해보아야
할 것이다.

3. 평가

대법원은 무기계약직근로자 보호를 위해 많
은 노력을 기울여왔고, 본 사례도 이러한 견지
에서 의미가 있다. 다만 기간제법 등 관련 법률
의 문언에 명백히 반하며 종래 법원의 판단과
배치되는 기준을 통하여 개별사안을 해결하고
자 하는 시도는 무기계약직근로자 문제에 대한
궁극적이고 본질적인 해결책이 되기는 어려울
것이라는 안타까움이 있다. 이와 같은 문제는
무기계약직근로자에 대한 보호규정의 부재로부
터 기인한다. 따라서 이와 같은 문제를 해소하
기 위해서 무기계약직근로자에 관한 연구 및
관련 규정을 마련하는 것이 필요할 것으로 보
인다. 이에 관하여 본 사안에서 제시된 바와 같
이 기간제법을 무기계약직근로자에게도 적용하
도록 개정하는 방안, 무기계약직근로자의 근로
조건에 관한 기준을 마련하는 방안, 무기계약직
근로자에 대한 차별적 처우의 판단기준으로 비

교대상근로자가 존재하지 않더라도 차별 여부
를 판단할 수 있는 균형대우의 원칙{일본은 파
트타임노동법(短時間労働者の雇用管理の改善
などに関する法律) 제8조에서 비교의 대상이
되는 근로자의 '직무의 내용, 직무내용 배치의
변경범위 및 기타 사정'이 단시간근로자와 동일
하지 않은 경우에는 균형대우의 원칙을 적용하
여 고용 관리 개선에 관한 조치를 취하도록 규
정하고 있음}을 도입하는 방안 등을 고려해볼
수 있을 것으로 보인다.

◆ 참고문헌

김형배, 『노동법(제26판)』, 박영사, 2018.
이정, 『노동법의 세계』, 한국외국어대학교 지식출판원,
    2015.
임종률, 『노동법(제17판)』, 박영사, 2019.
강성태, "비정규직법 시행 1년의 평가 – 차별시정제도
    의 현황과 개선과제를 중심으로", 『법학논총』 제25권
    제)호, 한양대학교 법학연구소, 2008.
김난희, "무기계약직 근로자에 대한 균등대우원칙 적
    용", 『법학연구』 제28권 제3호, 충남대학교 법학연구
    소, 2017.
윤애림, "새로운 차별적 고용형태로서 무기계약직의 실
    태와 쟁점", 『산업노동연구』 제15권 제2호, 한국산업
    노동학회, 2009.

63. 도급과 파견의 구별기준

−대법원 2015. 2. 26. 선고 2010다93707 판결(근로자지위확인) −

김영문(전북대 법학전문대학원)

I. 사실관계

원고들이 근로계약을 맺고 있는 원고용주와 도급계약을 맺은 피고의 복합비료팀에서 원고들은 생산직 근로자로 근무하였다. 원래 원고용주는 자신의 회사 내 노동조합과 임금 및 근로조건에 관한 단체협약을 체결하고, 원고용주의 명의로 채용공고를 내어 신규근로자를 채용하였으며, 원고용주는 소속 근로자에 대한 독자적인 인사권·징계권을 행사하였다. 또한 원고용주는 소속 근로자에게 직접 임금을 지급하여 그에 따른 근로소득세 원천징수의 납부, 연말정산업무를 자체적으로 처리하였을 뿐 아니라, 각 대표자 명의로 4대보험에 가입하고 개별사업자 등록을 하여 사업소득세를 납부하는 등 독자적인 기업활동을 하였다.

원고들은 형식적으로는 원고용주와 근로계약을 체결하였지만, 피고와 원고용주 사이에 체결된 도급계약은 실질적으로 근로자파견계약에 해당하므로, 구 파견법 제6조 제3항에 따라 사용사업주인 피고는 2년을 초과하여 사용한 원고들의 사용자지위에 있으므로 원고들은 피고의 근로자임을 확인하는 주장을 하였다. 이에 대해 원고용주 회사의 도급인인 피고는 도급인으로서의 지시 이외에 근로자파견 관계의 요건인 '사용자의 지위에서 지휘·명령'을 한 사실이 없을 뿐만 아니라, 원고들의 업무와 피고 소속근로자들의 업무는 다르므로 근로자파견관계가 성립하지 않는다고 주장하였다.

II. 판결 내용

1. 도급과 파견 구별 기준

대법원은 먼저 파견근로자보호 등에 관한 법률(이하 '파견법'이라고 한다) 제2조 제1호에 따라 근로자파견을 정의하면서, 도급과 파견의 구별에 관한 판결의 원칙을 고수한다. 즉, 원고용주가 어느 근로자로 하여금 제3자를 위한 업무를 수행하게 한 경우 그 법률관계가 근로자파견이라고 하려면 당사자가 붙인 계약의 명칭이나 형식에 구애될 것이 아니라는 점을 강조한다. 그리고 도급과 파견을 구분하기 위한 기준을 구체적으로 제시한다. 즉, 대법원에 따르면 근로자파견인지를 판단하기 위해서는 i) 제3자가 당해 근로자에 대해 직·간접적으로 그 업무수행 자체에 관한 구속력있는 지시를 하는 등 상당한 지휘·명령을 하는지, ii) 당해 근로자가 제3자 소속 근로자와 하나의 작업집단으로 구속되어 직접 공동작업을 하는 등 제3자의 사업에 실질적으로 편입되었다고 볼 수 있는지, iii) 원고용주가 작업에 투입될 근로자의 선발이나 근로자의 수, 교육 및 훈련, 작업·휴게시간, 휴가, 근무태도 점검 등에 관한 결정권한을 독자적으로 행사하는지, iv) 계약의 목적이 구체적으로 범위가 한정된 업무의 이행으로 확정되고 당해 근로자가 맡은 업무가 제3자 소속 근로자의 업무와 구별되며 그러한 업무에 전문성·기술성이 있는지, v) 원고용주가 계약의 목적을 달성하기 위하여 필요한 독립적 기업조직이나 설비를 갖추고 있는지 등의 요소를 바탕으로 그 근로관계의 실질에 따라 판단하여야 한다는 것이다.

2. 구 파견법 '직접고용간주' 규정이 적법한 근로자파견에 대해서만 적용되는지 여부

당해 사건에서는 근로자파견관계 인정 여부 이외에도 제조업 직접생산공정 업무가 근로자파견업무 대상 업무에서 제외되기는 하지만, 불법파견의 경우에도 직접고용간주규정이 적용되고, 당해 근로자가 사용사업장에서 2년 넘게 근무하였으므로 직접고용이 간주되어 피고의 근로자의 지위에 있는지 여부도 쟁점의 하나가 되었다. 물론 이미 대판 2008. 9. 18, 2007두22320(전합)에서 '구 파견법의 직접고용간주규정은 적법한 근로자파견의 경우에만 한정하여 적용되는 것은 아니다'고 한 바 있다. 따라서 대상판결은 이를 확인하고 있고, 이 쟁점에 관한 대법원 판례는 하나의 판례법으로 정착되어 있다고 볼 수 있을 것이다.

3. 1.의 쟁점에 관한 사안포섭

위와 같은 일반적이고 추상적인 기준이 당해 사례에 충족되었는지에 대해 대법원은 피고가 원고용주 소속 근로자의 작업장소와 작업시간을 정하고 작업내용에 대하여 실질적인 지휘·감독을 한 점, 원고용주 소속 근로자는 피고 소속 근로자와 같은 조에 배치되어 동일한 업무를 수행한 점, 피고 소속 관리자가 피고 소속 근로자와 함께 원고용주 소속 근로자의 근태상황 등을 파악하고 업무사항 등을 지적하는 등 원고용주 소속 근로자를 관리하여 온 점, 원고용주가 도급받은 업무는 피고 소속 근로자의 업무와 동일하여 명확히 구분되지 아니하는 점, 원고용주 소속 근로자의 담당 업무 중 일부는 반복적인 청소·시설관리업무로서 원고용주의 전문적인 기술이나 근로자의 숙련도가 요구되지 않고, 원고용주의 고유기술이나 자본이 투입된 바 없는 점 등의 사실이 위 도급과 파견 구별 기준의 요건에 충족되어 원고들은 원고용주 회사에 고용된 후 피고의 작업현장에 파견되어 피고로부터 직접 지휘·감독을 받는 근로자파견관계에 있다고 보았다.

III. 해설

1. 대상판결의 쟁점과 의의

대상판결의 쟁점은 원고들과 피고의 법률관계가 도급인가 파견인가이다. 파견이면 2년의 파견기간 도과로 구법상 직접고용간주규정에 의해 근로자지위가 인정되는가 하는 점이다. 그런데 이 판결 이전의 대법원 판결은 파견과 도급을 구별하는 일반적이고 추상적인 기준을 세우지 않았다. 특히 파견과 도급 구별의 선례가 되는 판결이라고 할 수 있는 사건(대판 2010. 7. 22, 2008두4367)에서 대법원은 파견과 도급을 구별하는 일반적이고 추상적인 기준을 세우지 않았다. 그리하여 도급과 파견을 구별하는 여러 가지 요소들을 세우고 개별사례 상황을 종합하여 도급인지 파견인지를 판단하였다. 선례가 된 판결에서 대법원은 근로자파견관계를 인정하는 요소로서 ① 직접적인 작업지시 및 현장관리인을 통한 작업지시, ② 도급인의 작업지시서에 따른 업무수행, ③ 작업배치권·작업량·작업방법 등의 결정, ④ 혼재 배치작업, ⑤ 시업·종업시간·휴게시간 등의 도급인 결정 여부, ⑥ 근태상황·인원현황파악, ⑦ 도급인 소유 생산시설과 부품사용, ⑧ 수급인의 자본과 기술 투여 여부를 정하고 구체적 사안에서 이들이 충족되었는지를 전체적으로 종합하여 도급인지 파견인지를 판단하였다. 그러나 대상판결은 ①과 ②를 합하여 업무수행에 관한 지휘·명령으로, ③과 ④를 합하여 도급인 사업조직으로의 편입으로, ⑤와 ⑥을 합하여 수급인의 인사노무관리상의 독립성으로 간결하게 정리하고, 수급인의 독립적 실체성과 도급계약의 적격성 및 근로자 업무의 전문성과 기술성의 요소를 합하여 도급과 파견 구별을 위한 일반적이고 추상적인 기준을 마련하였다. 물론 도급의 경우에도 일의 완성과 도급 목적 달성의 범위에서 도급인인 원청회사가 도급목적 범위의 지시권을 행사할 수도 있다. 그렇기 때문에 파견과 도급의 구별은 더욱 어려워진다. 그러나 이 구별상의 어려움 때문에 파견과 도급 구별을 위한 일반적 기준을 포기하는 것은 법원의 자의적이고 불안정한 판결만을 가져와 외부노동력을 활용하는 자나 노무를 제공하는 자들에게 예측가능성을 주지 못하여 법적 안정성을 해치게 된다. 그렇기 때문에 적어도 어느 정도 파견과 도급을 구별할 수 있는 추상적·일반적 기준이 필요하다. 대상판결은 바로 이러한 기준을 설정하였다는데 그 의의가 있다. 어느 의미에서 보면 도급과 파견 구별 기준이 없이 여러 가지 요소들을 종합하여 판단하는 것으로부터 벗어나 일반적이고 추상적인 기준을 세웠다는 것은 법원이 대체입법자(Ersatzgesetzgeber)의

역할을 수행하였다고 볼 수 있다. 이는 다양한 노동생활에서 법률이 모든 문제를 해결하지 못하여 법원이 먼저 선제적으로 문제를 해결하고 후발적으로 법원판례가 축적되면서 법률이 만들어지는 노동법 일반 현상 중의 하나인지도 모른다.

2. 대상판결 법리의 전개

도급과 파견 구별을 위하여 대상판결이 세운 다섯 가지 기준은 간단히 말하여 사용사업주의 지휘·명령, 편입, 원고용주의 독자적인 인사명령권, 계약목적의 구체적 확정과 근로자의 전문성과 기술성, 원고용주의 독립적 기업조직과 설비 여부이다. 물론 이 다섯 가지 기준이 어느 하나라도 충족되지 못하면 파견이 부정되는 요건인지, 어느 하나를 충족하지 못하더라도 다른 기준이 비중이 크면 파견을 인정할 수 있다든가, 아니면 전체적으로 종합하여 판단하여야 한다는 점에서 요소에 지나지 않는 것인지는 분명하지 않다. 다만 대상판결의 판결문에서 보는 바와 같이 근로자파견인지의 여부는 '……필요한 독립적 기업조직이나 설비를 갖추고 있는지 등의 **요소**(필자 강조)를 바탕으로 그 근로관계의 실질에 따라 판단하여야 한다'는 점에서 대법원은 다섯 가지 기준을 요소로 보고 있는 듯하다.

어떠한 구체적 인정사실이 이 다섯 가지 기준 충족으로 이끌었는지에 대해서는 판결문으로부터는 읽혀지지 않는다. 다만, 원심 판결로부터 추론한 바로는 사용사업주의 지휘·명령은 피고 소속 근로자가 현장 근무자의 점검을 지시·감독하고 피고 소속 근로자와 원고용주 소속 근로자의 구분없이 업무일지에 근무태도 사항을 기록하여 피고관리자에게 보고하고, 현장

근로자들에게 업무지시를 하는 등 전반적 관리를 하였다는 점, 편입은 원고들이 피고 소속 근로자들과 함께 피고의 기구표에 따라 해당 팀 조직에 편제되어 피고 소속 근로자와 원고용주 소속 근로자는 피고의 근무명령서에 따라 배치되었다는 점, 도급계약에 따른 도급내용이 복합비료 공장의 각 층에 있는 각종 기기와 시설을 점검하고 관리하는 업무로서 피고 소속 근로자가 수행하는 것과 다름이 없다는 점, 원고의 담당 업무 중 일부가 반복적인 청소·시설관리업무로서 전문적인 기술이나 근로자의 숙련도가 요구되지 않았다는 점, 원고용주의 고유기술이나 자본이 투입된 바 없다는 점 등의 인정사실로부터 다섯 가지 요건이 충족된 것으로 보인다.

3. 대상판결의 발전과 평가

대상판결이 내려진 같은 날 다른 사건에서도 대상판결이 세운 다섯 가지 기준은 그대로 적용되었다. 물론 이 다른 사건에 대해서 위의 다섯 가지 기준을 동일하게 적용하였지만, 결론은 각각 상이하였다. 그러나 그렇다고 이 다섯 가지 기준이 틀렸다고 단정할 수는 없다. 대상판결에서 세운 다섯 가지 기준이 각각의 구체적 사건에서는 인정사실에 따라 다른 결과를 가져올 수 있기 때문이다. 그리고 후속하는 대법원 판례와 최근 대법원 판례에서도 다섯 가지 기준은 그대로 인용·적용되고 있다(최근 판례로서 대판 2020. 4. 9, 2017다17955, 한국수력원자력사건). 따라서 어느 면에서 보면 이 다섯 가지 기준은 대법원이 파견과 도급의 구별기준에 대해 확립한 유형물로서 이제 이 기준은 하나의 판례법이라고 평가할 수 있을 것이다. 이러한 판례법은 향후 입법화로 이어질 소지가 다분하다고 본다. 물론 입법을 통해서 다섯 가지 기준이 입법화된다고 하여도 구체적 사안에 이 기준이 충족되었는지의 판단은 여전히 법원의 몫이지만, 대법원이 일관되게 파견과 도급 구별기준을 유지하게 되면 파견과 도급 구별 문제에서 어느 정도 법적 안정성이 달성될 것이다. 물론 다섯 가지 기준에 가감을 해야 할 것은 없는지, 다섯 가지 기준이 동등한 것인지 등의 문제는 여전히 생각해보아야 할 문제라고 본다.

◆ 참고문헌

권두섭, "근로자파견의 판단기준에 대한 검토", 『월간노동법률』 통권 제289호, 중앙경제사, 2015.6.
김영문, "파견과 도급 구별 기준에 관한 비판적 검토", 『노동법논총』 제43집, 한국비교노동법학회, 2018.
박지순, "사내도급과 파견의 구별에 관한 서울고등법원 판례평석", 『월간노동법률』 통권 제311호, 중앙경제사, 2017.
유성재, "근로자파견에 관한 최근 판례의 동향", 『노동법포럼』 21권, 노동법이론실무학회, 2017.
이정환, "제조업에서의 파견과 도급의 구별 법리", 『민사판례연구』 제41권, 박영사, 2019.

64. 파견법상 직접고용의무

－대법원 2015. 11. 26. 선고 2013다14965 판결(근로자지위확인)－

방강수(법학박사)

Ⅰ. 사실관계

Y회사(피고)는 2001. 4. 2. 한국전력공사에서 분사하여 설립된 원자력 등의 발전업을 목적으로 하는 법인으로서 산하에 울진 원자력본부 제2발전소(이하 '울진발전소')를 운영하고 있다. Y회사는 울진발전소의 발전작업 보조업무와 화학시료 채취업무를 A회사에 위탁운영을 하였다. 2004. 4. 1. Y회사는 위 위탁업무의 하청업체를 A회사에서 B회사로 변경하였다.

근로자 X1(원고)은 2002. 11. 19. A회사에 입사하여 울진발전소에서 근무하다가, 2004. 4. 1. B회사로 소속이 변경된 후에도 계속 울진발전소에서 근무하였다. 근로자 X2(원고)는 2005. 11. 25.에 B회사에 입사하여 울진발전소에서 근무하고 있다. 2010. 6. 4. B회사는 X1과 X2 등에 대하여 근로계약기간 만료를 이유로 계약종료를 통보하였다. X1과 X2를 비롯한 B회사의 근로자 8명은 '자신들의 실질적인 사용자는 Y회사'라고 주장하며, Y회사를 상대로 근로자지위확인의 소를 제기하였다.

먼저 대상판결은 Y회사와 하청업체인 A·B회사의 위탁계약의 실질은 '근로자파견'에 해당한다고 판단하였다(이 부분에 대한 자세한 논의는 생략한다). 사안의 첫 번째 쟁점은 파견사업주가 변경된 경우에 해당 근로자의 총파견기간을 어떻게 산정할지이다. 구 파견법의 직접고용간주 규정은 '파견기간이 2년을 초과할 것'을 요건으로 하고 있는데, X1은 A회사에서 근무한 지 2년이 되지 않은 상태에서 B회사로 소속이 변경되어서 문제가 된다. 두 번째 쟁점은 파견법상 직접고용의무를 위반한 경우의 사법상(私法上) 효과이다. X2에게는 2007. 7. 1. 시행되는 개정 파견법의 직접고용의무 규정이 적용되는데, 이 경우 Y회사와 X2 간에 고용관계(근로계약관계)가 성립하는지 문제가 된다.

Ⅱ. 판결의 내용

1. 파견사업주 변경 시 총파견기간 산정

대상판결은 직접고용간주나 직접고용의무 규정은 모두 '사용사업주와 파견근로자 사이'에 발생하는 법률관계 및 이에 따른 법적 효과를 설정하는 것으로서, 그 내용이 파견사업주와는 직접적인 관련이 없고, 그 적용 요건으로 파견기간 중 파견사업주의 동일성을 요구하고 있지도 아니하므로, 파견기간 중 파견사업주가 변경되었다는 이유만으로 직접고용간주나 직접고용의무 규정의 적용을 배제할 수는 없다고 판시하였다.

따라서 X1의 경우 2004. 4. 1.에 A회사에서 B회사로 소속이 변경되었다고 하더라도, Y회사 울진발전소에 최초 파견된 날(2002. 11. 19.)로부터 2년이 경과한 시점인 2004. 11. 19.자로

구 파견법의 직접고용간주 규정에 따라 Y회사
와 직접고용관계가 성립하게 된다.

2. 직접고용의무의 사법상 효과

대상판결은 "파견근로자는 사용사업주가 직
접고용의무를 이행하지 아니하는 경우 사용사
업주를 상대로 고용 의사표시를 갈음하는 판결
을 구할 사법상의 권리가 있고, 그 판결이 확정
되면 사용사업주와 파견근로자 사이에 직접고
용관계가 성립한다. 또한 파견근로자는 이와 아
울러 사용사업주의 직접고용의무 불이행에 대
하여 직접고용관계가 성립할 때까지의 임금 상당
손해배상금을 청구할 수 있다."고 판시하였다.

따라서 2007년 개정 파견법의 직접고용의무
가 적용되는 X2의 경우에는, 울진발전소에 최
초 파견된 날(2005. 11. 25.)로부터 2년이 경과
한 시점인 2007. 11. 25.자로 Y회사는 X 를 직
접 고용할 의무가 발생한다.

Ⅲ. 해설

1. 직접고용간주와 직접고용의무

1998년에 제정된 파견법은 근로자파견의 법
적 효과로서 직접고용간주 규정을 두고 있었다.
동법 제6조 제3항은 "사용사업주가 2년을 초과
하여 계속적으로 파견근로자를 사용하는 경우
에는 2년의 기간이 만료된 날의 다음날부터 파
견근로자를 고용한 것으로 본다."라고 규정하
였다. 이 규정이 파견법의 요건을 갖추지 못한
근로자파견(즉, 불법파견)의 경우에도 적용되는
지에 대하여, 대법원 전원합의체 판결은 불법파
견도 마찬가지로 그 파견기간이 2년을 초과하
면 직접고용간주 규정이 적용되어 사용사업주
와 파견근로자 사이에 직접고용관계가 성립한

다고 판단하였다(대판 2008. 9. 18, 2007두
22320).

구 파견법의 직접고용간주 규정에 대해서는
'당사자의 의사표시 없이도 법률행위가 성립하
는 것으로 간주한다'는 지적이 있었고, 파견법
은 직접고용간주를 직접고용의무 규정으로 개
정하였다(2007. 7. 1. 시행). 즉, 파견법 제6조
의2 제1항은 "사용사업주가 다음 각 호의 어느
하나에 해당하는 경우에는 당해 파견근로자를
직접 고용하여야 한다."라고 규정하였다. 그런
데 2007년 개정 파견법은 불법파견(절대금지업
무 위반은 제외)의 경우에도 그 파견기간이 2
년을 초과해야 직접고용의무가 발생한다고 규
정하여, '법이 2년 간의 불법 상태를 방치하고
있다'는 비판에 직면하였다. 이에 2012년 개정
파견법은 불법파견 시 직접고용의무의 요건에
서 "2년을 초과하여 계속적으로"라는 문구를
삭제하여, 모든 불법파견의 경우에는 최초 파견
된 날에 즉시 직접고용의무가 발생하도록 하였
다(§6의2 ① 1호·2호·5호). 한편 적법파견의
경우에는 파견법이 허용하는 파견기간을 초과
하는 경우에 직접고용의무가 발생한다(§6의2 ①
3호·4호).

2. 직접고용의무의 사법상 효과

구 파견법의 직접고용간주 규정의 경우, 그
적용 요건을 갖추게 되면 당사자의 의사와 관
계없이 "곧바로 사용사업주와 파견근로자 사이
에 직접고용관계 성립이 간주"되는 효과가 발
생된다. 동 규정이 사적자치를 중대하게 제한한
다는 비판이 일부 있긴 하지만, 직접고용관계
성립이 인정된다는 사법상 효과만큼은 분명하
다. 그런데 2007년에 직접고용의무로 파견법이
개정되면서 그 법적 효과에 대해서 논란이 되

어 왔다.

파견법 제6조의2 제1항에 따라 직접고용의무가 발생하였음에도 사용사업주가 파견근로자를 직접 고용하지 않는 경우, 해당 사용사업주에게는 3천만원 이하의 과태료가 부과된다(파견법 §46 ②). 이는 직접고용의무의 실효성을 확보하기 위한 공법상의 제재이다. 문제는 사용사업주와 파견근로자 사이에 어떠한 사법상 효과가 발생하는지이다.

'공법상 의무설'은 직접고용의무는 벌칙을 통해 강제되는 공법상 의무에 불과하므로 사법상 효과는 없다고 한다. '청구권설'은 직접고용관계가 성립하는 것이 아니라 사용사업주에게 고용의무가 발생하므로, 파견근로자는 사용사업주에게 고용의무를 이행하도록 할 청구권을 갖는다고 한다. '형성권설'은 구 파견법의 내용과 같이 직접고용이 간주되어 사용사업주와 파견근로자 사이에 직접고용관계가 형성된다고 한다.

이에 대해 대상판결은 먼저 직접고용의무 위반의 효과로서 파견근로자의 '사법상 권리'를 인정하여 공법상 의무설을 배척하였다. 나아가 대상판결은 파견근로자가 고용 의사표시를 갈음하는 판결을 청구하고 그 판결이 확정되는 경우 사용사업주와 파견근로자 사이의 '직접고용관계 성립'을 인정하였다. 대상판결이 직접고용관계 성립을 인정한 근거는 다음과 같다. 사용사업주의 채무(직접고용의무)가 법률행위를 목적으로 할 때에는 채무자의 의사표시에 갈음할 재판을 청구할 수 있고(민법 §389 ②), 그 의사의 진술을 명한 판결이 확정된 때에는 그 판결로 권리관계의 성립이 인정된다는 것이다(민사집행법 §263 ②).

대상판결이 제시한 '직접고용의무의 사법상

효과'를 정리하면 다음과 같다. ① 직접고용의무 발생일부터 판결(고용 의사표시를 갈음하는 판결) 확정 시까지는 아직 고용관계가 성립하지 않았으므로, 파견근로자는 사용사업주에게 직접고용의무 불이행에 대한 임금 상당의 손해배상금 청구만 가능하다. ② 판결이 확정되면 직접고용관계가 성립되므로 파견근로자는 사용사업주 근로자로서의 지위를 갖게 된다.

대상판결에 따르면 직접고용의무의 효과로서 일정한 경우에 직접고용관계까지 성립되므로, 결과적 측면에서 구법의 직접고용간주 규정(또는 위의 '형성권설')과 유사하게 되었다. 하지만 양자는 분명한 차이가 있다. 직접고용간주 규정은 고용간주 발생일에 곧바로 고용관계가 성립하는 효과가 있는 반면, 직접고용의무 규정은 고용의무 발생일이 아니라 판결이 확정된 시점에 가서야 고용관계가 성립하게 된다.

파견법의 사례들을 보면 적법파견의 경우를 찾아보기 어렵다. 거의 대부분이 불법파견 사례이다. 2012년 개정 파견법으로 인해, 모든 불법파견은 최초 파견된 날(즉, 근로제공을 한 첫날)에 사용사업주에게 직접고용의무가 발생한다. 하지만 곧바로 사용사업주와 고용관계가 성립하는 것이 아니라 파견근로자가 재판을 청구하고 그 판결이 확정되어야 비로소 고용관계가 성립한다. 직접고용의 '간주'가 아닌 '의무' 규정 하에서 고용의무 발생일에 곧바로 고용관계가 성립한다고 보는 것은 해석의 한계를 넘어선다. 한편 직접고용의무 규정에서도 고용관계의 성립을 인정하는 것은 사용사업주의 의사에 어긋난다는 비판이 있을 수 있다. 하지만 근로계약 당사자가 아닌 제3자가 근로자를 사용하는 것은 파견법에 의해 예외적으로 허용되는 것이므로, 파견법의 허용 범위를 벗어난 근로자파견에 대하여 고용관계 성립을 인정하는 것이 직접고용을 원칙(근기법 §9 참조)으로 하는 법체계에 그렇게 어긋나는 것은 아니다.

대상판결은 일정한 경우에 사용사업주와 파견근로자 사이의 직접고용관계 성립을 인정함으로써, 그간 논란이 되어 왔던 직접고용의무의 사법상 효과에 대한 분명한 입장을 제시했다는 점에서 의의가 있다.

3. 파견법상 직접고용의 법률관계

대상판결은 파견근로자의 총파견기간은 파견사업주의 변경과 무관하게 사용사업주를 기준으로 산정해야 한다고 하였다. 그 근거로서 직접고용간주나 직접고용의무 규정은 '사용사업주'와 파견근로자 사이에 발생하는 법률관계와 법적 효과를 설정하는 것으로서, 그 내용이 '파견사업주'와는 직접적인 관련이 없다는 점을 분명히 밝혔다. 즉, 근로자파견과 같은 '간접'고용관계에서 파견근로자의 고용안정 도모를 위하여, 파견근로자를 '직접'고용해야 할 의무주체는 사용사업주이기 때문에(이런 점에서 '직접'이란 용어는 생략해도 무방하나, 사용사업주가 고용의 주체임을 강조하기 위해 사용할 필요는 있다), 파견법상 직접고용은 '사용사업주와의 관계'에서 발생하는 법적 효과임은 당연하다.

이러한 대상판결의 판단근거는 다음과 같은 법리로 연결된다. 파견법상 직접고용간주나 직접고용의무의 법적 효과가 발생한 이후 해당

파견근로자가 하청업체(파견사업주)에서 사직하거나 해고를 당하였다고 하더라도, 이러한 사정은 사용사업주와 파견근로자 사이의 직접고용의무 등의 법률관계에 영향을 미치지 않는다. 예컨대, 직접고용의무는 발생하였으나 아직 사용사업주가 직접 고용을 하지 않은 상황에서, 농성투쟁 중에 하청업체에서 해고를 당하거나 또는 하청업체에서 사직을 하고 사용사업주의 자회사로 이직을 하더라도, 해당 파견근로자는 여전히 사용사업주에게 직접고용을 주장할 수 있다. 또한 파견법 제6조의2 제2항에서 직접고용의무 규정의 적용 배제사유로 정하고 있는 "해당 파견근로자가 명시적인 반대의사를 표시"하는 경우란 '사용사업주'에게 직접고용되는 것을 명시적으로 반대한 경우를 의미하는 것이지, '파견사업주'에게 사직의 의사표시를 하는 것은 해당되지 않는다(대판 2019. 8. 29, 2017다219072; 대판 2020. 5. 14, 2016다239024 등, 한국도로공사 사건).

◆ 참고문헌

강선희, "불법파견인 경우 사용사업주의 직접고용의무 등", 『노동법학』 제52호, 한국노동법학회, 2014.
박수근, "파견법상 직접고용에서 쟁점과 해석", 『노동법포럼』 제15호, 노동법이론실무학회, 2015.
박종희, "총 파견기간의 산정과 불법파견 시 직접고용의무의 효과", 『노동법률』 제296호, 중앙경제, 2016.1.
오세웅, "파견근로자에 대한 사용사업주의 직접 고용의무 고찰", 『강원법학』 제48권, 강원대학교 비교법학연구소, 2016.

65. 비정규직근로자의 차별시정

― 대법원 2019. 9. 26 선고 2016두47857 판결(차별시정재심판정취소) ―

김영택(법학박사)

Ⅰ. 사실관계

카지노, 관광호텔업 등을 운영하는 회사인 원고 X는 카지노 업장의 딜러 업무를 수행하는 기간제 근로자 A 등에게 정규직 딜러와는 달리 특별상여금과 호텔봉사료를 지급하지 아니하였다. A 등은 이것이 기간제법 제8조 제1항을 위반한 차별이라고 주장하여 노동위원회를 통해 차별적 처우를 인정받았다. 하지만 대상판결의 원심은 특별상여금과 호텔봉사료를 지급하지 않은 것이 기간제 근로자임을 이유로 하는 불리한 처우에는 해당하지만 차별의 합리적인 이유가 있다고 보았다.

한편 X는 정규직 근로자에게는 기본급, 벽지(문화)수당, 고객서비스수당, 정기상여금 및 특별상여금과 호텔봉사료를 지급하였으나 A 등에게는 기본급여만 지급하였다. A 등이 시정을 요구한 특별상여금은 설·추석 및 하계휴가와 연말에 각각 지급하였고 호텔봉사료는 요금의 10%를 해당 명목으로 하여 기간제 딜러를 제외한 전 직원에게 매월 균등하게 지급하였다.

Ⅱ. 판결의 내용

대상판결은 ① A 등에 대해 차별적 처우가 있었는지를 판단하기 위한 비교대상 근로자로 가상의 호봉을 적용받는 근로자를 설정할 수 있는지와 ② X가 A 등에게 특별상여금과 호텔봉사료를 지급하지 않은 것이 합리적 이유가 없는 차별적 처우에 해당 하는지를 중심으로 이 사건을 판단하였다. 가상의 비교대상 근로자에 관해서 대상판결은 동종 또는 유사 업무에 종사하는 비교대상 근로자는 "당해 사업 또는 사업장에 실제 근무하고 있을 필요는 없으나 직제에 존재하지 않는 근로자를 비교대상 근로자로 삼을 수는 없다"고 보았다.

대상판결은 특별상여금과 호텔봉사료 미지급이 A 등에 대한 불리한 처우인지에 대해 "원칙적으로 기간제 근로자가 불리한 처우라고 주장하는 임금의 세부 항목별로 비교대상 근로자와 비교하여 불리한 처우가 존재하는지 판단해야 한다. 다만 기간제 근로자와 비교대상 근로자의 임금이 서로 다른 항목으로 구성되어 있거나, 기간제 근로자가 특정 항목은 비교대상 근로자보다 불리한 대우를 받은 대신 다른 특정 항목은 유리한 대우를 받은 경우 등과 같이 항목별로 비교하는 것이 곤란하거나 적정하지 않은 특별한 사정이 있는 경우라면, 상호 관련된 항목들을 범주별로 구분하고 각각의 범주별로 기간제 근로자가 받은 임금 액수와 비교대상 근로자가 받은 임금 액수를 비교하여 기간제 근로자에게 불리한 처우가 존재하는지를 판단하여야 한다. 이러한 경우 임금의 세부 항목이 어떤 범주에 속하는지는 비교대상 근로자가 받은 항목별 임금의 지급 근거, 대상과 그 성격, 기간제 근로자가 받은 임금의 세부 항목 구성과 산정 기준, 특정 항목의 임금이 기간제 근로자에게 지급되지 않거나 적게 지급된 이유나 경위, 임금 지급 관행 등을 종합하여 합리적이고 객관적으로 판단하여야 한다"고 보았다.

차별의 합리적 이유가 있는지에 대해서도 대상판결은 "임금 세부 항목별이 아닌 각 범주별로 기간제 근로자에게 불리한 처우가 존재하는지를 판단하여야 할 때에는 합리적 이유가 있는지 여부도 범주별로 판단하여야 한다."고 하였다. 이처럼 대상판결은 범주별 판단을 통해 A 등에 대한 X의 불리한 처우는 있으나 특별상여금을 지급하지 않은 것은 합리적인 이유가 있고, 호텔봉사료를 전혀 지급하지 않은 것은 합리적 이유가 없는 차별이라고 판단하였다.

Ⅲ. 해설

1. 비정규직 차별 시정의 판단 구조

(기간제법과 파견법 상의) 비정규직 차별 시정이 이루어지기 위해서는 신청권자가 제척기간인 6개월 이내 시정을 신청해야 하는데 ① 그 시정은 동종 또는 유사한 업무에 종사하는 비교대상 근로자가 반드시 존재해야 하며 ② 비교대상근로자와 비교하여 '불리한 처우'가 있어야 한다. 여기서 불리한 처우란 '임금, 정기상여금, 명절상여금 등 정기적으로 지급되는 상여금, 경영성과에 따른 성과금, 그 밖에 근로조건 및 복리후생 등에 관한 사항'에 대하여 비정규직 근로자와 비교대상 근로자를 다르게 처우함으로써 비정규직 근로자에게 발생하는 불이익 전반을 의미한다(대판 2012. 3. 29, 2011두2132).

비정규직 근로자가 불리한 처우를 받았더라도 ③ 그러한 차별에 합리적 이유가 없어야 한다. 합리적 이유가 없는 경우란 비정규직 근로자를 다르게 처우할 필요성이 인정되지 않거나, 다르게 처우할 필요성이 인정되는 경우에도 그 방법·정도 등이 적정하지 않은 경우를 의미하며 합리적인 이유가 있는지는 개별 사안에서 문제가 된 불리한 처우의 내용과 사용자가 불리한 처우의 사유로 삼은 사정을 기준으로 급부의 실제 목적, 고용형태의 속성과 관련성, 업무의 내용과 범위·권한·책임, 노동의 강도·양과 질, 임금이나 그 밖의 근로조건 등의 결정요소 등을 종합적으로 고려하여 판단한다(대판 2012. 10. 25, 2011두7045).

이러한 차별 시정의 판단 구조를 통해 본 대상판결의 쟁점은 크게 세 가지다. 첫째, 비교대상근로자를 선정함에 있어 존재하지 않은 가상의 대상을 정하는 것이 타당한가? 둘째, 불리한 처우를 판단하기 위한 기준은 어떻게 설정해야 하는가? 셋째, 그에 따라 차별의 합리적 이유에 대한 판단은 어떤 기준으로 해야 하는 것인가?

2. 가상의 비교대상근로자 선정

비정규직 차별 시정 제도는 반드시 비교대상 근로자를 요구한다. 동종 또는 유사한 업무에 종사하는 비교대상 근로자가 존재하지 않는다면 비록 비정규직 근로자에 대한 차별이 있어도 시정 사건은 기각된다. 대상판결은 이러한 비교대상 근로자를 가상으로 정할 수 있는지 문제가 되었다. A 등은 X의 정규직 근로자 중 가장 낮은 처우를 받는 1호봉 보다 더 낮은 근로조건에서 일하는 근로자였다. 노동위원회는 이러한 사정을 감안하여 1호봉 아래의 가상의 마이너스 호봉을 만들고 이를 A 등과 비교하였다. 원심은 이러한 시도를 인정하지 않았고 대상판결 역시 기간제법 제8조 제1항의 문언 내용, 실제로 존재하는 불합리한 차별을 시정하고자 하는 기간제법의 취지 등을 고려하여 가상의 비교대상은 인정하지 않은 것이다. 대신 대상판결은 실제 근무하는 1호봉 정규직 딜러를 비교대상 근로자로 판단하였다.

차별적 처우를 판단하기 위해 비교대상을 선정하는 것은 반드시 필요하다. 하지만 그 선정의 기준인 '동종 또는 유사 업무 종사'라는 기준이 높아지게 되면, 차별 판단의 중심인 차별의 합리성 판단까지는 이르지 못하게 되는 결과가 초래된다. 차별시정제도의 중심은 비정규직에 대한 차별이 합리적 이유가 있는 것인지 여부에 있다. 대상판결은 비교대상 근로자가 직제에 존재하는 것으로 충분하고 실제 근무할 필요까지는 없다는 의미로 해석되어 결과적으로 비교대상 근로자의 선정 기준을 완화한 것으로 이해된다.

3. 불리한 처우의 범주별 판단

비정규직에 대한 불리한 처우가 있는지 판단하기 위한 가장 이상적인 방식은 정규직, 비정규직 간 임금을 항목별로 비교하는 것이다. 기본급은 기본급끼리, 상여금은 상여금끼리 비교해 보면 그 유·불리가 명확해 질 것이기 때문이다. 하지만 기간제 근로자의 임금체계는 최저임금 위반의 회피, 계산 편의를 위한 항목 단순화 등의 목적으로 정규직의 그것과 차이를 보이는 경우가 많다. 이러한 현실에서 양자 간 임금의 차이를 비교하기란 쉽지 않다.

대상판결은 불리한 처우 여부 판단의 일반 법리를 처음으로 제시한 대법원 판결이다. 대상판결은 항목이 다르거나, 항목별로 비교하기 곤란하거나 적정하지 않은 경우에는 '범주별

(categorizing) 비교'를 하여야 한다고 본다. 이러한 범주별 비교 방식은 다수 하급심에서 시도된 바 있다(서울고판 2016. 10. 21, 2016누30189, 서울행판 2013. 4. 5, 2012구합30080). 다만 그 시도는 소정근로를 제공한 것 자체만으로 지급요건이 충족되는 임금 항목과 그 외에 특정한 조건에 해당해야만 지급요건이 충족되는 임금 항목으로 구분한 것이었다. 대상판결의 원심 역시 이러한 기준에 따라 범주화하였다.

대상판결은 소정근로의 대가성 대신 '종합적 고려를 통한 합리적 객관적 방식'을 통해 범주를 나누는 것이 타당하다고 보았다. 이로 인해 앞으로 불리한 처우 판단을 위한 범주화는 "비교대상 근로자가 받은 항목별 임금의 지급 근거, 대상과 그 성격, 기간제 근로자가 받은 임금의 세부 항목 구성과 산정 기준, 특정 항목의 임금이 기간제 근로자에게 지급되지 않거나 적게 지급된 이유나 경위, 임금 지급 관행 등"이 그 기준이 될 것이다. 대상판결은 이 사건에서 정규직의 모든 임금 항목이 소정근로의 대가라고 보고 하나의 범주로 나눈 원심과는 달리 호텔봉사료는 별도의 범주로 나누어야 한다고 결론내렸다. 호텔봉사료는 다른 지급 항목과는 달리 급여규정 등에 지급 근거가 없고, '호텔봉사료 지급 기준'에 따라 기간제 딜러를 제외한 전 직원에게 균등하게 지급되었으며 그 금액도 일정하지 않았다는 점을 그 이유로 들고 있다. 하지만 왜 호텔봉사료를 제외한, 특별상여금을 포함한 나머지 임금 항목을 하나의 범주로 나누는 것이 타당한지에 대해서는 별다른 설명이 없다는 한계가 있다.

향후 차별시정 사건에서는 범주를 나누는 기준 그 자체에 대한 합리성 여부가 쟁점이 될 것이다. 동시에 이는 비정규직 근로자에 대한

차별 처우에 있어 사용자 스스로 합리적인 범주 기준을 마련해야 함을 의미하기도 한다. 이러한 측면에서 대상판결이 시사하는 바는 크다 할 것이다.

4. 범주별 합리적 이유의 판단

대상판결은 불리한 처우가 존재하는지 범주별로 판단하였다면, 합리적 이유 판단 역시 범주별로 이루어져야 한다고 본다. 이 역시 소정근로의 대가성을 기준으로 한 하급심과는 차이를 보이는 것이다. 하급심은 소정근로를 제공하는 것 자체만으로 지급요건이 충족되는 임금 항목 범주는 총액을 기준으로, 그 외 특정한 조건에 해당해야만 지급요건이 충족되는 임금 항목 범주는 항목별로 그 유·불리를 판단하였다. 하급심에서 소정 근로의 대가 범주를 총액으로 단순 비교한 것에 비해 대상판결은 모든 범주

에서 '합리적 이유 판단'이 이루어져야 한다고 본 것이다. 따라서 향후 차별시정 사건에서는 각 범주별 총액 수준의 차이나 유·불리는 물론 기존 판례 법리가 합리성 판단의 고려 요소로 본 "급부의 실제 목적, 고용형태의 속성과 관련성, 업무의 내용과 범위·권한·책임, 노동의 강도·양과 질, 임금이나 그 밖의 근로조건 등의 결정요소" 등도 종합적으로 검토될 수 있는 토대가 마련되었다고 평가할 수 있다.

◆ 참고문헌

노동법실무연구회, 『근로기준법 주해 Ⅰ』, 박영사, 2020.
변성영, "불리한 처우 유무 판단을 위한 비교방식과 합리적 이유 판단의 조화", 『노동법 포럼』 제26호, 노동법이론실무학회, 2019.
심재진, "비정규직(기간제) 근로자 차별사건에서의 '불리한 처우'와 '합리적 이유'의 판단 방식", 『월간 노동리뷰』 2019년 11월호, 한국노동연구원, 2019.
조용만, "비정규직 차별금지의 쟁점과 과제", 『노동법학』 제42호, 한국노동법학회, 2012.

66. 사용자의 안전배려의무

— 대법원 2013. 11. 28. 선고 2011다60247 판결(손해배상) —

양승광(법학박사)

Ⅰ. 사실관계

피고 Y1은 자동차 및 장비시설용 부품을 제조·판매하는 회사이다. 근로자파견업체인 피고 Y2는 원고 X를 고용하여 Y1의 사업장에서 근로를 제공케 하였다. X는 Y1이 제공하는 교통수단으로 그 작업장에 출근하였으며, Y1의 지휘·감독 아래 그가 제공하는 설비와 재료 등을 이용하여 부품 제조 업무를 행하였다. X는 근무 6일째인 2005. 11. 15. Y1의 사업장에서 사출기로 작업하는 중 오른쪽 팔과 손목 등이 금형 사이에 압착되어 상해를 입는 사고를 입게 되었다. 사출기는 200℃ 이상의 고열로 고무를 녹여 제품을 생산하는 기계로, 작업자가 사출기 안으로 손을 집어넣을 경우 이를 감지하여 작동을 멈추는 안전장치가 설치되어 있었다. 하지만 이 사건 당시에는 고장으로 작동되지 아니하였고, Y1과 Y2는 이를 제때 확인하지 아니하였을뿐 아니라 X에게 사출작업 중 이물질 제거 방법 등에 관한 안전교육을 실시하지도 않았다. X는 이 사건 사고 발생일로부터 3년이 경과한 2009. 1. 9. 대구지방법원에 Y1과 Y2를 공동피고로 하여 안전보호의무 위반(채무불이행) 및 불법행위의 손해배상을 청구하였다.

이에 대해 1심법원(대구지판 2010. 11. 9, 2009가단1723)은 Y2에 대한 청구만을 인용하였다. Y1에 대해서는 고용관계가 없다는 이유로 안전보호의무 위반을 부정하였고, 동시에 불법행위 책임에 대해서는 안 날로부터 3년이라는 소멸시효(민법 §766 ①) 경과를 이유로 부정하였다. 하지만 원심인 2심법원(대구고판 2011. 6. 29, 2010나9475)은 Y1에 대해 안전보호의무 위반 책임을 인정하여 Y2와의 부진정연대책임을 인정하였으며, 대법원 역시 원심판결을 유지하였다.

Ⅱ. 판결의 내용

파견법의 목적과 내용 등에 비추어 보면, 근로자를 고용하여 타인을 위한 근로에 종사하게 하는 경우 그 법률관계가 파견법이 적용되는 근로자파견에 해당하는지 여부는 당사자들이 붙인 계약의 명칭이나 형식에 구애받을 것이 아니라, 계약의 목적 또는 대상에 특정성, 전문성, 기술성이 있는지 여부, 계약당사자가 기업으로서 실체가 있는지와 사업경영상 독립성을 가지고 있는지 여부, 계약 이행에서 사용사업주가 지휘·명령권을 보유하고 있는지 여부 등 그 근로관계의 실질에 따라 판단하여야 한다. 설령 피고들 사이에 위와 같은 근로관계를 도급계약이라고 지칭하며 관련 계약서를 작성한 적이 있다고 하더라도 달리 볼 것은 아니다.

근로자파견에서의 근로 및 지휘·명령 관계의 성격과 내용 등을 종합하면, 파견사업주가 고용한 근로자를 자신의 작업장에 파견받아 지휘·명령하며 자신을 위한 계속적 근로에 종사하게 하는 사용사업주는 파견근로와 관련하여 그 자신도 직접 파견근로자를 위한 보호의무 또는 안전배려의무를 부담함을 용인하고, 파견사업주는 이를 전제로 사용사업주와 근로자파견계약을 체결하며, 파견근로자 역시 사용사업주가 위와 같은 보호의무 또는 안전배려의무를 부담함을 전제로 사용사업주에게 근로를 제공한다고 봄이 타당하다. 그러므로 근로자파견관계에서 사용사업주와 파견근로자 사이에는 특별한 사정이 없는 한 파견근로와 관련하여 사용사업주가 파견근로자에 대한 보호의무 또는 안전배려의무를 부담한다는 점에 관한 묵시적인 의사의 합치가 있다고 할 것이고, 따라서 사용사업주의 보호의무 또는 안전배려의무 위반으로 손해를 입은 파견근로자는 사용사업주와 직접 고용 또는 근로계약을 체결하지 아니한 경우에도 위와 같은 묵시적 약정에 근거하여 사용사업주에 대하여 보호의무 또는 안전배려의무의 위반을 원인으로 하는 손해배상을 청구할 수 있다고 할 것이다. 그리고 이러한 약정상 의무 위반에 따른 채무불이행책임을 원인으로 하는 손해배상청구권에 대하여는 불법행위책임에 관한 민법 제766조 제1항의 소멸시효 규정이 적용될 수는 없다.

Ⅲ. 해설

1. 대상판결의 중요성과 쟁점

사안에서 다루어진 최종적인 문제는 파견근로관계의 사용사업주(Y1)에게 안전배려의무 위반을 이유로 한 채무불이행책임을 인정할 수 있느냐이다. 안전배려의무란 사용자가 사업시설·기계 등의 위험으로부터 근로자의 생명·신체의 안전과 건강을 보호할 의무를 말한다. 안전배려의무에 대해 판례는 "근로계약에 수반되는 신의칙상의 부수적인 의무로서 근로자에 대한 보호의무"(대판 2000. 3. 10, 99다60115)라고 하는데, 이 표현에서의 '근로계약'이 문제된다. 파견근로관계에 있어 사용사업주와 파견근로자 간에는 고용계약이 존재하지 않기 때문이다.

파견법 제35조 제1항은 근로자파견관계에서 산안법 규정에 따른 산업재해 예방 및 근로자의 안전과 보건 유지·증진 등에 관한 의무를 원칙적으로 사용사업주에게 부과함으로써, 사용사업주가 파견근로자의 생명, 신체, 건강에 대한 위험을 예방하고 파견근로자의 안전을 유지하기 위하여 필요한 조치를 하지 아니할 경우 산안법 등에서 정한 형사적 또는 행정적 제재를 받을 수 있도록 하고 있다. 하지만 사용사업주가 산안법상 안전·보건 의무를 진다는 것이 사용사업주에게 파견근로자와의 관계에서 계약법상 안전배려의무를 진다는 결론으로 반드시 이어지지는 않는다.

파견근로관계의 사용사업주에게 안전배려의무 위반을 이유로 한 채무불이행책임을 인정할 수 있느냐의 문제는 다음의 점에서 중요하다. 첫째, 파견사업주의 상당수는 영세한 상황에 놓여있어 재해근로자가 파견사업주에게는 제대로 보상을 받기 어렵다는 점이다. 이 사안의 Y2 역시 소송과정 중에서 폐업을 한 사정이 발견된다. 둘째, 불법행위로 인한 손해배상청구권의 소멸시효는 3년에 불과하여 재해근로자를 보호하기에 적절치 않다는 점이다. 이 사안에서도 X가 손해배상청구를 제기한 시점은 사고를 당한 후 3년 2개월가량 지난 시점이었으며, 1심 법원은 이를 이유로 Y1에 대한 청구를 기각하였다.

대상판결은 파견근로자에 대해 사용사업주의 안전배려의무를 인정한 최초의 대법원 판결이라는 점에 그 의의가 있다. 사안에서의 쟁점은 세 가지였다. ① X−Y1−Y2의 관계는 도급관계인가, 근로자파견관계인가. ② 근로자파견관계라고 한다면 파견사업주인 Y1에게 안전배려의무 위반을 이유로 채무불이행책임을 묻는 것이 가능한가. ③ 채무불이행책임이 인정된다고 한다면 그 소멸시효는 몇 년인가.

2. 근로관계의 성격과 안전배려의무

이 사건에서는 X−Y1−Y2의 관계를 1심법원부터 일관되게 파견근로관계로 보고 있다. 근로자파견관계 해당 여부는 관해 당사자들이 붙인 계약의 명칭이나 형식에 구애받을 것이 아니라, 계약의 목적 또는 대상에 특정성, 전문성, 기술성이 있는지 여부, 계약당사자가 기업으로서 실체가 있는지와 사업경영상 독립성을 가지고 있는지 여부, 계약 이행에서 사용사업주가 지휘·명령권을 보유하고 있는지 여부 등 그 근로관계의 실질에 따라 판단되기 때문이다(대판 2012. 2. 23, 2011두7076).

만일 이 삼자 관계를 도급관계로 보았다면 Y1에 대해서 안전배려의무를 인정하기는 어려웠을 것이다. 대법원은 과거 비계구조물 해체작업 사안(대판 2009. 5. 28, 2008도7030)에서 도급인의 안전배려의무를 원칙적으로 부정하며 다음과 같이 판시하였기 때문이다. "원칙적으로 도급인에게는 수급인의 업무와 관련하여 사고방지에 필요한 안전조치를 취할 주의의무가 없으나, 법령에 의하여 도급인에게 수급인의 업무에 관하여 구체적인 관리·감독의무 등이 부여되어 있거나 도급인이 공사의 시공이나 개별

작업에 관하여 구체적으로 지시·감독하였다는 등의 특별한 사정이 있는 경우에는 도급인에게도 수급인의 업무와 관련하여 사고방지에 필요한 안전조치를 취할 주의의무가 있다."

3. 사용사업주의 안전배려의무 인정 근거

파견근로관계의 사용사업주에게 안전배려의무를 인정할 수 있느냐에 관해 통설은 이를 긍정하고 있다. 근로를 제공한다는 것은 근로하는 자의 안전과 건강을 사용자의 지배 아래 두는 것을 의미하기에, 당사자 사이에 약정이 없다 할지라도 근로자가 사용자의 사업장 또는 경영체에 편입됨으로써 안전배려의무가 인정되는 것이다. 다만 그 인정 근거에 관해서는 ① 사용사업주와 파견근로자 간의 근로계약관계를 긍정하는 견해, ② 파견사업주와 파견근로자 간의 고용관계가 형식에 불과한 경우 사용사업주와 파견근로자 간의 묵시적 근로계약관계를 긍정하는 견해, ③ 근로자파견계약은 제3자를 위한 계약으로, 사용사업주와 파견근로자는 상호 간에 근로계약상 부수적 주의의무를 부담한다는 견해, ④ 파견법 제35조를 근거로 사용사업주의 산안법 위반에 대해 계약책임을 물을 수 있다는 견해, ⑤ 사용사업주와 파견근로자 간에는 근로계약관계가 아닌 사용계약관계가 존재하며, 이 사용계약관계의 주된 급무의무가 안전배려의무라는 견해 등이 있다.

대상판결과 원심 역시 파견근로관계에서 사용사업주의 안전배려의무를 인정했다. 다만 안전배려의무의 인정 근거에 있어서는 다소간의 차이를 보인다. 대상판결은 사용사업주와 파견근로자 사이에 사용사업주가 파견근로자에 대한 안전배려의무를 부담한다는 점에 관한 묵시적인 의사의 합치가 있다고 하였다. 이와 달리

원심은 안전배려의무 위반을 이유로 한 채무불이행 책임이 직접적인 고용계약관계에 준하는 법률관계에도 인정될 수 있으며, 피용자가 사용자의 지휘·감독하에 노무에 종사하는 법률관계, 즉 파견근로관계와 같이 사용자가 당해 피용자의 노무를 지배·관리하는 법률관계의 개재가 인정되는 경우가 이에 해당한다고 하였다(대구고판 2011. 6. 29, 2010나9475).

4. 안전배려의무 위반의 채무불이행책임과 소멸시효

불법행위책임에 관한 민법 §766 ①의 소멸시효 규정은 안전배려의무 위반의 채무불이행책임에 적용되지 않는다. 대상판결 역시 이를 확인했다. 그러나 그 소멸시효기간이 얼마인지와 관해서는 별도로 판단하지 않았다. 이와 관련하여 회사의 근로계약은 보조적 상행위로서 그 채무불이행으로 인한 손해배상청구권은 5년의 상사소멸시효(상법 §64)가 적용된다고 하는 것이 원심의 판단이었다. 이는 근로관계로부터 발생하는 채권의 소멸시효에 관한 판례의 기존 입장이기도 하다.

한편 대법원은 근로계약이 보조적 상행위라 할지라도 상사소멸시효가 대량, 정형, 신속이라는 상거래 관계 특유의 성질에 기인한 제도임을 고려하면, 근로자의 근로계약상의 주의의무 위반으로 인한 손해배상청구권은 상거래 관계에 있어서와 같이 정형적으로나 신속하게 해결할 필요가 있다고 볼 것은 아니므로 특별한 사정이 없는 한 5년의 상사 소멸시효기간이 아니라 10년의 민사 소멸시효기간이 적용된다고 봄이 타당하다고 판시하고 있다(대판 2005. 11. 10, 2004다22742). 이에 대해서는 근로자가 사용자를 상대로 청구하는 경우 또는 그 반대의 경우 모두 기본적으로는 근로자와 사용자의 일대일관계에서 벌어지는 개별분쟁으로서의 성격을 가진다는 점에서 그 소멸시효를 달리 판단할 충분한 사유가 되지 못 한다고 비판하는 견해(김기선, 364쪽)가 있다.

◆· 참고문헌

강선희, "파견근로자에 대한 사용사업주의 안전보호의무 위반의 손해배상책임", 『월간 노동리뷰』 2014년 2월호, 한국노동연구원, 2014.
김기선, "안전배려의무 위반으로 인한 사용사업주의 채무불이행책임 및 그 소멸시효", 『노동법학』 제39호, 한국노동법학회, 2011.
임종률, 『노동법』, 박영사, 2020.
전형배, "파견근로에서 사용사업주의 안전보호의무와 민사책임", 『노동법연구』 제35호, 서울대학교 노동법연구회, 2013.

67. 자살과 업무상 재해

− 대법원 2017. 5. 31. 선고 2016두58840 판결(유족급여및장의비부지급처분취소) −

오상호(창원대 법학과)

Ⅰ. 사실관계

원고(Z)의 남편 소외인(X)은 1992. 1. 6. 이 사건 회사에 은행원으로 입사하여 근무하다가 2013. 1. 17. 지점장으로 부임하여 지점의 여·수신 영업, 고객 관리 등을 총괄하는 업무를 수행하였다. 이 사건 회사는 2013. 2. 경부터 몇 차례 여신 실적 등이 부진한 지점에 대하여 대책 수립을 보고하도록 지시하였고, X가 속한 지점도 그 대상에 포함되어 있었다. 한편 당시 이 사건 지점의 전체 대출금 중 약 8.5%를 차지하던 거래처로부터 대출금리 인하를 지속적으로 요구받은 바 있다.

X는 2013. 5. 27. 정신과 의원에 내원하여 '정신병적 증상이 없는 중증의 우울병 에피소드, 비기질성 불면증' 진단을 받았다. 당시 의무기록에는 "매일 아침 일어나는 것 자체가 고통이다. 업무상 스트레스가 많았다. 죽고 싶은 마음은 항상 있다. 집에서 목도 매 봤다."는 등의 X의 진술 내용이 적혀 있다. X는 2013. 6. 3. 같은 의원에 다시 내원하여 진료 중 자살 가능성에 대해 언급한 바 있다.

X의 2013. 6. 13. 출근시 "당시 얼굴이 창백하고 몸이 좋지 않아 보였으며 업무에 집중하지 못하고 불안해하는 모습을 보였다."는 직원들의 진술이 있었고, X는 11:10경 회사 밖으로 나갔고, 13:50경 Z에게 전화하여 자살시도

를 알리고 14:12경 텃밭 원두막에서 사망한 채로 발견되었다.

Z는 피고 근로복지공단(Y)에 유족급여 및 장의비 지급을 청구하였으나, Y는 2014. 5. 26. "X의 우울증은 인정되나 업무상 스트레스 인정이 어려우므로, 업무와 상병과의 상당인과관계를 인정할 수 없다."는 이유로 그 지급을 거부하였고, Z는 Y의 처분에 불복하여 재심사 청구(2015. 1. 22.)를 하였으나, 이를 기각하자 Z는 2014. 5. 26. Y에게 '유족급여 및 장의비 부지급'처분을 취소하는 소를 제기하였다.

Ⅱ. 판결의 내용

대법원은 "X가 지점장으로 부임한 후 영업실적 등에 관한 업무상 부담과 스트레스로 인하여 중증의 우울병 에피소드를 겪게 되었고, 스스로 정신과의원을 찾아 치료를 받았음에도 계속된 업무상 부담으로 중압감을 느낀 나머지 그 증세가 급격히 악화되었다."고 봄이 타당하며 그리고 "이러한 우울증 발현 및 발전 경위에 X의 유서내용, 자살 과정 등 제반 사정을 종합하여 보면, X는 우울증으로 인하여 정상적인 인식능력 등이 현저히 저하되어 합리적인 판단을 기대할 수 없을 정도의 상황에 처하여 자살에 이르게 된 것으로 추단되므로, X의 업무와 사망 사이에 상당인과관계를 인정할 수 있다."

고 판단하였다. 특히, 대법원은 "X의 자살에는 업무상 스트레스라는 객관적 요인 외에 이를 받아들이는 X의 내성적인 성격 등 개인적인 취약성이 자살결의에 일부 영향을 미쳤을 가능성이 있고, 자살 직전에 환각, 망상, 와해된 언행 등의 정신병적 증상을 보인 바 없다고 하여 달리 볼 것은 아니다."고 하면서 업무와 사망 사이의 상당인과관계를 인정했다.

Ⅲ. 해설

1. 이 사건 쟁점

이 사건의 쟁점은 크게 두 가지로 나누어진다. 하나는 산재법 제37조 제2항 단서규정의 '정상적인 인식능력 등이 뚜렷하게 낮아진 상태'가 의미하는 것이 무엇인지에 관한 점과 다른 하나는 상당인과관계에서 상당성을 판단하는 인적 기준에 관한 문제이다.

2. 업무상 재해 개념 분설

산업재해보상보험법(이하 '산재법') 제5조 제1호에서 "업무상 재해"는 '업무상의 사유''에 따른' '근로자'의 '부상·질병·장해 또는 사망'을 의미한다.

먼저 '업무상의 사유' 개념은 산재법 제37조 제1항 제1문에서 "근로자가 다음 각 호의 어느 하나에 해당하는 사유로 부상·질병 또는 장해가 발생하거나 사망하면 업무상의 재해로 본다"고 하며, 다음 각 호에 해당하는 사유는 업무상 사고(5가지), 업무상 질병(4가지) 그리고 출퇴근 재해(2가지)와 관련하여 열거된 11가지 사유를 의미한다.

다음으로 '부상·질병·장해 또는 사망' 개념은 '재해' 개념으로 이해하면 된다. 구법 시행규칙 제2조 제1호에서 '재해'란 "사고 또는 유해요인에 의한 근로자의 부상·사망·장해 또는 질병"이라고 정의했다. 마지막으로 '에 따른' 개념은 업무관련성 즉, 인과관계를 의미하며 산재법 제37조 제1항 단서조항에서 "업무와 재해 사이에 상당인과관계가 없는 경우"에는 업무상 재해로 보지 않고 있다.

하지만 산재법 제37조 제2항 제1문에서 근로자의 고의, 자해행위, 범죄행위는 업무상의 사유 범주에서 제외하고 있다. 자유의지에 의한 선택은 결과발생을 의도한 고의에 해당하기 때문이다(이달휴, 23쪽). 다만, 동항 제2문(단서)에서 "대통령령으로 정하는 예외 사유가 있으면 자해행위에 따른 업무상 재해"로 인정되는 것을 허용하고 있다.

3. 자해행위의 업무상 재해 인정기준

1) 업무상 재해로 인정되는 자해행위의 유형

산재법 제37조 제2항 단서에서 인정하는 예외적 사유 3가지는 법 시행령 제36조에서 제시하고 있다.

1. 업무상의 사유로 발생한 정신질환으로 치료를 받았거나 받고 있는 사람이 정신적 이상 상태에서 자해행위를 한 경우

2. 업무상의 재해로 요양 중인 사람이 그 업무상의 재해로 인한 정신적 이상 상태에서 자해행위를 한 경우

3. 그밖에 업무상의 사유로 인한 정신적 이상 상태에서 자해행위를 하였다는 상당인과관계가 인정되는 경우이다.

한편 위의 인정기준들 중 '1호'와 '3호'는 일차손해와 관련되며 '2호'는 이차손해의 문제이며 다시 '1호'는 정신질환이 명확히 발병한 경우를 예시한 반면 '3호'는 정신적 이상 상태라

는 개념을 통해 '1호'보다는 포괄규정으로서 지위에 있음을 확인할 수 있다.

2) 자해행위 '1호' 유형의 의미와 판단구조

이 사건과 관련한 자해행위의 유형은 법 시행령 제36조 '1호'와 관련되며, 1호의 인과관계 판단구조는 업무상 사유와 정신질환의 인과관계와 정신질환과 자해행위의 결과인 사망의 인과관계로 구분되며, 업무상 사유는 업무상 질병을 유발한 '업무상 스트레스'이며, 이것이 우울증을 유발한 인과관계 심사에서 상당성이 인정되고, 우울증과 같은 정신질환에 의거 자살에 이르는 과정에 '정신적 이상 상태'가 작용하였다면 자살에 대한 업무상 재해가 인정되는 구조로 요약된다.

4. 평가

1) 이 사건 세부 쟁점

원심은 X가 업무수행과정에서 스트레스로 인해 우울증을 유발하거나 심화시킬 정도로 극심한 것이라고 보기 어려워 업무상 스트레스와 우울증과의 인과관계를 부정하며, 설령 우울증 발병에 업무상 스트레스가 작용한 것으로 인정하더라도 ① 의학적 소견을 근거로 자살시도 직전 심신상실 혹은 정신착란 상태에 이르지 않았다는 점과 ② 발견된 유서에 자신의 성격상 문제점을 적시하고 있었다는 점 등을 근거로 우울증과 자살에 의한 사망 사이의 인과관계도 부정하였다.

2) 업무상 스트레스와 우울증 관계

원심은 "X가 지점장으로 근무하면서 어느 정도 스트레스나 압박감을 받았던 것으로 볼

여지는 있으나 ① X가 20년 이상 이 사건 회사에 근무하였고 다른 지점장으로 2년 6개월간 수행한 경험에 따라 노동환경에 어느 정도 적응이 되었다는 점, ② X가 다른 지점장들에 비해 지나치게 과다한 업무를 수행하였다거나 지속적인 압박과 질책을 받는 등 특별히 가혹한 환경에 근무하였다고 볼만한 자료가 없는 점 등에 비추어 그 업무상 스트레스가 객관적으로 보아 우울증을 유발 내지 심화시킬 정도로 극심한 것으로 보기 어렵다."는 판단을 한 반면에, 대법원은 X가 영업업무 및 실적에 관한 상당한 중압감으로 '정신병적 증상이 없는 중증의 우울병 에피소드'를 진단받은 사실을 근거로 업무로 인한 스트레스 발생 그리고 그로 인한 우울증의 발현의 인과관계를 인정하였다. 근로복지공단의 '정신질병 업무관련성 조사 지침(제2019-22호)'에 따르면 우울병 에피소드는 대표적인 정신질병으로서 일시적 우울감과 다른 질환으로 평가된다.

판례는 "질병의 주된 발생원인이 업무수행과 직접적인 관계가 없더라도 적어도 업무상의 과로나 스트레스가 질병의 주된 발생원인에 겹쳐서 질병을 유발 또는 악화시켰다는 그 사이에 인과관계가 있다고 보아야 할 것"이라는 입장이므로 이 사안에서도 업무상 스트레스와 우울증 사이의 인과관계가 인정된다.

3) 우울증과 사망 관계

문제는 우울증과 자살시도의 결과 사망과의 인과관계 판단 단계이며, 산재법 시행령 제36조의 '정신적 이상 상태'가 의미하는 상태가 무엇인지에 관해 검토해보도록 한다.

법적 기준에 의하면, 산재법 시행령 제36조의 정신적 이상 상태는 산재법 제37조 제2항

단서에서 '정상적인 인식능력 등이 뚜렷하게 낮아진 상태'를 의미하는 바, 원심에서는 "X의 우울증으로 인한 심신상실 혹은 정신착란 상태에 이르렀다고 보기 어렵다"는 취지로 즉, 정신병적 상태가 결여되어 정상적인 인식능력 등이 뚜렷하게 낮아진 상태가 아니라는 입장이며, 근로복지공단의 '정신질병 업무관련성 조사지침'에서도 자해행위의 업무관련 위험요인을 판단할 경우 '사건 발생 이전의 정신병적 상태를 기준'으로 하고 있다.

하지만 대법원은 "자살 직전 일상생활에서 평상시와 다르게 정신병적 증상을 보인바 없으나 우울증 발현 및 발전 경위에 망인의 유서내용, 자살과정 등 제반 사정을 종합하여 볼 때" 우울증과 사망 사이에 상당인과관계가 인정될 수 있다고 판시했다. 업무상 스트레스로 인해 우울증을 유발 또는 우울증세가 악화되면 자살 위험이 증가하게 된다. 따라서 이 단계에서 자살을 결의하게 된 주요한 원인이 어떠한 관련성을 갖는지 평가하면 될 뿐이지, 정신적 이상 상태가 구체적인 정신 병리학적 현상의 존재를 전제로 할 필요도 없고 법적으로 요구하지도 않는다(양승엽, 234-235쪽).

따라서 '정신적 이상 상태'의 의미는 어느 정도의 범위에서 업무상 사유나 우울증으로 인해 이성적이며, 합리적이며 그리고 논리적인 판단을 할 수 있는 행위자의 능력이 침해되었는지 여부를 기준으로 판단하는 것이 적절하다(오상호, 241쪽). 이 경우 침해된 능력을 판단하는 중요한 기준이 되는 것이 한편으로는 의무기록이며, 이 사안에서 의무기록을 통해 X가 처한 상황이 합리적인 판단을 기대할 수 없을 정도의 상황에 놓여 있음을 충분히 추단할 수 있었다. 다른 한편으로는 확정된 자살결심에 있어 개인의 인격이 어떠한 의미를 갖는지가 심사되어야 한다. 즉, 인과관계에서 상당성을 판단하는 인적 기준에 관한 문제가 검토되어야 하며, 이와 관련해 대법원은 우울증으로 인한 자살시도 과정에 X의 내성적인 성격 등 개인적인 취약성이 미친 영향을 고려하고 있어 업무와 자살 사이의 인과관계를 '사회평균인' 기준이 아닌 '근로자 개인'을 기준으로 판단하고 있어, 당연한 법리 확인이다(권오성, 137쪽). 우울증과 자살의 인과관계 단계에서만 '사회평균인'을 판단기준으로 적용한 사례(대판 2011. 6. 9, 2011두3944판결)에서, 아마 자유의사에 따른 선택행위가 존재한 사정을 고려한 것으로 판단된다. 그러나 자살의 경우 자유의사에 따른 선택행위가 의도적 유발행위라기 보다는 정신질환에 따른 내부에서 강요된 선택된 행위로 볼 수 있다. 따라서 행위동기를 인과관계 단계에서 '근로자 개인'의 다양한 상황(성별, 연령, 체질, 질환유무 등)을 기준으로 접근하는 것이 자해행위에 따른 업무상 재해를 인정하는 법 취지에 부합한다고 생각한다.

◆ 참고문헌

권오성, "업무와 자살 사이의 상당인과관계의 판단기준(대법원 2017.5.31. 선고 2016두58840 판결)", 『노동법학』 제63호, 한국노동법학회, 2017.
양승엽, "업무상 재해로서 자살의 인정요건과 유형별 고찰", 『노동법연구』 제42호, 서울대학교 노동법연구회, 2017.
오상호, "독일 사회법전 제7편에서 자살의 법적문제", 『노동법논총』 제18집, 한국비교노동법학회, 2010.
이달휴, "근로자의 자살과 산재인정", 『노동법논총』 제17호, 한국비교노동법학회, 2009.

68. 출퇴근 재해

－헌법재판소 2016. 9. 29. 선고 2014헌바254 결정(산재보험법 제37조 제1항 제1호 다목 등 위헌소원) －

장승혁(한양대 법학전문대학원)

I. 사실관계

아파트 관리사무소에서 전기기사로 근무하던 청구인은 2011. 11. 11. 자전거를 타고 퇴근하다가 넘어지면서 버스 뒷바퀴에 왼손이 깔려 왼손 둘째, 셋째 손가락이 부러지는 상처를 입었다. 청구인은 근로복지공단에 산재보험법상 요양급여를 신청하였으나, 근로복지공단은 청구인이 입은 부상이 업무상 재해에 해당하지 않는다는 이유로 요양불승인처분을 하였다.

청구인은 근로복지공단을 상대로 위 처분의 취소를 구하는 소송을 제기하고 그 소송 계속 중 위 처분의 근거가 된 산재보험법 제37조 제1항 제1호 다목(사업주가 제공한 교통수단이나 그에 준하는 교통수단을 이용하는 등 사업주의 지배관리하에서 출퇴근 중 발생한 사고로 부상·질병 또는 장해가 발생하거나 사망하여야만 업무상의 재해로 보는 조항)에 대하여 위헌법률심판제청신청을 하였으나 기각되자, 이 규정이 헌법상 평등원칙, 사회보장·사회복지 증진에 노력할 국가의 의무 등에 위반된다는 이유로 헌법소원심판을 청구하였다.

II. 판결의 내용

도보나 자기 소유 교통수단 또는 대중교통수단 등을 이용하여 출퇴근하는 산재보험 가입 근로자(이하 '비혜택근로자'라 한다)는 사업주가 제공하거나 그에 준하는 교통수단을 이용하여 출퇴근하는 산재보험 가입 근로자(이하 '혜택근로자'라 한다)와 같은 근로자인데도 사업주의 지배관리 아래 있다고 볼 수 없는 통상적 경로와 방법으로 출퇴근하던 중에 발생한 재해(이하 '통상의 출퇴근 재해'라 한다)를 업무상 재해로 인정받지 못한다는 점에서 차별취급이 존재한다.

산재보험제도는 사업주의 무과실배상책임을 전보하는 기능도 있지만, 오늘날 산업재해로부터 피재근로자와 그 가족의 생활을 보장하는 기능의 중요성이 더 커지고 있다. 근로자의 출퇴근행위는 업무의 전 단계로서 업무와 밀접·불가분의 관계에 있고, 사실상 사업주가 정한 출퇴근 시각과 근무지에 기속되므로, 통상의 출퇴근 재해를 업무상 재해로 인정하여 근로자를 보호해 주는 것이 산재보험의 생활보장적 성격에 부합한다.

심판대상조항에 의하면 사업장 규모나 재정 여건의 부족 또는 사업주의 일방적 의사나 개인 사정 등으로 출퇴근용 차량을 제공받지 못하거나 그에 준하는 교통수단을 지원받지 못하는 비혜택근로자는 비록 산재보험에 가입되어 있다 하더라도 출퇴근 재해에 대하여 보상을 받을 수 없는데, 이러한 차별을 정당화할 수 있는 합리적 근거를 찾을 수 없다. 따라서 심판대상조항은 합리적 이유 없이 비혜택근로자를 자의적으로 차별하는 것이므로 헌법상 평등원칙에 위배된다(2017. 12. 31.을 개정시한으로 한 헌법불합치결정).

Ⅲ. 해설

1. 출퇴근 재해의 특징과 법적 규율

출퇴근하는 시간은 업무 시작 전 또는 업무 종료 후의 시간이고, 출퇴근할 때 근로자는 아직 근로 장소에 있는 것은 아니며, 출퇴근할 때 근로자가 하는 행위(예를 들어 차량 운전 등)는 근로자가 근로계약에 따라 수행하는 업무 자체라고는 할 수 없다. 출퇴근행위의 성질에서 이론적으로 법은 근로자가 그의 주거 영역을 떠나 근로 장소로 떠나는 순간부터 보호를 시작할 수 있었을 것이고, 아니면 다른 극단으로 가서 근로자가 근로 장소에서 그의 작업을 시작하는 순간부터 보호할 수 있었을 것이다. 비교법적으로 근로자 재해보상제도가 태동하였던 영국과 그 법제를 계수한 미국은 업무상 재해를 '업무를 수행하는 중에 업무로 인하여 발생한 재해'로 규정하여 출퇴근 재해를 업무상 재해로 인정하는 데 제한적인 입장을 보인 반면, 독일, 프랑스 등 대륙법계 국가들은 출퇴근 재해를 사회적 위험에 따른 사고로 파악하여 업무상 재해 또는 그 일환으로 보호하는 입장을 보였다.

우리의 법제에서 통상의 출퇴근 재해는 보호대상에서 제외되어 왔다. 통상의 출퇴근 과정은 근로자와 사업주의 근로계약에 근거한 사업주의 지배관리를 인정할 수 없다는 논리 때문이었다(대판 2005. 9. 29, 2005두4458 판결 등). 반면 공무원과 사립학교교직원 및 군인(이하

'공무원 등'이라 한다)의 경우에는 사업주가 제공하는 교통수단의 이용 여부를 묻지 아니하고 출퇴근 중의 사고로 인한 부상 등이 업무상 재해로 인정되어 왔다. 이에 대하여 다수설은 사용자가 출퇴근시간과 장소를 정하는 상황에서 근로자가 사회통념상 가장 합리적인 방법과 경로를 거쳐 출퇴근을 하였다면 그 과정에서 발생한 사고로 인한 부상 등은 업무상 재해로 보아야 한다는 입장을 취하였다.

대판 2007. 9. 28, 2005두12572 전합(이하 '전원합의체 판결'이라 한다)에서는 출퇴근 재해의 업무상 재해 인정 여부를 놓고 두 해석론이 충돌하였다. 전원합의체 판결의 다수의견은 통상의 출퇴근 재해를 업무상 재해로 인정하지 않는 종전의 입장을 고수하였고, 그 반대의견은 산재보험법의 해석만으로도 통상의 출퇴근 재해를 업무상 재해로 인정할 수 있다고 맞섰다. 이후 전원합의체 판결의 다수의견은 심판대상조항으로 입법화되기에 이르렀다.

이러한 상황에서 헌재는 2013. 9. 26. 심판대상조항에 대하여 합헌결정(2012헌가16 결정, 헌법불합치결정 의견이 5인이나 위헌선언에 필요한 정족수에 미달함)을 한지 불과 3년 만에 입장을 바꿔 2016. 9. 29. 위 조항이 혜택근로자와 비혜택근로자를 불합리하게 차별취급하여 평등원칙에 위배된다는 헌법불합치결정을 하였다.

2. 대상결정에 대한 평가

1) 산재보험의 생활보장적 성격

헌재는 대상결정에서 산재보험의 생활보장적 성격을 강조하고 있다. 산재보험의 생활보장적 성격을 강조하는 것은 업무수행성 유무가 문제되는 출퇴근 재해를 업무상 재해로 포섭하는 데 적합하다. 이러한 접근방식은 업무상 재

해의 인정 여부와 관련하여 업무수행성과 업무기인성이라는 종래의 전통적인 2요건을 엄격하게 요구하지 않기 때문이다. 헌재의 산재보험에 관한 이해는 산재보험의 책임보험적 성질보다 생활보장적 성격이 더 강조되는 근래의 경향을 반영하였다.

2) 비혜택근로자의 불이익 제거

사업주가 교통수단을 제공하거나 이에 준하는 교통수단을 이용하도록 하는 경우에 한하여 업무상 재해로 인정하고 대중교통수단 또는 자가용을 이용하거나 도보로 출퇴근하는 경우에는 업무상 재해로 인정하지 않는다면, 사업주의 입장에서 볼 때 근로자의 복지를 위해 출퇴근 차량을 제공하거나 차량유지비를 지급한 사업주가 그렇지 않은 사업주보다 오히려 업무상 재해로 인한 책임부담이 더 많아진다는 불합리한 결과를 가져온다. 또한, 근로자의 입장에서도 통근버스는 영세한 기업의 근로자보다는 대기업 근로자에게 더 많이 제공되는 현실을 감안할 때 통근버스를 이용할 수 없는 근로환경에 처한 근로자의 경우 그 보호의 필요성이 더 큼에도 오히려 업무상 재해로 인정받지 못하는 모순적인 결과가 발생한다.

3) 해석론과 입법론의 교착상태의 해소

심판대상조항은 똑같이 업무와 밀접·불가분성을 가지는 출퇴근행위인데도 혜택근로자와 비혜택근로자를 구별하여 전자에게 발생한 출퇴근 재해만을 사업주의 지배관리가 인정되는 업무상 재해로 규정하였다. 그런데 통상의 출퇴근 재해를 업무상 재해로 보호할 것인가는 기본적으로 법률해석의 문제에 해당한다. 헌재도 대상결정에서 출퇴근 행위의 업무와의 밀접·불

가분성, 근로자의 출퇴근시각과 근무 장소에 대한 구속성, 출장행위와의 동질성을 이유로 통상의 출퇴근 재해를 업무상 재해로 인정하는 것이 타당하다고 밝히고 있다. 그렇다면 헌재는 "심판대상조항은 통상의 출퇴근 재해를 업무상 사고에 포함하는 것으로 해석하는 한, 헌법에 위반되지 아니한다."라는 취지의 한정합헌결정을 고려할 수도 있었을 것이다(헌법합치적 법률해석). 그러나 헌재는 통상의 출퇴근 재해에는 사업주의 지배관리를 인정할 수 없다는 대법원의 법률해석을 받아들이는 전제 하에서 혜택근로자와 비혜택근로자의 차별 여부를 논하였다. 그 결과 헌재는 비혜택근로자에게만 통상의 출퇴근 재해에 대하여 보상하지 아니하는 차별을 정당화할 수 있는 합리적 근거가 없다고 보았다. 대법원의 법률해석 자체의 당부를 가리지 아니한 채 그러한 법률해석에 기초한 심판대상조항의 위헌성을 밝힌 것이다. 이러한 논증방식은 심판대상조항에 관한 해석을 통하여 통상의 출퇴근 재해의 보호 문제를 해결할 수 있다는 논란을 회피하려는 태도에서 비롯된 것으로 보인다. 통상의 출퇴근 재해에 관한 해석론을 우회하여 차별시정의 입법론을 전개함으로써 해석론과 입법론 사이의 교착상태에서 벗어난 것이다.

4) 산재보험의 재정악화 가능성에 관한 고려

산재보험의 재정악화를 낳는다는 논리는 통상의 출퇴근 재해를 업무상재해로 인정하는 견해가 넘어서야 할 현실적인 장애물이었다. 보험 재정의 악화는 규범적인 근거로 볼 수 없고 입법과정에서 고려되어야 할 사항에 불과하지만 현실적으로 통상의 출퇴근 재해를 업무상재해로 볼 수 없다는 견해를 뒷받침하는 강력한 논

거로 작용하고 있었다. 이에 대하여 헌재는 ① 국가의 가해자를 상대로 한 적극적인 구상권의 행사, ② 합리적인 경로와 방법에 따른 출퇴근 행위 중 발생한 재해만 보상하는 방법, ③ 근로자에게도 해당 보험료의 일정 부분을 부담시키는 방법 등을 대안으로 제시하고 있다. 이러한 대안들은 비교법적인 근거를 가진 것이다. 합리적 경로와 방법에 따른 출퇴근행위만을 보호대상으로 하는 것은 출퇴근 재해를 입법적으로 보호하는 독일, 프랑스 및 일본에서 그 예를 찾을 수 있고, 일본에서는 근로자에게 일정액의 보험료를 부담시키고 있다. 2017. 10. 24. 개정(법률 제14933호) 산재보험법은 업무상 사고, 업무상 질병과는 별개로 출퇴근 재해라는 항목(§37 ① 3호)을 신설하여 종래 업무상 사고의 하나로 규정하였던 사업주의 지배관리 하에서 출퇴근하는 중 발생한 사고 이외에 통상적인 경로와 방법으로 출퇴근하는 중 발생한 사고를 출퇴근 재해로 추가하고 출퇴근 경로 일탈 또는 중단은 출퇴근 재해에서 제외하여 독일, 프랑스의 입법례를 따르고 있다.

◆ 참고문헌

김유성, 『한국사회보장법론』, 제5판, 법문사, 2002.
김유성, "통근 도상의 재해", 『법학』 제27권 제4호, 서울대학교 법학연구소, 1986.
노상헌, "통근 재해에 관한 판례법리와 산재보험의 사회보장화에 대한 검토", 『노동법연구』 2006 하반기 제21호, 서울대학교 노동법연구회, 2006.
이흥재, "업무상 재해의 인정기준에 관한 판례의 경향", 『법학』 제40권 제2호, 서울대학교 법학연구소, 1999.
장승혁, "출퇴근 재해의 보호범위 확장을 위한 연구", 서울대학교 법학석사학위논문, 2010.

69. 직업성 질병과 증명책임

– 대법원 2017. 8. 29. 선고 2015두3867 판결(요양불승인처분취소) –

김교숙(부산외국어대)

Ⅰ. 사실관계

A(당시 18세로서 건강에 이상이 없었다)가 S주식회사에 입사하여 C LCD 공장에서 약 4년 3개월 동안 LCD 패널(이하 '패널'이라 한다) 모듈공정 중 패널 검사작업을 하였다. A가 담당한 업무는 조립된 패널을 전원에 연결한 다음 육안으로 색상과 패턴에 불량이 없는 지를 확인하는 것으로, 컨베이어벨트로 이동되는 패널을 1시간 당 70~80개가량 검사하고, 1일 3~4회 가량 이소프로필알코올(이하 '이소프로필'이라 한다)을 사용해서 패널에 묻어 있는 이물질을 닦아 내는 것이었다.

A가 작업을 한 작업장은 모듈공정 전체가 하나의 개방된 공간에서 이루어져, 작업장 내 어느 공정에서 유해화학물질이 발생하면 작업장 내에 계속 머무르는 구조였다. 부품조립과정에서 납땜이 이루어졌고, 조립 후에는 패널을 고온에서 가열하여 성능과 구성을 검사하는(이를 '에이징(ageing) 공정'이라 함) 과정에서 화학물질의 열분해산물이 발생할 수 있었다. A의 검사작업은 에이징 공정 바로 다음에 하는 것이었다. A는 주·야간 3조 2교대 또는 4조 3교대 근무를 하면서 상시적으로 초과근무를 하였다.

A가 약 1년 정도 근무한 시점부터 오른쪽 눈의 시각과 팔다리 신경기능에 이상 증상이 발생하여 의료기관에서 진료를 받기 시작하였

다. 이후 증상이 심해져 약 3년 3개월 후 퇴사하였고, 약 1년 6개월 후 2차 진료기관인 B대학병원에서 '다발성 경화증'으로 확진을 받았다. A는 다발성 경화증과 관련된 유전적 소인이 없었다. A에게 다발성 경화증이 발병한 시점은 입사 후 약 3년 무렵이고 A의 당시 나이는 21세였다.

A가 근로복지공단(이하 '공단'이라 한다)에 요양급여를 신청하자 공단은 산업안전보건연구원(이하 '연구원'이라 한다)에 역학조사를 의뢰하였고 연구원은 A가 이소프로필을 사용하는 작업을 할 때 근로자에게 직접 미치는 노출 정도나 그 밖에 인접한 세부공정에서 발생하여 전파·확산되는 유해화학물질에 대한 노출 정도를 측정·조사하지 않은 채 A의 작업조건과 업무내용이 A의 다발성 경화증과 업무관련성이 높다고 단언하기에는 무리가 있다는 역학조사 보고서를 공단에 제출하였다. 또한 사업주도 LCD 모듈공정에서 취급하는 유해화학물질 등에 관한 정보가 영업비밀이라면서 공개하는 것을 거부하였다. 공단은 이를 기초로 A의 다발성 경화증 발병과 A의 업무 사이에는 상당인과관계를 인정하기 어렵다는 이유로 A의 요양급여 신청에 대하여 불승인 처분을 하였다.

이에 A(원고)는 공단(피고)을 상대로 요양불승인처분취소소송을 제기하였다. 원심인 서울고등법원은 원고가 근무하던 사업장과 전체

LCD 사업장에서 다발성 경화증 발병 건수, 동종 사업장에 근무하는 근로자 대비 다발성 경화증의 발병 비율, 발병 근로자의 연령대 등에 대하여 심리하지 않은 상태에서 원고의 업무와 다발성 경화증 발병·악화 사이에 상당인과관계를 인정하기 어렵다고 판단하여 원고의 청구를 기각하였다. 원고는 대법원에 상고하였다.

Ⅱ. 판결의 내용

대상판결은 업무상 질병에 대한 피고의 증명책임의 범위를 확대하였다. 대상판결은 다음과 같은 이유로 원심은 업무상 재해의 상당인과관계에 관한 법리를 오해하고 필요한 심리를 다하지 않음으로써 판결에 영향을 미쳤다고 보았다.

가. 원고는 패널 검사작업 중 이소프로필이라는 유기용제를 적은 양이지만 약 4년 3개월 동안 취급하였다는 점에서 유기용제에 누적된 노출 정도가 낮다고 단정하기 어렵다. 또한 원고가 직접 수행한 작업은 아니지만, 작업장 자체의 구조로 말미암아 인접한 납땜 작업이나 에이징 공정에서 발생하는 유해화학물질이 전파·확산되어 원고도 이에 노출된 것으로 보인다. 연구원이 역학 조사를 하면서 원고가 수행한 작업 과정에서 이소프로필이나 그 밖의 유해화학물질에 노출된 수준을 객관적으로 확인·측정하려는 노력조차 하지 않았다. 또한 이 사건 사업주도 LCD 모듈공정에서 취급하는 유해화학물질 등에 관한 정보가 영업비밀이라면서 공개를 거부하였다. 이에 따라 원고가 자신에게 해악을 끼친 유기용제 또는 유해화학물질의 구체적 종류나 그에 대한 노출 정도를 증명하는 것이 곤란하였다.

나. 유해화학물질의 측정수치가 작업환경노출 허용기준 범위 안에 있다고 할지라도 원고가 유해화학물질에 저농도로 장시간 노출될 경우에 건강상 장애를 초래할 가능성이 있다. 뿐만 아니라, 작업환경노출 허용기준은 단일물질에 노출됨을 전제로 하는 것인데, 여러 유해화학물질에 복합적으로 노출되거나 주·야간 교대근무 및 연장근로를 하는 작업환경의 유해요소까지 복합적으로 작용하는 경우 유해요소들이 서로 상승작용을 일으켜 질병 발생의 위험이 높아 질 수 있었다.

다. 다발성 경화증의 발병을 촉발하는 요인으로 유기용제 노출, 주·야간 교대 근무, 업무상 스트레스, 햇빛노출 부족에 따른 비타민 D 결핍 등이 거론되고 있다. 이러한 요인들이 다수 중첩될 경우 다발성 경화증의 발병 또는 악화에 복합적으로 기여할 가능성이 있다. 원고는 약 4년 3개월 근무하는 동안 계속 주·야간 교대근무 및 연장근로를 하였다. 원고가 근무시간 중 쉬거나 작업량을 조절할 수 있는 재량이 전혀 없이 컨베이어벨트로 이동되는 패널을 고도의 집중력을 발휘하여 1시간당 70~80개가량 검사를 해야 했다. 따라서 원고의 노동 강도는 높았고, 그로 인한 업무상 과로와 스트레스도 컸다고 볼 수 있다. 또한 원고가 실내 작업장에서 장기간 주·야간 교대근무를 하였으므로, 햇빛노출이 부족하여 비타민 D 결핍도 있었을 것으로 보인다.

라. 원고는 입사 전에는 건강에 별다른 이상이 없었고, 다발성 경화증과 관련된 유전적 소인, 병력이나 가족력이 없었고, 우리나라 평균 발병연령보다 훨씬 이른 시점인 만 21세 무렵에 다발성 경화증이 발병하였다.

마. 이 사업장과 유사한 반도체 사업장에서의 다발성 경화증 발병률이 한국인 전체 평균

발병률이나 원고와 유사한 연령대의 평균 발병률과 비교하여 유달리 높으면, 이러한 사정 역시 원고의 업무와 질병 사이의 상당인과관계를 인정하는데 유리한 사정으로 작용할 수 있다.

바. 연구원 역학조사에서는 원고가 유해화학물질 노출 정도에 대한 확인이나 측정·조사를 하지 않고, 단지 원고가 수행한 작업의 노동 강도, 스트레스라는 유해요소를 중심으로 다발성 경화증과의 관련성을 소극적으로 평가한 것이다. 유해화학물질에의 노출 등 그 밖의 작업환경 상 유해요소까지 함께 고려하였다면 업무관련성을 긍정할 가능성을 배제할 수 없다.

III. 해설

1. 산재보상제도의 변천

산재보상에 관한 책임은 크게 세 가지 책임 — ① 시민법상의 손해배상책임(과실 책임에 기한 손해배상기능)과 ② 노동법상의 재해보상책임(사용자의 무과실책임에 기한 근로조건보호기능) 및 ③ 사회보장법상의 생활보장책임(국가에 의한 재해근로자 및 그 가족의 생존권 보장에 기한 생활보장기능) — 으로 구성되어 있다. 이 가운데 어느 책임을 강조하느냐 하는 것은 시대와 국가에 따라 다르지만, 일반적으로 시민법상의 손해배상책임제도 → 노동법상의 재해보상책임제도 → 사회보장법상의 생활보장책임제도로 발전·변천하여 왔다. 오늘날 국가가 재해근로자 및 그 가족의 생활을 보장하는 제도가 바로 사회보장제도로서의 산재보험제도인 것이다. 이러한 산재보험제도를 아직도 시민법상의 손해배상적인 논리조작이나 사용자의 직접보상책임에 입각하여 해석·운영하려는 경향이 있다. 산재보험제도가 손해배상책임이나 사용자의 재해보상책임을 대위하는 단계를 넘어서 국가가 재해근로자와 그 가족의 생활을 보장한다는 사회보장법에 부합할 수 있도록 업무상 재해의 인정도 확대 해석·적용되어야 한다. 산재보험제도는 업무상 재해를 이유로 성립하는 제도로서 다른 사회보험제도에 대하여 선도적·개척자 역할을 해왔고 앞으로도 그 역할을 할 수 있어야 한다.

2. 대상판결의 평가

대법원의 선행판례는 업무상 재해의 인정에 관하여 시민법상의 손해배상적인 논리조작이나 사용자의 직접보상책임에 입각하여 업무와 재해 사이의 상당인과관계를 엄격하게 그리고 제한적으로 해석·운영하여 왔다(대판 2016. 8. 30, 2014두12185).

대상판결은 국가가 재해근로자와 그 가족의 생존권을 보장한다는 사회보장법적인 측면에서 직접적인 업무관련성뿐만 아니라 간접적인 업무관련성까지 널리 파악함으로써 업무상 질병에 대한 피고의 증명책임의 범위를 확대한 최초의 판례로서 의미가 있다고 평가된다. 다시 말하면, 대상판결이 피고의 증명책임의 범위를 더욱 확대하여 원고가 직접 취급한 업무 내용(선행판례의 증명책임)뿐만 아니라 원고가 직접 수행하지는 않았지만 원고의 직업성 질병의 발병·악화에 관련이 있고 영향을 미칠 수 있는 다양한 요소를 파악하여 원고의 업무상 질병을 인정한 점은 높이 평가된다. 대상판결이 업무상 질병을 인정하는 요소로서 ① 원고가 직접 취급한 업무 내용뿐만 아니라, ② 작업장 인근에서 발생하는 화학물질도 원고에게 영향을 미칠 가능성이 있다는 점, ③ 원고에게 영향을 미쳤을 유해화학물질에 노출된 수준을 객관적으로 확인하고 측정을 요구한 점, ④ 사업주가 원고가 취급한 유해화학물질 등에 대한 정보가 영업 비밀에 해당함을 이유로 공개를 거부함으로써 원고가 유해화학물질의 구체적인 종류와 그에 대한 노출정도를 증명하기 어려웠던 점, ⑤ 원고가 유해화학물질에 저농도로 장시간 노출되었을 뿐만 아니라 여러 유해화학물질에 복합적으로 노출되거나 4년 3개월가량 주·야간 교대근무 및 연장근로를 하여 햇빛 노출이 부족하여 비타민D 결핍 등 작업환경의 유해요소까지 작용하는 경우 유해요소들이 서로 상승작용을 하여 원고에게 영향을 미칠 수 있다는 점, ⑥ 원고는 입사 전에는 건강에 별다른 이상이 없었고, 다발성 경화증과 관련된 소인, 병력이나 가족력이 없음에도 약 3년 정도 근무한 약 21세에 직업성 질병에 이환되었다는 점 등이

다.

대법원의 후행판결(대판 2020. 4. 29, 2016두41071)도 대상판결과 같은 취지로 업무상 질병에 관하여 피고의 증명책임의 범위를 확대하여 업무상 질병을 인정하고 있다. 즉 후행판결은 임신한 여성근로자가 그 업무에 기인하여 발생한 태아의 건강손상도 업무상 질병으로 인정하고 있다.

◆◆ 참고문헌

김교숙, "산재보상법리에 관한 연구", 부산대학교 법학 박사 학위논문, 1988.
김교숙, "산재보상법의 변천", 『노동법학』 제16호, 한국노동법학회, 2003.
김형배, 『노동법』 제26판, 박영사, 2018.
이상윤, 『노동법』 제16판, 법문사, 2019.
임종률, 『노동법』 제18판, 박영사, 2020.

70. 구직중인 자의 노조법상 근로자성

― 대법원 2004. 2. 27. 선고 2001두8568 판결(노동조합설립신고반려처분취소) ―

조상균(전남대 법학전문대학원)

Ⅰ. 사실관계

원고(X노조)는 1999. 1. 10. 서울지역 여성근로자들의 지위 향상을 목적으로 설립된 비법인 사단이며, 2000. 8. 21. X노조는 규약을 첨부하여 피고(서울특별시장, Y)에게 노동조합 설립신고를 하였다. X노조의 규약 제6조(구성)에는 "노조는 서울지역의 미조직 여성근로자, 임시직, 계약직, 파견, 시간제 등 비정규직 여성근로자, 구직중인 여성근로자로서 본 노조규약에 찬성하는 사람으로 구성한다."고 규정하고, 설립 당시 X노조의 구성원에는 취업자 22명 이외에 미취업자 3명이 포함되어 있었다. 이에 대하여 Y는 2000. 8. 23. "원고의 규약 제6조는 '구직중인 여성근로자'의 가입을 허용하고 있는데, 이는 근로자가 아닌 자의 노동조합 가입을 허용하는 것이다."고 하여 노조법 제2조 제4호 라목, 같은 법 제12조 제3항의 규정을 적용하여 위 설립신고에 대한 반려처분을 하였다. X노조는 Y가 행한 노동조합 설립신고서 반려처분의 취소를 구하는 소를 제기하였고, 제1심(서울행판 2000. 12. 5, 2000구30925), 제2심(서울고판 2001. 8. 22, 2001누2234) 모두 "지역별 노동조합의 성격을 가진 원고가 그 구성원으로 '구직중인 여성근로자'를 포함시키고 있다 하더라도, '구직중인 여성근로자' 역시 노조법 소정의 근로자에 해당하는 것으로 판단되므로, '구직중인 여성근로자는 근로자가 아니다'는 이유로 원고의 신청을 반려한 이 사건 처분은 위법하다."고 판단하였다. 이에 Y가 상고한 것이다.

Ⅱ. 판결의 내용

1. 입법목적에 따른 근로자 개념의 해석

근기법은 '현실적으로 근로를 제공하는 자에 대하여 국가의 관리·감독에 의한 직접적인 보호의 필요성이 있는가'라는 관점에서 개별적 노사관계를 규율할 목적으로 제정된 것인 반면에, 노조법은 '노무공급자들 사이의 단결권 등을 보장해 줄 필요성이 있는가'라는 관점에서 집단적 노사관계를 규율할 목적으로 제정된 것으로 그 입법목적에 따라 근로자의 개념을 상이하게 정의하고 있다.

2. 노조법 제2조 제1호 및 제4호 라목 본문의 근로자

노조법 제2조 제1호 및 제4호 라목 본문에서 말하는 '근로자'에는 특정한 사용자에게 고용되어 현실적으로 취업하고 있는 자 뿐만 아니라, 일시적으로 실업상태에 있는 자나 구직중인 자도 노동3권을 보장할 필요성이 있는 한 그 범위에 포함된다.

3. 노조법 제2조 제4호 라목 단서의 의미

일정한 사용자에의 종속관계를 조합원의 자격요건으로 하는 기업별 노동조합의 경우와는 달리 산업별·직종별·지역별 노동조합 등의 경우에는 원래부터 일정한 사용자에의 종속관계를 조합원의 자격요건으로 하는 것이 아닌 점에 비추어, 노조법 제2조 제4호 라목 단서는 '기업별 노동조합'의 조합원이 사용자로부터 해고됨으로써 근로자성이 부인될 경우에 대비하여 마련된 규정으로서, 이와 같은 경우에만 한정적으로 적용되고, 원래부터 일정한 사용자에의 종속관계를 필요로 하지 않는 산업별·직종별·지역별 노동조합 등의 경우에까지 적용되는 것은 아니다.

4. 결론

지역별 노동조합의 성격을 가진 X노조가 그 구성원 '구직중인 여성 근로자'를 포함시키고 있다 하더라도, '구직중인 여성근로자' 역시 노조법상의 근로자에 해당하므로, 구직중인 여성 근로자는 근로자가 아니라는 이유로 X노조의 노동조합설립신고를 반려한 이 사건 처분을 위법하다고 판단하였는바, 이러한 원심의 판단은 정당하다고 하여 대상판결은 Y의 상고를 기각하였다.

Ⅲ. 해설

1. 대상판결의 의의 및 특징

노조법은 노동조합의 개념을 제2조 제4호에 정의하면서 소극적 요건으로서 라목에 '근로자가 아닌 자의 가입을 허용하는 경우'에 해당하는 때에 노동조합으로 보지 아니한다고 규정하고 있으면서, 단서에 '해고된 자가 노동위원회

에 부당노동행위의 구제신청을 한 경우에는 중앙노동위원회의 재심판정이 있을 때까지는 근로자가 아닌 자로 해석하여서는 아니된다'고 규정하고 있다.

노조법은 근로자에 대하여 "근로자라 함은 직업의 종류를 불문하고 임금·급료 기타 이에 준하는 수입에 의하여 생활하는 자"로 규정하고 있고(§2 1호), 이와 같이 근로자 개념에 해당하지 않는 자의 조합결성과 조합가입을 엄격히 제한하고 있다(§2 4호 라목).

이 사건의 본질적인 쟁점은 '구직중인 자'가 노조법상의 근로자에 해당하는가의 여부, 즉 실업자가 포함된 노동조합설립신고서를 반려한 처분이 위법한가의 여부에 있다. 실업자의 노조가입허용은 제1기 노사정위원회(1998년 2월)의 합의사항이며, 국회에 실업자의 초기업 노조가입 허용쪽으로 법안이 제출되기도 하였으나, 상임위에서 실업자 개념에 대한 논란이 제기되어 법제화 되지 못하고 현재에 이르고 있다. 이러한 상황에서 나온 대상판결은 몇 가지 특징을 가지고 있다. 첫째, 직접적인 근로계약관계가 존재하지 않는 실업자의 노조법상 근로자성에 대해 정면으로 다루었다는 점이다. 둘째, 노조법상 근로자성에 관한 판단요소에 대한 종래의 판례와 다른 판단요소를 제시하였다는 점에서 종래의 판례와 성격을 달리하는 선례로서의 특징이 인정된다.

무엇보다도 입법목적상 근로자의 개념이 다를 수 있음을 인정하여 실업상태에 있는 자나 구직중인 자도 노동3권을 가질 수 있음을 최초로 인정한 대법원 판례로서 이후에 적지 않은 영향력을 갖고 있다는 점에서 의의를 찾아 볼 수 있다.

2. 입법목적에 따른 근로자 개념의 판단

먼저 대상판결은 노조법상의 근로자성을 판

단하기 위한 전제의 하나로서 근기법과 노조법이 입법목적에 따라 근로자의 개념을 상이하게 정의하고 있다는 점을 들고 있다. 이에 대해 종전의 판례는 "노동조합의 구성원인 근로자와 사용자 사이에는 고용에 따른 종속관계가 있어야 하고 이러한 관계가 없는 자는 노동조합법이 정한 적법한 노동조합을 조직할 수 있는 근로자가 될 수 없다."(대판 1970. 7. 21, 69누152), 또는 "노동조합법상의 근로자에 관한 정의는 근기법 제14조(현행 §2 ① 1호)의 근로자정의와 비교하여 볼 때, '사업 또는 사업장'을 요건으로 하지 않는 점에서 일응 차이가 있는 듯이 보이나, 근기법이나 노조법이나 종속노동의 대가로 생활을 영위하는 자의 보호를 위한 방법론적인 차이가 있는 것에 불과한 것이다."(서울행판 2001. 9. 4, 2001구6783)라고 하여 노조법상 근로자도 근기법상 근로자와 동일하게 '사용종속관계'의 존재를 근로자로 인정하기 위한 종속변수로 파악하고 있었다. 그러나 학설은 대부분 전체 법체계내에서 근로자 개념이 반드시 통일적으로 파악해야 하는 것은 아니라는 점, 근기법과는 달리 현실적으로 근로를 제공해야 한다는 요건이 없다는 점 등에서 실업자도 근로자에 포함된다고 해석하고 있었고, 대상판결은 학설의 입장을 받아 들여 노조법은 근기법과 달리, '노무공급자들 사이의 단결권 등을 보장해 줄 필요성이 있는가'라는 관점에서 단결의 주체 내지 노동조합활동의 주체로서의 근로자를 보장해 줄 필요성에 따라 파악해야 한다고 판단하고 있다.

3. 노조법 제2조 제4호 라목 본문의 근로자

대상판결은 법률의 체계적 해석이라는 관점에서 노조법 제2조 제1호에서 정의하는 '근로자' 개념과 노조법 제2조 제4호 라목에서 규정하는 '근로자가 아닌 자'가 해석상 연관성을 가져야 한다는 전제하에 이 양자의 개념은 동일하며, 입법경위와 그 취지를 고려하여 단서의 규정에도 불구하고 실업자는 '기업별 노동조합'의 경우에는 근로자가 아닌 자에 해당되지만, 산업별·직종별·지역별 노동조합(초기업 노동조합)의 경우에는 적용되지 않는 것으로 보고, 일시적으로 실업 상태에 있는 사람이나 구직중인 사람도 근로3권을 보장할 필요성이 있는 조합원으로서 자격 내지 지위가 유지된다고 보고 있다. 따라서 적어도 초기업 노동조합의 경우에는 일시적으로 실업상태에 있거나 구직중인 사람이라고 하더라도 자신의 노동력을 제공하고 임금·급료 기타 이에 준하는 수입을 받아 생활할 의사나 능력이 있다면 "장차 취업할 회사 등을 단체교섭의 상대방으로 하여 채용 그 자체 내지 채용조건 등을 주된 교섭사항으로 단체교섭을 할 수 있으므로"(서울행판 2010. 11. 18, 2010구합28694) 헌법 제33조 제1항에서 보장하는 단결권의 주체가 되어야 할 필요성이 있다고 보아야 할 것이다.

다만, 최근 대법원은 "노동조합법 제2조 제1호 및 제4호 라목의 근로자라 함은 특별한 사정이 없는 한 특정한 사용자에게 고용되어 현실적으로 취업하고 있는 자에 한정하는 것이 원칙이라 할 것이다."고 판단하면서도 취업시기를 특정할 수 없을 뿐 취업 자체는 확실시되는 자의 경우 "근로3권을 보장할 필요성을 부정할 수 없는 등 노조법상 근로자성을 인정할 특별한 사정이 존재하는 경우에 해당한다."고 하고 있다. 노조법상 근로자성 판단법리의 변화가 엿보이고 있다. 즉, 원칙적으로 노조법상 근로자는 취업하고 있는 자에 한정해야 하지만, 예외적으로 근로3권을 보장할 필요성을 근로자성을 인정할 특별한 사정의 하나로 보고 있다 (대판 2011. 3. 24, 2007두4483).

4. 노조법 제2조 제4호 라목 단서의 의미

대상판결은 노조법 제2조 제4호 라목 단서를 라목 본문과의 관계에서 초기업 노동조합의 경우에는 원래부터 일정한 사용자에의 종속관계를 조합원의 자격요건으로 하고 있지 않고 있다는 점에 비추어, 이 규정을 위 판결의 내용(3.)과 같이 판단하고 있다. 이점을 구체적으로 판단하고 있는 판례는 대상판결이 처음이며, 학설은 단서로서의 의미를 가지려면 본문의 근로자는 취업자만을 의미할 수밖에 없다는 점을 비판하며, 이 조항의 입법취지는 사용자의 인사권(해고권) 남용으로부터 근로자의 단결권을 보장해 주기 위함에 있으므로 노동조합 형태를 제한적으로 해석하여 기업별 노동조합에 가입한 근로자에 대해서만 적용되는 것으로 파악해야 한다고 보았다. 대상판결도 이러한 학설의 입장을 받아들인 것으로 볼 수 있다.

5. 한계와 과제

대상판결은 '일시적으로 실업중인 자', '구직중인 자'도 근로3권의 보호필요성이 있는 한, 노조법상 근로자에 해당되는 것으로 보고, 노조법 제2조 제4호 라목 단서는 어디까지나 기업별 노동조합에 한하여 적용된다고 판단하여, '구직중인 자'가 노조법상 근로자가 아니라는 이유로 노동조합설립신고를 반려한 이 사건 처분을 위법하다고 판단하고 있다.

대상판결은 다음과 같은 점에서 한계가 있

다. 첫째, 입법목적에 따라 근로자 개념이 상이하다는 점은 인정하면서도 노동조합 조직형태에 따라 기업별 노동조합의 경우에는 '사용종속관계'가 인정되어야만 단결권의 주체인 노조법상 근로자에 해당한다고 판단하고 있어 입법목적을 협소하게 해석하고 있다. 둘째, 노조법 제2조 제4호 라목 본문에서 규정하는 '근로자'와 동조 단서에서 규정하는 '근로자'를 조직형태에 따라 달리 해석하여 다소 기형적인 판단을 내오고 있다는 비판을 피하기 어렵다. 셋째, 노조법상 근로자성 판단의 핵심인 '근로3권의 보호필요성'의 범위를 어디까지 인정해야 하는가에 대해 명확한 판단법리를 제시하지 못하고 있다. 이러한 한계 때문에 아직도 노동행정에서는 실업자가 속해 있는 노조설립신고가 반려되는 등의 사례가 많이 발견되고 있고, 최근 대법원의 견해처럼 원칙적으로 취업하고 있는 자만이 노조법상 근로자성이 인정되고, 취업하고 있는 자가 아닌 경우에는 예외적으로 '특별한 사정'이 있는 경우에만 인정된다는 법리가 나오고 있다고 할 수 있다. 결국 헌법 제33조 제1항 및 노조법 제2조 제1호가 근기법상 근로자와 비교해 사용종속관계여부를 문제 삼지 않다는 점을 감안해, 그 취지에 적합하도록 입법적 해결이 이루어지는 것이 바람직할 것이다.

◆• 참고문헌

강성태, "실업자와 단결권", 『노동법연구』 제16호, 서울대학교 노동법연구회, 2004.
김영문, "근로자가 아닌 자의 노조가입을 둘러싼 법적 쟁점 연구", 『노동법학』 제32호, 한국노동법학회, 2009.
조상균, "구직 중인 자의 노조법상 근로자성", 『인권과 정의』 제338호, 대한변호사협회, 2004.
최홍엽, "집단적 노동관계법상의 근로자개념", 『노동법논총』 제21집, 한국비교노동법학회, 2011.

71. 노무제공자의 노조법상 근로자성

— 대법원 2018. 6. 15. 선고 2014두12598, 12604 판결(부당해고 및 부당노동행위구제재심판정취소) —

강성태(한양대 법학전문대학원)

I. 사실관계

학습지 개발 및 교육 등의 사업을 하는 피고 보조참가인(이하 '참가인')은 원고 전국학습지산업노동조합(이하 'X조합') 소속 조합원이면서 학습지교사인 나머지 원고들(이하 '학습지교사들')과 학습지회원에 대한 관리, 모집, 교육을 내용으로 하는 위탁사업계약을 체결하였다가 그 후 이를 해지하였다.

원고들은, 참가인이 위탁사업계약을 해지한 것이 부당해고 및 부당노동행위에 해당한다는 이유로 서울지방노동위원회에 구제를 신청하였으나, 근로자 또는 노동조합이 아니어서 당사자적격이 없다는 이유로 각하되었다. 그 후 중앙노동위원회도 원고들의 재심신청을 기각하였다.

이 사건의 쟁점은, ① 학습지교사들이 근기법상 근로자에 해당하는지, ② 학습지교사들이 노조법상 근로자에 해당하는지 및 X조합이 노조법상 노동조합에 해당하는지, 만일 학습지교사들이 노조법상 근로자에 해당한다면 참가인이 한 위탁사업계약 해지가 노조법 제81조 제1호, 제4호가 정하는 부당노동행위에 해당하는지였다.

이하에서는 위의 쟁점들 중에서 ②의 첫 번째 쟁점 곧 "학습지교사들이 노조법상 근로자에 해당하는지?"에 대한 판단 부분에 대해서만 살펴본다.

II. 판결의 내용

1. 노조법상 근로자를 판단하는 기본 방식

대상판결은 노조법상 근로자를 판단하는 기본 방식을 두 부분으로 나누어 설명한다. 먼저 노조법상 근로자는 타인과의 사용종속관계하에서 노무에 종사하고 대가로 임금 기타 수입을 받아 생활하는 자를 말한다."고 하면서, 구체적으로 노조법상 근로자에 해당하는지는, "① 노무제공자의 소득이 특정 사업자에게 주로 의존하고 있는지, ② 노무를 제공 받는 특정 사업자가 보수를 비롯하여 노무제공자와 체결하는 계약 내용을 일방적으로 결정하는지, ③ 노무제공자가 특정 사업자의 사업 수행에 필수적인 노무를 제공함으로써 특정 사업자의 사업을 통해서 시장에 접근하는지, ④ 노무제공자와 특정 사업자의 법률관계가 상당한 정도로 지속적·전속적인지, ⑤ 사용자와 노무제공자 사이에 어느 정도 지휘·감독관계가 존재하는지, ⑥ 노무제공자가 특정 사업자로부터 받는 임금·급료 등 수입이 노무 제공의 대가인지 등을 종합적으로 고려하여 판단하여야 한다."고 하였다.

다음으로 노조법상 근로자를 판단하는 '기본 관점'을 다음과 같이 밝혔다. 곧 "노조법은 개별적 근로관계를 규율하기 위해 제정된 근기법과 달리, 헌법에 의한 근로자의 노동3권 보장을 통해 근로조건의 유지·개선과 근로자의 경제적

·사회적 지위 향상 등을 목적으로 제정되었다. 이러한 노조법의 입법 목적과 근로자에 대한 정의 규정 등을 고려하면, 노조법상 근로자에 해당하는지는 노무제공관계의 실질에 비추어 노동3권을 보장할 필요성이 있는지의 관점에서 판단하여야 하고, 반드시 근기법상 근로자에 한정된다고 할 것은 아니다."라고 하였다.

2. 이 사건에의 적용

대상판결은 노조법상 근로자를 판단하기 위한 여섯 가지의 요소를 이 사건에 다음과 같이 적용하였다.

① 업무 내용, 업무 준비 및 업무 수행에 필요한 시간 등에 비추어 볼 때 학습지교사들이 겸업을 하는 것은 현실적으로 어려워 보여, 회사로부터 받는 수수료가 학습지교사들의 주된 소득원이었을 것으로 보인다.

② 회사는 불특정다수의 학습지교사들을 상대로 미리 마련한 정형화된 형식으로 위탁사업계약을 체결하였으므로, 보수를 비롯하여 위탁사업계약의 주요 내용이 회사에 의하여 일방적으로 결정되었다고 볼 수 있다.

③ 학습지교사들이 제공한 노무는 참가인의 학습지 관련 사업 수행에 필수적인 것이었고, 학습지교사들은 회사의 사업을 통해 학습지 개발 및 학습지회원에 대한 관리·교육 등에 관한 시장에 접근하였다.

④ 학습지교사들은 회사와 일반적으로 1년 단위로 위탁사업계약을 체결하고 계약기간을 자동연장하여 왔으므로 그 위탁사업계약관계는 지속적이었고, 회사에게 상당한 정도로 전속되어 있었던 것으로 보인다.

⑤ 학습지교사들의 일상적 업무 수행과정을 보면 근기법상 근로자에 해당한다고 볼 정도는

아니지만 어느 정도 회사의 지휘·감독을 받았던 것으로 볼 수 있다.

⑥ 학습지교사들은 회사로부터 학습지회원에 대한 관리·교육, 기존 회원의 유지, 회원모집 등 자신이 제공한 노무에 대한 대가 명목으로 수수료를 지급받았다.

이러한 여섯 가지 요소의 적용 결과에 더하여, 학습지교사들의 근로자성을 인정하여야 할 이유로서 단체교섭 등 노동3권의 보호필요성을 다음과 같이 추가하였다.

⑦ 비록 근기법이 정하는 근로자로 인정되지 않는다 하더라도, 특정 사업자에 대한 소속을 전제로 하지 아니할 뿐만 아니라 '고용 이외의 계약 유형'에 의한 노무제공자까지도 포함할 수 있도록 규정한 노조법의 근로자 정의 규정과 대등한 교섭력의 확보를 통해 근로자를 보호하고자 하는 노조법의 입법 취지를 고려할 때, 회사의 사업에 필수적인 노무를 제공함으로써 회사와 경제적·조직적 종속관계를 이루고 있는 학습지교사들을 노조법상 근로자로 인정할 필요성이 있다. 또한 경제적 약자의 지위에서 회사에 노무를 제공하는 학습지교사들에게 일정한 경우 집단적으로 단결함으로써 노무를 제공받는 특정 사업자인 회사와 대등한 위치에서 노무제공조건 등을 교섭할 수 있는 권리 등 노동3권을 보장하는 것이 헌법 제33조의 취지에도 부합한다.

Ⅲ. 해설

1. 새로운 판례 기준의 의의

대상판결은 현실적으로 취업하고 있는 자 중에서 노조법상 근로자에 속하는 자를 구분하는 방법 곧 '근로자와 자영업자의 구분' 방법을

체계적으로 제시한 판결이다. 판례 역사상 처음으로 [(ⅰ) 노조법상 근로자의 정의, (ⅱ) 고려 요소들, (ⅲ) 기본 관점, (ⅳ) 사건에의 적용]이라는 하나의 완결적 체제로 구성되었는데, 이 중에서 (ⅰ) 노조법상 근로자의 정의는 1993년 골프장캐디 판결(대판 1993. 5. 25, 90누1731을 말한다)에서 가져온 것이고, (ⅲ) 기본 관점은 2004년 실업자 판결(대판 2004. 2. 27, 2001두8568을 말한다)을 계승, 발전시킨 것인 반면에, (ⅱ) 고려요소들은 대부분 새로운 것들이다.

둘째, 대상판결은 노조법상 근로자 판단 기준이 근기법상 그것과 다름을 분명하게 밝히고 있다. (ⅲ) 기본 관점의 말미에서 "반드시 근기법상 근로자에 한정된다고 할 것은 아니다."라고 명시한 것을 비롯하여, (ⅳ) 사건에의 적용 말미에서 "비록 근기법이 정하는 근로자로 인정되지 않는다 하더라도, 특정 사업자에 대한 소속을 전제로 하지 아니할 뿐만 아니라 '고용 이외의 계약 유형'에 의한 노무제공자까지도 포함할 수 있도록 규정한 노조법의 근로자 정의 규정과 대등한 교섭력의 확보를 통해 근로자를 보호하고자 하는 노조법의 입법 취지를 고려할 때"라고 하여, 노조법상 근로자의 범위가 근기법상 그것보다 넓다는 점을 확인하였다. 또한 근기법에서도 같은 용어를 사용하지만 노조법상 사용종속관계의 본질은 '경제적·조직적 종속관계'이어서 근기법상 그것과 다르다고 본다.

셋째, 대상판결은 노조법상 근로자성을 판단하기 위해 여섯 가지의 요소를 사용한다. 이로써 노조법상 사용종속관계를 확인하는 요소들은 근기법상 사용종속관계의 확인을 위해 고려하는 제반 요소들과 확연히 달라졌다. 새로운 고려 요소들은 이전에 노조법상 근로자성 판단에 관한 판례들이 사용한 요소들 중에서 ⑤ 지휘명령관계가 어느 정도 존재하는가 및 ⑥ 수입이 노무 제공의 대가인지는 종전의 것들과 유사하지만, 나머지 것들은 새로운 것들이다. 여섯 가지의 고려 요소들 중에서 가장 새롭다고 생각되는 것은 ①의 소득의존성 요소와 ③의 조직적 편입에 따른 시장의존성이다.

2. 새로운 기준의 발전과 정착

새로운 판례 기준의 가장 큰 특징 중 하나가 요소 적용에서의 유연성이다. 대상판결에 대해 연구자들이 가장 우려한 것은 소득의존성과 전속성 요건이었다. 그러나 이어서 나온 방송연기자 판결(대판 2018. 10. 12, 2015두38092를 말한다. 이하 같다.) 이후 이러한 우려는 불식되었다. 일부 요소의 불충족에도 불구하고 노동3권의 보호 필요성이라는 기본 관점에 따라 경제적·조직적 종속관계에서 노무를 제공하는 자는 적극적으로 노조법상 근로자로 인정하였기 때문이다.

대다수 연구자들도 요소 적용에서의 유연성, 곧 여섯 가지의 고려 요소들 중 일부를 결여한 경우라도 노동3권의 보호 필요성이라는 노조법의 목적에 따라 노조법상 근로자성을 인정하는 태도를 지지한다. 예를 들어 박귀천 교수는 방송연기자 판결에 대한 평석에서 이 점을 높이 평가하면서, 이로써 "전속성이 약하거나 비전속적인 다양한 특고종사자에 대해서도 노동조합 조직의 길"이 열릴 가능성이 생겼다고 설명한다(박귀천, 144쪽).

3. 과제

대상판결 이전에 노조법상 근로자성을 다툰 특고 직종 중에는 오직 골프장캐디만이 근로자성을 인정받았다. 그런데 대법원은 2018년 6월의 대상판결 이후 1년에 걸쳐 다양한 특고 즉 종속적 자영업자들의 노조법상 근로자성을 인정하였다. 앞서 예를 든 방송연기자 판결 외에도 매점운영자 판결(대판 2019. 2. 14, 2016두41361을 말한다.)과 카마스터 판결(대판 2019. 6. 13, 2019두33712를 말한다.)이 대표적이다.

　앞으로 새로운 판례의 발전에서 가장 큰 논란은 대상판결이 노조법상 근로자 판단의 궁극적 기준으로 제시한 '노동3권의 보장 필요성'의 해석을 두고 발생할 것 같다. 노동3권의 보장 필요성을 단결권 보장을 중심으로 할 것인지 아니면 단체교섭권 보장을 중심으로 할 것인지에 따라 노조법상 근로자의 범위에 포함될 수 있는 노무제공자 특히 근로자와 자영업자의 특성을 함께 가진 종속적 자영업자(특고)의 범위에 상당한 차이가 생길 것이기 때문이다.

◆• 참고문헌

강성태, "노동조합법상 근로자를 판단하는 판례의 기준", 『노동법학』 72호, 한국노동법학회, 2019.
김린, "노동조합법에 따른 근로자 판단기준", 『월간 노동리뷰』 통권 제161호, 한국노동연구원 2018.8.
박귀천, "방송연기자 노동조합 사건으로 본 대법원 노조법상 근로자성 판단기준과 경향", 『노동법률』 통권 331호, 중앙경제사, 2018.12.
유성재, "학습지교사의 노조법상 근로자성", 『노동법률』 통권 제327호, 중앙경제사, 2018.8.
임상민, "학습지교사의 근로자성", 『대법원판례해설』 제115호, 법원도서관, 2018.

72. 노동조합 가입이 제한되는 사용자의 이익대표자

– 대법원 2011. 9. 8. 선고 2008두13873 판결(부당노동행위구제재심판정취소) –

최석환(서울대 법학전문대학원)

I. 사실관계

X노조(원고)는 고등교육기관의 근로자를 조직대상으로 하는 노동조합이며 Y학교법인(피고 보조참가인)이 운영하는 대학에 그 지부(이하 'A지부')가 설치되어 있다.

Y는 A지부와의 단체교섭 과정에서 A지부의 조합원 중 과장급 직원, 인사·노무·예산·경리 등의 업무를 담당하는 직원, 총장의 비서 내지 전속 운전기사, 수위 등(이하 'X1등')에 대하여 노조법 제2조 제4호 단서 가목에 해당하는 자임을 이유로 A지부 탈퇴를 내용으로 하는 시정조치를 A지부에 요구하는 한편 개별 직원들에 대하여도 시정조치 및 경고문을 발송하였다. 이에 X노조는 지노위에 부당노동행위 구제신청을 하여 일부 구제명령을 받았으나, 재심에서 중노위는 위 지노위 결정을 취소하였다. 1심(서울행판 2007. 11. 9, 2007구합17731)과 원심(서울고판 2008. 7. 23, 2007누32794)은 문제가 된 근로자들을 과장급 이상의 직원들과 주임급 이하의 직원들로 나누고 전자에 대하여 "소속 직원의 업무분장·근태관리 등에 관하여 전결권을 부여받은 자들로서 '근로자에 관한 사항에 대하여 사업주를 위하여 행동하는 자'에 해당"한다는 이유로, 후자에 대하여 "인사, 노무, 예산, 경리 또는 기획조정 업무를 담당하는 사무직 직원이거나 총장의 비서 내지 전속 운전기사, 수위 등으로서 그 전부 또는 대부분이 직무상 '항상 사용자의 이익을 대표하여 행동하는 자'에 해당"한다는 이유로 조합원의 자격을 가지지 아니한다고 판단한 다음, Y의 시정조치 요구는 직원들이 조합원 자격이 없음에도 이 사건 노조지부에 가입되어 있는 데서 비롯된 위법상태를 시정함으로써 자신의 교섭력 저하를 방지할 의사로 이 사건 직원들에게 노동조합 탈퇴를 요구하는 행위를 한 것일 뿐으로 노동조합의 조직·운영에 지배·개입할 의사로 위 행위를 한 것이 아니고 따라서 부당노동행위에 해당하지 않는다고 판단하였다. 이에 대해 X노조가 대법원에 상고한 사건이다.

II. 판결의 내용

대상판결의 대법원은 다음과 같은 내용으로 원심판결을 파기환송하였다.

1. 노조법 제2조 제4호 단서 (가)목의 취지 및 판단기준(판결요지 1)

노조법 제2조 제2호, 제4호 단서 (가)목에 의하면, 노동조합법상 사용자에 해당하는 사업주, 사업의 경영담당자 또는 그 사업의 근로자에 관한 사항에 대하여 사업주를 위하여 행동하는 자와 항상 사용자의 이익을 대표하여 행동하는 자는 노동조합 참가가 금지되는데, 그 취지는 노동조합의 자주성을 확보하려는 데 있다. … 여기서 '그 사업의 근로자에 관한 사항에 대하여 사업주를 위하여 행동하는 자'란 근로자의 인사, 급여, 후생, 노무관리 등 근로조건 결정 또는 업무상 명령이나 지휘·감독을 하는 등의 사항에 대하여 사업주로부터 일정한 권한과 책임을 부여받은 자를 말하고, '항상 사용자의 이익을 대표하여 행동하는 자'란 근로자에 대한 인사, 급여, 징계, 감사, 노무관리 등 근로관계 결정에 직접 참여하거나 사용자의 근로관계에 대한 계획과 방침에 관한 기밀사항 업무를 취급할 권한이 있는 등과 같이 직무상 의무와 책임이 조합원으로서 의무와 책임에 직접적으로 저촉되는 위치에 있는 자를 의미한다. 따라서 이러한 자에 해당하는지는 일정한 직급이나 직책 등에 의하여 일률적으로 결정되어서는 안 되고, 업무 내용이 단순히 보조적·조언적인 것에 불과하여 업무 수행과 조합원 활동 사이에 실질적인 충돌이 발생할 여지가 없는 자도 여기에 해당하지 않는다.

2. '사업주를 위하여 행동하는 자' 해당성 판단(판결요지 2)

(Y가 노동조합원 자격에 의문을 제기하여 X노조 산하 A지부의 탈퇴를 요구한 X1등 중) 원심이 과장급 이상의 직원들에 대하여 소속 직원의 업무분장·근태관리 등에 관하여 전결권을 부여받은 자들로서 '근로자에 관한 사항에 대하여 사업주를 위하여 행동하는 자'에 해당한다고 본 것은 정당한 판단으로 수긍할 수 있다.

3. '항상 사용자의 이익을 대표하여 행동하는 자' 해당성 판단(판결요지 3)

주임급 이하의 직원들의 경우 그들이 인사,

노무, 예산, 경리 등의 업무를 담당한다거나 총장의 비서 내지 전속 운전기사, 수위 등으로 근무한다는 사정만으로 그들이 곧바로 '항상 사용자의 이익을 대표하여 행동하는 자'에 해당한다고 할 수 없고, 실질적인 담당 업무의 내용 및 직무권한 등에 비추어 볼 때 그 직무상의 의무와 책임이 노동조합원으로서의 의무와 책임에 저촉되는 것으로 평가할 수 있을 때에만 '항상 사용자의 이익을 대표하여 행동하는 자'에 해당한다고 할 수 있다.

4. 결론

(X1등 중에서) 주임급 직원들이 실제 담당하는 업무의 내용 및 직무권한 등을 확인하여 이들이 '항상 사용자의 이익을 대표하여 행동하는 자'에 해당하는지 여부를 심리하여야 하고, 나아가 조합원 가입 자격 유무에 관한 사정만으로 부동노동행위의사의 유무를 단정할 것이 아니라 그 밖에 부당노동행위의사의 존재를 추정할 수 있는 사정이 있는지에 관하여 더 심리한 후 부당노동행위 해당 여부를 판단하였어야 할 것이다.

Ⅲ. 해설

1. 대상판결의 특징

노조법 제2조는 제2호에서 '사용자'를 '사업주, 사업의 경영담당자 또는 그 사업의 근로자에 관한 사항에 대하여 사업주를 위하여 행동하는 자'로 정의하고 있으며, 같은 조 제4호 단서 가목에서는 '사용자 또는 항상 그의 이익을 대표하여 행동하는 자의 참가를 허용하는 경우', 같은 법상의 노동조합으로 간주되지 않음을 규정하고 있다. 위 단서의 각목은 노동조합으로서의 자격을 배제하는 소극적 요건으로 평가되며, 따라서 위의 요건 해당 여부는 우리 법이 적극적으로 보호하고자 하는 대상으로의 포섭 여부를 결정하는 중요한 분기점이 된다. 그 개념이 비교적 명백한 '사업주, 사업의 경영담당자'와는 달리, '그 사업의 근로자에 관한 사항에 대하여 사업주를 위하여 행동하는 자' 및 '항상 (사용자의) 이익을 대표하는 자'의 개념(이 두 가지를 합하여 이하 '이익대표자')의 획정이 문제될 수 있는바, 대상판결은 조항의 취지를 분명히 밝히면서(판결요지1), "그 사업의 근로자에 관한 사항에 대하여 사업주를 위하여 행동하는 자"에 대한 기존의 법리를 충실히 따르는 한편(판결요지2), 그 동안 명확히 제시되어 오지 않은 "항상 사용자의 이익을 대표하여 행동하는 자"에 대해 판단의 기준을 처음으로 제시(판결요지3)하였다는 점에서 그 의의를 찾을 수 있다.

2. 규정의 취지와 판단 기준의 관계

이 규정의 취지는 노동조합의 자주성, 독립성을 확보하고 노조의 어용화를 방지하기 위한 것이라는 것이 기존의 대법원의 확립된 입장이며(대판 1998. 5. 22, 97누8076 등), 따라서 노동조합의 자주성을 저해할 위험이 있는 사람의 참가를 부정하기 위한 규정이므로 그 자주성의 침해 위험성에 대한 판단이 요청된다.

이에 대하여는 ① 일정한 지위에 속하는 사람 혹은 특정한 업무를 담당하는 근로자를 일괄적으로 이익대표자로 판단하는 방식, ② 당해 근로자의 기업 내에서의 지위와 업무상 권한을 실질적으로 검토하여 노동조합원으로서의 지위와 양립하기 어려운 경우 이익대표자로 판단하는 방식, ③ ②의 해당성을 전제로 하여 그

러한 자가 노동조합에 포함되어 있을 때에 실제로 그 자주성이 훼손되었는지 여부를 검토하는 방식이 존재할 수 있다. 여기서 ①은 당해 근로자가 실제로 특정한 업무를 수행하는지를 판단할 필요까지도 없이 근로계약상 혹은 취업규칙 등에 의하여 규정되어 있는 권한과 책임에 따라 이익대표자로 분류하고 노동조합의 가입 자격을 제한하는 방식에 해당하며, 조합규약 혹은 단체협약상의 조합원 범위 규정이 존재하는 경우와 결합되면 비교적 명확한 범위 획정이 가능하다는 장점을 갖는다. 이에 비해 ②의 경우에는 ①의 형식적 판단에 머무르지 않고 실질적인 업무상의 지위나 권한에 대한 판단이 개재되며, 자주성 저해의 가능성이 인정된다면 실제 자주성의 훼손 여부까지는 묻지 않고 소극적 요건 해당성을 긍정한다. ③은 ②에서 한 걸음 더 나아가 위와 같은 지위나 권한을 가진 사람이 노동조합에 가입하여 있다 하더라도 그 사람 때문에 실질적으로 자주성이 훼손되었는지 하는 구체적 단계의 판단을 거칠 것을 요구한다. 조합원의 범위를 넓게 인정하고자 하는 시각에서는 실질적 판단의 어려움이 단점으로 지적된다.

대상판결은 위와 같은 세 방식 중에서 ②의 방식을 채택함으로써 규정의 취지를 분명히 하고 형식상의 지위나 명칭에 구속됨이 없이 실질적인 권한과 그 행사에 근거하여 소극적 요건을 판단하고자 하였음이 주목된다. 또한 소극적 요건을 가능한 한 제한적으로 해석하고자 한 기존의 하급심 판결의 입장(사용자 또는 항상 그의 이익을 대표하여 행동하는 자 여부에 관하여, "조합의 자주성이 침해될 위험성이 구체적으로 있는가 없는가라는 관점에 의한 판단이 필요(하며)…헌법상 보장된 단결권에 기하

여 근로자 개인은 자유롭게 노동조합을 결성할 수 있고 가입할 수 있으며 노동조합은 노동조합에서 배제되어야 할 자를 자주적으로 판단하여야 하므로, 여기에 해당하는 자의 범위는 제한적으로 해석하여야…", 서울행판 2008. 9. 2, 2007구합30710)을 어느 정도 견지하고 있는 점 또한 적극적으로 평가되어야 할 것이다.

3. 사업주를 위하여 행동하는 자의 판단 기준 검토

이 점에 관하여 대상판결은 기존의 판례를 충실히 답습하여 근로자에 관한 사항의 결정이나 지휘감독 권한을 부여받은 자를 의미하는 것으로 해석하였다. 이 개념은 근기법에도 규정되어 있는바 해석상의 기준은 동일한 것으로 판단된다. 사용자적 지위를 이유로 하여 노동조합 가입을 제한하고자 하는 규정이며, 기존의 판결례 중에는 최종적 인사평정 권한을 갖지 않는 학예담당관에 대해 노조법상 사업주를 위하여 행동하는 자 해당성을 부정한 사례(대판 1998. 5. 22, 97누8076)가 존재한다. 한편 대상판결에서도 소속 직원의 업무분장·근태관리 등에 관하여 전결권을 부여받은 과장급 이상의 직원들에 대하여는 근로자에 관한 사항에 대하여 사업주를 위하여 행동하는 자로 보고 있다.

4. 항상 사용자의 이익을 대표하여 행동하는 자의 판단기준 검토

이 점에 대해 기존의 판결은 ① 조합의 자주성 침해에 대한 구체적 위험성 존부라는 관점 하에, ② 형식적인 지위·직명에 따를 것이 아니라 기업(사업)경영의 실태, 실질적인 담당업무, 직무권한 등에 비추어 판단되어야 하며, ③

헌법상 보장된 단결권을 고려하여 노동조합의 자주적 판단을 인정하고 소극적 요건에 대해서는 제한적 해석을 할 것(위 서울행판)이 요구되어 왔다. 대상판결은 이러한 논의를 한층 더 구체화하여 판결요지3에서 제시한 바와 같이 "실질적 담당 업무의 내용 및 직무권한"을 감안할 때 "직무상의 의무와 책임이 노동조합원으로서의 의무와 책임에 저촉"될 것을 판단의 기준으로 제시하고 있다.

5. 과제

대상판결은 '항상 사용자의 이익을 대표하여 행동하는 자'에 관하여 구체적인 판단기준을 제시한 최초의 대법원 판결로 자리매김 되고 있으며, 그 의의 역시 이러한 관점에서 평가될 수 있다. 한편 대상판결에서 다루어지지는 않았으나, 조합규약과 단체협약에서 정하고 있는 관리직 등의 노조 가입자격에 차이가 존재하는 경우, 하급심 판결은 사용자의 이익대표자에 해당하지 않는다면 단체협약상의 조합원 범위 규정을 이유로 하여 노조가입 자격을 배제할 수 없다는 입장을 취하고 있다(서울남부지판 2008. 9. 23, 2008고단1572·2008고단1657).

◆◆ 참고문헌

강성태, "사용자의 이익대표자의 조합결성 및 가입 문제", 『노동법연구』 제3호, 서울대학교 노동법연구회, 1993.
노호창, "'항상 사용자의 이익을 대표하여 행동하는 자'의 의미", 『노동법학』 제42호, 한국노동법학회, 2012.
이광선, "'항상 사용자의 이익을 대표하여 행동하는 자'의 의미와 범위", 『저스티스』 제130호, 한국법학원, 2012.
이미선, "노동조합 가입이 제한되는 근로자의 범위", 『노동법실무연구』 제1권, 2011.

73. 신고미필노조의 법적 지위

― 헌법재판소 2008. 7. 31. 선고 2004헌바9 결정(노조법 제7조 제3항 등 위헌소원) ―

Ⅰ. 사실관계

청구인들은 대한항공 '운항승무원 노동조합'의 임원들이다. 위원장은 1999. 8. 30. 노동조합을 결성하고, 서울남부지방노동사무소에 설립신고서를 제출하였으나, 조종사들은 노조법상 사용자의 지위에 있고 이들 가운데 대부분이 청원경찰로 임명되었다는 이유로 반려되었다. 청구인들은 조합원들의 청원경찰 관계 해지신청서를 회사 측에 제출하고, 2000. 3. 21. 다시 노동조합 설립신고서를 제출하였으나 이 또한 반려되었다. 청구인들은 2000. 5. 19.부터 2000. 5. 30.까지 회사 앞에서 노동조합 인정을 촉구하는 집회를 개최하였고, 그 결과 조종사들에 대한 청원경찰의 신분이 해지되고, 2000. 5. 31. 노동조합의 설립신고증을 교부받았다. 그런데 검사는 청구인들이 위 집회를 개최하여 대한항공의 업무를 방해하고, 노동조합이 설립되기 전에 기자회견에서 노동조합 명의로 된 보도자료를 배포하였으며, 2000. 5. 26. 한겨레신문에 게재한 광고에 노동조합 명칭을 사용하고, 청원경찰로서 벌칙의 적용에 있어 공무원으로 의제됨에도 위 집회 등 집단적 행위를 하였다는 것 등을 이유로 하여, 업무방해 등으로 기소하였다. 청구인들은 노조법 및 청원경찰법 위반 부분을 포함하여 대부분 유죄가 인정되어 항소심에서 징역 8월, 집행유예 2년

및 벌금 300만 원의 형을 각 선고받았고(서울지판 2004. 1. 7, 2001노11506), 각 상고는 기각되었다(대판 2008. 9. 11, 2004도746).

한편 청구인들은 항소심 계속 중 노조법 제7조 제3항, 제93조 제1호와 구 청원경찰법(1973. 12. 31. 법률 제2666호로 전문개정되고, 2001. 4. 7. 법률 제6466호로 개정되기 전의 것) 제10조 제2항에 대하여 위헌제청신청을 하였으나, 법원은 판결을 선고하면서 위헌제청 신청을 기각하였고, 이에 청구인들은 같은 달 20. 위 조항들에 대하여 헌법소원심판을 청구하였다.

Ⅱ. 결정의 내용

1. 노조법 조항에 대하여

노동조합설립 신고주의를 기초로 하는 이 사건 노조법 조항은 노조법에 따른 적법한 노동조합의 설립을 유도하기 위한 것으로 입법목적이 정당하고, 형식적인 요건을 갖추지 못한 단결체에 대하여 노동조합이라는 명칭 사용을 금하고 위반시 형사상 제재를 가함으로써 합법적인 노동조합의 설립을 촉진하고자 하는 것으로 입법목적을 달성하기 위한 적정한 수단으로 볼 수 있으며, 그로 인하여 근로자들이나 단결체가 입는 손해는 노동조합의 명칭을 사용하지 못하고 명칭사용을 위하여 노동조합 설립신고를 해야만 하는 불편함 정도인데 반하여, 실질

적인 요건을 갖추지 못한 여러 단결체의 난립을 막고 노동조합의 공신력을 줄 수 있어 근로자의 단결권을 강화하는 효과도 있으며, 노동행정에 편의를 기할 수 있는 등 공익이 매우 커서 법익의 균형성도 갖추었다.

헌법상 근로자의 단결권과 관련하여 '노동조합'이라는 용어가 사용된 바가 없고, 단결권의 내용에 관하여 실질적인 요건을 갖춘 단결체이면 모두 노동조합이라는 명칭을 사용할 수 있다는 것도 아니며, 또한 노동조합의 명칭을 사용하는 것은 노동조합의 자유설립주의나 설립신고주의와도 반드시 연관된 문제라고 보기 어려울 뿐만 아니라, 기본적으로 근로자들의 단결체에 대하여 적법성 등을 고려하여 어느 단계에서부터 노동조합이라는 명칭을 사용하게 할 것인지의 문제는 입법자가 여러 가지의 사정을 모두 고려하여 정책적으로 정할 수 있는 재량사항에 지나지 아니한다. 또한 행정관청이 설립신고서를 수리하지 않거나 반려하는 경우 이에 대하여는 행정처분으로 다툴 수 있고, 이후에 정식으로 신고증을 교부받은 경우 설립신고서가 접수된 때에 노동조합이 설립된 것으로 보게 되므로(노조법 §12 ④), 결국 노동조합이 실질적인 요건을 갖추고 있었다면 노동조합 설립신고서 접수시부터는 노동조합이라는 명칭을 사용할 수 있고, 이후에 설립신고증을 교부받음으로써 그 이전에 명칭을 사용한 것이 모두 면책되는 것이다.

실질적인 요건은 갖추었으나 형식적인 요건을 갖추지 못한 근로자들의 단결체는 노동조합이라는 명칭을 사용할 수 없음은 물론 그 외 법에서 인정하는 여러 가지 보호를 받을 수 없는 것은 사실이나, 명칭의 사용을 금지하는 것은 이미 형성된 단결체에 대한 보호정도의 문제에

지나지 아니하고 단결체의 형성에 직접적인 제약을 가하는 것도 아니며, 또한 위와 같은 단결체의 지위를 '법외의 노동조합'으로 보는 한 그 단결체가 전혀 아무런 활동을 할 수 없는 것은 아니고 어느 정도의 단체교섭이나 협약체결 능력을 보유한다 할 것이므로, 노동조합의 명칭을 사용할 수 없다고 하여 헌법상 근로자들의 단결권이나 단체교섭권의 본질적인 부분이 침해된다고 볼 수 없다.

또한 차별의 내용은 노동조합의 명칭을 사용하는 데 대한 것으로서 이를 위반하는 경우에 형사처벌을 받기는 하나, 기본적으로 명칭을 사용하는 것 자체가 단결권의 본질적인 내용이라고 보기는 어렵고 단지 넓은 의미에서 단결권을 제한하는 정도에 지나지 아니하여 차별로 인한 불이익의 내용과 정도가 그리 크다고 할 수 없다.

따라서 이 사건 노조법 조항이 헌법 제37조 제2항의 과잉금지원칙에 위반되어 청구인들의 단결권을 침해한다거나, 설립신고를 마친 노동조합과 그렇지 아니한 헌법상 근로자들의 단결체를 자의적으로 차별하여 청구인들의 평등권을 침해한다고 할 수 없다.

2. 청원경찰법 조항에 대하여

4인의 재판관이 헌법에 위반되지 않는다는 의견을, 4인의 재판관이 헌법에 위반된다는 의견을, 1인의 재판관이 한정위헌의 의견을 표시하여, 헌법에 위반된다거나 한정위헌이라는 의견이 다수였으나, 헌법 제113조 제1항, 헌법재판소법 제23조 제2항 단서 제1호가 정한 위헌결정의 정족수(재판관 6인 이상)를 채우지 못하여 합헌결정이 되었다.

Ⅲ. 해설

1. 신고미필노조의 법적 지위

노조법상의 노동조합이 되기 위해서는 실질적 요건 이외에 같은 법이 요구하는 형식적 요건도 아울러 갖추어야 한다. 즉 소정의 기재사항을 담은 조합규약을 첨부한 노조설립신고서를 해당행정관청에 제출하여야 한다(§10 ①, §11 참조).

실질적 요건과 형식적 요건을 다 갖춘 노조를 이른바 법내조합(적격조합)이라고 부르고 실질적 요건은 갖추었으나 형식적 요건을 갖추지 못한 조합을 이른바 법외조합(비적격조합·무자격조합)이라고 부르는 경우가 많다. 그러나 '법내', '법외'라는 용어가 오해를 불러일으킬 수 있으므로 '신고미필노조' 또는 '미신고노조'라 부르는 것이 좋을 것이다.

신고미필노조는 노조법상의 일정한 보호를 받을 수 없다. 즉 노동조합이라는 명칭을 사용할 수 없고(노조법 §7 ③), 노동쟁의의 조정을 신청할 수 없으며 노동위원회에 부당노동행위 구제신청도 할 수 없다(노조법 §7 ①). 이 밖에 노동위원회에 근로자위원을 추천하는 권한(노동위원회법 §6 ③)이나 법인격의 취득(노조법 §6)과 조세면제의 특전(노조법 §8)도 가질 수 없다.

그러나 노조법의 보호를 받지 못한다는 것은 노조법이 형식적 요건을 갖춘 조합에만 특별히 부여한 권능을 인정받지 못한다는 의미이므로 노조의 실질적 요건은 구비하고 있으나 단지 설립신고절차라는 형식적 요건을 갖추지 못하고 있을 따름인 근로자단체에 대하여 '노동조합'으로서의 자격과 활동을 전적으로 부정하

는 것은 아니라는 점이다. 다시 말하면 단결체(근로자단체)가 헌법 제33조에 의한 근로자의 자주적인 단결권 행사의 결과인 것은 분명하다. 따라서 사용자를 상대로 단체교섭을 요구할 수도 있는 것이다. 다만 신고노조가 요구한 단체교섭을 사용자가 거부하는 경우 부당노동행위가 성립되어(노조법 §81 3호) 노동위원회에 구제신청을 할 수 있지만 미신고노조는 이와 같은 국가기관의 부가 서비스를 받을 수 없다는 것이다. 노동쟁의 조정신청도 역시 마찬가지이다.

대상결정은 "위와 같은 단결체의 지위를 '법외의 노동조합'으로 보는 한 그 단결체가 전혀 아무런 활동을 할 수 없는 것은 아니고 어느 정도의 단체교섭이나 협약체결 능력을 보유한다 할 것이므로, 노동조합의 명칭을 사용할 수 없다고 하여 헌법상 근로자들의 단결권이나 단체교섭권의 본질적인 부분이 침해된다고 볼 수 없다."고 하였다. 여기서 '어느 정도의 단체교섭이나 협약체결 능력'은 과연 무엇을 의미하는지 궁금하다. 그리고 단체행동권은 행사할 수 없다는 취지로도 읽힌다.

이와 같은 신고미필노조도 헌법상의 단결권 행사의 결과인 단결체임은 분명하다. 따라서 실질적 요건, 즉 자주성(대사용자)과 단체성(사단으로의 조직성) 및 목적성(근로조건의 유지·향상)을 구비하고 있으면 단체협약의 체결능력(노조법 §29~§31 참조)은 물론 정당한 쟁의행위에 대한 민·형사상의 면책특권에 관한 규정(노조법 §3, §4)은 적용된다고 보아야 할 것이다.

2. 신고미필 공무원노동조합 등

전국공무원노동조합은 (구)전국공무원노동조합, 전국민주공무원노동조합, 법원공무원노동조합이 합병결의를 통해 전국 공무원을 조직대상

으로 하여 결성한 노동조합으로서 2010. 2. 25. 고용노동부장관(당시 노동부장관)에게 노동조합 설립신고서를 제출하였으나 고용노동부장관은 2010. 3. 3. 설립신고서에 해직자 82명이 조합원으로 포함되어 있고, 청구인노조 산하 조직 대표자 중 8명은 노동조합 가입이 금지되는 부서 내 다른 공무원의 업무수행을 지휘·감독하거나 총괄하는 업무에 주로 종사하는 공무원에 해당된다는 등의 사유로 「공무원의 노동조합 설립 및 운영에 관한 법률」 제2조, 제6조, 노조법 제2조 제4호에 위반된다고 하여 이를 반려하는 처분을 하였다. 헌법재판소는 이 사건 법률조항의 노동조합 설립신고서 반려제도가 헌법 제21조 제2항 후단에서 금지하는 결사에 대한 허가제라고 볼 수 없다고 하여 합헌 결정하였다(헌재 2012. 3. 29. 2011헌바53).

고용노동부는 2013년 10월 24일 전국교직원노동조합이 해직자의 노조 가입을 허용하고 있는 규약을 시정하지 않았다는 이유로 노조법 시행령 제9조 제2항에 따라 '노조로 보지 아니함'을 통보하였다. 즉 '부당하게 해고된 조합원'의 조합원 자격을 보장하는 전교조 규약 부칙 제5조가 초·중등학교의 교원을 조합원 자격으로 하고 있는 교원노조법 제2조에 맞지 않아 결국 노조법 제2조 제4호 라목이 말하는 '근로자 아닌 자의 가입을 허용하는 경우'에 해당하여 노동조합의 실질적 요건을 결여하였다는 것이다.

이들 노동조합은 신고미필 노동조합의 지위를 갖게 될 것이나 조합원 자격을 문제 삼는 것은 단결권의 주체인 근로자(workers)에는 실업자와 해고자까지 포함된다는 국제노동기구(ILO) 결사의 자유 위원회의 권고(2003년 6월)에 비추어 편협한 해석이라 할 것이다.

■◆ 참고문헌

김형배, 『노동법』, 박영사, 2014.
이광택, 『노동법강의』, 국민대학교 출판부, 2007.
이철수 외, 『로스쿨 노동법』, 오래, 2013.
임종률, 『노동법』, 박영사, 2014.
조용만 외, 『로스쿨 노동법 해설』, 오래, 2013.

74. 법외노조 통보의 위법성

－대법원 2020. 9. 3. 선고 2016두32992 전원합의체 판결(법외노조통보처분취소) －

강성태(한양대 법학전문대학원)

Ⅰ. 사실관계

피고(고용노동부장관)는 2013. 9. 23. 원고(전국교직원노동조합: 전교조)에 대하여 원고의 규약에서 해직 교원의 조합원 자격을 허용하고 있고 실제로도 해직 교원 9명이 원고의 조합원으로 활동하고 있다는 이유로 그 시정을 요구하였으나, 원고는 이를 이행하지 않았다. 피고는 2013. 10. 24. 원고에게 '교원노조법에 의한 노동조합으로 보지 아니함'(법외노조)을 통보하였다. 원고는 피고의 법외노조 통보가 위법하다고 주장하면서 행정소송을 제기하였으나, 1심, 2심에서 모두 패소하였다. 이에 원고가 상고를 제기하였다.

이 사건 법외노조 통보의 근거가 된 규정들은 다음과 같다. 노조법 제2조 제4호 라목('이 사건 법률')은 "근로자가 아닌 자의 가입을 허용하는 경우 노동조합으로 보지 아니한다."라고 규정하고, 노조법 시행령 제9조 제2항('이 사건 시행령')은 이 경우 행정관청으로 하여금 "시정을 요구하되, 시정되지 않는 경우 노조법에 의한 노동조합으로 보지 아니함을 통보하여야 한다."라고 규정하며, 교원노조법과 교원노조법 시행령은 이 사건 법률과 시행령을 각각 교원 노동조합에도 준용한다.

전원합의체판결에서는 다양한 의견이 나왔다. 이 사건 관여 대법관 12명 중에서 10명의 대법관이 법외노조 통보가 위법하다는 결론을 내렸다. 8명의 대법관은 다수의견에 참여했고, 2명의 대법관은 각각 하나씩 별개의견(대법관 김재형의 '별개의견 1'과 대법관 안철상의 '별개의견 2')을 냈다. 이에 대해 2명의 대법관이 법외노조 통보가 적법하다는 반대의견(대법관 이기택, 이동원의 반대의견)을 냈다. 한편, 다수의견에 참여한 대법관 중 5명은 1개의 보충의견(대법관 박정화, 민유숙, 노정희, 김상환, 노태악의 보충의견)을 냈다.

Ⅱ. 판결의 내용(다수의견)

피고는 이 사건 시행령이 유효함을 전제로 그에 근거하여 법외노조 통보를 하였는데, 이 사건 시행령은 헌법상 법률유보원칙에 위반되어 그 자체로 무효이므로 이에 기초한 이 사건 법외노조 통보 역시 그 법적 근거를 상실하여 위법하다. 이 사건 시행령, 곧 법외노조 통보 조항이 법률유보원칙에 반한다고 보는 이유는 다음과 같다.

첫째, 법외노조 통보는 이미 법률에 의하여 법외노조가 된 것을 사후적으로 고지하거나 확인하는 행위가 아니라 그 통보로써 비로소 법외노조가 되도록 하는 형성적 행정처분이다. 노동조합 설립신고제도에 따라 법상 노동조합이 되려면 결격사유의 부존재라는 실체적 요건과 함께 설립신고의 구비라는 절차적 요건을 별도로 갖추어야 한다. 마찬가지로 법상 노동조합에게 결격사유가 발생한 경우, 이 사건 법률에 의하여 곧바로 법외노조가 되는 것이 아니라, 이를 이유로 한 법외노조 통보가 있을 때 비로소 법외노조가 되기 때문이다.

둘째, 법외노조 통보는 단순히 노동조합에 대한 법률상 보호만을 제거하는 것에 그치지 않고 헌법상 노동3권을 실질적으로 제약한다. 헌법상 노동3권은 노동조합을 통하여 비로소 실질적으로 보장될 수 있는데, '노동조합'이라는 명칭조차 사용할 수 없는 단체가 노동3권을 실효적으로 행사할 수 있다고 기대하기는 어렵다. 법외노조 통보는 형식적으로는 노조법에 의한 특별한 보호만을 제거하는 것처럼 보이지만, 실질적으로는 헌법이 보장하는 노동3권을 본질적으로 제약하는 결과를 초래한다. 그리고 교원의 노동3권은 법률에 특별한 규정이 있는 경우에 비로소 실질적으로 보장될 수 있고, 이에 관한 법률이 바로 교원노조법이다. 따라서 교원노동조합에 대하여 '교원노조법에 의한 노동조합으로 보지 아니함'을 통보하는 것은 단순히 '법상 노동조합'의 지위를 박탈하는 것이 아니라, 사실상 '노동조합'으로서의 존재 자체를 부정하는 것이 될 수 있다.

셋째, 노조법은 법상 설립요건을 갖추지 못한 단체에 대한 설립신고서의 반려에 대해서는 노조법에서 직접 규정하면서도, 그보다 더 침익적인 설립 후 활동 중인 노동조합에 대한 법외노조 통보에 관하여는 노조법에 아무런 규정을 두고 있지 않고 이를 시행령에 위임하는 명문의 규정도 두고 있지 않다.

넷째, 법외노조 통보 제도는 입법자가 근로자의 단결권과 노동조합의 자주성을 침해한다

는 반성으로 폐지했던 구 노조법(1996. 12. 31. 폐지)상 노동조합 해산명령 제도를 행정부가 법률상 근거 내지 위임 없이 행정입법으로 부활시킨 것이다. 노조법 시행령 제9조 제2항의 위헌성을 판단함에 있어서는 이러한 제도의 연혁을 마땅히 고려하여야 한다.

Ⅲ. 해설

이 사건의 법적 쟁점은 크게 두 가지이다. 하나는 이 사건 시행령 조항(법외노조 통보 조항)의 위헌성에 관한 것이고, 다른 하나는 이 사건 법률 조항(노조법 §2 4호의 라목; '해고자 배제 조항')의 해석에 관한 것이다.

다수의견은 두 가지 쟁점 중에서 전자에 주목한 것으로 법외노조 통보 조항이 법률유보원칙, 즉 "법률의 시행령은 모법인 법률에 의하여 위임받은 사항이나 법률이 규정한 범위 내에서 법률을 현실적으로 집행하는 데 필요한 세부적인 사항만을 규정할 수 있을 뿐, 법률에 의한 위임이 없는 한 법률이 규정한 개인의 권리·의무에 관한 내용을 변경·보충하거나 법률에 규정되지 아니한 새로운 내용을 규정할 수는 없다(대판 1995. 1. 24, 93다37342 전합 등 참조)."는 원칙에 위반하여 무효라고 보았다.

이에 대해 별개의견 1과 2는 후자에 주목하였다. 별개의견 1은 원고에 대한 법외노조 '통보'의 당부를 판단하기에 앞서 원고를 '법외노조'로 본 것이 잘못이라고 보았고, 별개의견 2는 이 사건 법외노조 통보가 위법한 것은 원고의 위법사항에 비하여 과도한 행정처분이기 때문이라고 보았다. 한편 반대의견은 이 사건 규정들은 매우 일의적이고 명확하므로 다른 해석의 여지는 없고, 이 사건 법외노조 통보는 적법하다고

보았다.

다수의견은 노동조합의 지위, 노동3권의 권리성, 단결권의 자유권성에 대해서도 종래의 판례보다 훨씬 진전된 판단을 보였다. 먼저 우리 전체 법질서에서 노동조합이 차지하는 현실적인 지위에 대해 "노동3권은 노동조합을 통하여 비로소 실질적으로 보장될 수 있"다거나 "노동조합법상 노동조합으로 인정되는지 여부는 헌법상 노동3권의 실질적인 행사를 위한 필수적 전제"라고 보았다. 이를 통해 법외노조 통보 등을 통한 노동조합의 지위 상실이 가져올 수 있는 실질적인 효과가 현실에서 얼마나 크고 광범위한 것인지를 인정하였다. 둘째, "노동3권은 법률의 제정이라는 국가의 개입을 통하여 비로소 실현될 수 있는 권리가 아니라, 법률이 없더라도 헌법의 규정만으로 직접 법규범으로서 효력을 발휘할 수 있는 구체적 권리라고 보아야 한다."라고 하여 노동3권의 구체적 권리성을 정면으로 긍정하였다. 셋째, 단결권의 자유권성을 분명하게 인정했다. 즉 "노동3권 중 단결권은 결사의 자유가 근로의 영역에서 구체화된 것으로서, 연혁적·개념적으로 자유권으로서의 본질을 가지고 있으므로, '국가에 의한 자유'가 아니라 '국가로부터의 자유'가 보다 강조되어야 한다."라고 설시했다.

별개의견 1과 2에서는 '해고자 배제 조항'에 관한 고민들이 많은 부분을 차지한다. 별개의견 1은 해고 조합원을 배제하지 않은 노동조합도 노조법상 노동조합 결격사유에 해당하지 않는다고 판단하는데, 주요 논리는 다음과 같다. 이 사건의 쟁점은 적법한 노동조합으로 설립된 이후에도 근로자가 아닌 자의 가입을 허용하는 순간 더 이상 적법한 노동조합이 아니라고 정한 '해고자 배제 규정'에 있다. 헌법은 노동3권

을 보장하고 있고 노조법은 이를 최대한 실현하기 위하여 존재하는데, 해고자 배제 규정은 노동3권의 실질적인 행사를 위한 근본적 토대를 허물어 버리는 것으로서 노조법의 존재이유에 배치된다. 노동조합과 아무 관련이 없는 제3자의 조합원 가입을 허용할 수는 없으며, 또한 한때 근로자였다는 이유만으로 모든 해직자를 조합원으로 받아들일 수도 없다. 그러나 헌법상 노동3권, 특히 단결권의 의미와 취지에 비추어 볼 때, 조합원으로 활동하다가 해고된 근로자의 조합원 자격을 부정하고 이를 이유로 해당 노동조합의 법적 지위까지 박탈해서는 안 될 것이다. 그런데 원고는 교원과 무관한 제3자의 조합원 가입을 허용하거나 모든 해직 교원의 조합원 자격을 제한 없이 인정하는 것이 아니며, 단지 조합원으로 활동하다가 해직된 교원의 조합원 자격이 유지되도록 하고 있을 뿐이다. 원고의 이러한 행위는 헌법상 기본권의 보장 범위를 벗어난 것이 아니라고 보아야 하며, 해고자 배제 규정이 이러한 행위까지 금지한다고 보는 것은 헌법 규범에 반하는 해석이다.

별개의견 2는 이 사건 법외노조 통보가 원고의 위법사항에 비하여 과도한 것이기 때문에 위법하다는 것으로, 주요 논리는 다음과 같다. 이 사건의 핵심적 쟁점은 원고의 위법사항이 과연 노동조합으로서 지위 자체를 박탈할 정도인지를 살펴보는 것에 있다. 헌법은 근로자의 단결권을 기본권으로 보장하고 있는데, 노동조합은 노동3권의 행사를 위한 기본적 토대가 되고 해직자 역시 스스로 사용자가 되지 않는 한 근로자의 지위를 벗어날 수 없으므로 노동3권의 보장이 필요하다. 세계적으로 해직자를 노동조합에서 배제하도록 하는 법제는 현재로서는 물론 과거의 역사를 돌아보더라도 그 유례를

찾기 어렵다. 해직자의 노동조합 가입은 이미 국제사회의 확고한 표준이고, 우리나라 역시 같은 방향으로 가고 있다. 이 사건에서 문제는 해고자 배제 규정에도 불구하고 원고가 해직 교원의 조합원 자격을 유지하도록 하고 있는 것을 과연 어떻게 평가할 것인지에 있다. 원고가 법을 위반하고 그 시정요구도 거부한 것은 사실이지만, 세계 보편적 기준은 해직 교원의 교원 노동조합 가입을 허용하는 것이므로 해직 교원을 조합원으로 받아들였다고 하여 그 사정만으로 노동조합으로서 법적 지위 자체를 박탈할 것은 아니다.

대법원은 그동안 논란이 컸던 노조법 시행령 제9조 제2항을 헌법상 법률유보원칙에 반하여 무효라고 판단하였다. 또한 대법원은 노동3권의 실현을 위한 기본적 전제이자 토대로서 노동조합의 지위, 노동3권의 구체적 권리성 및 단결권의 본질로서 자유권성 등을 정면으로 인정하였다. 이러한 대법원의 판단은 앞으로 노동관계법의 해석 특히 노동조합의 활동과 단체교섭 및 쟁의행위 등에 관한 기존 판례와 행정해석 등에도 큰 영향을 미칠 것으로 보인다. 다수의견은 "노동관계법령을 입법할 때에는 이러한 노동3권, 특히 단결권의 헌법적 의미와 직접적 규범력을 존중하여야 하고, 이렇게 입법된 법령의 집행과 해석에 있어서도 단결권의 본질과 가치가 훼손되지 않도록 하여야 한다."고 강조하였다.

한편, 이 판결로써 노동조합에 대한 행정관청의 심사와 관련한 노동법상 문제가 모두 해결되지는 않았다. 설립신고 제도가 법외노조 통보 제도보다는 침익성이 덜하다고는 하지만, 단결권 침해의 시비에서 자유로운 제도는 아니기 때문이다. 사법기관이 아닌 행정청이 노동조합의 자격을 심사할 수 있도록 하는 제도는 세계적으로 유래를 찾기 어려우며 ILO 제87호 협약 제1조 및 이를 내포하는 우리 헌법 제33조 제1항에 위반된다고 볼 수 있기 때문이다. 또한 노조법 제2조 제4호의 가목과 라목을 곧바로 노동조합의 결격사유로 정한 것이 올바른 입법인지 또 그렇게 해석하는 것이 옳은지는, 여전히 과제로 남아 있다.

◆ **참고문헌**

강성태 외, 『교원 노사관계의 합리적 개선방안 토론회』 자료집, 한국노동법학회, 2010.

강성태, "행정관청의 노동조합 심사제도", 『노동법연구』 제31호, 서울대학교 노동법연구회, 2011.

권오성, "'노조아님' 통보 제도의 위헌성 – 전국교직원 노동조합 사건을 소재로", 『노동법연구』 제38호, 서울대노동법연구회, 2015.

김선수, "교원의 노동기본권: 금지규정의 위헌성에 관하여", 『노동법연구』 제1호, 서울대학교 노동법연구회, 1991.

김영문, "근로자가 아닌 자의 노조가입을 둘러싼 법적 쟁점 연구", 『노동법학』 제32호, 한국노동법학회, 2009.

75. 노조전임자·근로시간 면제자

－대법원 2018. 4. 26. 선고 2012다8239 판결(임금등)－

김미영(경제사회노동위원회)

Ⅰ. 사실관계

원고(X)는 피고(Y) 사업장에서 1986. 7. 21.부터 2010. 12. 1.까지 근무하고 퇴직하였다. 근무기간 중에 2000. 2. 28.부터 퇴직일까지는 노동조합 지부장으로 노조전임자로 활동하였다. Y사와 노동조합은 2010. 7. 1.부터 2012.6.30.까지 유효한 단체협약을 유지하였다. 그에 따르면, 노조 지부장의 전임을 인정하고 노조법 제24조 제4항에 의거하여 근로시간을 면제한다고 정하였다. 또한 근로시간 면제자의 임금은 월320만원으로 하고 근속년수 1년당 월 9천원을 더하여 지급한다고 하였다. 해당 단체협약 제30조의 2는 모든 조합원에 적용되는 평균임금 산정 기준을 규정하였다. 원고(X)의 주장에 따르면, (1) Y사가 2010.7.부터 2011.11까지 단체협약이 정한 금액에 미달하는 임금을 지급하였고, (2) 퇴직금 계산 기초인 평균임금을 단체협약이 정한 근로시간 면제자의 임금을 기준으로 하지 않았다고 한다. 그에 따른 미지급 급여와 퇴직금을 청구한 사안이다.

Ⅱ. 판결의 내용

사안의 쟁점은 근로시간 면제자에 대한 급여 지급은 부당노동행위이고 그것을 정한 단체협약은 무효인지, 그리고 무효가 아니라면 그 단체협약에 근거하여 근로시간 면제자에게 지급한 급여가 평균임금에 포함되는 임금인지 여부이다.

대법원은 근로시간 면제자가 근로시간 중에 노동조합 유지·관리 등의 활동을 하는 것은 노조법 제81조 제4호 단서가 허용하는 행위이므로, 근로시간 면제자에게 급여를 지급하는 행위는 특별한 사정이 없는 한 부당노동행위가 되지 않는다고 하였다. 다만, 합리적 범위를 초과하여 과다하게 급여를 지급한 행위는 부당노동행위가 될 수 있고 그와 같이 정한 단체협약 등 노사합의는 무효가 된다. 합리적 범위를 초과하였는지 여부는 "해당 사업장에서 동종 혹은 유사 업무에 종사하는 동일 또는 유사 직급·호봉의 일반 근로자의 통상 근로시간과 근로조건 등을 기준으로 받을 수 있는 급여 수준이나 지급기준과 비교"하여 정한다.

근로시간 면제자의 급여가 "사회통념상 수긍할 만한 합리적 범위"를 초과하여 과다한 수준이 아니라면, 사용자에게 제공한 근로의 대가로 간주되며 그 성질은 임금에 해당한다. 따라서 근로시간 면제자의 급여 지급을 정한 단체협약 등은 그 합리적 범위를 조건으로 유효하므로 근로시간 면제자의 임금은 그 단체협약 등이 정한 바에 기초해야 한다.

이에 따라 대법원은 근로시간 면제자의 퇴직금 관련한 평균임금 산정은 원칙적으로 단체협약 등에 따라 정한 급여를 기준으로 하며, 과다하게 책정되어 임금의 성격을 상실한 초과 부분만 제외한다고 하였다. 이와 같은 결론은 원심 판결(전주지판 2011. 12. 16, 2011나3322)을 배척한 것이다.

원심은 노조법 제24조 제4항의 근로시간 면제자는 임금의 손실없이 유급으로 근로시간을 면제받아서 근로제공의무를 면하는 것이므로 사용자가 단체협약 등에 따라 지급하는 급여는 근로의 대가인 임금이 아니라고 하였다. 따라서 퇴직금 제도의 취지에 비추어 볼 때 근로시간 면제자의 퇴직금을 산정함에 있어서는 근로시간 면제자로서 지급받은 급여를 기준으로 할 수 없고, 그들과 동일 직급 및 호봉의 근로자들 평균임금을 기준으로 하여 퇴직금을 산정해야 한다는 입장이었다.

Ⅲ. 해설

1. 노조전임자 및 근로시간 면제자의 법적지위

노조법 제24조에 따르면 노동조합의 전임자는 '근로계약 소정의 근로를 제공하지 아니하고 노동조합의 업무에만 종사'하는 자이다. 이와 같은 노조전임자는 단체협약 또는 사용자의 동의로 정할 수 있다. 즉, 근로관계는 유지되면서 노조전임자는 근로제공 의무를 면하고 사용자는 임금지급 의무를 면하는 것이 원칙이다. 노조법 제24조 제2항은 노조전임자에 대한 사용자의 임금 지급을 금지하며, 그 위반의 경우에는 제81조 제1항 제4호의 부당노동행위로 사용자를 처벌한다.

노조법 제24조 제4항은 사용자가 노조전임자에게 임금을 지급할 수 있고, 그 지급이 부당

노동행위에서 제외되는 예외를 정하는 구조이다. 근로시간 면제 한도와 대상 업무를 한정해서 허용하는데 근로시간 면제 한도는 사업(장)별로 조합원 수 등을 고려하여 결정한다. 노조전임자가 근로시간 면제자로 지정되면 노조법과 다른 법률이 정하는 업무와 노동조합의 유지·관리업무를 임금의 손실없이 할 수 있다.

이와 같은 근로시간 면제자 지위는 세 가지 요건을 충족해야 한다. ① 단체협약 또는 사용자의 동의가 있어야 한다. ② 제24조의2 근로시간면제심의위원회가 정하고 고용노동부가 고시한 근로시간 면제 한도를 초과할 수 없다. ③ 노동조합법 또는 다른 법률이 정한 업무와 노동조합의 유지·관리업무를 대상으로 해야 한다.

따라서 노조법 제24조의 전임자는 동법 제4항의 근로시간 면제제도로 지정된 근로시간 면제자를 포함한다. 근로시간 면제자는 임금의 손실 없이 근로제공 의무를 면하고 근로시간 면제 대상 업무를 수행할 수 있는 지위에 있다. 근로시간 면제자의 급여는 근로의 대가인 임금의 성격을 갖는다. 그러나 구체적인 임금청구권의 기초는 노조법 제24조 제4항이 정한 바에 따라 단체협약 또는 사용자가 동의한 노사협정이 된다.

2. 근로시간 면제자 임금의 성격

이 사안의 원심은 노조법 제24조 제2항의 전임자는 사용자로부터 급여를 받지 않고 무급으로 근로제공의무를 면하는 것인 반면에 제4항의 근로시간 면제자는 법률에 따라 임금 손실없이 유급으로 면제되는 것만 다르다는 전제 위에 있다.

"노동조합 및 노동관계조정법 제24조 제4항

에 규정된 근로시간 면제자는 임금의 손실 없이 유급으로 근로시간을 면제받음으로써 근로제공의무가 면제되고..."

따라서 근로시간이 면제되어 근로제공의무가 없으므로 단체협약 등에 따라 근로시간 면제자가 받는 급여는 '근로의 대가'인 임금이 될 수 없다는 결론에 이른다. 이와 관련하여 하급심은 근로시간 면제자가 아니라 노조전임자의 임금과 법적지위를 정한 판례를 참조하였다(대판 2011. 2. 10, 2010도10721; 대판 1998. 4. 24, 97다54727). 또한 피고(Y) 단체협약이 노조전임자인 지부장을 노조법 제24조 제4항의 근로시간 면제 대상으로 지정한 사실을 고려하지 않은 것이다.

그와 달리 대법원은 노조전임자라도 근로시간 면제자로 지정되었다면 임금의 손실없이 노조법이 정한 노동조합의 업무를 수행할 수 있는 노조법 제24조 제4항이 적용되는 것으로 보았다. 즉, "임금의 손실없이"라는 법률의 규정을 해석하면 사용자가 근로시간 면제자에게 지급한 급여는 '근로의 대가로 간주되고 따라서 법률상 임금의 성질이 인정될 수 있다.

"...근로시간 면제에 따라 사용자에 대한 관계에서 제공한 것으로 간주되는 근로의 대가로서, 그 성질상 임금에 해당하는 것으로 봄이 타당하다..."

노조법 제24조 제4항에 의거하여 단체협약 등으로 정한 근로시간 면제 대상과 한도에 근거하여 사용자가 근로시간 면제자에게 지급하는 급여는 근로의 대가인 임금의 성질을 유지한다. 이는 근로시간 면제자로 지정된 노조전임자라도 달리 해석되지 않는다. 다만, 근로시간 면제한도를 초과하거나 사회통념상 불합리하게 과다한 급여를 지급하는 것은 사용자의 부당노

동행위가 될 수 있다.(대판 2016. 4. 28, 2014두11137)

즉, 근로시간 면제자의 급여 지급을 정한 단체협약 등은 해당 사업장의 동종·유사 업무에 종사하는 동일 또는 유사 직급·호봉의 일반 근로자의 통상 근로시간과 근로조건 등과 비교하여 불합리하게 과다하지 않는 한 유효하다. 사용자가 그에 근거해서 근로시간 면제자로 지정된 노조전임자에게 급여를 지급하는 것은 원칙적으로 부당노동행위가 되지 않는다.

3. 근로시간 면제자의 평균임금 계산 기초

원심은 원고(X)의 급여청구권은 단체협약에 근거한다는 것은 인정하면서 퇴직금 산출 기초인 평균임금은 동일직급 및 호봉의 근로자들 평균임금을 기준으로 산정해야 한다고 판결했다. 그 이유는 앞서 밝혔듯이, 근로시간 면제자의 급여는 근로의 대가인 임금이 아니고, '근로자의 통상의 생활보장'이라는 퇴직금 제도의 목적을 고려했다. 반면에, 대법원은 노조법이 보장하는 제도로서 단체협약과 근로시간 면제자 지위를 일관성 있게 해석한 기초위에 단체협약이 정한 근로시간 면제자의 급여액이 평균임금의 산정 기준이라고 판결하였다.

노조법 제24조 제4항은 '제2항에도 불구하고 단체협약으로 정하거나 사용자가 동의하는 경우에는...'이라고 하여 사실상 근로시간 면제자의 법적·계약적 지위가 단체협약 기타 노사협정으로 우선 정할 수 있도록 하였다. 따라서 근로시간 면제자는 단체협약 규정에 기초한 임금청구권을 가질 뿐 아니라, 단체협약에 따라 지급받은 임금액이 평균임금 계산의 기초가 되는 것이 논리적으로 타당하다. 단체협약이 정한 근로시간 면제자의 임금액이 불합리하게 과다한

경우에는 그 부분에 한하여 무효라고 할 수 있고 부당노동행위에 의한 규율도 가능하기 때문에 원심과 같이 평균임금 산정 단계에서 일반 근로자의 평균임금 기준을 적용할 실익이 크지 않다. 이에 대해 대법원은 다음과 같이 판결했다.

"...이 사건 단체협약 등에 따라 원고가 지급받기로 정한 급여액 중 설령 과다하게 책정된 초과급여 부분이 있는 경우라 하더라도, 이를 제외한 나머지 급여액은 여전히 평균임금 산정에 포함되는 임금액이라고 할 것이므로...이를 기초로 하여 퇴직금 산정을 위한 평균임금을 계산하였어야 한다."

결론적으로 대법원은 노조전임자와 달리 근로시간 면제자에 대한 급여 지급이 당연히 부당노동행위가 되는 것은 아니므로, 단체협약 등이 정한 바에 따라 노조전임자가 근로시간 면제자로 지정되면 노조법 제24조 제4항을 적용하여 해석한다. 그 조항의 해석에 따르면 단체협약으로 정한 근로시간 면제자의 급여는 사용자에 대한 근로의 대가로서 법적으로 임금에 해당한다. 따라서 근로시간 면제자의 평균임금도 단체협약 등이 정한 임금액을 포함해야 한다.

◆◆ 참고문헌

노동법실무연구회, 『노동조합 및 노동관계조정법 주해 (Ⅰ)』, 박영사, 2015.
임종률, 『노동법(제18판)』, 박영사, 2020.

76. 노동조합활동(선전방송)의 정당성

― 대법원 2017. 8. 18. 선고 2017다227325 판결(징계처분무효확인) ―

I. 사실관계

원고(X)는 1986. 4. 8. H중공업사(Y)에 입사하여 조선자재지원부에서 근무하고 있다. 2014. 11.경 Y가 성과연봉제 도입, 2015. 1.경 경영난을 이유로 한 1,000여 명의 희망퇴직 등 구조조정을 진행하자, 이에 대응하기 위해 노동조합은 2015. 3. 9. X를 비롯한 대의원들의 행동지침으로 '수시로 집회를 갖고 조합원과 함께 투쟁 결의를 다지고, 구조조정 반대와 회사 규탄, 대표이사의 퇴진 등의 내용을 담은 대자보 등을 만들어 현장에 붙일 것' 등을 결정하였다.

X는 2015. 3. 11.부터 2015. 4. 29.까지 약 2개월 동안 출근시간 무렵에 도크 게이트나 문화관, 생산기술관 앞 등에서 12회에 걸쳐 선전방송을 하였고, 2015. 4. 7. 생산기술관 현관 출입문 등에 유인물을 1회 게시하였다. 그 주된 내용은 Y가 명예퇴직을 빙자하여 정리해고를 강행하고 있고, 단체협약을 위반한 전환배치가 강제로 이루어지고 있다는 취지인데, '여성 노동자들을 강제퇴직시켰다', '경영진들은 아침부터 우리 노동자들을 어떻게 하면 회유하고 협박하고 탄압할 것인지 그런 연구를 하고 있다'는 등 사실과 다른 내용을 포함하거나, '살인을 자행하는 사장', '낙하산으로 내려온 사장', '악마의 얼굴을 갖고 있는 사장' 등 경영진을 비하하거나 모욕하는 표현도 포함되어 있었다.

Y는 2015. 6. 3. '원고가 회사의 허가를 받지 않고 무단으로 선전방송이나 유인물 게시를 하였고, 이를 통해 허위사실을 유포하고, 경영진을 비하하며 명예를 훼손하는 등 직장 내 근무 질서를 문란하게 하였다'는 이유로 취업규칙에 따라 X에게 정직 4주의 징계처분을 하였다.

II. 판결의 내용

사용자가 징계사유로 삼은 근로자의 행위가 선전방송이나 유인물의 배포인 경우 선전방송이나 유인물의 배포가 사용자의 허가를 받도록 되어 있다고 하더라도 노동조합의 정당한 업무를 위한 선전방송이나 유인물의 배포 행위까지 금지할 수는 없는 것이므로 행위가 정당한지는 사용자의 허가 여부만을 가지고 판단하여서는 아니되고, 선전방송이나 유인물의 내용, 매수, 배포의 시기, 대상, 방법, 이로 인한 기업이나 업무에의 영향 등을 기준으로 노동조합의 정당한 업무를 위한 행위로 볼 수 있는지를 살펴본 다음 판단하여야 한다.

노동조합활동으로 이루어진 선전방송이나 배포된 문서에 기재되어 있는 문언에 의하여 타인의 인격·신용·명예 등이 훼손 또는 실추되거나 그렇게 될 염려가 있고, 또 선전방송이나 문서에 기재되어 있는 사실관계의 일부가 허위이거나 표현에 다소 과장되거나 왜곡된 점이 있다고 하더라도, 선전방송이나 문서를 배포한 목적이 타인의 권리나 이익을 침해하려는 것이 아니라 노동조합원들의 단결이나 근로조건의 유지 개선과 근로자의 복지증진 기타 경제적, 사회적 지위의 향상을 도모하기 위한 것이고, 또 선전방송이나 문서의 내용이 전체적으로 보아 진실한 것이라면, 그와 같은 행위는 노동조합의 정당한 활동범위에 속하는 것으로 보아야 한다.

Ⅲ. 해설

1. 조합활동의 법적 근거

헌법이 단결권을 보장하는 것은 노동조합을 결성할 권리뿐 아니라 결성된 노동조합이 본래의 목적을 달성하기 위하여 필요한 활동의 자유를 보장하는 것이다. 노동조합은 근로자가 주체가 되어 조직을 구성하고 적극적인 활동을 통해 근로자의 근로조건의 유지·개선과 경제적 지위향상을 도모하는 단결체이다(노조법 §2 4호). 노동조합의 활동(조합활동)이라 함은 '노동조합의 업무를 위한 행위'로서(노조법 §81 1호), 노동조합의 일상적 활동을 포함한 단체교섭 및 단체행동과 관련된 활동 일체를 말하며, 쟁의행위를 제외한 노동조합 및 조합원의 단결활동이다(임종률, 122쪽). 또한 헌법 제33조에서 보장하는 노동3권은 근로자의 단결(노동조합)을 전제로 하는 기본권이므로, 단결체인 노동조합의 활동을 부정하는 것은 노동3권의 부정이 된다(김형배, 997쪽).

노동조합 유지를 위한 제반 활동은 노동조합이 존재하는 이유이고 존립의 기반으로서 인정되어야 한다. 다만 조합활동 가운데 노동조합의 일상적인 활동을 넘는 사용자에 대한 압력이나 경영진에 대한 비판을 목적으로 하는 대립적·투쟁적 활동(경영방침 등에 대한 비판적 활동)이 단결권의 내용으로 볼 수 있는지 다툼이 있다. 대립적·투쟁적 활동은 단결권의 내용을 넘는 단체행동권으로 보아야 한다는 것이다. 대립적·투쟁적 조합활동이 단결권에 기한 것인지, 또는 단체행동권에 기한 것인지에 따라 정당성 판단에서 차이가 발생할 수도 있지만, 조합활동의 한계로 판단할 문제이다.

2. 조합활동과 기업질서

조합활동은 ① 노동조합의 일상적인 조직운영을 위한 활동(회의개최 및 집회, 연락, 조합비징수 등), ② 조합원 및 비조합원에 대한 홍보(언론)활동(소식지 및 유인물 배포, 사내 게시판 및 전산망 이용 등), ③ 단체행동을 대비한 투쟁적 활동(경영방침에 대한 비판적 활동, 요구사항 및 구호 문서 배포, 리본부착이나 현수막 게시 등), ④ 단체교섭의 준비행위 및 활동 등을 포함한다. 사용자와의 대립적·투쟁적 활동과 쟁의행위의 한계가 명확하게 구분되는 것은 아니지만, 쟁의행위는 업무의 정상적 운영을 저해하는 행위(노조법 §2 6호)이고, 대립적·투쟁적 조합활동은 업무의 정상적 운영을 저해할 의도를 갖지 않는 단결활동을 대상으로 한다.

조합활동으로서 기업시설을 사용하거나 사용자에 대한 비난활동을 기업질서 위반으로 징계사유 삼는 경우가 자주 발생한다. 특히 기업별 노동조합의 경우에는 필연적으로 조합활동이 기업시설 내에서 이루어지기 때문에 조합활동의 장소가 되는 기업시설을 이용하는 것이 일반적이다. 또 대립적 관계에서 교섭상대방인 사용자와 경영방침에 대한 비난이 조합활동으로써 표출되기도 한다. 이에 사용자는 기업질서 위반, 즉 기업시설에 대하여는 허가 없이 무단으로 사용하였다는 이유로, 사용자에 대한 비판에 대하여는 근거가 없고 모욕적 비난이라는 이유로 징계사유로 삼는다. 어떻게 보면 기업별 노동조합이 다수인 우리나라에서는 노동조합의 정당한 활동이더라도 기업이 정립한 질서와 충돌하는 것은 불가피하다.

기업질서에 관한 대법원의 견해이다. 기업질서는 기업의 존립과 사업의 원활한 운영을 위하여 필요 불가결한 것이므로 기업질서를 정립하고 유지할 권한을 가지며, 기업질서를 확립하고 유지하는 데 필요하고도 합리적인 것으로 인정되는 한 근로자의 기업질서 위반행위에 대하여 근로기준법 등의 관련 법령에 반하지 않는 범위 내에서 이를 규율하는 취업규칙을 제정할 수 있고, 단체협약에서 규율하고 있는 기업질서위반행위 외의 근로자의 기업질서에 관련된 비위행위에 대하여 이를 취업규칙에서 해고 등의 징계사유로 규정하는 것은 원래 사용자의 권한에 속하는 것이라고 해석한다(대판 1994. 6. 14, 93다26151).

조합활동이 정당하기 위한 요건이다. 대법원은 노동조합의 업무를 위한 정당한 행위란 일반적으로는 정당한 노동조합의 활동을 가리킨다고 할 것이나, 조합원이 조합의 결의나 조합의 구체적인 지시에 따라서 한 노동조합의 조직적인 활동 그 자체가 아닐지라도 그 행위의 성질상 노동조합의 활동으로 볼 수 있거나 노동조합의 묵시적인 수권 혹은 승인을 받았다고 볼 수 있는 것으로서 근로조건의 유지개선과 근로자의 경제적 지위의 향상을 도모하기 위하여 필요하고, 근로자들의 단결강화에 도움

이 되는 행위이어야 하며, 취업규칙이나 단체협약에 별도의 허용규정이 있거나 관행, 사용자의 승낙이 있는 경우 외에는 취업시간 외에 행하여져야 하고, 사업장 내의 조합활동에 있어서는 사용자의 시설관리권에 바탕을 둔 합리적인 규율이나 제약에 따라야 하며, 폭력과 파괴행위 등의 방법에 의하지 않아야 한다는 것이다(대판 1992. 4. 10, 91도3044). 요컨대 정당한 조합활동은 ① 노동조합 의사에 따른 노동조합과 조합원의 활동(주체의 정당성), ② 노동조합 목적에 따른 활동(목적의 정당성), ③ 합리적인 직장질서를 위법하게 침해하지 않는 활동(수단의 정당성)이어야 한다.

조합활동 중 유인물 배포 등 선전활동에 대하여 대법원은, 유인물로 배포된 문서에 기재되어 있는 문언에 의하여 타인의 인격, 신용, 명예 등이 훼손 또는 실추되거나 그렇게 될 염려가 있고, 또 그 문서에 기재되어 있는 사실관계의 일부가 허위이거나 그 표현에 다소 과장되거나 왜곡된 점이 있다고 하더라도 그 문서를 배포한 목적이 타인의 권리나 이익을 침해하려는 것이 아니라 근로조건의 유지·개선과 근로자의 복지 증진 기타 경제적·사회적 지위의 향상을 도모하기 위한 것으로서 그 문서의 내용이 전체적으로 보아 진실한 것이라면 이는 근로자들의 정당한 활동범위에 속하고, 유인물 배포행위가 정당한지 아닌지의 판단은 그 유인물의 내용, 매수, 배포의 시기, 대상, 방법, 이로 인한 기업이나 업무에의 영향 등을 기준으로 노동조합의 정당한 업무를 위한 행위로 볼 수 있는지 살펴보아야 한다는 것이다(대판 1997. 12. 23, 96누11778).

판례는 합리적인 기업질서를 위법하게 침해하는 조합활동은 허용될 수 없지만, 역으로 기

업질서를 내세워 정당한 조합활동을 제한하여
서도 아니 된다는 정합적 판단이다. 예컨대 회
사의 취업규칙에 사전허가 없는 사내에서의 유
인물 배포행위를 금지하고 있더라도, 기업 내
근무장소는 근로자들이 자연스럽게 모여 근로
조건이나 노동조합에 관한 정보와 의견을 소통
하는 장소임을 감안할 때, 시설관리권이 있더
라도 근로자들이 근무시간 외에 사내에서 노동
조합에 관한 정보를 전달하거나 그에 관한 의
견을 나누는 것을 금지하는 내용의 취업규칙을
정하는 것은 그와 같은 제한이 사업의 특성상
불가피한 것으로 인정되지 아니하는 한 조합활
동권을 침해하는 것으로서 효력을 인정받을 수
없다(대판 1994. 2. 22, 93도613). 구체적으로
사용자의 기업질서를 회복할 수 없는 정도의
침해가 있는 경우를 제외하고는 사업장 내 조
합활동을 사용자가 수인하여야 한다. 즉 ① 근
무시간 등 업무에 실질적인 지장이 발생하거
나, ② 사용을 허락하였을 때 회복하지 못할
재산상의 손해가 초래되는 것이 명백한 경우에
는 기업시설 사용 제한이 가능하지만, 그렇지
않은 경우에는 기업시설을 이용하는 조합활동
권을 보장하여야 한다. 조합활동은 조합원의
근로조건의 유지 향상과 직접적인 관련이 없는
것이라 하더라도 그것이 조합원의 단결을 목적
으로 노동조합의 자주적인 결정에 따라 활동하
는 경우에는 단결권에 기한 조합활동으로서 폭
넓게 보호되어야 한다.

3. 평가

대상판결의 쟁점은 회사의 허가 없이 12회
선전방송, 1회 유인물을 게시하였고, 일부 내
용이 사실과 다르거나 과장되어 있고 또한 경
영진을 모욕하는 것으로서 징계사유로 삼을 수
있는가이다.

대상판결은 사실관계를 검토한 다음, 노동
조합의 대응지침에 따라 조합활동의 일환으로
회사의 구조조정이 노동조합과 충분한 협의 없
이 일방적으로 진행되는 데에 대한 부당함을
강조하기 위하여 선전방송을 하거나 유인물을
부착한 것이며, 실제로 회사의 정상적인 업무
수행이 방해되었다거나 회사 내 근무 질서가
문란해졌다고 볼 뚜렷한 증거나 자료도 없다는
점에서 정당한 조합활동 범위에 속한다고 보았다.

정리하면, 대상판결은 조합활동에 관한 기
존 판례를 확인하고 조합활동의 일환으로 이루
어지는 선전방송이나 유인물 게시에 대한 정당
성과 그 한계를 규명하여 사용자의 징계권을
제한함으로써 조합활동의 법리를 정립한 판례
로 평가된다.

◆◆ 참고문헌
김형배, 『노동법(제26판)』, 박영사, 2018.
노상헌, "노동조합 활동권과 시설관리권", 『노동법논총』
　　제20집, 한국비교노동법학회, 2010.
임종률, 『노동법(제18판)』, 박영사, 2020.

77. 조직형태변경의 주체

− 대법원 2016. 2. 19. 선고 2012다96120 전원합의체 판결(총회결의무효등) −

이승욱(이화여대 법학전문대학원)

Ⅰ. 사실관계

A기업에 조직된 산업별 단위노동조합(이하 '이 사건 산별노조')의 기업지회인 A지회는 쟁의행위와 직장폐쇄 등 노사간 극심한 갈등이 있는 가운데 조합원 601명 중 550명이 참석한 조합원총회에서 기업별노동조합(이하 'A노조')으로의 조직형태변경결의(97.5%인 536명 찬성), A노조 규약제정결의(97.3%인 534명 찬성), A노조 임원선출결의(89.2%인 492명 찬성)를 하였다. 이러한 결의가 이루어진 직후 A노조는 관할 행정관청에 노동조합설립신고를 하여 행정관청은 이를 수리하였다.

이 사건 산별노조 규약 제50조에 따르면 지회 규칙은 별도로 제정시행이 가능하지만 규약 등 상위 규범에 반하는 부분은 무효로 한다고 명시하고 있으며, 이에 기하여 A지회 규칙도 다른 지회와 마찬가지로 이 사건 산별노조 지회규칙(모범)의 예에 따라 제정된 것이었다. A지회 규칙에서는 지회 총회를 통한 집단적 탈퇴 금지(규칙 제4조), 지회 의결사항(규칙 제13조. 조직형태변경은 규정되어 있지 않음), 해산(규칙 제48조) 등을 규정하고 있었고, 이 사건 산별노조 규약 제10조에 기한 '조합원 가입절차 전결규정'에서는 탈퇴절차 등을 규정하고 있다.

또한 이 사건 산별노조 규약에서는 단체교섭권은 이 사건 산별노조에 있고 조합 내 모든 단체교섭의 대표자는 이 사건 산별노조 위원장이며(§66 ①), 단체협약의 체결은 이 사건 산별노조 위원장의 위임에 의하여 체결할 수 있었다(A지회 규칙 제37조). 이 사건의 발단이 된 A지회의 쟁의행위도 이 사건 지부규정과 A지회 규칙에 따라 이 사건 지부의 승인을 받는 등 이 사건 산별노조의 내부결정절차를 통해 이루어졌고, 기존의 단체협약은 이 사건 산별노조 위원장 또는 그의 위임을 받은 지부장에 의해 체결되어 왔다.

이 사건에서 핵심적인 쟁점은 A지회가 기업별노동조합으로 조직형태변경 결의를 할 수 있는지 여부이다. 1심과 원심은 A지회가 독자적인 규약 및 집행기관을 가지고 독립한 단체로서 활동을 하면서 그 조직이나 조합원에 고유한 사항에 대하여는 독자적인 단체교섭 및 단체협약체결 능력을 가지고 있는 독립된 노동조합이라고 할 수 없으므로 A지회는 조직변경의 주체가 될 수 없다고 판단하였다. 이에 대해 A노조가 상고한 것이 이 사건이다.

Ⅱ. 판결의 내용

[다수의견]

1) 조직형태변경제도는 노동조합의 해산·청산 및 신설 절차를 거치지 아니하고 조직형태의 변경이 가능하도록 함으로써 노동조합을 둘

러싼 종전의 재산상 권리·의무나 단체협약의 효력 등의 법률관계가 새로운 조직형태의 노동조합에 그대로 유지·승계될 수 있도록 한 것으로서, 근로자의 노동조합의 설립 내지 노동조합 조직형태 선택의 자유를 실질적으로 뒷받침하기 위한 것이다.

2) 조직형태변경결의는 노동조합법에 의하여 설립된 노동조합을 그 대상으로 삼고 있어 노동조합의 단순한 내부적인 조직이나 기구에 대하여는 적용되지 아니하지만, 산업별 노동조합의 지회 등이라 하더라도, 실질적으로 하나의 기업 소속 근로자를 조직대상으로 하여 구성되어 독자적인 규약과 집행기관을 가지고 독립한 단체로서 활동하면서 해당 조직이나 그 조합원에 고유한 사항에 관하여 독자적인 단체교섭 및 단체협약체결 능력이 있어 기업별 노동조합에 준하는 실질을 가지고 있는 경우에는 기업별 노동조합으로 전환함으로써 그 조직형태를 변경할 수 있다.

3) 나아가 산업별 노동조합의 지회 등이 독자적으로 단체교섭을 진행하고 단체협약을 체결하지는 못하더라도, 법인 아닌 사단의 실질을 가지고 있어 기업별 노동조합과 유사한 근로자단체로서 독립성이 인정되는 경우에, 그 지회 등은 스스로 고유한 사항에 관하여 산업별 노동조합과 독립하여 의사를 결정할 수 있는 능력을 가지고 있다. 또한 그 지회 등이 기업별 노동조합과 유사한 독립한 근로자단체로서의 실체를 유지하면서 산업별 노동조합에 소속된 지회 등의 지위에서 이탈하여 기업별 노동조합으로 전환할 필요성이 있다. 따라서 기업별 노동조합과 유사한 근로자단체로서 법인 아닌 사단의 실질을 가지고 있는 지회 등도 조직형태변경결의를 통하여 지회 등은 기업별 노동조합으로 전환할 수 있다.

[반대의견]

산별노조에서 조직형태변경 결의의 주체는 단위노동조합인 산별노조일 뿐이고, 그 하부조직에 불과한 지회 등이 이를 하는 것은 원칙적으로 불가능하고, 그러한 결의는 개별 조합원의 산별노조 탈퇴 의사표시 또는 새로운 노조 설립 결의에 불과하다.

다만 예외적으로 지회 등이 노동조합으로서의 실질이 있는 경우에 한하여 조직형태변경의 주체가 될 수 있다.

Ⅲ. 해설

1. 판결의 의의

최근 산별노조 등 초기업적 단위노조가 확대되고 있는 과정에서 형식적으로는 초기업적 단위노조의 형태를 채택하고 있지만 실질적으로는 기업별 노동조합 체제로 유지하는 과도기적인 초기업적 단위노조가 존재하는 경우가 있다. 유럽과 달리 산업별 단체교섭이나 산업별 단체협약의 체결이 사실상 이루어지고 있지 않은 우리나라의 현실이 반영된 결과라고 할 수 있다. 이 경우 지회 등의 법적 지위가 문제된다. 대상판결은 초기업적 단위노조의 기업내 지회 등 내부조직이 노조법 제16조 제1항 및 제2항 소정의 조직형태변경결의를 통하여 기업별 노동조합으로 조직형태변경을 할 수 있는지 여부에 대해 이를 원칙적으로 부정한 원심의 판단을 전원합의체 판결에 의해 번복한 것이다. 대상판결은 현행 노조법 하에서 조직형태변경에 관한 사실상 최초의 판결이다.

종래 대법원 판례는 형식보다는 실질을 중시하여 노동조합의 내부조직이라고 하더라도 독자적인 규약 및 집행기관을 가지고 독립한 단체로 활동하면서 그 조직이나 조합원에 고유한 사항에 관하여 독자적인 단체교섭 및 단체협약체결 능력이 있는 경우에는 기업별 노동조합에 준하여 볼 수 있다고 일관되게 판단하여 왔다(대판 2002. 7. 26, 2001두5361; 대판 2009. 2. 26, 2006두7324; 대판 2011. 5. 26, 2011다1842, 1859, 1866, 1873 등).

대상판결은 원칙적으로는 지회 등 단위노동조합의 내부의 하부조직은 노동조합으로서의 지위를 가질 수 없지만 "기업별 노동조합에 준하는 경우"에는 예외적으로 인정하는 점에서는 종래의 판례 입장과 동일하다(판지 2). 그런데, 다수의견은 이를 넘어서 "기업별 노동조합과 유사한 근로자단체"로서 법인 아닌 사단의 실질을 가지고 있는 지회 등의 경우까지 확대하고 있는 점에서 의의가 있다(판지 3). 이러한 판지는 이후 판결에서도 유지되고 있다(대판 2016. 3. 24, 2013다53380; 대판 2018. 1. 24, 2014다203045).

2. 조직형태변경의 의의와 효과

노조법은 조직형태의 변경 결의는 총회의 의결을 거쳐야 하며 특별정족수를 요한다는 것만 규정하고 있고(§16 ①, ②), 조직형태변경의 의의, 요건, 효과에 대해서는 규정하고 있지 않아 해석에 맡겨져 있다. 조직형태변경의 의의와 요건은 조직형태변경 결의의 유효성을 판단하기 위한 선결문제로서의 의의를 가지는 점을 고려하면 대상판결이 조직형태변경의 효과 내지 취지를 제시하는 데 그치고(판지 1), 조직형태변경의 요건 내지 전제로서 '실질적 동일성'이 유지되어야 하는지, '실질적 동일성'의 의미가 무엇인지에 대한 적극적인 판단을 하지 않

은 것은 향후 조직형태변경에 대해 제기될 수 있는 다양한 쟁점을 해결하는 데 한계를 가질 수밖에 없다.

조직형태변경의 의의에 대해 일반적으로 학설은 노동조합이 그 존속 중에 실질적 동일성을 유지하면서 조직형태 등을 변경하는 것으로 이해하고 있다. 종전의 재산상 권리·의무나 단체협약의 효력 등의 법률관계, 진행 중인 소송절차가 새로운 조직형태의 노동조합에 그대로 유지·승계된다는 조직형태변경의 효과를 감안하면 논리적으로 조직형태변경을 전후하여 두 조직 사이의 '실질적 동일성'이 조직형태변경의 요건 내지 전제가 되어야 한다.

실질적 동일성이 유지되는지 여부는 조직변경을 전후한 노동조합의 조직, 규약 내용, 관련 단체 및 구성원의 의사, 변경의 목적, 조합원의 범위, 노동조합의 목적·운영 변화 등 제반 사정을 종합적으로 고려하여 판단하여야 할 것이다. 실질적 동일성은 조직형태변경 결의가 있었던 시점에서 판단하여야 하고, 그 이후의 사정 변화까지 고려하여 판단하여서는 안 될 것이다. 따라서 기업별 노조에서 산별노조 지회 등으로 조직형태를 변경한 경우에는 그 역도 가능하여야 한다는 입장에는 찬성할 수 없다.

3. 조직형태변경결의의 주체

대상판결은 단위노조의 하부조직이 법인 아닌 사단의 실질을 가지고 있어 기업별 노동조합과 유사한 근로자단체로서 독립성이 인정되는 경우에도 조직형태변경 결의의 주체가 될 수 있다고 판단하고 있다(판지 3).

다수의견은 단체교섭 및 단체협약체결권도 없는, 법인 아닌 사단에 해당하는 근로자단체가 향유하는 결사의 자유(자유권)를 산별노조가

향유하는 단결권(사회권) 보다 우선시킴으로써 산별노조의 단결권을 침해하는 부당한 결과를 용인하고 있다. 조직형태변경제도의 연혁, 입법 취지, 조문 위치, 규정 내용, 법적 효과, 복수노 조 허용 등 관련 제도의 내용과 변화에 비추어 볼 때 조직형태 변경 주체는 '노동조합'에 한정 하는 것이 원칙이고 타당함에도 불구하고, 이를 지나치게 확대해석하여 불필요한 혼란을 초래 할 우려가 있다는 점에서 판지에 찬성하기 어 렵다.

4. 판결의 특징과 영향

대상판결은 독자적인 노동조합 지위를 가지 는 지회 등의 범위를 기존 판례 보다 대폭 확대 하여 조직 내에 독자적인 조직을 널리 용인함 으로써 조직 원리에 정면으로 반하는 부당한 결과를 초래하고 있다. 또한 노조법에 의해 창 설된 조직형태변경제도의 주체로서 개념이 불 명확한 "법인 아닌 사단의 실질을 가지고 있어 기업별 노동조합과 유사한 근로자단체로서 독 립성이 인정되는 경우"를 포함하여 '법문의 가 능한 범위를 넘는 법형성'을 도모한다는 비판을 면하기 어렵다.

현장에 미치는 부정적인 영향도 적지 않을 것으로 보인다. "이 법에 의하여 설립된 노동조 합"(노조법 §7)이라고는 도저히 볼 수 없는 법 인 아닌 사단에 대해서도 조직형태변경제도를 이용할 수 있도록 한다면, 노동조합법의 다른

제도, 예컨대 교섭창구단일화, 단체교섭, 단체 협약, 쟁의행위 등의 주체로도 될 가능성을 열 어주는 것이고, 이는 현장의 혼란을 초래할 수 밖에 없다.

또한 다수의견의 판지는 그 자체로 논리적 모순을 피하기가 어렵다. "단체교섭 및 '단체협 약체결권도 없는' 법인 아닌 사단에 해당하는 근로자단체"가 조직형태변경결의를 통하여 유 효한 단체협약 및 협약당사자의 법적 지위를 승계하여 결과적으로 '단체협약을 체결한' 단체 로의 부당한 질적 전환을 인정하는 결과가 되 기 때문이다.

결국 다수의견은 문제를 해결한 것이 아니 라 더 많은 문제를 양산한 것이라고 할 수 있 고, 이로 인한 현장의 불필요한 혼란은 당분간 피하기 어려울 것이다.

◆ 참고문헌

권오성, "노동조합의 조직형태 변경", 『노동법연구』 제 45호, 서울대학교 노동법연구회, 2018.

권혁, "조직형태 변경 절차의 주체로서 노동조합의 개념 에 관한 해석론", 『노동법논총』 제33호, 한국비교노동 법학회, 2015.

김희성, "산업별 노동조합 지회와 기업별 노동조합 간의 조직형태 변경에 관한 고찰", 『경영법학』 제25권 제3호, 한국경영법률학회, 2015.

박종희, "조직형태 변경에 관한 대법원 전원합의체 판결 의 검토", 『안암법학』 제50권, 안암법학회, 2016.

이승욱, "조직형태변경과 산별노조의 하부조직", 『노동 법연구』 제42호, 서울대학교 노동법연구회, 2017.

이철수, "산별체제로의 전환과 법률적 쟁점의 재조명", 『 노동법연구』 제30호, 서울대학교 노동법연구회, 2011.

78. 노동조합 대표자의 단체협약체결권한

– 대법원 2018. 7. 26. 선고 2016다205908 판결(손해배상등) –

김인재(인하대 법학전문대학원)

Ⅰ. 사실관계

피고 X노동조합은 2014. 4. 8. 소외 A회사와 사업합리화 계획, 특별명예퇴직 시행, 복지제도 변경(학자금 지원 폐지와 복지혜택 축소) 등에 대하여 노사합의를 하였다(1차 노사합의). 이 노사합의를 하면서 X노동조합은 사전에 조합원 총회를 개최하거나 조합원들의 의견을 청취하지 않았다. A회사는 1차 노사합의에 따라 근속 15년 이상 직원들을 대상으로 특별명예퇴직을 시행하고, 사업합리화 조치 등에 따라 배치되지 못한 인원들을 지역본부에 재배치하거나 신설된 업무지원 CFT부서로 전보하였다. 이들이 소송을 제기하여 소송계속 중인 2015. 2. 24. X노동조합은 A회사와 정년제와 임금피크제 등의 시행에 대하여 노사합의를 하였는데(2차 노사합의), 이때에도 조합원 총회를 개최하거나 사전에 의견을 청취한 바 없다.

한편 X노동조합의 규약은 '임금협약 및 단체협약 체결에 관한 사항'을 총회 의결사항으로 규정하고(§21 4호), "본 조합이 교섭대표노조가 되는 경우 위원장은 단체교섭 및 체결권은 있으나 조합원 총회의 의결을 거친 후 체결하여야 한다."(§61 ①)고 규정하고 있다.

1차 노사합의에 따라 명예퇴직한 조합원 69명과 업무지원 CFT부서로 전보된 조합원 157명 등 226명은 X노동조합과 노동조합 위원장 등 임원 5명을 상대로, 노사합의의 무효를 확인하는 한편, 규약 등에 따른 조합원들의 의사를 수렴하지 않고 밀실합의를 함으로써 손해를 입었다며 손해배상을 청구하는 소를 제기하였다.

Ⅱ. 판결의 내용

1심 법원(서울중앙지판 2015. 5. 15, 2014가합35452)은 1·2차 노사합의의 무효를 확인하는 청구를 각하하고, 피고 X노동조합 외 2명(위원장과 위원장을 대리하여 노사합의서에 서명한 사업지원실장)에게 공동으로 업무지원 CFT부서로 전보된 조합원 157명에 대해 각 30만 원, 명예퇴직한 조합원 69명에 대해 각 20만 원의 위자료를 지급하라고 판결하였다. 이에 피고 X노동조합 외 2명만이 항소함으로써 각하 부분은 항소심의 심판범위에 포함되지 않게 되었다. 손해배상 관련 1심 판결은 원심(서울고판 2015. 12. 16, 2015나2026878)과 대상판결에서 그대로 유지되었다.

대상판결은 "노동조합이 조합원들의 의사를 반영하고 대표자의 단체교섭 및 단체협약 체결 업무 수행에 대한 적절한 통제를 위하여 규약 등에서 내부 절차를 거치도록 하는 등 대표자의 단체협약체결권한의 행사를 절차적으로 제한하는 것은, 그것이 단체협약체결권한을 전면적·포괄적으로 제한하는 것이 아닌 이상 허용된다."고 밝히면서, X노동조합의 이 사건 규약의 규정들은 유효하다고 판시하였다.

나아가 "노동조합의 대표자가 조합원들의 의사를 결집·반영하기 위하여 마련한 내부 절차를 전혀 거치지 아니한 채 조합원의 중요한 근로조건에 영향을 미치는 사항 등에 관하여 만연히 사용자와 단체협약을 체결……한 행위는 특별한 사정이 없는 한 헌법과 법률에 의하여 보호되는 조합원의 단결권 또는 노동조합의 의사 형성 과정에 참여할 수 있는 권리를 침해하는 불법행위에 해당한다."고 밝히면서, X노동조합 대표자 등이 총회의 의결을 통해 조합원들의 의사를 수렴하는 절차를 거치지 않은 채 이 사건 노사합의를 체결한 것을 불법행위에 해당한다고 판시하였다.

Ⅲ. 해설

1. 대상판결의 의의와 한계

대상판결은 노동조합 대표자 등이 규약에서 정한 절차에 따라 조합원들의 의사를 수렴하지 않고 단체협약을 체결한 행위가 불법행위에 해당한다고 판단한 최초의 사례이다. 아울러 불법행위책임의 전제로서, 노동조합 대표자는 조합원 총회의 의결을 거친 후에 단체협약을 체결하도록 규정한 규약의 유효 여부를 판단하였다. 대상판결은 이른바 '협약인준투표제'를 위법이라고 판단한 쌍용중공업사건(대판 1993. 4. 27, 91누12257) 판결의 한계를 극복하려고 하였다는데 의의가 있다.

그러나 1심과 원심판결에서 노동조합 대표자의 단체협약체결권한을 절차적으로 제한하는 규약의 절차를 위반하여 노동조합 대표자가 직권으로 체결한 단체협약의 효력을 유효한 것으

로 판단한 것에 대해서는 비판이 제기되고 있다.

2. 노동조합 대표자의 단체협약체결권한을 제한하는 규약 등의 효력

대상판결은 X노동조합의 규약 제21조와 제61조 등은 노동조합 대표자의 단체협약체결권한을 전면적·포괄적으로 제한하는 규정이 아니며, 조합원들의 의사를 반영하고 노동조합 대표자의 단체협약 체결업무 수행에 대한 적절한 통제를 위하여 노동조합 대표자의 단체협약체결권의 행사를 절차적으로 제한하는 규정으로서 유효하다고 보았다. 원심판결은 그 이유로, ① X노동조합 대표자는 총회의 의결을 거쳐 조합원들의 의견을 수렴한 후 그 의견을 반영하여 단체교섭을 할 수 있고, 단체교섭을 하는 과정에서도 사용자와 실질적인 합의에 이르기 전까지는 총회의 의결을 거칠 수 있다고 보이는 점, ② 위 규약의 조항들이 노동조합 대표자가 사용자와 단체협약의 내용에 합의한 후 단체협약을 체결하기에 앞서 다시 협약안의 가부에 관하여 조합원 총회의 의결을 거친 후에만 단체협약을 체결할 수 있는 것으로 한정하였다고는 해석되지 않는다는 점을 들고 있다. 대상판결은 기본적으로 대판 2013. 9. 29, 2011두15404와 대판 2014. 4. 24, 2010다24534의 논지를 따르고 있다.

쌍용중공업사건의 판결에 따르면, 노동조합 대표자가 단체교섭의 결과에 따라 사용자와 단체협약의 내용을 합의한 후 다시 그 협약안의 가부에 관하여 조합원 총회의 의결을 거치도록 규정하고 있는 규약 등은 노동조합 대표자의 단체협약체결권한을 전면적·포괄적으로 제한하는 것으로 노조법 제29조 제1항에 위배된다(김인재, 294-297쪽 참조). 이른바 '전면적·

포괄적 제한' 법리이다. 그러나 규약 등에 총회의 의결 규정이 있다고 해서 일률적으로 노동조합 대표자의 단체협약체결권한을 전면적·포괄적으로 제한하는 것으로 해석한다면, 조합원들의 의사를 반영하고 노동조합 내부의 적절한 민주적 통제까지 위법으로 보게 될 위험이 있다(조용만, 89쪽).

이에 따라 위 2013년 판결과 2014년 판결은 전면적·포괄적 제한 법리를 유지하면서도, 노동조합 대표자의 단체협약체결권한의 행사를 절차적으로 제한하는 것은 유효하다고 함으로써, 노동조합의 자주성과 민주성, 조합원의 의사형성 참여권 또는 노동조합 내부의 민주적 통제 측면에서 볼 때 긍정적으로 변했다고 할 수 있다.

대상판결 등은 절차적 제한이 적법하다는 논거로, ① 단체협약은 조합원들이 관여하여 형성한 노동조합의 의사에 기초하여 체결되어야 하는 것이 단체교섭의 기본적 요청인 점, ② 노조법 제16조 제1항 제3호는 단체협약에 관한 사항을 총회의 의결사항으로 정하여 노동조합 대표자가 단체교섭 개시 전에 총회를 통하여 교섭안을 마련하거나 단체교섭 과정에서 조합원의 총의를 계속 수렴할 수 있도록 규정하고 있는 점 등을 들고 있다. 나아가 그 논거로 헌법 제33조 제1항과 조합원의 참여권을 규정한 노조법 제22조를 추가하고 있다.

결국 조합원의 의사수렴절차를 거쳐 단체협약을 체결하도록 하는 등 노동조합 대표자의 단체협약체결권한의 행사를 절차적으로 제한하는데 그치는 것은 유효하지만, 단체협약의 내용에 합의한 후 단체협약을 체결하기에 앞서 다시 협약안의 가부에 관하여 총회의 의결을 거친 후에만 단체협약을 체결할 수 있도록 하는 것은 전면적·포괄적 제한으로 유효하지 않게

된다. 문제는 규약 등의 '문언'으로 전면적·포괄적 제한인지 절차적 제한인지 판단할 수 있는가이다. "단체협약의 체결권한은 교섭대표자에게 있고, 조합원 총회의 결과에 따라 교섭위원 전원이 연명으로 서명한다."(쌍용중공업사건)라는 문언과 "위원장은 단체교섭 및 체결권은 있으나 조합원 총회의 의결을 거친 후에 체결하여야 한다."(대상판결)라는 문언만으로 전면적·포괄적 제한인지 절차적 제한인지 판단할 수 있는지 의문이다.

3. 규약 등의 통제 절차를 위반하여 체결한 단체협약의 효력

1심 법원은 X노동조합 규약의 규정을 위반한 노사합의의 무효 확인의 소를 각하하였다. 원고들이 이 부분에 대해서는 항소를 하지 않았기 때문에 원심과 대상판결에서 직접 다루어지지 않았다. 다만, 원심판결은 내부절차를 거치지 않은 잘못만으로 노사 간에 체결한 단체협약의 효력 자체를 부정하는 것에는 신중을 기할 필요가 있는 점, 특정 현안에 대한 상시적 노사합의의 경우에는 조합원 총회의 의결없이 협약을 체결해 왔던 관행이 있는 점, 노사합의의 내용이 크게 불합리하거나 부당하다고 보이지 않는 점, 노동조합 위원장이 1차 노사합의 이후에 실시된 위원장 선거에서 과반수 찬성으로 당선된 점 등을 근거로, 피고들의 절차위반행위가 노사합의의 효력을 부정할 만큼 현저히 합리성을 결여하였다거나 절차위반행위로 인하여 각 노사합의가 민법 제103조에 위반하여 무효라고 보기 어렵고 피고들의 절차위반행위에도 불구하고 여전히 규범적 효력을 갖는다고 판단하였다.

이러한 판단에 대하여, 단체협약의 효력에

대한 심사가 '협약내용심사'에 지나치게 기울여져 있고, 극단적으로 '협약절차심사'를 배제하려는 태도를 반영한 것이라는 평가가 있다. 협약자치의 원칙은 노동조합 내부의 집단적 의사형성에서의 절차적 민주성과 공정성 확보를 전제로 하고, 조합원의 총의를 민주적이고 공정하게 집약하기 위한 노동조합 내부의 신중하고도 특별한 절차가 더욱 절실하게 요청되기 때문에 이러한 절차의 결여 그 자체를 주된 논거로 삼아 단체협약의 효력이 부정되어야 한다(조용만, 90−91쪽). 대상판결에서도 단체협약은 조합원들이 관여하여 형성한 노동조합의 의사에 기초하여 체결되어야 하는 것이 단체교섭의 기본적인 요청이라고 밝혀, 단체협약 체결에 앞서 조합원들의 민주적 의사결정 구조가 보장되어야 한다는 점을 분명히 하였다. 그렇다면 헌법과 법률에 의하여 보호되는 조합원의 단결권과 노동조합의 의사형성에 참여할 수 있는 권리를 침해한 단체협약은 절차적 정의에 위반하여 무효라고 하여야 한다. 인준투표를 거치도록 되어 있는 사실을 사용자가 알고 있는 경우에 인준투표의무를 위반하여 체결한 단체협약은 원칙적으로 무효가 된다는 견해도 있다(임종률, 135쪽).

4. 규약 등의 통제 절차를 위반한 노동조합 대표자 등의 불법행위책임

대상판결은 조합원들의 의사를 결집·반영하기 위하여 마련한 내부절차를 전혀 거치지 아니한 채 조합원의 중요한 근로조건에 영향을 미치는 사항 등에 관하여 단체협약을 체결한 노동조합 대표자의 행위는 노동조합의 의사형성 과정에 참여할 수 있는 조합원들의 절차적 권리를 침해하는 불법행위에 해당한다고 하여

조합원들의 정신적 손해에 대한 배상책임을 인정했다. 절차 위반 자체에 대해 불법행위 책임을 인정한 것은 노조 내부의 절차적 정당성을 높게 요구한 것이다(이광선, 47쪽). 대상판결 이전의 대판 2014. 4. 24, 2010다24534에서는 노동조합 대표자는 개별 조합원에 대해서까지 선량한 관리자로서의 주의의무를 부담한다고 볼 수 없다고 하여 손해배상책임을 부정한 바 있다.

대상판결은 복수노조 상황에서도 그대로 적용될 수 있다. 교섭대표노조가 교섭과정에서 소수노조의 의견수렴, 교섭경과 및 교섭결과의 통지·설명 등의 정보제공과 교섭의제의 반영 등 공정대표의무를 위반하여 단체협약을 체결하는 것을 방지하기 위하여 소수노조 조합원에 대해 협약안에 대한 찬반투표권을 부여하는 방안을 모색할 수 있다. 교섭대표노조가 소수노조에게 부여된 절차참여권을 침해하여 단체협약을 체결하고, 그 단체협약의 효력이 소수노조 조합원들에게 미치게 되면 불법행위의 손해배상책임이 인정될 수 있다(강선희, 84쪽).

◆ 참고문헌

강선희, "조합원 의사수렴절차를 전혀 거치지 않은 노조 대표자의 조합원에 대한 손해배상책임", 『월간 노동리뷰』 통권 제162호, 한국노동연구원, 2018.9.

김인재, "단체협약 인준투표조항", 『노동법연구』 제3호, 서울대학교 노동법연구회, 1993.

김인재, "노동조합 대표자의 단체협약 체결권 − 대법원 1993.4.27. 선고 91누12257 전원합의체판결 −", 『노동판례백선』, 박영사, 2015.

이광선, "노조 내부절차 거치지 않은 단체협약체결에 대한 책임", 『월간 노동법률』 통권 제331호, 중앙경제사, 2018.12.

임종률, 『노동법』(제18판), 박영사, 2020.

조용만, "단체협약 체결에 관한 규약상 절차를 위반한 노동조합 대표자의 손해배상책임", 『월간 노동리뷰』 통권 제124호, 한국노동연구원, 2015.7.

79. 교섭창구 단일화 절차

― 대법원 2016. 1. 14. 선고 2013다84643, 84650 판결(단체교섭응낙청구) ―

장우찬(경남과학기술대 인문사회과학대학)

Ⅰ. 사실관계

Y사는 2012. 1. 18. 노조법 시행령 제14조의5 제1항에 따라 공고기간을 2012. 1. 18.부터 2012. 1. 22.까지로 하여 X노동조합과 A노동조합을 교섭요구 노동조합으로 공고하였다. X노동조합은 2012. 1. 20. Y사가 공고한 A노동조합의 조합원 수에 X노동조합의 조합원이 포함되어 있다는 이유로 Y사에게 이의를 신청하였다. 그러나 Y사는 이의 신청에 따른 공고를 하지 않았다. 이에 X노동조합은 2012. 1. 26. ○○지방노동위원회에 시정 요청을 하였으나 ○○지방노동위원회는 2012. 2. 3. 신청 적격이 없다는 이유로 각하 결정을 하였다. X노동조합과 Y사는 2012. 2. 7. 그 결정문 정본을 송달받았다. 이후 X노동조합은 2012. 2. 16. Y사에게 개별교섭을 요구하였고, Y사는 2012. 2. 21. X노동조합에게 단체교섭을 개별교섭으로 진행하는 것에 동의한다는 통지를 하였다.

위 결정이 당사자에게 송달된 2012. 2. 7.로부터 14일 이내인 2012. 2. 21. 이루어진 피고(Y사)의 원고(X노동조합)에 대한 개별교섭 동의가 유효하다고 보아 피고(Y사)에게 원고(X노동조합)와의 2012년도 단체교섭의 개별교섭절차를 이행할 의무가 있는 것인지가 문제되었다.

Ⅱ. 판결의 내용

대상판결은 "이러한 노조법 및 시행령 규정의 내용과 함께 노동위원회법 제17조의2는 노동위원회는 처분 결과를 당사자에게 서면으로 송달하여야 하고, 처분의 효력은 결정서 등을 송달받은 날부터 발생한다고 규정하고 있는 점, 교섭대표 자율결정기간은 그 기간이 경과하면 더는 자율적으로 교섭대표노동조합을 결정하거나 사용자가 개별교섭 동의를 할 수 없는 효력이 발생하므로 그 기간의 기산일은 당사자 간에 다툼의 여지가 없을 정도로 명확하여야 하는 점 등에 비추어 보면, 시행령 제14조의5에 따른 사용자의 공고에 대하여 노동조합이 노동위원회에 시정을 요청하여 노동위원회가 결정을 한 경우에는 그 결정이 당사자에게 송달되어 효력이 발생한 날부터 교섭대표 자율결정기간이 진행한다고 보는 것이 타당하다."고 하여 2012. 2. 7.로부터 14일 이내인 2012. 2. 21. 이루어진 피고(Y사)의 원고(X노동조합)에 대한 개별교섭 동의가 유효하다고 보고 피고(Y사)에게 원고(X노동조합)와의 2012년도 단체교섭의 개별교섭절차를 이행할 의무가 있다고 판단하였다.

Ⅲ. 해설

1. 대상판결의 쟁점

대상판결은 노조법 제29조의2 제1항 단서에 따라 개별교섭에 동의할 수 있는 교섭대표 자율결정기간의 기산일이 언제냐라는 것이 쟁점이었다. 그러나 이러한 쟁점은 또 다른 쟁점 사항을 전제하고 있다. 교섭대표 자율결정기간을 정하고 있는 노조법 제29조의2 제2항, 노조법 시행령 제14조의6 제1항 등이 강행규정이어서 이를 반드시 지켜야 하느냐는 것이다.

교섭대표 자율결정기간을 정하고 있는 노조법의 교섭창구 단일화 관련 규정의 강행규정성과 관련하여 1심은 관련 규정을 강행규정으로 보았다. 그러나 대상판결은 강행규정성 여부에 대해서는 명확하게 언급하지 않고 있다. 다만 "교섭대표 자율결정기간은 그 기간이 경과하면 더는 자율적으로 교섭대표노동조합을 결정하거나 사용자가 개별교섭 동의를 할 수 없는 효력이 발생"한다고 판시하고 있다. 그리고 이를 전제로 하여 기산일 쟁점과 관련하여 "노조법 제29조의2 제1항 단서에 따라 개별교섭에 동의할 수 있는 교섭대표 자율결정기간의 기산일은 위 결정이 당사자에게 송달된" 날로 보아야 한다고 판시하고 있다.

2. 사업 또는 사업장 단위의 복수노조 설립 허용과 교섭창구 단일화

1) 교섭창구 단일화 제도의 취지

2011년 사업 또는 사업장 단위에서 복수노조 설립이 허용되고 교섭창구 단일화 제도가 시행되었다. 현행 교섭창구 단일화 제도는 그 제도의 설계 과정에서 10여 년이 넘는 논의와 진통의 결과물이다. 교섭창구 단일화 절차는 사업 또는 사업장 단위, 쉽게 말해 기업 단위에서 복수노조 허용을 전제로 한 제도이다. 기업별 복수노조가 허용됨으로써 발생하는 문제점들을 사전에 예방적 차원에서 방지하기 위하여 교섭창구 단일화 제도가 도입된 것이다. 헌법재판소는 "노동조합과 노동조합 상호간의 반목 및 노동조합과 사용자 사이의 갈등, 동일한 사항에 대해 같은 내용의 교섭을 반복하는 데서 비롯되는 교섭효율성의 저하와 교섭비용의 증가, 복수의 단체협약이 체결되는 경우 발생할 수 있는 노무관리상의 어려움, 동일하거나 유사한 내용의 근로를 제공함에도 불구하고 노동조합 소속에 따라 상이한 근로조건의 적용을 받는 데서 발생하는 불합리성 등의 문제를 효과적으로 해결하는 데 그 취지가 있다."고 하였다(헌재 2012. 4. 24. 2011헌마338).

2) 교섭창구 단일화 제도의 위헌성 문제

노조법을 통해 입법화된 교섭창구 단일화 방법은 기본권 제한적이고 침해적인 성질을 가지고 있어 그 합헌성 여부가 문제되어 왔다. 헌법재판소는 합헌으로 결정하였다. 헌법재판소는 "이 사건 법률조항의 교섭창구단일화제도는 교섭대표가 되지 못한 노동조합의 단체교섭권을 제한하는 것을 내용으로 하고" 있다고 설시하면서 교섭대표노조가 되지 못한 노동조합의 단체교섭권 침해 여부를 검토하고 있다. 일단 소수노조의 단체교섭권 제한을 인정하면서 헌법 제37조 제2항에 의해서 정당화되는가를 검토한다. 최소침해성 판단에서 노조법은 "교섭창구단일화제도를 원칙"으로 하면서도, "자율교섭도 가능"하도록 하고 있고, "교섭단위를 분리하는 결정을 할 수 있도록 하여 노동조건의 결정에 다양한 직종의 이해가 적절히 대표될 수 있는 길도 열어두는 한편", "소수 노동조합을 보호하기 위해 사용자와 교섭대표 노동조합에게 공정대표의무를 부과하여 교섭창구단일화 절차에 참여한 노동조합 또는 그 조합원에 대한 차별을 금지"하고 있다고 헌법재판소는 설시하고 있다. 그리고 "위와 같은 제도들은 모두 교섭창구단일화를 일률적으로 강제할 경우 발생하는 문제점을 보완하기 위한 것으로서, 노동조합의 단체교섭권 침해를 최소화하기 위한 제도"라고 보고 있다(헌재 2012. 4. 24. 2011헌마338).

3. 교섭창구 단일화 절차의 강행적 성격

대상판결에서는 교섭창구 단일화 절차 규정이 강행규정인지 여부와 그 이유에 대해서 명시적으로 언급하고 있지 않다. 이에 대해 다음과 같은 이유로 강행적 성격을 인정해야 한다는 견해가 있다. 그 이유는 두 가지로 대별할 수 있다. 첫째는 제도의 입법취지 달성을 위해 필요하다는 것이고 둘째는 교섭창구 단일화 제도도 넓은 의미에서 단체교섭제도의 맥락 하에서 이해하여야 한다는 측면이 바로 그것이다. 교섭창구 단일화 제도는 앞서 헌재 결정에서 언급하고 있듯이 헌법상 보장된 단체교섭권을 일부 제약하는 측면이 있으므로 당사자가 교섭대표노동조합을 선출하는 방법과 절차를 임의로 정한다면 제도의 취지를 형해화 시킬 수 있다. 특히 소수노조의 단체교섭권 침해가 문제될 수 있는데, 이러한 위헌성을 최소화하기 위하여 다양한 완충장치를 규정하고 있으므로 임의로 이를 배제할 수 없다. 또한 현행의 복수노조 체제하에서는 단체교섭권의 행사가 교섭창구 단일화 절차를 통하여 교섭대표노동조합에게 대표 교섭권과 체결권이 부여되는 방식으로 이루어진다. 종래 단체교섭 관련 규정을 이해할 때 단체교섭권의 내용과 성격을 규정하는 경우 이는 강행법적 성격을 가진다고 보았다. 그러므로 이러한 맥락 하에서 교섭창구 단일화 절차 규정도 강행법적 성격을 가지는 것으로 보아야 한다는 것이다.

4. 유일노조의 경우

1) 해석론의 대립

노조법 제29조의2 제1항의 제1문은 "하나의 사업 또는 사업장에서 조직형태에 관계없이 근로자가 설립하거나 가입한 노동조합이 2개 이상인 경우 노동조합은 교섭대표노동조합을 정하여 교섭을 요구하여야 한다."고 규정하고 있다. 당해 한 조항만 놓고 보면 복수노조의 경우에만 교섭창구 단일화의 의무를 규정하고 있는 것과 같이 해석된다. 그러나 노조법 시행령 제14조의2와의 관련성하에 두 가지 해석론이 대립하고 있다. (i)설은 교섭창구 단일화 제도는 복수노조 사업장의 경우에만 한정적으로 적용되는 것이고 노조법 시행령 제14조의2 내지 제14조의12는 모두 교섭창구 단일화 절차와 관련된 규정으로서 유일노조 사업장의 경우에는 해당하지 아니하고 종래 교섭창구 단일화 절차가 규정되지 아니했을 때와 같이 자유롭게 단체교섭권을 향유해 나갈 수 있다는 견해이다. (ii)설은 교섭창구 단일화는 1사 1교섭 주의를 원칙화한 것으로 유일노조 사업장이건 복수노조 사업장이건 노조법 시행령 제14조의2 내지 제14조의12의 적용을 받는다는 견해이다.

2) 대판 2017. 10. 31. 2016두36956

대법원은 당해 판결에서 "교섭창구 단일화 제도는 특별한 사정이 없는 한 복수 노동조합이 교섭요구 노동조합으로 확정되고 그중에서 다시 모든 교섭요구 노동조합을 대표할 노동조합이 선정될 필요가 있는 경우를 예정하여 설계된 체계라고 할 수 있다. 나아가 노조법 규정에 의하면, 교섭창구 단일화 절차를 통하여 결정된 교섭대표노동조합의 대표자는 모든 교섭요구 노동조합 또는 그 조합원을 위하여 사용자와 단체교섭을 진행하고 단체협약을 체결할 권한이 있다. 그런데 해당 노동조합 이외의 노동조합이 존재하지 않아 다른 노동조합의 의사를 반영할 만한 여지가 처음부터 전혀 없었던 경우에는 이러한 교섭대표노동조합의 개념이 무의미해질 뿐만 아니라 달리 그 고유한 의의를 찾기도 어렵게 된다. 결국 위와 같은 교섭창구 단일화 제도의 취지 내지 목적, 교섭창구 단일화 제도의 체계 내지 관련 규정의 내용, 교섭대표노동조합의 개념 등을 종합하여 보면, 하나의 사업 또는 사업장 단위에서 유일하게 존재하는 노동조합은, 설령 노조법 및 그 시행령이 정한 절차를 형식적으로 거쳤다고 하더라도, 교섭대표노동조합의 지위를 취득할 수 없다고 해석함이 타당하다."라고 하였다.

5. 평가

1) 대상판결은 명시적으로 교섭창구 단일화 절차와 관련된 규정에 대해서 강행규정이라고 설시하고 있지 않다. 그러나 교섭창구 단일화 제도의 입법취지와 존재이유를 고려해 보고, 교

섭창구 단일화 제도는 복수노조 체제하에서 단체교섭권 및 단체협약체결권이 부여되고 행사되는 절차를 규정하고 있다는 점을 감안할 때, 강행적 성격을 가지고 있다고 보아야 할 것이다.

2) 교섭창구 단일화 절차는 복수노조를 전제로 하고 있는 제도이므로 유일노조인 경우, 즉 하나의 사업 또는 사업장 단위에서 유일하게 존재하는 노동조합인 경우는 교섭창구 단일화 절차를 이행해야 할 의무가 없을 뿐만 아니라, 설령 노조법 및 그 시행령이 정한 절차를 형식적으로 거쳤다고 하더라도, 교섭대표노동조합의 지위를 취득할 수 없다.

◆◆ 참고문헌

강선희, "개별교섭 동의기간 등 창구단일화 절차 관련 노조법령의 성격과 기산일 — 대법원 2016. 1. 14. 선고 2013다84643·84650 판결", 『노동리뷰』 통권 제132호, 한국노동연구원, 2016.3.

박종희, "단수노조 사업장에서 교섭창구단일화 절차의 이행 및 단수노조에 대한 교섭대표노조로서의 지위 인정 여부", 『노동법포럼』 제20호, 노동법이론실무학회, 2017.

이승욱, "단수노조와 교섭창구단일화절차", 『노동법학』 제55호, 한국노동법학회, 2015.

이철수, "교섭창구단일화와 관련한 법률적 쟁점", 『노동법연구』 제18호, 서울대학교 노동법연구회, 2005.

장우찬, "단수노조 사업장에서의 교섭창구 단일화 절차 — 관련 분쟁사례에 내재된 선결적 쟁점의 검토를 중심으로", 『산업관계연구』 제25권 제2호, 한국고용노사관계학회, 2015.

장영석, "유일 노동조합의 교섭대표노동조합 지위 인정 여부", 『노동리뷰』 통권 제154호, 한국노동연구원, 2018.1.

80. 교섭단위 분리 결정

— 대법원 2018. 9. 13. 선고 2015두39361 판결(교섭단위분리결정재심결정취소) —

방준식(영산대 법학과)

Ⅰ. 사실관계

X공사는 상시근로자 215명을 두고 건설 및 택지개발업을 영위하는 법인이다. Y노동조합은 공공·운수·사회서비스업에 종사하는 근로자를 조직대상으로 하는 전국단위의 산업별 노동조합으로, 2013. 9. 14. X공사에 근무하는 상용직 근로자 59명이 위 노동조합에 가입하였다. 또한 X공사에는 X공사의 상용직 근로자들을 제외한 정규직·계약직 근로자 137명이 조합원으로 가입된 Z노동조합(교섭대표노동조합)이 있다.

X공사의 상용직 근로자들은 기본적으로 그 외 직종과 달리 상용직 관리규정의 별도 규율을 받고 있다. 특히 X공사의 일반직·기능직 등의 직종이 공무원 보수규정을 적용받아 호봉제를 원칙으로 하는 것과는 달리, 상용직은 상용직 관리규정의 적용을 받아 직종별로 단일화된 기본급과 제수당을 지급받는 구조로 이루어져 임금체계가 근본적으로 다르다.

X공사의 상용직 근로자들은 직제규정상 정원에 포함되지 않고, 시설물관리원·주차원·상담원 등의 직역으로 구성되어 그 외 직종과 업무내용이 명확히 구분되며, 다른 직종과 사이에 인사교류가 허용되지 않는다. 또한 X공사의 상용직 근로자들은 그 외 직종 근로자들과 별도의 협의체 또는 노동조합을 조직·구성해 왔고, X공사가 출범하기 전부터 그 외 직종과는 별도로 임금협약을 체결하여 왔다.

반면에 Z노동조합이 X공사와 체결한 2013년 단체협약은 상용직 근로자들에게 적용되지 않고, Z노동조합은 교섭대표노동조합으로 결정된 후에도 상용직 근로자들에 대한 부분을 포함하여 단체교섭을 진행한 바도 없다. 또한 Y노동조합에는 X공사의 상용직 근로자만 가입되어 있고, Z노동조합에는 그 외 직종 근로자만이 가입되어 있는 등 조합별로 소속 직종이 명확히 구분되어 있다.

Ⅱ. 판결의 내용

1. 노동위원회의 결정

Y노동조합은 상용직 근로자와 일반직·기능직 등 그 외 직종 근로자 간 근로조건의 현격한 차이, 별도의 취업규칙 적용 등을 이유로 교섭단위 분리가 필요하다며 2013. 12. 9. 지방노동위원회에 교섭단위 분리결정 신청을 하였는데, 위 위원회는 '상용직과 그 외 직종 간의 근로조건 및 고용형태에 현격한 차이가 없고, 교섭단위 분리를 인정할 정도로 교섭관행이 없는 등 교섭단위를 분리할 필요가 없다'는 이유로 2014. 1. 17. 위 신청을 기각하는 결정(초심결정)을 하였다.

이에 불복하여 Y노동조합은 2014. 1. 24. 초심판정의 취소를 구하는 재심을 신청하였고, 중앙노동위원회는 2014. 2. 19. 초심판정을 취소하고, X공사의 상용직 근로자와 그 외 일반직, 기능직 등 직종 근로자의 교섭단위를 분리하여야 한다는 결정(재심결정)을 하였다. 이후 1심과 항소심 모두 X공사가 패소하여 중앙노동위원회의 교섭단위분리결정을 인정하였고, 대법원도 X공사의 상고를 기각하여 최종적으로 확정하였다.

2. 대법원의 판단

1) 대상판결은 "상용직 근로자들과 그 외 직종 근로자들 사이의 근로조건 및 고용형태상 차이와 그 정도, 기존 분리 교섭 관행 등에 비추어 보면, Y노동조합이 별도로 분리된 교섭단위에 의하여 단체교섭권을 행사하는 것을 정당화할만한 사정이 존재하고, 이로 인하여 Z노동조합이 교섭대표노동조합으로서 상용직 근로자들을 계속 대표하도록 하는 것이 오히려 노동조합 사이의 갈등을 유발하는 등 근로조건의 통일적인 형성을 통해 안정적인 교섭체계를 구축하고자 하는 교섭창구 단일화 제도의 취지에도 부합하지 않는 결과를 발생시킬 수 있는 경우로 판단된다. 따라서 X공사 내 상용직 근로자들에 대하여는 노동조합법 제29조의3 제2항에서 규정하고 있는 교섭단위를 분리할 필요성이 인정된다"고 판단하였다.

2) 또한 대상판결은 "이 사건 초심결정은 상용직과 그 외 직종을 비교하면서 임금항목에서 동일한 기본급 체계로 이루어진 것으로 인정할 뿐 상용직 근로자들에 대한 임금체계가 상이함을 고려하지 않았고, 오히려 임금체계에 본질적 차이가 없다는 등의 이유로 교섭단위 분리의 필요성을 부정하였다. 이러한 이 사건 초심결정은 노동조합법에서 정한 교섭단위 분리와 관련

한 법리를 오해하여 이 사건 노동조합의 교섭단위 분리 신청을 기각한 잘못이 있다. 따라서 교섭단위 분리 신청을 기각한 이 사건 초심결정을 위법하다고 보아 이를 취소하고 교섭단위를 분리한 이 사건 재심결정은 적법하다"고 판단하였다.

Ⅲ. 해설

1. 교섭단위 분리의 요건에 관한 판단

1) 교섭단위 분리 필요성에 관한 판단 원칙

대상판결은 "노동조합 및 노동관계조정법(이하 '노동조합법'이라 함) 제29조의3 제1항, 제2항의 내용과 형식, 교섭창구 단일화를 원칙으로 하면서도 일정한 경우 교섭단위의 분리를 인정하고 있는 노동조합법의 입법 취지 등을 고려하면, 노동조합법 제29조의3 제2항에서 규정하고 있는 '교섭단위를 분리할 필요가 있다고 인정되는 경우'란 하나의 사업 또는 사업장에서 별도로 분리된 교섭단위에 의하여 단체교섭을 진행하는 것을 정당화할만한 현격한 근로조건의 차이, 고용형태, 교섭관행 등의 사정이 있고, 이로 인하여 교섭대표노동조합을 통하여 교섭창구를 단일화하는 것이 오히려 근로조건의 통일적 형성을 통해 안정적인 교섭체계를 구축하고자 하는 교섭창구 단일화제도의 취지에도 부합하지 않는 결과를 발생시킬 수 있는 예외적인 경우를 의미한다"고 판단하였다.

2) 현격한 근로조건의 차이

교섭단위 분리를 정당화시킬 수 있는 현격한 근로조건의 차이는 근로조건의 주관적인 차이가 아니라 객관적인 차이로서 단체교섭을 별도로 진행하는 것이 합리적이라고 볼 수 있을

정도의 근로조건 차이를 상정한 것이다. 종래의 하급심 판례는 임금 등 근로조건을 구성하는 중요한 요소들(임금의 구성항목, 임금액수 산정 기준)이 동일하거나 유사한지 여부 및 동일한 보수규정을 적용받는지 여부를 주된 판단근거로 삼았으며, 대체로 동일한 근로조건 결정 규범을 적용받고 있고 상여금 지급여부 등이 동일하다면 근로조건의 차이를 인정하지 않았다(서울고판 2016. 9. 30, 2016누33782; 서울행판 2017. 8. 11, 2017구합65074 등).

3) 고용형태의 차이

노동조합법 제29조의3 제2항이 교섭단위 분리의 필요성을 판단함에 있어 고용형태의 차이를 고려하도록 한 것은 근로계약기간의 정함이 있는지 여부에서 비롯되는 근로조건의 차이를 위 판단에 반영하기 위함에 있다고 한다. 또한 비교대상 직군 간에 빈번한 인사교류가 있었는지 여부나 채용방식의 차이 등은 교섭단위 분리의 필요성을 판단함에 있어 유의미하게 고려해야 할 요소에 해당하지 않는다고 보고 있다. 대상판결은 근로계약 형태가 동일한 경우이나 상용직은 직제규정상 정원에 포함되지 않고, 상용직과 그 외 직종 간에 업무내용이 명확히 구분되며, 직종 간 인사교류가 허용되지 않는 점을 들어 고용형태의 차이를 인정한 것이다.

4) 교섭관행의 존재

대상판결은 상용직 근로자들이 그 외 직종의 근로자들과 별도의 협의체 또는 노동조합을 조직·구성해왔던 점이나 그 외 직종과 별도로 임금협약을 체결하여 온 점 등이 교섭관행의 차이로 인정될 수 있다고 본 것이다. 그러면서 교섭창구단일화제도 시행 전 개별 노동조합 단위로 교섭한 교섭관행은 교섭단위 분리 결정에 있어서 고려할 사정이 아니라고 판단하였다.

2. 교섭단위 분리결정에 대한 불복

1) 불복의 대상

대상판결은 "노동조합법 제29조의3 제3항은 교섭단위 분리 신청에 대한 노동위원회의 결정에 불복할 경우 노동조합법 제69조를 준용하도록 하고 있고, 노동조합법 제69조 제1항, 제2항은 노동위원회의 중재재정 등에 대한 불복의 사유를 '위법이거나 월권에 의한 것'인 경우로 한정하고 있다. 따라서 교섭단위 분리 신청에 대한 노동위원회의 결정에 관하여는 단순히 어느 일방에게 불리한 내용이라는 사유만으로는 불복이 허용되지 않고, 그 절차가 위법하거나, 노동조합법 제29조의3 제2항이 정한 교섭단위 분리결정의 요건에 관한 법리를 오해하여 교섭단위를 분리할 필요가 있다고 인정되는 경우인데도 그 신청을 기각하는 등 내용이 위법한 경우, 그 밖에 월권에 의한 것인 경우에 한하여 불복할 수 있다"고 판단하였다.

2) 행정소송 제기시 원고적격

노동조합법 제29조의3 제3항, 제69조 제2항에 따라 중앙노동위원회의 교섭단위 분리에 관한 재심결정에 대해 행정소송을 제기할 원고적격이 있는 노동관계 당사자에는 교섭단위 분리 신청을 하지 아니한 노동조합 및 사용자도 포함된다고 할 것이다.

3) 노사합의에 의한 교섭단위 분리 가능성

노동조합법은 노동위원회가 교섭단위의 분리결정을 하도록 하고 있으므로 노사합의(화해)에 의한 교섭단위 분리는 인정되지 않는다고 보아야 한다. 노동위원회를 통하지 않고서는 노사당사자가 자치적으로 합의하여 교섭단위를 분리할 수 없는 것이 교섭단위 분리제도의 원칙이기 때문이다(서울행판 2016. 3. 24, 2015구합64244).

4) 종래 교섭단위로의 환원 가능성

교섭단위가 분리된 후 다시 종래 교섭단위로 환원할 수 있는지 의문이다. 생각건대 교섭단위 분리결정이 있었던 당시의 상황이 사정변경에 의해 교섭단위 주체의 지위가 바뀐 것이라면, 분리된 노동조합측이 종래 교섭단위로의 환원을 요구하고 사용자가 이에 동의한다면 양 당사자의 합의로 종래 교섭단위로의 환원신청이 가능할 것이다.

반면에 사용자와 양 노동조합이 종래 교섭단위로의 환원에 합의하지 않는다면, 결국 노동위원회는 단체교섭권을 가지고 있는 노동조합측의 환원신청에 대해 환원여부를 결정해 주어야 할 것이다. 이는 교섭단위의 분리결정을 노동위원회가 하는 것과 관련하여 반대의 요건으로 판단하면 될 것이다. 다만 노조법 제29조의3은 교섭단위 분리결정만 규정하고 있으므로 여전히 입법적 해결이 요구된다.

3. 대상판결의 평가

교섭단위 분리결정에 있어서 교섭단위는 교섭대표노동조합을 결정하여야 하는 단위이자 통일적 근로조건을 형성하는 단체협약의 기본단위이다. 따라서 교섭단위 분리결정의 여부는 하나의 사업 또는 사업장에 별도의 교섭대표노동조합을 선출하여 별도의 단체교섭을 해야 할 정도로 노사관계의 본질적인 기초를 달리하고

있는지에 대한 제반 요소를 종합적으로 검토하여야 한다. 또한 노동위원회는 교섭단위 분리결정을 올바르게 판단하기 위해 하나의 사업 또는 사업장에서 현격한 근로조건의 차이, 고용형태, 교섭관행 등을 고려하여야 할 경우, 교섭단위분리제도 시행 이후 발생한 다양한 사례들을 분석하여 명확한 판단기준을 설정할 필요가 있을 것이다.

종래 하급심 판결이 교섭단위 분리 결정에 있어서 '교섭단위 분리 필요성에 대한 심리 미진 내지 노동조합법에서 정한 교섭단위 분리와 관련한 법리오해'라고 하여 그 '위법'에 대한 판단이유를 제시한 바 있지만, 대상판결은 교섭단위 분리의 필요성에 대한 구체적인 심사를 통해 그 '위법'에 대한 판단이유를 명확히 제시하여 교섭단위 분리결정을 인정한 최초의 대법원 판결이라는 점에 의의가 있다. 물론 복수노조 하에서 교섭단위를 분리하는 것이 하나의 사업 또는 사업장에서 교섭대표노동조합의 교섭력을 약화시킬 수 있겠지만, 그에 반해 독자적인 교섭단위의 노동조합에 독자적인 교섭권을 보장하는 것은 헌법상 단체교섭권의 보장과 관련하여 중요한 의미가 있다고 생각한다.

◆• 참고문헌

김상호, "교섭단위 분리에 관한 법적 쟁점과 고찰", 『노동법학』 제43호, 한국노동법학회, 2012.
박종희, "교섭창구 단일화 제도의 시행에 따른 쟁점 및 그에 대한 합리적 해결방안에 관한 연구", 『고려법학』 제71호, 고려대 법학연구원, 2011.
방준식, "교섭단위분리제도의 실제적 운영과 법적 과제", 『노동법포럼』 제20호, 노동법이론실무학회, 2017.
이승욱, 『교섭단위분리제도에 관한 연구』, 중앙노동위원회 연구용역, 2010.
이 정, "'자율교섭'과 '교섭단위분리'에 관한 법적 쟁점", 『노동법학』 제41호, 한국노동법학회, 2012.

81. 공정대표의무

— 대법원 2018. 8. 30. 선고 2017다218642 판결(노동조합사무실제공등) —

송강직(동아대 법학전문대학원)

I. 사실관계

대전지역 시내버스 운수사업을 행하는 7개 회사들(피고) 내에는 이들 근로자들을 조직대상으로 하는 대전광역시지역버스노동조합(이하 '지부'라 함)과 전국 공공·운수 사회서비스 업무에 종사하는 근로자를 조직대상으로 하는 전국공공운수사회서비스노동조합(원고)의 분회(이하 '분회'라 함)가 각각 조직되어 이들 회사 내에 복수노동조합이 병존하고 있다.

먼저, 근로시간 면제에 대하여 보면 다음과 같다.

2012. 7.경 교섭창구단일화 절차가 진행되어 동 절차에 참가한 노동조합 조합원 과반수를 조직한 지부가 교섭대표노동조합(이하 '대표노조'라 함)으로 결정되었다. 이에 분회는 대표노조인 지부에 근로시간면제에 관한 내용이 포함된 단체교섭 요구안 등을 제출하였고, 2013. 9. 12. 지부와 7개 회사들과의 사이에 근로시간면제 문제에 대하여서는 추후에 협의하는 것으로 합의하였다. 이에 분회는 이러한 합의는 공정대표의무 위반이라고 주장하며 관할 지방노동위원회(이하 '지노위'라 함)에 구제신청을 하였으나, 지노위는 추후의 협의라고 하는 합의는 실질적으로 체결한 내용이 없어 공정대표의무 위반 여부를 판단할 대상 자체가 없다는 이유로 각하하였다.

지노위의 위 각하결정 이후인 2014. 5. 30. 지부는 7개 회사들과 분회 대표들에게도 조합원 수에 비례하여 근로시간면제 시간을 배분한다는 내용의 새로운 합의서를 작성하게 된다. 다만 동 합의서의 유효기간은 2013. 1. 1.부터 2014. 12. 31.까지이나 그 적용시점은 2014. 6. 1.로 하였다.

7개 회사들과 지부와의 사이에 종래 단체협약에 의거하여 2014. 5. 30.자 위 합의서 체결 시까지 연 2,000시간의 근로시간 면제 적용을 받아 왔다. 여기서 분회는 위 2014. 5. 30.자 합의서 작성에 있어서 그 적용시점을 2014. 6. 1.부터로 정하여 적용시점을 소급하지 않은 것이 공정대표의무 위반이라고 하여 지노위에 그 구제신청을 하였다.

다음으로, 노동조합사무실 제공과 관련하여 보면 다음과 같다.

7개 회사 내 지부의 경우에는 2011년 단체협약에 근거하여 노동조합 사무실을 제공받고 있었으며, 이들 당사자는 2013. 12. 23. 합의에서 대표노조에게만 사무실 등을 대여한다고 하였던 것에 대하여 분회가 관할 지노위에 공정대표의무 위반의 구제신청을 하였고, 지노위는 2014. 5. 12. 공정대표의무 위반이라고 판정하였다. 그 후 2014. 6. 24. 지부와 7개 회사들 사이에 회사의 경영상태 등 제반여건을 종합적으로 고려하여 대표노조에게 사무실 등을 대여하도록 한다는 규정으로 수정하였으나, 이에 대하여 2014. 10. 27. 지노위는 분회에 대한 노동조합사무실 미제공이 공정대표의무 위반이라는 결정을 하게 되고, 그 후 2014. 12. 24. 7개 회사들과 지부 사이에 회사는 경영상태 등 제반여건을 종합적으로 고려하여 노동조합에게 사무실 등의 시설을 대여한다는 새로운 합의를 하게 되고, 동 결정 당시에 분회에 노동조합사무실을 제공하지 않고 있던 회사는 7개 회사 중 4개회사였으나 그 가운데 1개 회사는 2016. 3. 1. 노동조합 사무실을 제공하였고, 본 사건 진행과정에서 노동조합 사무실이 제공되지 않은 회사는 3개이다.

Ⅱ. 판결의 내용

2014. 5. 30.자 합의서에 대하여 분회가 지노위에 근로시간면제와 관련하여 공정대표의무 위반을 이유로 한 구제신청에 대하여, 지노위는 공정대표의무 위반이 아니라고 하여 기각 결정을 하였다. 그러나 중앙노동위원회는, 2013. 1. 1.부터 2014. 5. 31. 기간에 대하여 대표노조인 지부가 근로시간면제를 독점적으로 사용하는 것을 합리화함과 동시에 분회에 대하여 동 기간에 근로시간면제의 적용을 완전히 배제한 것은 분회에 대한 명백한 차별이라는 것, 7개 회사 가운데 일부 분회장들은 분회 업무 수행을 위하여 연차 사용, 휴무, 대리근무 실시 등 노동조합 업무 수행에 불편함과 불이익을 감수하여 왔다는 것 등을 이유로, 공정대표의무 위반이라고 하여 지노위의 기각 결정을 취소하였다.

이러한 상황에서 분회는, 3개 회사가 노동조합사무실 등을 제공할 것과 동 3개회사에 대하여는 노동조합사무실 미제공 및 근로시간면제

미적용에 대하여 2천만원의 손해배상금을, 다른 3개회사에 대하여는 근로시간면제 미적용에 대한 1천만원의 손해배상을 구하는 소송을 제기하였다.

대전지방법원은 3개 회사가 노동조합사무실을 제공하지 않은 것에 대하여 3개 회사가 회사의 사정상 분회에 별도의 노동조합사무실 공간을 확보해 줄 수 없다고 하면서 지부 노동조합사무실을 공동으로 사용하여야 한다는 입장을 취하였으나, 분회는 지부와의 협의를 거절하였고, 3개 회사에 대하여 구체적인 노동조합사무실 등의 제공 범위와 방법을 제시하지 않았다고 하여, 이 부분에 대하여 기각을, 나머지 공정대표의무 위반 및 단체협약 위반을 인정하였고, 그에 따른 손해배상으로 3개 회사에 대하여 분회에 각 1천만원을, 다른 3개 회사에 대하여 5백만원을 각각 인정하였다(대전지판 2016. 10. 19, 2016가합100052). 이에 대하여 분회 및 6개 회사가 항소를 하였으나, 대전고등법원은 항소를 기각하였고(대전고판 2017. 2. 16, 2016나16038), 이에 6개 회사가 상고를 하였으나 대법원(대상판결)은 상고를 기각하였다. 대법원 판단에서는, 공정대표의무 위반에 대한 입증책임은 대표노조나 사용자에게 있다는 것, 대표노조에게 노동조합 사무실을 제공한 이상 분회에 대하여도 일률적이거나 비례적이지는 않더라도 상시적으로 사용할 수 있는 일정한 공간을 제공하여야 하는데 이를 제공하지 않은 것, 동시에 분회에 대한 6개 회사의 근로시간면제 미적용에 대하여 각각 공정대표의무 위반이라고 하였고, 이러한 공정대표의무 위반 행위로 분회가 무형의 손해를 입었으므로 6개 회사는 불법행위에 기한 위자료를 지급할 의무가 있다고 하여, 이 부분에 대한 원심의 판단을 유지하였다.

Ⅲ. 해설

위 사례에서 쟁점이 되는 것은 복수노동조합하의 노동조합 사무실 부여 문제, 근로시간면제 적용의 문제, 대표노조 또는 사용자의 공정대표의무 위반의 문제이다. 법리적으로 보면 복수노동조합하에서 노동조합 사이에 노동조합사무실 제공에서의 차별 또는 근로시간면제 적용에서의 차별은 그것이 합리적인 이유가 없는 경우에 사용자의 부당노동행위의 문제가 발생할 수도 있다. 그런데 위 사례에서는 부당노동행위문제는 발생하지 않았고, 공정대표의무 위반의 문제로 접근하여 노동조합사무실 미제공과 근로시간면제 미적용 부분에 대하여 사용자의 공정대표의무 위반을 근거로 한 노동조합사무실 제공 청구 및 손해배상청구가 문제되었다.

공정대표의무는 미국에서 배타적인 대표노조의 지위 인정에 대한 대표노조의 의무로서 도입되었던 것인 반면에 우리나라의 경우는 교섭창구단일화 절차에 참가한 노동조합 또는 그 조합원에 대한 대표노조 및 사용자의 의무로서 도입되었다는 점에서 차이가 있으며, 공정대표의무의 범위에 있어서도 단체협약 체결 내용 또는 중재절차 과정에서 공정대표의무 위반 여부가 문제되는 미국과 달리 우리나라는 단체교섭의 단계, 단체협약 체결 및 그 내용, 단체협약 이행 등 단체교섭과 관련한 일련의 모든 과정을 그 대상으로 하고 있다는 점에서 차이가 있다. 따라서 위 사례에서는 대표노조의 공정대표의무 위반도 문제될 수 있는 사건이었다.

1. 노동조합 사무실 제공 여부와 공정대표 의무 위반

대법원 판례법리상 노동조합사무실 제공은 노동조합의 활동에 필요불가결한 것으로 해석되고 있다. 노동조합사무실 공간의 중요성에 대한 대법원의 해석론은 사용자는 직장폐쇄의 경우에도 노조사무실 등에 대한 출입은 허용되어야 하고, 기존의 노동조합 사무실 제공이 여의치 않은 경우에 노조사무실 대체장소를 제공하고 그것이 원래 장소에서의 정상적인 노조활동과 견주어 합리적 대안으로 인정된다면, 합리적인 범위 내에서 노조사무실의 출입을 제한할 수 있다고 할 것이라는 것(대판 2010. 6. 10, 2009도12180)에서 용이하게 알 수 있다.

노동조합에게 있어서 노동조합 사무실 공간 확보는 이처럼 중요한 것인데 대표노조에게만 사무실 등을 제공하면서 3개 회사의 분회에 대하여 노동조합 사무실을 제공하지 않았다고 한다면 대표노조 및 사용자인 회사는 공정대표의무를 위반한 것으로 볼 것이다. 그러나 대전지방법원은 3개 회사는 분회에게 지부의 사무실을 공동으로 사용하는 방안을 제시하였으나 분회들이 지부와 협의를 하지 않은 사정을 들어 이에 대한 청구를 기각하였고 이는 항소심에서도 유지되었으며, 대법원에서는 분회에 대하여도 특별한 사정이 없는 한 교섭창구단일화 절차에 참가한 노동조합에게도 반드시 일률적이거나 비례적이지는 않더라도 상시적으로 사용할 수 있는 일정한 공간을 제공하여야 한다고 하면서 노동조합 사무실을 전혀 제공하지 않거나 일시적으로 회사 시설을 사용할 수 있는 기회를 부여하였다는 것으로는 합리성이 없다는 일반론을 전개하고 있으나, 상고인이 6개 회사였던 관계로 대전지방법원이 판단한 사무실 공동 사용 방안에 대한 구체적인 판단은 하지 않았다.

극단적으로 조합원이 1명일 수도 있는데 이

경우에도 일정한 공간의 사무실을 제공하여야 하는 것인가. 이에 대전지방법원의 판단에서는 공동 사용 사무실 개념도 인정하고 있기 때문에 일견 법리적으로 정리할 수도 있는 것으로 볼 수 있으나, 노동조합 상호 간에 조직 확대를 도모하는 등 운동 방향 설정 등에 있어서 비밀도 유지되어야 할 필요도 있을 것인데 사무실을 공동으로 사용한다는 사용자의 제안을 두고 분회가 지부와 협의를 하지 않았다고 하여 사무실 제공 청구를 기각한 것은 쉽게 수긍하기 어렵다. 결론적으로 2014. 12. 24. 7개 회사와 지부 사이에 체결된 회사는 경영상태 등 제반 여건을 종합적으로 고려하여 사무실 등을 대여한다는 합의는 합리성이 있는 규정으로 해석될 필요가 있다.

2. 근로시간면제 적용 여부와 공정대표 의무 위반

복수노동조합하의 근로시간 면제는 대표노조와 사용자 간에 근로시간면제 전체에 대하여 조합원 수에 비례하여 배분하거나, 조합원 수를 참고로 하여 적절하게 배분하는 등의 형태로 운영되고 있다. 노동조합 사무실 제공과 달리 근로시간면제에 대하여는 비교적 기술적으로도 간단하게 해결할 수 있는 측면이 있다. 왜냐하면 해당 사업 또는 사업장에 부여된 총근로시간면제시간에 대하여 노동조합 상호 간에 배분하는 정도의 문제이고, 이견이 발생하는 경우에 통상 조합원 수에 비례하여 배분하는 형태를 취하면 쉽게 해결할 수 있기 때문이다.

그런데 위 사례는 근로시간면제 시간을 분회에게는 전혀 부여하지 않은 경우이므로 이는 대표노조 및 사용자 모두가 명백히 공정대표의무를 위반한 것으로 판단할 수 있는 경우이다.

3. 손해배상명령

노동법에서 종래 손해배상이 문제되는 경우는 주로 위법한 쟁의행위에 대한 사용자의 손해배상 청구, 해고와 불법행위 등이었고 구체적인 손해배상액의 산정에 대한 명확한 기준 등에 대하여는 해석론상 많은 논의가 있어 왔다. 위 사례는, 손해배상액의 획정에 대한 적절성 논의는 별론으로 하더라도, 공정대표의무 위반 및 단체협약 위반에 대한 손해배상이 문제된 경우로서 구체적인 손해배상액을 산정한 점, 나아가 대전지방법원이 대표노조와 사용자가 단체교섭 및 단체협약 체결과정에서 지켜야할 공정대표의무를 위반한 것이 분회의 단결권, 단체교섭 침해로 평가한 것은 주목할 만하다.

◆ 참고문헌

송강직, "미국의 공정대표의무", 『노동법연구』 제33호, 서울대학교 노동법연구회, 2012.

송강직, "일본의 공정대표의무론", 『노동법학』 제45호, 한국노동법학회, 2013.

송강직, "교섭대표노동조합의 공정대표의무", 『노동법연구』 제34호, 서울대학교 노동법연구회, 2013.

82. 단체협약의 해석 원칙

– 대법원 2011. 10. 13. 선고 2009다102452 판결(임금등) –

유성재(중앙대 법학전문대학원)

Ⅰ. 사실관계

Y사(피고)에 근무하는 근로자 X(원고)는 명령 불복종, 하극상 및 명예훼손 등을 이유로 1997. 4. 26. 징계해고 되었다. X는 법원에 해고의 무효확인과 해고기간 동안의 미지급 임금의 지급을 구하는 소를 제기하였고, 대법원은 2005. 8. 9. 해고처분이 무효이고 Y사에게 미지급 임금과 2000. 2. 20.부터 원고의 복직 시까지에 대한 가산보상금을 지급하라고 판결하였다. Y사는 X를 2005. 8. 9. 복직시키고, X에게 323,916,312원을 지급하였다. 이에 X는 단체협약 제46조에 따라 해고기간 전체에 대한 가산보상금의 지급을 청구하는 소송을 제기하였다. Y사와 Y사의 노동조합이 체결한 단체협약 제46조의 내용은 다음과 같다. 「제46조(부당징계) 징계처분을 받은 조합원이 노동위원회 또는 법원에 의해 부당징계로 판명되었을 시 회사는 즉시 다음의 조치를 취하여야 한다. 1. 판정서 혹은 결정서 접수 당일로 징계무효처분과 출근조치 2. 임금 미지급분에 대해서는 출근 시 당연히 받아야 할 임금은 물론 평균임금의 100%를 가산 지급한다. 단, 부당징계로 판명될 때까지 본인이 부담한 관련 실제비용은 회사가 추가 지급한다.」

1심은 X의 주장을 받아 들여, 해고기간 전체에 대하여 가산보상금을 지급하여야 한다고 판단하였다. 반면 2심은 단체협약 제46조의 '평균임금의 100%'를 단지 1월분의 평균임금만을 의미한다고 판단하였다. 이에 X는 상고하였고, 대법원은 '평균임금의 100%'는 근로자가 "부당해고 등 부당징계로 인하여 해고 등 당시부터 원직복직에 이르기까지의 전 기간에 걸쳐 지급받지 못한 임금을 의미한다고 보아야 할 것이다."고 판단하였다.

Ⅱ. 판결의 내용

대법원은 단체협약의 해석과 관련하여 "처분문서는 그 진정성립이 인정되면 특별한 사정이 없는 한 그 처분문서에 기재되어 있는 문언의 내용에 따라 당사자의 의사표시가 있었던 것으로 객관적으로 해석하여야 하나, 당사자 사이에 계약의 해석을 둘러싸고 이견이 있어 처분문서에 나타난 당사자의 의사해석이 문제되는 경우에는 문언의 내용, 그와 같은 약정이 이루어진 동기와 경위, 약정에 의하여 달성하려는 목적, 당사자의 진정한 의사 등을 종합적으로 고찰하여 논리와 경험칙에 따라 합리적으로 해석하여야 한다. 한편 단체협약과 같은 처분문서를 해석함에 있어서는, 단체협약이 근로자의 근로조건을 유지·개선하고 복지를 증진하여 그 경제적·사회적 지위를 향상시킬 목적으로 근로자의 자주적 단체인 노동조합과 사용자 사이에 단체교섭을 통하여 이루어지는 것이므로, 그 명문의 규정을 근로자에게 불리하게 변형 해석할 수 없다."고 하였다. 그리고 "이 사건 단체협약 제46조 제2호 본문은 '임금 미지급분에 대해서는 출근 시 당연히 받아야 할 임금은 물론 평균임금의 100%를 가산 지급한다'라고 규정하고 있는데, 위 가산보상금 규정의 내용과 형식, 그 도입 경위와 개정 과정, 위 규정에 의하여 피고의 노·사 양측이 달성하려는 목적, 특히 위 가산보상금 규정이 피고의 부당징계를 억제함과 아울러 징계가 부당하다고 판명되었을 때 근로자를 신속히 원직 복귀시키도록 간접적으로 강제하기 위한 것인 점 등에 비추어 보면, 미지급 임금 지급 시 가산 지급되는 위 '평균임금의 100%'는 근로자가 위와 같은 부당해고 등 부당징계로 인하여 해고 등 당시부터 원직복직에 이르기까지의 전 기간에 걸쳐 지급받지 못한 임금을 의미한다고 보아야 할 것이다."고 하였다.

Ⅲ. 해설

1. 쟁점

대상판결의 사안에서는 단체협약의 해석이 문제되었다. 즉, 단체협약 제46조 제2호의 "당연히 받아야 할 임금은 물론 평균임금의 100%를 가산 지급한다."의 해석이 문제되었다. 사용자와 2심은 위 규정을 "1월분의 평균임금만을 의미한다."고 보았고, 근로자와 1심은 "원직복직에 이르기까지의 전 기간에 걸쳐 지급받지 못한 임금"이라고 보았다. 이의 대법원은 "단체협약과 같은 처분문서를 해석함에 있어서는, 단체협약이 근로자의 근로조건을 유지·개선하고 복지를 증진하여 그 경제적·사회적 지위를 향

상시킬 목적으로 근로자의 자주적 단체인 노동조합과 사용자 사이에 단체교섭을 통하여 이루어지는 것이므로, 그 명문의 규정을 근로자에게 불리하게 변형 해석할 수 없다."고 하였다. 반면, 2심은 "불분명한 이 사건 단체협약 중 가산보상금 조항을 문언의 내용, 그와 같은 약정이 이루어진 동기와 경위, 약정에 의하여 달성하려는 목적, 당사자의 진정한 의사 등을 종합적으로 고찰하여 논리와 경험칙에 따라 합리적으로 해석한 결과 그 의미가 분명해진 경우에 해당"하는 것으로, "해석과정을 거쳤지만 단체협약 조항을 어떻게 해석할 것인지 분명하지 않은 경우에는 근로자에게 불리한 해석보다는 유리한 해석을 취하여야 한다."는 해석기준을 적용할 여지가 없다고 보았다.

위와 같은 견해의 대립에도 불구하고 대상판결의 본질적인 쟁점은 해석대상인 단체협약을 '법률행위'의 해석기준에 의하여 해석할 것인지, 아니면 '법률'의 해석기준에 의하여 해석할 것인지에 있다고 본다. 잘 알고 있는 바와 같이 '법률행위'는 자연적 해석, 규범적 해석, 보충적 해석을 단계적으로 실시하는데 반하여, '법률'은 문언적 해석, 체계적 해석, 목적론적 해석, 연혁적 해석을 종합하여 결론을 도출하게 된다. 즉, 양자는 전혀 다른 순서와 기준에 의하여 해석을 하고 있으며, 법률행위의 해석에서는 당사자의 진의를 추적하는 자연적 해석이 해석의 출발인데 반하여, 법률의 해석에서는 법문이 해석의 출발점이 된다. 노조법 제34조는 '단체협약의 해석'이라는 표제를 가지고 있으나 단체협약의 해석기준에 대하여는 아무런 언급을 하지 않고, 단지 노동위원회에 이에 대한 견해를 요청할 수 있다는 것과 노동위원회 해석의 효력에 대해서만 규정하고 있다.

2. 단체협약의 해석

1) 법률행위의 해석과 법률의 해석

대법원은 단체협약의 해석을 법률행위의 해석방법에 의할 것인지, 법률의 해석방법에 의할 것인지에 대하여 명시적으로 언급하지 않고 "당사자의 의사해석이 문제되는 경우에는 문언의 내용, 그와 같은 약정이 이루어진 동기와 경위, 약정에 의하여 달성하려는 목적, 당사자의 진정한 의사 등을 종합적으로 고찰하여 논리와 경험칙에 따라 합리적으로 해석하여야 한다."고 하여 단체협약을 법률행위의 해석방법에 관한 판례(대판 2010. 8. 19, 2010다13701·13718 등)에 따라 해석할 것이라는 것을 암시하였다. 그러나 대법원은 대상판결에서 '평균임금의 100%'를 1개월분 평균임금으로 인정한 노동조합 수석부위원장의 인증서와 증언, 노동조합과 사용자의 공문, 다수의 노동조합 관계자의 인증서와 달리 '평균임금의 100%'를 "원직복직에 이르기까지의 전 기간에 걸쳐 지급받지 못한 임금"이라고 보아 법률행위 해석방법의 첫 단계인 자연적 해석에 따른 해석과 다른 결론을 내리고 있다. 대신 위와 같은 해석방법을 언급하면서 "처분문서는 그 진정성립이 인정되면 특별한 사정이 없는 한 그 처분문서에 기재되어 있는 문언의 내용에 따라 당사자의 의사표시가 있었던 것으로 객관적으로 해석하여야 (한다)"고 하여 자연적 해석의 다음 단계인 규범적 해석에 관한 내용을 언급하고 있다. 이는 자연적 해석에 따라 당사자의 명확한 의사가 확인되면, 규범적 해석으로 나아가지 않고 자연적 해석에 따라 당사자의 의사를 해석하는 법률행위의 해석방법에 벗어난 것이다.

2) 유리한 해석 우선의 원칙

대법원은 위에서 본 바와 같이 단체협약을 법률행위의 해석방법에 따라 해석하여야 한다고 보면서도, "단체협약이 근로자의 근로조건을 유지·개선하고 복지를 증진하여 그 경제적·사회적 지위를 향상시킬 목적으로 근로자의 자주적 단체인 노동조합과 사용자 사이에 단체교섭을 통하여 이루어지는 것이므로, 그 명문의 규정을 근로자에게 불리하게 변형 해석할 수 없다."고 하여 다른 법률행위의 해석방법과 다른 해석기준을 제시하고 있다. 그러나 "단체협약이 근로자의 근로조건을 유지·개선하고 복지를 증진하여 그 경제적·사회적 지위를 향상시킬 목적으로 근로자의 자주적 단체인 노동조합과 사용자 사이에 단체교섭을 통하여 이루어지는 것"이 법률행위의 해석에 특히 법률행위의 자연적 해석에 영향을 미칠 수 있는 이유와 근거가 무엇인지는 알 수 없다. 그리고 노조법에는 "약관의 뜻이 명백하지 아니한 경우에는 고객에게 유리하게 해석되어야 한다."는 「약관의 규제에 관한 법률」 제5조 제2항과 같은 규정이 존재하지 않으며, 이 규정은 같은 법 제30조 제1항에 의하여 근기법에 속하는 계약에 대하여는 적용이 배제되어 입법자의 의사에 반하여 이를 유추하여 적용하는 것 또한 불가능하다.

3. 평가

법률행위의 해석방법과 법률의 해석방법은 그 기준과 방법에 있어서 차이가 있다. 대상판결은, 단체협약의 형식은 사인들 사이에 체결된 계약이지만, 법률과 같이 계약체결의 당사자(노동조합과 사업주)가 아닌 조합원에게 직접적으로 적용되는 단체협약을 법률행위의 해석방법에 따라 해석할 것인지, 아니면 법률의 해석방법에 따라 해석할 것인지에 대하여 명확한 결론을 제시하지 않고 있다. 만약 단체협약을 법률행위의 해석방법에 따라 해석한다면 처분문서인 단체협약에 기재되어 있는 문언의 내용에 따라 객관적으로 해석할 것이 아니라, 자연적 해석을 위하여 표시된 문자적 또는 언어적 의미에 구속되지 않고 표의자의 진의를 밝혀내는 주관적 해석을 하여야 할 것이다. 그리고 이 경우 표시된 문자적 또는 언어적 의미와 다른 해석을 하여도 이는 판례(대판 1993. 10. 26, 93다2629·2636)도 인정하고 있는 오표시 무해의 원칙(誤表示無害의 原則, falsa demonstratio non nocet)의 결과로 이는 대상판결이 금지하고 있는 변형해석에 해당하지 않는다.

　대상판결을 비롯한 단체협약의 해석에 관한 판례는 그 해석방법에 대한 원칙을 명확히 제시하지 않은 점에서 가장 큰 문제가 있다고 본다. 나아가 판례가 단체협약을 노동조합과 사용자가 단체교섭을 통하여 체결된 계약이라는 것을 이유로 근로자에게 불리하게 해석할 수 없다고 하는 것은 법률행위의 해석방법으로서 적절하지 않을 뿐만 아니라 그 법적 근거도 명확

하지 않다는 점에서 문제가 있다고 본다. 필자는 단체협약을 법률행위의 해석방법에 따라 해석하는 대상판결을 비롯한 판례(대판 1996. 9. 20, 95다20454 등)의 접근방법에 반대한다. 왜냐하면, 법률행위는 원칙적으로 당사자 사이에만 구속력이 미치기 때문에 자연적 해석과 같은 주관적 해석이 적합하지만, 법률은 이에 동의하지 않은 자에게도 구속력이 미치기 때문에 객관적 해석이 적합하다. 즉, 단체협약은 사인 사이에 체결된 계약이라는 형식적 측면이 아니라, 계약체결의 당사자가 아닌 조합원에게 직접 효력이 미치는 기능적 측면(노조법 §33 ①)을 고려하여 법률의 해석방법에 따라 해석하여야 한다고 본다. 따라서 단체협약은 단체협약의 문언, 체계, 목적, 연혁을 고려하여 해석하는 것이 바람직하다고 본다.

◆◆ 참고문헌

박경서, "단체협약의 해석기법 고찰", 『노동법률』 2003년 1월호, 중앙경제.
유성재, 『판례노동법』, 법문사, 2008.
최봉태, "단체협약의 해석론", 『1996 노동판례비평』, 민주사회를 위한 변호사모임, 1997.

83. 근로조건의 불이익변경에 관한 협약자치의 한계

－대법원 2000. 9. 29. 선고 99다67536 판결(상여금) －

조용만(건국대 법학전문대학원)

I. 사실관계

피고 회사(Y)와 그 노동조합이 체결한 1996년도 단체협약 제44조에 의하면, Y는 근로자에게 상여금으로 연 7회에 걸쳐 650%를 지급하되 설날에 50%, 2월 25일, 4월 25일, 6월 25일, 8월 25일, 10월 25일 및 12월 25일에 100%씩을 지급하기로 되어 있었다. 그런데 노동조합과 Y는 위 단체협약의 유효기간 중인 1997. 12. 30. '특별노사합의'라는 명칭으로 "Y회사의 노사 양측은 최근의 경제위기로 인한 경영난 타개를 위하여 1997년 12월부터 1998년 6월까지 지급예정인 이 사건 상여금(450%)은 그 지급을 유보한다."는 내용의 약정을 체결하고, 1998. 8. 13. "Y회사의 노사 양측은 IMF 관리체제 이후 지속적인 경기불황으로 인한 극심한 경영난 타개를 위하여 1998년도 임금협정은 현행으로 동결하고, 단체협약은 기존의 단체협약을 유지하며, 상여금에 관한 기존 단체협약 제44조의 이행에 대하여는 회사가 경영 성과와 향후 경영 전망에 따라 상여금의 지급 여부를 결정하고, 1997. 12. 30.자 특별노사합의의 내용 중 본 합의의 효력과 상충되는 부분은 본 합의의 효력을 따르되, 그렇지 아니한 부분의 효력은 지속된다."는 내용의 1998년도 임금단체협상 합의를 하였다. 이후 Y의 상여금 미지급에 대하여 근로자 X를 포함한 원고들은 Y가 지급하지 않은 상여금의 지급을 구하는 소를 제기하였다.

II. 판결의 내용

이 사건에서 대법원은 협약자치의 한계로서, "이미 구체적으로 그 지급청구권이 발생한 임금(상여금 포함)이나 퇴직금은 근로자의 사적 재산영역으로 옮겨져 근로자의 처분에 맡겨진 것이기 때문에 노동조합이 근로자들로부터 개별적인 동의나 수권을 받지 않는 이상, 사용자와 사이의 단체협약만으로 이에 대한 포기나 지급유예와 같은 처분행위를 할 수는 없다."는 점을 밝히고 있다. 이에 근거해 이 사건 상여금 중 특별노사합의 당시 이미 구체적으로 그 지급청구권이 발생한 1997. 12. 25. 지급분 상여금에 관한 한 노사합의의 효력이 원고들에게 미치지 않는다고 보았다.

반면 대법원은 "협약자치의 원칙상 노동조합은 사용자와 사이에 근로조건을 유리하게 변경하는 내용의 단체협약뿐만 아니라 근로조건을 불리하게 변경하는 내용의 단체협약을 체결할 수 있으므로, 근로조건을 불리하게 변경하는 내용의 단체협약이 현저히 합리성을 결하여 노동조합의 목적을 벗어난 것으로 볼 수 있는 경우와 같은 특별한 사정이 없는 한 그러한 노사 간의 합의를 무효라고 볼 수는 없고, 노동조합으로서는 그러한 합의를 위하여 사전에 근로자들로부터 개별적인 동의나 수권을 받을 필요가 없으며, 단체협약이 현저히 합리성을 결하였는지 여부는 단체협약의 내용과 그 체결경위, 당시 사용자측의 경영상태 등 여러 사정에 비추어 판단해야 할 것"이라고 하면서, 이 사건 상여금 중 특별노사합의 당시 구체적 지급청구권이 발생하지 않은 1998년 상반기 상여금의 지급유예를 그 지급의 포기로 보더라도 위와 같은 법리에 그 합의 내용이 단체협약의 한계를 벗어난 것은 아니어서 원고들에게 효력이 미친다고 보았다.

Ⅲ. 해설

1. 협약자치의 한계(1): 개별 근로자에게 귀속된 권리의 처분

노조법(§33)은 단체협약의 규범적 효력을 규정하고 있다. 근로조건을 불리하게 변경하는 내용의 단체협약도 근로자들에게 유효한지 문제된다. 근로자가 이미 취득한 권리는 노동조합의 규제권한 내지 협약 당사자의 규율 범위에 속하지 않기 때문에 근로자의 개별적 동의·수권 없이 단체협약으로 그 기득권을 처분할 수 없다는 것이 통설이다. 대상판결은 노동조합이 근로자들로부터 개별적인 동의나 수권을 받지 않은 이상 사용자와의 사이의 단체협약만으로 개별 근로자에게 귀속된 권리(이미 구체적으로 그 지급청구권이 발생한 (상여금 및 임금이나) 퇴직금)에 대한 포기 등과 같은 처분행위를 할 수 없다는 협약자치의 한계 내지 규범적 효력의 한계를 밝힌 첫 대법원 판결이다. 이 사건 상여금 중 1997년 12월 상여금의 경우 그 지급일이 1997. 12. 25.로 특별노사합의(1997. 12.

30.) 당시 이미 구체적으로 그 지급청구권이 발생하였고, 원고들이 그 포기에 대해 개별적인 동의 내지 수권을 한 바가 없기 때문에 1997년 12월 상여금에 관한 노사합의는 원고들에게 효력이 없는 것으로 판단되었다.

대상판결 이후의 유사사례(대판 2010. 1. 28, 2009다76317)가 있다. 이 사안에서 대법원은 유효기간(2004. 7. 1.~2005. 6. 30.)이 만료된 종전 협약(2004년도 임금협정)에 따라 사용자가 상여금을 지급한 후 상여금의 인하 및 그 소급 적용(2005. 7. 1.부 적용)을 내용으로 새롭게 체결된 협약(2005. 10. 14. 체결 2005년도 임금협정)에 근거하여 상여금과의 차액을 공제하고 임금을 지급한 것은 이미 지급한 상여금을 반환하도록 한 것으로서 조합원인 근로자들의 개별적인 동의나 수권을 받지 않은 이상 허용될 수 없다고 보았다. 그 밖에 관련 판결례로, 매 2개월마다 지급되는 상여금의 지급시기에 관한 확립된 노사관행이 있다고 보기 어려우므로 상여금의 지급기일은 해당 월의 말일로 봄이 상당하고, 그 구체적 지급청구권이 발생하기 이전에 체결된 상여금의 미지급과 일부 지급을 내용으로 하는 각 협약이 유효하다고 본 사례가 있다(대판 2002. 4. 12, 2001다41384). 또한 1998. 7. 15. 노사 간의 무급휴가 약정 당시 그 효력을 1998. 4. 25.로 소급하기로 한 것은 1998. 5. 1.부터 1998. 7. 14.까지 분에 관한 한 이미 구체적으로 발생한 임금(휴업수당)을 단체협약으로 포기한 것이 되어 그 효력이 없다 할 것이나, 무급휴가의 소급 실시를 합의한 노사합의서에 근로자인 원고들이 개별적으로 서명·날인함으로써 이에 동의한 사실이 인정되므로 위 기간의 임금에 대하여도 원고들이 이를 포기한 것으로 봄이 상당하다고 한 사례가 있다(대판 2003. 9. 5, 2001다 14665).

2. 협약자치의 한계(2): 현저한 불합리성

근로조건을 불리하게 변경하는 단체협약도 원칙적으로 규범적 효력을 가진다는 것이 통설의 입장이다. 대상판결은 협약자치의 원칙상 근로조건을 불리하게 변경하는 내용의 단체협약도 원칙적으로 유효하고, 다만 특별한 사정이 있는 경우('현저히 합리성을 결하여 노동조합의 목적을 벗어난 것으로 볼 수 있는 경우')에 한하여 그 효력이 부정된다고 하는 기존 판례의 입장을 재확인할 수 있는 사례이다(근로조건 불리변경 협약에 관한 판례의 법리는 대판 1999. 11. 23, 99다7572에서 처음으로 제시된 것으로 보인다). 대상판결 사건에서 1998년 상반기 상여금은 특별노사합의 당시 이미 구체적으로 그 지급청구권이 발생한 것이 아니고, 그 지급유예 내지 포기에 관한 노사합의는 제반 사정에 비추어 현저히 합리성을 결한 것으로 보기도 어렵기 때문에 비록 원고들이 개별적인 동의나 수권을 한 바가 없었다고 하더라도 노사합의의 효력은 원고들에게 미치는 것으로 판단되었다.

협약자치의 원칙상 근로조건을 불리하게 변경하는 단체협약의 규범적 효력이 일반적으로 인정되기 때문에 단체협약 당사자의 의사를 존중하는 방향으로 사법심사가 이뤄질 가능성이 크다. 그렇다면 근로조건을 불리하게 변경하는 단체협약이 현저히 합리성을 결하여 무효라고 볼 수 있는 특별한 사정이란 무엇인가? 이에 관한 참고사례로 단체협약에 의한 정년단축의 현저한 불합리성을 인정하여 그 효력을 부인한 판결이 있다(대판 2011. 7. 28, 2009두7790).

이 사안에서 노사는 경영위기의 타개책으로 정년을 단축(만 60세에서 54세로)하는 특별협약을 체결했지만, 그 체결 당시 한시적 적용이 예정되어 있었던 점, 불과 2년여 만에 매년 1년씩 단계적 정년 연장·환원을 위한 새로운 단체협약이 체결된 점 등에 비추어 특별협약상의 정년 단축은 사실상 정리해고의 효과를 도모하기 위해 마련된 것이자 합리적 근거 없이 연령을 이유로 한 조합원 차별이어서 현저히 합리성을 결하여 무효라고 판단되었다. 협약의 현저한 불합리성 여부에 관한 심사기준으로 학설상 절차심사론, 내용심사론 등이 있다. 절차심사론은, 노조와 사용자 사이의 협약 내용의 정당성 여부는 원칙적으로 사법심사의 대상이 될 수 없지만(단, 현실적으로 노조가 대등한 교섭능력을 상실한 상태에서 불이익한 협약이 체결되어 심히 균형을 상실한 변경이라고 볼 수 있는 경우 등에는 사법심사의 대상이 된다고 볼 수 있음), 노조의 민주적 운영을 위해서 그리고 근로조건의 직접적인 불이익을 입는 조합원들에게 알리기 위해서 노조의 집행부가 조합원 전원의 의견을 듣는 절차를 거치는 것이 법의 정신에 합치한다고 보는 견해이다(김형배, 968-969쪽). 내용심사론은, 불리하게 변경된 협약의 내용이 일부 근로자에게만 불리한 것이든 전체 근로자에게 불리한 것이든 그 내용이 현저히 합리성을 결하여 노동조합의 목적을 벗어난 것으로 볼 수 있는 경우에 한하여 그 규범적 효력을 부인하여야 하고, 노동조합 내부에서 의견수렴절차(조합대회 등을 통한 토론이나 조합원투표 등)를 거쳤는가 여부에 따라 좌우되어서는 아니 되며, 노동조합이 특정의 근로자들을 불이익하게 취급하는 것을 의도하였는지 여부는 별도의 기준으로 삼을 필요가 없고 노동조합으로서 그러한 내용의 협약을 체결할 수밖에 없는 합리적인 이유가 있었는지 여부가 관건(노동조합이 해의를 가지고 협약을 체결하는 경우에는 합리성 결여 여부라는 잣대에 의해 충분히 걸러질 수 있기 때문에 협약의 유효성을 판단하는데 별도의 잣대로 삼을 필요는 없음)이라고 보는 견해이다(최영용, 407-408쪽).

한편, 단체협약이 현저히 합리성을 결하였는지 여부에 관한 판단의 법리는 근로조건을 불리하게 변경하는 내용의 단체협약이 무효인지 여부를 판단하는 데에 적용되는 것이지 그에 해당하지 아니함이 명백한 노사합의(예, 사용자에게는 불리하나 근로자들에게 불리한 내용을 포함하지 않는 단체협약)에는 적용될 수 없다는 것이 판례의 입장이다(대판 2007. 12. 14, 2007다18584).

◆• 참고문헌

김형배, 『노동법』, 박영사, 2014.
조용만 외, 『로스쿨 노동법 해설』, 오래, 2013.
조용만, "근로조건의 불이익변경에 관한 협약자치의 한계", 『노동법연구』 제32호, 서울대학교 노동법연구회, 2012.
조용만, "단체협약에 의한 정년 단축의 현저한 불합리성", 『노동법학』 제40호, 한국노동법학회, 2011.
최영용, "단체협약 자치의 한계", 『대법원판례해설』 제35호, 법원도서관, 2000.

84. 단체협약상 해고합의조항

－ 대법원 2007. 9. 6. 선고 2005두8788 판결(부당해고구제재심판정취소) －

이상윤(연세대 법학전문대학원)

Ⅰ. 사실관계

X회사의 Y노동조합은 2000. 11. 8.부터 2001. 1. 26.까지 파업을 실시하였다. X회사는 2003. 3. 3.에 Y노동조합 위원장(A)등을 파업기간 동안에 업무방해, 임직원 폭행·협박·감금·명예훼손, 성희롱, 회사기물 손괴, 업무방해로 인한 매출 손실, 회사 명예 실추, 기타 불법집단 행위 등을 하였다는 것을 징계 사유로 삼아 해고하였다.

X회사와 Y노동조합 사이의 단체협약은 "회사는 조합 임원에 대한 해고, 징계, 이동에 대하여는 사전에 조합과 합의한다."고 규정되어 있고, 또한 해고 사유 중의 하나로서 "고의 또는 중대한 과실로 기물을 파손하거나 또는 재산에 손해를 끼쳤을 때"를 규정하고 있다.

X회사와 Y노동조합은 2003. 2. 17.부터 2003. 4. 10.까지 5차례에 걸쳐 A등에 대한 징계에 관하여 노사협의를 벌였다. 이 과정에서 Y노동조합은 A등의 파업 중의 행위가 단체협약에 규정된 해고사유에 해당하지 아니한다는 것을 주된 이유로 A등에 대한 징계해고를 반대하여 결국 노사간에 징계해고에 관하여 합의에 이르지 못하였으나, X회사는 해고를 단행하였다.

동 사안은 단체협약상의 사전합의조항에 불구하고 X회사가 Y노동조합의 동의없이 행한 해고처분의 효력을 다루고 있다.

Ⅱ. 판결의 내용

대상판결은 노동조합이 동의할 경우에 한하여 해고권을 행사하겠다는 의미의 "해고에 대한 사전 합의조항"을 단체협약으로 규정하는 경우 합의를 거치지 아니한 해고처분은 원칙적으로 무효로 보고 있다. 또, 단체협약에 해고의 사전 합의조항을 두고 있다 할지라도 노동조합이 사전동의권을 남용하거나 스스로 사전동의권을 포기한 것으로 인정되는 경우에는 노동조합의 동의가 없더라도 사용자의 해고권 행사가 가능한 것으로 판결하고 있다. 나아가 단체협약상의 해고 사전합의조항의 효력을 유효한 것으로 보고, Y노동조합이 동 합의권 또는 동의권을 남용하지 않았음에도 불구하고 X회사가 Y노동조합의 동의없이 행한 해고는 무효라는 판결을 내리고 있다. 그리고 파업의 본질적 내용과 문제된 행위의 경위와 그 정도, 파업종료 후 노사간의 대타협 정신, 파업 종료 때부터 이 사건 징계회부 시점까지 경과된 상당한 기간, 노동조합이 제시한 해고 반대의 이유 등을 종합하여 볼 때에, 노동조합 위원장 등에 대한 해고 사유가 명백하지 않고, 노동조합이 단체협약의 사전합의 조항만을 내세워 노동조합 위원장 등에 대한 해고를 무조건 반대하였다고 볼 수도 없으므로, 노동조합이 단체협약상의 사전동의권을 남용하였다고 판단할 수는 없다고 판결하고 있다.

Ⅲ. 해설

일반적으로 대법원 판례는 단체협약상의 사전합의조항의 효력에 관하여 (ⅰ) 합의와 협의의 개념 및 구분, (ⅱ) 합의의 해석 및 효력, (ⅲ) 사전동의권 남용 등의 효력을 제시하고 있다. 평석대상인 상기 판례는 (ⅲ) 사전동의권 남용 등의 효력에 관하여 주로 분석하고 있다.

1. 합의와 협의의 개념 및 구분

원칙적으로 합의는 노동조합의 동의 또는 승락을, 협의는 노동조합의 의견청취 또는 의견교환을 말한다. 구체적으로 협의는 상대방에게 일정한 사실의 내용을 통지하거나, 납득시키는 노력을 말하며 상대방과의 의견합치를 필요로 하는 것은 아니다(대판 1992. 11. 20, 91다19463; 대판 1993. 4. 23, 92다34940).

종전에는 합의와 협의의 개념을 명확히 구분하지 않고 혼동하여 사용하여 왔으나(대판 1994. 3. 22, 93다28553), 최근에는 양자를 명확히 구분하고 있다. 예컨대, 하나의 단체협약에서 합의와 협의의 용어를 동시에 사용하는 경우 양자의 개념을 명확히 구분되는 개념으로 해석하고 있다. 대법원 판례는 단체협약에서 노동조합 간부의 인사조치에 대하여는 "합의"를, 평조합원의 인사조치에 대하여는 "협의"를 규정하여 양자를 구분하여 사용하고 있는 경우 노동조합 간부에 대한 인사조치는 노사간 의사합치를 필요로 한다고 하여, 이를 동의 또는 승낙의 개념으로 파악하고 있다(대판 1993. 7. 13, 92다50263; 대판 2012. 6. 28, 2010다38007). 한편, 경영권의 본질적 내용에 관하여

"합의"를 하도록 단체협약에서 명문으로 규정하고 있음에도 불구하고 이를 합의가 아니라 "협의"로 해석할 수도 있다고 하는 판례도 있다. 한국가스공사 사건에서 대법원 판례(대판 2003. 7. 22, 2002도7225)는 "의사표시의 해석은 표시된 문언에 따라 해석함이 원칙이나, 여기서의 문언해석은 당해 조항만이 아니라 이를 포함하는 의사표시 전체의 취지 속에서 당해 조항의 문언이 가지는 의미를 찾아야 하고, 또 그 의사표시를 하게 된 경위와 당시의 상황 및 분위기, 당위성 등을 참작하여 규범적인 해석이 필요한 경우도 있으므로, 이 사건 단체협약시행협정서 제1조의 '사전합의'를 '사전협의'의 취지로 해석한 것은 타당하다."고 판결하고 있다.

최근의 대법원 판례는 합의의 개념을 노동조합의 동의 또는 승낙으로 당연히 전제하고 이에 대한 개념은 별도로 분석하지 않고 있으며, 평석 대상인 판례도 이를 따르고 있다.

2. 단체협약상 사전합의조항의 효력

단체협약의 내용은 크게 규범적 부분과 채무적 부분으로 나누어 볼 수 있다. 단체협약상의 합의조항을 규범적 부분으로 보는 경우 동 조항을 위반하여 합리적 이유없이 동의를 받지 않고 인사처분을 하는 경우 이는 일종의 법규범 위반으로서 무효가 된다는 학설이 있다. 이에 반하여 단체협약상의 합의조항을 채무적 부분으로 보는 경우 동 조항을 위반하여 합의없이 인사처분을 하는 경우 이는 일종의 채무 위반으로서 단체협약 불이행으로 인한 손해배상책임만을 부담하며 인사처분이 반드시 무효가 되는 것은 아니라는 학설도 있다.

최근 일련의 대법원 판례는 단체협약에 규정된 합의를 하지 않고 인사조치를 행사하는

경우 이를 무효로 보고 있다. 다만, 정리해고 등 경영권의 본질적 내용의 행사에 대한 합의조항의 효력에 관하여는 판례의 태도가 갈리고 있다. 일부 판례(대판 2003. 2. 20, 2000도4169; 대판 2011. 1. 27, 2010도11030)는 정리해고 등 경영권의 본질적 내용에 관하여 노사 간 합의를 하도록 단체협약에서 규정하고 있다 할지라도 단체협약의 체결경위, 상황 및 노동조합의 책임정도 등을 종합적으로 검토하여 이를 합의가 아니라 협의로 해석할 수도 있으며 이 경우 합의를 거치지 않아도 당연히 무효로 되는 것은 아니라고 판결하고 있다. 이에 반하여 단체협약에 인사조치에 관하여 사전 합의조항을 두고 있는 경우 이를 위반하여 합의없이 행한 정리해고는 무효라는 대법원 판례(대판 2012. 6. 28, 2010다38007)도 있다. 동 판례는 정리해고는 근로자에게 귀책사유가 없는데도 사용자의 경영상 필요에 의하여 단행되는 것으로서, 정리해고 대상과 범위, 해고 회피 방안 등에 관하여 노동조합의 합리적인 의사를 적절히 반영할 필요가 있고, 노사 쌍방 간 협상에 의한 최종 합의 결과 단체협약에 정리해고에 관하여 사전 '협의'와 의도적으로 구분되는 용어를 사용하여 노사 간 사전 '합의'를 요하도록 규정하였다면, 이는 노사 간에 사전 '합의'를 하도록 규정한 것이라고 해석하여야 하고, 다른 특별한 사정없이 단지 정리해고 실시 여부가 경영주체에 의한 고도의 경영상 결단에 속하는 사항이라는 사정을 들어 이를 사전 '협의'를 하도록 규정한 것이라고 해석할 수는 없다고 판결하고 있다.

3. 사전동의권의 남용

대상판례는 단체협약에 해고의 사전 합의조항을 두고 있다 할지라도 사용자가 반드시 노동조합의 동의가 있어야만 해고권을 행사할 수 있다는 것은 아니고, 노동조합이 사전동의권을 남용하거나 스스로 사전동의권을 포기한 것으로 인정되는 경우에는 노동조합의 동의가 없더라도 사용자의 해고권 행사가 가능하다고 판결하고 있다. 이는 다른 대법원 판례에서도 공통되게 발견되는 일치된 견해이다.

대법원 판례는 노동조합이 사전동의권을 남용한 경우를 (ⅰ) 노동조합측에 중대한 배신행위가 있고 그로 인하여 사용자측의 절차의 흠결이 초래되었다거나, (ⅱ) 피징계자가 사용자인 회사에 대하여 중대한 위법행위를 하여 직접적으로 막대한 손해를 입히고 비위사실이 징계사유에 해당함이 객관적으로 명백하며 회사가 노동조합측과 사전 합의를 위하여 성실하고 진지한 노력을 다하였음에도 불구하고 노동조합측이 합리적 근거나 이유 제시도 없이 무작정 반대함으로써 사전 합의에 이르지 못하였다는 등의 사정이 있는 경우라고 판결하고 있다.

대법원 판례는 노동조합이 사전동의권을 남용한 경우를 판단함에 있어 실체적 요건과 절차적 요건을 동시에 충족시킬 것을 요구하고 있는 것으로 보인다. 우선 실체적 요건으로서 해고의 정당한 이유가 명백히 존재하여야 하며, 이러한 정당한 이유가 없는 경우 후술하는 절차적 요건을 충족시킨다 할지라도 노동조합이 사전동의권을 남용하고 있는 것에 해당하지 않는 것으로 보고 있다. 대법원 판례는 문언상 실체적 요건을 (ⅰ)에는 적용하지 아니하고, (ⅱ)에만 적용하고 있는 것으로 보이나 이는 단순한 기술상의 흠결로 보이며 법리상으로 보아 (ⅰ) 및 (ⅱ)의 양자에 모두 필요한 것으로 판단되어야 할 것이다. 해고시 정당한 이유를 필요로 하는 것은 근기법상 강행규정으로서 정당한 이유 없이 행한 해고는 설사 노동조합이 절차를 위반하였다 할지라도 유효하게 인정될 수 없기 때문이다. 한편, 절차적 요건으로서 노동조합의 귀책사유로 인하여 절차의 흠결이 초래되어 합의에 도달하지 못할 것이 요구된다. 즉, ① 합의를 위한 만남의 기회조차 제공되지 않거나, 불충분한 경우 또는 ② 만남의 기회는 제공되었으나, 노동조합이 합리적 근거없이 무조건 합의에 반대하거나, 사용자가 수락할 수 없는 불합리한 조건을 제시하는 경우 등이 이에 해당할 것이다.

평석 대상 판례는 실체적 요건의 대상으로서 징계해고만을 예시하고 있으나, 이에는 일신상의 해고 및 정리해고 등 모든 해고가 포함되는 것으로 보아야 할 것이다. 또한 징계해고의 사유로서 "피징계자가 사용자인 회사에 대하여 중대한 위법행위를 하여 직접적으로 막대한 손해를 입히고"만을 제시하고 있으나, 단체협약 및 취업규칙 등에서 인정하고 있는 모든 징계해고 사유가 이에 포함되는 것으로 보아야 할 것이다.

평석 대상 판례는 실체적 요건 및 절차적 요건을 판단하여 볼 때에 이를 모두 충족시키지 못하므로 노동조합이 사전동의권을 남용하는 것이 아니라는 판결을 내리고 있다.

◆ 참고문헌

도재형, "노동법에서의 권리남용 판례 법리", 『노동법연구』 제29호, 서울대학교 노동법연구회, 2010.
이상윤, 『노동법』, 법문사, 2012.
조용만, "노동법에서의 신의칙과 권리남용금지의 원칙-개별적 노동분쟁사건 적용례의 검토를 중심으로", 『노동법연구』 제29호, 서울대학교 노동법연구회, 2010.

85. 고용안정협약과 경영해고

— 대법원 2014. 3. 27. 선고 2011두20406 판결(부당해고구제재심판정취소) —

박수근(한양대 법학전문대학원)

Ⅰ. 사실관계

원고들은 자동차 부품을 개발, 제조 및 판매하는 회사에서 근무하며 금속노조 지회장 또는 조합원으로 활동한 근로자들이다. 상시 근로자 150여 명을 고용하였던 회사는 2009년 5월경 이 사건 근로자 19명을 포함한 26명의 근로자에 대하여 경영상 해고를 통보하였다. 이 사건 근로자들은 노동위원회에 부당해고구제를 신청하였으나, 지방노동위원회와 중앙노동위원회에서 모두 기각되자 행정소송을 제기하였다. 원고 근로자들은 1심 법원에서 패소하였지만 2심 법원에서는 부당해고 판결을 받아 승소하였고, 회사가 상고하였으나 대법원은 이를 기각한 것이 대상판결이다.

이 사건에서 경영상 해고의 경위와 내용이 복잡하고 근로자들과 회사의 입장은 다르지만, 노사 합의서와 확약서를 위반한 경영상 해고가 정당한지 여부가 핵심인바, 이에 관하여는 다음과 같은 두 가지 사항이 중요하다. 첫째, 회사는 2008년 7월경 사업장을 이전하면서 노조 지회와 "현 공장 재직인원에 대하여 고용보장을 확약한다"라는 내용의 합의서를 작성하였는바, 원고들은 그 당시 회사에 재직하고 있었으므로 이 사건 합의서의 적용을 받는다. 둘째, 회사는 2009년 1월경 노조 지회가 경영위기 타개를 위한 휴업실시 등에 협조하자 노조 지회에게 '회

사는 향후 인위적인 구조조정을 실시하지 않고 고용을 보장하기 위해 최선의 노력을 다할 것을 확약한다'는 취지의 확약서를 작성하여 주었다.

Ⅱ. 판결의 내용

대상판결은 고용안정협약에 위반하여 이루어진 정리해고는 원칙적으로 부당하다고 판단했다. 정리해고나 사업조직의 통폐합 등 기업구조조정의 실시 여부는 경영주체에 의한 고도의 경영상 결단에 속하는 사항으로서 이는 원칙적으로 단체교섭의 대상이 될 수 없으나, 사용자의 경영권에 속하는 사항이라 하더라도 그에 관하여 노사는 임의로 단체교섭을 진행하여 단체협약을 체결할 수 있고, 그 내용이 강행법규나 사회질서에 위배되지 아니하는 이상 단체협약으로서의 효력이 인정된다. 사용자가 노동조합과의 협상에 따라 정리해고를 제한하기로 하는 내용의 단체협약을 체결하였다면 특별한 사정이 없는 한 그 단체협약이 강행법규나 사회질서에 위배된다고 볼 수 없고, 나아가 이는 근로조건 기타 근로자에 대한 대우에 관하여 정한 것으로서 그에 반하여 이루어지는 정리해고는 원칙적으로 정당한 해고라고 볼 수 없다. 다만 이처럼 정리해고의 실시를 제한하는 단체협약을 두고 있더라도, 그 단체협약을 체결할 당시의 사정이 현저하게 변경되어 사용자에게

그와 같은 단체협약의 이행을 강요한다면 객관적으로 명백하게 부당한 결과에 이르는 경우에는 사용자가 단체협약에 의한 제한에서 벗어나 정리해고를 할 수 있을 것이다.

Ⅲ. 해설

1. 주장과 쟁점

근로자들은 위 합의서는 단체협약의 효력을 가지며 확약서는 노사합의이므로, 이에 위반하는 경영상 해고는 무효이고, 근기법 제24조의 경영상 해고로서 요건도 갖추지 못해 무효라고 주장한다. 이에 반하여 회사는 위 합의서는 공장이전을 빌미로 하여 고용인원을 감축하는 조치를 취하지 않기로 하는 내용에 불과하여 공장이전에만 적용할 것이고 고용보장에 관한 것이 아니며, 합의서는 당시 예상하지 못한 심각한 재정적 위기에 처하여 그 효력을 유지하는 것이 객관적으로 보아 부당하므로 정당한 해고라고 주장한다. 따라서 검토가 필요한 쟁점은 (1) 경영상 해고나 사업조직의 통폐합 등이 단체교섭의 대상이 되는지, (2) 노사 간에 작성된 합의서는 법적으로 어떤 성격이고 그 효력은 무엇인지, (3) 노사 간에 합의서를 작성한 이후 해고를 할 시점에 현저한 사정 변경이 존재하여 이를 준수하는 것이 객관적으로 불합리한지 여부가 될 것이다. 이 중에서도, 노사 간에 작성된 합의서를 둘러싼 노동관계법의 해석과 적용이 주된 쟁점이다.

2. 단체교섭의 대상과 경영상 해고

노조법에서 단체교섭의 대상에 관해 직접 규정한 것은 찾아보기 어렵고, 단체교섭의 대상을 둘러싸고 노동계와 경영계 뿐 아니라 노동

법 연구자들 사이에서도 입장이 대립한다. 특히, 경영상 해고를 포함하는 구조조정사항은 단체교섭의 대상이 되는지, 만약 노사가 이에 관해 합의를 하였다면 그 효력은 어떻게 되는지가 문제된다. 이와 관련하여 "사용자가 경영권의 본질에 속하여 단체교섭의 대상이 될 수 없는 사항에 관하여 노조와 합의하여 시행하기로 하는 단체협약의 일부 조항이 있는 경우, 체결하게 된 경위와 당시의 상황, 단체협약의 다른 조항과의 관계, 권한에는 책임이 따른다는 원칙에 입각하여 노동조합이 경영에 대한 책임까지도 분담하고 있는지 여부 등을 종합적으로 검토하여 해석하여야 한다"라는 판례도 있다(대판 2002. 2. 26, 99도5380).

단체교섭의 대상에 관해 법이 직접 개입하기 보다는 사업장의 필요성과 교섭실태를 통해 탄력적으로 해석할 가능성을 열어두고 있다. 단체교섭의 과정과 대상은 고정적인 것이 아니며, 노조의 주장사항도 유동적일 수 있는 점을 감안해야 한다. 대상판결에서, 정리해고나 사업조직의 통폐합 등 기업 구조조정의 실시 여부는 경영주체에 의한 고도의 경영상 결단에 속하는 사항으로서 이는 원칙적으로 단체교섭의 대상이 될 수 없으나, 사용자의 경영권에 속하는 사항이라 하더라도 그에 관하여 노사는 임의로 단체교섭을 진행하여 단체협약을 체결할 수 있고, 그 내용이 강행법규나 사회질서에 위배되지 아니하는 이상 단체협약으로서의 효력이 인정된다고 판단했다. 법원이 여전히 구조조정 등은 경영적 결단이 필요한 사항으로 단체교섭의 대상이 아니라거나 그 범위를 좁게 파악하고 있는 듯하여 이에 동의하기 어렵다. 그러나 노사가 합의하였고 그것이 단체협약으로 파악된다면 협약의 법리에 따라 효력을 인정해야 하는

데, 대상판결은 이를 확인하였다.

3. 노동조합 활동과 고용안정협약

1) 민주노총과 한국노총이 산하 조직에 보내는 단체협약지침에는 "조합원의 고용안정을 위해 경영상 해고를 진행하려면 노동조합과 사전에 충분히 협의하거나 합의를 요하는 고용안정 조항이 단체협약에 포함되도록 한다"라는 내용이 있다. 이와 관련하여 노조는 조합원들의 권리보호를 위해 단체협약사항을 위반한 해고 등은 무효라고 해석한다. 그러나, 경영계가 회원사 등에 보낸 단체협약지침서에는 "고용보장에 관해 단체협약에 규정하거나 별도의 고용안정 협약을 체결하지 않도록 한다"라는 내용이 포함되어 있다. 경영계에서는 이를 자신의 권한으로 자유롭게 행사할 수 있는 경영사항으로 파악하여, 노조와 합의하는 것은 부정적으로 인식하며, 가사, 체결하더라도 그 의미를 합의가 아니라 성실하게 노력하는 절차적인 협의로 해석하려고 한다.

2) 고용안정협약은 실정법상 개념이 아니라 노동현장의 실태에 의해 정리되는 것으로, 구체적인 유형과 내용은 다양할 수 있다. 예컨대, 그 유형에서 노사 합의서 자체 또는 합의서에 일부 조항이 포함된 경우이다. 만약 노사가 고용안정 등에 관해 집단적 규율을 하려고 합의하였고, 그것이 주체, 내용, 형식을 통해 단체협약으로 인정되면 그 효력이 발생하게 된다. 한편, 이 사건에서도 2008년 7월경 작성된 합의서에 관한 법적 성격에 관해 근로자들은 고용보장에 관한 단체협약으로 주장하고, 회사는 공장이전을 빌미로 하여 고용인원을 감축하는 조치를 취하지 않기로 하는 내용에 불과하다고 주장하였다. 원심법원은 회사와 노조가 고용보장을 확약하기로 합의한 점, 고용보장 이외에도 근로조건에 대해 자세하게 규정하고 있는 점, 2009년 1월에도 고용보장을 위해 최선의 노력을 다하겠다는 확약서를 작성하여 준 점 등을 종합하여 이 사건 합의서에서 고용보장 확약은 단체협약의 규범적 부분에 해당하는 것으로 판단하였다. 대상판결도 원심법원의 이러한 판단을 유지하였다.

4. 고용안정협약에 위반된 경영상 해고

1) 원칙

구조조정 등은 경영권에 속하고 단체교섭의 대상이 되지 아니한다는 측면에서 보면, 경영상 해고를 금지하는 고용보장협정이 존재하여도 근기법 제24조에 따라 경영상 해고를 진행할 수 있다고 파악할 수 있다. 그러나 노사가 경영상 해고를 하지 않겠다고 고용안정협약을 체결하였다면, 이것은 사용자가 경영상 해고를 할 수 있는 권한을 포기하였거나 노조와 합의를 통해 하겠다고 약정한 것이므로 이를 위반한 해고는 법적 효력이 부정되어야 한다. 다만, 고용안정협약의 위반으로 경영상 해고의 효력이 부정된다고 할 것인지 아니면 근기법 제24조에 위반한다고 할 것인지는 상세한 검토가 필요하다.

2) 중대한 사정변경

일반적으로 계약체결 후 중대한 사정변경이 있으면 계약 내용의 변경 또는 실효를 주장할 수 있듯이 사용자가 고용안정협약에 위반하여 해고를 한 후 중대한 사정변경이 있었다고 주장하는 경우 이를 인정할 것인지가 문제된다 (대판 2011. 5. 26, 2011두7526). 그런데 단체협약 또는 고용안정협약의 특성상 이를 준수해야 하는 자는 근로자 또는 노조가 아니라 사용자일 수 있는 점, 구조조정이 단체교섭의 대상이 되는지가 문제됨에도 불구하고 노조와 사용자가 단체교섭을 통해 이를 체결한 점, 조합원은 고용안정협약 체결 당시 예측할 수 없는 특별한 사정인지에 관해 구체적으로 알 수 없었던 점 등을 종합하면 고용안정협약에 중대한 사정변경의 원칙을 적용하는 것은 매우 신중해야 한다. 대상판결도 이러한 점을 고려하여 사용자의 주장을 인정하지 않았다.

5. 평가

경영상 해고를 포함하여 구조조정에 관한 사항이 단체교섭의 대상이 되는지는 입장이 대립되는 어려운 쟁점이다. 그러나 노사가 구조조정 등에 관해 합의하면 이를 통상적으로 고용안정협약이라고 하며, 이것이 단체협약으로 판단되면 그 법리에 따라 효력이 발생한다. 대상판결에서 구조조정 등에 관해 경영상 결단이 필요한 점을 강조하면서도 노사가 합의하였다면 그 효력을 인정해야 한다고 판단한 것은 이러한 법리를 확인한 것이다. 통상적으로 계약에서 법적 안정성 때문에 중대한 사정변경으로 인한 효력을 저지하기 어려운 것처럼, 노조가 조합원의 고용보장을 위해 단체교섭을 통해 체결한 고용안정협약에서는 이를 더욱 엄격하게 해석해야 한다. 대상판결은 고용안정협약의 효력을 제한적으로 인정한 과거 판결과 달리 그 효력을 원칙적으로 인정하여 노사자치를 실질화했다는 점에서 중요한 의미가 있다.

◆◆ 참고문헌

정인섭, "고용안정협약의 효력", 『월간 노동법률』 통권 제149호, 중앙경제사, 2003.
이광택, "고용안정협약으로 경영상 해고를 제한할 수 있는가", 『월간노동법률』 통권 제242호, 중앙경제사, 2011.
조용만, "고용안정협약을 위반한 정리해고의 효력", 『노동법학』 제38호, 한국노동법학회, 2011.
박수근, "경영상 해고와 고용안정협약", 『노동법학』 제39호, 한국노동법학회, 2011.

86. 산재유족 특별채용 단체협약 규정의 적법성

– 대법원 2020. 8. 27. 선고 2016다248998 전원합의체 판결(손해배상 등) –

권오성(성신여대 법과대학)

Ⅰ. 사실관계

소외 망인은 1985년 2월경 K자동차에 입사하여 2008년 1월경까지 간이금형반에서 금형세척작업을 고유업무로 수행하다가 2008년 2월경 H자동차의 남양연구소에 전직되어 근무하였다. 망인은 2008년 8월경 급성백혈병으로 진단받고 투병 중 2010년 7월경 사망하였고, 「산업재해보상보험법」상 산업재해로 인정되어 망인의 처와 자녀 2명은 유족급여를 지급받았다. K자동차와 H자동차가 노동조합과 체결한 각 단체협약에는 "업무상 재해로 사망한 조합원의 직계가족 1인에 대하여 결격사유가 없는 한 요청일로부터 6월 이내 특별 채용하도록 한다"라는 취지의 산재유족 특별채용 조항(이하 "이 사건 산재유족 특별채용 조항"이라고 한다)이 있었고, 이에 망인의 처와 자녀 2명은 K자동차에 대해 작업과정에서 화학물질인 벤젠 노출 기준 위반 및 미교육 등으로 근로계약관계에서 발생하는 근로자에 대한 안전배려의무 위반을 이유로 손해배상을 청구하면서, 이와 병합하여 그 중 자녀 1명은 단체협약에 근거하여 K자동차(주위적)와 H자동차(예비적)에 대해 채용에 대한 승낙의 의사표시를 구하는 소송(이하 "채용청구"라고 함)을 제기하였다.

Ⅱ. 판결의 내용

이 사건 1심법원은 피고 K자동차가 망인에 대한 안전배려의무를 위반하였다며 손해배상을 일부 인정하면서도, 피고 K자동차와 H자동차에 대한 채용청구에 대해서는 근거가 되는 산재유족 특별채용 조항이 무효임을 전제로 원고의 채용청구를 기각하였다(서울중앙지판 2015. 10. 29, 2014가합17034). 1심법원이 산재유족 특별채용 조항을 무효로 판단한 근거는 ① 특별채용에 관한 단체협약의 조항은 실질적으로 직계가족 1인에 대하여 노동자의 지위상속을 허용하는 취지로 사용자와 노동자 사이에 존재하는 특별한 인적 신뢰관계와 조화되지 않고, ② 단체교섭의 대상이 되는 사항은 근로조건의 결정에 관한 사항 및 그 밖에 근로조건의 결정에 영향을 미치는 기타 노동관계에 관한 사항에 한정되고, 기업경영과 인사에 관한 사항은 원칙적으로 단체교섭의 대상이 될 수 없으며, ③ 이 사건 산재유족 특별채용 조항은 업무능력과 관련없는 요건 충족에 의해 불특정인을 근로자로 채용할 것을 강요하는 조항으로 사용자의 고용계약 체결의 자유를 완전히 박탈하는 내용이고, ④ 단체협약을 통해 사실상 일자리를 물려주는 결과를 초래하고 나아가 사실상 귀족 노동자 계급의 출현으로 이어질 가능성도 있어 우리 사회의 정의관념에 반한다는 것이다.

이에 원고들이 항소하였는바, 원심법원은 1심판결과 이유는 다소 상이하지만 결론적으로는 산재유족 특별채용 조항이 사용자의 채용의 자유를 현저하게 제한하고 일자리를 대물림하는 결과를 초래하여 우리 사회의 정의관념에 반하며, 유족의 생계보장의 필요성이나 취업 요건 등을 따지지 않고 일률적으로 사용자에게 직계가족 등 1인에 대한 채용의무를 부과하는 방식으로 유족에게 과도한 혜택을 부여하기 때문에 민법 제103조에 위반하여 무효라고 판단하였다(서울고판 2016. 8. 18, 2015나2067268). 원심판결의 이유를 요약하면, ① 고용계약은 사용자와 노무자 간의 특수한 인적 신뢰관계가 전제되는 계약이자 장기간 계속적 급부의 제공을 내용으로 하는 계약인데, 이와 같은 성질의 고용계약을 장래 불특정 시점에 불특정인과 체결하도록 강제하는 내용의 단체협약은 사용자의 고용계약의 자유를 현저하게 제한하는 것이고, ② 결격사유가 없는 한 유족의 채용을 확정하도록 단체협약을 통하여 제도화하는 방식은 사실상 일자리를 대물림하는 결과를 초래하고 나아가 사실상 고착된 노동자 계급의 출현으로 이어질 가능성도 있어 정의관념에 반하는 것으로 보이며, ③「국가유공자 등 예우 및 지원에 관한 법률」등 법률에 근거한 취업지원 규정은 단순히 채용시험에 가점을 부과하거나 채용비율만을 정하여 일정 수준의 경쟁을 전제로 하고 이 사건 단체협약 조항과 같이 채용의무를 바로 발생시키는 것은 아닌 점 등에서 이 사건 단체협약 조항과 다르며, ④ 사용자의 보호의무 위반으로 근로자가 업무상 재해로 사망한 경우 유족의 생계보장은 금전으로 이루어지는 것이 채무불이행에 의한 손해배상의 원칙에 부합하는 방식이고, 그것으로 상당 부분 목적을

달성할 수 있고, ⑤ 이 사건 단체협약 조항은 업무상 재해로 사망한 조합원의 유족에게 생계보장이 필요한지 여부를 구체적으로 따지지 아니한 채 일률적으로 사용자에게 직계가족 1인에 대한 채용의무를 부과할 뿐만 아니라, 그 요건에 관하여 살펴보더라도 결격사유가 존재하지 아니하는 한 근로자의 능력적 측면에서는 어떠한 요건도 요구하지 아니한 채 곧바로 채용의무를 부과함으로써 과도한 혜택을 부여하고 있다는 것이다.

이에 원고가 상고하였는바, 대판 2020. 8. 27, 2016다248998 전합(이하 "대상판결"이라고 함)은 "사용자가 노동조합과의 단체교섭에 따라 업무상 재해로 인한 사망 등 일정한 사유가 발생하는 경우 조합원의 직계가족 등을 채용하기로 하는 내용의 단체협약을 체결하였다면, 그와 같은 단체협약이 사용자의 채용의 자유를 과도하게 제한하는 정도에 이르거나 채용 기회의 공정성을 현저히 해하는 결과를 초래하는 등의 특별한 사정이 없는 한 선량한 풍속 기타 사회질서에 반한다고 단정할 수 없다. 이러한 단체협약이 사용자의 채용의 자유를 과도하게 제한하는 정도에 이르거나 채용 기회의 공정성을 현저히 해하는 결과를 초래하는지 여부는 단체협약을 체결한 이유나 경위, 그와 같은 단체협약을 통해 달성하고자 하는 목적과 수단의 적합성, 채용대상자가 갖추어야 할 요건의 유무와 내용, 사업장 내 동종 취업규칙 유무, 단체협약의 유지 기간과 그 준수 여부, 단체협약이 규정한 채용의 형태와 단체협약에 따라 채용되는 근로자의 수 등을 통해 알 수 있는 사용자의 일반 채용에 미치는 영향과 구직희망자들에 미치는 불이익 정도 등 여러 사정을 종합하여 판단하여야 한다"고 하면서 이 사건 산재

유족 특별채용 조항이 선량한 풍속 기타 사회질서에 위반하여 무효라고 판단한 원심 판단에는 협약자치의 원칙과 민법 제103조에 관한 법리를 오해하여 판결에 영향을 미친 잘못이 있다고 판단하였다.

Ⅲ. 해설

1. 쟁점의 정리

소위 '단체협약상 특별채용 조항'은 사용자가 근로자를 채용할 때 노동조합이 추천하는 자 등을 특별채용하는 취지의 조항을 의미하는 말로 사용되고 있다. 우리나라의 경우, 종래 일부 공기업이나 대형 사업장에서 기업복지의 일환으로 업무상 재해로 인한 사망자, 정년퇴직자, 장기근속자의 자녀 또는 피부양가족에 대한 특별채용 등 다양한 형태의 특별채용 조항을 두는 경우가 다수 있었다. 그런데, 근래 청년의 실업률이 증가하고 동시에 취업자의 근로조건의 양극화가 심화됨으로 인하여 구직자들의 공기업 및 대형 사업장 선호도가 높아짐에 따라 단체협약상 특별채용 조항을 '고용세습' 또는 '현대판 음서제도' 등의 표현으로 비판하는 여론이 형성되었다.

이러한 사회적 배경에서, 업무상 재해로 사망한 조합원의 유족이 단체협약상 유족 특별채용 조항에 근거하여 회사에 채용의 의사표시를 할 것을 구하는 소를 제기한 사건에서 유족 특별채용에 관한 단체협약 조항의 사법상 효력이 다투어지고 있다. 이러한 산재유족 특별채용 조항의 사법상 효력에 관하여는 민법과 노동법의 두 영역에 걸쳐 ① 단체협약의 효력과 관련하여 산재유족 특별채용 조항을 어떻게 이해할 것인지(규범적 부분인지 아니면 채무적 부분인

지), ② 위 ①의 각 경우에 있어 개별적인 강행법규가 아니라 일반조항인 민법 제103조에 근거하여 산재유족 특별채용 조항의 사법상 효력을 부정하는 것이 가능한지, ③ 위 ②와 관련하여 민법 제103조에 근거한 산재유족 특별채용 조항에 대한 규범통제가 가능하다면 산재유족 특별채용 조항의 공서양속 위반 여부를 판단함에 있어 고려되어야 할 가치는 무엇인지 등 다양한 법적 쟁점이 문제된다. 한편, 위 ③과 관련하여서는 (i) 기업 스스로 '채용의 자유'를 제한하거나 포기하는 것이 허용되지 않는지('채용의 자유'가 포기할 수 없는 기본권에 해당하는지) 및 산재유족 특별채용 조항 자체가 채용의 자유를 행사한 결과는 아닌지, (ii) 특정 기업에 취업하고자 하는 일반 국민의 기대를 공서(公序)로 볼 수 있는지 등이 문제된다.

2. 민법 제103조에 의한 단체협약 통제의 가능성 및 한계

대상판결은 "단체협약이 민법 제103조의 적용대상에서 제외될 수는 없으므로 단체협약의 내용이 선량한 풍속 기타 사회질서에 위배된다면 그 법률적 효력은 배제"된다고 판시하여 단체협약도 민법 제103조에 의한 통제의 대상이 됨을 인정하면서도, "단체협약이 선량한 풍속 기타 사회질서에 위배되는지 여부를 판단할 때에는 앞서 본 바와 같이, 단체협약이 헌법이 직접 보장하는 기본권인 단체교섭권의 행사에 따른 것이자 헌법이 제도적으로 보장한 노사의 협약자치의 결과물이라는 점 및 노동조합법에 의해 그 이행이 특별히 강제되는 점 등을 고려하여 법원의 후견적 개입에 보다 신중할 필요가 있다."고 판시하여 민법 제103조를 근거로 단체협약의 내용을 통제함에 있어서 기본적으

로 헌법이 형성한 법질서로서의 노동3권과 협약자치를 존중해야 한다는 태도를 명확히 하였다.

3. 채용의 자유와 사용자의 처분가능성

대상판결은 헌법상 직업선택의 자유와 재산권 등에 기초하여 사용자에게 채용의 자유가 있음을 확인하면서도, "다만 사용자는 스스로 이러한 자유를 제한할 수 있는 것이므로, 노동조합과 사이에 근로자 채용에 관하여 임의로 단체교섭을 진행하여 단체협약을 체결할 수 있고, 그 내용이 강행법규나 선량한 풍속 기타 사회질서에 위배되지 아니하는 이상 단체협약으로서의 효력이 인정된다."고 판시하여 사용자 스스로 자신의 채용의 자유를 제한하는 단체협약을 체결하는 것이 가능하다는 점을 명확히 하였다.

4. 산재유족 특별채용 조항과 사회연대

대상판결은 "근로기준법과 산재보험법에 따른 보상은 최소한의 것일 뿐 충분한 보호나 배려라고 보기는 어렵다. 가족의 생계를 담당하던 근로자가 사망하는 경우 유족들이 생계에 어려움을 겪으리라는 것은 통상적으로 예상할 수 있다. 이러한 어려움을 고려하여 사용자가 부담할 재해보상 책임을 보충하거나 확장하는 내용의 이 사건 산재유족 특별채용 조항은 사회적 약자를 배려하여 실질적 공정을 달성하는 데 기여한다고 평가할 수 있다."고 판시하여 이 사

건 특별채용 조항이 산재유족의 보상과 보호라는 목적을 달성하기 위해 유효적절한 수단이라고 판단하였다. 나아가 김선수 대법관과 김상환 대법관은 다수의견에 대한 보충의견에서 "가족이라는 부양공동체의 유지를 위해 업무상 재해로 사망한 근로자가 수행하던 직업을 유족이 승계하도록 하는 것은 피해의 원상회복에 가장 가까운 방식으로도 볼 수 있다."라고 설시하여 이 사건 특별채용 조항이 사회연대에 기여하는 측면이 있음을 긍정하였다.

5. 평가

대상판결은 산재유족 특별채용에 관한 제반 법적 쟁점에 대한 학계의 다양한 의견을 수렴하여 단체협약과 민법 제103조의 관계, 채용의 자유의 근거와 처분가능성, 채용의 자유와 채용의 공정성의 관계, 산재유족 특별채용 조항의 법정 외 재해보상으로서의 성격 및 부양공동체의 보호 필요성 등에 관한 체계적인 판단을 제시하였다는 점에서 의의가 크다.

◆ 참고문헌

권오성, "산재유족 특별채용의 법적 쟁점", 『사회보장법연구』 제9권 제2호, 서울대 사회보장법연구회, 2020.
권오성, "산재유족 특별채용 조항의 적법성", 『사회보장법학』 제9권 제1호, 한국사회보장법학회, 2020.
박수근, "업무상 재해를 당한 조합원의 가족채용에 관한 단체협약의 효력", 『노동리뷰』 통권 제140호, 한국노동연구원, 2016.

87. 단체협약의 효력 확장

— 대법원 2003. 12. 26. 선고 2001두10264 판결(부당해고및부당노동행위재심판정취소) —

전형배(강원대 법학전문대학원)

Ⅰ. 사실관계

원고 X1은 1985. 8. 9, 원고 X2는 1987. 2. 5. 자동차제조업을 영위하는 Y1에 각 입사한 후 1993. 1. 1. 자동차판매업을 영위하는 Y2로 자동 전입되어, 원고 X1은 관리직 4급 사원으로 송도출고사무소에서, 원고 X2는 관리직 3급 대리로 직판부 직판 3팀에서 각 근무하면서 원고 X1은 Y2 노동조합의 사무지부 지부장으로, 원고 X2 사무지부 회계감사로 활동하여 왔다. Y2는 원고 X1이 1998. 4. 16. 및 4. 17. 회사의 사전승인 없이 외출한 후 귀사하지 아니하였고, 원고들이 4. 22.부터 4. 24.까지 무단결근하고, 타 직원들에 대한 인사명령과 징계에 개입하여 6. 15.부터 6. 29.까지 사이에 본사 사무실에서 소란을 피우고 본사 정문 앞에서 회사를 비방하는 유인물을 배포하면서 농성을 벌여 근태불량(무단결근, 무단미귀사), 규율질서문란, 회사의 대외적 명예훼손, 지시불이행, 업무방해를 하였다는 이유로 취업규칙 제88조 제1, 2, 4, 8, 10호 및 제67조 제1호를 적용하여 7. 31. 원고 X2를, 8. 19. 원고 X1을 각 징계해고 하였다. 원고들은 자신들에 대한 이 사건 징계해고가 부당해고 및 부당노동행위임을 주장하여 인천지방노동위원회에 부당해고 및 부당노동행위 구제신청을 하였다가 기각되자 이에 불복하여 중앙노동위원회에 재심신청을 하였으나, 중앙노동위원회는 원고들의 재심신청을 모두 기각하였고 이어 1심 및 2심 행정소송에서도 원고들은 모두 패소판결을 받았다. 이에 원고들은 대법원에 상고를 하였다.

한편, Y2와 Y2 노동조합 사이에 체결된 단체협약 제3조는 협약의 적용범위에 관하여 "이 협약은 회사와 조합 및 조합원에게 적용한다."고 규정하면서도 제6조에서는 조합원의 범위에 관하여 "회사의 종업원 중 다음 각 호에 해당하는 자를 제외하고는 조합원이 될 수 있다."라고 규정하고 조합원이 될 수 없는 자의 범위에 관하여 5급(관리직, 기술직) 이상 직급 사원으로 규정하고 있었다. 한편, 단체협약 제30조는 "회사는 조합의 임원 및 전임자에 대한 해고, 정직 등 징계시에는 사전에 조합의 동의를 얻어야 한다."라고 규정하고 제50조는 "다음 각 호의 해당자를 제외하고는 징계할 수 없으며 반드시 인사위원회의 의결을 거쳐 징계할 수 있다."라고 규정하고 있었다.

Ⅱ. 판결의 내용

원고들은 상고심에서 노조법 제35조의 규정에 따라 단체협약이 원고들에게 적용되며 따라서 노동조합의 동의를 받지 아니한 징계는 부당하다고 주장하였다. 이에 대하여 대법원은 단체협약의 일반적 구속력으로서 그 적용을 받게 되는 '동종의 근로자'라 함은 당해 단체협약의 규정에 의하여 그 협약의 적용이 예상되는 자를 가리키며, 단체협약의 규정에 의하여 조합원의 자격이 없는 자는 단체협약의 적용이 예상된다고 할 수 없어 단체협약의 적용을 받지 아니한다고 전제하였다. 이에 따라 징계해고 당시 단체협약 제6조에 규정된 조합원의 범위에 해당되지 아니하는 원고들은 단체협약의 규정에 따른 조합원의 자격이 없는 자이므로 단체협약의 적용이 예상된다고 할 수 없고 따라서 원고들을 노조법 제35조에 따라 단체협약의 일반적 구속력을 받는 동종의 근로자라고 할 수도 없다고 보아 원고들의 상고를 기각하였다.

Ⅲ. 해설

1. 일반적 구속력의 취지

노조법 제35조는 하나의 사업 또는 사업장에 상시 사용되는 동종의 근로자 반수 이상이 하나의 단체협약의 적용을 받게 된 때에는 당해 사업 또는 사업장에 사용되는 다른 동종의 근로자에 대하여도 당해 단체협약이 적용된다고 규정하고 있다. 위 규정의 취지에 대해서는 몇 가지 견해가 있다. 하나는 단체협약의 실효성을 확보함으로써 노동조합의 유지·강화에 이바지하는 제도로 파악하는 견해로서 비정규근로자들이 낮은 근로조건으로 노동력을 제공하는 것을 저지함으로써 노동조합을 보호하기 위한 것이라는 주장이다(김형배, 953쪽). 다른 하나는 노동조합의 활동이 기업 단위로 이루어진다는 점을 강조하면서 미조직근로자의 보호에 그 중심이 있다는 견해가 있다(김유성, 194쪽). 절충적 견해로는 노동조합뿐만 아니라 비조합원 모두를 보호하려는 취지로 이해하는 견해도

있다(임종률, 167쪽).

2. 일반적 구속력의 적용 요건

일반적 구속력이 인정되려면, 법문이 규정한 각 요건을 모두 충족하여야 하는데 이러한 요건은 성립요건일 뿐만 아니라 존속요건으로 본다. 따라서 효력확장의 요건이 상실된 경우에 그때부터 협약의 효력이 확장되지 아니한다고 해석한다.

"하나의 사업 또는 사업장"의 의미에 관해서는 개인사업체 또는 독립된 법인격을 갖춘 회사와 같이 경영상의 일체를 이루면서 계속적·유기적으로 운영되고 있는 하나의 기업조직을 의미한다는 견해가 있고(김형배, 954쪽), 하나의 기업이 수개의 사업장으로 구성되어 있는 경우 각각의 사업장을 하나의 사업 또는 사업장으로 해석하여야 한다는 견해도 있다(김유성, 194쪽). 전자의 견해는 기업내 근로조건의 통일적 규율을 중시하는 것인 반면, 후자의 견해는 각 사업장에 고유한 환경, 근로의 종류, 작업 방법 등을 강조하는 것이다. 그러나 후자의 견해도 은행과 같이 다수의 사업장이 존재하더라도 근로환경상의 특수성이 인정되지 않는 경우에는 사업장 전체가 하나의 사업장이라고 본다.

"상시 사용되는 근로자의 수"는 사실상 계속적으로 사용되는 근로자의 수로서 근로자의 지위나 계약기간의 장단 혹은 근로계약상의 명칭에 구애됨이 없이 객관적으로 판단하여 상태적으로 존재하는 사용 근로자의 수를 산정한다(대판 1992. 12. 22, 92누13189). 따라서 일용직, 임시직 근로자도 상시 사용 근로자의 수에 포함된다.

"동종의 근로자"란 단체협약의 적용 또는 확장 적용이 예상되는 자를 의미한다는 견해가

있다. 이에 따르면 단체협약상 조합원의 자격이 없는 자는 일반적 구속력의 적용대상이 될 수 없다. 또 조합원의 자격이 있더라도 단체협약이 특정 기능직 혹은 일반직 근로자를 적용대상으로 특정하고 있는 때에는 그 범위에 해당하는 자만이 동종의 근로자가 된다(김형배, 955쪽). 그러나 위 제도의 취지를 미조직 근로자의 보호라고 보는 견해는 위 규정의 강행성을 강조하여 단체협약의 규정상 조합원 자격이 없더라도 동종의 업무를 수행하는 자라면 역시 일반적 구속력의 적용대상이 된다고 해석한다(김유성, 195쪽). 후자의 견해는 특히 임시로 고용된 근로자에게 단체협약을 적용하는 실익도 있다.

"하나의 단체협약이 적용"된다는 표현은 반드시 기업 단위의 노동조합이 체결한 단체협약만을 의미하지 아니하며 해당 사업장의 반수 이상의 동종 근로자에게 적용되는 것이면 산업별·지역별·직종별 노동조합이 체결한 단체협약이더라도 확장적용의 대상이 된다고 본다. 그리고 교섭대표노동조합이 사용자와 체결한 단체협약에 대해서도 당연히 일반적 구속력이 인정된다.

3. 일반적 구속력의 효과

단체협약의 구속력 중 효력이 확장되는 것은 규범적 부분에 한정된다. 채무적 부분을 제외하는 이유는 채무적 부분은 협약당사자간의 관계를 규율하는 것을 내용으로 하기 때문이라고 설명한다. 따라서 단체협약의 적용을 받는 자는 사용자에 대하여 법률상 당연히 단체협약에서 정한 기준적 급부에 대하여 청구권을 취득한다. 미조직 근로자에게 단체협약이 확장되는 경우 단체협약의 내용보다 근로계약의 내용이 유리한 때에는 근로계약의 내용이 그대로

적용된다. 이는 확장되는 단체협약상의 근로조건이 표준적 기준으로서 작용하는 것이 아니라 미조직 근로자의 최저근로조건으로 작용하기 때문이라고 설명한다. 다만, 확장적용되는 근로조건이 미조직 근로자의 기존 근로조건보다 불리한 경우에도 그 적용을 긍정하는 견해(임종률, 171쪽)가 있는 반면, 이를 부정하는 견해(김유성, 197쪽; 김형배, 957쪽)도 있다. 특히, 문제가 되는 것은 경영정상화를 위한 상여금·휴가비 등을 반납하는 것을 내용으로 하는 단체협약이 체결되었을 때 그것이 미조직 근로자에 대해서도 확장적용되는지 여부인데 판례가 이를 긍정적으로 보고 있다는 해석론이 있다(대판 2005. 5. 12, 2003다52456 참고. 김형배, 957쪽). 한편, 기업별 노조의 단체협약의 효력이 확장되면 창구단일화 제도 하에서는 원칙적으로 산업별·지역별·직종별 노동조합이 가지는 고유한 단체교섭권이나 단체협약체결권은 제한된다고 해석하는 견해가 있다(김형배, 957쪽).

4. 동종의 근로자에 대한 대상판결의 해석론

대상판결은 단체협약의 일반적 구속력을 인정하기 위한 요건 중 하나인 동종의 근로자의 의미를 단체협약의 규정에 의하여 그 협약의 적용이 예상되는 자로 한정하고 있다. 따라서 동종의 업무를 수행하는 미조직 근로자라고 하더라도 협약의 적용이 단체협약을 통하여 명시적으로 배제되는 경우에는 일반적 구속력의 적용이 없다. 이러한 취지는 종전 판례에서도 반복적으로 확인되고 있고 관련 분쟁의 유형에 있어서도 대부분을 차지한다. 이러한 대법원의 입장은 제도의 강행적 성격보다는 협약 당사자의 의사해석을 중시하는 입장이라고 이해할 수

도 있다(대판 1995. 12. 22, 95다39618; 대판 1997. 4. 25, 95다4056; 대판 2003. 12. 26, 2001두10264; 대판 2004. 1. 29, 2001다5142).

5. 보론 – 단체협약의 지역적 구속력

한편, 노조법 제36조 제1항은 '지역적 구속력'이라는 표제 하에 하나의 지역에 있어서 종업하는 동종의 근로자 3분의 2이상이 하나의 단체협약의 적용을 받게 된 때에는 행정관청은 당해 단체협약의 당사자의 쌍방 또는 일방의 신청에 의하거나 그 직권으로 노동위원회의 의결을 얻어 당해 지역에서 종업하는 다른 동종의 근로자와 그 사용자에 대하여도 당해 단체협약을 적용한다는 결정을 할 수 있다고 규정한다.

지역단위의 구속력 확장제도의 취지는 일정한 지역에서 지배적인 의의를 가지는 단체협약상의 기준을 그 지역의 동종 근로자를 위한 최저기준으로 함으로써 사용자 상호간의 근로조건 저하 경쟁 및 이로 인한 불공정 경쟁과 분쟁을 방지하려는데 있다. 다만, 지역적 구속력은 그 인정요건이 매우 엄격하므로 우리나라 노사관계의 특수성상 실제로 인정되는 경우는 극히 드물다는 한계가 있다.

지역적 구속력의 효력 범위와 관련하여 종래 학설은 미조직 근로자가 확장 적용될 단체협약보다 유리한 근로조건으로 근로계약을 체결한 경우 협약구속력은 미조직 근로자나 그들이 설립한 노동조합에까지 확장되지 않는다고 보았다.

대법원도 지역적 구속력의 효력 확장 범위와 관련하여 헌법 제33조 제1항은 노동3권을 보장하는 규정이므로 노동조합이 독자적으로 이미 별도의 단체협약을 체결한 경우에는 그 협약이 유효하게 존속하고 있는 한, 지역적 구속력 결정의 효력은 그 노동조합이나 그 구성원인 근로자에게는 미치지 않는다고 판단하였고, 나아가 협약 외의 노동조합이 별도로 체결하여 적용받고 있는 단체협약의 갱신체결이나 보다 나은 근로조건을 얻기 위한 단체교섭이나 단체행동을 하는 것 자체를 금지하거나 제한할 수도 없다고 판단하였다(대판 1993. 12. 21, 92도2247).

◆ 참고문헌

강선희, "단체협약 확장제도의 재조명", 『노동법학』 제50호, 한국노동법학회, 2014.
고태관, "단체협약의 일반적 구속력", 『변호사』 제28권, 서울지방변호사회, 1998.
김유성, 『노동법 Ⅱ』, 법문사, 2000.
김형배, 『노동법』, 박영사, 2014.
이흥재, "단체협약 효력확장의 요건 – '동종의 근로자'와 '하나의 단체협약'을 중심으로", 『노동법의 쟁점과 과제』(김유성교수 화갑기념논문집), 법문사, 2000.
임종률, 『노동법』, 박영사, 2014.

88. 단체협약의 해지통보

― 대법원 2016. 3. 10. 선고 2013두3160 판결(단체협약 시정명령 취소) ―

장영석(법학박사)

I. 사실관계

A노동조합(원고)과 X사, Y사 사이의 각 단체협약에는 '협약의 유효기간이 만료되더라도 갱신 체결 시까지 협약의 효력이 지속되며, 유효기간 만료를 이유로 어느 일방이 단체협약을 해지할 수 없다'라는 조항(단체협약 해지권 제한 조항)이 있다. 행정관청(피고)은 이 조항이 노조법 제32조 제3항 단서에 위반된다는 이유로 단체협약 시정명령을 위한 의결을 노동위원회에 요청하였고, 노동위원회가 노조법에 위반된다고 의결하자, A노동조합에게 위 조항의 시정을 명령하였다. 이에 A노동조합은 단체협약 해지권 제한 약정은 자율적인 자기 구속으로서 노사자치(협약자치)의 원칙상 당연히 허용되고, 사용자의 해지권 남용을 제한할 현실적인 필요도 있으므로, 단체협약에서 노조법 제32조 제3항 단서와 달리 정하더라도 위법하다고 할 수 없다며 단체협약 시정명령 취소소송을 제기하였다.

II. 대상판결의 내용

단체협약에 그 유효기간 경과 후에도 새로운 단체협약이 체결되지 아니한 때에는 새로운 단체협약이 체결될 때까지 종전 단체협약의 효력을 존속시킨다는 취지의 불확정기한부 자동

연장조항이 있는 경우에는 그에 따르되, 단체협약의 당사자 일방이 단체협약을 해지하고자 하는 날의 6월 전까지 상대방에게 통고함으로써 단체협약을 해지할 수 있다는 단체협약 해지권 규정(노조법 §32 ③ 단서)에 대하여 대상판결은, "노조법 제32조 제1항 및 제2항에서 단체협약의 유효기간을 2년으로 제한한 것은, 단체협약의 유효기간을 너무 길게 하면 사회적·경제적 여건의 변화에 적응하지 못하여 당사자를 부당하게 구속하는 결과에 이를 수 있어 단체협약을 통하여 적절한 근로조건을 유지하고 노사관계의 안정을 도모하고자 하는 목적에 어긋나게 되므로, 그 유효기간을 일정한 범위로 제한하여 단체협약의 내용을 시의에 맞고 구체적 타당성이 있게 조정해 나가도록 하자는 데에 그 뜻이 있"고, 노조법 제32조 제3항 단서는 "위와 같이 단체협약의 유효기간을 제한한 입법 취지에 따라 당사자가 장기간의 구속에서 벗어날 수 있도록 하는 한편 당사자로 하여금 새로운 단체협약의 체결을 촉구하기 위한 것"이므로, 위 각 규정의 내용과 입법 취지 등을 종합하면, "단체협약의 유효기간을 제한한 노조법 제32조 제1항 및 제2항이나 단체협약의 해지권을 정한 제32조 제3항 단서는 모두 성질상 강행규정이라고 볼 것이어서, 당사자 사이의 합의에 의하더라도 단체협약의 해지권을 행사하지 못하도록 하는 등 그 적용을 배제하는 것

은 허용되지 않는다"고 하였다. 그리고 원심이 인용한 제1심판결(대전지판 2012. 1. 18, 2011구합183)은, 단체협약 해지권 제한 규정에 대하여 "노사 쌍방이 새로운 단체협약 체결을 위해 노력함에도 불구하고 노사 간의 의견 불일치로 인하여 그 체결이 지연되는 경우, 노사 쌍방이 새로운 단체협약 체결의 의지 없이 교섭이 이루어지지 않아 새로운 협약이 체결되지 않는 경우뿐만 아니라 사용자·노동조합 일방이 부당하게 교섭을 지연하는 등 노사 간의 신뢰를 위반하는 행위로 인하여 새로운 협약을 체결하지 못하는 경우에도 그 단체협약의 해지 가능성을 원천적으로 배제함으로써 어떠한 예외도 인정하지 아니하고 유효기간 만료 후의 단체협약 체결권을 미리 제한하거나 박탈하는 내용을 담고 있으므로" 강행규정인 제32조 제3항에 위반된다고 하였다.

Ⅲ. 해설

1. 대상판결의 의의

대상판결은, 노조법 제32조 제3항 단서 규정의 강행규정성을 인정하고, 단체협약이 그 유효기간 경과 후에도 불확정기한부 자동연장조항에 따라 계속 효력을 갖는 동안에는 단체협약 당사자 어느 일방이 그 단체협약을 해지할 수 없도록 한 단체협약 해지권 제한 조항은 무효라고 밝힌, 첫 대법원 판결이라는 데 의의가 있다.

2. 대상판결의 검토

1) 제32조 제3항 단서 규정의 취지

단체협약 해지권 규정은 1996. 12. 제정 노조법(1997. 3. 현행 노조법 제정으로 폐지)부터 존재해왔다(1998. 1차 개정에서 3월 전까지 해

지통고를 6월 전까지로 늘림). 해당 규정의 취지는, 노조법 제32조 제1항 및 제2항에도 불구하고 단체협약 자치의 원칙을 어느 정도 존중하면서 단체협약의 공백 발생을 가급적 피하려는 목적에서 불확정기한부 자동연장조항을 허용하되, 단체협약의 유효기간을 제한한 입법 취지가 훼손됨을 방지하면서 종전 단체협약의 장기간 구속에서 단체협약 당사자가 벗어날 수 있도록 하고, 아울러 새로운 단체협약의 체결을 촉구하기 위하여, 당사자 일방이 단체협약을 해지하고자 하는 날의 6월 전까지 사전통고로 언제든지 불확정기한부 자동연장조항으로 그 효력이 존속되는 종전 단체협약을 실효시킬 수 있게 하려는 것이다(대판 2015. 10. 29, 2012다71138 및 대상판결). 한편 위와 같은 취지를 고려하면, 불확정기한부 자동연장조항으로 그 효력이 존속되는 단체협약의 유효기간을 노조법 제32조 제1항 및 제2항에 따라 일률적으로 2년으로 제한할 필요는 없다(위 2012다71138). 단체협약 해지권 규정이 강행규정인지는 별론으로 하고(아래 2)), 단체협약의 공백 발생을 피하려는 당사자의 의사를 존중하는 것이 협약자치의 원칙에 부합하기 때문이다.

2) 제32조 제3항 단서 규정의 강행규정성

불확정기한부 자동연장조항에 따라 그 효력이 존속되는 종전 단체협약에 있는 단체협약 해지권 제한 조항이 유효한지는 노조법 제32조 제3항 단서 규정을 강행규정으로 볼 수 있는지와 관련 있다.

노조법 제32조 제3항 단서 규정은 강행규정이라는 견해는, 사회적·경제적 여건의 변화에 적응하지 못하여 당사자를 부당하게 구속하는 결과에 이를 수 있으므로, 유효기간을 2년으로

제한하고(§32 ①, ②), 또한 단체교섭의 계속에도 불구하고 단체협약이 체결되지 않으면 일정 기간(3월)까지만 효력을 갖게 하거나 불확정기한부 자동연장조항이 있더라도 사전 해지통고로 단체협약을 해지할 수 있도록 함으로써(§32 ③ 본문 및 단서) 새로운 단체협약의 체결을 촉구하기 위한 제32조의 전체 취지와 체계에 비추어, 제32조 제3항 단서 규정은 강행규정이라고 한다. 이 견해에 따르면 단체협약 해지권 제한 조항은 무효가 된다. 대상판결도 그러하다(무효설).

반면 노조법 제32조 제3항 단서 규정은 강행규정이 아니라는 견해는, 단체협약의 해지에 따른 단체협약의 공백을 피할 필요가 있고, 그 필요에 따라 단체협약 해지권을 제한함으로써 단체협약을 매개로 계속되어 온 노사관계의 규율에 공백이 발생하지 않게 하려는 당사자의 의사도 존중하여야 하며(협약자치), 해당 규정은 단체협약을 해지할 수 있다고만 규정하여 해지 가능성을 부여하였을 뿐이고, 단체협약을 해지할 수 있어야만 단체협약의 체결이 촉구된다고 단언할 수 없으며, 형성권인 해지권의 포기도 가능하다는 등의 이유로 제32조 제3항 단서 규정은 강행규정이 아니라고 한다. 특히 협약자치를 존중하여 자동연장조항의 유효기간을 일률적으로 2년으로 제한할 수 없다면(대판 2015. 10. 29, 2012다71138), 마찬가지로 단체협약의 해지권을 제한하려는 당사자의 의사도 존중하여야 한다고 생각할 수 있다. 이 견해와 생각에 따르면 단체협약 해지권 제한 조항은 유효하게 된다(유효설).

한편, 단체협약 해지권 제한 조항이 무효라고 하더라도, 그 제한이 원천적·전면적이지 않는 범위의 해지권 제한, 예를 들어 해지사유를 몇 가지로 한정하여 해지권을 제한하거나, 단체협약 중 일부 사항(예를 들어 노동조합 전임자, 사무소, 체크오프 등 편의제공이나 이미 사업장 안에서 규범화되어 계속 운영이 요구되는 제도 등)에 대하여는 해지권을 제한하고 계속 효력을 존속시키는, 그러한 제한까지 무효라고 할 것은 아니다. 이처럼 종전 단체협약의 한정적·부분적 유지를 통해 향후 노사관계의 규율에 공백이 발생하지 않게 하려는 당사자의 의사를 존중하더라도, 단체협약 해지권 규정의 취지가 완전히 무의미하게 되는 것은 아니기 때문이다.

3. 관련 문제

1) 해지권 행사의 요건

불확정기한부 자동연장조항에 따라 그 효력이 존속되는 종전 단체협약의 해지는, 단체협약 당사자 일방이 해지하려는 날의 6월 전까지 통고하면 된다. 이때 단체협약에 사전통고 기간을 6월보다 짧게 정할 수 있다는 견해도 있으나, 현행 노조법에서 그 기간을 3월에서 6월로 늘린 이유가 사용자의 해지권 남용을 예방하기 위함이라고 할 때 6월은 최소기간이라고 할 수 있다. 그리고 새로운 단체협약의 체결을 위한 단체교섭을 계속하였음에도 새로운 단체협약을 체결하지 못한 경우여야만 해지권을 행사할 수 있는 것은 아니다(대판 2002. 3. 26, 2000다3347). 한편, 종전 단체협약에서 해지권 또는 해지사유를 한정적·부분적으로 제한하지 않았다면, 해지사유와 해지 사항에 제한은 없다.

2) 해지권 행사와 부당노동행위

단체협약의 해지는 그 요건만 갖추면 가능하지만, 헌법으로 보장한 노동3권과의 조화를 이루는 범위 안에서 행사되어야 한다. 따라서 너무나도 자의적이고 노사관계의 안정을 해치려는 목적의 해지는, 해지권의 남용 또는 부당노동행위가 될 수 있다. 특히 해당 사업장에서 그동안 형성되어온 노사관계의 상황과 사용자의 노동조합이나 조합활동에 대한 태도, 새로운 단체협약을 체결하기 위한 단체교섭 당시의 노사관계(첨예하게 대립하고 있는 경우), 단체협약의 해지시기(사용자가 성실하게 단체교섭을 하지 않으면서도 유효기간이 지나기도 전에 또는 지나자마자 단체협약 해지통고부터 한 경우), 새로운 단체협약 체결을 위한 교섭에서 사용자가 요구한 교섭사항과 노동조합의 수용 가능성(노동조합의 존립이나 활동에 부정적인 영향을 미치는 사항을 합리적 이유 없이 고집하는 경우), 사용자의 교섭 태도(사용자가 교섭에 전혀 응하지 않거나 형식적인 교섭일 뿐 성실한 교섭이 이루어지지 않은 경우), 단체협약의 해지(단체협약의 효력 상실)를 통해 사용자가 얻으려는 목적, 단체협약의 해지가 노동조합과 조합원에게 미친 영향 등에 비추어, 사용자가 성실한 교섭을 통한 새로운 단체협약의 체결보다는 노동조합의 약체화를 노린 단체협약 해지라면 지배개입의 부당노동행위가 될 수 있다. 나아가 단체협약의 해지 이후에도 노동조합의 약체화를 노려 조합활동의 기초가 되는 노동조합 전임자 등 기본적인 편의제공에 대한 사용자의 동의 거부도 부당노동행위가 될 수 있다(중노위 2017. 2. 10, 중앙2016부노202. 소 취하 확정).

4. 과제

대상판결 이후 대상판결과 같은 사례는 대판 2016. 4. 29, 2014두15092 판결밖에 없는 것으로 확인된다. 단체협약 해지권 제한 조항을 둔 단체협약도 거의 발견되지 않고 있다. 따라서 대상판결처럼 법적 다툼이 벌어질 가능성은 이제 없을 것으로 보이기도 한다. 그런데 단체협약 해지권 제한 조항의 체결 배경은 특히 노동조합의 약체화를 노린 사용자의 해지권 남용 또는 부당노동행위에 대한 노동조합의 우려라고 할 때, 대상판결처럼 무효설을 취하게 되더라도, 그러한 우려에 유의하여 해지권 남용 또는 부당노동행위 법리를 통해 단체협약 해지권 규정에 대한 적극적인 규율이 필요하다고 생각한다.

◆▶ 참고문헌

강선희, "단체협약 해지의 법리", 『노동법학』 제33호, 한국노동법학회, 2010.
노상헌, "단체협약 해지통고의 법적 쟁점" 『사법』 제34호, 사법발전재단, 2015.
정영훈, "단체협약의 일방적 해지에 대한 부당노동행위 판단—일본의 법리를 중심으로", 『노동법논총』 제19집, 한국비교노동법학회, 2010.
노동법실무연구회, 『노동조합 및 노동관계조정법 주해Ⅱ』, 박영사, 2015.
菅野和夫, 『労働法 Ⅱ』 제11판 보정판, 2017.

89. 단체협약 종료의 효과

— 대법원 2009. 2. 12. 선고 2008다70336 판결(부당해고등) —

박종희(고려대 법학전문대학원)

Ⅰ. 사실관계

원고들(X)은 피고(Y)에 고용된 근로자로 이 사업장에 조직된 노동조합(A노조)의 임원 등을 맡고 있던 자들이다. 종전 2004년 단체협약('구 단체협약')이 2006. 2. 28.자로 유효기간이 만료되자 Y와 A노조는 같은 해 3. 3.부터 새로운 협약체결을 위해 교섭을 진행하였으나 조합원 자격문제가 제기되면서 교섭이 결렬되었다. 이에 A노조는 조정 및 쟁의행위 찬반투표의 절차를 거쳐 2006. 4. 6.부터 11. 6.까지 전면파업을 그 이후에는 부분파업을 하였고, 2007. 1. 22.에서야 새로운 단체협약('신 단체협약')을 체결하였다. 한편 Y는 교섭중인 2006. 3. 14. 유효기간 만료를 이유로 구 단체협약의 해지를 A노조에 통보하였다. 파업도중 업무방해금지가처분 결정도 있었고, X의 일부는 업무방해로 벌금형을 받기도 했다. 파업도중 Y는 X를 비롯한 파업가담자에 대해 징계절차를 착수하였다. 2006. 9. 27.과 9. 29.에 징계위원회(사측 5명·노측 4명으로 구성)를 소집하였으나 A노조는 쟁의행위기간 중 조합원에 대한 징계를 금지하고 있는 구 단체협약의 규정을 이유로 징계위원회 구성을 거부하였다. 결국 2006. 10. 10. 소집된 제3차 징계위원회에서 사측 징계위원만 참여한 가운데 X에 대해 파면결정을 하였다. Y는 2007. 2. 1. X에 대한 징계처분결과를 한 단계 경감한 해임(징계해고)으로 결정하였고, X의 요구에 따라 2007. 2. 28. 징계재심의원회가 개최되었으나 A노조의 불참 상태에서 진행되어 해고로 확정되었다.

이에 X는 위 징계해고가 쟁의행위기간 중 징계를 금지하고 있는 구 단체협약에 위반하여 무효라고 주장하는 반면, Y는 2006. 3. 14. 단체협약 해지를 통보한 이상 노조법 제32조 제3항 단서 규정에 따라 6개월 경과로 실효되었으니 그 이후에 이루어진 징계해고에 대해서는 구 단체협약의 관련 규정이 적용될 수 없다고 주장하였다. 이에 1심과 항소심 모두 X에 대한 해고는 절차 위반의 부당해고로 판단하였고, 이에 Y가 불복하여 대법원에 상고하였다.

Ⅱ. 판결의 내용

대상판결은 "단체협약이 실효되었다고 하더라도 임금, 퇴직금이나 노동시간, 그 밖에 개별적인 노동조건에 관한 부분은 그 단체협약의 적용을 받고 있던 근로자의 근로계약의 내용이 되어 그것을 변경하는 새로운 단체협약, 취업규칙이 체결·작성되거나 또는 개별적인 근로자의 동의를 얻지 아니하는 한 개별적인 근로자의 근로계약의 내용으로서 여전히 남아 있어 사용자와 근로자를 규율하게 되고, 단체협약 중 해고사유 및 해고의 절차에 관한 부분에 대하여도 이와 같은 법리가 그대로 적용"된다는 종래 판례(대판 2000. 6. 9, 98다13747; 대판 2007. 12. 27, 2007다51758 등)를 전제한 뒤, 쟁의기간 중 징계 등의 인사조치를 할 수 없도록 정한 구 단체협약의 조항은 개별적인 노동조건에 관한 부분이므로 구 단체협약이 Y의 해지통보 및 소정 기간의 경과로 실효되었다고 하더라도 신 단체협약이 체결되기까지는 여전히 X와 Y 사이의 근로계약의 내용으로서 유효하게 존속하는 것으로 보았다. 대상판결은 정당한 파업기간 중에 징계위원회를 개최하여 X에 대해 파업기간 중의 행위를 이유로 파면을 결의한 것은 구 단체협약의 조항을 위반한 것으로 징계절차상 중대한 하자가 있으므로 이에 따른 징계해고를 무효로 판단한 원심을 인용하여 Y의 상고를 기각하였다.

Ⅲ. 해설

1. 대상판결의 의의 및 쟁점

단체협약은 그 종료사유(유효기간의 만료, 해지 등)를 불문하고 종료된다면 별도의 약정이 없는 한 협약상의 모든 권리·의무는 실효하고 그 이후 아무런 효력도 가지지 않는다. 단체협약의 종료 이후에 그 효력을 존속시킨다는 취지의 별도 입법이 없는 우리나라의 경우 여후효(사후적 효력, Nachwirkung)는 성립되지 아니하며 실효(失效)하게 된다. 그런데 단체협약이 종료된 이후에도 새로운 협약이 체결되지 않아 무협약상태가 초래된 경우 종전 협약의 적용을 받던 근로관계 및 노사관계에 관한 규정은 어떻게 되는가의 문제가 발생한다. 대법원은 협약 실효 후의 근로관계에 대해서 2000년 첫 판결(대판 2000. 6. 9, 98다13747)을 좇아

앞의 [판결의 내용]과 같이 판시하였다. 외국의 경우 이러한 무협약의 공백상태를 방지하기 위해 입법적으로 해결하고 있는데, 하나는 단체협약이 만료된 이후에도 종전 협약의 근로조건이 새로운 단체협약·취업규칙 등으로 변경되기 전까지 계속 적용되거나 효력을 갖는다는 취지를 명시한 입법례(독일·오스트리아·프랑스)이며, 다른 하나는 단체협약의 근로조건에 관한 규정이 근로계약으로 편입되도록 하여 협약이 종료하더라도 근로계약으로 계속 존속한다는 취지를 명시한 입법례(스위스·네덜란드)이다. 외국과 같이 명시적인 입법이 없는 우리나라의 경우 해석론으로 그 흠결을 보충하여야 한다. 대상판결은 이러한 입법적 흠결을 해석론으로 보충하여 단체협약의 실효 후에도 종전 협약에 의해 규율받던 근로조건이 공백상태가 되는 것을 방지하였다는 점에 중요한 의의가 있다.

대상판결이 제시한 논지에서의 쟁점은 협약 실효 후 근로관계의 운명에 대한 위와 같은 결론을 도출한 판례의 논거가 화체설에 기반하고 있는지 아니면 외부규율설에 기반하고 있는지이다. 이는 본질적으로 단체협약의 법적 성질을 무엇으로 파악하느냐의 문제로 소급될 수 있다. 다음으로는 실효된 단체협약의 근로조건을 대체·변경하는 새로운 단체협약 및 개별합의가 있는 경우 이들 상호간의 효력관계를 어떻게 이해할 것인가이다. 나아가 대상판결에서 언급하지는 않았지만 실효된 이후의 종전 협약에 의해 규율되던 집단적 노사관계에 관한 규정은 어떻게 되는가에 대한 문제도 또 다른 쟁점을 이룬다.

2. 단체협약 실효 후 근로관계: 화체설?·외부규율설?

대상판결은 어떠한 논거로 단체협약이 실효

되었음에도 불구하고 협약상의 근로조건은 이를 변경하는 새로운 단체협약 등이 없는 한 근로계약의 내용으로 남아 사용자와 근로자를 계속 규율한다고 보았는지를 명시적으로 밝히지 않았다. 때문에 학계에서는 판결을 둘러싸고 각 입장에 따라 해석이 갈라진다.

1) 하나는 화체설(化體說, 편입설)의 입장이다. 단체협약의 내용이 근로계약의 구성요소로 전환된다거나 근로관계로 자동적으로 화체된다는 견해이다(이를 협약의 자동적 효력이라 칭하고 인정하고 있다). 판례가 '개별적인 노동조건에 관한 부분은 그 단체협약의 적용을 받고 있던 근로자의 근로계약의 내용이 되어', '개별적인 근로자의 근로계약의 내용으로서 여전히 남아'라고 언급한 점을 들어 화체설에 입각한 것으로 해석한다. 화체설의 입장에서는 단체협약이 실효되더라도 근로관계의 내용으로 편입된 부분은 여전히 근로계약으로 존속하게 되므로 공백상태는 발생하지 않는다(김형배, 975쪽; 임종률, 179쪽).

2) 다른 하나는 외부규율설의 입장이다. 단체협약의 규정이 근로계약의 구성요소로 전환되는 것이 아니라 마치 법규범과 같이 외부에 직접 근로관계의 내용을 형성하는 규준으로서 규율한다는 견해이다. 이 입장에서는 외부에서 규율하던 단체협약이 실효하게 되면 그 순간부터 규율하던 노동법원(法源)으로서의 단체협약은 더 이상 존재하지 않게 되어 이의 규율을 받던 근로관계는 공백상태에 빠질 수 있다. 외부규율설은 공백상태를 메우는 방안으로 다양한 해석론을 제시하고 있으나 종전 협약상 근로조건의 기준에 따라 이미 형성된 근로관계는 실효 후에도 그대로 유지된다는 측면에서 결론을 같이 하고 있다(김유성, 210쪽). 대상판결이 '사용자와 근로자를 규율하게'된다는 표현을 사용함으로써 외부규율설의 입장에서 판단한 듯한 여지도 남기고 있다.

3) 어느 견해를 취하든 협약실효 후 협약상 근로조건은 그대로 근로관계에 존속한다는 점에서 일치한다. 화체설은 단체협약 실효 후 근로관계에 관한 문제를 해결하는 데에는 강력한 설득력을 줄 수 있지만 이 학설이 안고 있는 법리적인 문제점(계약설의 입장으로서 근로계약 당사자의 계약적 매개행위의 필요, 근로계약과 취업규칙 관계에서 근로조건 불이익 변경의 문제, 유리성 원칙을 인정하는 입장에서는 유리성 원칙과의 충돌문제 등. 강선희, 63쪽 이하)이 있다. 한편 외부규율설은 단체협약이 갖는 규범적 효력을 현행법 체계(노조법 §33)내에서 잘 설명하는 장점을 가지고 있으나, 실효 후의 근로관계에 대해서 명쾌한 답을 주지 못하며, 상황에 따라 유동적 해석이 가능하게 되어 근로조건에 대한 예견가능성을 주지 못하며 또한 집단적 근로조건결정 질서의 안정성을 꾀하지 못하는 단점을 가지고 있다. 대상판결이 화체설도 외부규율설도 아니고 애매하게 표현한 점에 비추어 쉽사리 어느 견해를 취하는 데에 어려움이 있었던 것으로 보인다. 그럼에도 불구하고 판례는 명백하게 그 논거를 밝힐 필요가 있다. 나아가 입법적 개선방안을 모색하는 것도 하나의 방안이 될 것이다.

3. 단체협약 실효 후 근로조건의 변경

협약 실효 후 '여전히 남아 있는' 종전 협약상의 근로조건을 변경하는 방식은 대상판결을 해석하는 입장에 따라 설명하는 방식은 다르지만 결론에서 차이가 없다. 단체협약이 실효된다면 어떠한 효력도 없으나 종전 협약상의 근로조건이 근로계약에 화체되어 존재하거나(화체설), 종전 협약상 근로조건의 기준에 따라 이미 형성된 근로관계는 그대로 유지된다(외부규율설). 어느 견해이든 결국 종전 협약상의 근로조건은 개별 근로관계차원에서 남아 있는 것이므로 이를 불리하게 변경하는 것은 단체협약·취업규칙으로 또는 개별적 동의로도 가능하다. 대상판결이 '새로운 단체협약, 취업규칙이 체결·작성되거나 또는 개별적인 근로자의 동의'라 언급한 것도 이와 같은 맥락이다(독일 등의 입법례와 같이 단체협약이 그 종료 후에도 계속 적용되거나 효력을 갖는 것으로 해석하더라도 계속 적용되는 단체협약은 강행적 효력도 탈락되며, 유리성 원칙도 배제되기 때문에 여후효 기간동안은 근로관계에 대해 직접적 효력만이 있으므로 개별 근로계약이나 경영협정으로 불리하게 변경하는 것이 가능하다).

4. 협약 실효 후에도 남아 있는 단체협약의 부분과 집단적 노사관계

대상판결은 단체협약이 실효되었다는 것을 전제로 '임금, 퇴직금이나 노동시간, 그 밖에 개별적인 노동조건에 관한 부분'은 계속 근로관계에 남아 사용자와 근로자 사이를 규율한다고 판시하였다. 즉 단체협약의 내용 중 개별근로계약으로 화체될 만한 성질의 것 또는 근로계약에 대해 규범적 효력을 미칠만한 것이다. 이것이 바로 '근로조건 기타 근로자의 대우에 관한 기준'(노조법 §33 ①)이다. 대상판결은 해고의 사유 및 해고의 절차에 관한 규정은 이 근로조건에 해당한다고 보았다(대판 2007. 12. 27, 2007다51758도 마찬가지임).

단체협약은 그 종료로 그것이 근로조건의 기준이든 협약당사자만을 구속하는 부분이든 모두 실효하므로 집단적 노사관계와 관련된 부분도 단체협약이 종료함에 따라 더불어 실효한다. 단체협약이 유효기간의 만료로 실효한 경우 협약상의 노조전임규정도 효력을 상실하므로 사용자의 원직복귀명령에 불응한 노조전임자의 해고는 정당한 것으로 보았다(대판 1997. 6. 13, 96누17738).

◆◆ 참고문헌

강선희, "단체협약 종료의 효과와 새로운 대안의 모색", 『산업관계연구』 제20권 제3호, 한국노사관계학회, 2010.
김유성, 『노동법 Ⅱ』, 법문사, 2000.
김형배, 『노동법』, 박영사, 2014.
박종희, "단체협약 종료 후 근로관계에 대한 법적 검토", 『노동법률』 2009년 7월호, 중앙경제.
임종률, 『노동법』, 박영사, 2014.

90. 경영권과 노동3권

― 대법원 2003. 7. 22. 선고 2002도7225 판결(업무방해) ―

김성진(전북대 법학전문대학원)

Ⅰ. 사실관계

정부는 1999. 11. 12. 가스 산업의 경쟁력확보 등을 목적으로 한국가스공사법에 의해 설립된 한국가스공사의 일부 사업부문을 민영화하는 내용의 '가스 산업 구조개편안'을 발표하고 관련입법을 추진하였다. 이에 피고인들이 간부로 있는 한국가스공사노동조합은 노조법상 쟁의행위절차를 거친 후, 정부가 추진하는 민영화계획이 인력감축을 수반하여 고용불안을 초래하게 된다는 점을 주된 이유로 하여 파업을 진행하였다. 이에 대해 검사는 피고인들의 이 사건 파업은 중재시의 쟁의행위를 금지하는 노조법 제63조에 위배되는 등 그 시기, 절차 등에 있어서도 정당성이 없을 뿐만 아니라, 주로 정부의 가스 산업 구조개편정책에 반대하면서 한국가스공사의 민영화를 저지시키려는 의도에서 이루어진 것으로 그 목적에 있어서도 정당성이 없는 불법쟁의행위라고 주장하면서 피고인들을 업무방해죄로 기소하였다. 이 사건에서는 대법원이 취하고 있는 쟁의행위의 정당성 요건 중, 목적의 정당성이 인정되는지 여부가 핵심 쟁점으로 다루어졌다.

Ⅱ. 판결의 내용

1) 경영권의 의미와 내용: 헌법 제23조 제1항은 '모든 국민의 재산권은 보장된다'라고 규정하고 있고, 제119조 제1항은 '대한민국의 경제질서는 개인과 기업의 경제상의 자유와 창의를 존중함을 기본으로 한다'라고 규정함으로써, 우리 헌법이 사유재산제도와 경제활동에 관한 사적자치의 원칙을 기초로 하는 자본주의 시장경제질서를 기본으로 하고 있음을 선언하고 있다. 헌법 제23조의 재산권에는 개인의 재산권 뿐만 아니라 기업의 재산권도 포함되고, 기업의 재산권의 범위에는 투하된 자본이 화체된 물적 생산시설 뿐만 아니라 여기에 인적조직 등이 유기적으로 결합된 종합체로서의 '사업' 내지 '영업'도 포함된다. 그리고 이러한 재산권을 보장하기 위하여는 그 재산의 자유로운 이용·수익뿐만 아니라 그 처분·상속도 보장되어야 한다. 한편 헌법 제15조는 '모든 국민은 직업선택의 자유를 가진다'라고 규정하고 있는 바, 여기에는 기업의 설립과 경영의 자유를 의미하는 기업의 자유를 포함하고 있다. 이러한 규정들의 취지를 기업활동의 측면에서 보면, 모든 기업은 그가 선택한 사업 또는 영업을 자유롭게 경영하고 이를 위한 의사결정의 자유를 가지며, 사업 또는 영업을 변경(확장·축소·전환)하거나 처분(폐지·양도)할 수 있는 자유를 가지고 있고, 이는 헌법에 의하여 보장되고 있는 것이다. 이를 통틀어 경영권이라고 부르기도 한다.

2) 경영권과 노동3권의 충돌문제의 해결:

(두 권리를) 조화시키는 한계를 설정함에 있어서는 기업의 경제상의 창의와 투자의욕을 훼손시키지 않고 오히려 이를 증진시키며 기업의 경쟁력을 강화하는 방향으로 해결책을 찾아야 함을 유의하여야 한다. 왜냐하면, 기업이 쇠퇴하고 투자가 줄어들면 근로의 기회가 감소되고 실업이 증가하게 되는 반면, 기업이 잘 되고 새로운 투자가 일어나면 근로자의 지위도 향상되고 새로운 고용도 창출되어 결과적으로 기업과 근로자가 다함께 승자가 될 수 있기 때문이다. 그리고 이러한 문제의 해결을 위해서는 추상적인 이론에만 의존하여서는 아니 되고 시대의 현실을 잘 살펴 그 현실에 적합한 해결책이 모색되어야 한다.

3) 경영권의 단체교섭(쟁의행위)의 대상성: 구조조정이나 합병 등 기업의 경쟁력을 강화하기 위한 경영주체의 경영상 조치에 대하여는 원칙적으로 노동쟁의의 대상이 될 수 없다고 해석하여 기업의 경쟁력 강화를 촉진시키는 것이 옳다. 물론 이렇게 해석할 경우, 우선은 그 기업에 소속된 근로자들의 노동3권이 제한되는 것은 사실이나 이는 과도기적인 현상에 불과하고, 기업이 경쟁력을 회복하고 투자가 일어나면 더 많은 고용이 창출되고 근로자의 지위가 향상될 수 있으므로 거시적으로 보면 이러한 해석이 오히려 전체 근로자들에게 이익이 되고 국가경제를 발전시키는 길이 된다. 뿐만 아니라 근기법 제31조(현행 §24)는 구조조정 등으로 인한 정리해고에 관하여 그 요건을 엄격하게 규정하고 있고, 근로자들과의 사전협의를 필수적인 절차로 규정하고 있으며, 그 효력에 대하여는 사법심사의 길이 열려 있다. 또한 근참법은 경영사항을 포함한 광범위한 영역에서 노사가 협의하도록 제도화하고 있다. 이러한 사정을

종합하여 보면 위와 같은 해석이 결코 노동3권의 본질적 내용을 침해하거나 헌법 및 노동관계법의 체계에 반하는 해석이라 할 수 없다.

4) 그 외 대상판결은 경영권에 속하는 사항으로 단체교섭의 대상이 될 수 없는 사항에 관하여 노조와 '합의'하여 결정 혹은 시행하기로 하는 단체협약조항의 효력에 대해 '사전협의'로 축소하는 해석을 하였다.

Ⅲ. 해설

1. 경영권의 의미와 내용

노동3권과 달리 헌법은 사용자의 경영권을 기본권으로 규정하고 있지 않다. 그와 같은 이유로 경영권의 권리로서의 실체가 인정되는지 여부에 관하여 논란이 있어 왔다. 경영권의 권리성을 부정하는 견해(김유성, 144쪽)는 이를 인정할 법적인 근거가 없다거나 경영권의 내용으로 파악되는 것들이 경영에 귀속하는 권리의 집합체로서 사실상 파악되는 것에 불과한 단순한 사실상·정책적 개념에 불과하다고 한다. 경영권의 권리성을 긍정하는 견해(박종희, 27쪽)는 경영권은 기업주의 경제활동의 자유를 보장하는 모든 기본권의 기능적인 면이 결집하여 이루어지는 기업주의 기본권으로서 집합개념으로서의 권리로 이해한다.

대법원은 이 문제에 대해 대상판결 이전부터 '사용자의 재량적 판단이 존중되어야 할 기구 통폐합에 따른 조직변경 및 업무분담 등에 관한 결정권은 사용자의 경영권에 속하는 사항'(대판 2001. 4. 24, 99도4893)이라거나 '기업의 구조조정 실시여부는 경영주체에 의한 고도의 경영상 결단에 속하는 사항'(대판 2002. 2. 26, 99도5380)이라는 등 부분적으로 경영권

에 관한 사항을 언급하는 판결을 하다가 대상판결에서 헌법상 기업의 경영권이 인정되는 근거와 성격을 분명히 설시하였다.

헌법전이 완결된 규범이 아니고, 헌법의 개방성을 전제로 한다면 근거규정이 없다는 이유로 경영권을 부정할 수는 없다. 다만, 관련 근거규정들을 통해서 그 내용을 형성하는 것이 중요한데, 대상판결에서 언급된 내용을 보충하면 헌법 제10조에서 도출된 일반적 행동자유권, 제14조(거주이전의 자유), 제21조(결사의 자유) 등을 들 수 있다. 이를 토대로 경영권의 의미와 내용을 설명하면 경영권은 헌법 제119조의 규정을 통해 확인되고 국가에 의해서 보장된 경제질서체제 하에서, 거주이전의 자유가 보장되고 개인 혹은 결사의 자유를 통해 형성된 경제주체가 재산권보장 규정을 통해 재산을 형성할 동기를 가지고, 헌법 제10조에 기반을 둔 일반적 행동자유권을 통해 경제생활의 영역에서 구체적으로 계약을 체결하고, 영업을 수행하는 등의 경제적 활동을 할 수 있는 경제적 자유권이라 설명할 수 있다. 경영권의 구체적인 내용은 물적 자산과 인적 자산(근로자의 노동력)의 결합체로서의 사업체(사업)를 소유하고 운영할 수 있는 권리, 사업체의 운영에 대한 경영상의 의사결정권으로 이루어져 있다.

2. 경영권과 노동3권의 충돌문제의 해결

대상판결은 경영권과 노동3권이 충돌하는 경우 해결 방향에 대해서는 '기업의 경제상의 창의와 투자의욕을 훼손시키지 않고 오히려 이를 증진시키며 기업의 경쟁력을 강화하는 방향으로 해결책을 찾아야' 한다고 한다. 기본권 충돌의 해결법리인 규범조화적 해결의 관점에서 보면 노동권을 고려하지 않은 완전히 사용자의

경영권에 경도된 관점이다. 대상판결은 그 이유에 대해서 '기업이 먼저 잘 되어야 근로자도 좋다'고 설명한다. 그러나 이는 경제학계의 한 관점일 뿐이고 통론도 아니다. 반대 관점(근로자를 잘 대우해줘야 소비가 늘고, 그에 따라 기업과 경제가 산다)은 완전히 무시하고 있다. 대상판결이 '이러한 문제의 해결을 위해서는 추상적인 이론에만 의존하여서는 아니 되고 시대의 현실을 잘 살펴야' 한다고 하였지만 대법원의 방향성을 보면 말 그대로 추상적인 이론(이념)에 경도된 것이고, 시대의 현실을 제대로 살핀 것도 아니다.

3. 경영권의 단체교섭(쟁의행위)의 대상성

이 문제에 대해 대법원은 대상판결 이전부터 "기업의 구조조정의 실시 여부는 경영주체에 의한 고도의 경영상 결단에 속하는 사항으로서 이는 원칙적으로 단체교섭의 대상이 될 수 없고, 그것이 긴박한 경영상의 필요나 합리적인 이유 없이 불순한 의도로 추진되는 등의 특별한 사정이 없는 한 노동조합이 그 실시를 반대하기 위하여 벌이는 쟁의행위에는 목적의 정당성은 인정할 수 없다."(대판 2002. 2. 26, 99도5380)고 하여 부정하고 있었고, 대상판결도 이에 따른 판결이다.

이 문제는 노동법학계에서 가장 논란이 많은 전통적인 주제이기도 한데, 이를 제한적으로 긍정하는 견해(김유성, 145쪽)는 경영에 관한 사항이라도 근로조건과 밀접한 관련(혹은 중대한 영향)이 있는 경우에는 단체교섭의 대상이 된다고 보며, 부정하는 견해(김형배, 71-73쪽)는 경영상의 결정 그 자체와 그에 따른 실행조치를 구분하여 경영상의 결정 그 자체가 근로조건에 영향을 미치더라도 단체교섭의 대상이

될 수 없다고 한다. 이에 대해 대상판결의 경우처럼 기본권 충돌의 문제로 접근하면서 양 기본권의 본질적인 내용을 규명하는 방법으로 이 문제를 해결하고자 하는 견해(김성진a, 220-223쪽)는 경영권의 본질은 그 재산(사업체)에 있으므로 재산으로서의 사업체의 (양적)변동을 초래하는 (단, 기존 근로자들의 근로조건에 직접 영향을 끼치지 않는) 경영상의 결정은 단체교섭의 대상이 될 수 없다고 본다. 구체적으로 보면, 재산으로서의 사업체의 양적변동을 초래하지 않는 상태에서의 인력구조조정은 경영권의 본질적인 내용에 해당하지 않으므로 단체교섭의 대상이 된다. 사업체의 양적변동을 초래하면서 이루어지는 구조조정(사업의 일부폐지·양도 등)에 관한 결정은 경영권의 본질적인 내용에 해당되어 단체교섭의 대상으로 되지 않는다. 다만, 사업체의 변동 과정에서 남게 되는 개별 근로자들(조합원)의 근로조건에 관한 문제는 단체교섭의 대상이 된다. 대상판결에서 문제가 된 공기업의 민영화문제는 일부 사업이 민영화되더라도 그 사업의 성격이 공기업이 담당해야 할 공적업무로서의 성격이 사라지는 것이 아니므로 여전히 공기업의 업무로서의 성격이 유지되는 것이고, 그에 따라 노조원들의 근로조건에 영향을 끼칠 수 있는 사안이므로 단체교섭의

대상이 되어야 함은 물론이다. 한편, 대상판결의 논리 중 경영상해고제도나 근참법상의 제도를 부정논리로 들고 있는 것은 이들 제도들이 노동3권의 보호취지나 보호수준과 현저히 차이가 있다는 점에서 부적절하다.

전체적으로는 대상판결이 경영권에 경도된 입장에서 사업체의 양적변동을 초래하지 않는 구조조정에 관한 사안이 단체교섭의 대상이 되지 않는다고 해석하는 것이 "결코 노동3권의 본질적 내용을 침해하거나 헌법 및 노동관계법의 체계에 반하는 해석이라 할 수 없다."고 하나 그렇지 않다. 근로조건에 관한 내용 중, 가장 중요한 인력구조조정에 관한 문제에서조차 노동조합이 단체교섭의 문턱에 설 기회조차 봉쇄하는 대상판결은 노동3권의 본질적인 내용을 침해하는 것이다.

◆● 참고문헌

김성진, "경영권의 단체교섭대상여부 – 기본권충돌이론의 적용을 통한 해결 –", 『노동법학』 제45호, 한국노동법학회, 2013 [김성진a].
김성진, "구조조정과 고용안정협약의 효력", 『노동법학』 제46호, 한국노동법학회, 2013 [김성진b].
김유성, 『노동법 Ⅱ』, 법문사, 2000.
김형배, "단체교섭과 경영권", 『노동법학』 제18호, 한국노동법학회, 2004.
박종희, 『경영권에 관한 연구』, 노동경제연구원, 2004.

91. 찬반투표절차를 거치지 않은 쟁의행위의 정당성

－ 대법원 2001. 10. 25. 선고 99도4837 전원합의체 판결(업무방해) －

이상윤(연세대 법학전문대학원)

Ⅰ. 사실관계

A사에 설립된 노동조합의 대전 지부장, 지부 교육선전부장 및 지부 조사통계부장인 피고인들은 1998. 5. 6.부터 그 달 12.까지 파업을 주도하여 노동조합 조합원 약 200명을 A사 대전 생산기술원의 구내식당에 모이게 한 다음 생산활동을 전면 중단하고 각종 집회를 개최하였다.

이 과정에서 중앙노동위원회의 조정 종료 후에 노동조합의 조합원 총회를 거쳐 조합원 대다수가 참여하는 파업을 실시하였으나, 조합원 총회에서 파업실시에 대한 찬반투표를 실시하지 않았다. 이에 대하여 검찰은 위 파업이 정당성을 상실한 것으로 판단하고, 파업참가자들을 업무방해죄로 형사 기소하였다.

Ⅱ. 판결의 내용

1. 다수의견

대상판결의 다수의견은 파업찬반투표를 거치지 아니한 쟁의행위의 정당성을 부정하고 있으며, 정당성을 상실한 파업에 참가한 상기 피고인들에 대하여 일률적으로 업무방해죄를 적용하여 그 성립을 긍정하고 있다. 즉, "쟁의행위를 함에 있어 조합원의 직접·비밀·무기명투표에 의한 찬성결정이라는 절차를 거쳐야 한다는 파업찬반투표 규정은 노동조합의 자주적이

고 민주적인 운영을 도모함과 아울러 쟁의행위에 참가한 근로자들이 사후에 그 쟁의행위의 정당성 유무와 관련하여 어떠한 불이익을 당하지 않도록 그 개시에 관한 조합의사의 결정에 보다 신중을 기하기 위하여 마련된 규정이므로 위의 절차를 위반한 쟁의행위는 그 절차를 따를 수 없는 객관적인 사정이 인정되지 아니하는 한 정당성이 상실된다."고 판결하고 있다.

대상판결은 전원합의체 판결로서 '조합찬반투표를 거치지 아니하고 쟁의행위에 나아간 경우에도 조합원의 민주적 의사결정이 실질적으로 확보된 경우에는 쟁의행위가 정당성을 상실한다고 볼 수 없다'는 기존의 대법원 판례(대판 2000. 5. 26, 99도4836)를 변경한 것이다.

2. 소수의견

소수의견인 반대의견도 다수의견과 마찬가지로 조합원의 찬반투표를 거치지 아니한 쟁의행위는 정당성이 상실된다고 하는 견해를 일반론으로서 받아들이고 있다. 다만, 소수의견은 조합원의 찬반투표에 관한 정당성을 판단함에 있어 손해배상 또는 내부 징계 등 민사사건이나 행정사건에 적용되는 법리를 업무방해죄라는 형사책임을 묻는 형사사건에 그대로 적용하는 것은 타당하지 않다는 견해를 제시하고 있다. 즉, 쟁의행위의 정당성을 논함에 있어 형사처벌을 면하기 위한 정당성의 인정과 민사상

또는 노동법상 책임을 면하기 위한 정당성의 인정 사이에는 차이가 있을 수 있다고 한다. 형법상의 업무방해죄는 파업에 참가한 모든 조합원들에게 일률적으로 적용되어서는 아니되며, 파업참가 정도 및 역할 등을 감안하여 개별적으로 적용되어야 한다는 견해를 취하고 있다.

결론적으로, 소수의견은 "조합원의 찬반투표절차 없이 쟁의행위를 개시하였음을 이유로 이를 업무방해죄로 형사처벌하는 대상은 그와 같은 찬반투표 없이 쟁의행위를 하기로 하는 결정을 주도하거나 적극 관여한 자에 한정되는 것이고, 그러하지 아니하고 노동조합 집행부의 지시에 따라 쟁의행위에 단순히 가담한 조합원은 업무방해죄로 처벌대상이 되지 않는 것으로 봄이 상당하다."면서, 피고인들은 노동조합 지부의 간부들로서 그 지부에서의 쟁의행위를 수행하였음에 불과하므로 업무방해죄의 처벌대상이 되지 않는다고 본다.

Ⅲ. 해설

1. 쟁점

대상판결은 파업찬반투표를 실시하지 않고 행한 파업의 정당성 여부에 관하여 판결하고 있으며, 이 과정에서 정당성을 상실한 파업에 참가한 조합원들에 대한 업무방해죄의 적용에 관하여 다수의견과 소수의견으로 나뉘고 있다.

2. 종전의 학설 및 판례

1) 파업찬반투표와 쟁의행위의 정당성

파업찬반투표를 거치지 아니한 파업의 정당성 여부에 관하여 정당성을 인정하는 긍정설과 이를 부정하는 부정설이 대립하여 왔다. 긍정설에 따르면 파업찬반투표는 내부적 의사결정절차에 불과하며 따라서 파업찬반투표절차는 노동조합 내부의 문제이므로 설사 동 절차에 흠결이 있다 할지라도 외부적인 파업의 정당성 여부에 영향을 미치지 아니한다고 한다. 파업찬반투표절차에 흠결이 있다는 것은 ① 파업에 관한 조합원 전체 의사를 확인하지 않았거나, 확인하였다 할지라도 파업 찬성 조합원이 과반수를 넘지 못한 경우와 ② 노조법 제41조 제1항에 규정된 직접·비밀·무기명 투표방법에 따라 파업찬반투표를 실시하지 않았으나, 파업에 실질적으로 찬성한 조합원이 과반수를 넘은 경우를 말한다. 파업찬반투표절차를 순수한 노동조합 내부의 문제로 보아 외부적인 파업의 정당성 여부에 영향을 미치지 아니하는 것으로 볼 때에는 위 두 가지 경우 어느 것에 해당한다 할지라도 파업의 정당성과는 무관하다 할 것이다. 이에 반하여 부정설에 따르면 파업찬반투표는 노동조합의 자주적이고 민주적인 운영을 도모함에 있어 필수불가결하고 파업은 노동조합에 의하여 주도되어야 하는 소위 공인파업이어야 하는 바 파업찬반투표를 거치지 아니하고는 이를 확인할 수가 없으므로 파업찬반투표의 실시는 파업의 정당성 확보에 반드시 필요하다고 한다. 부정설을 따르는 경우에도 조합원의 민주적 의사결정이 실질적으로 확보된 때에는 설사 직접·비밀·무기명 투표방법을 따르지 아니하는 경우라 할지라도 노동조합의 자주적이고 민주적인 운영을 도모할 수 있지 않는가 하는 의문이 제기될 수 있음은 물론이다.

종전의 대법원 판례도 상기 학설 대립을 반영하여 개별 사안마다 서로 다른 판결이 제시되었다. 다만, 어떠한 대법원 판례를 따를지라도 공통적으로 "조합원의 민주적 의사결정이 실질적으로 확보"될 것을 요구하고 있으며, 다만, 이 과정에서 반드시 '직접·비밀·무기명 투표방법'을 따라야 되는지에 관하여만 견해를 달리하고 있다. 즉, 종전 판례가 노동조합 총회에서 파업에 관한 조합원 전체 의사를 확인하지 않았거나, 확인한 결과 파업 찬성 조합원이 과반수를 넘지 못한 경우에도 파업의 정당성을 인정하였던 것은 아니었다.

2) 업무방해죄의 적용

정당성을 상실한 파업에 대하여 업무방해죄를 적용시키는 것에 대하여, 학설은 긍정설과 부정설로 대립하여 왔으며, 부정설도 적용을 완전히 배제하자는 견해와 구체적인 사안별로 적용이 검토되어야 한다는 견해로 나뉘어 왔다. 대법원 판례는 종전에는 긍정설의 입장을 취하였다.

3. 대상판결의 평가

1) 파업찬반투표와 쟁의행위의 정당성

대상판결의 경우 다수의견 및 소수의견 모두 '직접·비밀·무기명 투표방법'에 의한 파업찬반투표를 거치지 아니한 파업은 정당성을 상실하는 것으로 판단하고 있다. 기존 대법원 판결(대판 2000. 5. 26, 99도4836)은 파업찬반투표는 파업의 정당성 여부와 관련이 있으나, 다만 파업에 실질적으로 찬성한 조합원이 과반수를 넘은 경우에는 반드시 '직접·비밀·무기명 투표방법'에 의한 파업찬반투표를 거치지 않더라도 파업이 정당성을 상실하는 것은 아니라는 견해를 취하고 있다. 즉, '직접·비밀·무기명 투표방법'에 의한 파업찬반투표를 거치지 아니하고 이와 다른 방법으로도 조합원의 실질적 의사를 확인할 수 있다는 입장을 취하고 있는 것이다. 이에 반하여 대상판결은 파업찬반투표를 실시하되, 그 방법에 있어서도 '직접·비밀·무기명 투표방

법'에 의한 파업찬반투표만이 유효하다는 입장을 취하고 있다. 즉, '직접·비밀·무기명 투표방법' 이외의 다른 방법으로는 조합원의 실질적 의사를 확인할 수 없다는 입장을 취하고 있으며 따라서, '위임에 의한 대리투표, 공개결의나 사후결의, 사실상의 찬성간주' 등의 방법을 용인하지 않고 있다. 이렇게 볼 때에 기존의 판결과 대상판결은 파업찬반에 있어 조합원 과반수의 실질적 의사를 확인하여야 한다는 점에서는 일치된 입장을 보이고 있으나, 실질적 의사의 확인 방법에 있어 전자는 '직접·비밀·무기명 투표방법' 이외의 다른 방법을 인정하고 있지만, 후자는 '직접·비밀·무기명 투표방법'에 의한 파업찬반투표 이외의 다른 방법을 인정하지 않는다는 점에서 차이점을 보이고 있다.

한편, 대상판결은 조합원의 찬반투표를 거치지 아니한 쟁의행위는 그 절차를 따를 수 없는 '객관적인 사정'이 인정되지 아니하는 한 정당성이 상실된다고 하고 있다. 이는 객관적인 사정이 존재하는 경우 조합원의 찬반투표를 거치지 아니하여도 파업의 정당성이 인정될 수 있다는 것을 의미한다. 이 경우 객관적 사정이 과연 무엇인지에 관한 의문이 제기될 수 있으나 이에 관하여 언급하고 있는 판결은 발견되지 않고 있다. 사용자가 지배·개입 등 부당노동행위를 통하여 노동조합의 파업찬반투표를 방해하거나 이에 개입하는 경우, 예측불가능한 조직변경으로 인하여 파업찬반 투표를 거칠 수 없는 경우, 또는 천재지변 등으로 인하여 찬반투표가 불가능한 경우 등이 이에 해당될 것이다.

2) 업무방해죄의 적용

대상판결의 다수의견은 파업이 정당성을 상실한 경우 당연히 업무방해죄를 적용하고 있다.

이에 반하여 대상판결의 소수의견은 '직접·비밀·무기명 투표방법'에 의한 파업찬반투표를 거치지 아니한 파업은 정당성을 상실한다는 점에서 다수의견과 견해를 같이 하고 있으나, 다만, 정당성을 상실한 파업에 대한 업무방해죄의 적용범위에 관하여 다수의견과 견해를 달리하고 있다. 다수의견이 정당성을 상실한 파업에 참가한 모든 조합원은 당연히 업무방해죄가 성립된다는 입장을 취하고 있음에 반하여 소수의견은 조합원의 파업참가 정도에 따라 업무방해죄의 적용여부를 선별적으로 적용하여야 한다는 견해를 취하고 있다. 소수의견은 근로자의 단체행동권이 헌법상 보장되고 있는 상황에서 적극적인 위력이나 위계없이 소극적으로 근로제공을 거부하였을뿐인 단순파업이나 태업의 주체, 목적, 시기, 수단·방법이 모두 정당하고 단지 일부 절차상의 결함이 있었을 뿐인 경우에 이를 업무방해죄로 처벌하는 것은 아주 제한된 범위에서만 인정되어야 한다는 의견을 제시하고 있다. 따라서 업무방해죄로 처벌하는 대상도 찬반투표 없이 쟁의행위를 하기로 하는 결정을 주도하거나 그 결정에 적극 관여한 자에 한정되는 것이고, 단순히 노동조합 집행부의 지시에 따라 쟁의행위에 가담한 조합원은 그 처벌대상이 되지 않는 것으로 보아야 한다는 견해를 취하고 있다. 즉, 대상판결의 다수의견 및 소수의견은 모두 '직접·비밀·무기명 투표방법'에 의한 파업찬반투표를 통하여 조합원 과반수의 실질적 의사를 확인하여야 한다는 점에서는 일치된 입장을 보이고 있으나, 전자는 정당성을 상실한 파업에 참가한 조합원에 대하여 업무방해죄를 일괄 적용하여야 한다는 입장임에

반하여 후자는 업무방해죄를 선별 적용하여야 한다는 점에서 차이점을 보이고 있는 것이다. 모든 범죄의 성립에 있어 구체적인 범행, 위법성, 책임성을 행위자 개인별, 사안별로 각각 판단하여야 하는 것이 일반론이므로 소수의견의 견해가 타당하다고 본다.

대상판결 이후지만, 최근 대법원은 판례를 변경하여 구체적인 사안별로 업무방해죄의 성립을 검토하여야 한다고 보고 있다. 즉, "근로자는 원칙적으로 헌법상 보장된 기본권으로서 근로조건 향상을 위한 자주적인 단결권·단체교섭권 및 단체행동권을 가지므로(헌법 §33 ①), 쟁의행위로서 파업이 언제나 업무방해죄에 해당하는 것으로 볼 것은 아니고, 전후 사정과 경위 등에 비추어 사용자가 예측할 수 없는 시기에 전격적으로 이루어져 사용자의 사업운영에 심대한 혼란 내지 막대한 손해를 초래하는 등으로 사용자의 사업계속에 관한 자유의사가 제압·혼란될 수 있다고 평가할 수 있는 경우에 비로소 집단적 노무제공의 거부가 위력에 해당하여 업무방해죄가 성립한다고 보는 것이 타당하다."고 보고 있다(대판 2011. 3. 17, 2007도482; 대판 2011. 10. 27, 2010도7733 등). 결국 대상판결의 소수의견은 정당성을 상실한 쟁의행위에 대한 업무방해죄의 적용에 있어 이를 획일적으로 적용할 것이 아니라, 구체적 사안에 따라 선별적으로 적용하여야 한다고 변경된 현재의 판례법리와 그 맥락을 같이 한다고 할 것이다.

◆ 참고문헌

김형배, 『노동법』, 박영사, 2014.
이상윤, 『노동법』, 법문사, 2013.
임종률, 『노동법』, 박영사, 2014.

92. 직장점거의 정당성 범위

— 대법원 2007. 12. 28. 선고 2007도5204 판결(업무방해등) —

최홍엽(조선대 법과대학)

I. 사실관계

A협회의 근로자이자 산별노조B의 지부장인 피고인 Y1과 산별노조B의 위원장인 Y2는, A협회와의 교섭이 결렬되자 부분파업과 전면파업을 진행했고, 이에 A협회는 직장폐쇄로 대응했다. 재개된 교섭이 다시 결렬되자 Y1과 Y2는 조합원들과 함께 교섭장소인 A협회의 회의실을 약 20여일간 점거하고 A협회의 퇴거요구에 불응했으며, 이로 인해 업무방해죄, 폭력행위등처벌에관한법률위반(공동주거침입)죄로 공소제기되었다.

이 사건 회의실은 A협회의 전체 약 40평의 사무실 내부에 칸막이로 구분되어 있는 약 15평의 공간이며, A협회의 비상근 협회장이 자신의 업무를 처리하고, 협회장과 임원들이 임원회의를 하는 공간으로 활용되던 장소였다. 위 노조가 전면파업을 개시한 후 4시간 정도 경과한 시점에서 A협회는 직장폐쇄 조치를 취하였고, Y 등이 회의실을 점거하자 A협회는 4회에 걸쳐 팩스를 통해 퇴거 취지의 공문을 발송하였다.

제1심은 피고인들의 업무방해죄 등을 인정하였고, 원심(서울중앙지판 2007. 6. 20, 2006노2979)은 피고인들의 항소를 기각하였으나, 대법원은 피고인들의 상고를 받아들여 원심을 파기하였다.

II. 판결의 내용

대상판결은, "직장 또는 사업장시설의 점거는 적극적인 쟁의행위의 한 형태로서 그 점거의 범위가 직장 또는 사업장시설의 일부분이고 사용자측의 출입이나 관리지배를 배제하지 않는 병존적인 점거에 지나지 않을 때에는 정당한 쟁의행위"이지만, "이와 달리 직장 또는 사업장시설을 전면적·배타적으로 점거하여 조합원 이외의 자의 출입을 저지하거나 사용자측의 관리지배를 배제하여 업무의 중단 또는 혼란을 야기케 하는 것과 같은 행위는 이미 정당성의 한계를 벗어난 것"이라고 하고 있다.

또한 "쟁의행위의 본질상 사용자의 정상업무가 일부 저해되는 경우가 있음은 부득이한 것으로서, 이 사건 회의실 점거행위로 인하여 위와 같이 1달에 1, 2회 정도 개최되는 임원회의를 이 사건 회의실이 아닌 음식점 등에서 개최하게 된 사정 정도는 사용자가 이를 수인하여야 할 범위 내"이며, "그 외에는 실질적으로 협회의 업무의 중단 또는 혼란을 초래한 바도 없어, 협회의 업무가 실제로 방해되었거나 또는 적어도 그 업무방해의 결과를 초래할 위험성이 발생하였다."고 보지 않았다. 이 부분이 원심판결과 큰 차이를 보이는데, 원심은 임원회의를 위 회의실에서 진행하지 못하고 음식점 등에서 진행하기도 했던 점 등에 비추어 보면, 회의실

점거로 인하여 협회의 업무가 실제로 방해되었거나 또는 적어도 그 업무방해의 결과를 초래할 위험성이 발생했다고 함으로써 위 회의실에 대한 사용자측의 출입이나 관리지배를 배제함으로써 전면적·배타적 점거에 이르렀다고 보았다. 대상판결은 위 회의실 점거행위는 노동관계 법령에 따른 정당한 쟁의행위로서 위법성이 조각된다고 할 것이며, 업무방해죄의 책임을 물을 수 없다고 한 것이다.

한편, 퇴거불응죄의 성립여부도 다투어졌는데, 대상판결은 사용자측의 노사간 교섭에 소극적인 태도, 노동조합의 파업이 노사간 교섭력의 균형과 사용자측 업무수행에 미치는 영향 등에 비추어 노동조합이 파업을 시작한 지 불과 4시간만에 사용자가 바로 직장폐쇄 조치를 취한 것은 정당한 쟁의행위로 인정되지 아니하므로, 사용자측 시설을 정당하게 점거한 조합원들이 사용자로부터 퇴거요구를 받고 이에 불응하였더라도 퇴거불응죄가 성립하지 아니한다고 하였다.

Ⅲ. 해설

1. 직장점거의 의의

직장점거는 "파업시 사용자에 의한 방해를 막고 변화하는 정세에 기민하게 대처하기 위하여 퇴거하지 않고 사용자의 의사에 반하여 직장에 체류하는 쟁의수단"(대판 1990. 10. 12, 90도1431)이다.

산업별 노조형태의 국가에서는 파업을 할 때 근로자들이 직장에 체류하지 않고 직장으로부터 물러나는 것이 보통이다. 그러나 기업별 노조형태가 많은 우리 현실에서는 직장체류형 쟁의전술이 자주 이용된다.

법원은 이러한 현실을 감안하여 직장에 체류하는 쟁의전술을, 전면적·배타적 점거와 부분적·병존적 점거로 구분하여 정당성을 논한다. 직장점거에 대하여 최초로 언급한 것은 대판 1990. 5. 15. 90도357이었으며, 그 이후에 직장점거의 판결들이 연이어 나왔다. 즉, "사용자측의 점유를 완전히 배제하지 아니하고 그 조업도 방해하지 않는 부분적·병존적 점거일 경우에 한하여 정당성이 인정되는 것이고, 이를 넘어 사용자의 기업시설을 장기간에 걸쳐 전면적·배타적으로 점유하는 것은 사용자의 시설관리권능에 대한 침해로서 부당하다."(대판 1990. 10. 12, 90도1431)는 것이다. 전면적·배타적 직장점거의 경우에는 퇴거불응죄, 건조물침입죄 또는 주거침입죄, 업무방해죄를 긍정하며, 하급심에서는 퇴거 및 업무방해금지가처분이 인정되기도 했다.

2. 정당성의 구체적인 범위

점거유형을 두 가지로 나누는 접근방법에 관한 판결들이 축적되면서 정당성의 범위가 보다 구체화되고 있다. 점거 장소와 관련해서는, 회사의 구내장소로서 평소 출입이 통제되지 아니한 로비를 점거하는 것은 인정된다는 판결(대판 2007. 3. 29, 2006도9307), 노조사무실 등 정상적인 노조활동에 필요한 시설이나, 기숙사 등 기본적인 생활근거지에 대한 출입은 직장폐쇄시에도 원칙적으로 제한할 수 없다는 판결(대판 2010. 6. 10, 2009도12180) 등이 있다.

대상판결에 따르면 쟁의행위는 노무제공의 소극적 거부에 머무르지 않을 수 있다. "쟁의행위는 근로자가 소극적으로 노무제공을 거부하거나 정지하는 행위만이 아니라 적극적으로 그 주장을 관철하기 위하여 업무의 정상적인 운영을 저해하는 행위까지 포함하는 것이므로, 쟁의행위의 본질상 사용자의 정상업무가 저해되는 경우가 있음은 부득이한 것으로서 사용자는 이를 수인할 의무가 있으나, 이러한 근로자의 쟁의행위가 정당성의 한계를 벗어날 때에는 근로자는 업무방해죄 등 형사상 책임을 면할 수 없다."고 한다(대상판결 외 대판 1991. 6. 11, 91도383; 대판 1996. 2. 27, 95도2970 등).

파업이나 태업과 같은 노무의 부제공이 주된 쟁의행위이지만, 그것에 머무르지 않고 쟁의행위의 정당성 범위를 벗어나지 않는 범위 내에서 사용자 업무의 정상적인 운영을 저해하는 것까지도 부득이하다는 인식이다. 노조법 제2조 제6호의 규정을 보더라도 "업무의 정상적인 운영을 저해하는 행위"가 바로 쟁의행위이기 때문이다.

3. 직장점거와 직장폐쇄

또 다른 쟁점은 직장폐쇄와의 관계이다. 직장폐쇄의 성립요건, 대상범위, 효과 등의 쟁점은 다른 평석에 맡기고 사용자가 직장폐쇄를 했음을 이유로 하여 점거중인 근로자들을 사업장 밖으로 퇴거시킬 수 있는 것인지만 언급한다.

먼저, 직장폐쇄가 정당하지 않는 경우에는 근로자들의 점거행위에 별다른 영향을 끼칠 수는 없다. 그리하여 부당한 직장폐쇄의 경우에는 노동조합이 정당한 점거나 조합활동을 계속하는 한 퇴거불응죄 등이 성립하지 않는다(대판 2007. 3. 29, 2006도9307; 대판 2002. 9. 24, 2002도2243 등).

직장폐쇄가 정당한 경우에 점거중인 근로자들이 퇴거해야 하느냐에 대해서는 "직장점거가 개시 당시 적법한 것이었다 하더라도 사용자가 이에 대응하여 적법하게 직장폐쇄를 하게 되면,

사용자의 사업장에 대한 물권적 지배권이 전면적으로 회복되는 결과 사용자는 점거중인 근로자들에 대하여 정당하게 사업장으로부터의 퇴거를 요구할 수 있고 퇴거를 요구받은 이후의 직장점거는 위법하게" 된다는 판결(대판 1991. 8. 13, 91도1324) 이래 적법하게 직장폐쇄를 단행한 사용자로부터 퇴거요구를 받고도 불응한 채 직장점거를 계속한 행위는 퇴거불응죄를 구성한다는 것이 법원의 견해로 보인다.

다만, 대상판결을 보면 "부분적·병존적으로 점거하고 있던 피고인들로서는 협회측의 퇴거요구(위 직장폐쇄를 이유로 하는 것인지 여부와 상관없다)에 응하여야 할 의무가 인정되지 아니한다."고 했으므로, 직장점거가 정당한 경우에는 직장폐쇄의 정당성 여부와 관계없이 퇴거요구에 응할 의무는 없다고 해석될 수 있었다. 그렇지만, 위의 내용은 주요한 판시사항으로서 언급한 부분이 아닌데다가, 이 사건처럼 직장폐쇄가 부당하다고 판단된 때에는 어떠한 이유에 의한 퇴거요구도 인정될 수 없다는 취지로 해석될 수 있다. 게다가 이후의 판결(대판 2010. 6. 10, 2009도12180 등)에서 직장폐쇄가 정당한 경우에는 사용자의 물권적 지배권이 전면적으로 회복된다는 취지가 다시 나오는 것을 보면, 위의 판결취지가 법원의 입장이라 할 수 있다.

4. 평가

쟁의행위의 정당성은 주체, 목적, 절차, 수단의 측면에서 각각 논의되며, 정당성의 범위 역시 근로자와 사용자의 권리가 부딪히는 쟁점이다. 특히 직장점거는 직장에 계속하여 체류한다고 하는 성격으로 인해 노사간 이해가 크게 달라진다. 법원은 전면적·배타적 점거와 부분적·

병존적 점거로 나누어 상충하는 권리의 조정을 기하고 있다.

그렇지만, 어떠한 점거가 정당한지의 구체적인 판단은 쉽지 않은데, 대상판결은 그 기준을 제시했다는 점에서 의의가 있다. 대상판결은 실질적으로 사용자측의 관리지배를 배제함으로써, 업무의 중단 또는 혼란을 야기케 하는 배타적 점거행위에 이르렀는지를 판단하고 있으며, 노조법의 정의규정에 비추어 얼마간의 업무저해행위는 사용자가 이를 수인하여야 한다는 것을 확인하였다.

한편, 직장점거와 직장폐쇄의 관계에 관한 대법원 판결은 노동조합의 점거행위가 정당성을 갖더라도 사후에 사용자의 의사에 의하여 정당성을 잃는다고 함으로써 사용자의 의사에 따라 민사적 책임뿐만 아니라 퇴거불응죄라는 형사책임 여부가 좌우될 수 있도록 하였다(대판 1991. 8. 13, 91도1324).

그런 연유에서 이후의 법원 판결은 직장폐쇄의 정당성 요건을 보다 엄격히 해석하여 쟁의권의 정당한 행사가 제한되는 결과를 피하려 했으며, 직장폐쇄의 기간 중에도 조합사무소나 기숙사 등의 장소에 대한 접근을 보장하려 했다. 대상판결도 직장폐쇄의 정당성을 엄격하게 평가함으로써 구체적인 타당성을 기하려 했던 판결이라 할 수 있다.

그러나 그러한 노력에도 불구하고 법원이 사용자의 권리보호에 치우쳤다고 평가할 수도 있다. 사업장으로부터의 배제를 직장폐쇄의 본질적 효과로 볼 수 있는지의 의문은 차치하고라도, 직장폐쇄로 인해 노사간의 힘의 균형이 곧바로 기울어버리면 노사간의 대등한 교섭은 곤란해질 수 있으며, 쟁의행위의 개념으로부터 부분적·병존적 직장점거를 정당한 쟁의수단으로 인정한 판지와도 모순될 수 있다는 지적도 있다.

◆▶ 참고문헌

김선수, "직장점거, 직장폐쇄 및 퇴거불응죄 관련 판결 검토", 『노동법실무연구』 제1권, 노동법실무연구회, 2011.
신영철, "직장폐쇄 후 계속된 직장점거가 퇴거불응죄를 구성하는지 여부", 『대법원판례해설』 제16호, 법원도서관, 1992.
정인섭, "직장점거, 직장폐쇄 그리고 퇴거불응-", 『산업관계연구』 제18권 제1호, 한국노사관계학회, 2008.
최홍엽, "연좌농성에 관한 연구", 『노동법연구』 제1권 제1호, 서울대학교 노동법연구회, 1991.

93. 안전보호시설에서의 쟁의행위

— 대법원 2006. 5. 12. 선고 2002도3450 판결(안전보호시설운영방해) —

도재형(이화여대 법학전문대학원)

Ⅰ. 사실관계

2001. 6. 18. 산업자원부는 한국산업단지공단에게 기획예산처의 '정부출연·위탁기관 경영혁신계획'에 의거하여 적자 운영 중인 열병합발전소를 매각하라고 지시하였다. 이에 위 공단은 2001. 7. 31. 열병합발전소 민영화를 위한 자문용역 주간사 입찰공고를 실시하는 등 발전소 민영화를 급속히 추진하였다.

한국산업단지공단 노동조합은 위와 같은 움직임에 반발하여 위 공단과의 단체교섭 과정에서 민영화 방침을 철회할 것을 주장하고, 2001. 9. 30.부터 10. 4.까지 파업을 진행하였다.

파업 당시 안산지방노동사무소는 위 노동조합 위원장 앞으로 위 공단의 대형 보일러 터빈 발전기, 수처리시설 등은 노조법 제42조 제2항의 안전보호시설이므로 이에 대한 쟁의행위를 할 수 없다는 협조공문을 보냈다. 하지만 위 노동조합은 이에 응하지 아니하고, 발전기 등 전기시설, 스팀시설, 용수시설 등의 유지·운영 업무에 종사하는 조합원들에 대해서도 쟁의행위를 진행하였다.

X들은 위 노동조합의 위원장 및 사무국장이었던 바, 검찰은 이들을 집단에너지사업법위반, 업무방해, 노조법 위반 등의 혐의로 기소하였다.

1심과 항소심 법원은 X들에 대한 혐의사실을 모두 유죄로 인정하였다. 하지만 대법원은, 노조법 위반의 점과 관련하여, 사업장의 안전보호시설의 유지·경영을 정지·폐지 또는 방해하는 행위가 있었으나 사람의 생명이나 신체에 대한 위험이 전혀 발생하지 않은 경우에는 노조법 제91조 제1호, 제42조 제2항 위반죄가 성립하지 않는다고 판시하며 이 부분에 관한 항소심 판결을 파기 환송하였다.

Ⅱ. 판결의 내용

노조법 제42조 제2항은 "사업장의 안전보호시설에 대하여 정상적인 유지·운영을 정지·폐지 또는 방해하는 행위는 쟁의행위로서 이를 행할 수 없다."고 규정하고 있는바, 여기서 '안전보호시설'이라 함은 사람의 생명이나 신체의 위험을 예방하기 위해서나 위생상 필요한 시설을 말하고, 이에 해당하는지 여부는 당해 사업장의 성질, 당해 시설의 기능, 당해 시설의 정상적인 유지·운영이 되지 아니할 경우에 일어날 수 있는 위험 등 제반 사정을 구체적·종합적으로 고려하여 판단하여야 할 것이다.

한편, 노조법 제42조 제2항의 입법 목적이 '사람의 생명·신체의 안전보호'라는 점과 노조법 제42조 제2항이 범죄의 구성요건이라는 점 등을 종합적으로 고려하면, 성질상 안전보호시설에 해당하고 그 안전보호시설의 유지·운영을 정지·폐지 또는 방해하는 행위가 있었다 하더라도 사전에 필요한 안전조치를 취하는 등으로 인하여 사람의 생명이나 신체에 대한 위험이 전혀 발생하지 않는 경우에는 노조법 제91조 제1호, 제42조 제2항 위반죄가 성립하지 않는다 할 것이다.

Ⅲ. 해설

1. 안전보호시설에서의 쟁의행위 제한

노조법 제42조 제2항은 "사업장의 안전보호시설에 대하여 정상적인 유지·운영을 정지·폐지 또는 방해하는 행위는 쟁의행위로서 이를 행할 수 없다."고 규정하고 있다. 안전보호시설을 대상으로 하는 쟁의행위가 행해지는 경우, 행정관청은 노동위원회의 의결을 얻어 당해 쟁의행위의 중지를 명할 수 있다. 만약 노동위원회의 의결을 얻을 시간적 여유가 없을 때에는 그 의결을 얻지 않고 즉시 그 행위의 중지를 명할 수 있으나, 이 경우 노동위원회로부터 사후 승인을 얻어야 한다(노조법 §42 ③, ④). 노조법 제91조는 이를 위반하여 쟁의행위를 한 자에 대하여 1년 이하의 징역 또는 1천만원 이하의 벌금에 처하도록 규정하고 있다. 사업장의 안전보호시설에 대한 쟁의행위가 금지되는 이유는 생명·신체의 안전과 같은 중대한 법익을 보호하고자 하는데 있다(헌재 2005. 6. 30. 2002헌바83; 대판 2006. 5. 12, 2002도3450).

노조법 제42조 제2항에서 말하는 '안전보호시설'이란 사람의 생명이나 신체의 안전을 보호하는 시설을 뜻한다(대판 2005. 9. 30, 2002두7425). 이에 해당하는지 여부는 당해 사업장의 성질, 당해 시설의 기능, 당해 시설의 정상적인 유지·운영이 되지 아니할 경우에 일어날 수 있는 위험 등 제반 사정을 구체적·종합적으로 고려하여 판단한다. 예컨대 석유화학공장의 동력부문이 정상적으로 가동되지 못할 경우, 화학물질에서 발생하는 가연성 가스 등이 누출되거나 전량 소각되지 못함으로써 대규모 폭발사고가 일어나 사람의 생명과 신체의 안전이 구체적으로 위협받을 수 있다면, 위 동력부문은 '안전보호시설'에 해당한다(대판 2005. 9. 30, 2002두7425).

안전보호시설에 대하여 행해진 쟁의행위는 정당성을 상실한다. 다만 쟁의행위가 전체적으로 안전보호시설을 대상으로 조직적으로 계획·수행된 경우가 아닌 한, 쟁의행위의 정당성은 안전보호시설을 대상으로 한 부분에 한하여 상실되고, 전체로서의 쟁위행위는 정당성을 상실하지 않는다.

2. 안전보호시설 운영방해죄 성립에 필요한 보호법익의 침해 정도

대상판결에서는 안전보호시설 운영방해죄(판결에서 사용한 죄명은 '노조법 위반죄'임)가 성립하기 위해서는 어느 정도 보호법익의 침해가 있어야 하는지가 문제되었다.

형법 이론상 보호법익의 침해 정도에 따라 범죄는 침해범과 위험범으로 나눌 수 있고 위험범은 다시 구체적 위험범과 추상적 위험범으로 구분되는데, 위 쟁점은 안전보호시설 운영방해죄가 구체적 위험범인지 아니면 추상적 위험범인지 여부에 관한 것이다. 즉, 이것은 '성질상 안전보호시설에 해당하고 그 안전보호시설의 유지·운영을 정지·폐지 또는 방해하는 행위가 존재하는 것만으로 위 죄가 성립한다'는 견해와 '그와 같은 행위가 있다고 하더라도 사전에 필요한 안전조치(예컨대 교대제로 당해 시설의 안전을 유지하는 경우)를 취하는 등으

로 인하여 사람의 생명이나 신체에 대한 위험
이 전혀 발생하지 않는 경우에는 그 죄가 성립
하지 않는다'라는 견해의 대립에 관한 것이다.

형법 이론에 의하면, 구성요건이 법익의 현
실적 침해를 요하는 범죄를 침해범이라고 하며,
구성요건이 전제로 하는 보호법익에 대한 위험
의 야기로 족한 범죄를 위험범이라고 한다. 그
리고 구체적 위험범이란 법익 침해의 구체적
위험, 즉 현실적 위험의 발생을 요건으로 하는
범죄를 말하고, 추상적 위험범이란 법익 침해의
일반적 위험이 있으면 구성요건이 충족되는 범
죄를 말한다. 즉, 구체적 위험범의 경우 위험의
발생이 구성요건요소가 된다. 침해범에서 행위
객체에 대한 침해의 결과 발생이 필요한 것처
럼 구체적 위험범에서는 행위객체에 대한 구체
적 위험의 발생이 필요한 것이다. 이에 반하여
추상적 위험범은 행위 자체가 현실적 위험 결
과를 발생시킬 필요 없이 일반적인 위험성만
노출시켰으면 가벌성이 인정되는 범죄를 뜻한
다. 구체적 위험범과의 차이점은 구체적인 법익
의 위태화, 즉 위험 발생이 필요하지 않다는 점
이다(김일수·서보학, 143-144쪽; 박상기, 81
쪽 등 참조).

평석 대상 사건에서 항소심 법원은 안전보
호시설 운영방해죄와 관련하여 "열병합발전소
의 발전기 등 전기시설, 보일러 등 스팀시설,
소방수 공급시설 등 용수시설, 플랜트 에어 압
축기, 계기용 공기 공급시설 등이 쟁의행위에
의하여 정지·폐지되거나 방해될 경우 인명이나
신체에 위해를 초래할 수 있다고 할 것이어서,
이는 노조법 제42조 제2항의 안전보호시설에
해당"한다고만 설시하고(수원지판 2002. 6. 20,
2001노4065), 위 각 시설의 정상적인 유지·운
영을 정지·폐지 또는 방해하면 어떠한 이유로

사람의 생명·신체에 대하여 위험을 초래하게
되는지에 관하여는 아무런 설명도 하지 않았다.
이는 항소심 법원이 안전보호시설 운영방해죄
의 법적 성질을 추상적 위험범으로 파악하였기
때문이다. 추상적 위험범의 경우 해당 행위가
경험칙상 법익침해의 일반적 위험만 있으면 성
립하므로 법관은 구체적 사건에서 위험성을 입
증해야 할 필요가 없는바, 이런 점 때문에 항소
심 법원은 피고인들의 쟁의행위로 인하여 사람
의 생명·신체에 대하여 위험을 초래하였는지
여부를 판단하지 않았던 것이다.

그런데 대법원은 위와 같은 항소심 법원의
견해를 지지하지 아니하고, 안전보호시설 운영
방해죄가 성립하기 위해서는 구체적 위험이 발
생해야 한다고 판단하였다. 이에 따라 대법원은
항소심 법원이 "위 각 시설의 가동을 중단함에
있어 사전에 필요한 안전조치를 취하였는지, 위
각 시설의 가동중단에 의하여 사람의 생명이나
신체에 대한 어떠한 위험이 발생하였는지, 이
사건 열병합발전소로부터 증기를 공급받는 수용
업체가 예정된 시간에 증기를 공급받지 못하여
사람의 생명이나 신체에 대한 피해를 입은 사실
이 있는지 등에 대하여 좀 더 자세히 심리한 다
음 이 부분 공소사실에 대하여 노조법 제91조
제1호, 제42조 제2항 위반죄의 성립을 인정할
수 있는지를 가려보았어야" 한다고 지적하였다.
이러한 대법원의 태도는 헌법재판소가, 노조법
제42조 제2항과 관련하여, 형식적으로 안전보호
시설의 유지·운영을 정지·폐지 또는 방해하는
행위가 있었지만 그로 인하여 사람의 생명·신
체에 대한 위험이 전혀 발생하지 않은 경우에는
그 죄가 성립될 수 없다고 해석한 것과 같은 이
치이다(헌재 2005. 6. 30, 2002헌바83).

따라서 안전보호시설에 종사하는 근로자라

고 하더라도, 노동조합의 주도 하에서 교대제 등의 방법을 통하여 당해 시설의 유지가 확보되는 한, 그 운영에 직접 참여하지 않는 나머지 근로자들은 쟁의행위에 참가할 수 있다. 왜냐하면 위 조항의 입법 취지는 안전보호시설 등의 유지를 확보함으로써 생명·신체의 안전을 보호하려는데 있으므로, 그에 대한 구체적 위험이 발생하지 않는 한 안전보호시설 운영방해죄가 성립하지 않기 때문이다.

3. 필수유지업무 방해죄에의 준용 가능성

노조법 제42조의2 제2항은 "필수유지업무의 정당한 유지·운영을 정지·폐지 또는 방해하는 행위는 쟁의행위로서 이를 행할 수 없다."고 규정하고, 제89조 제1호는 이를 위반한 자에 대해 3년 이하의 징역 또는 3천만원 이하의 벌금에 처하도록 함으로써, 필수유지업무의 정당한 운영을 방해하는 행위 등을 금지하고 있다. 그리고 위 규정과 관련하여 필수유지업무 근무

근로자로 지명된 자가 쟁의행위에 참가한 경우, 공중의 생명·보건·신체의 안전이나 일생생활에 대한 위험이 발생할 것을 기다릴 것 없이 필수유지업무 방해죄가 성립하는지에 대해서는 견해가 대립한다.

이 문제와 관련해서는 안전보호시설 운영방해죄와 관련한 논의를 준용할 수 있다. 안전보호시설에 관한 노조법의 규정이 필수유지업무에 관한 그것과 매우 비슷하고, 그 입법취지도 유사하기 때문이다.

◆ 참고문헌

김일수·서보학, 『형법총론』, 박영사, 2006.
도재형, "안전보호시설 운영방해죄의 구체적 위험범으로서의 성질", 『노동법률』 2006년 9월호, 중앙경제.
도재형, "필수유지업무결정 제도의 해석론적 쟁점에 대한 시론", 『노동법연구』 제27호, 서울대학교 노동법연구회, 2009.
박상기, 『형법총론』, 박영사, 2012.
이상원, "노동조합및노동관계조정법 제91조 제1호 등 위헌확인", 『헌법재판소결정해설집 2005』, 헌법재판소, 2006.

94. 쟁의행위기간 중 대체근로금지

― 대법원 2008. 11. 13. 선고 2008도4831 판결(노조법위반) ―

김희성(강원대 법학전문대학원)

Ⅰ. 사실관계

이 사건 회사의 노동조합은 2006. 6. 13.부터 전면파업에 돌입한 사실, ○○리―○○간 도로건설공사 사전설계 검토 및 ○○지구 택지개발사업조성공사 특수구조물설계검토용역은 이 사건 파업 이전에는 조합원인 A, B 등이 수행하였던 업무이었으나 이들 조합원이 파업에 참여한 후 파업에 참여하지 않았던 C과장이 위 업무를 담당하다가 C과장이 2006. 6. 25.자로 사직하자 이 사건 회사는 2006. 7. 1. D 및 E를 신규채용하여 구조부에 배치하고 파업에 참여하지 않은 다른 직원들과 함께 위 업무를 수행하게 한 사실, ○○시 관내 국도대체우회도로 건설공사 실시설계용역 및 국도○호선 입체교차로 설치공사 감리용역 중 현장에서 의뢰한 종단선형검토 사무는 파업 이전에는 F이사와 조합원인 G, H가 주로 수행하였던 업무이었으나 파업으로 인하여 2006. 6. 13. 그 업무가 중단되자 파업에 참여하지 않던 I차장이 F이사와 함께 위 업무를 수행하였고 F이사와 I차장이 사직하자 이 사건 회사는 2006. 7. 10. J를 신규채용하여 도로부의 차장으로 배치하고 파업에 참여하지 않은 다른 직원들과 함께 위 업무를 수행하게 한 사실, 한편 이 사건 회사는 2006. 4. 초순경 발표된 경영합리화를 위한 구조조정계획에서 13명의 감원을 목표로 하였는데 2006. 6. 30.까지 그 보다 훨씬 많은 27명이 사직하였고, 2006. 6. 30. 기준으로 볼 때 이 사건 회사의 구조부의 경우 14명에서 9명으로 인원이 감소되었고 도로부의 경우 원래 20명에서 14명으로 인원이 감소되어 인원충원의 필요가 있었던 사실이 있다.

이 사건 회사의 대표이사 Y는 D 등을 신규채용하여 이 사건 쟁의행위로 중단된 업무를 수행하게 하였다는 이유로 노조법 제43조 제1항의 위반죄로 기소되었다.

Ⅱ. 판결의 내용

노조법 제43조 제1항은 노동조합의 쟁의행위권을 보장하기 위한 것으로서 쟁의행위권의 침해를 목적으로 하지 않는 사용자의 정당한 인사권 행사까지 제한하는 것은 아니므로, 자연감소에 따른 인원충원 등 쟁의행위와 무관하게 이루어지는 신규채용은 쟁의행위기간 중이라 하더라도 가능하다. 결원충원을 위한 신규채용 등이 위 조항 위반인지 여부는 표면상의 이유만으로 판단할 것이 아니라 종래의 인력충원 과정·절차 및 시기, 인력부족 규모, 결원 발생시기 및 그 이후 조치내용, 쟁의행위기간 중 채용의 필요성, 신규채용 인력의 투입시기 등을 종합적으로 고려하여 판단하여야 한다. 이러한 법리에 의할 때 사용자가 쟁의기간 중 쟁의행위로 중단된 업무를 수행하기 위해 당해 사업과 관계있는 자인 비노동조합원이나 쟁의행위에 참가하지 아니한 노동조합원 등 당해 사업의 근로자로 대체하였는데 대체한 근로자마저 사직함에 따라 사용자가 신규채용하게 되었다면, 이는 사용자의 정당한 인사권 행사에 속하는 자연감소에 따른 인원충원에 불과하고 노조법 제43조 제1항 위반죄를 구성하지 않는다.

Ⅲ. 해설

1. 쟁점

노조법 제43조 제1항은 쟁의행위기간 중 사용자 신규채용을 제한하고 있는데, 이 제한의 대상이 되는 "그 쟁의행위로 중단된 업무의 수행을 위하여"를 어떻게 해석할 것인가가 문제된다. 판례상 문제가 되는 것들을 유형별로 나누어 살펴보면, 첫째 쟁의행위기간 중 쟁의행위 참가자들의 업무를 수행시킬 의도로 쟁의행위기간 전에 근로자들을 신규채용한 경우, 둘째 연 감소인원을 보충하기 위한 신규채용의 경우이다. 대상판결은 둘째 유형과 관련된 것으로서 이 경우 쟁의행위기간 중 대체근로 제한 위반 여부의 판단 기준이 쟁점이다.

2. 쟁의행위기간 중 대체근로 제한의 의의

쟁의행위시에는 근로자들은 사용자에 대하여 근로제공을 거부할 권리가 있으므로 사용자는 근로자들에 의한 제약·방해를 전제로 하여 스스로의 힘에 의해서 조업을 유지·계속하여야 한다. 사용자가 쟁의행위시의 조업을 유지·계속하기 위해서는 노동조합에 의하여 철수된 노동의 보충을 위하여 다른 근로자를 고용할

수 있는바 이것이 사용자의 '대체고용의 자유'를 의미한다. 이와 같이 사용자의 조업계속의 자유(대체고용의 자유)가 인정되지만, 제43조 제1항 및 제2항에서는 파업 중의 사용자의 조업의 자유(대체고용의 자유)를 제한하고 있다. 노조법 제43조(사용자의 채용제한)에 의하면 사용자는 쟁의행위기간 중 그 쟁의행위로 중단된 업무의 수행을 위하여 당해 사업과 관계없는 자를 채용 또는 대체할 수 없으며(§43 ①), 쟁의행위기간 중 그 쟁의행위로 중단된 업무를 도급 또는 하도급 줄 수 없다(§43 ②)(위반할 경우 1년 이하의 징역 또는 1천만원 이하의 벌금: §91). 대체근로제한규정의 입법취지는 헌법상 근로자의 쟁의권을 실질적으로 보장하기 위한 것이다. 다시 말하면 사용자의 대체근로의 제한은 노동조합의 단체행동권의 실효성을 담보하기 위한 최소한의 제도적 장치이자 무기대등의 원칙을 실현하기 위하여 마련된 불가피한 조치라는 것이다. 특히 쟁의대등성과 관련해서 이 규정은 쟁의대등성을 침해할 수 있는 사용자의 대응조치(즉, 대체근로를 통한 사용자의 경제적 손실 방지)를 제한하는 규정이다.

3. 쟁의행위기간 중 대체근로 제한의 범위

1) 당해 사업과 관계없는 자

'당해 사업과 관계없는 자'에서 '당해 사업과 관계'는 무엇을 의미하는가? '당해 사업과 관계있는 자'란 사용자가 일체로서 경영하는 사업체에 종사하는 자, 즉 기업의 종업원을 말한다는 견해가 있다. 이 견해에 의하면 '당해 사업과 관계없는 자'는 경영상 일체를 이루는 기업체의 근로자 및 사용자(근로계약관계에 놓여 있는 자)를 제외한 모든 자를 의미한다. 이에 대해 '당해 사업과 관계'란 해당 사업의 업

무에 종사해온 관계로서 해당 사업과 근로계약관계를 맺은 것과는 구별되는 것으로 그 사업 소속 근로자로서 업무에 종사한 것인지, 사외 근로자(전출근무자·파견근로자·도급근로자)로서 한 것인지는 관계없다고 보는 견해가 있다. 후자의 견해가 타당하다고 생각된다. 사업이라 함은 일정한 장소에서 통일적 일체성을 갖는 유기적인 조직 하에 계속적으로 행하여지는 작업의 일체이므로 '당해 사업과 관계'란 근로계약관계를 전제로 한 개념이 아닌 작업 내지 업무를 전제로 한 개념이기 때문이다.

2) 채용의 의미

'채용'이라 함은 근로자를 새로 고용하는 것으로서 그 고용형태나 기간은 불문하므로, 파업 등 쟁의행위에 참가한 조합원의 업무를 수행하기 위하여 아르바이트 학생 등 임시적으로 근로자를 동원하는 것도 이에 해당한다.

3) 쟁의행위기간 중 신규채용 제한의 의미

노조법 제43조 제1항은 쟁의행위기간 중 사용자 신규채용을 제한하고 있는데, 동 조항은 쟁의행위기간 중 사용자 신규채용 행위 전체를 금지하는 것이 아니다. 따라서 쟁의행위로 중단된 업무를 수행하게 하기 위해서가 아니라 사업 확장으로 근로자를 신규채용하거나 자연감소 인원을 보충하기 위한 채용은 허용된다. 문제는 제한의 대상이 되는 '그 쟁의행위로 중단된 업무의 수행을 위하여'를 어떻게 해석할 것인가이다. 이와 관련해서 쟁의행위기간 중 쟁의행위 참가자들의 업무를 수행시킬 의도로 쟁의행위기간 전에 근로자들을 신규채용한 경우, 판례(대판 2000. 11. 28, 99도317)는 "사용자가 노동조합의 쟁의행위기간 중 당해 사업

내의 비노동조합원이나 쟁의행위에 참가하지 아니한 노동조합원 등 기존의 근로자를 제외한 자를 새로 채용 또는 대체할 수 없다는 것으로 풀이되는바, 사용자가 노동조합이 쟁의행위에 들어가기 전에 근로자를 새로 채용하였다 하더라도 쟁의행위기간 중 쟁의행위에 참가한 근로자들의 업무를 수행케 하기 위하여 그 채용이 이루어졌고 그 채용한 근로자들로 하여금 쟁의행위기간 중 쟁의행위에 참가한 근로자들의 업무를 수행케 하였다면 위 조항 위반죄를 구성하게 된다."고 판시하고 있다. 대체근로제한조항은 입법취지상 근로자의 쟁의행위권(단체행동권)을 보장하기 위한 규정이라는 점에서 살펴볼 때, 위 조항에서 '채용'이란 단순히 '근로계약을 체결하는 것'으로 좁게 해석하여서는 아니 되고 '근로계약을 체결하여 근로를 시키는 것'으로 해석함이 타당하므로(사용자의 입장에서는 근로자들의 파업에 대비하여 미리 조건부로 혹은 임시직으로 근로자를 신규채용하는 경우가 많으므로 신규로 근로계약을 체결한 시점이 쟁의행위기간 이전이라고 하여 처벌할 수 없다면 위 조항은 잠탈될 여지가 충분하다), 그러한 의도로 쟁의행위기간 전에 신규채용한 근로자들로 하여금 쟁의행위기간 중 쟁의행위 참가자들의 업무를 수행케 하였다면 위 조항 위반죄를 구성한다고 할 것이다. 따라서 판례의 태도는 이러한 의미를 확인해 준 것이다.

4) 쟁의행위기간 중 대체의 금지

'대체'는 이미 고용되어 있는 근로자로 하여금 쟁의 참가자 업무를 대신 수행하도록 하는 것이다. 대체가 금지되는 범위는 '당해 사업과 관계없는 자'에 한정되므로 당해 사업에 이미 고용되어 있는 종업원은 쟁의행위로 중단된 업

무에 사용될 수 있다.

5) 대체근로에 대한 노동조합의 대항행위의 정당성 요건(허용요건)

대체근로에 대한 노동조합의 대항행위의 정당성 요건에 관해서는 대체근로가 쟁의행위기간 중의 대체근로제한규정에 위반되지 않은 경우(적법한 대체근로), 피케팅의 정당성한계를 넘어서는 저지행위를 할 수는 없는 것이다. 판례(대판 2005. 10. 7, 2005도5351) 또한 대체근로의 저지를 위한 파업참가근로자들의 전면적·배타적 직장점거가 정당하지 않음을 이유로 업무방해죄를 인정하고 있다. 위법한 대체근로의 경우 쟁의행위기간 중 사용자의 위법한 대체근로저지를 위해 파업참가근로자들은 폭력이나 파괴, 협박행위를 수반하지 않는 한, 상당한 정도의 실력을 행사하는 것이 가능하다. 쟁의행위기간 중 대체근로금지규정의 취지는 동맹파업 등 근로자들에 의한 쟁의행위가 실효를 거둘 수 있도록 하기 위하여 마련된 것이므로, 파업의 효과를 위법·부당하게 면탈하려는 사용자의 행위는 저지되어야 할 것이기 때문이다. 판례(대판 1992. 7. 14, 91다43800)도 마찬가지의 태도를 취하고 있다.

4. 대상판결의 평가

신규채용 등이 노조법 제43조에 위반되는지 여부는 신규채용 등의 시기에 관계없이 그 목적이 쟁의행위로 인하여 중단된 업무를 대체할 목적으로 이루어졌는지 여부에 따라 판단하여야 한다. 그러므로 쟁의행위기간 중이라 하더라도 쟁의행위 이전부터 계획된 사업확장 또는 신규채용 계획에 따라 근로자를 신규채용하거나 결원을 보충하는 것은 위법한 채용에 해당

되지 아니한다고 해석함에 이견이 없다.

문제는 신규채용의 목적에 관한 사실의 판단문제인데, 이에 관해 대상판결은 "쟁의행위와 무관하게 이루어지는 신규채용은 쟁의행위기간 중이라 하더라도 가능하다. 결원충원을 위한 신규채용 등이 위 조항 위반인지 여부는 표면상의 이유만으로 판단할 것이 아니라 종래의 인력충원 과정·절차 및 시기, 인력부족 규모, 결원 발생시기 및 그 이후 조치내용, 쟁의행위기간 중 채용의 필요성, 신규채용 인력의 투입시기 등을 종합적으로 고려하여 판단하여야 한다."고 하여 판단기준을 제시하고, 이 사건의 경우 자연 감소인원을 보충하기 위한 신규채용이라고 판단하였다. 그러나 대법원이 인정한 사실관계와 달리 원심은 다른 사실관계에 기초해 신규채용된 근로자들이 쟁의행위에 참여한 이 사건 회사의 조합원들이 수행하던 업무를 대신하여 그 업무를 하였다고 봄이 상당하다고 판단하였다(서울동부지판 2007. 12. 5, 2007고정292).

대상판결은 사실관계의 확정 내지 판단이 상이한 결론을 초래함을 극명하게 보여주는 사례이지만, 노조법 제43조 제1항의 해석과 관련해서 채용 목적과 범위에 관한 판단 기준을 제시하고 있다는 데 그 의의가 있다 할 것이다.

◆ 참고문헌

김희성, "쟁의행위기간 중 대체근로제한에 관한 연구", 『노동법학』 제34호, 한국노동법학회, 2010.
도재형, "쟁의행위기간 중 근로자채용", 『노동법률』 2009년 3월호, 중앙경제.
박수근, "쟁의행위기간 중 대체근로의 허용과 범위", 『2008 노동판례비평』, 민주사회를 위한 변호사모임, 2009.
사법연수원, 『노동조합 및 노동관계조정법』, 2008.
송강직, "대체근로", 『2007 노동법의 쟁점』, 한국노동연구원, 2008.

95. 쟁의행위와 민사책임

― 대법원 2006. 9. 22. 선고 2005다30610 판결(손해배상) ―

Ⅰ. 사실관계

원고들은 석유화학 원료를 중합 반응시켜 원사를 생산하는 두 회사이다. 피고들 중 Y1과 Y2는 원고들의 근로자를 통합하여 조직된 단일 노동조합의 대의원으로서 각각 총무차장과 쟁의차장으로 활동한 조합 간부이고, Y3~Y14는 일반 조합원이다. 이 사건 노동조합은 대의원 대회에서 원고들의 경영악화로 인한 정리해고 등 구조조정에 반대하여 이의 전면적인 철회를 요구하는 파업을 결의하고 또한 조정기간이 종료되기 전에 파업을 개시하였다. 이에 원고들은 피고들에 대하여 불법쟁의행위로 인하여 발생한 손해에 대하여 배상을 청구하였다. 원심(부산고판 2005. 4. 20, 2004나10558)은 이 사건 파업이 목적, 절차, 수단과 방법 등에서 정당성을 결여한 불법파업에 해당하고, 불법쟁의행위로 인한 손해배상책임은 조직적ㆍ집단적 투쟁행위라는 쟁의행위의 본질적 특징을 고려하여 불법쟁의행위를 기획ㆍ지시ㆍ지도하는 등으로 이를 조직화ㆍ집단화하는 데 주도적으로 관여한 노동조합의 간부들에게만 노동조합과 함께 귀속시켜야 하고 배상책임의 범위도 노동조합의 책임재산에 의하여 1차적으로 담보되어야 하는 등 제한해야 하며 단순히 단체의 의사결정에 따라 불법쟁의행위에 참가하여 노무제공을 정지한 것에 불과한 일반 조합원의 경우에는 노동조합의 행위로 포섭될 수 없는 개별적 불법행위에 대한 책임 외에 원칙적으로 책임을 지지 않는다는 이유로 조합 간부인 Y1과 Y2에 대해서는 손해배상책임을 인정한 반면, 일반 조합원인 Y3~Y14의 책임은 인정하지 않았다. 원고들과 피고들은 모두 이에 불복하여 대법원에 상고하였다.

Ⅱ. 판결의 내용

대상판결은 원심의 판결내용 중 일부를 인용하고 일부는 파기 환송하였는데 주요 내용은 다음과 같다.

1) 노동조합의 위원장 및 부위원장을 비롯하여 주요 간부들인 대의원 중 상당수에 대하여도 손해배상청구의 소를 제기하였다가 취하하였고, 노동조합에 대하여는 애당초 손해배상청구를 하지도 않으면서 정리해고무효확인의 소를 제기하여 고용관계를 정리하지 않은 피고들에 대해서만 손해배상청구를 유지하고 있다는 사정만으로는 원고들의 소제기가 소권을 남용한 경우에 해당하는 것으로 볼 수 없다.

2) 불법쟁의행위에 대한 귀책사유가 있는 노동조합이나 불법쟁의행위를 기획ㆍ지시ㆍ지도하는 등 이를 주도한 조합 간부 개인이 책임을 지는 배상액의 범위는 불법쟁의행위와 상당인과관계에 있는 모든 손해이고, 그러한 조합 간

부 개인의 손해배상책임과 노동조합 자체의 손해배상책임은 부진정 연대채무관계에 있는 것이므로 조합 간부도 불법쟁의행위로 인하여 발생한 손해 전부를 배상할 책임이 있고, 다만 사용자가 노동조합과의 성실교섭의무를 다하지 않거나, 노동조합과의 기존 합의를 파기하는 등 불법쟁의행위에 원인을 제공하였다고 볼 사정이 있는 경우 등에는 그러한 사용자의 과실을 손해배상액을 산정함에 있어 참작할 수 있을 뿐이다.

3) 일반 조합원이 불법쟁의행위 시 노동조합 등의 지시에 따라 단순히 노무를 정지한 것만으로는 노동조합 또는 조합 간부들과 함께 공동불법행위책임을 진다고 할 수 없다. 다만, 근로자의 근로내용 및 공정의 특수성과 관련하여 그 노무를 정지할 때에 발생할 수 있는 위험 또는 손해 등을 예방하기 위하여 그가 노무를 정지할 때에 준수하여야 할 사항 등이 정하여져 있고, 근로자가 이를 준수함이 없이 노무를 정지함으로써 그로 인하여 손해가 발생하였거나 확대되었다면, 그 근로자가 일반 조합원이라고 할지라도 그와 상당인과관계에 있는 손해를 배상할 책임이 있다.

Ⅲ. 해설

1. 위법 쟁의행위의 불법행위책임과 대상판결의 의의

대상판결은 쟁의행위가 정당성을 상실하여 위법하다고 판단되는 경우 쟁의행위의 결의에 관여한 조합 간부와 조합의 지시에 따라 단순히 노무제공의 정지에 그친 일반 조합원의 손해배상책임의 존부에 관한 다툼을 다룬 사건이다. 주된 법적 쟁점은 회사를 상대로 정리해고

의 부당성을 다투는 소를 제기한 일부 조합 간부 및 조합원만을 대상으로 손해배상청구를 한 것이 소권의 남용에 해당하는지와 조합 간부의 배상책임의 범위 및 일반 조합원의 책임유무와 그 판단기준이다.

위법한 쟁의행위의 불법행위책임과 관련해서는 책임의 귀속주체, 위법성 판단기준, 쟁의행위와 손해 간의 인과관계 등이 주로 문제되는데 이 점에 관한 최초의 대법원판결인 계명기독대학사건(대판 1994. 3. 25, 93다32828·32835)이 조합 간부의 불법행위책임의 근거와 손해배상의 범위·산정방법 등에 관한 일반적인 기준을 제시한 것인데 반해 대상판결은 일반 조합원의 손해배상책임의 유무 및 그 판단기준을 처음으로 제시하였다는 데 의의가 있다. 대상판결은 파업에 참가하여 단순히 노무를 정지한 일반 조합원에게는 원칙적으로 공동불법행위책임을 물을 수 없다고 하면서도 근로내용 및 공정의 특수성과 관련하여 일정한 경우에는 손해배상책임을 진다고 보았다.

2. 일반 조합원의 손해배상책임

위법한 쟁의행위로 인한 손해의 배상책임을 누구에게 지울 것인가 하는 문제에 관해서는 학설상 개인책임긍정설과 단체단독책임설이라는 두 견해가 대립하고 있다. 이들은 조합 간부나 일반 조합원의 개인책임에 관하여는 의견이 갈리지만 노동조합의 책임에 대하여는 법리구성상의 차이(민법 §35 ① 또는 §750)를 제외하고 긍정하는 입장을 취하고 있는데 이는 노동조합의 재정보호와 조직유지를 위하여 단체책임을 부정하거나 제한해왔던 서구의 민사면책 법리의 발전과정과는 대비된다.

대상판결은 개인책임긍정설의 입장을 취하

면서도 쟁의행위를 조직화·집단화한 행위에 주도적으로 관여한 조합 간부와 노동조합의 지시에 따라 단순히 참가한데 불과한 일반 조합원의 책임을 다르게 취급해야 한다고 보고 단순참가자의 책임을 원칙적으로 부정하였다. 즉 쟁의행위는 언제나 단체원의 구체적인 집단적 행동을 통하여서만 현실화되는 집단적 성격과 근로자의 단결권은 헌법상 권리로서 최대한 보장되어야 하는데, 일반 조합원에게 쟁의행위의 정당성 여부를 일일이 판단할 것을 요구하는 것은 근로자의 단결권을 해칠 수도 있는 점, 쟁의행위의 정당성에 관하여 의심이 있다 하여도 일반 조합원이 노동조합 및 조합 간부들의 지시에 불응하여 근로제공을 계속하기를 기대하기는 어려운 점 등에 비추어 보면, 일반 조합원이 불법쟁의행위 시 노동조합 등의 지시에 따라 단순히 노무를 정지한 것만으로는 노동조합 또는 조합 간부들과 함께 공동불법행위책임을 진다고 할 수 없다는 것이다. 이와 같이 대상판결은 쟁의행위의 집단적 성격 및 헌법의 단결권보장 정신을 근거로 쟁의관련 당사자의 구체적인 역할과 관여정도에 따라 책임 유무를 달리하는 접근방식을 취하고 있다. 따라서 단순가담자인 일반 조합원의 경우에는 위법성 인식 및 합법적인 행위의 기대가능성이 없다는 점을 들어 불법행위책임을 원칙적으로 물을 수 없다고 보았다. 다만 대상판결은 일반 조합원의 경우에도 개별적으로 노무정지에 따른 위험 및 손해발생의 예방의무가 있는 경우에는 그러한 의무위반행위와 상당인과관계에 있는 손해에 대해서는 배상책임이 있다고 보고 있다. 이러한 판단기준의 제시에는 쟁의행위가 위법한 경우에는 근로계약상의 근로제공의무가 면책되지 않는다는 점과 노조법상 쟁의행위 기간 중

에도 수행되어야 하는 작업시설이나 원료 등의 손상방지의무(§38 ②), 안전보호시설 유지의무(§42 ②) 등의 입법취지가 동시에 고려된 것으로 짐작된다.

3. 조합 간부의 배상책임의 범위

대상판결은 기존의 대법원판결과 마찬가지로 위법한 쟁의행위를 주도적으로 조직화·집단화한 조합 간부 개인도 노동조합과 연대하여 불법쟁의행위로 인하여 사용자가 입은 손해를 배상할 책임이 있다고 보았다. 또한 배상책임을 지는 배상액의 범위도 불법쟁의행위로 인하여 발생한 손해 전부라고 보고, 다만 성실교섭의무 위반이나 노동조합과의 기존 합의 파기 등 불법쟁의행위에 원인을 제공한 사용자의 과실은 손해배상액을 산정함에 있어 참작할 수 있을 뿐이라고 보았다. 이와 같은 과실상계에 따른 책임배분 법리는 이후의 대법원판결(대판 2011. 3. 24, 2009다29366 등)에서도 이어지고 있고 상계사유의 인정 및 그 비율에 관한 판단은 일반 불법행위법리에 따라 사실심의 전권사항으로 취급되고 있다(대판 2002. 1. 8, 2001다62251·62268 등). 원심은 헌법의 단결권 조항 및 쟁의행위의 집단행위로서의 성격을 고려하여 조합 간부의 개인책임의 범위도 노동조합의 책임재산으로 담보되지 않거나 노동조합의 책임재산으로 변제하는 것이 부적절한 한도로 제한해야 한다는 새로운 법리를 제시하였으나 대상판결은 노동조합의 책임재산에 대한 심리는 필요 없다고 보고 이를 인정하지 않았다.

4. 평가

1) 노동법의 역사에서 위법한 쟁의행위에 대한 손해배상청구 등 민사책임의 논란은 쟁의

행위에 대한 형사면책이 이루어진 이후 사용자의 새로운 대응전략으로 나타난 현상이었지만 민사면책까지 확립된 오늘날에는 전 세계적으로 그리 흔한 일은 아니다. 우리나라도 쟁의행위를 근로자의 헌법상 권리의 행사로서 보장하고 있으며 노조법에서는 단체교섭이나 쟁의행위로 발생한 손해에 대하여는 민사면책 조항(§3)을 두고 있고 쟁의행위의 개념(§2 6호) 또한 넓게 규정하고 있어 집단적인 분쟁과정에서 민사책임을 둘러싼 논란의 여지가 거의 없을 것처럼 보이지만 현실은 그렇지 못하다. 이러한 사정의 배경에는 합법적으로 보호를 받을 수 있는 쟁의행위의 범위 자체가 매우 좁게 설정되어 있는 현행 쟁의법질서의 구조적인 문제가 자리하고 있다. 이 때문에 대상판결에서도 볼 수 있듯이 위법한 쟁의행위에 대한 민사책임의 추궁은 손해분담의 공평이라는 손해배상제도의 이념을 넘어서 사용자의 선택적인 소제기에 따라 징벌적인 보복수단으로 남용될 수 있는 위험성도 존재한다.

2) 대상판결을 비롯한 대부분의 판례는 위법한 쟁의행위의 배상책임에 있어서 조합 간부의 무제한에 가까운 개인책임을 긍정하고 있지만 학설에서는 '쟁의행위의 이면집단적 본질'론을 근거로 조합 간부의 책임을 부정하는 견해도 적지 않다. 이 견해는 쟁의행위가 독자적인 집단적 존재인 단결체 자체의 행위라는 점을 중시하여 위법한 쟁의행위에 대한 책임은 그 집단 자신에게 귀속되어야 하고 집단적 행동의 일부에 지나지 않는 조합 간부나 일반 조합원의 책임은 부정한다. 그런데 이러한 개인책임 부정론은 민사책임의 추궁이 보복적인 수단으로 남용되는 것을 막아 근로자의 쟁의권

행사의 실효성을 보장할 수 있는 긍정적인 측면도 없지는 않으나 이는 거꾸로 노동조합의 책임을 쉽게 용인하게 되는 이론적인 약점도 가지고 있다.

3) 대상판결의 논지와 같이 쟁의행위의 결의 및 실행에 주도적으로 관여한 조합 간부와 단순참가자인 일반 조합원의 책임을 달리 취급하는 견해도 반드시 타당하다고 보기는 어렵다. 조합 간부의 책임을 보다 무겁게 평가하는 것은 쟁의권을 근로자 개인의 권리로 명시한 헌법의 취지나 조합원의 평등적 지위를 규정한 조합민주주의 원리(노조법 §22)와도 잘 어울리지 않는다. 쟁의행위는 조합 간부이든 일반 조합원이든 자신의 권리를 행사하는 것이고 만약 쟁의과정에서 개별적인 위법행위가 있었다면 각자가 행한 구체적인 행위에 대해서 책임을 질 뿐이라고 보아야 한다. 대상판결은 일반 조합원의 배상책임과 관련하여 이러한 관점을 부분적이나마 처음으로 반영하였다는 점에서 진일보한 측면도 없지는 않다. 하지만 노동조합이나 조합 간부의 책임과 관련해서는 각자가 책임져야 할 구체적인 행위에 대한 위법성여부를 판단하는 대신 여전히 쟁의행위를 전체적으로 하나의 행위로 보고 정당성을 상실한 경우 포괄적인 연대책임을 지우고 있다는 점에서 논란의 여지를 남기고 있다.

◆◆ 참고문헌

이상희, "위법쟁의행위에 따른 손해배상책임의 귀속", 『노동법학』 제9호, 1999.
송강직, "쟁의행위와 민사책임", 『노동법학』 제9호, 1999.
조경배, "쟁의행위 정당성론의 논리구조에 관한 비판과 민사면책법리의 재정립에 관한 연구", 『민주법학』 제36호, 민주주의법학연구회, 2008.

96. 쟁의행위와 업무방해죄

─ 대법원 2011. 3. 17. 선고 2007도482 전원합의체 판결(업무방해) ─

김영문(전북대 법학전문대학원)

Ⅰ. 사실관계

철도사업을 영위하는 A사와 그 종업원으로 조직된 B노조 간의 단체교섭이 결렬되자 중앙노동위원회 위원장은 직권중재회부 결정을 하였다. 그러나 B노조의 위원장인 Y는 조합원들에게 파업강행을 지시하였고, 이에 조합원들은 직권중재회부 결정에 따라서 쟁의행위가 금지되는 기간에 전국의 각 사업장에 출근하지 않아 열차의 운행이 중단되었다. 이로 인하여 A사는 영업수익 손실과 대체인력 보상금의 지출을 위한 상당한 정도의 재산적 피해를 입었다.

이에 검사는 위 파업이 위력으로써 A사의 여객·화물 수송업무 등을 방해하였기 때문에 형법 제314조의 업무방해죄 등에 해당한다고 보아 기소하였다. Y는 1심과 2심에서 유죄판결을 받자 대법원에 상고하였다.

Ⅱ. 판결의 내용

이 사건은 쟁의행위와 관련하여 업무방해죄의 구성요건과 위법성을 충족하고 정당한 쟁의행위인 경우에만 위법성이 조각된다는 종전의 판례를 변경하는 것이었기 때문에 전원합의체의 판결의 대상이 되었다.

대상판결의 다수의견은 근로자의 단체행동권이 헌법 제33조 제1항에 의해 보장된다는 점을 고려하여 쟁의행위는 언제나 업무방해죄를 구성하는 것이 아니라, 사용자가 예측할 수 없는 시기에 전격적으로(쟁의행위의 전격성) 이루어져 사용자의 사업운영에 심대한 혼란이나 막대한 손해를 초래하는 등(쟁의행위의 심각성) 사용자의 사업계속에 관한 자유의사가 제압·혼란될 수 있다고 평가할 수 있는 경우에 비로소 업무방해죄의 위력에 해당한다고 보았다.

쟁의행위가 언제나 업무방해죄를 구성하는 것이 아니며, 쟁의행위 업무방해죄 성립을 위해서 파업의 전격성과 쟁의행위의 심각성의 일반적 요건을 세웠지만, 이 사건에서는 위 요건이 충족되어 업무방해죄가 성립한다고 보았다.

Ⅲ. 해설

1. 대상판결의 쟁점과 의의

대상판결의 쟁점은 이 사건에서의 파업이 형법상 업무방해죄에 해당하는가 하는 것이다. 업무방해죄의 성립을 위해서는 이 사건 쟁의행위가 동 규정의 위력에 해당하는가, 그리고 업무방해죄의 성립을 위해서는 종전의 판례처럼 모든 쟁의행위를 업무방해죄의 구성요건을 충족하는 것으로 보고 위법성을 조각할 수 있는 사유가 있는지를 검토할 것인지, 동 규정상 일정한 요건 하에서만 업무방해죄가 성립하는 것으로 볼 것인지의 논의를 배경으로 이 요건이 당해사건에 충족되었는지를 판단하는 것이 쟁점이다.

　종전의 대법원 판례들은 일관하여 적극적인 행위가 수반되지 않은 근로자들의 소극적인 노무제공 거부, 즉 '단순파업'도 업무방해죄의 구성요건인 '위력'에 해당하는 것으로 보았다. 노무제공의 집단적 거부는 업무의 정상적인 운영을 저해하여 손해를 발생시킨 경우 이러한 행위는 노동관계법령에 따른 정당한 쟁의행위로서 위법성이 조각되는 것이 아닌 한, 다중의 위력으로써 타인의 업무를 방해하는 행위에 해당하여 업무방해죄를 구성한다고 보았다(대판 1991. 4. 23, 90도2771; 대판 1996. 2. 27, 95도2970 등). 따라서 노무제공을 집단적으로 거부하는 단순파업도 원칙적으로 업무방해죄의 구성요건에 해당하고, 정당한 쟁의행위인 경우에 한하여 위법성이 조각되어 면책되는 것으로 보았다. 단순파업도 사용자의 의사를 제압하기에 족한 다수의 근로자가 상호 의사연락 하에 집단적으로 노무제공을 거부하는 것을 작위의 일종인 위력으로 파악하여 업무방해죄의 구성요건에 해당한다는 것이었다.

　그러나 위와 같은 대법원 판례에 대해서 영향을 미친 주목할만한 헌법재판소의 결정이 있었다(헌재 2010. 4. 29. 2009헌바168). 업무방해죄에 관한 형법 제314조 제1항의 '위력'이 명확성의 원칙과 과잉금지의 원칙에 위배되는지를 다툰 위헌소원 사건에서 헌법재판소는 이 규정이 결론적으로는 합헌이라고 보았다. 그러나 이 규정의 '위력' 부분이 단체행동권을 침해하는가에 대한 판단에서 헌법재판소는 쟁의행위는 헌법상 기본권 행사에 본질적으로 수반되는 것으로서 정당화될 수 있는 업무의 지장 초래가 당연히 업무방해에 해당하여 원칙적으로 불법이라고 할 수 없다고 하였다. 노동법상 정당한 쟁의행위에 대하여 위법성 조각사유에 관한 형법 제20조를 적용하도록 하고 있으나, 단체행동권의 행사로서 노동법상의 요건을 갖추어 헌법적으로 정당화되는 행위를 범죄행위의 구성요건에 해당하는 행위임을 인정하되 다만 위법성을 조각하는 것이라고 한 취지라고 할 수는 없다는 것이다. 그와 같은 해석은 헌법상 기본권의 보호영역을 하위법률을 통하여 지나치게 축소하는 것이라고 보았다. 헌법재판소의 이 판결은 종래에 모든 쟁의행위가 업무방해죄의 구성요건에 해당하고, 그 중에서 정당한 쟁의행위인 경우에 위법성이 조각된다는 원칙과는 반대의 방향으로 간다. 그리하여 쟁의행위의 업무방해죄 구성요건해당성에 대해서 제한을 가한다. 단체행동권의 행사로서 업무의 정상적인 운영을 저해하는 노조법상의 쟁의행위는 업무방해죄를 구성하지 않는다는 것이다. 모든 쟁의행위는 범죄구성요건에 해당하지만, 예외적인 경우에만 면책되는 것으로부터 단체행동권의 정당한 행사로서 쟁의행위는 원칙적으로 업무방해죄의 구성요건에 해당하지 않는다는 원칙으로 전환하였다.

　대상판결의 다수의견은 반대의견과는 달리 부작위의 단순파업도 위력에 해당할 수 있다고 보았지만, 쟁의행위를 단체행동권 행사의 본질적 내용으로 파악하여, 위법성 조각사유 검토단계에서 면책을 인정하던 종전의 입장에서 구성요건해당성 검토단계에서 제한함으로써 업무방해죄 성립가능성을 축소하였다는 점에 그 의의가 있다. 이는 쟁의행위를 일단 범죄행위로 보는 구습을 타파하고 기본권 보장의 차원에서의 가치를 지닌 것으로 판단함으로써 제 위치를 찾은 것으로 본다. 형법상 업무방해죄로 인하여 근로3권의 보장 취지가 몰각될 수 있는 여지를 그만큼 줄여 기본권 신장에 이바지 한 것으로 보인다.

2. 구성요건해당성조각설과 위법성조각설

대상판결과 위의 헌법재판소의 결정에 의하여 종전의 대법원 판례가 취한 쟁의행위의 업무방해죄 위법성조각설이 구성요건해당성조각설로 완전히 변경된 것은 아니다. 즉 대상판결이나 위의 헌법재판소의 결정은 모든 쟁의행위는 원칙적으로 업무방해죄의 구성요건을 충족한다는 종전의 입장으로부터 모든 쟁의행위는 처음부터 업무방해죄의 구성요건을 충족하지 않는다는 입장으로 전환한 것이 아니다. 여전히 모든 쟁의행위가 면책되는 것은 아니며 헌법에서 단체행동권을 보장한 취지에 적합한 쟁의행위만이 면책된다는 내재적 한계가 있다는 점을 고수하고 있다. 대상판결은 업무방해죄 규정은 무조건 모든 쟁의행위에 적용되는 것이 아니라, 단체행동권의 행사에 정당성이 없다고 판단되는 쟁의행위에 대해서만 적용되는 규정이라고 보고 있다.

3. 쟁의행위로 인한 업무방해죄의 성립요건으로서 '위력'의 의미

1) 위력의 개념정의

업무방해죄의 구성요건으로서 위력은 사람의 자유의사를 제압·혼란케 할 만한 일체의 세력을 말하는 것으로 정의한다. 노조법 제2조 제6호에 따라 근로자가 그 주장을 관철할 목적으로 근로의 제공을 거부하여 업무의 정상적 운영을 저해하는 쟁의행위로서 행하는 파업도 단순히 근로계약에 따른 노무의 제공을 거부하는 부작위에 그치지 아니한다. 오히려 이를 넘어 사용자에게 압력을 가하여 근로자의 주장을 관

철하고자 집단적으로 노무제공을 중단하는 실력행사로서 업무방해죄에서 말하는 위력에 해당하는 요소를 포함한다. 대상판결의 반대의견은 단순파업을 부작위로 평가해야 한다고 보지만, 다수의견은 여전히 작위로 평가한다.

2) 성립요건으로서 파업의 전격성과 파업의 심각성

대상판결의 다수의견은 업무방해죄가 성립하기 위해서는 파업이 전격적으로 이루어질 것과 사용자의 사업운영에 심대한 혼란 내지 막대한 손해를 초래하는 등으로 사용자의 사업계속에 대한 자유의사가 제압·혼란될 수 있다고 평가할 수 있는 경우에 업무방해죄가 성립한다고 하여 파업의 전격성과 파업의 심각성을 쟁의행위로 인한 업무방해죄 성립요건으로 본다.

3) 성립요건의 적용 사례

대상판결은 이 사건의 파업이 파업의 전격성과 파업의 심각성이라는 요건을 충족한다고 판단하고 있다. "중재회부보류결정이 내려진 경위 및 그 내용, 총파업 결의 이후에도 노사 간의 단체교섭이 계속 진행되다가 최종적으로 결렬된 직후 직권중재회부 결정이 내려진 사정에 비추어 보면, 당해 노동조합이 필수공익사업장으로 파업이 허용되지 않는 이 사건 사업장에서 직권중재 회부 시 쟁의행위 금지규정 등을 위반하면서까지 구 노조법상의 파업을 강행하리라고 사용자가 예측할 수 없다."는 점에서 파업의 전격성의 요건을 충족한 것으로 보고 있다. 그리고 이 사건의 노동조합 위원장인 Y의 주도로 전국적으로 단행된 파업의 결과 수백 회에 이르는 열차의 운행이 중단되어 총 135억원 상당의 손해를 초래하였다는 점에서

파업의 심각성의 요건을 충족한 것으로 보고 있다. 이와 같은 요건의 충족으로 이 사건 파업은 사용자의 자유의사를 제압·혼란케 한 것으로서 업무방해죄 요건인 위력에 해당한다고 보고 있다.

4. 평가

1) 기본권 보호와 법이론적 검토 계기

대상판결은 단순파업도 업무방해죄의 구성요건을 충족한 것으로 보아 정당한 기본권의 행사조차도 범죄행위로 보고 공권력투입의 정당요건으로 보았던 종래의 관행에 제동을 걸어 기본권 보호에 충실한 것으로 평가할 수 있다. 연혁적으로도 쟁의행위를 일단 하위법상의 공모 등의 범죄행위로 보아 왔던 구시대적 사고가 현재까지 이어져 내려왔던 인습적 사고에 일대 전환을 가한 것으로 평가된다. 동시에 법이론적으로도 기본권행사와 하위법의 범죄구성요건 내지는 범죄체계론의 관계를 재검토하는 계기를 준 것으로 본다.

2) 형법상 문제

대상판결에 대해서는 업무방해죄에 대한 형법적 시각에서의 검토가 필요하다. 대상판결의 다수의견이 제시하고 있는 파업의 전격성과 파업의 심각성이라는 요건은 어느 경우를 사용자가 예측할 수 없이 전격적으로 이루어진 것으로 볼 것인지, 파업의 심각성은 어느 규모와 어느 정도에 이르러야 하는 것인지가 분명하지 않다. 대상판결의 반대의견도 지적하는 바와 같이 명확한 기준을 제시할 수 없어 자의적 판단의 위험도 있다. 그러나 위 두 요건과 관련하여 쟁의행위에 의한 업무방해죄가 중대한 손해의 결과발생이 있는 경우에 성립하는 결과범인지, 사업계속에 대한 자유의사가 제압·혼란을 초래할 정도로 족하는 추상적 위험범인지의 문제, 중대한 손해발생으로 인하여 사업계속에 대한 자유의사에 대한 제압·혼란이 발생하여야 하는가에 대한 인과관계의 문제가 명확하게 해결되지 않는 한, 위의 파업의 전격성과 파업의 심각성이라는 요건을 적용하는 데에 문제가 발생할 수 있다. 향후 법원이 이를 적용함에 있어서 해결해야 할 문제라고 본다.

◆• **참고문헌**

김기덕, "쟁의행위에 대한 형사면책법리의 재구성과 업무방해죄", 『노동과 법』 제3호, 전국금속산업노동조합연맹 법률원, 2002.

김영문, "쟁의행위와 업무방해죄에 관한 몇 가지 비판적 관점 - 대법원 2011. 3. 17. 선고 2007도482 전원합의체 판결과 최근 판결례를 중심으로 - ", 『법조』 제63권(4), 법조협회, 2014.

김일수, "근로자의 쟁의행위와 업무방해죄", 『고려법학』 제36호, 고려대학교 법학연구원, 2001.

도재형, "업무방해죄 전원합의체 판결의 의의와 과제: 후속판결례에 대한 분석을 중심으로", 『노동법연구』 제33호, 서울대학교 노동법연구회, 2012.

우희숙, "쟁의행위의 형사면책법리에 관한 해석론", 『서울대 법학』 제53권 제3호, 서울대학교 법학연구소, 2012.

조국, "쟁의행위에 대한 업무방해죄 적용비판", 『비교형사법연구』 제12권 제1호, 한국비교형사법학회, 2010.

97. 직장폐쇄의 정당성

– 대법원 2016. 5. 24. 선고 2012다85335 판결(임금) –

Ⅰ. 사실관계

전국K노조 M지회는 경비업무 외주화 반대를 요구하며 2010. 2.부터 쟁의행위(태업)에 돌입하자, M사(피고)는 2. 16.부터 직장폐쇄를 단행했다. 2. 22. M지회는 조합원 업무복귀 의사를 표시하고 2. 24. 단체교섭을 요청했지만, M사는 3. 2. 복귀의 진정성에 의문을 제기하면서 회사 비방 등에 대한 사과를 요구했다. M지회는 3. 2.경~3. 6.경까지 시위 개최와 폭력 등 위법행위를, 3. 5.경~3. 9.경까지 파업과 집회 등을 시도하는 한편, 3. 8. 사용자를 비방한 부분에 대해 사과하고, 3. 16. 파업철회와 업무복귀 의사를 표했다. 그러나 M사는 외주화 반대 철회 없는 업무복귀 의사는 진정성이 없음을 이유로 계속 직장폐쇄를 유지했다. M지회는 4. 22. 직장폐쇄를 철회하면 모든 것을 열어놓고 임할 의사를 표시했고, M사는 5. 25. 직장폐쇄를 철회했다. M지회의 조합원들(원고)은 2. 16.~5. 24. 까지 98일간 행한 직장폐쇄가 위법하므로 임금지급을 청구했고, 1심과 2심은 직장폐쇄가 정당하여 임금지급 의무가 없다고 했다. 대법원(대상판결)은 직장폐쇄가 정당하게 출발했더라도 조합원 상당수가 업무에 복귀한 2010. 3. 이후의 어느 시점부터는 방어적 목적보다는 노조 조직형태변경 시도 등 지회를 약화시키기 위한 선제적 공격적 직장폐쇄에 해당하므로 정당성을 상실하여 그 기간에 해당하는 임금 지급의무를 면할 수 없다고 했다.

Ⅱ. 판결의 내용

M지회가 경비업무 외주화를 반대하면서 쟁의행위에 돌입하여 태업을 계속한 사실과 이에 대한 M사의 직장폐쇄 개시는 쟁의행위에 대항하기 위한 상당한 방어수단으로서 정당성이 인정된다. 그러나 M지회가 직장폐쇄 후 업무복귀 의사를 표시하고 사측에 대한 비방행위에 대해 사과한 사실, 직장폐쇄를 철회하면 집행부 사퇴 등 모든 것을 열어놓고 임하겠다고 한 사실 등 쟁의행위 중단과 업무복귀 및 사측의 요구사항을 수용할 것을 약속한 것이 인정된다. 또 M지회 조합원들은 3. 9.경까지는 불법시위 등을 개최했지만 그 이후부터는 불법시위 등을 했다는 자료를 찾을 수 없고, 4. 6.경부터는 대시민 유인물 배포 사실도 없다고 주장하는 등에 비추면 직장폐쇄가 철회된 5. 25. 이전에 이미 쟁의행위가 사실상 종료되었다고 볼 여지도 있다. 또 직장폐쇄 기간 중 M사의 선별적 복귀, 노조 조직형태변경 추진, 쟁의행위 전략문건 내용 등은 방어적 목적에서 벗어나 적극적으로 지회의 조직력 투쟁력을 약화시키기 위한 선제적 공격적 직장폐쇄에 해당하여 정당성을 상실했을 여지가 크다. 따라서 M지회의 적대적 행위 종료

시기와 투쟁력이 급격히 약화된 시기가 언제인지, 선별적 복귀 경위와 방법이 무엇인지, 노조 조직형태 변경을 추진한 목적과 배경 및 M사가 관여했는지, 그 밖에 3.경 이후에도 직장폐쇄를 유지한 것이 방어적 목적에서 벗어나 선제적 공격적 직장폐쇄에 해당하는지를 판단하여 그 시기 이후에 해당하는 임금에 대해서는 지불의무를 인정했어야 할 것이다.

Ⅲ. 해설

1. 직장폐쇄의 정당성과 대상판결의 의의

노조법은 직장폐쇄를 노조의 쟁의행위에 '대항하는 행위로서 업무의 정상적인 운영을 저해하는 행위'로 규정하고(노조법 §2 6호), 직장폐쇄는 노조가 '쟁의행위를 개시한 이후에만' 할 수 있도록 규정한다(노조법 §46 ①). 노조의 쟁의행위가 태업 등과 같이 부분적 노무부제공의 경우 나머지 노무제공에 대한 임금지급의무는 사용자측에 현저하게 불리한 압력을 주어 노사 간 힘의 균형이 깨질 수 있다. 이 경우 노사간 힘의 불균형을 회복하기 위한 방어수단으로 사용자에게 노무수령을 집단적으로 거부할 수 있도록 하여 임금지급 의무를 면하게 하는 것이 직장폐쇄이다. 따라서 직장폐쇄는 성질상 대항과 방어 수단으로만 정당성이 인정되고 정당한 경우에만 사용자의 임금지급 의무가 면제된다.

직장폐쇄의 정당성 판단 기준 중 대항성은 노조법 제46조 제1항에서 노조가 '쟁의행위를 개시한 이후에만'이라는 비교적 명문의 기준이 있다. 그러나 방어성 판단은 명문의 기준이 없다. 대체로 노조의 쟁의행위가 개시된 이후에 단행된 직장폐쇄의 경우 대항성은 문제가 없지만 방어성 판단이 남아 있으므로 사실 직장폐쇄 정당성 판단은 방어성 여부에 좌우된다고 볼 수 있다. 대상판결은 바로 직장폐쇄의 방어성 판단에 관한 것이다. 대상판결 전 직장폐쇄 정당성 판단 사례는 직장폐쇄가 개시부터 대항 방어 수단을 인정받지 못해 정당성을 상실한 것으로 본 판결들이 대부분이었다(노동판례백선 초판, 358-361쪽). 그러나 대상판결은 직장폐쇄가 대항 방어 수단으로서 정당하게 개시되었으나 이후 노사 간 세력관계 변화에 따라 방어성이 계속 유지되는지, 공격적 직장폐쇄로 전환되는 것은 아닌지를 판단해야 한다고 구체적으로 제시한 판결이라는데 의의가 있다. 특히 노조의 파업철회의 진정성과 방어성에서 공격성으로 변질시키는 요소들을 처음으로 검토한 판결이라는 의의를 가진다.

2. 직장폐쇄 개시의 정당성 요건으로서 대항성과 방어성

노동조합이 파업에 돌입한지 불과 4시간 만에 바로 직장폐쇄를 단행한 것은 쟁의행위에 대한 대항 방위수단으로서의 상당성이 인정될 수 없다는 판결(대판 2007. 12. 28, 2007도5204)이 있다. 이 판결은 대항과 방위 수단의 상당성을 모두 인정할 수 없다고 언급하고 있어서 직장폐쇄가 쟁의행위 개시 4시간 만에 단행된 경우 그 대항성도 부정할 것인지 의문이 제기될 수 있다. 해당 사안에서 조합원의 파업이 즉각 교섭력의 균형을 깬다든가 사측의 업무에 현저한 지장의 초래나 회복이 어려운 손해를 발생케 할 우려가 없는 등에 비추어 파업 돌입 4시간 만에 단행된 직장폐쇄에 방어성을 인정하지 않은 점은 충분히 이해가 된다. 문리해석대로 하자면 쟁의행위 개시 4시간 만에 행한 직장폐쇄도 대항성은 충족할 수 있다고 본다.

결국 대항성은 쟁의행위 개시 이후에 단행된 것이라면 노조법 제46조 제1항의 문리해석에 비추어 충족하는 것으로 이해해도 큰 문제가 없다. 비록 쟁의개시 후 지나치게 단시간 내지 단기간에 행해진 직장폐쇄가 대항성 요건을 충족하더라도 그러한 직장폐쇄는 방어성 영역에서 그 남용이 충분히 걸러질 수 있기 때문이다.

3. 직장폐쇄 지속 중 쟁의중단 내지 업무복귀 의사표시와 방어성

직장폐쇄 개시 시 대항성과 방어성을 모두 구비하여 정당성이 있다고 하더라도 직장폐쇄 존속 중에 근로자측의 쟁의중단 내지 업무복귀 의사표시 등이 있으면 그 때부터 사용자측의 교섭력의 균형이 깨지는 등 현저히 불리한 압력을 완화할 필요성이 사라질 수가 있다. 직장폐쇄의 정당성 중 방어성이 상실되는 것이다. 문제는 근로자측의 쟁의중단 내지 업무복귀 의사의 진정성에 있다. 사례의 상당부분이 쟁의중단 내지 업무복귀 의사표시를 한 이후에도 노조의 전략전술에 따라 사실상 쟁의행위를 반복적으로 제기하는 경우가 있기 때문이다. 대상판결도 이러한 고민을 안고 있었던 사안이다. 대상판결 이전의 사례에서는 직장폐쇄 지속 중 전면파업을 행하고 있던 노조측에서 조합원들이 업무에 복귀하는 부분파업으로 파업형태를 변경하고 이를 사측에 통지하였으나 사측이 그 확인을 위해 요구한 파업종료확인서에 서명을 거부하면서 복귀를 하지 않은 점, 과거의 파업 태양으로 보아 언제든 전면파업으로 진행될 개연성이 높다는 점, 파업종료확인서 서명요구가 부당한 요구라고 볼 수 없는 점 등을 이유로 지

속중인 직장폐쇄가 정당하다(대판 2005. 6. 9, 2004도7218)고 했다. 대상판결의 원심도 근로자측이 직장폐쇄 철회를 요청하면서 조합원들의 업무복귀 의사를 표명했지만 그 이후에도 집회 시위와 범법행위를 지속하고 허위사실이 기재된 유인물 배포와 피케팅 시위 등의 사실로부터 직장폐쇄의 유지가 여전히 상당한 방어수단으로서 정당한 것으로 인정된다고 했다(대구고판 2012. 9. 5, 2012나1390).

그러나 대상판결은 2. 22. 복귀 의사표시 이후 비록 노조가 3. 2.~3. 6.경까지 시위와 폭행 업무방해를 하고, 3. 5.경~3. 9.경까지 연대파업과 집회 시도를 하였으나, 3. 8. 회사 비방에 대해 사과하고, 3. 16. 노조사무실 점거 및 흉기휴대 출입의사 없음과 향후 모든 책임을 질 것을 밝히고, 4. 22. 모든 것을 열어놓고 임할 용의 있음을 밝혔으며, 3. 9. 이후에는 불법시위 개최 등 적극적 투쟁방법을 했다는 자료를 찾을 수 없다는 점 등에 비추어 5. 25. 이전에 이미 쟁의행위가 사실상 종료되었다고 볼 여지도 없지 아니하다고 했다. 대상판결이 복귀 의사의 진정성을 보다 구체적으로 판단하고자 하는 측면이 잘 읽혀지는 부분이다. 비록 복귀 의사의 진정성을 인정할 만한 시일을 특정하지는 못했지만 진정성은 인정한 것이다.

4. 직장폐쇄 지속 중 노조 조직력 투쟁력 약화와 방어성

한편 직장폐쇄 개시 시 대항성과 방어성을 모두 갖추었지만 직장폐쇄 존속 중에 사용자측의 적극적인 대응으로 노조의 조직력이나 투쟁력을 약화시키는 사실이 발생한 경우에도 사용자측의 현저히 불리한 압력을 완화할 필요성이 사라질 수가 있다. 사실 이러한 사안에 대해 직

장폐쇄의 방어성 상실을 적극적으로 검토한 사례는 거의 찾아볼 수 없었다.

대상판결은 직장폐쇄 지속 중 사용자가 개별적 접촉을 통해 3월~4월경 수백여 명의 조합원들을 선별적으로 복귀시킨 사실, 5. 19. 및 6. 7. 두 차례에 걸쳐 기업별 노조로의 조직형태 변경을 위해 총회가 개최된 사실, 3월경부터 노무법인으로부터 탈퇴 유도나 기업별 노조형태 조직변경 관련 내용이 포함된 쟁의행위 전략문건을 수차례 제공받은 사실이 인정되는데, 이는 의도적으로 노조 조직력 투쟁력을 약화시키는 것을 목표로 삼고 이를 계획적으로 추진하거나 개입하였을 개연성도 적지 않다고 볼 수 있다고 했다. 대상판결은 구체적 포괄적 검토를 통해 직장폐쇄 기간 중 노동조합의 세력을 약화시키려는 의도들에 제동을 건 것으로 볼 수 있고, 이러한 요소들이 방어적 성격에서 공격적·선제적 성질로 변질시킬 수 있음을 밝힌 것으로 보인다.

5. 평가

대상판결은 직장폐쇄의 방어성 판단과 관련하여 조합원의 복귀 의사표시의 진정성을 판단하는 기준과 노조의 세력을 약화시키기 위한 사용자측의 노력들이 방어성을 사라지게 할 수 있다는 기준을 처음 제시했다는 의미를 가진다. 다만 방어성 상실 시점을 어느 때로 특정해야 될지에 대해서는 숙제의 여지를 남겼다.

대상판결 이후 등장한 판결은 그러한 시점을 명확히 하는 발전 경향을 보여준다. 쟁의 철회신고서 제출과 지방노동청으로부터 직장폐쇄 지속 재검토 서면을 받은 이후에 복귀의 진정

성이 확인된다고 한 판결(대판 2017. 4. 7, 2013다101425)과 노조의 위법 적대적 행위가 뚜렷하게 잦아들고 투쟁력이 약화된 반면 회사는 안정을 찾아가면서 힘의 우위를 점하기 시작했기 때문에 그 이후에도 직장폐쇄를 지속한 것은 노조의 조직력을 약화시키기 위한 목적 등을 갖는 공격적 직장폐쇄라고 한 판결(대판 2018. 4. 12, 2015다64469; 같은 취지 대판 2018. 3. 29, 2014다30858) 등이 그러하다.

대상판결 이후부터 복귀 의사의 진정성은 대체로 노조의 적대적 행위가 진정되거나 노조의 세력이 약화되는 계기나 시점을 중요시 여기는 듯하다. 다만 노사 간 분쟁의 내용이 보다 복잡다기하거나 노노간 입장이나 이해의 차이까지 개입될 경우에는 여전히 방어성 상실 여부나 상실 시점을 판단하기가 쉽지 않을 수도 있다.

◆ 참고문헌

권오상, "공격적 직장폐쇄의 성격으로 변질된 경우와 임금지불의무 – 대법원 2015. 5. 24. 선고 2012다85335 판결 –", 『월간 노동리뷰』 통권 제138호, 한국노동연구원, 2016.9.

김희성, "직장폐쇄의 정당성과 임금체불 그리고 근로시간면제", 『경영법률』 제28권1호, 한국경영법률학회, 2017.11.

박수근, "공격적 직장폐쇄와 임금의 지급의무 – 대법원 2016. 5. 24. 선고 2012다85335 판결", 『노동법학』 제59호, 한국노동법학회, 2016.

신수정, "직장폐쇄의 정당성 – 대법원 2018. 3. 29. 선고 2014다30858 판결", 『노동법학』 제66호, 한국노동법학회, 2018.

이광선, "직장폐쇄 관련 논의(1)", 『월간 노동법률』 통권 제313호, 중앙경제사, 2017.6.

이준희, "노동조합의 업무복귀 의사표시와 직장폐쇄 지속의 정당성 – 대법원 2017. 4. 7. 선고 2013다101425 판결을 중심으로 –", 『노동법포럼』 제28호, 노동법이론실무학회, 2019.

98. 부당노동행위에 있어서 원청회사의 사용자성

― 대법원 2010. 3. 25. 선고 2007두8881 판결(부당노동행위구제재심판정취소) ―

Ⅰ. 사실관계

원청회사(Y) 사내 하청업체 소속 일부 근로자들은 2003. 3.경부터 비밀리에 노동조합준비위원회를 결성하고 비밀조합원제도를 유지하여 왔다. 그러다가 일부 조합원의 신분이 노출되자 같은 해 8. 24. 소위 '○○중공업사내하청노동조합'(이하 H노조) 창립총회를 거쳐 같은 달 30. 노동조합설립신고증을 교부받게 되었다.

Y사는 2003. 8. 26. 사내 하청업체 W1회사의 대표 P로 하여금 H노조의 조합원으로 드러난 X1을 사업장에서 근무하지 못하도록 요청하여 근무대기를 하도록 하였고, 같은 달 29. W1회사의 대표 P에게 X1이 H노조 임원인 사실을 알려주었다.

Y사의 사내 하청업체는 대부분 Y사의 업무만 수행하고 있고, Y사는 사내 하청업체에 대한 개별도급계약의 체결 여부 및 물량을 그 계획에 따라 주도적으로 조절할 수 있다. 그 외에도 도급계약의 해지, 사내 하청업체 등록해지 권한을 가지고 있는 등 사내 하청업체에 대하여 우월적 지위에 있었다.

Y사가 사내 하청업체에게 소속 근로자가 Y사에서 유인물을 배포하는 등 회사 운영을 방해하고 있다면서 계약해지 등의 경고를 하였다.

이후 H노조 회계감사인 T가 소속된 W2회사는 2003. 8. 30. 폐업하고, H노조 위원장인 X2가 소속된 W3회사는 2003. 10. 8. 폐업하는 등 하청업체들이 경영상 폐업할 별다른 사정이 없음에도 H노조 설립 직후에 그 조합의 간부를 담당하고 있는 근로자들이 소속된 하청업체들이 폐업한 것이었다. 따라서 위 사내 하청업체들의 폐업이유는 참가인 조합의 설립 이외에 다른 이유가 없다고 보인다.

왜냐하면 위 사내 하청업체들은 1997.경부터 설립되어 그 폐업시까지 아무런 문제없이 운영되어 온 회사들로서 전에 노사분규를 경험하여 본 적이 없고, 수십 명의 소속 근로자를 두고 있었기 때문이다. 그리고 위 폐업시기가 본격적인 단체협상을 하기도 전이라는 점에서 위 폐업결정은 사내 하청업체의 독자적인 결정이라고 보이지 않으며 W3회사의 경우 폐업결정 직후에 그 부분 사업을 인수할 O회사가 설립되었고, 실제로 폐업한 W3회사 소속 근로자 상당수가 O회사로 적을 옮겼다. 그리고 O사는 W3회사가 하던 Y사 도장5부의 작업을 하고 있으며, 다른 폐업 회사의 경우도 마찬가지였다. 영세하고 정보력이 부족한 사내 하청업체들의 독자적인 능력만으로 폐업 및 직원모집, 회사설립 등의 복잡한 업무를 Y사의 운영에 아무런 차질이 없도록 위와 같이 신속하게 진행할 수 있었다고는 보이지도 않았다.

이러한 사실을 기초로 하여, 사내하청업체 소속 근로자들(X)과 H노조는 Y사가 사업폐지를 유도하는 행위를 하였고, 그로 인하여 H노조의 활동이 위축되고, 침해되는 등 지배·개입행위를 통해 부당노동행위를 하였다고 주장하면서, 부당노동행위에 대한 구제신청을 하였다. 이에 Y사 측은 부당노동행위 구제명령을 이행하여야 할 사용자의 지위에 있지 않다고 주장하였다.

Ⅱ. 판결의 내용

대상판결은 노조법 제1조는 "헌법에 의한 근로자의 단결권·단체교섭권 및 단체행동권을 보장하여 근로조건의 유지·개선과 근로자의 경제적·사회적 지위의 향상을 도모하고, 노동관계를 공정하게 조정하여 노동쟁의를 예방·해결함으로써 산업평화의 유지와 국민경제의 발전에 이바지함을 목적으로 한다."고 규정하고 있음을 환기시키면서, 노조법 제81조 이하의 부당노동행위제도에 대하여 그 의의와 내용을 설시하였다. 즉, 노조법 제81조는 '사용자는 그 각 호에서 정하는 부당노동행위를 할 수 없다'고 하고, 제82조 제1항은 "사용자의 부당노동행위로 인하여 그 권리를 침해당한 근로자 또는 노동조합은 노동위원회에 그 구제를 신청할 수 있다."고 하며, 제84조 제1항은 "노동위원회는 부당노동행위가 성립한다고 판정한 때에는 사용자에게 구제명령을 발하여야 하며, 부당노동행위가 성립하지 아니한다고 판정한 때에는 그 구제신청을 기각하는 결정을 하여야 한다."고 규정하는 등, 노조법 제81조 내지 제86조는 헌법이 규정하는 근로3권을 구체적으로 확보하고 집단적 노사관계의 질서를 파괴하는 사용자의 행위를 예방·제거함으로써 근로자의 단결권·단체교섭권 및 단체행동권을 확보하여 노사관계의 질서를 신속하게 정상화하기 위하여 부당노동행위에 대한 구제제도에 관하여 규정하고 있다.

이에 의하면 부당노동행위의 예방·제거는 노동위원회의 구제명령을 통해서 이루어지는 것이므로, 구제명령을 이행할 수 있는 법률적 또는 사실적인 권한이나 능력을 가지는 지위에 있는 한 그 한도 내에서는 부당노동행위의 주체로서 구제명령의 대상자인 사용자에 해당한다고 볼 수 있을 것이라고 판시하였다.

나아가 노조법 제81조 제4호는 '근로자가 노동조합을 조직 또는 운영하는 것을 지배하거나 이에 개입하는 행위' 등을 부당노동행위로 규정하고 있고, 이는 단결권을 침해하는 행위를 부당노동행위로서 배제·시정하여 정상적인 노사관계를 회복하는 것을 목적으로 하고 있으므로 그 지배·개입 주체로서의 사용자인지 여부도 당해 구제신청의 내용, 그 사용자가 근로관계에 관여하고 있는 구체적 형태, 근로관계에 미치는 실질적인 영향력 내지 지배력의 유무 및 행사의 정도 등을 종합하여 결정하여야 할 것이다. 따라서 근로자의 기본적인 노동조건 등에 관하여 그 근로자를 고용한 사업주로서의 권한과 책임을 일정 부분 담당하고 있다고 볼 정도로 실질적이고 구체적으로 지배·결정할 수 있는 지위에 있는 자가, 노동조합을 조직 또는 운영하는 것을 지배하거나 이에 개입하는 등으로 법 제81조 제4호 소정의 행위를 하였다면, 그 시정을 명하는 구제명령을 이행하여야 할 사용자에 해당한다고 보았다. 결국 대법원은 이 사건 지배·개입을 부당노동행위로 인정한 후 Y사에 대하여 발한, "실질적인 영향력과 지배력을 행사하여 사업폐지를 유도하는 행위와 이로 인하여 노동조합의 활동을 위축시키거나 침해하는 행위를 하여서는 아니된다."는 중앙노동위원회의 구제명령이 위법하다고 볼 것은 아니라고 판시하였다.

Ⅲ. 해설

1. 쟁점 및 대상판결의 의의

이 사건에서는 (i) 근로계약의 당사자인 사용자 이외에 원청회사가 부당노동행위의 주체로서 사용자의 지위에 있다고 볼 수 있는 것인지 (ii) 만약 원청회사를 부당노동행위의 주체인 사용자로 볼 수 있다면, 이러한 경우는 언제 인정될 수 있는 것인지가 쟁점이다.

대상판결은 원하청관계에서의 논의를 개별적 노사관계에 있어 당사자성의 문제를 넘어 집단적 노사관계법 차원에서 원하청관계를 재조명하는 계기가 되었다.

2. 사용자 개념의 상대성

'사용자 개념 상대성론'이란, 집단적 노사관계, 즉 노조법 상의 사용자 개념과 근로계약을 기본 틀로 하는 근기법 상의 사용자 개념이 비록 명문 규정상의 문구는 거의 동일하지만, 그럼에도 불구하고 그 개념범위가 서로 다른 것으로 해석하여야 한다는 주장을 말한다. 근로3권질서 상의 수규자로서 사용자 개념을 보다 넓게 인정하고자 하는 이론적 시도라고 할 수 있으므로 흔히 '사용자 개념의 확대론'이라고도 칭해지고 있다(조경배, 219-220쪽). 사용자 개념 상대성론은, 결국 근로자 개념이 근기법과 노조법에서 각각 다르다면, 각각의 근로자 개념에 대칭되는 상대방으로서 근기법 상의 사용자와 노조법 상의 사용자도 각각 달라야 한다는 것에 착안한 견해라 할 수 있다(권혁, 102쪽 이하).

이처럼 노조법 상의 사용자 개념을 근기법 상의 사용자 개념과 달리 보는 경우, 사용자의 개념 범위는 소위 지배력을 통해 판단되어야 한다는 견해가 유력하다. 즉, 근로자와 사이에 직접적인 고용계약관계가 없는 자라고 하더라도 노동관계에 '실질적인 영향력을 미치는 경우'에는 '사용자'로 평가할 수 있어야 한다는 견해이다. 지배력설을 중심으로 한 사용자 개념 상대성론은 다음과 같은 문제점을 여전히 안고 있다. 그것은 바로 단체교섭제도와 부당노동행위제도 간의 제도적 간극을 고려하지 않았다는 사실이다. 비록 단체교섭 및 협약관련 제도와 부당노동행위제도가 노조법 상에 놓여져 있는 중요한 제도임은 사실이지만, 양 제도는 기실 그 성격을 상당히 달리하는 것이다. 요컨대 부당노동행위(특히 지배·개입행위)의 주체로서 사용자 개념과 단체교섭의 의무를 부담하는 사용자의 개념을 같은 차원에서 보는 것은 섬세하지 못한 면이 있다. 판단컨대 근기법 상의 사용자 개념과 노조법 상의 사용자 개념을 같은 것이냐, 다른 것이냐의 논의만큼이나 중요한 것은, 노조법 상 부당노동행위 주체로서 사용자 개념과 단체교섭의 당사자로서 사용자 개념이 동일한 것으로 보아, 일원적으로 파악하는 것이 옳은가 여부라고 할 수 있다(권혁, 102쪽 이하).

3. 부당노동행위의 주체로서 사용자 개념의 범위

노조법 상의 부당노동행위제도는 헌법이 규정하는 근로3권을 구체적으로 확보하고 집단적 노사관계의 질서를 파괴하는 사용자의 행위를 예방·제거함으로써 근로자의 단결권·단체교섭권 및 단체행동권을 확보하여 노사관계의 질서를 신속하게 정상화하기 위하여 노조법 상에서 특별히 규정하여 둔 것이다(대판 1993. 12. 21, 93다11463; 대판 1998. 5. 8, 97누7448). 비록 사용자가 아닌 제3자의 협약자치질서 침해행위는 현행 노조법 상 처벌할 수는 없지만, 이러한 협약자치질서에의 위해가 바람직하지 않음은 물론이다. 그리고 여전히 제3자에 의한 협약자치질서의 침해 가능성은 얼마든지 상존하고 있다. 특히 원하청관계에서 원청회사의 하청회사 노동조합에 대한 지배·개입행위는 하청노조의 근로3권을 침해할 위험이 얼마든지 있다. 만약 이러한 위험을 단지 근로계약관계 상의 당사자로서 사용자가 아니라는 이유로 방치한다면, 사실상 근로3권 질서는 형해화될 위험이 있다. 이러한 점에서 부당노동행위의 주체로서 사용자 개념은 근로계약 당사자로서의 사용자 개념과는 구별되어야 한다. 그리고 원청회사와 같은 제3자에게도 부당노동행위 주체로서의 지위를 인정하는 것은 부당노동행위제도의 입법취지에 부합한다고 볼 수 있다.

결국 대상판결은 노사 간 협약자치질서를 침해할 수 있는 지위에 있는 자가 직접적인 근로계약 상의 당사자로서 사용자만이 아니라, 제3자일 수도 있다는 점을 고민한 경우라고 할 수 있다. 이러한 현실적 문제에 직면하여, 대법원이 판결을 통해 지배·개입행위의 사용자 개념을 어느 정도 포괄적으로 파악하여, 기존의 부당노동행위 제도를 활용하여 그러한 지배·개입행위를 막고자 한 것으로 평가할 수 있다.

4. 평가

위 대상판결은, 부당노동행위의 유형 중 지배·개입행위의 경우, 근로자의 기본적인 노동조건 등을 실질적이고 구체적으로 지배·결정할 수 있는 지위에 놓여 있다면, 근로계약관계의

직접적인 당사자가 아니라 하더라도, 사용자의 지위는 인정될 수 있다는 사실을 명확히 하였다는 점에서 매우 의미 있는 판결이 아닐 수 없다.

노동조합의 근로3권을 침해하는 행위가 오로지 근로계약 상의 사용자만에 의해 행하여지는 것은 아니다. 특히 하청근로자로 구성된 노동조합에 대하여 지배·개입행위를 통해 근로3권을 침해하는 것은, 오로지 하청회사 사용자만이 아니라 원청회사를 통해서도 발생할 수 있다. 이러한 경우에 사용자 개념을 단지 근로계약관계의 존부 차원에서 제한적으로 바라보는 것은, 근로3권 보장이라는 헌법적 가치를 외면하는 것이 되고 만다. 이러한 점에서, 부당노동행위제도 상의 사용자 개념을 근기법 상의 사용자 개념에 비해 확대하는 것은 해석상 타당하다고 본다. 하지만 이것이 곧 단체교섭의 상대방인 사용자 개념이 당연히 확대될 수 있다는 것을 의미하는 것은 아니다(권혁, 114쪽). 계약 상의 당사자이기 위해서는, 개인으로서 사용자와 개인으로서 근로자 간의 근로계약관계 당사자로서의 지위를 근거지울 수 있는 사실관계를 확인하는 것이 중요하다. 하청업체 소속근로자가 원청회사 근로자로 평가받을 수 있기 위해서는, 원청회사 측의 실질적인 지휘·종속 하에 하청업체 소속 근로자가 놓여 있어야 하기 때문이다.

◆ **참고문헌**

권혁, "사용자 개념 확대론에 대한 재검토", 『노동법논총』 제26집, 한국비교노동법학회, 2012.
정인섭, "부당노동행위와 노동관계", 『노동법연구』 제22호, 서울대학교 노동법연구회, 2007.
조경배, "사내하도급에 있어서 원청의 사용자성", 『노동법연구』 제25호, 서울대학교 노동법연구회, 2008.

99. 부당노동행위의사와 해고사유의 경합

— 대법원 1996. 7. 30. 선고 96누587 판결(부당노동행위구제재심판정취소) —

이정(한국외국어대 법학전문대학원)

I. 사실관계

택시회사를 경영하는 X의 종업원으로 조직된 노동조합의 조합장 A는 일용근로자의 처리, 택시 광고료 수입의 배분, 고정 수당의 인상 등에 관하여 X와 협의하였으나 X의 거부로 협상은 난항을 겪게 되자 X에 대한 압박수단으로서 조합원 및 비조합원들에게 연차유급휴가를 집단적으로 사용할 것을 촉구하였다.

이에 따라 조합원을 포함한 상당수의 택시 운송업무에 종사하는 X의 근로자들이 설 당일과 그 다음 날에 연차유급휴가를 사용한다는 등의 명목으로 노무제공을 거부하였고, X는 상당한 영업상의 손실을 입게 되었다. X는 조합원들의 위와 같은 집단적인 연차유급휴가의 사용은 실질적으로는 쟁의행위에 해당함에도 불구하고 노동조합의 결의를 거치거나 쟁의발생신고를 하는 등의 노동쟁의조정법상의 적법한 절차를 거치지 아니하였다는 등의 이유로 위의 집단적 연차유급휴가 사용을 불법적인 쟁의행위라고 판단한 후에 징계위원회의 의결을 거쳐 A를 징계해고 하였다. A는 X의 징계해고가 부당노동행위에 해당한다고 하여 노동위원회에 구제신청을 하였고 지방노동위원회와 중앙노동위원회는 이 사건 징계해고가 부당노동행위에 해당한다고 하여 구제명령을 발하였다. 이에 X는 중앙노동위원회의 구제명령의 취소를 구하는 소송을 제기하였는데 1심, 원심은 모두 X의 주장을 인정하여 중앙노동위원회의 구제명령을 취소하였다.

II. 판결의 내용

사용자가 근로자를 해고함에 있어서 표면적으로 내세우는 해고사유와는 달리 실질적으로는 근로자의 정당한 노동조합활동을 이유로 해고한 것으로 인정되는 경우에 있어서 그 해고는 부당노동행위라고 보아야 할 것이고, 여기서 근로자의 정당한 노동조합활동을 실질적인 해고사유로 한 것인지의 여부는 사용자측이 내세우는 해고사유와 근로자가 한 노동조합업무를 위한 정당한 행위의 내용, 사용자와 노동조합과의 관계, 해고의 시기, 동종의 사례에 있어서 조합원과 비조합원에 대한 제재의 불균형 여부, 해고절차의 준수 여부 기타 부당노동행위 의사의 존재를 추정할 수 있는 제반 사정을 비교·검토하여 종합적으로 판단하여야 한다고 할 것이다.

그리고 정당한 해고사유가 있어 해고한 경우에 있어서는 비록 사용자가 근로자의 조합활동을 못마땅하게 여긴 흔적이 있다거나 사용자에게 반노동조합 의사가 추정된다고 하더라도 당해 해고사유가 단순히 표면상의 구실에 불과하다고 할 수는 없는 터이므로 부당노동행위에 해당한다고 할 수는 없다.

A의 이와 같은 행위는 이른바 쟁의적 준법투쟁으로서 쟁의행위에 해당한다고 할 것이며, A가 이와 같은 행위를 함에 있어서 노동조합의 결의를 거치거나 쟁의발생신고를 하는 등의 노동쟁의조정법상의 적법한 절차를 거치지 아니하였음은 물론 이로 말미암아 X 회사에게 예상치 못한 업무의 저해를 초래하였다는 점 등에 비추어 보면 이와 같은 준법투쟁은 정당한 쟁의행위의 한계를 벗어난 것이라고 하지 아니할 수 없다. 따라서 X가 징계위원회에 회부하여 적법한 면직절차를 거쳐 참가인을 면직한 것은 정당한 인사권의 행사라 할 것이고, 비록 A가 종래 조합활동을 하여 왔다고 하더라도 X가 실질적으로는 A의 조합활동을 혐오하여 그를 사업장에서 배제할 의도로 단순히 위에서 본 참가인의 행위를 표면적인 구실로 삼아 A를 면직하였다고는 할 수 없어 이를 부당노동행위라고 할 수는 없다.

Ⅲ. 해설

1. 쟁점 및 대상판결의 의의

근기법 제23조 제1항에 반하지 않는 정당한 이유가 있는 해고와 노조법 제81조 제1호와 제5호에 반하는 부당노동행위로서 불이익취급에 해당하는 해고가 서로 경합할 경우, '그 해고'의 효력이 문제로 된다. 학계에서는 이 문제를 주로 '해고사유의 경합'이라는 주제로 다루어 왔다. 해고사유의 경합 문제는 사용자의 부당노동행위로서 불이익취급을 받았다고 주장하는 근로자가 부당노동행위구제신청과 함께 부당해고구제신청을 하는 것이 소송실무상의 일반적인 현상이라는 점에서 연유한다. 따라서 해고사유의 경합이 문제되는 사안에서는 해고라는 하나의 법률행위에 대하여 노조법상 부당노동행위의 성립과 근기법상 해고의 정당성 여부가 각각 다투어지게 된다.

대상판결은 부당노동행위와 부당해고의 원인이 경합되는 사안과 관련된 쟁점들 및 판례법리가 종합적으로 판시된 점, 부당노동행위 중 불이익취급의 의사가 경합하는 경우 판단 방법을 종래의 판결들 보다 상세하게 설시하고 있다는 점에서 의미가 있다.

2. 해고사유 경합에 관한 학설과 판례

1) 학설의 태도

'부당노동행위 부정설'은 사용자가 법령·단체협약이나 취업규칙 등에 의하여 정당한 이유 있는 해고 및 징계를 하는 경우에는 근로자의 정당한 조합활동을 이유로 불이익취급을 한다 할지라도 언제나 부당노동행위가 성립하지 않는다고 한다. 보통 정당사유설이라고도 한다. '부당노동행위 긍정설'은 부당노동행위의사가 존재하는 경우에는 설사 해고 등의 불이익처분에 정당한 사유가 있다 하더라도 언제든지 부당노동행위가 성립한다는 견해이다. 다만, 최근 우리나라 학계에서는 이 견해를 취하는 경우는 거의 없는 것으로 보인다. '결정적 원인설'은 사용자가 근로자에 대하여 불이익취급을 함에 있어서 근로자의 정당한 조합활동과 해고 등의 정당사유 중 전자를 결정적 원인 또는 우월적 동기로 하여 해고 등의 불이익취급을 하였다면 부당노동행위가 성립한다는 견해이다. '상당인과관계설'은 근로자의 조합활동이 없었더라면 근로자에 대한 불이익취급이 없을 것이라는 정도의 상당인과관계가 존재하면 부당노동행위가 성립한다는 견해이다. 우리나라 대부분의 학자들이 지지하는 통설적인 견해이다.

해고사유의 경합에 대한 상기 학설 중 부당노동행위 부정설에 의하면 해고의 정당한 사유가 존재하면 부당노동행위는 성립하지 않게 되어 부당노동행위의 성립범위가 좁게 된다. 반면 부당노동행위 긍정설에 의하면 해고의 정당한 사유가 존재하는 경우에도 부당노동행위의사가 인정되기만 하면 부당노동행위가 성립하게 되므로 그 성립범위가 확대되는 결과로 이어진다. 결정적 원인설이나 상당인과관계설은 양자의 중간범위 정도에 위치한다고 평가할 수 있다. 해고사유의 경합에 관한 우리나라에서의 이론적 논의는 대부분이 결정적 원인설이나 상당인과관계설의 측면에서 이루어지고 있다.

2) 판례의 태도

앞에서 언급한 바와 같이 대상판결의 입장은 종래의 대법원 판결들(대판 1989. 3. 14, 87다카3196; 대판 1990. 8. 10, 89누8217; 대판 1990. 10. 23, 89누6792; 대판 1993. 1. 15, 92누13035; 대판 1993. 12. 10, 93누4595; 대판 1996. 4. 23, 95누6151; 대판 1997. 6. 24, 96누16063 등)의 판단기준을 종합적으로 정리한 것인데 이러한 대법원의 입장을 보면 표면적으로는 결정적 원인설의 견해를 취하고 있는 것으로 보이나, 실질적인 판단과 그 결과를 기준으로 보았을 때는 부당노동행위 부정설의 견해에 가깝다. 대법원 판결 중 근기법 제23조의 해고의 정당한 사유가 인정되는 사안에서 대법원이 부당노동행위를 긍정한 사례는 발견되지 않는다는 점, 근로자에 대한 해고의 정당한 사유가 없는 경우에 있어서조차 곧바로 부당노동행위를 단정하고 있지 않다는 점 등이 그 실질적인 근거다. 대법원이 부당노동행위의 성립을 긍정한 사안은 정당한 해고사유로 볼 수 없는 사

유를 내세워 근로자를 해고한 경우에만 해당된다는 점도 근거가 될 수 있다. 이는 부당노동행위 부정설의 입장과 일치하는 결과이다. 해고의 정당한 사유가 있으면 비록 부당노동행위의 의사가 추정되는 경우에 있어서도 부당노동행위의 성립을 부정하는 것이 현재 대법원의 견해라고 판단된다. 대법원 견해에 의하면 사용자의 근로자에 대한 해고 등 불이익처분이 단순히 표면상의 구실에 불과한 것이 아니고 정당한 것이라고 판정된 이상, 그것이 실질적으로 근로자의 정당한 조합활동을 이유로 한 것으로 볼 수 없어 부당노동행위는 성립하지 않는다.

3. 해고사유의 경합의 실태와 문제점

해고사유의 경합 문제를 판단함에 있어서 우리나라의 대법원은 결정적 원인설에 근거하여 종합적인 상황을 비교·검토하여 부당노동행위 여부를 판단하는 듯하지만, 실제로는 부당노동행위 부정설의 입장을 일관되게 유지해 온 것으로 생각한다. 이와 관련하여 노동위원회는 ① 부당노동행위와 부당해고를 병합 진행하다 보면, 근로관계의 단절이라는 해고에 중점을 두고 심문하게 된 결과, 부당해고로 판명되면 근로자 측도 부분적으로 만족할 가능성이 있는 점, ② 근로자 측에서 보면, 부당노동행위의 입증이 어려울 뿐만 아니라 심판시간의 제한 등으로 인하여 실체적 진실을 규명하기 어려운 점 등의 이유로 인하여, 특별한 경우를 제외하고는 개별근로관계의 존속 또는 근로조건 등에 영향을 미치는 사건을 중심으로 해결하려는 경향이 있다는 주장도 있다(박수근, 264쪽). 결정적 원인을 논하고 있는 판례가, 실제로는 본래부터 해고의 정당한 이유 또는 부당노동행위 의사에 대해서는 입증하려고 하기 보다는 단순한

사실인정의 문제에 대한 판단에 집중함으로써, 엄밀한 의미에서의 해고사유의 경합이 문제시되지 않은 측면도 있다고 생각된다.

　노동위원회나 대법원이 해고에 정당한 사유가 있음을 이유로 부당노동행위의 성립을 부정하는 것은 부당노동행위제도의 도입취지를 훼손하는 것이라는 비판도 제기될 수 있다. 특히, 노동위원회는 사법기관과 달리 부당노동행위사건에서 상당한 재량적 판단을 할 수 있음에도 불구하고, 근기법 제23조 제1항의 위반과 근로계약의 사법적 효력 여부에 부당노동행위에 대한 판단을 맡긴다는 문제도 제기될 수 있다. 노동위원회가 부당노동행위를 판단하는 재량의 근거와 한계는 적정하게 설정이 되는 것이 바람직하겠지만, 노동위원회가 지나치게 사법적인 판단에 귀속된다면 부당노동행위구제제도의 본질적인 목적을 충분하게 실현하기 어려울 것이다. 학계의 많은 논문이 부당노동행위 부정설의 입장에 있는 노동위원회나 대법원의 태도에 대하여 문제점을 제기하면서, 그 주요한 대안으로서 입증책임의 전환론을 제시하고 있다. 부당노동행위에 있어서 입증책임을 근로자가 아닌 사용자에게 전환함으로써 그 구제의 실익을 높여야 한다는 것이다. 하지만, 입증책임의 전환을 통해 해고사유의 경합의 문제를 해결할 수 있을지는 다소 의문이 있다. 부당노동행위 부정설이 유지되는 상황에서는 아무리 부당노동행위에 대한 입증책임이 사용자 측으로 전환된다고 해도, 현재 대법원의 태도와 같이 사용자가 해고의 정당한 이유만 입증하면 부당노동행위는 그 실질여하에 상관없이 부정될 수밖에 없기 때문이다. 부당노동행위에 있어서 입증책임을 사용자 측으로 전환하는 것이 부당노동행위

구제제도의 목적 실현에 유리한 측면이 있겠지만, 그것이 해고사유의 경합 문제를 해결할 수 있는 근본적인 대안이라고는 보기 어렵다고 생각한다.

4. 대상판결의 평가

　해고사유의 경합은 사용자의 해고가 부당노동행위라는 근로자 측의 주장과 해당 해고는 정당한 이유가 있는 해고라는 사용자 측의 주장이 함께 제기되는 경우에 문제로 되는데, 이에 대하여 기존의 이론과 판례는 충분히 설득력 있는 설명을 하지 못하고 있다. 해고사유의 경합 문제를 좀 더 객관적이고 분명하게 파악하는 일은 중요하다. 해고사유의 경합 문제를 다룬 대법원 판결들을 살펴보면, 정당한 이유가 있는 해고를 부당노동행위라고 판단한 사례는 거의 없다. 해고의 정당한 이유가 입증되면, 사용자의 부당노동행위의사의 추정이 깨지는 것이 그 이유라고 판단된다. 즉, 현재의 판단구조 하에서는 정당한 이유가 있는 해고는 부당노동행위가 될 수 없다. 하지만 그러한 판단결과는 부당노동행위구제제도의 도입취지를 훼손할 우려가 있다. 따라서 부당노동행위구제제도의 실효성을 확보하기 위한 새로운 판단과 인식이 요청된다.

◆ 참고문헌

김형배, "근로기준법상 해고제한과 부당노동행위상 해고금지", 『법학논집』 제24권, 고려대학교 법학연구원, 1986.
김형진, "정당화사유와 부당노동행위의사의 경합에 관한 몇 가지 문제", 『대법원판례해설』 제26호, 법원도서관, 1996.
박상훈, "해고사유의 경합에 관한 최근 판례의 경향", 『조정과 심판』 제22호, 중앙노동위원회, 2005.
박수근, "부당노동행위구제절차에 있어 입증책임", 『노동법학』 제17호, 한국노동법학회, 2003.

100. 복수노조에서 인사고과와 불이익취급

― 대법원 2018. 12. 27. 선고 2017두47311 판결(부당노동행위구제재심판정취소) ―

피용호(한남대 법정대학)

I. 사실관계

원고는 상시근로자 800여 명을 고용하여 자동차산업용부품의 설계, 제조 및 판매 등을 영위하는 A 주식회사이고, 피고는 중노위위원장이며, 피고보조참가인들(이하 '참가인들'이라 함)은 모두 전국 단위 산별노조인 B노조 경주지부 산하조직인 C지회(이하 '이 사건 지회'라 함)에 가입되어 있는 원고의 기능직 근로자들이다.

원고는 2014. 6. 3. 교섭대표노조인 D노조와 단체협약을 체결하면서 연 700%의 고정 비율로 지급하던 상여금을 성과평가결과에 따라 지급비율에 차등을 두어 지급하는 것으로 변경하였고, 2014년 12월 중순경 소속 근로자들에 대한 2014년도 하반기 성과평가(평가대상 기간: 7월~12월)를 실시하여 그 결과에 따라 2015. 2. 20. 근로자들에게 성과상여금을 차등 지급하였다.

참가인들을 포함한 이 사건 지회 소속 80명의 근로자들(이하 '이 사건 근로자들'이라 함)은 원고가 이 사건 지회 소속이라는 이유로 낮은 성과등급을 부여, 그에 따라 성과상여금을 지급한 것은 불이익취급의 부당노동행위라고 주장하며 2015. 4. 5. 경북지노위에 부당노동행위 구제신청(경북2015부노18)을 하였고, 경북지노위는 2015. 6. 15. 불이익취급의 부당노동행위임을 인정, "이 사건 사용자는 성과상여금을 차별 지급한 것을 취소하고, 정당한 성과평가를 재실시하여 이 사건 근로자들에게 성과상여금 차액분을 지급하라"는 구제명령을 내렸다.

원고는 위 판정에 불복하여 2015. 7. 3. 중노위에 초심판정의 취소를 구하는 재심을 신청(중앙2015부노125)하였으나, 2015. 11. 2. 기각되었다. 원고는 이에 불복하여 부당노동행위구제재심판정취소를 구하는 행정소송을 제기하였고, 1심판결(서울행판 2016. 9. 1, 2015구합82259)과 2심판결(서울고판 2017. 4. 27, 2016누67303) 모두 패소하자 상고하였다.

II. 판결의 내용

노조법 제81조 제1호에서 말하는 부당노동행위가 성립하기 위해서는 근로자가 '노동조합의 업무를 위한 정당한 행위'를 하고 사용자가 이를 이유로 근로자에 대하여 해고 등의 불이익을 주는 차별적 취급행위를 한 경우라야 하며, 그 사실의 주장 및 증명책임은 부당노동행위임을 주장하는 측에 있다. 근로자에 대한 인사고과가 상여금의 지급기준이 되는 사업장에서 사용자가 특정 노조의 조합원이라는 이유로 다른 노조의 조합원 또는 비조합원보다 불리하게 인사고과를 하여 상여금을 적게 지급하는 불이익을 주었다면 그러한 사용자의 행위도 부당노동행위에 해당할 수 있다. 이 경우 사용자의 행위가 부당노동행위에 해당하는지 여부는,

특정 노조의 조합원 집단과 다른 노조의 조합원 또는 비조합원 집단을 전체적으로 비교하여 양 집단이 서로 동질의 균등한 근로자 집단임에도 불구하고 인사고과에 양 집단 사이에 통계적으로 유의미한 격차가 있었는지, 인사고과의 그러한 격차가 특정 노조의 조합원임을 이유로 불이익취급을 하려는 사용자의 반조합적 의사에 기인한다고 볼 수 있는 객관적인 사정이 있었는지, 인사고과에서의 그러한 차별이 없었더라도 동등한 수준의 상여금이 지급되었을 것은 아닌지 등을 심리하여 판단하여야 한다. 원심은 그 판시와 같은 이유를 들어 원고가 변경된 2014년 단체협약의 상여금조항 및 상여금 지급규칙에 따라 2014년 하반기 성과평가에서 전반적으로 낮은 등급을 부여받은 피고보조참가인들을 포함한 이 사건 근로자들에게 상여금을 적게 지급한 것은 불이익취급의 부당노동행위에 해당한다고 판단하였다. 이러한 원심의 판단은 앞에서 본 법리에 기초한 것으로서 정당하다.

현실적으로 발생하는 부당노동행위의 유형은 다양하고, 노사관계의 변화에 따라 그 영향도 다각적이어서 그에 대응하는 부당노동행위 구제의 방법과 내용도 유연하고 탄력적일 필요가 있다. 노조법 제84조 또한 노동위원회가 전문적·합목적적 판단에 따라 개개 사건에 적절한 구제조치를 할 수 있도록 하기 위해, 부당노동행위가 성립한다고 판정한 때에는 사용자에게 구제명령을 발하여야 한다고 규정하고 있을 뿐 구제명령의 유형 및 내용에 관하여는 특별히 정하고 있지 아니하다. 이러한 노조법 규정의 내용과 부당노동행위 구제제도의 취지 등에 비추어 살펴보면, 원심이 이 사건 구제명령은 이 사건 지회에 대한 반조합적 의사를 배제한 상태에서 2014년 하반기 성과평가를 재실시한

후 그 평가결과에 따라 재산정한 성과 상여금과 기존에 지급한 성과상여금과의 차액을 지급할 것을 명하는 것으로 해석된다는 등 그 판시와 같은 이유를 들어, 이 사건 구제명령이 불명확하고 사실상 실현이 불가능하여 위법하다는 취지의 원고의 주장을 배척한 것은 정당하다.

Ⅲ. 해설

1. 불이익취급의 부당노동행위 입증책임과 판단방법

참가인들을 포함한 이 사건 지회 소속 80명의 근로자들은 원고가 이 사건 지회 소속이라는 이유로 낮은 성과등급을 부여하고 그에 따라 성과상여금을 지급한 것은 불이익취급의 부당노동행위라고 주장하였는데, 이러한 주장이 인정되려면 노조의 업무를 위한 정당한 행위 등이 존재하고 사용자가 이를 이유로 근로자에 대하여 해고 등의 불이익을 주는 차별적 취급행위를 한 사실이 있으며 그러한 불이익취급이 사용자의 부당노동행위 의사에 기인한 것임이 입증되어야 한다. 그 입증책임은 이를 주장하는 근로자 또는 노조가 부담하는데, 부당노동행위 의사라는 것이 다분히 주관적인 것이기 때문에 어느 정직한 사용자가 자백하지 않는 이상 제반 사정으로부터 추정될 수밖에 없다.

한편 대상판결은 이전 판결(대판 2009. 3. 26, 2007두25695)의 취지를 참조하고 있는데, 당시 판결에서는 이른바 '대량관찰방식'(이승욱, 81쪽)에 관하여 언급하면서도 실제 그러한 방법을 취하여 부당노동행위 해당 여부는 판단하지 아니하였고 결과적으로 부당노동행위 의사의 추정을 포기(피용호, 352쪽)한 것으로 이해되는 측면이 있었다. 그와 달리, 이번 사안에서

는 "동질의 균등한 근로자 집단임에도 불구하고 인사고과에 양 집단 사이에 통계적으로 유의미한 격차가 있었는지, 인사고과의 그러한 격차가 특정 노조 조합원임을 이유로 불이익취급을 하려는 사용자의 반조합적 의사에 기인한다고 볼 수 있는 객관적인 사정이 있었는지, 인사고과에서의 그러한 차별이 없었더라도 동등한 수준의 상여금이 지급되었을 것은 아닌지 등을 심리하여 판단"하였다. 즉, 원고가 '교섭대표노조 조합원 등'에게는 99.0%를 B등급(404명 중 400명) 이상 부여하여 '2015년도 2월분 성과상여금'을 2014년 단체협약 변경 전의 상여금(50%) 보다 높게 지급(404명 중 218명은 55~70% 지급)하거나 기존 수준(50%)으로 유지(182명)한 데 반해, '이 사건 지회'의 조합원(89명)에게는 B+등급 이상은 전혀 없고, 대부분 B등급 이하로 평가등급을 부여(B등급 15명, B-등급 32명, C등급 29명, D등급 13명)함에 따라 이 사건 지회의 조합원들은 '2015년 2월분 성과상여금'을 단체협약 변경 전의 상여금(50%) 보다 대부분 낮게 지급(15명은 50%로 동일, 32명은 45%, 29명은 25%, 13명은 전혀 지급받지 못하는 등 전체 조합원 89명 중 74명이 낮게 지급받거나 전혀 지급받지 못함)받게 되는 결과를 통계적으로 유의미한 격차가 있는 것으로 보았고 이로써 부당노동행위 의사를 추정하였으며, 원고가 이에 대하여 객관적이고 공정한 평가기준에 따른 것임을 입증하지 못하자 불이익취급의 부당노동행위에 해당한다고 판단한 원심을 정당하다고 보았다.

지극히 정상적이며 타당한 판결로 이해되나, 실제 대상판결에서와 같이 동종균질의 비교집단을 설정, 비교할 수 있는 경우가 결코 흔치 아니하고 그 통계적 유의미한 격차를 입증하기

란 더더욱 어려운 일이란 점에 주목하지 아니할 수 없다. 결국 입증책임의 전환 또는 완화가 필요하다는 입장(박수근, 285쪽)에서 증거와의 거리가 사용자에게 가깝거나 또는 그 입증이 사용자에게 용이하다면 사용자가 입증하도록 하는 것이 오히려 입증책임의 공평한 분배에 더욱 부합하는 것으로 판단되며, 그러한 방향에서의 입법적 조치가 보다 바람직하다고 본다(피용호, 351쪽).

2. 성과평가 재실시 및 성과상여금 차액 지급 명령의 적법성

노조법은 집단적 노사관계의 질서를 파괴하는 사용자의 행위를 예방·제거함으로써 근로3권을 확보, 노사관계의 질서를 신속하게 정상화하기 위하여 부당노동행위에 대한 구제제도를 규정하고 있다(대판 1998. 5. 8, 97누7448 판결 등 참조). 다만, 노동위원회가 전문적·합목적적 판단에 따라 개개 사건에 적절한 구제조치를 할 수 있도록, 부당노동행위가 성립한다고 판정한 때에는 사용자에게 구제명령을 발하여야 한다고 규정하고 있을 뿐 구제명령의 유형 및 내용에 관하여는 특별히 정하고 있지 아니하다(대판 2010. 3. 25, 2007두8881 판결 등 참조).

대상판결에서 원고는 "구제명령은 사실상으로나 법률상으로 실현이 가능하고 처분의 상대방이 규율내용을 인식할 수 있을 정도로 명확하여야 하는데, 이 사건 구제명령은 그 의미가 불명확하고 사실상 실현이 불가능"하므로 위법하다고 주장하였으나, 이 사건 구제명령의 의미가 불명확하지도 않고 사실상 실현이 불가능한 것도 아니어서 법리적으로 별다른 의미는 없는 주장으로 이해된다. 원고의 주장이 중노위가 원고를 대신하여 이 사건 근로자들에 대한 성과

평가를 직접 시행하고 그에 따라 계산된 상여금의 지급을 명해야 한다는 취지라면 오히려 그것이 현실적으로 불가능해 보이고 사용자로서 원고의 광범위한 인사고과에 대한 재량을 침해하는 것이어서 부적절하다 할 것이다. 또한 성과상여금의 차별적 지급을 내용으로 하는 부당노동행위의 결과를 제거하지 아니하고 장래를 향하여 일정한 의무만을 부과하는 것은 결코 유효적절한 구제명령일 수 없고, 원고의 부당노동행위로 발생한 부당한 결과를 원상회복시킬 수 있는 적절한 방법을 이 사건 구제명령과 같은 방식 외에 달리 생각하기 어렵다는 점도 당연히 고려될 수밖에 없다고 본다.

원고의 주장에 대하여 대상판결은 현실적으로 발생하는 부당노동행위의 유형은 다양하므로 그에 대응하는 부당노동행위 구제의 방법과 내용도 유연하고 탄력적일 필요가 있다고 전제한 뒤, "이 사건 구제명령은 원고로 하여금 이 사건 지회에 대한 반조합적 의사를 배제한 상태에서 이 사건 근로자들에 대하여 다른 기능직 근로자들과 동일한 기준을 적용하여 2014년도 하반기 성과평가를 재실시한 후 그 평가결과에 따라 재산정한 성과상여금과 기존에 지급한 성과상여금과의 차액을 지급할 것을 명하는 것으로 해석된다"는 점을 명확히 하고 원고의 주장을 배척한 원심을 정당한 것으로 판단하였으며, 지극히 타당한 판단으로 평가된다.

◆ 참고문헌

박수근, "부당노동행위구제절차에 있어 입증책임", 『노동법학』 제17호, 한국노동법학회, 2003.
이승욱, 『복수노조 병존의 쟁점과 과제』, 한국노동연구원, 2001.
피용호, "인사고과에 의한 불이익취급의 부당노동행위와 그 법적 쟁점에 관한 비판적 고찰", 『한남법학연구』 제3집, 한남대학교 일반법제연구센터, 2015.

101. 유니온 숍 협정과 단결선택권

– 대법원 2019. 11. 28. 선고 2019두47377 판결(부당해고구제재심판정취소) –

김린(인하대 법학전문대학원)

Ⅰ. 사실관계

사용자인 원고와 원고 사업장의 유일한 노동조합이던 제주지역 자동차노동조합(이하 '1노조'라 한다)은 2016. 3. 11. 원고가 근로자를 채용하는 경우 원칙적으로 그 근로자는 채용과 동시에 자동으로 조합원이 되고, 원고는 노동조합에 가입하지 않은 근로자를 면직시켜야 한다는 취지의 유니온 숍(union shop) 조항(이하 '이 사건 유니온 숍 협정'이라고 한다)을 포함한 단체협약을 체결하였다. 전국 단위 산업별 노동조합인 전국운수산업 민주버스노동조합은 2017. 12. 9. 원고 사업장에 지회(이하 '2노조'라 한다)를 설치함으로써 이 무렵부터 원고 사업장에는 복수의 노동조합이 존재하게 되었다. 그러나 1노조는 여전히 원고 사업장에 종사하는 근로자의 2/3 이상 조합원으로 가입한 노동조합이었다. 2017. 8. 26. 원고에 입사한 근로자 A, B, C는 1노조 가입을 하지 않던 중 2노조가 설립될 무렵 1노조에 대한 별도의 가입 및 탈퇴 절차 없이 곧바로 2노조에 가입하였다. 이에 원고는 2017. 12. 26. 위 유니온 숍 협정에 따라 이 사건 근로자들에게 면직을 통보하였다. A 등은 원고의 면직이 무효라고 주장하며 노동위원회에 부당해고구제신청을 하였고, 중앙노동위원회가 A 등의 신청을 인용하자 원고가 불복하여 행정소송을 제기하였다.

Ⅱ. 판결의 내용

대상판결은 "헌법 제33조 제1항, 제11조 제1항, 제32조 제1항 전문, 노동조합 및 노동관계조정법 제5조 본문, 제81조 제2호, 근로기준법 제23조 제1항 등 관련 법령의 문언과 취지 등을 함께 고려하면, 근로자에게는 단결권 행사를 위해 가입할 노동조합을 스스로 선택할 자유가 헌법상 기본권으로 보장되고, 나아가 근로자가 지배적 노동조합에 가입하지 않거나 그 조합원 지위를 상실하는 경우 사용자로 하여금 그 근로자와의 근로관계를 종료시키도록 하는 내용의 유니온 숍 협정이 체결되었더라도 지배적 노동조합이 가진 단결권과 마찬가지로 유니온 숍 협정을 체결하지 않은 다른 노동조합의 단결권도 동등하게 존중되어야 한다. 유니온 숍 협정이 가진 목적의 정당성을 인정하더라도, 지배적 노동조합이 체결한 유니온 숍 협정은 사용자를 매개로 한 해고의 위협을 통해 지배적 노동조합에 가입하도록 강제한다는 점에서 허용 범위가 제한적일 수밖에 없다. 이러한 점들을 종합적으로 고려하면, 근로자의 노동조합 선택의 자유 및 지배적 노동조합이 아닌 노동조합의 단결권이 침해되는 경우에까지 지배적 노동조합이 사용자와 체결한 유니온 숍 협정의 효력을 그대로 인정할 수는 없고, 유니온 숍 협정의 효력은 근로자의 노동조합 선택의 자유 및 지배적 노동조합이 아닌 노동조합의 단결권이 영향을 받지 아니하는 근로자, 즉 어느 노동조합에도 가입하지 아니한 근로자에게만 미친다. 따라서 신규로 입사한 근로자가 노동조합 선택의 자유를 행사하여 지배적 노동조합이 아닌 노동조합에 이미 가입한 경우에는 유니온 숍 협정의 효력이 해당 근로자에게까지 미친다고 볼 수 없고, 비록 지배적 노동조합에 대한 가입 및 탈퇴 절차를 별도로 경유하지 아니하였더라도 사용자가 유니온 숍 협정을 들어 신규 입사 근로자를 해고하는 것은 정당한 이유가 없는 해고로서 무효로 보아야 한다"고 하여 원고의 면직처분은 정당한 이유가 없는 해고로서 무효라고 보아, 중노위의 구제명령을 정당하다고 본 원심을 확정하였다.

Ⅲ. 해설

1. 유니온 숍 협정의 의의와 유효성

근로자가 입사하는 경우 그를 두고 사용자와 노동조합들은 서로 다른 꿈을 꾼다. 먼저, 사용자는 그 신출내기가 노동조합에 가입하지 아니하거나, 혹은 이미 가입한 노동조합이 있다면 탈퇴할 것을 희망하고, 여의치 않다면 사용자에게 우호적인 노동조합에 가입하기를 바랄 것이다. 이에 사용자 중에는 이러한 자신의 희망사항을 고용조건으로 제시하는 자도 있을 것이다. 그러나 사용자의 이러한 행위는 노동조합의 노동3권을 침해하는 반조합적 부당노동행위로서 노조법 제81조 제2호에 의해 금지되고 있다. 한편, 노동조합의 경우에는 신입 근로자가 해당 사업장에 채용됨과 동시에 자신의 조합원으로 가입하도록 사용자에게 요구할 수 있다면 조합원 확보의 어려움을 덜 수 있으며, 조직대

상을 같이 하는 다른 노동조합과의 경쟁에서 우위에 설 수 있을 것이다. 이에 노동조합은 사용자에게 자기 노동조합에 대한 가입을 고용의 조건으로 신규 근로자에게 제시해 줄 것을 요구하기를 희망한다. 노동조합의 이러한 요구를 사용자가 수락하는 경우에는 노조법 제81조 제2호 본문이 금지하는 행위 유형인 '특정한 노동조합의 조합원이 될 것을 고용조건으로 하는 사용자의 행위'에 해당한다는 문제가 발생한다. 그러나 노조법 제81조 제2호는 사용자의 반조합계약을 요구하는 행위를 차단하는데 목적이 있으므로 노동조합의 자주적 조합활동의 결과 위와 같은 고용조건을 쟁취하였다면 이를 부정할 필요까지는 없다. 이에 노조법은 "노동조합이 당해 사업장에 종사하는 근로자의 3분의 2 이상을 대표하고 있을 때"라는 조건이 충족되는 것을 전제로 근로자가 그 노동조합의 조합원이 될 것을 고용조건으로 하는 단체협약 규정에 대해서는 부당노동행위에 해당하지 않는다는 예외를 인정하고 있다(§81 2호 단서).

즉, 근로자의 3분의 2 이상을 대표하는 노동조합(이하 "지배적 노동조합"이라 한다)과 사용자가 '근로자가 그 노동조합의 조합원이 될 것을 고용조건'으로 하여야 한다는 취지의 단체협약을 체결하고, 그 이행을 위하여 사용자가 개별 근로자에게 지배적 노동조합 가입을 고용조건으로 제시하는 것은 노조법상 허용된다.

이러한 취지를 규정하고 있는 단체협약을 일반적으로 '유니온 숍(Union shop) 협정'이라 부른다. 이른바 숍(shop) 협정은 비조직근로자로 하여금 노동조합에 가입하도록 강제하기 위한 기술적 수단으로, 조직강제의 방법에 따라 유니온 숍 외에도 클로즈드 숍(closed shop; 조합원 중에서만 근로자를 채용할 것 등을 강

제하는 방식), 에이전시 숍(agency shop; 근로자에게 조합원 가입을 요구하지는 않지만 조합비는 납부하도록 강제하는 방식) 등 몇 가지 유형이 있다.

노조법은 다양한 유형의 숍 협정 중에서도 유니온 숍만 언급하고 있다. 유니온 숍 협정에 의해 지배적 노동조합에 가입하였다가 탈퇴하여 소수 노동조합에 가입한 근로자를 사용자가 해고하자 당해 해고의 무효를 다투면서, 노조법 제81조 제2호 단서가 근로자의 '단결하지 않을 자유'를 침해해 위헌이라고 주장한 사건에서 헌법재판소는 이를 합헌이라 선언한 바 있다(헌재 2005. 11. 24, 2002헌바95등).

2. 지배노조, 소수 노조의 단결권과 근로자 개인의 단결선택권의 갈등

유니온 숍과 같은 조직강제는 노동조합의 단결권을 강화하기 위한 수단이라는 점에서 그 취지가 인정되나, 근로자 개인의 단결권 구체적으로 노동조합에 가입할지 여부, 가입할 경우 어떤 노동조합에 가입할지 여부, 일단 가입한 경우라 하더라도 탈퇴를 할지 여부 등에 대한 선택의 자유를 제한한다는 점에서 이른바 노동조합과 근로자 개인의 권리가 충돌한다는 문제가 오래전부터 제기되어 왔다. 특히, 복수노동조합을 인정한 이래 지배적 노동조합으로의 조직강제는 다른 노동조합의 조직약화로 귀결될 수 있다는 점에서 소수 노동조합의 단결권을 제한한다는 문제도 제기되고 있다. 이에 유니온 숍 협정은 지배적 노동조합과 소수 노동조합의 단결권, 근로자 개인의 단결선택권(고용조건과 연계된다는 점에서는 근로권도 문제될 수 있다) 사이의 갈등을 초래한다는 점에서 논란이 지속되고 있는바, 이 문제를 해결하기 위한 일련의 입법적 조치가 이루어졌다.

즉, 시간의 흐름에 따라 유니온 숍 협정의 효력 범위는 점차 제한되고 있다. 1963. 4. 개정된 노동조합법은 유니온 숍 협정의 효력을 전면적으로 인정하여 유니온 숍 협정이 체결된 사업장의 근로자가 노동조합에 가입하지 않거나 탈퇴하거나, 노동조합으로부터 제명되어 사용자가 이를 이유로 해고하더라도 정당한 해고로 보았다. 그러나 특정 노동조합의 조합원으로서의 자격 유지가 고용 유지에 절대적 조건이 됨으로써 근로자 개인의 단결에 관한 선택권을 제한하고, 소위 어용 노조 지도부와 조합원 간의 갈등 상황에서 지도부의 입장에 반하는 조합원을 제명해 축출하는 수단으로 악용될 수 있다는 문제점 등을 고려하여 유니언 숍의 효력범위를 제한하게 되었다. 1987. 11. 개정된 구 노동조합법에는 사용자는 근로자가 당해 노동조합에서 제명된 것을 이유로 신분상 불이익한 행위를 할 수 없다는 단서가 추가되었고 2006. 12. 노조법 개정에서는 근로자가 지배적 노동조합에 일단 가입한 다음 탈퇴하더라도 불이익처분을 하지 못하도록 규정되었다. 즉, 근로자가 '일단 가입'만 하면 그 다음부터는 근로자의 조합원 지위 유지 여부가 고용유지와의 관계에서는 전혀 문제가 되지 않게 되었다. 요컨대, 유니온 숍 협정이 의미를 가지는 경우는 근로자가 채용된 후 처음부터 지배적 노동조합에 가입하기를 거부하는 때 정도에 불과하게 된 것이다. 그런데 2011. 7. 조직대상을 같이 하는 여러 개의 노동조합이 경쟁하는 복수노조 시대가 열리게 되었다. 노동조합간 경쟁의 기본은 조합원 확보에 있다. 조합원은 노동조합이 존속하고, 교섭대표노조가 되는 등 강력한 교섭력을 발휘하기 위한 기본 토대가 되므로 조합원 조직은 노동조합의 주요 업무일 수밖에 없다. 이러한 상황에서 유니온 숍 협정은 지배적 노동조합에게 조합원 확보 경쟁에서의 절대 우위를 누릴 수 있는 수단이 될 수 있다. 따라서 복수노조시대의 도래로 유니온 숍 협정이 내포하고 있던 조합 간 경쟁제한성이 본격적으로 주목받게 되었다.

3. 대상판결의 의의

1987. 11. 개정된 구 노동조합법이 적용된 과거의 사안에서 대법원은 "유니언 숍 협정이 체결된 노동조합을 탈퇴하여 조직대상을 같이 하면서 독립된 단체교섭권을 가지는 다른 노동조합에 가입하는 것을 허용한다면 사실상 피고 회사 내에는 단체교섭권을 가지는 노동조합이 복수로 존재하게 되어 위 유니언 숍 협정의 근본이 와해되어 위 유니언 숍 협정은 유명무실한 것이 되어 버리는 결과가 (된다)"라고 판시하면서 다만, 독립된 단체교섭권을 가지는 복수노조가 전면적으로 허용되는 때부터는 달리 해석할 여지도 있을 것이다라는 단서를 단 바 있다(대판 2002. 10. 25, 2000다23815). 이 판결은 유니온 숍 협정이 특정 노동조합으로의 조직강제의 취지가 옹호되어야 한다고 하면서도 이는 복수노조 인정여부와도 밀접한 관련이 있음을 시사하였는데, 그러한 시사는 대상판결에 의해 현실이 되었다. 즉, 복수노조 인정으로 노동조합간 경쟁이 가능하게 되었다는 점에서 유니온 숍 협정의 해석이 새로운 전기를 맞이하게 된 것이다.

대상판결에 의하면, 유니온 숍 협정이 시행되고 있더라도 근로자는 특정 노동조합에 반드시 가입할 의무가 없으며, 다른 노동조합에라도 가입함으로써 아무 노동조합에 가입하지 않은 상태가 아니라면 사용자가 불이익처분을 할 수 없다. 이는 유니온 숍 협정은 해당 협정을 체결한 지배적 노동조합의 이익 즉, '특정 노동조합에 대한 조직강제'가 아니라 다른 노동조합 역시 원용할 수 있는 '일반적 조직강제'로서의 의미를 지니게 되었음을 의미한다.

현행 노조법하에서는 여러 노동조합이 근로조건의 유지·개선 등에 관한 다양한 목소리를 내면서 토론하고 상호 경쟁하며 연대하는 것이 가능하다. 이는 민주주의의 관점에서 볼 때 지극히 자연스러우며, 적극 권장되어야 한다. 대상판결은 유니온 숍 협정의 효력 범위를 제한함으로써 복수노조의 인정취지를 살렸다는 점에서 긍정적으로 평가할 수 있다.

한편, 대상판결에 의해 유니온 숍 협정의 의미가 일반적 조직강제로 변경된 점을 고려해 유니온 숍 협정의 유효요건인 '2/3'의 기준을 폐지하거나, 특정 노동조합이 아니라 어느 노조건 단결을 선택한 전체 근로자의 비율을 기준으로 삼도록 개정할 필요가 있다. 그렇지 않으면 대상판결의 해석론에 의해 특정노조가 2/3선을 확보하지 못하면 일반적 조직강제 효력 자체가 소멸할 수 있기 때문이다.

◆◆ 참고문헌

노동법실무연구회(김성식 집필), 『노동조합 및 노동관계조정법 주해(Ⅲ)』, 박영사, 2015.
송강직, "복수노동조합과 단결강제", 『노동법논총』 제23집, 한국비교노동법학회, 2011.
송강직, "단결권과 유니언 숍 조항", 『노동판례백선』 초판, 박영사, 2015.
최윤희, "조직강제를 위한 유니언숍 협정의 법리에 대한 연구", 『일감법학』 제20호, 2011.

102. 단체교섭 거부와 불법행위 책임

– 대법원 2006. 10. 26. 선고 2004다11070 판결(손해배상(기)등) –

이달휴(경북대 법학전문대학원)

Ⅰ. 사실관계

A노조는 Y회사와 단체협약을 체결해 왔다. 그런데 A노조 조합원 C 등이 A노조를 탈퇴해 X노조에 가입하자 X노조는 C를 지부장으로 하여 Y회사지부를 설치하고 Y회사에 단체교섭에 응할 것을 요구하였다. 그런데 Y회사는 X노조가 구 노조법 부칙 제5조 제1항에 의하여 그 설립이 금지되는 복수노동조합에 해당하여 X노조를 단체교섭의 상대방으로 인정할 수 없다는 이유를 들어 단체교섭요구를 일단 거부하고, 동일한 취지의 노동부 질의·회시를 받아 이를 X노조에 제시하면서 단체교섭을 거부하였다.

이에 X노조는 Y회사를 상대로 단체교섭거부금지가처분을 신청하였고, 부산지방법원은 X노조는 설립이 금지된 복수노동조합에 해당하지 않으므로 Y회사는 단체교섭 창구의 단일화 등을 내세워 원고 X노조와의 단체교섭을 거부하여서는 아니 된다는 취지의 가처분신청을 인용하는 결정을 하였다.

Y회사는 위 가처분결정 당일 부산지방법원에 가처분결정에 대한 이의를 신청하는 한편 위 가처분결정을 근거로 단체교섭을 요구하는 원고 X노조에게 먼저 A노조와의 협의·조정을 통해 교섭창구를 단일화해 줄 것을 요구하면서 계속하여 단체교섭에 응하지 아니하였다.

이에 X노조는 Y회사가 교섭창구 단일화를 핑계로 X노조와의 단체교섭을 거부한다는 이유로 2000. 2. 25.부터 같은 해 4. 30.까지 파업을 하였다. X노조는 위 파업 종료전인 2000. 4. 3. Y회사를 상대로 단체교섭을 거부하는 것이 불법행위라고 하여 부산지방법원에 손해배상청구소송을 제기하였다.

Ⅱ. 판결의 내용

1) 사용자의 단체교섭 거부행위가 원인과 목적, 과정과 행위태양, 그로 인한 결과 등에 비추어 건전한 사회통념이나 사회상규상 용인될 수 없다고 인정되는 경우에는 부당노동행위로서 단체교섭권을 침해하는 위법한 행위로 평가되어 불법행위의 요건을 충족하는바, 사용자가 노동조합과의 단체교섭을 정당한 이유 없이 거부하다가 법원으로부터 노동조합과의 단체교섭을 거부하여서는 아니 된다는 취지의 집행력 있는 판결이나 가처분결정을 받고도 이를 위반하여 노동조합과의 단체교섭을 거부하였다면, 그 단체교섭 거부행위는 건전한 사회통념이나 사회상규상 용인할 수 없는 행위로서 헌법이 보장하고 있는 노동조합의 단체교섭권을 침해하는 위법한 행위이므로 노동조합에 대하여 불법행위가 된다.

2) 사용자가 '노동조합과의 단체교섭을 거부하여서는 아니 된다'는 취지의 가처분결정을 받

기 전에 해당 노동조합과의 단체교섭을 거부한 것은 불법행위가 되지 않으나, 위 가처분결정 후에도 해당 노동조합과의 단체교섭을 거부한 것은 그 노동조합에 대하여 불법행위가 된다.

Ⅲ. 해설

1. 문제제기

본 판결은 관점에 따라 여러 가지 의미를 가질 수 있으나 여기에서는 사용자가 부당노동행위를 한 경우 사법상 불법행위가 되어 민사상 손해배상청구를 할 수 있는가의 문제가 나타난다. 즉 노조법 제81조의 부당노동행위의 유형에 대한 규정이 공법적 성격 외에도 사법적 성격을 띠고 있느냐의 문제와 부당노동행위에 있어서 불법행위의 성립요건과 시기에 한정하여 분석해보고자 한다.

2. 노조법 제81조의 성격

노조법 제81조는 "사용자는 다음 각 호의 하나에 해당하는 행위를 할 수 없다."라고 규정하고 있으며, 따라서 사용자가 각 호의 하나에 해당하는 행위를 하는 경우 사용자는 부당노동행위를 한 경우가 된다.

사용자가 부당노동행위를 한 경우 근로자는 노조법 제81조를 근거로 사용자에게 불법행위로 인한 손해배상청구나 단체교섭거부금지의 가처분 신청을 할 수 있느냐가 문제되고 있다. 이는 노조법 제81조의 규정이 어떠한 성격을 가지고 있느냐에 따라 인정되는 사항이다.

1) 공법적 성격

부당노동행위제도는 사용자의 부당노동행위에 대하여 근로자의 행정적 구제와 사용자에 대한 처벌제도를 특징으로 한다. 따라서 사용자가 제81조의 부당노동행위를 한 경우 이 규정을 근거로 행정기관인 노동위원회에게 사용자에 대한 행정적 구제명령을 신청할 수 있다. 그리고 동시에 사용자에 대한 처벌규정도 있기 때문에 노조법 제81조는 사용자에게 공법상 의무를 부과하는 규정이라고 할 수 있다.

그러므로 노조법 제81조는 노동위원회나 법원이 부당노동행위를 판단하는데 있어서 준거규정이 되는 공법적 성격을 가진다고 할 수 있다. 이러한 공법적 성격은 근로자가 사용자에게 사법상 권리를 청구하는 것을 인정하지 않는다는 의미이다. 달리 말하면 사용자는 근로자에 대한 채무가 없다는 것이다.

2) 사법적 성격

노조법 제81조가 사법적 성격을 가지고 있느냐는 부당노동행위제도의 법적 성격과 관련되어 있다. 일반적으로 부당노동행위제도의 법적 성격에 대해서는 노동3권침해(구체화)설, 공정질서확보설, 단체교섭중시설로 나뉜다.

대상판결을 보면 "사용자의 단체교섭 거부행위가 원인과 목적, 과정과 행위태양, 그로 인한 결과 등에 비추어 건전한 사회통념이나 사회상규상 용인될 수 없다고 인정되는 경우에는 부당노동행위로서 단체교섭권을 침해하는 위법한 행위로 평가되어"라고 하여 노동3권침해설을 따르고 있다. 즉 노조법 제81조는 헌법 제33조의 단순한 확인이므로 헌법 제33조의 규범적 내용을 초월한 내용은 포함되지 않으며 부당노동행위는 헌법이 보장하는 노동3권을 침해하는 행위로 나타난다는 것이다.

그러므로 노조법 제81조의 규정은 사용자가 노동조합이나 근로자에게 부당노동행위를 하지 말 것을 규정한 사법적 강행규정의 성격을 띠고 있다. 따라서 사용자의 부당노동행위가 있다면 근로자의 노동3권이 침해된다는 사법적 규정이기 때문에 사용자의 부당노동행위가 법률행위라면 그 행위는 무효가 되며, 법률행위가 아니라면 불법행위를 구성하게 된다.

3. 단체교섭거부와 부당노동행위 및 불법행위의 성립요건과 성립시기

1) 단체교섭거부와 부당노동행위 성립요건

(1) 노동조합의 단체교섭요구가 있어야 한다.

노동조합이 사용자에게 단체교섭을 요구하여야 한다. 이러한 단체교섭의 요구가 없으면 사용자가 단체교섭을 거부한다는 행위가 존재할 수 없기 때문에 부당노동행위가 성립하지 않는다.

(2) 사용자의 단체교섭거부라는 행위가 있어야 한다.

사용자가 노동조합의 단체교섭요구에 응하지 않아야 한다. 즉 사용자는 단체교섭의 요구에 응할 의무가 있음에도 불구하고 단체교섭 자체를 거부하는 경우이다. 그리고 형식적으로는 단체교섭에 응하면서도 노사간의 타협을 이루려고 하는 성실한 태도를 가지지 않은 행위, 즉 성실교섭의무에 위반하는 행위도 포함된다.

(3) 사용자에게 정당한 이유가 없어야 한다.

노조법 제81조 제3호는 "정당한 이유"가 있는 경우에는 사용자가 예외적으로 단체교섭을 거부할 수 있도록 규정하고 있다. 따라서 사용자가 정당한 이유를 근거로 단체교섭을 거부하면 부당노동행위가 성립하지 않는다. 따라서 무엇이 정당한 이유에 해당하는가의 문제가 발생한다. 이는 대체로 근로자측의 단체교섭요건의 충족문제와 사용자의 성실교섭문제로 귀착된다.

즉 근로자가 단체교섭의 주체·목적 및 방법 등에서 단체교섭의 요건을 충족시키지 못하고 있는 경우 사용자가 단체교섭을 거부하여도 이는 단체교섭거부의 정당한 이유로서 부당노동행위에 해당하지 아니한다,

그런데 문제는 사용자가 정당한 이유가 있다고 믿고 단체교섭을 거부하였으나 정당한 이유가 없는 경우에 부당노동행위가 성립하는지의 여부이다. 예컨대 정당한 이유에 대한 법률적 판단이 필요한 경우, 즉 어떤 교섭사항이나 요건이 불확실하여 법률적 판단이 있어야만 확실하게 나타나는 경우에 사용자는 정당한 이유가 있다고 믿고, 노동조합측은 정당한 이유가 없다고 믿는 경우에 사용자의 단체교섭거부가 부당노동행위에 해당하는지의 여부이다.

실상 정당한 이유가 있다는 것에 대하여 객관성이 있으면 부당노동행위가 되지 않고 그렇지 않으면 부당노동행위가 된다고 할 수 있다.

2) 부당노동행위와 불법행위성립의 독립성

불법행위를 이유로 하여 손해배상을 청구하기 위해서는 민법의 불법행위 요건을 충족시켜야 한다. 즉 고의와 과실, 위법성, 인과관계, 손해가 있어야 한다. 일반적으로 부당노동행위가 성립하면 사용자의 위법행위가 있다고 하여야 한다.

그런데 대상판결은 사용자가 행정부에의 질의·회시 등을 이유로 단체교섭거부를 거부한 것에 대해서는 정당한 이유가 없다고 하면서 건전한 사회통념이나 사회상규상 용인될 수 없는 정도에 이른 위법한 행위는 아니라고 한다. 즉 가처분결정 이전의 단체교섭거부행위는 부당노동행위에 해당되나 이러한 행위는 건전한 사회통념이나 사회상규의 범위 내에 있기 때문

에 위법한 행위는 아니라고 한다.

　요컨대 민법의 불법행위성립과 노조법의 부당노동행위의 성립은 구분되며 각자 독립적으로 판단한다는 것이다.

　그리고 그 행위에 정당한 이유가 있다고 믿었으나 결과적으로 부당노동행위를 한 것으로 된 경우, 민법상 불법행위의 요건인 과실이 인정되는지의 문제가 나타날 수 있다. 실상 정당한 이유가 있다는 것에 대하여 객관성이 있으면 부당노동행위가 되지 않기 때문에 큰 문제가 되지 않는다. 그러나 이러한 객관성이 결여되어 있을 때 부당노동행위가 된다. 객관성이 결여되었다고 믿은 것에 대하여 사용자의 객관적 주의의무를 다하지 않았다고 할 수 있기 때문에 사용자의 과실이 인정된다고 하겠다.

3) 불법행위의 성립상 특징

　본 판결에 의하면 사용자가 행정부에 질의를 하여 그에 대한 답변을 믿고 거부한 행위는 '정당한 이유가 있는 행위로 볼 수 없다'고 하였다. 그렇다면 대상판결에서 문제가 된 사용자의 단체교섭거부행위는 부당노동행위가 되지만

불법행위는 성립하지 않는다는 것이다. 이를 근거로 본다면 사용자의 부당노동행위 중 건전한 사회통념이나 사회상규상 용인될 수 없는 정도에 이른 행위와 그렇지 않은 행위를 구분하며, 전자의 경우에만 불법행위를 인정한다는 것이다.

4. 결어

　대상판결은 노조법 제81조의 부당노동행위 유형에 대한 규정은 공법적 성격뿐만 아니라 사법적 성격을 가진다는 것을 최초로 확인하였다. 그 근거로서 부당노동행위제도의 본질이 노동3권 침해라는 것이다. 그리고 단체교섭거부의 부당노동행위가 있을 경우 건전한 사회통념이나 사회상규상 용인될 수 있느냐에 따라 사법의 불법행위가 된다고 한다.

◆ 참고문헌

김유성, 『노동법 Ⅱ』, 법문사, 2000.
김형배, 『노동법』, 박영사, 2014.
김형배·김규완·신명숙, 『민법학강의』, 신조사, 2014.
이달휴, 『노동인격에서의 개인과 집단』, 형설출판사, 2009.
임종률, 『노동법』, 박영사, 2014.

103. 사용자의 언론활동과 지배·개입

— 대법원 2013. 1. 10. 선고 2011도15497 판결(업무방해) —

박지순(고려대 법학전문대학원)

Ⅰ. 사실관계

X공사가 2009. 11. 24. Y노동조합과의 단체협약을 해지하자 Y노조는 같은 해 11. 26.부터 같은 해 12. 2.까지 파업을 진행하다가 같은 해 12. 3. 업무에 복귀하였다. Y노조는 이후 계속하여 X공사와 단체교섭을 진행하였음에도 교섭이 이루어지지 않자, 2010. 5. 12.까지 교섭이 결렬될 경우 재차 파업을 하겠다고 X공사에 예고하였다.

이에 X공사의 기술본부장이자 단체교섭의 사용자 측 교섭위원 중 한 명인 A는 2010. 5. 8.부터 같은 달 11.까지 X공사 산하 사업소 및 정비단 등 현장을 순회하면서 직원설명회를 개최하였다. A가 2010. 5. 11. X공사 산하 Z사업소에서 약 300여 명에 이르는 직원을 상대로 위와 같은 설명회를 개최하려고 위 사업소에 도착하자, 피고인을 포함한 Y노조의 조합원 30여명은 건물 1층 현관 앞을 막아서 "... 현장에 설명회를 할 시간이 있으면 다시 돌아가 교섭에 충실히 임해 파업을 막도록 하라"고 하면서 멱살을 잡는 등으로 건물 안으로 들어가지 못하게 가로막았다.

피고인들의 위와 같은 출입방해 등으로 인하여 A는 결국 그날 Z사업소 2층 회의실에서 과장 등 중간관리자와 차량팀원 일부 등 몇십 명만 참석한 가운데 약 10분간 설명회를 진행하면서 X공사의 현황에 비추어 파업에 무리가 있다는 취지의 발언을 하고 나아가 국민들의 파업에 대한 시각과 국가가 처한 현실 등과 함께 현재로서는 Y노조의 파업이 X공사 전체의 위기를 초래할 수 있다고 언급하였다.

검찰은 노조 간부인 피고인들이 A를 청사 안으로 들어가지 못하게 몸으로 가로막는 등 위력으로 그 정당한 업무를 방해하였다는 이유로 업무방해죄로 약식기소하였고, 법원은 그에 따른 약식명령을 발하였으나 피고인들이 그 약식명령에 불복하여 정식재판을 청구하였다. 제1심법원(서울서부지판 2011. 5. 18, 2011고정206)은 피고인들의 행위를 유죄로 판단하였으나, 그 항소심인 원심(서울서부지판 2011. 11. 3, 2011노513)은 A가 파업이 임박한 상황에서 X공사 산하 현장을 순회하며 직원들을 상대로 설명회를 개최한 것은 부당노동행위에 해당하여 업무방해죄의 보호법익으로서의 업무로 볼 수 없다는 이유로 무죄를 선고하였다. 이에 검찰은 상고하였다.

Ⅱ. 판결의 내용

대상판결의 논지는 다음과 같다. 사용자가 연설, 사내방송, 게시문, 서한 등을 통하여 의견을 표명하는 경우 표명된 의견의 내용과 함께 그것이 행하여진 상황, 시점, 장소, 방법 및 그것이 노동조합의 운영이나 활동에 미치거나 미칠 수 있는 영향 등을 종합하여 노동조합의 조직이나 운영 및 활동을 지배하거나 이에 개입하는 의사가 인정된다면 노조법 제81조 제4호에 규정된 '근로자가 노동조합을 조직 또는 운영하는 것을 지배하거나 이에 개입하는 행위'로서 부당노동행위가 성립하고, 또 그 지배·개입으로서 부당노동행위의 성립에 반드시 근로자의 단결권 침해라는 결과 발생까지 요하는 것은 아니다.

그러나 사용자 또한 자신의 의견을 표명할 수 있는 자유를 가지고 있으므로, 사용자가 노동조합의 활동에 대하여 단순히 비판적 견해를 표명하거나 근로자를 상대로 집단적인 설명회 등을 개최하여 회사의 경영상황 및 정책방향 등 입장을 설명하고 이해를 구하는 행위 또는 비록 파업이 예정된 상황이라 하더라도 파업의 정당성과 적법성 여부 및 파업이 회사나 근로자에 미치는 영향 등을 설명하는 행위는 거기에 징계 등 불이익의 위협 또는 이익제공의 약속 등이 포함되어 있거나 다른 지배·개입의 정황 등 노동조합의 자주성을 해칠 수 있는 요소가 연관되어 있지 않는 한, 사용자에게 노동조합의 조직이나 운영 및 활동을 지배하거나 이에 개입하는 의사가 있다고 가볍게 단정할 것은 아니다.

대상판결은 위의 판단기준에 터잡아 A가 설명회에서 발언하고자 한 내용과 설명회 전 다른 지역 순회설명회에서 표명한 발언 내용 및 그러한 발언 등이 조합원이나 노동조합 활동에 미쳤거나 미칠 수 있는 영향, 당초 예정된 파업의 정당성 여부 등 부당노동행위를 인정하는 전제가 되는 전후 상황 등에 관하여 구체적으로 심리하여, 설명회 개최가 사용자 입장에서

단순히 파업에 대한 의견을 개진하는 수준을 넘어 사용자에게 노동조합의 운영이나 활동을 지배하거나 그 활동에 개입하려는 의사가 있었던 것으로 추단되는지를 판단하지 아니한 채, 설명회 개최가 '근로자가 노동조합을 운영하는 것을 지배하거나 이에 개입하는 행위'로서 업무방해죄의 보호법익인 '업무'에 해당하지 않는다는 등의 이유로 피고인들에게 무죄를 선고한 원심판결에 법리오해 및 심리미진의 위법이 있다고 판단하고 원심판결을 파기·환송하였다.

Ⅲ. 해설

1. 대상판결의 의의

헌법 제21조는 언론·출판의 자유와 집회·결사의 자유, 즉 표현의 자유를 보장하고 있다. 표현의 자유 또는 언론활동의 자유는 의견, 평가, 판단, 예견 등 사고의 과정을 거친 모든 주관적 태도표명으로서 자신의 의사를 자유롭게 표현하고 전파할 자유를 말한다. 이와 같은 표현의 자유는 개인의 인격발현의 불가결한 요소이자 민주주의질서를 구성하는 핵심요소로 인정되고 있다. 다양한 정치적·사회적 견해나 사상·가치관 등이 자유롭고 공개적으로 펼쳐질 때 다원주의적 민주주의질서의 기초가 마련되기 때문이다(김하열, 449쪽).

그렇지만 표현의 자유도 타인과의 관련성을 전제로 한 것인 이상 절대적으로 보장되는 것은 아니다. 헌법 제21조 제4항에 의하여 타인의 명예나 권리, 공중도덕이나 사회윤리를 침해해서는 아니되며, 헌법 제37조 제2항에 따라 국가안전보장, 질서유지, 공공복리를 위하여 표현의 자유가 제한될 수 있다. 또한 개별적으로

특수한 보호목적과 보호영역을 가지는 다른 기본권들이 표현의 자유와의 관계에서 특별법의 지위에 서는 경우에는 그 기본권들이 우선 적용된다.

노동법에서도 표현의 자유는 근로자와 사용자 모두에게 동등하게 보장된다. 다만, 사용자의 언론활동의 자유는 헌법 제33조의 단결권 보장과 조화를 이뤄야 한다. 특히 이 사건과 같이 노사관계가 대립상태에 있는 경우 노동조합이 사용자측의 대응태도를 공격하는 것과 마찬가지로 사용자도 노동조합의 결정이나 조치를 비판하는 성명을 작성하거나 이 사건처럼 설명회를 개최하는 것은 드문 일이 아니다. 이 경우 사용자에게 보장된 언론활동의 자유와 단결권 보장의 취지를 어떻게 조화할 것인지가 쟁점이라고 할 수 있다.

대상판결은 사용자의 언론활동의 자유를 인정하되 그 내용은 헌법 제33조의 단결권 보장 취지에 따라 일정한 제약을 받는다는 점을 전제하면서 사용자의 구체적인 언론활동의 내용이 지배개입의 부당노동행위로 인정될 수 있는 판단기준을 제시한 점에 의의가 있다.

2. 판례의 동향

대법원은 이 문제에 대하여 일관되게 다음과 같은 판단기준을 제시하고 있다. 사용자가 연설, 사내방송, 게시문, 서한 등을 통하여 의견을 표명할 수 있는 언론의 자유를 가지고 있음은 당연하나, 그것이 행하여진 상황, 장소, 그 내용, 방법, 노동조합의 운영이나 활동에 미친 영향 등을 종합하여 노동조합의 조직이나 운영을 지배하거나 이에 개입하는 의사가 인정되는 경우에는 노조법 제81조 제4호에 정한 부당노동행위가 성립한다(대판 1998. 5. 22, 97누

8076; 대판 2006. 9. 8, 2006도388 등).

예컨대 사용자가 전체 직원을 상대로 한 연말 훈시에서 "(기관의) 성질상 태어나지 말아야 할 노동조합이 생겼고, (기관의) 성격상 노조활동에는 한계가 있으며, 계속하여 분쟁이 야기되어 전직원으로부터 사표를 받고 공개채용으로 다시 충원해야 하는 일이 없기 바란다"는 취지로 발언한 것은 노동조합을 부인하는 태도를 명백히 한 것이며 조합활동이 계속되는 경우 직원의 신분이 박탈될 수도 있다는 신분상의 불안감을 느끼게 하여 조합활동을 위축시킴으로써 조합의 조직과 활동에 영향을 미치고자 하는 의도임이 충분히 인정되므로 지배개입의 부당노동행위가 인정된다고 판단하였다(대판 1998. 5. 22, 97누8076).

또한 회사의 조합비에 대한 가압류로 인해 경제적인 어려움을 겪고 있던 노동조합 지회가 이를 극복하기 위한 방안으로 채권을 발행하기로 하자, 사용자가 2회에 걸쳐 지회의 채권발행을 중단할 것을 촉구하고, 업무에 지장을 초래하는 채권발행이나 근무시간 중의 채권발행에 대하여 엄중 조치하겠다는 내용의 공문을 발송한 사실에 대하여, 당시 노동조합의 경제적 상황과 회사 측 공문 내용 등에 비추어 보면 위와 같은 행위는 단순히 사용자의 입장에서 노사현안에 대한 의견을 개진하는 수준을 넘어 조합원 개개인의 판단과 행동, 노동조합의 운영에까지 영향을 미치려는 시도로서 노동조합의 운영에 개입하는 행위임을 충분히 인정할 수 있다고 판단하였다(대판 2006. 9. 8, 2006도388).

이와 달리 대상판결은 위의 판결과 동일한 판단기준을 따르면서 동시에 사용자의 의견표명에 "징계 등 불이익의 위협 또는 이익제공의 약속 등이 포함되어 있거나 다른 지배개입의

정황 등 노동조합의 자주성을 해칠 수 있는 요소가 연관되어 있지 않는 한, 사용자에게 노동조합의 조직이나 운영 및 활동을 지배하거나 이에 개입하는 의사가 있다고 가볍게 단정할 것은 아니다"라고 하여 추가적인 판단요소를 제시하고 있다는 점에서 종전 판결과 다소 다른 뉘앙스의 판시를 하고 있다(대상판결과 같은 취지: 대판 2013. 1. 31, 2012도3475).

3. 평가

대상판결에 대하여 다음과 같은 비판이 제기되기도 한다. 사용자의 반노조 발언에 대하여 불이익의 위협 등이 없다 하여 지나치게 관대한 태도를 취하게 되면 노조의 단결권을 보장하지 못하는 결과를 낳게 된다고 하거나 사용자가 명시적으로 불이익의 위협 등을 하지 않고 단순히 노동조합의 조직이나 운영에 관한 반대의사를 표시하는 것만으로도 충분히 조합원을 위축시킬 수 있으므로 대상판결이 사용자의 반노조 발언을 광범위하게 허용할 수도 있다는 것이다(최창귀, 평석).

생각건대, 이 문제는 단순히 사용자의 언론활동의 자유를 우선해야 하는가 아니면 근로자의 단결권 등 노동3권을 우선해야 하는가라는 이분법적 관점으로 볼 것은 아니다. 사용자의 언론활동이 근로자의 단결권과의 관계에서 일정한 제한을 받을 수밖에 없지만, 원칙적으로 사용자에게도 언론활동의 자유가 보장되어 있고, 노사 쌍방이 자유로운 토론과 논쟁을 전개하는 것은 정상적인 노사관계의 형성발전에 기여할 수 있기 때문이다. 다만, 우리나라 노사관계의 역사적 배경 및 대다수 노동조합이 기업별 노조라는 실태를 고려하면 사용자의 언론활동이 조합원에게 미치는 영향이 적지 않다는 점도 간과할 수 없다. 그러므로 노동관계 당사자가 공정하고 타당한 형태로 자신의 견해를 표명하는 것이 중요하다.

또한 헌법상 표현의 자유와 단결권 중 어디에 중점을 두느냐에 따라 지배개입의 인정 여부에도 결정적으로 영향을 미칠 수 있다는 점에서 양 기본권의 균형적인 조정을 도모하는 것도 중요한 고려요소라고 할 수 있다. 위에서 소개한 판결에서 보듯이 노동조합의 결성이나 노동조합의 조직운영 등의 영역은 노조가 자주적으로 결정해야 할 분야이므로 노조결성이나 조직운영을 비판하는 사용자의 언론활동에 대해서는 비록 징계 등 불이익의 위협이 없더라도 지배개입을 인정할 여지가 크다고 볼 수 있다. 반면에 단체교섭이나 쟁의행위 등 사용자의 사업운영 및 제3자의 이해관계에 직접 영향을 미치는 영역에서는 노동조합의 결정 등에 대하여 비판적 의견을 표명하는 것만으로는 지배개입을 단정하기는 어렵고 불이익의 위협이나 이익제공의 약속 등 추가적인 판단기준이 필요할 것이다(같은 취지로 임종률, 301쪽). 대상판결은 특히 후자의 사안에 대하여 노조 운영이나 활동을 지배하거나 그 활동에 개입하려는 의사를 추단할 수 있는 추가적 판단기준의 필요성을 지적한 것으로 볼 수 있다.

◆◆ 참고문헌

김하열, 헌법강의, 2018.
김형배·박지순, 노동법강의, 제9판, 2020.
임종률, 노동법, 제17판, 2019.
송강직, 노동판례백선[제1판], 386쪽 이하 및 그에 인용된 문헌.
최창귀, 사용자가 개최하는 파업관련 설명회의 지배·개입 해당 여부(평석), 대한변협신문 제442호, 2013.4.8.

104. 개별교섭과 지배·개입

— 대법원 2019. 4. 25. 선고 2017두33510 판결(부당노동행위구제 재심판정취소) —

I. 사실관계

A회사(원고)에는 산업별노동조합(피고보조참가인)인 B지부와 기업별노동조합인 C노동조합이 병존하고 있다. A회사의 근로자 가운데 51명은 2014. 1. 25. B지부에 가입하였고, B지부는 같은 달 27. A회사에게 B지부 설립을 통보하며 단체교섭을 요청한 반면, A회사의 다른 근로자 46명은 2014. 1. 29. C노동조합을 설립하고 같은 해 2. 2. A회사에게 단체교섭을 요구하였다. 이에 A회사는 2014. 2. 5. B지부와 C노동조합을 교섭요구 노동조합으로 확정하여 공고하였다. 그 후 이들 노동조합은 2014. 2. 11.부터 교섭창구 단일화를 위한 합의를 하였으나 합의에 이르지 못하였고, C노동조합은 2014. 2. 21. A회사에게 개별 교섭을 요구하였으며, 이에 A회사는 2014. 2. 23. C노동조합의 개별교섭 요구를 받아들여 B지부와 C노동조합에게 개별교섭을 진행한다는 것을 각각 통보하였다.

A회사와 B지부는 2014. 3. 18. 단체교섭을 개시하여 같은 해 5. 14. 단체교섭을 위한 교섭위원은 노사 각 4인 이내로 하고, 매월 둘째 주, 넷째 주 수요일에 단체교섭을 진행한다는 내용을 담은 '2014 단체교섭의 진행원칙에 관한 합의서'를 작성하고, 2014. 5. 28.부터 2014. 11. 26.까지 단체교섭을 진행하였는데, B지부는 2014. 11. 26. 단체교섭에서 A회사가 제시한 단체교섭 수정안이 기존과 달라진 내용이

없어 더 이상의 교섭은 의미가 없으니 결정권자가 나와서 교섭할 수 있도록 대표교섭 전환을 촉구하면서 단체교섭 장소에서 퇴장하였다. B지부는 그 다음날 A회사에 대표이사가 참여하는 대표교섭을 요구하였으나, A회사는 2014. 12. 8. 기존에 작성된 합의서의 내용대로 단체교섭을 진행할 것임을 통보하였다. 이에 B지부는 2015. 1. 8. 회사에게 교섭결렬을 통보하고 그 후 중앙노동위원회의 조정 절차를 거쳤으나 이 사건 진행과정 중 단체협약을 체결하지 못하였다.

다른 한편 C노동조합은 2014. 3. 27.부터 2014. 12. 2.까지 단체교섭을 진행하여, 2014. 12. 3. 단체교섭에서 단체협약에 잠정 합의하면서 단체협약 체결일을 기준으로 조합원에게 '무쟁의 타결 격려금' 150만 원 및 '경영목표 달성 및 성과향상을 위한 격려금' 150만 원을 지급하기로 하는 내용의 '(잠정)합의서'를 작성하였고, C노동조합은 2014. 12. 5. 동 노동조합의 인터넷 까페에 '2014년 단체협약 잠정 합의안 주요 내용 안내'라는 제목 하에 조합원에게 격려금 300만 원을 지급할 것이라는 내용의 글과 '단협 잠정 합의에 따른 조합원 실무(가입·조합비·격려금 등) 안내'라는 제목 하에 '12/17(수)까지 가입한 조합원에게 격려금 지급'이라는 내용이 포함된 글을 게시하였다.

이러한 잠정합의 이후 A회사와 C노동조합이

2014. 12. 17. 체결한 단체협약에는, 위 격려금을 지급하되, 단체협약 체결일 현재의 조합원 중 별도의 확약서를 작성하는 조합원에 한하여 지급한다는 내용을 담고 있었고, C노동조합은 2014. 12. 17. 단체협약 체결일 근무개시 이전 A회사의 직원들의 책상 위에 노동조합 가입을 독려하는 유인물과 노동조합 가입신청서를 배부하였으며, B지부의 조합원 8명은 A회사와 C노동조합이 단체협약을 체결하기 전날 및 당일에 B지부를 탈퇴하였고, A회사는 C노동조합으로부터 받은 조합원 명단과 확약서를 기준으로 C노동조합의 조합원을 242명으로 확정하여 2014. 12.말경 약 7억 원의 격려금을 지급하였다.

이에 B지부는 2015. 3. 9. 서울지방노동위원회에 A회사의 격려금 지급 행위는 지배·개입의 부당노동행위에 해당하고, A회사가 개별교섭을 진행하며 C노동조합과 체결한 단체협약 이상의 수준으로 단체협약을 체결할 수 없다고 협약 체결을 거부하는 행위는 단체교섭 거부·해태의 부당노동행위에 해당한다고 주장하며 구제신청을 하였다.

Ⅱ. 판결의 내용

서울지방노동위원회는 2015. 5. 8. 원고 회사의 격려금 지급 행위는 단체교섭이 진행 중인 참가인 노조의 단결권과 협상력을 약화시키는 행위에 해당한다는 등의 이유로 지배·개입의 부당노동행위에 해당함을 인정하였으나 나머지 구제신청은 기각하는 내용의 결정을 하였고, 이에 A회사는 2015. 6. 15. 중앙노동위원회에 서울지방노동위원회 판정 중 부당노동행위가 인정된 부분에 대하여 재심을 신청하였으나 중앙노동위원회는 재심신청을 기각하는 결정을

하였다. A회사는 서울행정법원에 재심판정의 취소를 구하는 행정소송을 제기하였고, 동 법원은 A회사의 청구는 이유가 없다고 하여 이를 기각하였으며, A회사는 서울고등법원에 서울행정법원의 판결의 취소를 구하는 소를 제기하였고, 서울고등법원은 A회사가 항소심에서 추가로 제출한 증거 등을 감안하더라도 제1심인 서울행정법원의 사실인정 및 판단과 달리 볼 것이 아니라고 하면서 항소를 기각하였다. 이에 A회사는 대법원에 서울고등법원의 판결의 취소를 구하는 상고를 하였고, 대법원(대상판결)은 A회사의 격려금지급행위는 부당노동행위에 해당한다고 하여 상고를 기각하였다.

Ⅲ. 해설

우리나라의 경우 특히 기업 내에 복수노동조합이 금지되어 오다가 기업단위를 초과하는 노동조합의 복수노동조합의 인정을 거쳐 현재는 기업내 복수노동조합까지 인정되었다. 복수노동조합이라는 새로운 노동조합의 병존형태를 맞아 비교법적으로 유례를 찾기 어려운 독특한 교섭창구단일화 제도의 도입, 공정대표의무, 개별교섭 등의 제도를 설정하였다.

그러나 일본의 복수노동조합하의 부당노동행위 판단 법리는 실질적으로 우리나라의 복수노동조합하의 개별교섭제도하의 부당노동행위 법리와 유사하다고 할 것이므로 참고가 된다고 생각되는 일본의 노동위원회의 구제명령, 하급심 및 최고재판소의 판결 등을 보면 다음과 같다.

① 회사가 생산성향상을 위한 노력 등의 부대조건을 제시하고 이를 받아들인 노동조합과는 임금인상에 합의하여 시행한 반면, 부대조건을 받아들이지 않은 노동조합에게는 임금인상

을 실시하지 않은 것에 대하여, 동경지방노동위원회는 부대조건을 받아들이지 않은 노동조합에 대한 지배·개입이라고까지는 말할 수 없다고 한 반면, 중앙노동위원회는 지배·개입의 부당노동행위라고 한 사례, ② 회사가 연말일시금 교섭에서 생산성향상에 노력한다는 조건을 받아들인 노동조합의 조합원에게 일시금을 지급한 반면, 이를 받아들이지 않은 노동조합의 조합원에게는 일시금을 지급하지 않은 것에 대하여, 동경노동위원회는 조건을 받아들이지 않은 노동조합에 대한 지배·개입으로서 부당노동행위가 성립한다고 하였고, 그 후 동경지방재판소는 노동위원회의 판정을 지지하였으나, 동경고등재판소는 조건을 받아들이지 않은 노동조합에게 일시금을 지급하지 않은 것은 스스로의 선택에 의한 것이라고 하면서 결국 위 노동위원회의 구제명령을 취소하였고, 이에 대하여 최고재판소는 생산성향상이라는 용어는 근로자측에게는 인원삭감, 노동강화 등 소극적 평가를 받는 것이고 생산성향상이 해당 사업장에서 노사분쟁으로까지 발전한 예가 있었다는 것 등에서 회사의 조건에 대한 수락거부가 분회의 자유로운 의사결정에 의한 것으로 보는 것은 상당하지 않으며, 회사가 관련 노동조합이 이러한 조건을 받아들이기가 곤란하다는 것으로 예측할 수 있었음에도 불구하고 이를 제안하고 고집하는 것은 해당 노동조합에 대한 지배·개입으로서 부당노동행위가 성립한다고 한 사례, ③ 회사가 교대제근무와 계획잔업방식에 합의를 한 노동조합의 조합원에게만 연장근로를 부여한 것은 이러한 조건에 반대한 노동조합에 대한 지배·개입의 부당노동행위가 성립한다는 등의 예가 있다(송강직(2007), 58－60쪽).

대상판결의 사안에서 대법원은 부당노동행위 성립여부에 대한 판단에 있어서 사용자의 금품지급행위의 배경과 명목, 금품지급에 부가된 조건, 금품 액수, 지급시가나 방법, 다른 노동조합과의 교섭 경위와 내용 등을 종합적으로 고려하여야 한다는 입장에 서서, 개별교섭 중 C노동조합의 조합원에게만 격려금을 지급한 것은 지부의 자유로운 의사에 기초한 쟁의행위 여부 결정 등에 간접적으로 영향을 미쳐 그 의사결정을 회사가 의도한 대로 변경시키려 한 행위로 볼 여지가 있고, 나아가 격려금지급 대상 조합원을 격려금 지급의 잠정적 합의 이후 단체협약 체결일 현재로 하여 격려금지급 문제가 14일간에 걸쳐 C노동조합의 조합원 유치를 위한 수단으로 활용된 점을 들어 이는 복리후생에 대한 사항을 양보받는 것에 대한 대가로 격려금을 지급하는 것을 넘어 지부의 단체교섭에 간접적으로나마 영향을 미칠 의도가 있었다고 판단하였다. 이러한 대법원의 판단은 일본의 최고재판소의 해석론과 거의 같다고 볼 수 있다.

결국 복수노동조합하에서 적어도 격려금과 같은 금품지급의 경우 그 액수 등의 사정을 고려하여야 하겠지만 회사가 어느 일방 노동조합과 격려금지급에 대한 합의를 하고 다른 노동조합과의 단체교섭에서 이를 고집하는 것은 부당노동행위가 성립할 가능성이 매우 크다는 법리를 전개한 것으로 보여진다. 이러한 관점에서면 위 사례에서와 같이 격려금지급이 격려금지급에 대한 잠정적 합의를 하고 지급대상자를 단체협약체결일 현재 C노동조합 조합원이라고 하여 14일간 분회의 조합원 유치 수단적 성격을 갖는다는 점에서 현실적으로 회사와 C노동조합과의 단체협약체결일 전날 8명의 지부 조합원이 탈퇴하였다는 구체적 사정이 존재하지 않았다고 하더라도 부당노동행위 성립이라는 결론에 있어서 차이가 없었을 것으로 보인다. 물론 일본의 ②사례에서의 동경고등재판소의 판결과 같이 노동조합 간의 근로조건 차이가 해당 노동조합 스스로의 선택의 결과라고 한다면 명쾌하고 간결한 판단기준으로서 평가할 수도 있겠지만, 부당노동행위의 성립여부의 판단에 있어서 대법원이 설시하고 있는 바와 같이 종합적 판단을 기준으로 삼을 수밖에 없는 것이 현실이고, 그렇다고 한다면 회사는 개별교섭이라고 하는 것이 순수한 의미의 개별교섭이 아니라 어느 노동조합과의 합의가 다른 노동조합과의 관계에서 어떻게 될 것인가 하는 것까지 고려하여야 할 의무를 갖는다고 하겠다. 다른 한편으로는 복수노동조합의 출현이 기존의 노동조합의 약체화 도모의 수단이 되기도 하는 현실도 부정할 수 없어, 무한정하게 개별교섭을 존중할 수 없는 측면도 있다. 다만 위 사례에서 회사가 C노동조합의 격려금지급에 관한 잠정적 합의를 하되 격려금지급 시기를 지부와 동일한 조건으로 합의할 때까지 유예하는 형태로 하였더라면 부당노동행위는 인정되지 않았을 것이다.

복수노동조합하에서 금품지급과 같은 매우 민감한 근로조건의 합의와 같은 사례에 대한 위 대법원의 해석론은, 복수노동조합과 교섭창구단일화 제도 도입과 같은 현실에서 개별교섭을 예외적으로 도입하고 있다는 것, 다른 노동조합의 노동기본권 보장과 함께 교섭창구단일화에 참가한 조합원들의 근로조건의 통일화라는 관점 등에서 볼 때 긍정적 측면도 있음을 부인할 수 없다.

끝으로 사견의 입장에서 부언하여 두면, 복수노동조합하에서 교섭창구단일화제도를 도입한 이상 노동조합의 요청과 사용자의 동의에 의하여 진행되는 개별교섭제도는 위 사례에서 보는 바와 같이 근로자들에게 있어서 매우 민감한 금품 등과 같은 근로조건에 있어서 개별교섭에 의한 타결과 이행이 용이하지 않을 뿐만 아니라 그것이 부당노동행위 문제를 야기할 수 있다는 것, 개별교섭의 실태적 측면에서도 기존의 노동조합에 대한 약체화 등과 관련하여 이루어지고 있다는 점 등에서 입법론적으로 폐지하는 것이 바람직하다고 생각한다.

◆◆ 참고문헌

송강직, "복수노동조합하의 단체교섭거부와 부당노동행위", 『노동법논총』 제11집, 한국비교노동법학회, 2007.
송강직, "교섭창구단일화와 개별교섭의 법적 문제", 『노동법포럼』 제23호, 노동법이론실무학회, 2018.
송강직, "단체교섭거부와 형사책임 법리에 대한 고찰", 『강원법학』 제44권, 강원대학교 비교법학연구소, 2020.

105. 노동조합 운영비의 원조

─ 헌법재판소 2018. 5. 31. 선고 2012헌바90 결정(노동조합 및 노동관계조정법 제24조 제2항 등 위헌소원) ─

김태현(충북대 법학전문대학원)

Ⅰ. 사실관계

X조합은 산업별 노동조합으로서 2010. 6. 18.부터 같은 달 30. 사이에 7개 회사와 단체협약을 체결하였는데, 이 단체협약에는 '회사는 조합사무실과 집기, 비품을 제공하며 조합사무실 관리유지비(전기료, 수도료, 냉난방비, 영선비) 기타 일체를 부담한다.', '회사는 노동조합에 차량을 제공한다(주유비, 각종 세금 및 수리비용을 지급한다).' 등의 노동조합에 시설·편의를 제공하는 조항이 포함되어 있었다. 행정관청은 위 단체협약 중 시설·편의제공 조항은 노조법 제81조 제4호를 위반하였다는 등의 이유로 2010. 11. 11. X조합에 대하여 노조법 제31조 제3항에 따라 시정명령을 내렸다. X조합은 이 시정명령의 취소를 구하는 소를 제기하고, 그 소송 계속 중 위 노조법 조항에 대한 위헌법률심판 제청신청을 하였으나, 법원이 이 신청을 각하하자, 2012. 3. 7. 헌법소원심판을 청구하였다.

Ⅱ. 결정의 내용

1. 목적의 정당성: 운영비 원조금지 조항은 사용자로부터 노동조합의 자주성을 확보하여 궁극적으로 근로3권의 실질적인 행사를 보장하기 위한 것으로서 그 입법목적이 정당하다.

2. 수단의 적합성: 운영비 원조 행위가 노동조합의 자주성을 저해할 위험이 없는 경우에는 이를 금지하더라도 위와 같은 입법목적의 달성에 아무런 도움이 되지 않는다. 그런데 운영비 원조금지 조항은 단서에서 정한 두 가지 예외(① 근로자의 후생자금 또는 경제상의 불행 기타 재액의 방지와 구제 등을 위한 기금의 기부와 ② 최소한의 규모의 노동조합사무소의 제공)를 제외한 일체의 운영비 원조 행위를 금지함으로써 노동조합의 자주성을 저해할 위험이 없는 경우까지 금지하고 있으므로, 입법목적 달성을 위한 적합한 수단이라고 볼 수 없다.

3. 침해의 최소성: 사용자의 노동조합에 대한 운영비 원조에 관한 사항은 대등한 지위에 있는 노사가 자율적으로 협의하여 정하는 것이 근로3권을 보장하는 취지에 가장 부합한다. 따라서 운영비 원조 행위에 대한 제한은 실질적으로 노동조합의 자주성이 저해되었거나 저해될 위험이 현저한 경우에 한하여 이루어져야 한다.

그럼에도 불구하고 운영비 원조금지 조항은 단서에서 정한 두 가지 예외를 제외한 일체의 운영비 원조 행위를 금지하고 있으므로, 그 입법목적 달성을 위해서 필요한 범위를 넘어서 노동조합의 단체교섭권을 과도하게 제한한다. 운영비 원조금지 조항으로 인하여 오히려 노동조합의 활동이 위축되거나 노동조합과 사용자가 우호적이고 협력적인 관계를 맺기 위해서 대등한 지위에서 운영비 원조를 협의할 수 없게 되는데, 이는 실질적 노사자치를 구현하고자 하는 근로3권의 취지에도 반한다.

노조법은 복수 노동조합이 존재하는 경우 공정대표의무를 부과하면서 그 위반에 대하여 부당노동행위 구제절차를 준용하고 있고, 사용자가 선호하는 특정 노동조합에만 운영비를 원조하는 행위는 '근로자가 노동조합을 조직 또는 운영하는 것을 지배하거나 이에 개입하는 행위'로서 부당노동행위에 해당하므로, 복수 노동조합을 고려하더라도 운영비 원조 행위를 일률적으로 금지할 필요성을 인정할 수 없다.

헌법재판소는 2014. 5. 29. 선고 2010헌마606 결정에서 '전임자 급여 지급 금지' 등에 관한 노조법 제24조 제2항, 제4항, 제5항이 단체교섭권 등을 침해하지 않는다고 판단하였다. 전임자급여 지원 행위와는 달리 '운영비 원조 행위'에 대해서는 노조법 제81조 제4호에서 사용자의 부당노동행위로서 금지하고 있을 뿐, 노동조합이 운영비 원조를 받는 것 자체를 금지하거나 제한하는 별도의 규정이 없고, 금지의 취지와 규정의 내용, 예외의 인정 범위 등이 다르므로, 노동조합의 단체교섭권을 침해하는지 여부를 판단하면서 운영비 원조 행위를 전임자급여 지원 행위와 동일하게 볼 수 없다.

이상의 내용을 종합하여 보면, 운영비 원조 금지 조항이 단서에서 정한 두 가지 예외를 제외한 운영비 원조 행위를 일률적으로 부당노동행위로 간주하여 금지하는 것은 침해의 최소성에 반한다.

4. 법익의 균형성: 노동조합의 자주성을 저해하거나 저해할 위험이 현저하지 않은 운영비 원조 행위를 부당노동행위로 규제하는 것은 입

법목적 달성에 기여하는 바가 전혀 없는 반면, 운영비 원조금지 조항으로 인하여 청구인은 사용자로부터 운영비를 원조 받을 수 없을 뿐만 아니라 궁극적으로 노사자치의 원칙을 실현할 수 없게 되므로, 운영비 원조금지 조항은 법익의 균형성에도 반한다.

5. 헌법불합치 결정과 잠정 적용명령: 따라서 운영비 원조금지 조항은 과잉금지원칙을 위반하여 청구인의 단체교섭권을 침해하므로 헌법에 위반된다. 원칙적으로 위헌결정을 하여야 할 것이지만, 단순위헌결정을 하게 되면, 노동조합의 자주성을 저해하거나 저해할 현저한 위험이 있는 운영비 원조 행위를 부당노동행위로 규제할 수 있는 근거조항 자체가 사라지게 되는 법적 공백상태가 발생한다. 따라서 운영비 원조금지조항에 대하여 단순위헌결정을 하는 대신 헌법불합치 결정을 선고하되, 입법자의 개선입법이 이루어질 때까지 계속 적용을 명하기로 한다. 입법자는 2019. 12. 31.까지는 이와 같은 결정의 취지에 맞추어 개선입법을 하여야 할 것이고, 그때까지 개선입법이 이루어지지 않으면 운영비 원조금지조항은 2020. 1. 1.부터 그 효력을 상실한다.

Ⅲ. 해설

1. 학설

운영비 원조를 부당노동행위로서 금지한 취지가 노동조합의 자주성을 보호함으로써 노동3권의 실질적인 행사를 보장하려는 데 있다는 점에는 이의가 없다. 문제는 노동조합의 자주성이 저해되지 않을 정도의 운영비 원조를 부당노동행위로 볼 것인가에 있는데, 즉 사용자의 원조와 노동조합의 자주성 상실 내지 저해 사

이의 관계를 어떻게 이해할 것인가가 쟁점이 된다.

형식설은 사용자의 원조행위는 그 자체로서 노동조합의 자주성 상실 내지 저해의 위험을 내포하고 있기 때문에 실제 그러한 결과에 이르렀는지를 묻지 않고 일률적으로 부당노동행위로서 금지되어야 한다는 견해이다.

실질설은 운영비 원조의 부당노동행위가 성립되려면 형식상 운영비 원조에 해당하는 행위가 있는 것으로는 부족하고 그것으로 노동조합의 자주성이 저해되었거나 저해될 구체적 위험이 발생해야 한다고 본다. 이에 따르면 예컨대, 노동조합이 자주적으로 사용자와의 교섭을 통하여 쟁취한 운영비 원조는 부당노동행위에 해당하지 않는다고 본다.

2. 판례의 흐름

대법원은 운영비 원조의 부당노동행위는 규정되어 있으나 노조전임자에 대한 임금지급이 금지되지 않았던 시기에는 실질설의 입장을 취한 바 있었다(대판 1991. 5. 28, 90누6392).

그러나 대법원은 2016. 1. 28.부터 "노조법 제81조 제4호 단서에서 정한 행위를 벗어나서 주기적이나 고정적으로 이루어지는 사용자의 노동조합 운영비에 대한 원조 행위는 노동조합의 전임자에게 급여를 지원하는 행위와 마찬가지로 노동조합의 자주성을 잃게 할 위험성을 지닌 것으로서 노조법 제81조 제4호 본문에서 금지하는 부당노동행위라고 해석되고, 비록 운영비 원조가 노동조합의 적극적인 요구 내지 투쟁으로 얻어진 결과라 하더라도 이러한 사정만으로 달리 볼 것은 아니다"라고 하여 일관되게 형식설에 입각한 판시를 하기 시작하였다(대판 2016. 1. 28, 2012두12457; 대판 2016.

1. 28, 2014다78362; 대판 2016. 1. 28, 2013다72046; 대판 2016. 3. 10, 2013두3160 등).

이후 헌법재판소에 의하여 실질설에 입각한 대상결정이 2018. 5. 31. 선고되었다.

3. 노조법 개정

대상결정의 취지에 따라 (다소 늦었지만) 2020. 6. 9. 노조법이 개정되었다. 현행 개정 노조법은 노동조합의 자주적인 운영 또는 활동을 침해할 위험이 없는 범위에서의 운영비 원조 행위를 부당노동행위의 예외로 추가하고, 운영비 원조의 목적과 경위, 원조된 운영비 횟수와 기간, 금액과 원조방법, 노동조합의 총수입에서 차지하는 비율, 원조된 운영비의 관리방법 및 사용처 등 이를 판단할 때 고려할 요소를 정하고 있다(§81 ① 4호 개정, §81 ② 신설).

4. 평가

1) 운영비 원조 조항의 연혁적 취지는 사용자 특정 노동조합에 대한 원조를 통해 이를 통제함으로써 다른 자주적·독립적 단결체의 형성과 그 활동을 간접적으로 방해하는 것을 막기 위한 데 있다. 노조법 제2조 제4호 나목은 노동조합의 소극적 요건으로 경비의 '주된' 부분을 사용자로부터 원조 받는 경우를 규정하고 있다. 따라서 운영비 원조가 부당노동행위에 해당하는지 여부는 애초부터 노동조합의 자주성 침해 여부와 관련지어 판단할 수밖에 없는 속성을 갖는다. 그러나 법원이 2016. 1. 28. 이후 형식설의 입장을 확고히 함에 따라 실제의 법 적용에 있어서 실질적인 자주성 침해 여부 등이 고려되지 않았고 오히려 노동조합·근로자의 노동3권이 제약되고, 노조가 요구해서 사용자를 상대로 교섭을 통해 쟁취해 낸 것이라면 이

는 자주적인 노조활동의 결과로 획득한 것이므로 부당노동행위라고 말해서는 안 된다는 비판이 있었다. 독일, 프랑스, 영국은 운영비 원조 부당노동행위에 관한 명문의 규정을 두고 있지 않지만, 부동노동행위제도의 원류라고 할 수 있는 미국과 일본에서는 규정을 두고 있다. 미국은 사용자가 노동단체에 재정적 또는 기타 지원을 하는 행위를 부당노동행위로 규정하고 있으나[전국노동관계법(National Labor Relations Act) 제8조 (a)(2)(29 U.S.C §158)], 위 부당노동행위가 성립하려면 사용자의 노동조합에 대한 실제적인 지배, 즉 일정한 수준의 통제나 영향력 행사가 있었음이 입증되어야 하고, 단순히 사용자가 근로자 단체와 협력하였거나 통제를 할 가능성이 있다는 것만으로는 부당노동행위가 성립되지 않는다고 보고 있다. 일본은 노조법 제7조 제3호에서 운영비원조금지조항과 매우 유사한 규정을 두고 있는데, 예외 사유를 엄격히 해석하지 아니하고 사용자가 노동조합의 자주성을 손상시키지 않는 범위 내에서 노동조합과의 협의에 따라 시설 이용 허락 등 일정한 편의를 제공하는 것을 허용하고 있다. ILO 제98호 협약 제2조 제2항은 운영비 원조 판단요건으로 '사용자가 노조를 자신의 통제 하에 둘 목적'을 규정하고 있다. 이러한 점을 종합하면,

실질설 관점을 취한 헌재의 헌법불합치 결정은 수긍이 간다.

2) 헌재 결정 취지를 반영한 개정 노조법은 선도적이다. 문제는 개정법에 따르더라도 입법기술상 한계로 인하여 사용자가 실무적으로 어떤 명목, 어느 정도의 운영비 지원이 있을 때 노동조합의 자주적 운영 또는 활동이 침해될 위험이 없는지를 판단하기는 쉽지 않을 것으로 예상된다는 점이다. 더불어 운영비 원조 행위 시 형사처벌이 되므로 형법상 명확성 원칙 위반이나 법적 안정성 침해 논란이 있을 수 있다. 이 형사처벌 조항은 본래 노동3권 약화를 방지하기 위한 목적에서 입법된 것인데, 결과에서 운영비 원조를 위축시켜 오히려 반대의 결과를 낳을 수 있고 노사의 자율적인 교섭 및 원활한 결과 도출에 지장을 일으킬 수 있으므로 손질의 필요성이 있다.

◆ 참고문헌

노동법실무연구회, 『노동조합 및 노동관계조정법 주해 [Ⅲ]』, 박영사, 2015.
양성필, "경비원조와 노동조합의 자주성", 『노동법학』 제70호, 한국노동법학회, 2019.
오세웅, "노동조합에 대한 경비원조로서 부당노동행위 판단기준", 『산업관계연구』 제26권 제3호, 한국고용노사관계학회, 2016.
한인상, "노동조합 운영비 원조 관련 개정 노조법의 의의와 전망", 국회입법조사처, 2020. 6. 16.

106. 노사협의회 개최의무의 주체

- 대법원 2008. 12. 24. 선고 2008도8280 판결(근로자참여및협력증진에관한법률위반) -

박귀천(이화여대 법학전문대학원)

I. 사실관계

피고인 X는 정부출연연구기관인 Y연구원의 대표이다. Y연구원의 노사협의회는 2005. 4. 8. 이후 2006. 11. 22.까지 사이에 정기회의를 개최하지 않았고, 이에 피고인 X는 구 근로자참여및협력증진에관한법률(이하 "근참법"이라 함)상 노사협의회의 정기적 개최의무를 위반하였음을 이유로 기소되었다. 위 기간 중 피고인 X는 위 연구원의 대표이기는 했지만 노사협의회 의장은 아니었고, 노사협의회 의장은 근로자측 대표가 맡고 있었다. 위 기간 중 Y연구원 내에서는 노조설립 등과 관련하여 노사 쌍방이 당면한 현안이자 보다 비중 있고 포괄적인 단체교섭을 위한 협상을 장기간 지속했기 때문에 노사협의회 정기회의가 개최되지 않은 사정이 있었다.

1심법원은 구 근참법 제32조 소정의 '사용자가 제12조 제1항의 규정을 이행하지 아니하는 때'의 의미에 관하여 ① 사용자 측에서 노사협의회의 의장을 맡고 있음에도 3개월마다 노사협의회를 개최하지 아니하는 때 및 ② 근로자측에서 노사협의회의 의장을 맡고 있는 경우에는 사용자 측이 노사협의회 개최에 대한 최소한의 협력의무를 이행하지 아니하여 그 개최를 불가능하게 하는 등의 특별한 사정이 있는 때로 한정하여 해석하고 이를 전제로 이 사건 노사협의회가 개최되지 아니한 경위에 비추어 피

고인 X에게 노사협의회 불개최의 책임을 지울 수 없다고 판단했다(서울동부지판 2008. 2. 15, 2007고정2569).

이에 대해 검찰은 "노사협의회는 기업경영에 대한 근로자의 참가를 뜻하는 것으로서 근본적으로 사용자에게 노사협의회 개최에 관한 책임을 지우는 것이 노사협의회를 두고 있는 제도의 취지에 부합하는 점, 구 근참법에서 노사협의회가 3개월마다 정기적으로 회의를 개최하지 아니할 경우 소집권한자인 의장이 아닌 사용자를 처벌하도록 규정하고 있는 점 등에 비추어 보면 정기회가 개최되지 아니하면 사용자를 처벌하는 것이 타당하고, 위 법 제32조 소정의 '사용자가 제12조 제1항의 규정을 이행하지 아니하는 때'의 의미를 원심과 같이 한정하여 해석할 수는 없으므로, 원심은 위 법조항의 법리를 오해한 위법이 있다."고 항소이유를 밝혔다. 그렇지만 원심 법원 역시 1심 판결이 정당하다고 판단했고(서울동부지판 2008. 8. 21, 2008노290), 대법원 역시 원심 판결을 그대로 유지했다.

II. 판결의 내용

구 근참법(2007. 12. 27. 법률 제8815호로 개정되기 전의 것, 이하 '법'이라고 한다)은 제12조 제1항에서 노사협의회는 3개월마다 정기

적으로 회의를 개최하여야 한다고 규정하고, 제13조 제1항에서 노사협의회의 의장이 위 회의를 소집한다고 규정하는 한편, 제32조에서는 제12조 제1항이 정한 노사협의회의 정기적 개최의무를 위반한 경우로서 사용자가 그 의무위반의 주체인 경우에는 벌금형으로 처벌하도록 규정하고 있다.

위 규정의 해석에 의하면 노사협의회 개최를 위한 회의의 소집절차를 통한 노사협의회 개최의 주체는 노사협의회의 대표이자 위 회의 소집의 주체인 의장이라고 보아야 할 것인데, 여기에다가 형벌에 관한 법률은 그 해석을 엄격하게 하여야 한다는 원칙 및 위 법의 제정 목적이 노사 쌍방의 참여와 협력을 통한 공동의 이익 증진 등에 있기는 하지만 법 제20조에서 사용자로 하여금 노사관계와 관련한 일정한 사항에 관하여 노사협의회 의결을 거치도록 의무화하는 한편, 법 제21조에서는 경영계획 전반 등에 대해서까지 사용자에게 보고·설명의무를 부과하는 반면, 근로자에게는 보고·설명의 권한을 부여하는 등 회사 경영 전반에 대해 근로자들에게 최소한의 접근 및 관여의 권한을 보장하면서 그 보장의 실효성을 확보하기 위한 조치의 일환으로 위 법 제32조의 처벌규정을 둔 것으로 보이는 점 등의 사정을 보태어 보면, 결국 법 제32조, 제12조 제1항이 노사협의회의 정기적 개최의무 위반에 따른 처벌대상으로 규정한 것은 특별한 사정이 없는 한 원칙적으로 노사협의회의 대표이자 회의 소집의 주체인 의장이 회의를 개최하지 아니한 경우로서 그 의장이법 제6조에서 정한 사용자를 대표하는 사용자위원인 경우를 의미한다고 보아야 할 것이다.

Ⅲ. 해설

1. 쟁점

1997년에 제정된 근참법상 노사협의회는 과거 노사협의회법상의 노사협의회에 비해서는 경영참가적 요소를 다소 강화한 측면이 있다고 볼 수도 있지만(임종률, 672쪽), 노사협의회의 헌법적 기초가 무엇인지에 대해서도 논란이 있고(박종희, 124쪽), 구체적인 법조항들의 해석 및 적용과 관련하여서도 불명확한 점들이 있다(박귀천, 7쪽).

대상판결에서는 구 근참법 제32조, 제12조 제1항에 따른 노사협의회의 정기적 개최의무 위반죄의 주체는 사용자위원인 의장인지 여부가 쟁점이 되었다. 대상판결에서는 노사협의회의 정기적 개최의무 위반죄의 주체는 사용자위원인 의장이라는 점은 긍정했다. 다만, 노사협의회의 정기회의가 개최되지 않은 기간 동안 노사협의회 의장을 근로자대표가 맡고 있었다면 당해 사업장의 대표를 근참법상 노사협의회 개최의무 위반죄로 처벌할 수 없다고 보았다.

2. 노사협의회제도의 의의

노사협의회는 상시 30인 이상의 근로자를 사용하는 사업 또는 사업장에 설치가 강제된다(근참법 §4 ①). 정당한 사유 없이 설치를 거부하거나 방해하는 경우 동법 제30조의 형벌(1천만원 이하의 벌금)이 부과된다. 노동조합이 조직되어 있는지, 그 노동조합에 가입한 근로자의 비율이 어떠한지는 무방하다. 동법이 적용되는 사업 또는 사업장의 종류나 법적 성격에 대한 제한 규정이 없기 때문에 지방공기업이나 지방자치단체의 출자·출연기관도 동법의 적용 사업 또는 사업장에 해당된다고 해석된다.

노사협의회는 근로자와 사용자를 대표하는 같은 수의 위원으로 구성하되, 각 3명 이상 10명 이하로 한다(근로법 §6 ①). 근로자를 대표하는 위원("근로자위원")은 근로자가 선출하되, 근로자의 과반수로 조직된 노동조합이 있는 경우에는 노동조합의 대표자와 그 노동조합이 위촉하는 자로 한다(근참법 §6 ②). 사용자는 근로자위원의 선출에 개입하거나 방해하여서는 아니되고(근참법 §10 ①), 사용자는 근로자위원의 업무를 위하여 장소의 사용 등 기본적인 편의를 제공하여야 한다(§10 ②). 고용노동부장관은 사용자가 제10조 제1항을 위반하여 근로자위원의 선출에 개입하거나 방해하는 경우에는 그 시정을 명할 수 있다(근참법 §11).

또한, 근참법 제7조 제1항은 협의회에 의장을 두며, 의장은 위원 중에서 호선(互選)한다고 하면서, 이 경우 근로자위원과 사용자위원 중 각 1명을 공동의장으로 할 수 있다고 규정하고 있다.

한편, 노사협의회의 임무 및 역할과 관련하여 근참법에서는 노사협의회의 협의사항(§20), 의결사항(§21), 보고사항(§22)에 관하여 규정하고 있다.

3. 노사협의회 정기회의 개최의무의 주체

위에서 언급한 바와 같이 근참법은 위원 중에서 의장을 호선한다고 규정하고 있고, 근로자위원과 사용자위원이 공동의장을 할 수도 있는 것으로 규정하고 있다. 이러한 법 규정에 비추어볼 때 근로자위원이건 사용자위원이건 누구라도 노사협의회의 의장을 맡을 수 있는 것이다.

한편, 제12조 제1항에 따르면 노사협의회는 3개월마다 정기적으로 회의를 개최하여야 한

다. 그리고 제13조 제1항은 노사협의회의 의장이 노사협의회의 회의를 소집하도록 규정하고 있다. 따라서 노사협의회 정기회의 개최의무의 주체는 노사협의회 의장이라고 볼 수 있다.

문제는 사용자가 제12조 제1항을 위반하여 협의회를 정기적으로 개최하지 아니하는 경우에 대해서는 200만원 이하의 벌금형에 처하도록 규정하고 있는데, 대상판결의 경우와 같이 노사협의회 의장을 사용자측에서 맡고 있지 않은 경우에도 정기회의 미개최의 책임을 사용자에게 물어 형사처벌을 할 수 있는지 여부이다. 이러한 문제는 대상판결이 나오기 전에도 종종 실무적으로 문제되었지만 관련 판례나 해석론이 없는 상황이었다. 근참법 제32조는 형사처벌 부과의 대상을 "사용자"로 명시하고 있기 때문에 사용자가 노사협의회 회의 개최를 하지 않는 경우를 제재 대상으로 하고 있음이 분명하다.

한편, 이 경우 사용자라 함은 근로기준법 및 노동조합법 소정의 사용자, 즉 사업주 또는 사업경영담당자, 그 밖에 근로자에 관한 사항에 대해 사업주를 위해 행위하는 자를 의미한다.

4. 대상판결의 의의

대상판결은 근참법 제32조상의 벌칙 적용의 대상이 되는 '사용자'의 의미를 제시한 최초의 판결이라는 점에서 의미가 있다. 즉, 대상판결은 근참법 제32조가 적용되는 경우에 관하여, 노사협의회 회의의 소집권을 갖는 의장이 사용자를 대표하는 사용자위원에 해당하는 경우임을 밝혔다.

현행 근참법상 근로자위원이 노사협의회의 의장을 맡고 있는 경우라 하더라도 사용자측에서 회의 개최의 궁극적 책임을 부담하도록 하

는 규정을 두고 있지는 않기 때문에 대상판결
의 경우와 같은 상황에서는 죄형법정주의의 원
칙상 사용자를 처벌대상으로 하기는 어렵다고
해석해야 한다는 점을 확인한 것이다.

　다만, 검찰이 항소이유에서 밝히고 있는 바
와 같이 "노사협의회는 기업경영에 대한 근로
자의 참가를 뜻하는 것으로서 근본적으로 사용
자에게 노사협의회 개최에 관한 책임을 지우는
것이 노사협의회를 두고 있는 제도의 취지에
부합"한다는 점을 고려할 때 반드시 형사처벌
방식이 아니더라도 어떤 방식으로든 노사협의

회 개최에 대해 사용자가 책임을 가지도록 법
에 규정하는 방안도 모색할 필요가 있을 것이
다.

◆ 참고문헌

박귀천, "근로자 경영참여에 관한 법적 검토", 『노동법
　포럼』 제19호, 노동법이론실무학회, 2016.
박종희, "근로자경영참가제도의 기본구조와 방향성에 관
　한 법적 검토", 『산업관계연구』 제13권 제2호, 2003.
신권철, "노사협의회의 법적 지위와 역할", 『노동법연구』
　제35호, 서울대학교 노동법연구회, 2013.
임종률, 『노동법』 제18판, 박영사, 2020.

한국노동법학회 노동판례백선 제2판 준비위원회

☐ 고문
강성태, 문무기

☐ 집행위원
김홍영(총괄), 강선희, 김근주, 도재형, 조상균, 조용만

☐ 실무위원
권오성, 김 린, 노호창, 박귀천, 방강수

(이상 가나다 순)

제2판
노동판례백선

초판발행   2015년 1월 20일
제2판발행   2021년 2월 20일
중판발행   2022년 7월 15일

지은이   한국노동법학회
펴낸이   안종만 · 안상준

편 집   장유나
기획/마케팅   조성호
표지디자인   박현정
제 작   고철민 · 조영환

펴낸곳   (주) **박영사**
             서울특별시 금천구 가산디지털2로 53, 210호(가산동, 한라시그마밸리)
             등록 1959. 3. 11. 제300-1959-1호(倫)
전 화   02)733-6771
f a x   02)736-4818
e-mail   pys@pybook.co.kr
homepage   www.pybook.co.kr
ISBN   979-11-303-3762-3   93360

정 가   25,000원